医疗损害风险社会化分担的法律问题研究

Research on Legal Issues of Social Sharing of Medical Injury Risk

陈玉玲 著

东南大学出版社
·南京·

图书在版编目(CIP)数据

医疗损害风险社会化分担的法律问题研究/陈玉玲著．—南京：东南大学出版社，2018.11
ISBN 978-7-5641-7952-6

Ⅰ.①医… Ⅱ.①陈… Ⅲ.①医疗事故-社会责任-法律-研究-中国 Ⅳ.①D922.164

中国版本图书馆 CIP 数据核字(2018)第 194486 号

⊙国家社会科学基金项目(立项号：10BFX080)

医疗损害风险社会化分担的法律问题研究

出版发行：东南大学出版社
社　　址：南京四牌楼2号　邮编：210096
出 版 人：江建中
网　　址：http://www.seupress.com
经　　销：全国各地新华书店
印　　刷：南京玉河印刷厂
开　　本：787 mm×1092 mm　1/16
印　　张：26.5
字　　数：662千字
版　　次：2018年11月第1版
印　　次：2018年11月第1次印刷
书　　号：ISBN 978-7-5641-7952-6
定　　价：85.00元

本社图书若有印装质量问题，请直接与营销部联系。电话：025-83791830

序 言

一、研究起因与问题意识

2000年4月,我在办公室接待了一位来自江苏溧阳的40岁男性患者,其述称1998年9月在家乡小镇的私立医院接受体外碎石治疗肾输尿管结石,6个月后,其唯一健侧的右肾发生不可逆的肾萎缩。患者是家庭主要劳动力,因为索赔困难,导致家庭陷入困境。小医院也是无财力赔偿。此案引发思考:是否还有其他途径可以分担医疗损害风险?

早在1995年,我在复旦大学读硕士时,导师董世忠教授讲授国际工程项目融资,告诉我们"保险是分担国际工程项目风险惯用方式,保险已成为现代社会治理的重要政策工具"。想到此,我便上网查到美国早有医疗责任保险实践,之后,利用参加江苏卫生法学会年会的机会,向参会的医院医务处负责人了解他们对医疗责任保险的态度,发现责任保险普遍不被医疗机构认同。现实中,大型医院不担心自己赔不起,小型医院遇到风险高的患者又设法劝说转诊。据此,我在2002年1月撰文提出"强制责任保险:我国医疗责任险的发展取向"的观点。

国务院《医疗纠纷预防与处理条例》第五条规定,"国家建立完善医疗风险分担机制,发挥保险机制在医疗纠纷处理中的第三方赔付和医疗风险社会化分担的作用,鼓励医疗机构参加医疗责任保险,鼓励患者参加医疗意外保险"。早在2008年全国多个省市曾经采取行政措施大力推广医疗责任保险,但是到了2010年却出现了"医疗机构不愿投保、保险公司连年叫亏"的景象。《医疗纠纷预防与处理条例》的颁行,仍然需要解决如下疑问:为什么在国际上惯用的保险在中国却是叫好不叫座?难道医疗卫生事业的发展与责任保险之间有何牵连?医疗损害风险与常见的商业风险本质上有何不同?我负责的课题组完成的国家社会科学基金项目"医疗损害风险社会化分担机制的法律问题",希望对上述疑问展开解答。

二、研究思路与观点论证

本课题首先界定与医疗损害风险相关的若干概念,建立对话交流平台。随后比较分析域外社会化分担医疗损害风险的主要模式,提出观点并论证:第一种是以北欧国家瑞典、新西兰等国为代表的社会保险模式,这种模式不符合我国实施《社会保险法》的基本国情;第二种是多数国家采用的单纯的商业保险模式,我国现有的医疗责任保险实践证明商业保险模式运行存在法律供需不足的问题,课题从立法论层面探索强制医疗责任保险的理论基础与框架,从微观的解释论维度研究医疗责任保险合同的法律规范;第三种是域外国家和地区实施的各类医疗损害补偿基金模式,课题从立法论角度论证我国应建立与出生有关医疗损害风险基金,应因人口生育国策之变化。在此基础上,笔者提出观点,即我国应采取医疗损害社会化分担多途径并用模式,即以医疗责任保险为主要路径,选择性适用医疗损害风险基金,建立超额补偿基金,以患者意外伤害保险为补充。

观点论证的逻辑推演与论据材料组织,首先,根据法哲学原理,追问侵权法在医疗侵权损害社会化分担中的法律价值,医学与法学的不同思维逻辑、个案正义与医学事业发展公共利益保护也应当是侵权法功能实施效果的评价因素。其次,纵深论据的撷取,是源于课题组成员代理的数起与出生有关的脑瘫赔偿案件之后的感悟。这不仅是因为脑瘫医疗损害案件赔偿数额较大,更是因为这类案件的侵权构成认定十分复杂、困难。脑瘫的病因复杂,有遗传、胎儿产程窒息、出生后发育迟缓、疾病、家庭照护失当等多种原因甚至多个复合原因,要证明存在医疗行为过错以及行为过错致病的原因力是极其复杂、困难的,多轮的专业鉴定历时数年,其间患者无钱救治、医生身心疲惫,法庭讼争效率低、裁判不符合当事人初愿,这些现象普遍存在。课题组成员专门搜集了与出生有关的脑瘫医疗损害案例进行统计分析,是要证明侵权法不能独立承担救助患者生命价值的重托,建立保险或基金模式实现社会化分担医疗损害风险是必由之路,课题进一步对域外相关制度实施状况进行深入分析,考量相关法律制度借鉴与移植的要素。再次,勾画医疗责任保险分担医疗损害风险的立体图景。对医疗责任保险供需、责任保险合同设计与司法裁判案例的剖析,一方面社会调查问卷统计确认医护人员保险需求与保险公司产品供给存在差距,提高保险保障程度具备可行路径;另一方面结合诊疗实践,借鉴域外保险案例,运用法律解释方法展现医疗责任保险合同技术,为现实与将来发生的法律实践问题提供指引。

三、后续研究的空间拓展

医疗损害社会化分担是一项社会系统工程,一直为世界各国关注。现代科技发展促进医疗技术进步的同时,医疗损害风险不会随之减少,甚至更多、更严重,救济受害患者,作为私法的侵权赔偿制度和商业保险制度、公法的社会保险制度以及特殊的赔偿基金制度都在发挥作用。国家协调甚至介入多途径的救济模式,不仅是要完善法律制度,更是要作出法律、政策选择。本课题所作研究,有宏观的法律制度架构,也有细致条款解剖,有理论探讨,也有实践调查,然而,课题在学理性、体系性、实践性方面还存在进一步研究的空间。比如,不同分担机制交错竞争之下的法律制度安排,需要以宪法、行政法和法经济学角度进行整体系统的论证;又比如,医疗风险基金法律制度该如何构成规则。

摆在面前的书稿成稿于2016年8月,放置两年一再修改后付诸出版,是要再斟酌书中的观点和内容,以便经得起实践与时间的拷问。在这期间,再次经历国家卫生事业监管机构的改革,为便于阅读,书稿中使用的"原国家卫生部""中华人民共和国卫生与计划委员会"等机构名称没有修改。2018年3月27日中华人民共和国国家卫生健康委员会设立,这既是体现国家对于健康卫生事业工作从"以治病为中心"到"以人民健康为中心"的转变,更是该项工作事业发展任重道远的史证。对于本课题而言,研究医疗损害风险社会化分担中的法律问题,确保医疗安全与患者人性尊严保障,是我们的初衷。惟愿本书对从事医疗和保险业服务的人员、司法裁判法官、法学研究者有所裨益。希望有兴趣阅读本书的同仁、朋友们提出宝贵意见。

目 录

导 论 ·· 1
  一、研究动机与目的 ··· 1
  二、研究对象与范围 ··· 4
  三、域内外相关研究述评 ·· 6
  四、研究方法、思路与内容安排 ··· 10
  五、研究的理论价值与应用价值 ··· 14
  六、研究的资料搜集、数据处理与说明 ······························ 15

第一章 医疗损害风险社会化分担基础理论 ······························ 16
第一节 医疗损害风险的概念辨析 ·· 16
  一、医疗损害风险的概念 ·· 16
  二、医疗损害风险中的责任风险 ·· 17
  三、医疗损害风险特点与发生原因分类 ······························ 19
  四、风险社会的规制理念不适用于医疗损害风险 ················· 21

第二节 医疗损害风险社会化分担机制涵义 ··························· 23
  一、"社会化"概念的法学阐释 ·· 23
  二、医疗损害风险社会化分担的涵义 ·································· 24
  三、医疗损害风险社会化分担机制界定 ······························ 25
  四、医疗损害风险社会化分担中的赔偿与补偿 ···················· 25

第三节 医疗损害风险社会化分担的途径与选择因素 ··············· 26
  一、医疗损害风险社会化分担途径的术语区分 ···················· 26
  二、医疗损害风险社会化分担的可选途径 ··························· 27
  三、医疗损害风险社会化分担途径选择的影响因素 ············· 30

第二章 医疗损害风险社会化分担的法律价值与功能 ················· 34
第一节 医疗损害风险社会化分担的法律价值 ························ 34

一、矫正正义与分配正义 ……………………………………………… 34
　　二、医疗损害风险社会化分担中的分配正义 …………………………… 36
　　三、公共医疗资源分担医疗损害风险中的正义 ………………………… 36
　第二节　医疗损害风险社会化分担的功能 ………………………………… 38
　　一、实现公民健康权：国家义务的应有之义 …………………………… 38
　　二、医学发展：需要良好的执业环境 …………………………………… 40
　　三、运用风险管理工具：发挥保险功能 ………………………………… 41
　第三节　医疗侵权法律制度价值与利益平衡 ……………………………… 42
　　一、侵权法的价值与利益平衡 …………………………………………… 42
　　二、医疗侵权法中价值与利益平衡 ……………………………………… 43
　　三、医疗侵权法律制度不能承载分配正义之价值功能 ………………… 44

第三章　医疗侵权法律制度功能与实效的有限性 …………………………… 46
　第一节　侵权法的功能与实施效果的影响因素 …………………………… 46
　　一、侵权法的功能与功能实现的涵义 …………………………………… 46
　　二、影响侵权法功能实现的因素 ………………………………………… 47
　　三、侵权法中的过错责任制度存在不足 ………………………………… 47
　第二节　医疗侵权法的功能与实施效果评价 ……………………………… 48
　　一、赔偿功能之实施效果 ………………………………………………… 48
　　二、预防功能之实施效果 ………………………………………………… 49
　　三、教育功能之实施效果 ………………………………………………… 50
　第三节　医疗侵权法律制度存在的不足 …………………………………… 51
　　一、过错的判断：难以琢磨 ……………………………………………… 51
　　二、举证责任分配规则：立法留白 ……………………………………… 56
　　三、医疗过错鉴定：启动与审查机制有待完善 ………………………… 60
　　四、制度运行成本：时间长、费用高 …………………………………… 62
　第四节　防御性医疗痼疾难治 ……………………………………………… 65
　　一、防御性医疗概念界定 ………………………………………………… 65
　　二、辩证看待防御性医疗 ………………………………………………… 66
　　三、过度医疗争议的司法裁判评价 ……………………………………… 68

第四章　医疗责任保险与医疗侵权法律制度的关系 ………………………… 72
　第一节　保险与侵权法律制度的关系 ……………………………………… 72

一、责任保险与侵权法律制度共生关系 …………………………… 72
二、责任保险与侵权责任的区分原则 …………………………… 74
三、社会保险制度与侵权法律制度的协调发展关系 …………………………… 75
第二节 医疗责任保险与医疗侵权法之间的关系 …………………………… 77
一、医疗责任保险：侵权赔偿金来源之担保 …………………………… 77
二、医疗责任保险：克服医疗侵权法之不足 …………………………… 77
三、声誉机制：防范道德风险、实现侵权法预防功能 …………………………… 78
四、医疗责任保险：不能取代医疗侵权法律制度 …………………………… 80
第三节 美国医疗责任保险危机与医疗侵权法改革之考察 …………………………… 82
一、医疗责任保险危机状况与形成原因 …………………………… 84
二、侵权法改革的主要内容 …………………………… 90
三、侵权法改革之评价 …………………………… 98

第五章 医疗损害风险社会化分担的不同模式 …………………………… 106
第一节 社会保险分担医疗损害风险模式 …………………………… 107
一、新西兰实施的综合无过失补偿模式 …………………………… 107
二、瑞典患者医疗损害赔偿的社会保险模式 …………………………… 109
三、对社会保险模式分担医疗损害风险之评价 …………………………… 110
第二节 医疗责任保险分担医疗损害风险模式 …………………………… 112
一、医疗责任保险的组织模式 …………………………… 113
二、医疗责任保险的实施模式 …………………………… 114
三、医疗责任保险理赔服务模式 …………………………… 117
四、医疗责任保险的监管模式 …………………………… 118
第三节 患者补偿基金分担医疗损害风险模式 …………………………… 120
一、超额补偿型患者补偿基金模式 …………………………… 121
二、严重医疗损害风险补偿基金模式 …………………………… 123
三、与出生有关的医疗损害患者补偿基金模式 …………………………… 127
第四节 医疗损害风险社会化分担不同模式的考量因素 …………………………… 138
一、社会保险模式：财源保障与患者安全是关键 …………………………… 138
二、医疗责任保险模式：医疗损害风险社会化分担主要途径 …………………………… 139
三、患者补偿基金模式：法律政策考量之结果 …………………………… 140

第六章　我国医疗损害风险社会化分担之模式选择……143
第一节　医疗责任保险中的现存问题与解决思路……143
一、医疗责任保险遭遇的困境……143
二、医疗责任保险法律制度存在的问题……144
三、医疗损害风险社会化分担的多途径并用思路……148
第二节　不同医疗损害风险社会化分担模式之间的安排……150
一、医疗责任保险：医疗损害风险社会化分担主要途径……150
二、医疗责任风险基金：医疗损害风险社会化分担备选途径……152
三、超额补偿基金：与出生有关的医疗损害风险社会化分担途径……156
四、人身意外伤害保险：医疗损害风险社会化分担补充来源……157
第三节　医疗损害风险社会化分担模式构建的数据分析……158
一、医疗服务提供者责任能力与强制保险关系……158
二、农村基层医疗服务提供者责任保险与风险基金补贴……159
三、二级以上医疗机构参加医疗责任保险或责任风险基金……161
四、与出生有关的医疗损害赔偿案件与妇幼医疗服务保障……163
第四节　医疗损害风险社会化分担之强制责任保险理论基础……169
一、民法社会化：强制医疗责任保险的思想基础……170
二、保护患者人权：强制医疗责任保险之人文基础……170
三、保护公共利益：强制医疗责任保险之正当性基础……171
四、调控市场失灵：强制医疗责任保险的公法基础……172
五、准公共产品与社会福利：强制医疗责任保险的经济学基础……173
六、医护人员投保需求：强制医疗责任保险的社会基础……174

第七章　我国医疗损害风险社会化分担的法律制度架构……176
第一节　医疗责任保险法律制度框架……176
一、医疗责任保险立法目的与基本原则……176
二、医疗责任保险制度的主体规范……179
三、保险合同效力维持制度……182
四、费率商谈机制与监管制度……182
五、保险费资金筹集制度……183
第二节　医疗责任风险基金法律制度框架……185
一、医疗责任风险基金制度目的与基本原则……186
二、医疗责任风险基金的法律地位与组织机构……186

三、医疗责任风险基金的成员权 ··· 187
　　四、医疗责任风险基金实施模式 ··· 188
　　五、医疗责任风险基金的资金筹集与使用制度 ······································ 188
　　六、医疗责任风险基金的监管制度 ·· 191
　第三节　医疗损害风险社会化分担的平行来源关系调整 ······························· 192
　　一、医疗损害风险社会化分担的平行来源 ··· 192
　　二、医疗侵权赔偿与医疗保险给付的平行来源关系规制 ·························· 193
　第四节　医疗损害风险社会化分担机制中的其他相关协调制度 ······················ 201
　　一、完善医疗损害责任鉴定机制 ··· 201
　　二、发挥医疗纠纷人民调解机制作用 ··· 206
　　三、落实医疗过失信息报告制度与卫生行政处罚制度 ···························· 208
　　四、发挥医师道歉的作用 ·· 212

第八章　医疗损害风险社会化分担之责任保险合同解释论 ··························· 215
　第一节　医疗责任保险对象、期间与范围 ··· 216
　　一、保险对象 ··· 216
　　二、诊疗活动与医疗行为之界定 ··· 220
　　三、追溯期、首次索赔与延展报告期 ··· 226
　　四、除外范围 ··· 235
　第二节　医疗责任保险合同的抗辩与和解条款 ·· 246
　　一、医疗责任保险合同中的抗辩 ··· 246
　　二、抗辩义务期限与范围 ·· 251
　　三、抗辩中的利益冲突与权利配置 ·· 253
　　四、抗辩义务的权利保留 ·· 261
　第三节　医疗责任保险合同中的告知与合作义务 ··· 265
　　一、医疗责任保险合同缔结时的告知义务 ··· 265
　　二、医疗责任保险合同履行期间的危险增加告知义务 ···························· 267
　　三、合作义务与抗辩控制权的利益冲突 ··· 269
　　四、出险通知之合作义务 ·· 270
　　五、保险理赔中的合作义务 ··· 274

第九章　医疗损害风险社会化分担之责任保险裁判实证分析 ························· 278
　第一节　医疗责任保险裁判案件数据采集与简析 ··· 278

一、检索结果的全样本数据 …… 278
二、案件地域和时间分布 …… 279
三、案由与当事人的分布 …… 280

第二节 医疗责任保险裁判案件主要争点评价 …… 282
一、诊疗护理活动与保险范围 …… 282
二、保险期间与追溯期 …… 286
三、保险限额赔偿条款与特别约定条款 …… 288
四、抗辩与和解控制权行使与通知义务履行 …… 289
五、投保人资质、医护人员资质 …… 289
六、投保人的医护人员名单 …… 290
七、保险公司不予理赔案件 …… 291

第三节 司法裁判实证数据维度评价医疗责任保险制度 …… 292
一、医疗责任保险在分散侵权赔偿责任中的作用 …… 292
二、医疗过错侵权认定机制与医疗责任保险制度的关联性 …… 295
三、保险理赔应当与调解机制相互协调 …… 298
四、医疗机构等级与医疗过错理赔之间的关系 …… 301
五、医疗侵权赔偿与保险理赔的平行来源关系调整 …… 302

结 论 …… 304

附录1 155个内固定断裂医疗损害赔偿案件索引 …… 312
附录2 102个与出生有关的脑瘫医疗纠纷案件索引简表 …… 315
附录3 医疗责任保险调查问卷 …… 320
附录4 269个医疗责任保险案例索引 …… 328
附录5 中国人民财产保险股份有限公司医疗责任保险条款 …… 334
附录6 美国佛罗里达医师责任保险单(英文版及试译) …… 340
附录7 新华人寿保险股份有限公司手术麻醉意外伤害保险条款 …… 403

后 记 …… 409

导 论

一、研究动机与目的

"风险"一词通常是指人们生活在社会中遭遇不幸事件的可能性,这些可能性带来利益损失,或者利益损失变动的结果具有不确定性。医疗损害风险是指医疗行为介入病患疾病自然进程后发生负面结果的可能性。医疗活动参与主体包括医疗服务提供者和接受者。提供者包括提供医疗服务的医疗机构,取得专业执业资格的医师、护士以及医疗机构管理人员,下文如无特指,用"医方"一词指代上述医疗机构和医务人员,用"医务人员"指代执业医师和执业护士。执业医师和护士受雇于医疗机构的,则不是独立的民事责任主体;如果执业医师、执业护士是独立执业的,即为独立的民事责任主体,下文为精炼表达,凡涉及医疗服务提供者的民事责任与责任保险,均指医疗机构以及独立执业的医师、独立执业的护士作为民事责任主体的情形;医疗服务接受者广义上包括患者本人、患者家属及其监护人、代理人,下文如无特指,用"患方"一词来指代患者本人及其家属和监护人、代理人。

医疗损害风险发生原因存在多样性:有的可归责于诊疗行为之过失;有的可归因于单纯的医疗意外;还有的是依据现有医学知识也无法查明原因,到底是源于患者自身疾病风险? 还是诊疗过失导致的风险? 抑或兼而有之? 因此,医疗损害风险概念有广义和狭义之分,广义的医疗损害风险是指可能导致患方损害的一切不安全事件的可能性,下文如无特指,"医疗损害风险"是指广义的医疗损害风险。狭义的医疗损害风险是指由于医方过失导致患者损害的不良事件的可能性,下文用"医疗损害责任风险"指称狭义的医疗损害风险。

医疗损害风险社会化分担,是指借用社会学中的"社会化"概念,将患方遭遇的医疗损害风险转移到患方之外,由医方或者特定的社会群体来分担的方式和途径。"机制"一词源于希腊文,原指机器构造和动作原理。社会管理机制是指制度机制,组成制度的各要素按一定方式相互作用,目的在于实现社会管理功能。医疗损害风险社会化分担机制是指建立由医方、特定社会群体分担医疗损害风险的相关制度,并使其实现转移患方医疗损害风险的功能。医疗损害风险社会化分担机制包括:由医方承担的患者医疗损害风险制度，主要是指构成侵权赔偿的医疗侵权法律制度；由特定社会群体构建的承担担保与支付医疗损害责任保险制度和医疗责任风险基金制度；以及由社会医疗保险群体分担的医疗保险制度。建立完善的医疗损害风险社会化分担机制，促使侵权制度、保险制度、基金制度和社会保险制度协调运行和共同发挥作用。

医疗服务是社会之需，诊疗行为必然与医疗损害风险如影随形，应当设计妥适的医疗损害风险社会化分担机制，实现预防医疗损害风险发生、及时止损和救济患方的目的，确保医疗服务提供者有责任财产赔付给患方。我们每个人可以自主决定不主动走进法庭去争辩是非对错，但是却不能自主决定一辈子不进医院，人人都有生老病死，或在医院出生，或在医院走完人的一生。人们遭遇的各种疾病，有的能治愈，有的是自愈，更多的是医师也无能为力，实施的诊疗只是减缓病痛、延缓死亡之术。正如美国名医特鲁多所言"有时，去治愈；常常，去帮助；总是，去安慰"。然而，医疗纠纷成为社会关注的热点问题由来已久，媒体报端经常报道医院发生严重医疗事故，"医闹"和"伤医"事件引起社会高度关注，我国刑事立法已经将"医闹"入刑，公安执法不断加强医疗安全环境保护措施，患方通过"医闹"这一不合法手段获得赔偿的空间越来越小。但是，医患之间缺乏信任、普遍存在"防御性医疗"，造成患者经济负担加重、医疗资源严重浪费，凸显出单凭医疗侵权法实现医疗风险社会化分担的捉襟见肘。20世纪60年代至70年代的熟人社会中互信互谅的时代已经不复存在，取而代之的医务人员职业化与医院规模化，使得医患关系中极其需要的私密商谈和关照、诊疗活动互相配合与合作的模式被现代医疗的标准化、专业化和科层化模式所替代。患者就诊时坐等几个小时，医师看病只有几分钟，医师一个上午要接诊几十个病人、连喝水上厕所的时间都被压缩，患者被当成了医疗服务流水线上的对象，医师几乎成为看病"机器人"，医患之间缺少沟通的时间和机会，一旦发生诊疗结果与患者预期不同的情势，很容易引起医患矛盾。发生医疗损害之后，在纠纷解决过程中，主治医师、主管护师、患方都长期处于焦虑之中。建立医疗损害风险社会化分担机制、缓解医患矛盾、为受害患方提供救济保障，这些已经成为社会共识。

我们生活在政治原则和经济原则相混合的社会时代，人们劳动所得和收入总是存在差距，国家制定税法强制缴税，由国家代表公众通过立法方式实现社会财富收入再次分配，税收的重要支出用于提供教育、文化、科学、卫生等公共事业所需资金。在法律面前，每个人的生命健康都应当得到同等保护，为此，国家应当建立财经法律制度对遭遇不幸、自己无力负担的国民给予帮助，建立人身损害风险社会化分担制度，保护国民的基本人权。唯有如此，方能实现人的行为自由与合法利益保护之间的平衡。对于国家而言，每个国民的一生中，在处理各类风险事故时，有的风险损害利益如此之小，被多数人看作生活常态，应当由国民自己承担；有的风险损害被法律认定为个人的事情,法律不加干涉,任由国民自己通过保险方式实现社会化分担;还有的损害风险被法律认为足够重要,需要由国家出面建立强制的法律制度(诸如侵权法与强制保险制度),实现损害由受害人转移至加害人必须和保险人共同分担,确保受害人得到补偿;还有的风险损害普遍存在,关乎受害人基本生存保障,需要国家建立诸如社会保障制度和社会救助制度,筹集资金来帮助这些不幸受害人渡过难关,并且要建立怎样的损害风险分担的法律制度,要根据国家政治、经济和社会发展阶段来决定,建立国民收入再分配制度。因此,医疗损害风险社会化分担机制可以分为三个层次:一是人身意外伤害保险。多数国家不强制每个人必须购买人身意外伤害保险,但是,国家制定和颁行保险法与合同法,贯彻诚信原则,保护交易安全,对保险金融业严格监管,防止其恶性竞争、垄断或者破产导致成千上万的投保人利益受到损害。二是侵权损害赔偿法律制度和责任担保制度。侵权损害赔偿法律制度用于确立侵权责任构成、赔偿标准和范围,通过司法体系实现其强制力保障。强制医疗责任保险制度用于确立潜在加害人在发生损害事故责任时,由保险公司提供最低限度的赔偿资金救济受害人,国家立法强制潜在的加害人必须购买责任风险,目的不是减轻加害人责任,而是为受害人应得的赔偿金提供资金来源基本保障。国家可以建立损害风险补偿基金制度,确保受害人可以得到的损害补偿的基本保障。三是国家建立社会保险方案,直接为不幸的受害人提供基本生活和医疗救助,将受害人纳入社会保障范畴,建立医疗保险和大病补助保险、特困人群社会福利津贴等途径实现损害风险的社会化转移,给予社会保险金补偿时,不苛究损害是源于行为过失还是自然疾病所致,全部通过社会保险分担受害人的损失。

2015年10月30日国务院发布《医疗纠纷预防与处理条例(送审稿)》中明确指出,"各地要积极探索建立以医疗责任保险为主,医疗风险互助金、医疗意外险等多种形式并存、互为补充的医疗风险分担机制,初步形成医疗纠纷第三方调解和第三方赔付的调赔结合方式"[①],2018年8月31日颁布的《医疗纠纷预防与处理条例》为建立医疗损害风险社会化分担机制指明了方向。国家实施医疗卫生事业发展规划、公立医疗机构改革,都是为了促进医疗卫生事业的公益性建设与发展。在此时代背景下,探讨建立医疗损害风险的社会化分担机制,在现有社会医疗保险制度基础上探讨完善侵权法律制度和保险制度,建立医疗责任保险制度、医疗损害风险基金制度,实现法律制度的体系化、制度化、规模化运作,促进患者安全和医学进步,这其中的相关法律问题需要深入研究,这是课题的价值所在,也是法学研究者的历史使命。

---

① 参见国务院法制办《医疗纠纷预防与处理条例(送审稿)》征求意见稿的说明,中国政府法制信息网. http://www.chinalaw.gov.cn.2015年11月2日访问。

二、研究对象与范围

医疗损害风险社会化分担机制法律问题的研究对象,是指构建实现医疗损害风险社会化分担的具体法律制度的有机结合,包括医疗侵权制度、医疗责任保险制度、医疗损害风险基金制度、人身意外伤害保险制度和国家直接运作的医疗保险制度。

对于医疗损害赔偿责任风险社会化分担,世界上的多数国家是通过建立医疗损害侵权法律制度、调解与司法裁判的程序制度,实现医疗损害由患方转移至医方承担的目的。医疗侵权制度要在"鼓励医护人员积极开展风险治疗、预防医疗损害与保护患者安全权益"之间实现价值衡量与利益平衡,这涉及法律、经济制度与社会发展多方面的混合交叉相互作用的难题,其中,侵权法律制度的政策选择尤为困难。因此,课题研究不是围绕如何完善医疗侵权责任法律的具体制度,而是要带着审视目光分析医疗侵权法律制度中存在的现实问题、评价侵权法功能在实施中的效果,论证引入医疗损害风险社会化分担的必要性,架构医疗损害风险社会化分担机制中的法律制度。

当今世界有许多国家根据国家财政、用人单位和个人的经济承受能力,建立了满足个人基本医疗需求的医疗保险制度,旨在为大多数人能够看得起病,医疗保险法律是基于社会保障目的建立的医疗损害风险分担制度,主要是调整政府、用人单位和个人在医疗保险中的利益关系。首先,在实施医疗损害赔偿责任的制度中,如果医方没有过失,医疗损害不可归责于医方,而是源于诊疗行为固有风险,那么,医疗保险制度是分担患者医疗损害的首选有效途径。其次,在实施无过失医疗损害风险补偿制度的国家,不论医方有无过失,都是通过国家建立的医疗保险制度或者社会综合保障制度转移医疗损害风险。因此,课题研究范围限于以医疗损害责任保险和责任风险基金作为分散医疗损害风险的制度设计,对于社会保障框架下的医疗保险制度具体构建完善内容不作深入研究。

对于因医疗意外导致损害风险的社会化分担,与其他原因(如交通事故、自然灾害等意外事故)引起的人身意外伤害保险相通,同属于人身保险法律制度调整范围。多数国家没有立法强制个人购买医疗意外保险,但是,医疗行为具有风险性,尤其手术风险具有一定的发生概率且伤害严重,购买手术意外保险是规避医疗损害风险的较好选择。在我国,由于人们受到传统习俗影响,对保险文化认识不同,愿意手术前购买人身意外伤害保险的投保人的保险偏好有很大不同。课题研究将就鼓励患者投保医疗意外伤害险的相关法律制度进行初步论证。

对于特别严重的医疗损害或者特定类型的医疗损害,通过建立特殊的医疗损害风险补偿基金制度实现风险社会化分担,课题将围绕这类医疗损害风险基金的相关医疗侵权制度与医疗保险制度之间存在相互影响。① 医疗侵权制度影响医师行为选择,也间接影响医疗保险制度有效运行,在医疗过失诉讼案件中,医师是被动的、无法选择患者的,但是,医师可以在医疗保险制度的框架内,运用其在医疗信息、医学知识的优势,在设计、选择和判断诊疗方案中进行主动的信息筛选和过滤。尽管患者有知情同意权,但因其缺乏信息分析能力,以致患者对医师的依赖程度高,即使医师的行为受到医疗保险制度等相关法规约束,也无法改变医师在医患关系中的信息优势地位,医师采取自我防御措施导致患者就医成本增加、间接抬高医疗保险制度运行成本的状况难以改变。反之,医疗保险制度对医师诊疗行为影响也是巨大的,医疗保险实施费用总额控制,使得医师的专业裁量权受到严重挤压,医师作为专业人的法律地位和作用发生偏离。比如,医疗保险费用采用平均费用控制办法,假如医师建议患者实施某项检查,但是该检查项目不在医疗保险规定的报销目录内,如果医师没有给患者实施该检查项目,后来患者病情恶化导致严重损害后果,事后发现假如当初给患者做这个检查,很可能可以避免漏诊或误诊,及早发现病因对症治疗。又比如,脑梗死急性发作住院治疗的患者,对于超出医疗保险规定的最大住院天数之后的诊疗费用,医疗保险经办机构对这些费用不予以偿付,而患者也不承担这些费用,如此状况下,医师可能偏离患者安全的最高行医准则,劝导患者出院,由此带来患者安全利益受损风险增加。可以预见,医师专业裁量权将越来越受到医疗保险制度给付制度的限制,由此产生的医疗纠纷与侵权责任,势必成为法学领域的重大研究课题,但是,限于本课题的研究重点突出的要求,对前述问题不作探讨。

因医疗损害提起侵权之诉的案件中,医疗损害风险社会化分担途径可能存在损害赔偿资金的平行来源。比如,患者参加了医疗保险,又购买了人身意外伤害保险,医方对其医疗侵权责任投保了医疗责任保险,这三种保险理赔金都是对患者承担损害赔偿的资金来源。有关"同一损害,有多种赔偿或者补偿来源时,由于各种赔偿或者补偿系因应不同政策目的和需要而创设,其相互间的关系,疑义甚多"②。已有研究成果主要局限于工伤保险与第三人侵权损害赔偿之间关系之探讨,学理上将处理平行来源关系的模式分为免除模式、补充模式、替代模式、选择模式和兼得模式。学者张新宝教授认为,"适用替代模式与改良的选择模式的关键,是提高工伤保险给付

---

① 肖柳珍.医疗保险制度改革的新视角——基于美国医疗过失诉讼与医疗保险关联性的分析路径[J].中国卫生事业管理,2011(7):488—490.
② 王泽鉴.侵权行为[M].北京:北京大学出版社,2009:27.

水平,使其与普通人身损害赔偿的赔偿水平相当"①。医疗损害案件中,存在多个赔偿资金来源时,这些不同的保险理赔金来源之间,何者优先适用?患者是否可以兼得?对此,当前司法裁判存在不同观点,依据《中华人民共和国社会保险法》第30条、第42条之规定,受害人可以兼得社会保险与第三人及其责任保险人之赔付,但医疗费用除外。那么,医疗损害中,赔偿项目除了医药费之外,尚有残疾赔偿金、死亡赔偿金、护理费等较大数额的费用,对于这些损害赔偿项目,如何在平行来源之间实现医疗损害风险社会化,理应是课题研究的范围。医疗损害案件中,同时存在工伤保险赔偿、医疗保险支付、医疗侵权赔偿以及医疗责任保险,甚至交通事故强制责任保险与商业任意责任保险,这些平行来源之间的关系极为复杂。比如,某人开汽车上班途中发生机动车交通事故,腿伤骨折,被送到医院抢救。在抢救过程中,由于医院医护人员过失未及时发现其脾脏破裂,导致事故受害人内脏大出血不得已脾脏摘除,如果受害人持有人身意外伤害保险单,在工伤保险、人身保险、侵权赔偿、医疗责任保险理赔、机动车保险理赔之间,如何处理相互之间的关系?这不单纯是法律问题,一定程度上是经济和政治的混合交叉相互影响,最终作出的国家立法政策选择,在单一的侵权法律制度体系或者社会保险、商业保险法律制度内无法得到解决,所以课题对此不作深入研究。

此外,医疗服务通常需要使用药品和医疗器械,如果发生医疗损害风险是源于诊疗行为过错和药品或者医疗器械瑕疵致害的混合情形,对于此情形下的医疗损害风险社会化分担的问题,限于研究重点突出之要求,课题研究范围未予以涵盖。基于国家实施疫苗强制接种制度,因强制接种疫苗发生医疗损害一般纳入国家行政赔偿范围,因此不纳入在本课题的研究范围。

三、域内外相关研究述评

医疗损害风险社会化分担的法律制度,包括侵权法救济受害人的传统法律制度,以及现代责任保险法律制度、赔偿基金法律制度,还包括社会保险法等领域的公法制度,对遭遇医疗损害风险的患方救济的立法与司法实践,不仅涉及一国的立法政策选择,还受到国家行使行政管理权的各种规制,涉及多学科的理论问题,已有的研究成果分属于侵权法和保险法的领域,需要糅合在医疗损害风险分担机制中整体考量。

(一)域外研究述评

中国台湾地区关于医疗损害风险社会化分担的法律制度研究,主要成果分属在

---

① 张新宝.工伤保险赔偿请求权与普通人身损害赔偿请求权的关系[J].中国法学,2007(2):52—66.

医疗损害责任保险与侵权制度两个领域的相关内容。对于医疗责任保险法律制度的研究,具有妇产科医师资历和法学博士学位的学者高添富先生在2008年提出分层解决医疗纠纷民事责任的构想,建议对医疗过失责任实施医师专业责任保险、无关乎医疗过失责任的医疗损害采用医事人员强制保险补偿患者的模式;具有中医执业医师资历和保险学博士学位的陈俞佩医师曾经对中国台湾地区中医医师的医疗责任保险的模式选择问题进行社会学调查,他采用数据论证医师在处理调解诉讼纠纷方面的平均支出,指出中国台湾地区现行医疗纠纷处理机制实施成本太过昂贵,医师必须参加医疗责任保险。① 中国台湾地区学者的研究成果是以中国台湾地区医疗卫生制度现状为背景。中国台湾地区有堪称世界上最好的全民保健制度,医师执业分为两种,一种是以公职身份在公立医院执业,另外一种是医师个人执业,开立私人诊所。在公立医院就职的医师可以同时再开一家个人诊所,医师最为惧怕的是患方"以刑逼民"提起诉讼,长期背负巨大的心理压力,有可能经过将几年后诉讼案件认定不构成刑事犯罪,医师却因长久等待而心力交瘁,即使最终只承担民事责任,也导致医师将几年甚至数年的积蓄赔光,所以多数医师有参加责任保险的意愿,但是至今为止,中国台湾地区没有法律明文规定医师必须参加医疗责任保险,也没有法律规定大型医学中心必须购买医疗责任保险。中国台湾学者陈自治在2007年撰文提出将专属保险机制应用在医师责任保险,以应因专业团体对专属保险公司之需,并提出专属保险立法的观点。1999年中国台湾地区民意代表沈富雄提出《医疗纠纷解决及补偿条例》(草案),因其未能连任,该草案无果至今。2012年12月13日中国台湾地区行政机构通过《医疗纠纷处理及医疗事故补偿法》草案,提出医疗事故补偿方案,不是采取无过失补偿制度,而是对于医疗事故属于难以分明责任归属者给付补偿,并且限于死亡、重大伤害给付二类;补偿资金来源于医疗机构缴纳的医疗风险分担金、政府预算、烟品健康福利捐、捐赠收入等,政府预算拨充以不超过医疗事故补偿基金总额的百分之三十为上限。该草案立法的过程中曾经存在很大争议,推行中也将面临的问题有:小型医院与私人诊所如何规避医疗风险?赔偿或者补偿的资金如何筹集?曾有学者提出"如果每人次的医疗诊金提高1台币,就可以解决中国台湾地区所有医师的医疗损害责任保险资金问题",但是因为这将涉及中国台湾地区每个民众利益,颇有争议,所以至今没有推行该草案,也没有查阅到对该草案深入研究的专著。2012年9月26日中国台湾地区卫生行政主管机构颁行《鼓励医疗机构办理生育事故争议事件试办计划》,提出建立生产风险补偿制度,对产妇生产过程中,发生非出于医疗机构或人员故意或明显过失所造成之母婴不良结果的风险,给予补偿或救济。2015年12月30日

---

① 陈俞佩.中医医疗纠纷与医师责任保险之评估研究[J].中国台湾中医药年报,No.28.

中国台湾地区通过了《生产事故救济条例》,将该试办计划实现了法律化。已有的统计数据显示,实施生产事故救济制度之后,提起生育事故补偿的案件数量急剧增加,有学者认为出现这种增加的原因,可能是在该计划实施前,患者搜集医师存在过失的证据和诉讼程序有难度,没有主张索赔,试办计划实施后索赔难度降低反而促使患者索赔案件数增加,但是,至今没有查阅到有关该试办计划实施数年的数据研究报告。

域外有关医疗损害风险社会化分担机制与国家的社会保障制度、医疗卫生体制、医师护士执业模式、医疗保险制度和责任保险发展程度密切相关。域外多个国家和地区实施医师自由执业制度,通过法律或行业规范规定医师必须持有责任保险才能获准执业,医师应聘到医疗机构时须出示医疗责任保险合同才能应聘。在美国,一些州建立了患者补偿基金制度,对高额索赔患者予以补偿救济,有的州立法将颁发医师执业许可与提供保单或责任风险担保相关联。但是,研究相关立法文献很少,有些研究医疗责任保险危机成因与对策的文献,视角多是立足社会学、保险经济学。[①] 美国有关医疗侵权法和保险法的立法权分属各州议会,各州有关医疗损害风险分担的立法不尽相同,至今没有形成一致认同的学说理论作为立法论证理由。世界经济与合作发展组织(OECD)在 2006 年发表了题为《医疗过失预防保险与保险范围选择》[②]的研究报告,指出世界各国的医疗责任保险赔付范围不断缩小、出现责任保险危机,至今为止没有找到供成员国借鉴的理想模式。该研究报告结论指出,建立医疗损害责任风险社会化分担各种途径需要各国政府发挥作用,经济实力强的国家可选择实施无过失医疗损害保险,各国政府应当致力于促进医疗风险管理,不断改善患者安全环境。

(二)域内研究述评

目前,域内学术界对于医疗损害风险社会化分担的研究成果不多,在中国知网数据库中以"医疗损害风险"且"社会化分担"为检索词在"全文"范围内搜索,得到检索结果:(1)期刊论文有 6 篇,其中核心期刊论文仅有 2 篇,一篇是陈玉玲《医疗损害风险社会化分担的法理基础》(2012 年),提出应当区分医疗过错与医疗意外,分别适用不同的医疗损害风险分担机制;另一篇是应用伦理学文章,作者张洪松、兰礼吉的《医疗差错的归因与治理:一个组织伦理的视角》(2014 年),指出医疗差错发生根源是对系统性和复杂性认识不足,提出高度组织化的医疗服务中,应当将组织伦理观念放置于医疗服务组织、系统、制度和结构中观察,以减少医疗差错。(2)学位论文有 3 篇。

---

① GAO. Medical Malpractice Insurance Multiple: Factors Have Contributed to Increased Premium Rates[EB/OL]. http://www.gao.gov/cgi-bin/getrpt? GAO-03-702.2013-10-10visited.

② OECD.Policy Issues in Insurance No.11 Medical Malpractice: Prevention Insurance and Coverage Options[J]. OECD Finance Investment / Insurance & Pensions,2006(22):i—86.

其中,程杰的博士论文《我国医疗损害风险社会化救济制度构建研究》(2013年)是社会学专业的学位论文,提出运用社会学理论、社会治理角度提出医疗损害的社会化分担。陈玉玲的博士论文《医疗责任保险法律问题研究》(2013年),是将医疗责任保险作为医疗损害风险社会化分担的一个重要途径所做的框架分析。吴岗的法律硕士论文《医疗损害风险社会化分担机制研究》(2013年),提出应当区分医疗过错和医疗意外,用责任保险分担赔偿责任,由国家给予遭受医疗意外的受害人给予补偿,但是论文内容是在泛泛论及医疗损害纠纷现状、医疗责任保险概念特征、域外的无过失补偿制度,浅尝辄止。此外,王海容、陈绍辉等多人编著的《医疗损害赔偿分担机制研究》(2014年),初步分析医疗损害赔偿分担模式,提出建立强制责任保险和互助性医疗损害赔偿基金的观点,有待从法理和实证数据方面深入论证。

现有的关于医疗责任保险制度研究文献,相关学者的学术背景主要是经济学和管理学。法学学者对医疗损害风险社会化机制的法律问题研究主要集中于对医疗责任保险法律的研究。学术著作有:谭湘渝著《医疗责任保险研究》(2008年)从经济学、保险学视角研究医疗责任保险经验费率厘定、定价因素等,建议通过人民调解委员会的调解机构介入医疗责任事故认定,由于作者的研究成果较早,对我国的医疗责任保险在2008年之后的发展问题和实践状况较少涉及。曾言与李祖全合著的《医疗责任强制保险制度研究》(2009年)内容主体是关于医疗侵权责任问题,本书只是提出实施强制医疗责任保险的建议,未得论证。以"医疗责任保险"为关键词在中国学术期刊网络出版总库中检索,截至2016年12月,有10篇博士论文,其中3篇是经济学和管理学论文、7篇法学博士论文。王丹峰著《论医患纠纷中患者权利及其保护》(2011年)、许冰梅著《医疗过失损害赔偿制度研究》(2008年)、张慧姝著《关于我国医方权利的法学研究》(2010年)、杨静毅著《医疗侵权的经济分析》(2011年);有3篇专文研究医疗责任保险法律制度的论文,即梁妍著《医疗责任保险法律制度研究》(2010年)、吕群蓉著《医疗责任保险制度的法理基础与制度构建》(2011年)和陈玉玲著《医疗责任保险法律问题研究》(2013年)。梁妍论文是从医疗责任保险法律特征与制度价值等方面阐述医疗责任保险立法原则,提出医疗责任保险的保险范围为医疗损害责任,罗列了部分格式条款。吕群蓉的《医疗责任保险制度的法理基础与制度构建》是在医疗纠纷调查基础上,提出医疗责任保险的必要性,其论证的法理基础分别是尊重人权与代际公平原则。值得商榷的是,将适用于自然资源保护的代际公平,借用到医疗责任保险制度,其正当性论证似乎牵强。医疗风险不是社会风险,医学进益的智力成果惠及当代人,文中从政治国家的基本义务维度论证国家承担医疗责任保险的正当性,没有区分责任保险与意外保险。进一步,吕群蓉著《美国医疗责任保险制度困境的破解之道及其启示》(2014年)一文,认为我国医疗责任保险发展困境存在的深层原因是"医疗责任保险法律制度的核心配套制度即系统化预防机制和无过错补偿制度尚未构建",文章在论据使用上没有区分"责任保险"和"损害保险"的不同,也没有对"无过错补偿制度"的可行性阐释论证。事实上,即使在经济水平发达的美国,也没有建立全面的医疗损害无过失补偿制度,以新西兰为代表的北欧国家实施的人身损害补偿计划(包含无过失医疗损害补偿),经过几次立法改革之后,已经对可以获得补偿的范围逐步限缩并增加限制性条件。美国的医疗责任保险遭遇三次危机之后,实施了侵权法改革,至今没有形成确定的、一致认可的改革成效评价观点,美国也只有三个州实施与出生有关的无过失医疗损害补偿计划,并没有将之推广到各类医疗损害。所以,学者吕群蓉的观点是有待商讨的。

总之,域内学界对医疗损害风险社会化分担机制的法律问题研究,在研究范围、方法和时域更新等方面存在需要进一步研究的空间,这也成为本课题的研究更新进步之处。

拓展研究范围、丰富研究方法。现有的研究成果局限于医疗责任保险,医疗损害风险社会化分担多途径的研究成果较少,医疗损害风险社会化分担涉及保险、经济、法律、医学等跨学科研究对象,不仅要使用法学研究中常用的规范分析,而且还要运用多学科研究方法,证成医疗损害风险社会化分担的原理和制度架构基础。

在时效与深度结合研究上,需要对2010年7月1日《中华人民共和国侵权责任法》(以下简称《侵权责任法》)实施后,医疗损害赔偿制度运行环境发生变化之后的医疗损害赔偿案件、医疗责任保险纠纷案件进行实证数据分析。在2015年10月30日国务院发布的《医疗纠纷预防与处理条例(送审稿)》中,提出建立医疗损害风险社会化分担机制。课题需要研究适合我国的医疗责任保险模式和医疗责任风险基金制度,结合保险法、基金管理法、侵权法等作理论探讨。

本课题将结合医药卫生改革背景,在对策研究上结合公立医院改革、医药体制改革的新发展,对医疗损害风险社会化分担的法律制度设计和理论进行论证。

四、研究方法、思路与内容安排

(一)研究方法

建构医疗损害风险社会化分担,需要从社会经济制度、医疗卫生制度、社会保障制度、保险制度和侵权法等多方面努力,研究医疗损害风险社会化分担中的法律问题,需要借助多学科的研究工具和范式,课题拟通过案例分析、统计数据分析,为医疗损害风险社会化分担的筹集资金制度提供支撑;通过对医疗损害案件、医疗责任保险案件的实证分析,研究现有侵权法在实施功能上和效果上的不足、保险合同法在适用于医疗损害保险中需要完善之处;适用比较分析方法上,分析美国、法国等国家医疗损害风险社会化分担制度运行实践中的经验与不足,研究与出生有关的医疗损害赔偿基金的运行、新西兰等国家全面无过失赔偿基金制度变革,旨在为我国医疗损害风险社会化分担的相关立法、发展和完善提供可资借鉴的经验共识。在历史分析方法上,考察美国医疗责任保险发展过程中遭遇危机的历史和原因,旨在警示我国医疗责任保险制度运行中需要防范的问题;分析新西兰无过失赔偿制度的发展方向,分析无过失赔偿基金有不断缩小理赔范围的原因。适用文献分析方法和法释学,详尽分析医疗责任保险合同条款中存在的问题,运用社会调查方法,通过对医护人员、医院管理者和患者的访谈、问卷调查,获得前后时隔十年的两次医疗责任保险调查统计数据资料,分析医疗责任保险需求变化、强制医疗责任保险的投保人接受程度、保险费筹集方案等,为课题观点和结论提供可靠性支持。

(二)研究思路

对医疗损害风险,责任认定上可以分为有责、无责和责任难以分清,侵权责任法的归责原则分为过失责任与无过失责任,法律逻辑上是周延的、封闭的。但是,医学本身固有的缺陷与法院裁判所要求的客观真实之间存在区别,在客观事实无法查明时,适用推定方法达到法律真实。

医疗损害发生原因的识别与责任区分上存在"模糊区域",可见于图1"医疗损害原因分区图"直观表达,主要原因有:医学中存在有相当多不为人知的疾病机理,疾病原因至今有很多不被人类认知、被归入医疗意外范畴。如果存在医师过错与患者自身生理原因结合下的医疗损害,要区分各自对损害后果的原因力是非常困难的事情。医学鉴定专家对某诊疗行为导致损害的原因力能够做鉴定的前提条件是需要有相关的医学统计数据,当前争议的个案是否符合医学统计结论适用的前置条件,需要专家的主观判断。即使有某种疾病的诊疗规范、临床指南,适用具体患者时还要根据病情具体判断分析,流行病学、生物统计学上的因果关系区别于法律责任构成要件上的因果关系。图1中的"模糊区域"里的医疗损害风险,由任何一方负担都不公平。因此,逻辑上把医疗损害风险发生原因分为医疗责任、医疗意外,以及对介于责任与意外之间难以区分的模糊原因三类,对前二类原因致害的风险设计不同的分担途径,探讨相关制度存在的法律问题,提出改进方向。对所谓的模糊原因导致的医疗损害风险,本质上属于依据法律政策对医疗损害风险进行分配的问题,确立法律政策的选择,在争议调解时在加害人与受害人之间协商责任与风险分担,或者在诉讼中通过举证责任分配划分责任风险。最终,或者划入医疗损害赔偿责任,或者划入单纯的无过失医疗损害风险予以社会化分担。

(三)研究主要内容安排

绪论。阐明研究动机和目的,指出医疗损害风险的客观存在性,对《医疗纠纷预

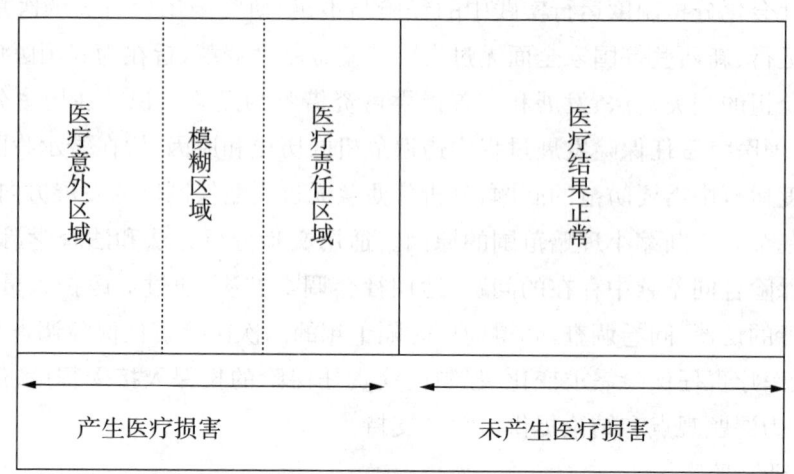

图 1　医疗损害原因分区图

防与处理条例（送审稿）》提出的医疗损害风险分担机制进行必要性研究，在对已有研究成果述评基础上，阐明课题的研究范围、方法和思路。

第一章医疗损害风险社会化分担基础理论。阐明课题研究中的核心概念及其与相近概念的区分意义，在分析医疗损害风险特点的基础上，提出医疗损害风险社会化分担的可选路径和影响因素。

第二章医疗损害风险社会化分担的法律价值与功能。分析医疗损害风险社会化分担的正义论，论证侵权责任法不能在医疗损害风险领域承载分配正义的功能，医学发展进步惠及全人类，国家和政府应当在医疗损害风险社会化分担中承担更多的责任和义务，通过立法引导责任保险和风险基金实现医疗损害风险社会化分担。

第三章医疗侵权法律制度功能与实效的有限性。从法律制度功能与价值论的区分与融合视角，分析侵权法在赔偿、预防和教育的应然功能，从实然角度分析医疗侵权法律制度在医疗损害赔偿责任认定、举证责任分配等方面存在的不足，指出侵权制度运行成本高昂、防御性医疗痼疾难治，为后文的对策研究提供基础。

第四章医疗责任保险与医疗侵权法律制度的关系。首先，论证责任保险产生和发展与侵权法律制度之间存在共生关系，应坚持区分原则，在医疗损害风险领域，不可引入无过错归责原则并借由保险实现医疗损害风险的社会化分担。社会保险制度作为社会安全保障体系中的重要制度，通过医疗保险为患者医疗损害风险社会化分担提供基础保障。其次，阐明医疗责任保险作为承担医疗侵权赔偿金的来源担保，为患者获得及时有效赔付提供资金，克服医疗侵权法存在的内在不足，发挥声誉机制作用，防范保险中的道德风险，利于实现侵权法的功能。但是，由于责任保险具有不可避免的局限性，医疗责任保险制度同样不能取代侵权法制度。再次，通过分析发生在以美国为代表的医疗责任保险危机,验证侵权赔偿和保险作为主要的医疗损害风险社会化分担的路径,相互间本应是共生共兴的关系。然而,世界范围内的多国发生医疗责任保险危机,亟需对侵权责任法改革作出回应,以警示人们重视责任保险周期性波动带来的负面作用、客观评价政治因素对侵权法律改革的影响。

第五章医疗损害风险社会化分担的不同模式。分析评价社会保险模式、医疗责任保险模式、患者补偿基金模式等运行发展的社会背景和制度模式,比较其中不同制度的优劣,为我国建构医疗损害风险社会化分担模式的法律制度提供借鉴。

第六章我国医疗损害风险社会化分担之模式选择。分析我国医疗责任保险制度中存在的问题,提出多途径实现医疗损害风险社会化分担的模式之观点,进一步运用实证案例、统计数据分析,论证实施强制医疗损害责任保险的必要性和理论基础,分析和提出"医疗责任风险基金作为医疗责任保险制度的备选、实施超额补偿基金分担与出生有关的医疗损害风险的特殊途径、采用患者人身意外伤害保险作为医疗损害风险分担的补充来源"的医疗损害风险社会化分担的建议。

第七章我国医疗损害风险社会化分担的法律制度架构。论证医疗责任保险法律制度和医疗损害风险基金法律制度的基本架构,分析医疗损害风险社会化分担的多个平行来源关系的处理原则,评价对医疗损害风险社会化分担机制有效运行的医疗损害责任鉴定、医疗纠纷调解、医疗错误信息报告等制度的功效与改进方向。

第八章医疗损害风险社会化分担之责任保险合同解释论。运用规范分析方法对保险对象范围、保险期间等条款深入解释,提出应当坚持抗辩与和解的权利义务平衡原则,赋予保险人抗辩和解控制权与抗辩义务,妥当处理和解同意权、权利保留等问题。保险告知义务与合作义务,是对保险合同各方的约束,鉴于医疗责任保险制度设计的特殊性,对于投保人违反告知义务与合作义务,保险人谨慎动用拒绝理赔的权利。

第九章医疗损害风险社会化分担之责任保险裁判实证分析。对裁判文书数据库的全库搜索,得到截至2015年12月31日的所有涉及医疗责任保险纠纷的裁判文书全样本,研读判决书中的主要争议焦点,分析案件裁判中存在的概念理解错误、医疗责任保险条款解释依据与原理的分歧、投保人资质与名单争议下的案件处理中的不当之处等,分析医疗侵权事故赔偿数额与医疗责任保险事故理赔数据之比例,以实证数据评价责任保险在分散医疗损害责任风险中的实际作用,提出完善医疗责任保险制度的建议。

结论。建立多层级形式的综合性医疗风险社会化分担机制。

五、研究的理论价值与应用价值

（一）理论价值

1. 分析指出建立医疗损害风险社会化分担机制，不仅是立法技术问题，更是社会法律政策的选择问题。医疗损害风险社会化分担具有理论基础，凸显患者安全利益价值追求。分配正义关注有益于社会发展的风险性活动如何在一定的群体中分担损失与分配利益，矫正正义关注于预防和纠正加害行为、实现损害填补，通过法律（主要是侵权法）得以实现和表达。具体到医疗损害风险领域，一方面，诊疗行为与医疗风险共生相伴，使得发生医疗风险的原因具有复合型，难于界分原因力；另一方面，诊疗行为致害对象的个体性与医学进步利于全体患者之间存在关联性，侵权赔偿制度的运行对诊疗行为中处于信息优势的医护人员的行为选择有深刻影响。侵权法律制度不能本身独立承载医疗损害风险社会化分担的重任，还需要通过社会保障制度、医疗责任保险制度、医疗责任风险基金以及人身意外伤害保险制度，共同构筑医疗损害风险社会化分担之路。

2. 论证我国医疗损害风险社会化分担模式。世界各国有关医疗损害风险社会化分担模式具有多样性，考察医疗损害风险社会化分担模式的利弊，实证分析不同分担模式抉择中的社会制度基础，以及模式实践中存在的问题。社会保险模式适用于经济发达、社会保障程度高的国家。医疗责任保险模式作为分担医疗损害赔偿责任的主要模式，借此实现分担风险与集体安全的目标。医疗责任风险基金制度作为医疗损害风险社会化分担的备选模式，实施与出生有关的医疗损害风险补偿基金、超额患者补偿基金模式，都是国家根据社会政策作出的特殊选择与立法安排。

（二）实际应用价值

1. 提出符合国情的对策，即国家立法建立强制医疗责任风险担保制度，强制保险比任意保险更适合医疗损害风险社会化分担，医疗责任保险理赔服务模式影响医疗损害风险社会化分担机制的实施效果。课题通过《2015 年中国卫生与计划生育事业发展统计公报》与《2015 年卫生与计划生育统计年鉴》[①]（以下简称《2015 年国家卫生统计年鉴》）中的大量数据、医疗责任赔偿案件分析数据，证成政府承担实现公民健康权保障与患者安全保护的正当性与合理性。

2. 进一步建构医疗损害风险社会化分担的法律制度框架。强制医疗责任保险制度的主要途径，医疗责任风险基金为备选路径，与出生有关的医疗损害超额补偿基

---

① 国家卫生和计划生育委员会.2015 年中国卫生和计划生育统计年鉴[M].北京：中国协和医科大学出版社，2015.

金、鼓励患者购买人身意外伤害保险作为医疗损害风险社会化分担的补充来源。对于医疗责任风险制度和医疗责任风险基金制度的架构中的基本原则、组织机构、运行模式与监管等作出探索;通过社会调查数据论证医疗责任保险费用的分担途径的可行性。

3. 运用医疗责任保险合同解释论,对于处理现行医疗责任保险运行中的常见争议、完善医疗责任保险格式条款具有切实可行的指导意义。

4. 对现有医疗损害赔偿案件、医疗责任保险纠纷案件实证研究,从鉴定制度问题、诉讼成本、侵权赔偿与保险理赔比例等问题视角出发,论证医疗损害风险社会化分担机制运行中相关制度协调的必要性与可能的努力方向。

六、研究的资料搜集、数据处理与说明

本着严谨治学的态度,尽可能全面搜集文本资料与案例数据,尤其是在英文资料的搜集上,尽已有条件搜集整理近10年的文献资料。文献资料主题范围涵盖医疗侵权、责任保险、社会医疗保险等方面内容,研究文献类型不仅包括论文和专著资料,还包括法律、规范性文件、大量的裁判文书与外国判例。数据处理思路在文中具文说明并制作附录,以确保数据来源可靠性和完整性。援引的判例资料内容比较详细,英文判例汇编中缩写和翻译规范,中文的判决文书与案例则尽可能搜集了裁判文书网、无讼、北大法意、北大法宝等数据库,形成完整研究样本。英文资料以美国的资料为主,涉及法国、日本等其他国家的资料,主要从西方法律(Westlaw)数据库中查得。引用分析的资料,主要是从该资料中直接归纳出某种学术观点,或者将该资料作为评述某观点的引证。

第一章 医疗损害风险社会化分担基础理论

第一节 医疗损害风险的概念辨析

与"医疗损害风险"相似的概念较多,如"医疗事故"、"医疗损害"、"医疗意外"等。发生医疗意外是否意味着医疗服务提供者不承担侵权责任?医学界、法学界经常存在不同理解和使用语境,因此,研究医疗损害风险社会化分担的法律问题,首先要辨析与医疗损害风险的相关概念,方具备理解与对话交流的前提。

一、医疗损害风险的概念

《现代汉语词典》中关于"损害"一词是指事业、利益、健康、名誉等蒙受损失。损害分为金钱损失和非金钱损失。如果将疾病自然进程也视为损害,多少有些乖情背理,但是法律需要使用术语来分门别类,民法上的"损害"是指因行为或者事件使得某种合法权利、利益遭受的不利影响的事实。"损害"外延广泛,包括所有财产上与非财产上的不利益、现实的抑或是预期一定会发生的损失、侵害、伤害和妨碍等。损害可由行为导致,亦可由自然事件导致。[①]

医疗损害(medical injury,medical damage)又称"不良事件",是指因医疗行为[②]介入而发生的损害,包括身体疾病、残障、精神损害、死亡等,是指医疗行为产生的负面结果(adverse outcome)之总称。医疗损害本身是一个中性词,用于描述医疗行为的客观结果,不含有归责之意。《现代汉语词典》中对于"事故"的解释,是指意外的损失或者灾祸,是指出乎人的预料的损失、非人力所控制的灾难。"风险"本身是个中立的概念,是指存在发生事故的可能性。

医疗损害风险,是指患者接受医疗行为造成损害的可能性。医疗行为与损害风

[①] 宁金成,田土城.民法上之损害研究[J].中国法学,2002(2):104—112.
[②] "医疗行为"复杂多样,且涉及责任保险范围识别,后文再研析。

险如影随形，逻辑上可将医疗损害风险区分为"可避免的事件"[①]（avoidable and adverse events）和"不可避免的事件"[②]（unavoidable and adverse events），其中"不可避免的事件"可再分为"可预知"和"不可预知"，前者存在发生概率，一旦发生几乎不存在结果回避可能性[③]，后者是根据现有医学知识无法预测损害风险。区分"可预知"和"不可预知"的法律意义在于，患者有权期待医师具备预见能力，履行告知同意义务，采取预防损害发生的措施，满足这些前提下仍发生了医疗损害，医师不承担侵权责任。反之，已预见损害发生可能性，医师未尽到损害结果回避义务，如预见手术可能大出血却备血不足、抢救设备未能保持可正常运行工作状态，患者发生损害，则构成医疗过失损害。对于不可预知且不可避免的医疗损害，医疗服务提供者不承担赔偿责任。

医学界经常将出现预见之外的医疗损害称之为医疗意外或者意外事故，这不同于法学界对"意外事故"的解释。法学界将意外事故区分为主观说、客观说和折中说。主观说强调行为主体对意外事故不可预见、不可预防；客观说强调意外事件与行为主体具有特殊内在联系；折中说强调行为主体尽到注意义务仍不可预见，但客观上经常能改变和克服。[④] 对于医疗损害而言，依主观说，医师个体主观上对医疗行为损害风险不可预见、不可预防的，则为医疗意外；依客观说，合理的医师不可预见、不可预防的，则为医疗意外，如其他医师都能预见、预防而涉案医师不能，该医师存在客观上的过失；依折中说，涉案医师主观上尽到合理的注意义务但未预见，客观上涉案医师没有预见、合理医师能够预见与避免，则该涉案医师有过失责任。区分医疗意外与医疗意外中的过失责任意义在于检讨医疗意外风险发生原因，单纯由疾病所导致的医疗意外，医师不承担责任；医疗意外中医师有过失的，不能援引医疗意外而免责。

二、医疗损害风险中的责任风险

对于"医疗差错"一词，法学界和医学界存在不同对话语境，至今仍有文章中出现"医疗差错不承担赔偿责任"的错误认识，混淆医疗侵权、医疗事故、医疗差错的不同

[①] "可避免的事件"是指医师根据诊疗规范和指南应当预见、因错误或者疏忽未能预见而发生的损害，又称医疗过失损害。患者有权期待医师如实、完整告知治疗中的预后、并发症、替代治疗方案、不接受治疗后果等信息，善尽医师注意义务，避免发生医疗损害风险。

[②] "不可避免的事件"是指在现有知识和技术条件下，无法克服、无法避免的并发症所造成的损害。

[③] 如被狗咬伤的患者存在罹患狂犬病风险，需要注射狂犬疫苗，但是注射疫苗存在不产生免疫抗体的可能性。狂犬病至今没有成功救治的先例。

[④] 马俊驹，余延满.民法原论[M].北京：法律出版社，2005：644.

含义。

医疗侵权(medical malpractice, medical negligence)是指医疗机构、医护人员在医疗服务过程中过失造成患者医疗损害,依法应承担民事赔偿责任。"医疗事故"在不同法域有不同所指。在中国台湾地区,对于"医疗事故"的正式定义,可见于《医疗纠纷处理及医疗事故补偿法》(草案)第3条,"医疗事故"是指"指病人因接受医疗行为而发生死亡或重大伤害之结果"。该草案第31条规定,"医疗事故之补偿,以中央主管机关作成审议决定时,有相当理由可怀疑医疗事故之发生非因医事人员之故意或过失,亦非医事人员无过失为限",该草案仅仅是针对难以分明责任归属者的医疗事故给予补偿。可见,在中国台湾地区"医疗事故"用词含义上不包含对医疗行为做出否定评价的医疗过失。在中国大陆地区,"医疗事故"在法律文本规范用语可见于1987年6月29日国务院颁布的《医疗事故处理办法》(以下简称《办法》)第2条[1],《办法》第6条根据医疗损害后果严重程度,将医疗事故由高到低划分三个等级,《医疗事故处理条例》第2条[2]对医疗事故作出界定,并且在第4条中根据诊疗行为对患者人身造成的损害程度,将医疗事故分为四个等级。可见,中国大陆地区对"医疗事故"一词是明确的否定性评价。

医疗差错是指诊疗护理中医护人员确有过失,但经及时纠正未给患者造成严重后果或未造成任何后果的医疗纠纷。《办法》第3条列举了医疗差错的情形[3]。与医疗事故相比,医疗差错在损害后果程度上轻微,依据《办法》之规定,医疗机构不承担责任,这正是医疗界援引"医疗差错不承担赔偿责任"的缘由。

区分医疗侵权、医疗事故与医疗差错的意义:首先,三者的概念外延不同。医疗事故一词是适用于卫生主管部门对医疗机构、医务人员实施卫生行政处罚的法律依据,不等同于认定构成医疗侵权民事责任的依据,换言之,医疗侵权概念的外延更宽,诊疗行为过失、瑕疵医疗产品致人损害以及二者结合造成患者损害的,都是发生医疗侵权承担民事责任的情形。其次,三者的损害后果与责任不同。《办法》第3条所列举医疗差错之情形,尽管未发生严重的身体损害,但有可能侵害患者精神权益,构成

---

[1] 国务院《医疗事故处理办法》第2条规定:"本办法所称的医疗事故,是指在诊疗护理工作中,因医务人员诊疗护理过失,直接造成病员死亡、残废、组织器官损伤导致功能障碍的。"

[2] 国务院《医疗事故处理条例》第2条规定:"本条例所称医疗事故,是指医疗机构及其医务人员在医疗活动中,违反医疗卫生管理法律、行政法规、部门规章和诊疗护理规范、常规,过失造成患者人身损害的事故。"

[3] 《医疗事故处理办法》第3条规定:"在诊疗护理工作中,有下列情形之一的,不属于医疗事故:(一)虽有诊疗护理错误,但未造成病员死亡、残废、功能障碍的;(二)由于病情或病员体质特殊而发生难以预料和防范的不良后果的;(三)发生难以避免的并发症的;(四)以病员及其家属不配合诊治为主要原因而造成不良后果的。"

医疗侵权责任。

三、医疗损害风险特点与发生原因分类

(一)医疗损害风险特点

医疗是把"双刃剑",在治疗疾病的同时可能带来患者身体损害,正如民间谚语"是药三分毒",讲的是服用药品在人体内发挥药效治病的同时,也会因药物的毒副作用对人体造成伤害。医疗损害风险存在于医疗过程之中,发生在医疗行为目的之外的结果。医疗损害风险的特点表现在:

1. 多发性与客观性。误诊是医疗损害风险发生的常见原因。误诊是指在具备确诊条件下,因为医师没有关注和搜集病情信息、实施无效诊疗,导致延误诊断治疗患者病情恶化。学者陈晓红曾经组织 30 多位临床医师对自 1990 年以来国内公开发表的 300 多万篇医学文献研析,结果检出误诊文献 10 万余篇,对采集的 1500 多万条误诊文献信息统计分析,显示误诊率在 26%～31% 之间,这与国外报道的误诊率基本相同。2000 年有学者在《循证医学质量与安全杂志》(BMJ QUAL SAF)发表文章[①],指出每年有 1200 万美国人遭遇误诊,相当于二十分之一的成年患者遭遇误诊,并且其中有一半会引起严重的伤害后果。误诊原因中,既有医护人员的认识错误,对检查结果的解释错误,也有患者没能准确陈述病史、描述病情的因素。美国医学研究所(Institute of Medicine, IOM)在 1999 年出版的《是人就会犯错》(*To Err is Human*)报告中,指出"美国每年因医疗差错事故引起死亡的人数达 44000～98000 人,医疗系统错误远远比医师个人行为错误严重,多数医疗错误不是因为医师个人的鲁莽,而是医疗系统出现了偏差"[②]。

2. 或然性和不可预见性。所谓风险,指是否发生不良后果,可能发生也可能不发生,因而具有或然性。正因如此,实施有侵袭性和危险性的诊疗行为,医师需要事先告知患者资讯、取得患者同意。告知的有关内容是医师根据临床试验数据、药物说明书以及自己的临床经验作出的判断。但是,临床试验数据在上市之前的实验阶段对于参加受试的患者规定了严格的入组与排除标准,那些身体有基础疾病的患者、老年人、未成年人一般不会被入组受试者范围,药品上市或者诊疗技术获得国家卫生主管部门批准才允许普遍适用。诊疗实践中,患者千差万别,个体差异性客观存在,导

---

① Singh H, Sittig D F. Advancing The Science of Measurement of Diagnostic Errors in Health Care: the Safer Dx Framework[J/OL]. MJ Qual Saf, 2015, 24(2):103—110.10.1136/bmjqs-2014-003675.

② Kohn L T, Corrigan J M, Donaldson M S. To Err Is Human: Building A Safer Health System[M]. Washington: National Academy Press, 1999:26—30.

致有可能发生不可预见的不良后果,这些都属于医疗风险的不可预见性。

3. 高度危害性。相当一部分疾病原因不明、诊断困难,甚至治疗无望。患者体质和疾病互相作用影响,出现的不良后果,轻则延长就医时间、增加疾病痛苦和财务负担,重则可能导致患者死亡、残疾或者身体功能严重受损。

4. 损害原因的复杂多样。医疗损害风险的发生原因通常是复杂的,呈现出人体生理与病理极其复杂的结合过程与结果。人体是个复杂的生物系统,时时处于新陈代谢的过程中,导致有的疾病凶险而表面却看不出明显症状,有的疾病表现在身体的某个部位,但是病因却在其他部位。不同个体对致病因子的反应性不同,致病因子作用机体方式不同,临床表现各异。在不同个体身上使用同种药品和诊疗技术,效果却不同,可能在临床上对于大多数患者适用的方法,用在个别患者身上就出现不一样的反应,而这往往会被临床医师忽视,导致医疗损害发生。从人类疾病谱发展史来看,世界气候变化、自然灾害增多、空气污染、抗生素广泛应用,都使得微生物变异、抗药性增加,导致疾病谱复杂性增加,判断医疗损害的原因难度不断提高。

(二) 医疗损害风险发生原因分类

患者体内疾病自然发展本身是很复杂的医学问题,医护人员需要通过医疗行为影响或者阻断患者疾病伤害的自然因果进程。所以,医疗损害发生的原因可能是患者疾病的自然转归,也可能是医源性损伤,还可能是错误医疗行为导致,甚至是这几个可能原因复合作用之结果。

医疗损害风险发生原因可以划分为客观原因与主观原因。(1) 就客观原因而言。一方面,相当多的医疗风险是组织系统风险,医师越来越依赖CT、MRI等各类医疗仪器设备,以此延长和强化医疗主体的感觉与思维。但是,医疗用材和仪器设备的参数和设置都是有极限数值的,有些疾病可能就诊断不出来或因显示器分辨率较低,医疗设备辅助诊断结果不够准确,还可能因操作人员经验技术水平的客观限制、提取的样本结果误差大,对临床医师产生误导等。例如,用高清晰影像设备帮助医师活检取样与病理分析,是医界公认的金标准,然而,影像设备清晰度和医师操作仪器的熟练程度终究会遇到瓶颈。另一方面,医学知识发展存在局限性和相对性,疾病病因不明,缺乏有效的诊疗方案。科学永无止境,医学科学发展过程就是解决问题的试错循环过程,患者个体差异、罕见疾病都容易导致初诊和复诊时判断不同,发生误诊。之所以医疗活动中有这么高的误诊率,是因为对个体患者疾病确诊,医护人员也都要经历从认识、熟悉到掌握的过程。每一个新病种都可能被误诊,如2003年曾经在全国流行的非典型性肺炎传染疾病,该疾病最初并不为众医师所知,误诊率极高,经过对发病期、临床期和结局期的医学试验病例数据总结,最后才有了非典型性脑炎(SARS)的临床诊疗指南。医学是一门高科技高风险的生命科学,它仅仅能为人类生命困境提供希望,但无法满足长生不老的奢望。医学有知、有术,而生命终归无常。疾病可控、可防、可治,而生老病死的过程永远是不可逆的,至今为止只有少数疾病可以治疗,大多数疾病只能做到医疗缓解,医师所起的作用有时不过是对患者的慰藉和关怀。(2)就主观原因而言。医疗机构医护人员,诊疗行为不符合诊疗规范基本要求,如采集病史草率、查体不全面、盲目相信辅助检查结果等,医疗服务质量把控不严格,医疗服务态度差导致医患沟通不畅、缺乏信任。医疗仪器设备使用操作不当,诊断治疗中数据识别不准确、传输不及时,延误诊疗信息准确交换。这些原因造成的医疗损害可以追究医师的过失责任,并且通过医疗责任保险方式进行社会化分担。患者方面的主观原因主要是患者隐瞒病史、忘记告知医生病史、诉说病史不准确全面误导医师,或者患者不配合检查、不遵医嘱配合诊疗等,或者因经济原因不愿意进行进一步医疗检查,患者的依从性差医师无从诊断。

理论上可以将医疗损害原因划分为主观原因与客观原因,但是发生医疗损害经常是既有主观原因也有客观原因,难以简单作出区分。从法院定案归责角度看,要从中区分是诊疗行为导致还是患者原有疾病导致,或者是多个原因的结合,是一件非常困难的事情。正因如此,医疗损害争议案件中,需要专家对诊疗行为是否存在过错、过错与损害结果是否有因果关系等问题作出专业判断。

四、风险社会的规制理念不适用于医疗损害风险

医疗损害风险通常不具有社会风险特征。一般情况下,医疗损害风险是每个患者单独遭遇的医疗技术应用和医患主观认识偏差带来的风险,不太可能发生集体风险,因此,不能将"风险社会"的预防和治理的理念、价值和规范简单照搬用于规制医疗损害风险的预防与社会化分担损失。

德国社会学家乌利希·贝克所描述的"风险社会",被界定为"系统地处理现代化自身导致的危险和不安全感的方式,是与早期的危险相对,是与现代化的威胁力量以及现代化引致的怀疑的全球化相关的一些后果"[①]。"风险社会的风险具有全球性、系统性、两面性,在古典工业社会的背景下,它们被合法化为现代化的副作用"[②]。高度发达的现代工业化进程中,来自人类自身行为和现代技术的风险,时刻威胁人的生命健康和社会安全。现代技术相当程度上是控制风险发生或者风险最小化的行为技能和智识。具体到医疗活动中,诸如人工辅助生育技术可以孕育生命,但是人工生殖技术在代际意义上有何风险,凭借目前的医学无法预知。又如获得药物试验通过的

---

① [德]乌尔里希·贝克.风险社会[M].何博闻,译.南京:译林出版社,2004:19.
② 南连伟.风险刑法理论的批判与反思[J].法学研究,2012(4):138—153.

新药,通常是经过了安全性和有效性的验证,但是有可能这个药物的副作用,在几十年之后才被人们认识到。风险社会中的风险被科学、政治和法律共同赋予其合法性,一旦发生风险,人们会用"风险"一词来解释和应对紧张关系,将发生的损害归咎于风险,于是,风险在解释出错或可预料的不幸时,被当作主张免责的"辩论资源"。

医疗损害风险不同于风险社会之风险,主要表现为三个方面:首先,医疗活动是针对患者个体而为之,医疗损害风险是对一个个患者而言,发生的风险呈现个体化。风险社会之风险通常是集体风险,具有社会性,并且向社会纵深发展。比如环境污染事故、食品药品安全事故,受害人数众多,社会影响广泛。其次,实施风险行为的主体和受害主体身份角色不同。风险社会中的风险行为主体与受害主体基本不可能身份重合,受害人处于被动承受之中。医疗损害风险中,患者的身份具有双重性,他(她)既是医疗行为的参与者,对医疗风险有一定的控制能力和义务,比如谨遵医嘱接受治疗、按时复查,也是诊疗风险的承担者。再次,实施风险行为受益主体不同。在风险社会中,广大受害者经常不是风险行为带来好处的受益者;而在医疗损害风险中,患者接受诊疗既是接受风险,也是直接获得诊疗收益。

因此,规制风险社会的相关法律主要属于行政法范畴,国家对社会风险治理可供选择的基本路径是政府宏观调控、私有化和区域性的自主治理,相应的法律应对是在控制风险源、实施举证责任倒置和弱化因果关系要件方面作出努力。[①] 有学者针对典型的社会风险——环境污染的治理撰文,提出坚持预防原则应当作为环境法的基本原则,并贯穿于立法、司法、执法和守法的全过程中,从治理污染向预防污染转变,从治理风险向预防风险转变。[②] 而对于医疗风险之法律规制,是基于医疗活动的专业性、科技性,对医疗损害风险的宏观治理上,可借鉴风险社会的治理规制原理,坚持预防原则,加强法律规范建设与实施,包括对诊疗行为风险等级评估制度、医疗药品和器械准入制度与医疗药品行政许可规范,以及对医疗机构管理的规范等,控制未经安全性、有效性评估的诊疗行为、药品和医疗器械进入医疗领域。但是,微观层面上,医疗风险本身具有发生概率,只能预防、无法杜绝。对于具体诊疗行为之损害风险预防,风险社会的治理规范(主要是行政管理规范)不适用,救济医疗损害风险的规范依据主要是侵权法和保险法,与行政法规范分属不同法律部门调整。

---

① 郭洪水.当代风险治理的路径选择和法律应对[J].科技管理研究,2013(18):221—224.
② 张梓太,王岚.论风险社会语境下的环境法预防原则[J].社会科学,2012(6):103—107.

第二节　医疗损害风险社会化分担机制涵义

一、"社会化"概念的法学阐释

人具有社会属性,不能脱离社会而独立存在,人所具有的社会属性决定了调整人与人之间的权利义务关系的法律不能脱离社会而独立存在。法学上的"社会化",是指法律的观念、建构模式要立足于法律与社会的关系,以社会学观念分析法律,研究法律与社会的相互影响,强调法律作为调整社会关系的工具,对法律价值、功能和法律实施效果进行社会学分析。"民法社会化是指民法以社会为中心,在以抽象的自由、平等以及权利为前提下,侧重实质平等与权利所应当承担的社会义务,在利益结构上,当个人利益与社会利益重合时,强调以个人利益为出发点和归属,国家与社会对私权在一定范围内的干预符合个体性与社会性的统一。"[1]近现代民法的确立和发展过程,就是民法不断的社会化过程,民法社会化是构成民法现代化的核心理念与理论模式。

社会学法学,又称法律社会学,是将法学传统方法与社会学中的概念、观念、理论和方法结合,强调法要促进实现社会目的,研究视角关注于法的实际运行与操作,强调不同利益的整合,把法律的改进、改革、完善、缓和社会矛盾作为终极关怀,主张法律的制定和适用,应当由社会整体出发、注重社会效益,纠正近代法律只注重维护个人权利的弊端。社会法学派内部有社会连带法学、社会工程法学、利益法学、现实主义法学等支派。社会连带法学创始人狄骥指出,社会连带(social solidarity)是永恒不变的客观事实,人们生活在社会中必然具有社会连带关系,这是人类社会的基本事实和社会存在的基本条件,构成包括法在内的一切社会基础规范。人与人之间具有服从连带关系的义务、维护和发展集体生活的义务,国家具有实现连带关系的职责。[2] 伴随十九世纪工业社会的形成和发展,地球变为一个大的村落,社会复杂程度不断提高,在这个社会化过程中,人的主体性价值、社会、国家与法律的关系更加密不可分。国家的社会职能不断发展,通过国家在相关社会保障制度立法和实践,使得个人在处理遭遇的风险时越来越多地依附于国家和社会。

---

[1] 李石山,彭欢燕.法哲学视野中的民法现代化理论模式[J].现代法学,2004(2):36—41.
[2] 张文显.二十世纪西方法哲学思潮研究[M].北京:法律出版社,2006:99—102.

二、医疗损害风险社会化分担的涵义

损害风险社会化分担,是指将个人遭遇的损害风险转移至受害人以外,由加害人或者特定的社会群体来分担的方式。戴维·M.沃克认为,"从社会角度看,把某人所受到的损失转移给被认为造成损失的人或者对损失的发生负有责任的人,在某种程度上就是把这种损失转移至企业或整个社会"①。戴维·M.沃克从社会整体的角度来理解损害风险的社会化,不仅包括以责任追究为基础的传统侵权损害赔偿,还包括国家、社会,或者社会上特定群体的多数人的共同分担损害风险。

现代损害风险社会化分担发展方向,突破了加害人与受害人之间的法律关系,将损失移转到某些能够承担损失而又不会因此受到严重影响的主体承担,这些主体是指那些具有连带共同关系的人,在侵权法体系之上,叠加了将损害转移给那些有偿付能力的其他体系,这些体系包括各类保险与基金,如保险制度、风险基金制度、社会保障制度,都致力分散损害风险、减少损失对个体的经济负担,将损失转移给风险资金池分担。

医疗损害风险社会化是指医疗损害发生后,基于法律、相关规范制度和合同安排,将该损害风险在医疗机构、医师和患者之外的其他不特定人之间分担,形成社会、医疗机构、医师、患者共担风险的机制。常用的医疗损害风险社会化分担方式是责任保险、责任风险基金、人身意外伤害保险和患者损害补偿基金。

医疗损害风险是现代医学发展中的副产品,人类享受医疗技术进步带来的好处的同时,需要设计相关制度对医疗损害风险进行社会化分担。20世纪最后几十年里,医学科学与医疗临床技术发展迅猛,患者对医疗预期希望不断提高,对医疗结果不满意产生的纠纷诉讼不断增加,人们对医疗质量和患者安全的关注程度越来越高,表现在:第一,技术革新使得当代医学不断使用先进的医疗设备和仪器进行诊疗,医学十分依赖复杂的技术,这些技术本身会出现特定的风险,造成病人的严重伤害。第二,发达国家通过财富累积,建立了绝大多数人享有的医疗保障制度,人们更愿意去医院就医而不是自己忍受病痛,并且对于医疗水平的期待往往超过了实际医疗现状,对医疗质量的期待要求更高。第三,患者权利意识增强,知情同意法则要求医师对于没有获得知情同意的诊疗行为导致的医疗损害承担责任。第四,医疗技术复杂多样的,涉及多个医疗部门之间的分工协作,医院管理和协调的复杂性和难度加大,影响到患者安全,有相当多的医疗损害发生原因是医院的组织管理失误引起。为应对这些医疗损害风险,国家通过建立相应制度,实现在特定的甚至更大范围的人群中分担

---

① 戴维·M.沃克.牛津法律大辞典[M].李双元,等译.北京:法律出版社,2003:1109.

医疗损害风险。

三、医疗损害风险社会化分担机制界定

准确界定医疗损害风险社会化分担机制十分困难。医疗损害社会化分担机制的本质是指在特定情形下给特定的受害人进行赔偿的法律权利体系,以及通过法庭或者行政机构来整体运行的法律制度。医疗损害风险社会化分担机制中的法律制度,可以分为私法制度和公法制度。私法制度主要是基于侵权、合同进行构造,主要有第一人保险制度、侵权赔偿法律制度、保险合同法律;公法制度是基于政府干预、强制性地参与、赔偿标准化等进行构造,主要制度是强制保险制度、无过错赔偿基金与社会公共保险制度与基金制度。私法制度与公法制度在实施机制上不同,私法制度的建构坚持法律主体的意思自治和个人自主选择,遵从意思自治和缔约自由,对于可能发生的医疗损害风险,对患者而言,可以任由风险发生后自己负担,也可以加入自愿性的第一方保险;对有侵权责任和合同责任的医护人员而言,可以自己负担,也可以购买商业责任保险。公法制度基于政府责任、家长主义,从政府干预、强制性地参与、赔偿标准化等方面进行制度建构,倾向于由法律强制规定,财政支撑也多是义务性安排,在私法制度不能为低收入阶层和特殊困难群体提供救济安排时,提供法律制度设计实现"财富的再分配"。

患者自己仅仅靠市场力量无法应对风险,需要进一步限制合同自由,通过法律强制性地要求患者加入社会医疗保险,对医疗损害赔偿资金作出安排;如果医护人员没有足够的承担责任能力,也没有购买责任保险,就可能导致对患者赔偿落空,通过强制性地要求从事具有一定风险性的医疗行为的医护人员购买责任保险,使其对患者的赔偿责任资金来源具有基本保障。在特定条件下,政府还将建立无过错补偿基金与患者补偿基金,对不幸的患者提供损失补偿。

四、医疗损害风险社会化分担中的赔偿与补偿

依据是否对损害进行归责以及是否完全填补损害为标准,将医疗损害风险社会化分担区分为无过失补偿和有过失责任的赔偿。无过失补偿[①]是相对于过失赔偿而言,无过失补偿(no fault compensation)指称经由传统私法发展而来的各种替代性方案的总称,涵盖的制度具有多样性,尽管各类无过失补偿制度之间具有某种相似性,

---

① "补偿"与"赔偿"经常在使用时不做区分,都是指对受害人的金钱给付。但是,二者之间也存在区分,前者强调救济的及时性、有效性,补偿资金总额不一定能填补全部损失;后者强调损害的完全赔偿原则,坚持填补全部损失。为简化写作表达,下文如无区分必要,将"补偿"与"赔偿"均指对受害人的金钱给付。

但是很难对其进行简单定义,各类无过失补偿制度内涵是与其意欲解决的社会问题密切相关。无过失补偿作为一项替代医疗损害赔偿的机制,在域外的部分国家地区已建立有一些制度样本,诸如瑞典的人身意外伤害补偿制度、中国台湾地区的《生育事故风险救济计划》(2012年10月1日开始实施)、日本的《产科医疗补偿制度》(2009年起推行)以及美国弗吉尼亚州与佛罗里达州的与出生有关的神经损害赔偿制度等。对已发生的医疗损害风险,不追究医方是否有过错,只要证明损害是由医疗行为导致、损害达到一定的严重程度,就能够从医疗损害无过失补偿基金中获得补偿。

过失责任赔偿是指具备侵权责任构成要件,加害人依法应当对受害人予以赔偿。世界上多数国家建立了传统的民事责任赔偿制度或者侵权法律制度,医疗损害风险的受害人可以据此主张完全的损害赔偿,实现损失由受害人转移至加害人承担。

将医疗损害风险社会化分担机制涉及的相关制度区分为无过失补偿与过失责任赔偿,其意义在于:过失赔偿责任是侵权归责之结果,无过失补偿是一种特别的制度安排,受害人获得补偿金之后,是否允许其基于加害人的过失再主张过失损害赔偿责任,取决于无过失补偿制度的相关规定。

第三节 医疗损害风险社会化分担的途径与选择因素

一、医疗损害风险社会化分担途径的术语区分

医疗损害风险的社会化分担途径所有使用的术语,如同"医疗过错""医疗事故""医疗意外""医疗差错""医疗风险"等用词的多样化一样,在资金来源、触发因素和赔偿范围等方面存在很大的不同,进而所使用的术语也有不同,大体可以区分为侵权赔偿、保险与风险基金,其中,保险可以再区分为医疗保险、人身保险与责任保险。

医疗保险又称社会医疗保险[①],是指投保人按照劳动工资收入的一定比例或社会成员依规定缴纳一定数额金钱至社会保险统筹账户,对被保险人因疾病就诊发生医药费用,按照医疗保险制度给予偿付。医疗保险是依据社会保障法规定,强制雇主和雇员共同缴费,具有强制性、互济性和社会性的特征。[②]

以生命、身体健康利益为保险标的的保险,属于人身保险范畴。发生医疗损害之

---

① 下文如果没有特指,"医疗保险"与"社会医疗保险"含义相同。
② 例如,我国医疗保险是指城镇职工医疗保险、城镇居民医疗保险、新农合医疗保险等。

后,患者可以主张人身意外伤害保险理赔。人身意外损害的投保人可以是自己,也可以是他人。依据保险法的原理,为了防止道德风险的发生,对于死亡保险,各国保险法都作出一些限制,诸如不得为无民事行为能力人投保以死亡为给付保险金条件的人身保险。父母为子女投保人身意外险的也受到保险金总额限制。

患者向医方主张侵权损害赔偿,实现对医疗损害风险由患方向医方的转移,侵权赔偿成为医疗损害风险社会化分担途径。如果医方对其侵权损害赔偿投保责任保险,该险种为财产保险,医方通过责任保险实现医疗损害风险的社会化分担。

区分医疗责任保险与人身意外保险的意义在于,如果不追究医疗意外损害是否存在侵权责任,则医疗损害风险可纳入人身意外伤害保险范围,但医疗机构不能作为患者人身损害意外保险的投保人。如果追究医疗意外损害的责任归属,则患者死亡或者残疾之损害,应纳入医疗责任保险范围。

医疗责任保险比医疗保险多了"责任"二字,二者都是损失补偿,但在保险标的、保险范围、赔付标准等方面存在区别。医疗责任保险属于财产险范畴,对医方之侵权责任依据保险合同给付保险金;医疗保险属于社会保险范畴,依被保险人加入的医疗保险种类、医疗保险范围确定医疗保险金给付,而无论患者本人对损害发生是否有过失。国家和政府建立医疗保险制度,是为患者负担部分医药和治疗费用、康复费用。患者自购的商业健康保险属于人身保险范畴,发生医疗损害风险,保险公司按照保险合同约定赔付患者保险金。

医疗责任保险、医疗保险和人身保险存在竞合的可能性。患者持有医疗保险,接受诊疗时因医方过失导致损害,对患者而言,存在医疗保险给付请求权、医疗损害赔偿请求权与商业人身保险请求权的竞合,存在损害赔偿或补偿的平行来源,患者可向医方主张侵权损害赔偿,也可向医疗保险中心先行支付医药费用之后,再由医疗保险经办机构向医方及其保险公司追偿,还可以基于人身意外保险合同约定,向商业保险公司理赔。

二、医疗损害风险社会化分担的可选途径

(一)私人购买保险方式:第一人保险

第一人保险是患者在私法领域选择自主安排医疗损害风险社会化分担途径,这种途径体现了一种意思自治和自由主义,属于一种自愿性的团结互助,一般属于保险合同调整范围。患者在就医之前或者就医时购买第一人保险,诸如个人意外伤害保险,患者为避免医疗活动在发生人身意外伤害,通过事先自愿支付保险费的方式,分散潜在的伤害损失。对于这类保险,要有充足的市场需求和可保险性,理论上才会有这种类型的保险产品在市场上出现。一方面,患者有保险需求,患者不知道自己是否会发生医师所告知的那些疾病治疗措施可能发生的风险,这种不确定性会给患者带来一定的精神压力和紧张情绪,不知道一旦发生风险可能出现多大的经济负担,于是愿意支付一定的金钱,把将来可能发生损害风险和损失固定下来,为可能发生的医疗损害风险买保险;另外一方面,医疗损害风险具有可保险性。保险经济学认为,一个特殊的风险要具有可保性,医学统计学上对于医疗损害风险的发生具有一定概率,保险精算可以对风险进行分类和定价,可以把大量相同的风险归并在一起,建立资金池,对患者而言的不确定性,在资金池里具有了一定的确定性,进而风险本身在资金池中消失。

但是,这种商业保险的市场有时候并不理想。诸如,保险险种规定的保险费相当高、患者并不清楚保险条款的所有内容、保险公司排斥风险高的患者投保,自愿性的医疗损害保险中风险高的患者可能买不到保险,于是需要保险业与政府政策制定者之间的相互依赖与妥协,采用由政府允许的保险市场主体垄断医疗损害保险制度,并且强制所有社会成员购买医疗保险,于是私法领域的商业性医疗损害风险保险转向到公法制度下的社会保险。

(二) 私法领域责任制度与保险:侵权责任与责任保险、责任风险基金

私法领域的侵权责任制度是对于过失进行衡量、确认责任归属的机制,通过医疗责任保险市场、责任风险金提供理赔,实现医疗损害风险社会化分担。确定责任赔偿是通过单个个案处理,将医疗损害个体的损失转移到对损害发生有民事责任的加害人那里,由加害人承担医疗损害侵权责任或者违约合同责任。无论是侵权责任抑或违约责任,都需要司法过程加以确认责任归属,需要支付运行成本,支出医疗过错鉴定费用、时间成本,必然消耗不菲的司法成本,这些成本支出用在了对行为的违法性、因果关系以及损害计算方面。医师的行为是否具有一个通常理性的医师所应当具有的勤勉、谨慎,诊疗措施的实施是否达到专业注意标准;患者要证明自己的疾病后果与医疗过错行为之间的因果关系链是相当的困难;法院致力于对受害人完全赔偿,却对于损害数额的计算难有可操作的规程,因为损失的计算以固定的数额和期间计算,假如患者疾病医治好之后获得升职加薪收入提高,或者因为其他疾病而过早去世的情形都没有计算在内。此外,侵权责任法的目的之一——"给事故发生前的潜在侵权者提供预防事故发生激励"难以实现。由于医疗损害发生的概率具有一定的不可避免性,并且医疗损害发生原因都具有复合性,导致医师在投入预防发生事故的成本上或往往高于合理水平,即现行的医疗侵权法制度实施的预期效果——法院判决很难做到给医师执业提供行为指引,几乎做不到在"避免损害和过度预防"与"无效率的高标准注意义务"之间找到合理的平衡。实践经验表明,在一个单一的制度框架内实现"损害赔偿"与"事故预防"这两个侵权法的目标,经常需要在二者之间进行艰难地取舍。私法领域的受害人赔偿，加害人要有足够的财力负担损害赔偿金，才能实现受害人损害向加害人那里转移。于是，建立责任保险制度，把个人责任转向责任保险的"深口袋"，可以在一定程度上为加害人"赔不起"的情形提供担保。这些医疗责任保险大多数是由保险公司或者非营利性医师保护协会组织建立的保险公司予以承保，在医疗损害赔偿责任的保险赔付以及促进医疗体系改善患者安全和风险管理方面起到一定作用，同时要防止逆选择和道德风险。但是，不可否认的是，以美国为代表的医疗责任保险已经发生三次周期性危机，至今为止，医疗责任保险作为私法归责体系下分散医疗损害风险的路径，诉讼的增加和判决赔付额的大幅增加并未导致严重的保险危机和保险范围的严重缩水，甚至有报告表明损失的扩大导致对市场现有保险能力扩容需要增加。我国当前医疗责任保险的发展存在机遇与挑战，责任风险基金也有了初步的发展空间，课题在后文将深入研究。

（三）私法领域责任制度之外的主要替代制度：社会医疗保险

医疗保险制度是社会保障制度的重要组成部分，为患者治疗疾病提供基本保障。国际劳工局对于社会保障概念作出界定，是指社会通过一系列的公共措施，向其成员提供的用以抵御因生病、工伤、失业、伤残、年老和死亡而丧失收入或者收入锐减引起的经济和社会灾难的保护。这些社会保障制度是解决人类社会发展过程中共同存在的社会问题而采取的一种积极的社会政策，是以国家为主体的社会福利计划，涵盖大多数社会偶发事故或者风险。社会保障主要包括社会保险、社会救助、社会补贴、社会互助等。社会保险制度是国家通过立法强制征集专门资金用于保障社会成员在年老、丧失劳动能力的时候的基本生活需要的物质帮助制度，包括养老保险、工伤保险、健康保险等。

私法领域责任制度之外的损失风险分担社会化途径，主要是指通过由国家资助，建立公共赔偿（社会基金）综合性的公共转移制度。这些公共转移制度倾向于由法律强制规定，因为任何形式的财政支持是义务性的，涉及的是"财富再分配"，而真正的原因在于私法制度不能为低收入阶层提供救济安排。自愿性的第一方保险不能发挥财富再分配的作用。于是，医疗保险制度被作为专门分散医疗损害风险的补偿制度，构成社会保障制度的一个重要内容，为需要疾病治疗以及治疗过程中带来的副产品——医疗损害提供给付救济。其主要模式是由雇主、雇员所缴纳的保险费提供资金，由国家机构或者国家指定的保险公司来计划、运行和管理，在雇员遭遇伤病时提供经济上的救济。医疗保险作为社会保障的重要组成部分，被认为是现代国家的核心任务之一，是国家实施的一种强制保护制度，潜在的受害人必须为自己缴纳保险费，在患者疾病需要时医疗保险可以提供基本的金钱给付，伤病与医疗损害是否可以归责于加害人，不是患者获得医疗保险给付的前提，至于医疗保险组织机构是否享有对加害人追偿权以及是否有效地行使追偿权，是由国家社会保险法来做出规定，多数国家立法规定，社会保险机构有权向侵权责任主体追偿。

（四）私法领域责任制度之外的选择替代制度：无过失补偿基金

无过失补偿基金或者类似安排，是私法领域责任制度之外的替代制度，是作为一种应对社会问题而采取的一套多样化解决社会问题的方法，只有发生特定类型的损害，受害人才会获得给付，一般情形下给付标准要低于私法赔偿水平，需要审查获得赔偿的主体资格和条件，赔偿和裁定程序是通过行政方式处理，而不是对抗性地诉讼。在西方国家的替代制度主要适用在工伤赔偿、机动车损害赔偿、刑事伤害赔偿。新西兰、瑞典、丹麦、挪威为代表国家的综合性赔偿方案，采用无过失补偿与私法救济制度相结合的方式，有的国家不限制受害人另行通过侵权法主张损害赔偿，有的国家规定受害人在获得无过失补偿之后不得再行依据侵权寻求救济。赔偿基金来源于风险的制造者或者从风险活动中受益的人，或者国家税收，其运行主要是依靠自治政府机构、私营保险公司或者其混合体。世界范围内，对于医疗损害的赔偿或补偿，有关无过失补偿或者类似安排的基金是多样化的，其利益主体、资金来源、触发因素及赔偿范围等方面都有很大不同。法院对医疗保健服务提供者赔偿/补偿责任的评定并不是患者获得赔偿/补偿的先决条件，而是基于伤害本身或者伤害原本是可以避免的事实作出。这些制度安排或者是由私人资金通过商业或非营利性保险公司（例如丹麦、芬兰），或者是由公共资金（例如瑞典、新西兰）来保障资金供应的。但是，自2000年以来，新西兰等少数国家实施的全面无过失损害赔偿体系进行了不同程度的改革，以应对面临的经济困境。课题后文将从法律视角对于采取无过失医疗损害风险补偿制度的国家（地区）的相关患者补偿基金制度进行分析，尝试对我国无过失补偿制度的必要性与可能性予以分析。

三、医疗损害风险社会化分担途径选择的影响因素

医疗损害风险的社会化分担途径，无论是选择侵权责任与责任保险，还是选择社会保险，抑或选择特别补偿基金，在资金来源、触发因素和赔偿范围等方面存在很大的不同。医疗损害风险的社会化分担选择何种途径与该国的医疗侵权损害赔偿制度、责任保险运行模式、国家政府对于遭遇人身损害的不幸受害人的社会保险保障与救济制度密切相关，至今为止，没有一种选择是完全之策，只能在可供选择的方式中进行衡量。

（一）医疗损害赔偿制度对医疗损害风险社会化分担途径选择之影响

选择医疗损害赔偿制度分担医疗损害风险，大体分为两种，一是对过错进行衡量并且由医疗责任保险提供赔偿的资金来源的过错责任制度，二是实施无过错补偿制

度，由国家或者特定人群建立的损害赔偿基金，在符合一定条件下给予患方补偿，实现医疗损害风险社会化分担。

过错侵权赔偿责任制度，是建立在道德责任、矫正正义的基础上，尽管有很多严格的有关矫正正义的解释，但是绝大多数侵权案件还是以过错为基础的。矫正正义依然是侵权法的首要功能，尽管它在具体案件中会被实用主义、程序、经济分析或政策考量有所消弱。过错责任原则之下，被告应就自己不法对他人造成的损害承担责任。医疗损害赔偿案件中，由法院或调解机构根据侵权法律制度对诊疗行为作出否定评价。侵权法律制度的赔偿和预防功能无法在单一的制度框架内得到完整体现，通常需要艰难地作出取舍。法官在侵权案件私法审判中，无疑会将某些社会文化观念或个人喜好带入司法过程中。如果严格适用过错责任原则，导致对受害人的损失不予救济将有失公平；如果将过错概念本身作扩大化解释、举证责任分配给医方，有可能导致医方的防御性医疗。"普通法的目的是减少事故的总体成本、避免事故和法律体系的运作。表达这种条件是容易的，而辨别一个满足它的特定规则却是困难的。……没有一个精确的方法来衡量相互抵消之成本和收益的规模和方向，谁都不能有把握地决定哪个规则是更合意的，更不用说去显示该被选规则实质地影响了效益。"①最大的可能是司法实践中的事实上承认了矫正正义的基础地位，只有在社会政策与矫正正义相吻合时，法院才愿意进行社会政策考量。尽管社会政策强调赔偿目标，仍有其他的社会政策要求严格限缩侵权法的赔偿功能。这是因为：法官往往无权进行风险分配，这种工作往往应当由立法者来完成；过分强调矫正正义与赔偿功能的实现，势必会影响损害赔偿金的震慑或预防作用；事实上，侵权法本身也无法很好地完成赔偿目标，因为其他的赔偿体制可能更为高效。"在立法上把过错责任和无过错责任截然区别开来的取向并没有在法学理论或者司法实践上得到充分的体现。一般认为，过错责任和无过错责任之间的界线是很模糊的，也没有办法加以科学确定。附加在理性之人身上的注意义务要求越严格，不当行为责任就越接近于无过错责任，据以确定注意义务标准的人群限定得越小，不当行为这一范畴的主观色彩就会越浓"。② 有人认为，侵权责任应该进一步扩大或更加严格，以便使更多的受害人获得赔偿。处于更佳"风险分配"地位的被告应就其招致的损害承担赔偿责任，不管他是否具有过错。这就意味着，某些被告（例如产品制造者）应该就其产品导致的损害承担赔偿责任，因为他们可以通过提高产品价格将赔偿成本进行转移，这样一来，每个

---

① ［美］理查德·A.爱波斯坦.普通法规则的社会效果[C]// 布兰代斯.哈佛法律评论：侵权法学精粹.徐爱国，译.北京：法律出版社，2005：486.

② ［德］克雷斯蒂安·冯·巴尔.欧洲比较侵权行为法权：下册[M].焦美华，译；张新宝，校.北京：法律出版社，2001：306.

消费者将承担赔偿成本的一部分,而受害人则不用独自承担损失之苦果。实际上,侵权法并没有认为赔偿目标要比矫正正义更为重要或者认为需要扩大严格责任的领域。风险分散理论和严格责任只在个别案件中出现,它们并没有取代矫正正义的基础地位。对受害人损失进行赔偿,是侵权法的普遍被人类认同的目标或功能。赔偿功能不仅对受害人是可补偿的,而且对社会也是有益的。适用矫正正义要求加害人赔偿是有条件的,加害人行为必须有不法行为。但是适用社会政策或理念却不同,有可能基于社会政策选择起建立社会保险制度,让那些参加社会保险的人们来分担加害人行为造成的他人损害。

实施无过错侵权责任制度,是建立在分配正义基础上,促进社会整体的宏观福祉。于是,医疗损害案件中,法院对医方责任的评价并非是受害患者获得赔偿的先决条件,补偿通常是基于伤害本身或者伤害可以避免的事实而做出的。无过错侵权责任制度需要建立补偿基金制度或者保险制度来支撑。无过错补偿与保险制度结合的逻辑是:过错原则导致了昂贵的制度实施成本,为此,把主观过错因素完全排除于获得补偿的先决条件之外,一旦发生损害,受害人(也是被保险人)直接从基金管理机构或者保险公司获得损害补偿,完全不考虑行为人有无主观过错的事实。

将无过错侵权责任制度的设计理念引入医疗损害风险补偿、建立无过错医疗损害赔偿基金或者保险制度,需要事先考虑的主要问题有:谁是更适于分散医疗损害风险的人?哪些医疗损害的受害人有获得赔偿的权利?决定医疗损害赔偿的基础是"平等需要"观念下的社会福利制度还是"损害填补"观念下的侵权法归责?各种医疗损害风险分担机制实施过程中,如何实现患者的安全利益保障?

(二)国家医疗卫生服务体制对医疗损害风险分担途径选择之影响

医疗损害风险社会化分担方式的选择,与该国家的医疗卫生服务体制密切相关。医疗损害风险本身多数情形是由于疾病风险本身造成,最传统、最基本的医疗损害风险社会化分担方式是医疗保险制度。进一步说,医疗保障制度和医疗卫生服务体系的形成与发展在不同国家和同一个国家的不同时期都有可能是不同的,这与一国的经济基础、政治基础和传统有关,医药卫生服务体制决定了医疗损害风险社会化分担方式的基本选择。

国家医疗卫生服务体制主要是指由医疗服务提供者(医疗机构和医护服务人员)和药品提供者(药品生产和流通组织)组成的提供方与由国家、地方政府、商业保险公司和病患个人组成的支付方,在医疗服务和药品流通中,对于政府、市场与个人之间的关系的制度安排。政府在医药卫生服务体制的建立和运行中的指导作用、管理范围和实现形式上都存在不同。英国的医疗卫生服务属于政府主导型的,医疗保险资金主要来源于国家财政拨款,基本医疗服务几乎全民免费,体现了高福利性。因此,在英国,无过错的医疗损害风险主要由医疗保险分担,有过错的医疗损害风险才通过责任保险分担。美国的医疗卫生服务是市场主导型的代表,政府在医疗卫生服务、药品提供和医药费支付方面承担有限的责任,政府制定法律法规履行监管职责。医疗卫生支付体系由联邦政府、雇主和个人共同构成,以商业保险为主,联邦政府和州政府资助的公立医疗保险为辅,联邦政府主要保证残疾人、老年人、低收入者和失业者享有基本医疗保障。在美国,非营利性和私立医院达到医疗机构总数半数以上,医疗服务提供者的市场化程度非常高,医疗损害风险分担途径是参加有竞争性安排的商业保险或者协会团体组建的保险。

总之,国家的医疗卫生服务体制要兼顾公平与效率,促进医疗保险覆盖范围不断拓宽。国家干预医疗卫生服务市场制度和措施的首要原则是在公平与效率间进行平衡,提高医疗服务质量和效率,在医疗费用负担上,实行利益调节机制,在政府、雇主机构和个人中对医疗损害风险多元化共同分担。我们每个人,既是个人,也是社会的组成成员,这种双重身份会使得个人责任和社会责任产生矛盾时,通过社会公共赔偿基金(而不是无辜的被告)赔偿受害人的损失成为一个选择途径。尤其是在原告、被告双方均无过错时,将损失的成本转移给被告是不公平的,完全可以通过社会公共基金或保险的办法分担损害风险。

第二章 医疗损害风险社会化分担的法律价值与功能

第一节 医疗损害风险社会化分担的法律价值

"法的价值是以法与人的关系作为基础的,法对于人所具有的意义,是法对于人的需要的满足,也是人关于法的绝对超越指向。"[①]只有当法律符合或能够满足人们的需要,促成人们的利益的实现,在法与人之间形成价值关系,法律才有价值(有用性)可言。

一、矫正正义与分配正义

正义是法律价值的核心元素和基础。正义论的理论研究可追溯到亚里士多德,在他的正义观里,正义是一种中庸,一种完全的德性,不正义就是违法和不均。亚里士多德在其《尼克马科伦理学》中将正义分为分配正义(Distribute Justice)和矫正正义(Corrective Justice)两类。分配正义意味着对共同体中荣誉、财富和其他可分配资源的分配,可以均等,也可以不均等;相同情况应以相同对待,不同情况予以不同对待,正义是合乎比例,不正义是比例失调。

分配正义是实体正义,强调按照各自的价值进行分配、安排使用资源的权利和有限顺序。所以,分配正义应当是通过建立一套规定社会资源在社会结构中的地位、社会资源相互间关系以及具体配置的实体制度规范,对有限的社会资源作出尽可能科学与合理的分配。分配正义体现在国家法律制度架构上,是要明确立法、行政、司法三项基本权力的内涵与相互关系上作出制度上的安排,通过法律实现国家对社会资源财富的分配与组合,实现社会关系调整的法律化,实现分配正义价值。通过公法规

---

① 卓泽渊.法的价值论[M].北京:法律出版社,1999:10.

范(宪法、行政法等)将国家权力、公民权利资源和义务固定、宣示和管理,通过私法规范(物权法、知识产权法、公司法等)对财产资源的归属、利用、交易等作出规定。

矫正正义是指一个人实施了不公正的行为,而由受害人承受该行为造成的损害,会造成一种不公平的现象,法官要设法将这种不公平状态恢复到公平状态,从而使善与恶重新回复到一种均衡状态。矫正正义是司法正义,体现在法律制度架构上,是要建立一套针对资源分配过程中出现的动荡与矛盾而设计的救济性制度,用以处理惩罚与赔偿。所以,矫正正义主要是以程序规范(主要是诉讼法)、救济法(主要是侵权法)规范弥补了分配正义在个案正义实现上的不足,对失衡的分配正义进行纠错,是一种事后的正义,是一种救济的正义。"自亚里士多德以来,人们始终认为矫正正义与伦理道德之间存在天然联系,矫正正义是在分配正义支配下所应有的状态。矫正正义与侵权规则之间存在着紧密联系,……矫正正义不追求赔偿或威慑效果中的某一种,而是通过在当事人之间实现损害赔偿来追寻正义与社会福利的双重目标。"[①]"矫正正义与侵权法之间的关系是——矫正正义的内容部分由侵权法制度确定的,矫正正义的内涵取决于包括侵权法在内的矫正正义实践;如果矫正正义实践不存在,也就谈不上矫正正义的道德义务;矫正正义的正当化部分地取决于矫正正义在对制度进行阐释与表达的过程中所具有的吸引力。"[②]

矫正正义与侵权法之间是相互勾连、共生共存的关系。侵权法的哲学根基是矫正正义,个人应该为自己不当行为所导致的损害负责任,对法律上不合法或道德上有过错的行为施加责任,这些不合法或有过错的行为或者是故意不当行为,或者是可能对他人造成伤害的具有不合理危险的行为。侵权法制度的核心任务是将矫正正义具体化,需要考虑私法的连贯性、统一性,把与司法关系相关的所有正当理由考量连接成单一整体的正当理由,在侵权法具体制度中,要把受害人与实施加害人的法律诉讼关系连接起来,满足侵权构成要件中的过错、损害和因果关系要件,以及要件之间的一致性和不可替代性。比如,因果关系要件不能与损害要件发生混淆或者替代。医疗侵权构成要件要满足一致性和区分性比较困难。比如,医师未告知患者保守治疗替代手术治疗的方案,又因诊疗行为不符合操作规范,患者术后发生损害后果,对患者而言,生命健康权和自我决定权受侵害。但是,医师当初告知患者保守/手术两个方案,患者选择手术方案,也就是说,患者"机会丧失"是具有或然性的。对此,司法实务中的处理,有的是将"机会丧失"作为原因,并入人身损害中考量,并不支持机会丧

---

① 孙大伟.探寻一种更具解释力的侵权法理论——对矫正正义与经济分析理论的解析[J].当代法学,2011(2):77—83.
② 孙大伟.探寻一种更具解释力的侵权法理论——对矫正正义与经济分析理论的解析[J].当代法学,2011(2):77—83.

失作为损害的单独诉请;有的是将"机会丧失"作为独立的损害予以救济。"机会丧失"到底是损害要件还是因果关系要件？两者之间难以区分。

二、医疗损害风险社会化分担中的分配正义

医疗损害风险社会化分担既要建立以矫正正义为基础的侵权法制度,也要建立以分配正义和社会本位思想为基础的社会保险制度。矫正正义是以个人本位为基础,首要目标是机会均等而非结果公平。分配正义要求对社会群体成员之间的权利、权力、义务和责任进行最优配置,符合社会本位观念,强调法律任务不仅在于保护个人权利,而且为了社会公共利益,法律可给人们强加特定义务、限制或剥夺其某些权利,最大限度地发挥侵权法的补偿功能,这些成了立法、司法和学界的共识。侵权法领域过失概念愈益客观化与社会化,侵权客体日渐复杂化与扩大化,侵权归责原则由过失责任原则向无过失责任原则扩张。与此同时,无过错责任原则与损害风险社会化分担机制(保险制度和社会安全保障制度)之间开始协调发展。侵权法哲学基础开始重构,侵权法越来越朝向保护受害人的方向发展,向着分配正义价值目标迈进。法律社会化成为强化侵权法损害填补责任的立法方向,社会本位思想渗入民法。至今为止还有诸多疾病原因不为人知,伴随医疗药品和医疗技术的发展,医疗损害风险日益增多,药害风险事件增加,对于这些医疗损害风险,从维护患者基本生命健康权目的出发,考虑全社会或者特定人群的社会经济地位以及负担损害的能力,对无辜受害人的损失在全社会或特定人群中进行合理分担。新西兰等国家建立的无过失补偿制度、患者赔偿基金制度,都是受到了社会连带、社会本位思想的影响,以分配正义为价值追求建立的相关制度。

三、公共医疗资源分担医疗损害风险中的正义

公共医疗资源分担医疗损害风险的正义基础是分配正义,这不仅体现为基本医疗保险保障范围的药物给付制度、床位分配、器官移植等,也体现在难以界定医疗损害风险分配的法律政策之中。比如,在中国台湾地区发生的一起有关"乳酸盐林格氏溶液"混合"多力维他"之静脉注射引起患者死亡的医疗纠纷案,医师对患者增加营养补充维生素的治疗,在口头告知患者有可能过敏之后,为患者施用的多力维他(含维生素B1)针剂造成过敏死亡。[①] 关于医师是否有过失的判断,事先"是否要对患者进行过敏试验"成为案件争议焦点。医师知道多力维他复合维生素B类的某个种类物质可能会引起人体过敏,具有一定低概率发生风险的可能性,但是发生过敏引起死亡

---

① 参见台湾地区"高等法院"2010年度上字——一八九号民事判决。

的概率很小,复合维生素B类药物的试敏十分繁琐,如果对每一类的维生素试敏,对患者而言,需要增加医疗费用和等待时间,所以医师一般不对患者试敏。如果法官认定必须试敏,则该案中医师未对患者作过敏试验存在诊疗过失,如果考虑到过敏发生概率低、死亡概率更低,法官认定医师未有实施过敏试验不存在过失,则对于患者过敏死亡,医师没有过失。该案件看似是单一的医疗纠纷,但是类似的情形在制定诊疗规范标准时也经常出现,正如多力维他注射液的操作规范本身,微观上涉及如何选择界定医师注意义务的标准问题,宏观上涉及的是实施该标准可能消耗的公共医疗资源、保护患者安全与卫生经济效率的问题,攸关侵权立法中的法政策考量。

公共医疗资源是由国家、社会、其他组织和个人投入的用以保障全体国民身体健康的资源,由于公共医疗资源投入始终无法满足人类对于医疗服务和无限延长生命健康的需求,所以公共医疗资源是一种稀缺性资源,需要进行合理配置。根据经济学原理,对稀缺性资源的分配通常要进行两个抉择:一是对稀缺性资源的"量"的投入决定,二是如何做既符合效率原则又相对公正的合理配置资源。回溯人类历史,对于财富的分配,存在按需分配、依贡献分配、论地位分配、平均分配、先到先得分配、按付费能力分配等多种原则。理想的分配结果是满足所有人的需求,但是在资源有限的情况下,这是不可能实现的理想,只能退而求其次,即力求分配正义。

有限公共医疗资源在不同的团体、机构、社区和个人中进行分配,分配原则大抵是遵循效益最大化、平均分配、弱者优先、随机、促进并奖励社会贡献几种方案,在国家经济发展到一定水平时,可以根据公共医疗资源的情形和医疗特点,采用多元化和类型化的分配原则。首先,在由国家出资建立的医疗资源的分配上,坚持人人平等享有就医权,保障基本医疗服务的原则。医疗保险制度是最大的影响医疗资源分配的制度,在法律定位上,国家应当立法强制每个人必须加入医疗保险体系。其次,从实用主义观点出发,在医疗资金和服务的使用上,坚持效益最大化和优先保障原则,将花费医疗资源所获得效果作为分配正义的判断标准。从医学角度上,医疗保险制度要根据疾病治疗的投入和疗效,制定出疾病的治疗和药物使用的保险覆盖范围,要求是能够最广泛、最经济的救治患者疾病,将患者病情与诊疗分类:不接受治疗就可能危及生命、不接受治疗也有可能自行康复、立即治疗便马上获救、治疗需要花费的时间和费用以及预期改善生存质量的状况。医学专家们要对医疗机构、设备、技术人员以及治疗花费进行分类和预判,决定保障医疗的优先顺序,将这些疾病治疗所需要的药物和项目纳入医疗保险支付的基本目录体系,并且根据医疗技术和药物的发展适时调整。总之,区分国家和私人的不同投入,建立国家政府供给和市场供给区分原则,满足不同层次医疗需求的模式。由国家负担供给的医疗服务,是属于医疗健康服务领域中的社会福利,包括为病患提供发现和处理身心异常诊疗的服务,以及为病患提供疾病预防教育、进行医疗检查和治疗康复。国家的社会福利组织、机构和系统对无法照顾自己的社会成员提供帮助和需要,社会福利领域中的资源分配是从富有向贫穷的单向安排,以此力求实现分配正义。

第二节 医疗损害风险社会化分担的功能

一、实现公民健康权:国家义务的应有之义

(一)健康权:基本人权

人权的本意是作为人平等幸福生存的一种基本权利。权利意味着他人、社会和国家为主体利益的实现承担责任。权利平等不仅是人类古老的理想,更是一个古老的法律原则。健康是繁荣之本,良好的健康直接促进经济增长,不健康则会导致贫困。不同的学科和研究角度,对于健康的定义和理解是不同的。《世界卫生组织组织法》对健康的定义,"不仅为疾病或者羸弱之消除,而系体格、精神与社会之完全健康状态",即健康应当包括生理、心理和社会功能三个方面的良好和完满状态。

健康权,又称生命健康权,体现为人权或者宪法层面上的健康权和民法层面上的健康权两个方面。人权或者宪法层面的健康权是围绕"人人享有可能达到的最高标准的身体健康和精神健康"和"国家对公民健康权的实现负有主要责任"两个基本价值理念展开。保护自然人生命权是建立国家的目标,各国宪法将生命健康权确定为公民最基本、最重要的权利,并且通过刑法等法律提供切实的保护。民法层面的健康权,是从我国《中华人民共和国民法通则》的生命健康权的笼统规定中来理解,生命健康权是自然人对己身享有的生命安全、身体健康、生理机能完整的人身权利,包括生命权、身体权和健康权。生命健康权优先于一般人格权,健康权的主要内容包括健康维护权和劳动能力保持权。多数学者认为,保持持续、稳定、良好的心理状态也是健康权的内容。

(二)人人平等:生命健康权平等保护是基础

"人人平等"的自然权利理论,是建立在"人人都有理性、身心能力相等"这一抽象的人的假定之上。但是,现实社会不是自然状态,有的人理性强过感性,有的人感性强于理性,有的人身体健全却智力残障,有的人智慧过人却人体残疾,因此,一旦把目光从抽象的人转向具体化的人,"人人平等"就不是简单的问题。作为历史上宪制的依据,"人人平等"的宣示性条文,必须增补一些其他的实质性内容和特征。多数国家政府承诺采取措施保障人权,签署和批准加入了《经济、社会和文化权利国际公约》,

一致同意"人人有权享有能达到的最高的体质和心理健康的标准"。

(三)国家义务:采取具体措施保障公民健康权

没有保障的权利不是"权利",权利需要法律制度的保障,实现人人实际享有的法定权利。价值观和利益导向又决定着人们对法律制度的选择,而法律制度决定着经济的运行机制及其后果。国家通过建立社会保险法律制度,强制个人加入社会保险,把原本是国家所承担的照护责任,转为通过强制保险承担保障国民遭遇生老病死的常见的生存风险,实现对弱者的优先保护。国家应当基于社会性设计行政给付的社会福利制度,所需资金由国家税收支出,给付的种类、范围通过立法裁量决定。

进入 21 世纪,研究福利制度、福利权、福利国家和行政法任务的著作不断出现,甚至成为社会主流话语,著书着笔于国家福利权的法理基础,诸如罗尔斯的"分配正义"、德沃金的"资源平等理论",以及对宪法规范上的"人性尊严"的解释,有学者对福利权在中国的法律保障、"可能的实践路径"进行论证,提出与生存发展相关联的人权已成为人权保障的核心,作为宪法意义上的福利权,需要借助行政法具体化。我国《国家人权行动计划》明确规划出国家实现人权保障的具体措施、目标和社会保险制度[①],其中的基本医疗保险制度应当成为医疗损害风险社会化分担的主要基础。

(四)政府有限行政职责:提供对弱势群体的基本保障

福利的事情,可以一分为二,一半是基本保障,归于政府的职责,另外一半是人道援助,归于社会慈善事业。保障公民的最低生存权和健康权,是国家无可回避的义务。一方面,要考量到民众的贫富差距,逐步建立从社会贫弱阶层到全体社会成员的基本医疗保险制度和社会安全措施,对遭遇生命健康危险、失去生活保障的社会成员给予特殊的物质帮助,这是社会保障制度发展中应当坚持的原则与共识。在经济发达的美国,医疗保障制度较好地体现出政府扶贫济弱的社会责任。在美国,老年人、儿童及贫困的社会成员有相对完善的医疗保障,而经济收入有保障的在职人员并不在国家医疗保障的范围之内。另一方面,要确保社会的最弱势群体的基本生存物质保障。"社会救助"是以保障"人性尊严"为基础,国家给予救助时不得有选择性,政府给付是各福利国家最经常采用的一种给付类型,提供的是保障人民生活的最低物质基准。社会救助应当是备位性的给付,个人首先应当对于自身生存维续负责,国家救助只是短期协助个人渡过特殊困难,不承担长期供养责任。申领社会救助须满足"救助必要性",而对需要救助的对象负有扶养的义务人应当首先履行其扶养义务,医疗

---

① 我国《国家人权行动计划》明确规定,国家将采取有效措施,促进城乡居民特别是中低收入居民收入的逐步增加,完善最低生活保障制度,努力维持城乡居民获得基本生活水准的权利,完善和落实基本养老和基本医疗、失业、工商、生育保险和社会救助制度,提高社会保障水平。初步建立覆盖全国城乡居民的基本医疗卫生制度框架,使中国进入实施全民基本卫生保健国家行列。

保险、工伤保险等社会保障应先于社会救助。

具体到医疗损害风险领域,患者因病致贫,无钱看病,限入困境的主要原因在于医疗保险保障不足,指望医疗机构作慈善事业必然导致医疗机构的社会负担过重,也不可行。对于那些医疗活动中发生的不可归责于医疗过错的医疗损害,首先由患者自己负担,在患者经济无力负担的情况下,应当由国家行政介入,调整其医疗保险保障水平,通过大病医疗保险分担医疗损害,甚至将患者纳入社会救助对象给予医疗补助,实现医疗损害风险社会化分担。

二、医学发展:需要良好的执业环境

医学发展可以造福全人类,医疗损害风险社会化分担可以为医学进步提供环境支撑。人体医学实验数据,不仅要从国家许可的实验性医疗中获得,还要从平常医疗活动中总结经验教训,诸如对药典中用药方法、时间与药量的调整,手术方案摸索、疗效评价,都存在医疗损害风险的不确定性。每个医师成长,都来自对每个患者病例治疗经验的交流总结,技术娴熟高超的医师背后有很多不成功甚至失败的教训,这是医师技艺提高、医学技术进步的代价,如果医师害怕风险,亦或患者对医师不信任,医疗技术将无法取得进步。建立的医疗损害风险的社会化分担机制,对无过失且发生损害的,由医疗保险负担,对有过失的由侵权赔偿和责任保险分担,可使医院医师执业安心,愿意实施有一定风险的诊疗,患者亦可由此获益。

例如,癌症治疗方案选择中,采取手术治疗风险大但收效快,采取保守治疗,患者可能错失最佳治疗机会,患方自己很难有能力从中比较风险与得失,这时需要医患之间的高度信任与医疗损害风险的分担机制起作用。再以产科"宫内内回转术"为例说明,目前该技术的应用在全国范围内处于使用极度萎缩的状态,传统医学技术的发展与维持同样需要宽松的医疗执业环境,需要社会化分担医疗损害风险。"自然产比剖宫产对母婴更有益",这是对公众普及的常识。然而,我国的孕产妇生产方式统计结果显示,剖宫产比例居高不下。产妇待产时签署知情同意书,医师要告知产妇以及其家属自然顺产和剖宫产手术的适应症以及选择建议。就经济指标而言,选择自然产的孕妇,在待产时要用胎心监护仪监测,花费较剖宫产高。如果生产时发生胎儿臀位或者肩位难产的,医师在此关键时刻需要用臀位牵引术和内回转术,依靠医师几分钟内实施高难度的技术动作,产妇可获得最好的身体康复条件,新生儿获得最大受益。此时,如果医师考虑到避免医疗风险,就会选择立刻剖宫产。如今,产妇臀位娩出几近绝迹,更不可能用宫内回转术调整胎位使产妇顺产,这项传统的医疗技术正在逐步退出医院,反映了医患关系信任缺失、防御性医疗盛行的不良现状。

三、运用风险管理工具:发挥保险功能

"功能"是用于表达事物之间相互关系的抽象概念。"功能"概念具有的特性:首先,功能具有客观性,某事物的存在可使得对其有依赖的另一客观存在的事物得以显现,并且能够满足对其所依赖的事物的需求;其次,功能蕴含主观目的性,这种主观目的性包含意志因素和人们对客观环境的反映,功能所造成的后果作用与这种主观目的性可能一致,也可能偏离;再次,功能不能脱离其自身的结构而独立存在,即使存在与其结构不相适应的事实,也是其与其他事物在联系、沟通、协调的过程中受环境影响而产生的例外情形;最后,功能是外化的,需要通过一定运动作用事物产生客观后果,使得人们感受到它的存在。

保险是现代社会实施风险管理的重要工具,具有安定功能、经济功能和社会功能。具体到医疗责任保险功能而言:(1)安定功能体现为医师有了保险,敢于大胆运用专业技能对患者作出推理诊断,愿意做难度和风险较大的诊疗。(2)保险具有经济补偿功能。对患者而言,可以通过购买人身意外伤害保险,获得经济补偿。对医方而言,通过购买责任保险,实现赔偿责任的社会化分担,减轻经济压力。尤其是在发生患者死亡或者高度残疾的医疗损害赔偿案件中,医方承担全部责任时,赔偿数额少则几十万,多则上百万甚至二三百万,必然对小型医疗机构的正常运营造成经济压力,甚至无法及时足额给付赔偿金。(3)从系统论和社会学意义上理解,保险具有社会功能,可以调整普遍社会关系。普遍意义的社会关系是指医疗界、保险界和患方之间的普遍的、不特定主体的社会关系。每个人都会生老病死,医疗需求客观存在,防范医疗损害风险的措施至臻完善,仍不可避免会发生损害,医疗活动是一种可容许风险的诊疗行为,以治疗疾病、减轻疾病痛苦、身体康复为目的,多数的医疗行为经过安全性和有效性的试验验证。但是,医疗行为必然侵害身体功能,造成副作用。比如,心脏冠脉造影要将化学显影剂注入人体,显影剂过敏是小概率事件,如果发生过敏,多数情形是皮疹、恶心,少数情形会发生瘫痪甚至死亡,没有来得及做心脏手术就已死亡,对于这类医疗风险,需要社会和患方包容。通过保险可以分散医疗活动中的组织风险和系统性风险,让医学进步惠及全人类,体现出保险的社会功能。(4)保险具有增进社会福利的功能。良好的医疗损害风险社会化分担机制,可以在医师和患者之间形成激励机制,对患者投资的边际成本等于他的边际收益。如果医疗损害的边际成本大于其边际收益就会造成卫生资源浪费。患者就医过程是由医院医师、护士和药师等多人配合完成,"是人就会犯错",不论医护人员个体以及医疗机构投入再多的注

意成本,医疗损害风险总是适量发生。根据保险大数法则[①],把所有可能要承担风险责任加害人全年度的总赔偿数额加在一起,再在这些加害人中平均分担,每个潜在的加害人只要拿出预先平均负担的资金成本,就可以避免发生较大损失时无力赔偿的情形发生,对所有潜在的加害人而言,保险可以增进社会福利。

当然,保险功能蕴含主观目的性,表现为人们希望通过保险缓解医疗纠纷、改善医患信任缺失现状,保险公司希望开展保险业务增加收益。被保险人与保险人的意愿都通过相应的制度建构,对保险种类、费率制度、保险合同条款、保险理赔等作出安排,谋求保险功能实现。

第三节 医疗侵权法律制度价值与利益平衡

一、侵权法的价值与利益平衡

侵权法中的价值与利益平衡,一是行为自由,二是权益保护。权利保护即意味着对他人行为自由的限制,权益保护与行为自由之间此消彼长,存在价值冲突与利益平衡,这是近代侵权法的逻辑起点。侵权法的价值判断存在伦理主义和工具主义二种进路,前一种进路将法学与道德哲学联系起来,将伦理原则作为侵权法价值判断的准则,不尊重他人合法权益的行为,具有道德可责难性,要为自己的过失造成他人的损害承担赔偿责任;后一种进路将侵权法作为实现社会目标的一种"工具",侵权法要为受害人损失填补、预防事故发生、对潜在加害人进行教育。

在具体侵权案件中,加害人的行为自由权利与受害人权益保护之间的利益对立是明确而鲜明的,这样的利益对立不是阶级利益的对立,多数情况下也与行业利益、阶层利益或地方利益无关。侵权案件中双方当事人的利益对立是孤立的个体之间偶发的经济利益对立。

我国侵权法立法之初,强调现代侵权法应当充分体现人本主义精神,其基本制度和规则设计都是"以保护受害人为中心"建立起来的,最大限度地体现法律对人的终极关怀。侵权法的立法精神体现优先保护生命健康权的思想,以追求实质正义和法

---

① 大数法则需要有足够的同质危险单位组成,当单位数量越多,预估损失与实际损失的差异越小,所收取的保费就越稳定、合理。在这里,同质是指类似但不完全相同。同质风险分类越粗略,预估损失与实际损失差异越大;同质风险分类越细化,各同质危险单位的未知变数越小,就无法达到"大数"要求。医疗风险区分科别化差异较大,比如仅有妇产科医师组成的危险单位可能无法满足大数法则。

律的社会妥当性为目标,从维护受害人的利益考虑,尽可能地对受害人提供充分的救济。

首先,应当对各种"利益"进行定位,即结合不同阶级、不同行业、不同阶层的具体情况作出不同的规定和选择。如果法律所规范的社会关系主要不是阶级利益关系而是不同行业、不同阶层的国民之间的利益关系,则这一法律就应当体现不同行业、不同阶层的国民利益平衡,最大限度地体现共同利益,最大限度地避免利益冲突;当利益冲突不可避免时,则应当设计公平合理的救济机制和纠纷解决程序。在有些情况下由于立法者(如部门立法、行业立法)的价值取向偏差或者立法程序的不尽公正,会导致利益天平向某一行业、阶层过分倾斜保护的情况,此时需要进行宪法层面的合宪性审查。侵权法调整的主要是侵权案件受害人与侵权人之间的利益关系,不是不同行业、不同阶层国民之间的利益关系。任何人并不被预先定位为受害人或者侵权人。

其次,侵权法应该运用个案平衡和倾斜保护的方法,对法律正义和实质正义作出权衡。在法律框架内,充分发挥侵权法所应有之义,不能带有阶级色彩地一味打压强者,而是在不同的主体之间作出平等的规定,在保护受害者一方的同时,亦当充分保护和尊重加害一方的权利。这是因为,在法律价值上,保护两者的合法权益具有同等价值。当然,结合不同社会时代背景,法律可以对某一方权利作出倾斜保护,如机动车交通事故责任中,法律倾向于保护处于弱势的行人的合法利益,作出适当的立法倾斜保护。医疗活动中,医疗机构不可能成为患者,医师与患者之间不存在互换性,面对未知的医疗风险,医方和患方之间并无强弱之分,医疗事业发展的受益人群是全社会人类。医疗侵权法应当坚持利益保护与价值平衡,不能因为某一方所处的社会地位不同而使其无端地承受看似合理却实质不公平的不利结果。

二、医疗侵权法中价值与利益平衡

保护患者安全利益是医疗侵权法的最高价值。21 世纪的医学发展是要实现"以病人为中心"的全人医疗,不但要医治疾病、减轻病痛,更要维护患者的权利和人格尊严。患者合法权益包括人身权和财产权,其中人身权包括生命健康权、自我决定权和人格权。医师凭借其专业知识技能,利用诊疗设施为病患诊疗,只要其行为符合法律诊疗规范,对诊疗行为造成的患者权益的损害不承担侵权责任。由医疗损害风险的特点可知,医疗损害风险存在一定的发生概率,甚至难以避免。患者的生命健康的安全利益是基本人权,患者隐私权是患者作为全人所享有的精神利益,除非发生患者隐私权保护与社会公共利益冲突的情形,否则医师不能侵犯他人隐私权。保护患者人权是医疗服务工作的基本底线。

医疗侵权法立法应当赋予执业医师行为自由与专业上的裁量权。"由于患者身体基础和疾病有差异,临床症状不断变化,医疗机构的医疗设备状况不一致,医师的临床经验和水平各异,医学领域还存在许多尚未攻克的难题,医疗行为和结果不可避免地具有不确定性等客观医疗环境的限制,医师在治疗疾病的过程中,往往需要根据病情的不断变化随时修正诊疗方案,所以法律必须赋予医师在一定范围内的自治的权利,这就是医师裁量权。"①医师的裁量权是与患者的自主权相对应的概念,医师的裁量权构成对患者自主权的限制,自律性构成对医师裁量权的限制。

医疗侵权法要在保护患者安全利益与医师的专业裁量权之间达致平衡,如果二者之间发生冲突,患者的安全利益要优于医师裁量权得到保护。防范医疗风险永远比损害事故发生后的救济来得有效和经济。在防范医疗损害风险方面,最基本的核心工作是"杜绝错误、避免伤害、确保安全",医院和医师应当将对病人安全利益的持续追求纳入医疗组织体系和管理体系的日常工作。世界卫生组织和各国政府都在努力改善病人安全,将"患者安全""医疗品质"作为"临床治理"的核心,建立临床疗效标准与临床指引规范,促进诊疗服务标准化,包括临床指引、照护标准、电子病历、手术检查清单的实施,都是旨在改善病人护理医疗质量,实现医疗风险信息共享和协作,上述的工作和规范要求既是出于确保患者安全利益之要求,也是医师裁量权行使的边界。

三、医疗侵权法律制度不能承载分配正义之价值功能

对于医疗侵权法而言,一方面,不能把本应由"基于矫正正义所建立的"医疗过错侵权赔偿责任,用"基于分配正义建立的"医疗保险资金来支付;另一方面,也不能把本应由"基于分配正义建立的"医疗保险偿付患者的医疗费用转由"基于矫正正义建立的"医疗过错侵权人支付。这两句看似前后重复、调换顺序的语句,所要表达的观点是:医疗过失侵权制度不能承担本来应当由医疗保险制度所未能实现的功能。"矫正正义与分配正义的差别不决定法律是否应该矫正地还是分配地看待一个事件,但是私法制度所应当具有的连贯性,要求一个既定的法律关系不能够建立在矫正正义与分配正义正当理由的联合上。"②医疗损害风险发生之后,对于已由医疗保险支付负担的医疗费,在侵权损害赔偿数额中直接予以扣减,而医疗保险资金管理机构却没有向有过错责任的医方追偿,实则是减轻了医方赔偿责任,有失公平公正;反之,如果某受害患者没有医疗保险分担巨额医疗费,法官倾向于判令医方承担赔偿责任,将本应由医疗保险承载的负担转由医疗侵权损害赔偿支付,这都是混淆了基于矫正正义

---

① 夏芸.医疗事故赔偿法——来自日本法的启示[M].北京:法律出版社,2006:509.
② [加]欧内斯特·J.温里布.私法的理念[M].徐爱国,译.北京:北京大学出版社,2007:77.

建立的医疗侵权法与基于分配正义所建立的医疗保险制度的不同。私法的精神气质在于一视同仁，不宜过多着眼于个体经济社会地位进行过度的利益再分配。如果确实需要分配损害风险，也应当由法律作出明确界定，否则，将动摇私法的价值根基。矫正正义与分配正义应当有各自适用的制度边界，前者是在相对人之间进行资源配置，而后者则在社会范围内进行资源配置。私法与公法应当有匹配的职能分工，不宜随意进行"私法的公法化"或者"公法的私法化"。类似于人身侵权损害赔偿制度与工伤保险制度的关系，科学的做法是适当进行制度的切割，将相应的对策转为社会立法安排，而不要在私法领域过度扩张法律父爱主义，作为分配正义载体的工伤保险制度从传统民法中分离出去，成为现代劳动法的重要组成部分即很好地说明了这一点。[①]医疗侵权法律制度应当把重难点放在对诊疗行为标准规范的设立上，以获得其实质性的独立地位，不能把本属于社会保险法所应承担的保护受害人因事故与疾病所导致的"不幸"，划入医疗侵权法的救济范围，片面强调对受害人的保护。

医学事业发展中的风险应当由全社会分担。随着医疗技术发展与进步，实现医疗水平的整体提高、促进医疗安全成为医疗事业发展的最高价值。医疗风险和患者本身疾病风险是人类面临的共同风险。医疗机构和医师在对这些疾病进程进行干预的过程中，不可避免地发生医疗损害，对于客观存在又无法避免的这些以及难以确认责任归属的医疗损害风险既是医疗失败与教训，又是人类医学进步中不可或缺的知识财富，"失败乃成功之母"。因此，应当对不可归责于医方的医疗损害风险进行社会化分担，为救治不幸病患提供财力人力保障的同时，也为医学进步的代价提供风险分担路径。

---

① 吴元元.法律父爱主义与侵权法之失[J].华东政法大学学报，2010(3)：133—147.

第三章　医疗侵权法律制度功能与实效的有限性

第一节　侵权法的功能与实施效果的影响因素

一、侵权法的功能与功能实现的涵义

"功能"是一个表示事物之间相互关系的抽象概念，"法律功能"是一个体现法律与社会关系的范畴。侵权法的功能是指侵权法在社会生活中所发挥的作用，是基于多元化价值追求与立法目的的衡量结果。侵权法的功能可以分为应然功能与实然功能。前者是指其应当具有的遏制侵权行为与补偿受害人的基本功能，同时通过确保民法所确认的民事权利不被侵害、使得已经被扭曲和侵犯的权利得到恢复而发挥私权保障功能。后者是指要通过侵权法的实施，社会主体的权利行使和义务履行或者法院裁判，将抽象的功能概念转化为具体实现的过程，即实现对受害人的损失分摊与赔偿、预防和教育潜在加害人。

侵权法的功能实现是指在国家强制力的保证下，通过侵权法的实施，将书本上的侵权法上到变为行动中的侵权法、从抽象的行为模式到具体的行为规则，从应然状态进入实然状态，从而体现侵权法规则中的一定意志、利益和目标转化为现实的过程和结果。

侵权法的功能的实现与侵权法功能的实施效果存在区别。侵权法功能的实施效果是指侵权法在社会生活中被执行、适用、遵守的实际情况，即法的实际有效性，侵权法实施的实际效果与立法者的意图可能一致，也可能不一致、不能产生预期的、积极的社会效果。

二、影响侵权法功能实现的因素

侵权法的功能实现是指从一种可能性转变为现实,其实现效果受到诸多因素的影响,主要包括侵权法自身的限定因素、侵权法实施过程中行为主体的主观因素、外部影响机制和社会因素等。首先,侵权法自身的限制因素,是源于侵权法对于利益平衡或者法律政策的考量,侵权法要在维护行为人自由与保护受害人利益之间达致平衡。一方面通过制度设计实现尽快补偿受害人损失以及资金来源担保,另外一方面也要避免对行为人苛加过重的民事责任,影响其行动的积极性;侵权法制度功能不同于社会保障法、保险法的功能,因此侵权法的归责原则是以过错侵权为主,法律有特别规定时才适用无过错侵权损害赔偿,依据侵权法无法对社会生活中发生的全部损害都予以赔偿。其次,机会因素影响侵权法功能的实现效果。现实生活中存在各种情况,导致侵权人有各种不承担责任的机会。比如,受害人不知道自己的权利遭受侵害、受害人难以完成举证责任、法官适用法律案件过程中的公共政策考量,甚至受害人自己的原因导致诉讼时效经过而失权。再次,责任保险制度对侵权法功能实现具有促进作用。保险具有分散损失的功能,尤其是侵权法上的无过失责任制度与保险制度并行发展,保险制度促进了侵权法上的无过失责任制度的巨大发展。最后,社会保险制度对于侵权法功能有巨大的冲击作用。虽然社会保险制度并不排斥侵权责任制度的适用,但是在受害人获得社会保险给付之后,要获得侵权损害赔偿通常需要通过诉讼,受害人考虑到诉讼风险、金钱与时间成本、举证困难等原因,可能选择放弃侵权损害赔偿诉讼。甚至,在新西兰等社会保险发达的国家,建立了以社会保障为基础的广泛综合的事故补偿机制,将因车祸、医疗损害等意外事故导致生命和身体损害的赔偿,纳入社会保障法规定的范围内赔付,排除了侵权法适用的空间。

三、侵权法中的过错责任制度存在不足

侵权法用于调整普通人的普遍性活动,致力于解决这些活动中产生的不幸和损失的救济,详细记录人类生活中的可触摸的、活生生的痛苦遭遇事实。随着现代社会经济生活不断发展,侵权法调整的领域不断扩张,侵害人身权利与财产权益的违法类型变得复杂与多样,人们权利意识的觉醒和新的诉求不断拷问人类实践理性。

侵权法中的过错责任制度,建构基础是理性主义至上的概念法学,在立法逻辑思维中,使用了"理性人""注意义务""因果关系""举证责任"这些"法学概念",进一步将这些概念带入医疗侵权纠纷案件中会发生不确定法律概念的适用困境,概念法学试图以概念逻辑包揽现实生活本身,导致在法律实施效果上出现一定程度的法律目的与法律效果的偏离,典型的表现是侵权法实施成本高昂、难以对防御性医疗有效规

制。侵权法中利益平衡与价值判断趋于多元和复杂,法官在概念、理论与现实案情的紧张关系中来回穿梭,侵权法表现出了自负与贫困的双重面相,呈现出医疗侵权法的价值、功能在实践中的差强人意。

侵权法内含正当性。侵权法原本是调整加害人与受害人之间的私人关系的法律,在私人之间就损害赔偿无法达成一致意见时,动用具有公权力的司法资源裁决私人之间的冲突。基于追求法律面前人人平等的政治目的,侵权法强调法律同等保护,因此,面对社会地位不平等的人与人之间的侵权争议时,需要在制度上矫正这些不平等,对处于社会地位弱势、更容易遭遇风险的人给予更多保护,在具体规则设计方面,通过过错侵权构成要件中的注意义务和因果关系认定,无不体现政治意愿寄予法律政策上的考量。以社会的"普通人"的"理性"作为注意义务标准尺度来衡量行为人行为的合理性和合法性,以法律上的因果关系理论解释是否存在因果关系,实际上是将法律当作了促进社会效率的工具,体现法律上的功利主义。

第二节 医疗侵权法的功能与实施效果评价

侵权法的立法中对于医疗侵权法的利益平衡或者法律政策考量,导致其在立法条文上存在不可避免的不足。进一步在个案裁判中,法官对于受害人的同情心,以及举证难或者举证成本高等因素,导致医疗侵权法的功能与实施效果上出现差距。

一、赔偿功能之实施效果

对受害人的损失给予赔偿救济,是侵权法的首要目标。医疗损害赔偿是指由于医护人员的过失导致患者损害,患方有权主张的损害赔偿。赔偿金额以原告实际遭受的损失为基础计算是比较合理的,但是,现行的侵权赔偿法律并不能使得患方得到有效的赔偿,表现为:一是获得赔偿的医疗事故受害者的比例低,而且是低到让人不可接受的程度;二是现行法律制度下损失数额具有不确定性。主要原因是:一是有的医疗过失没有被发现,即使提起诉讼也因为损害行为与损害后果之间的因果关系证明困难,患方得不到赔偿。二是依据现行的医疗侵权法律制度,损害赔偿数额的计算存在一定的主观性和直觉性。

发生医疗损害,患方可获得的赔偿分为两类,一类是原告的经济损失,又称财产性损失,包括过去发生的、将来可能发生的损失。比如,治疗支出的各项费用以及因误工减少的收入,包括医疗费、误工费、护理费、交通费、住宿费、住院伙食补助费、必要的营养费、残疾器具购置费、残疾赔偿金、被扶养人生活费丧失的损失。这里的赔偿计算具有主观性,主要表现为死亡赔偿金、残疾赔偿金都按照最长一次性计算20年,受害人的死亡赔偿金是根据收入损失计算的,忽略了受害人的生命价值。残疾受害人的存活年限可能少于或者多于20年。如果存活年限少于20年,对受害者家人而言,残疾赔偿金似乎是多了,反之,死者生前扶养的子女一概计算到年满18周岁,该抚养费计算也不合理,事实上,在很多国家,几乎没有父母在孩子年满18周岁后不再供养他们上大学。另外一类是非经济损失。又称为对疼痛和痛苦的赔偿,或者对愉悦损失的赔偿。"对于愉悦损失的赔偿金存在一个重要问题,因为没有任何一种方法能计算其真实的经济数额——这些'损失'没有市场价值。……原告在受伤很重时,在很大程度上他没有能力享用他/她的赔偿金,大部分的赔偿金都很可能在适当的时候转移给他/她的继承人,通常不会经过很长时间,那些遭受严重身体损害且因此获得最高额赔偿金的人通常预期寿命都被缩短了。"①前述二类赔偿发生的情形,被英国学者阿蒂亚描述为"中彩"的损害赔偿。尤其是在诊疗过失导致患者重度残疾的情形下,对患方家庭的经济负担和精神方面的影响比短期疾病或者较轻伤害的严重得多,根据生活常识可知,一般家庭可以承受短期的困难,但是长期经济窘迫和精神压力,是平常人难以承受的。一项好的赔偿制度,应当在对待更为严重的损害与不那么严重的损害之间,进行适当的个别调整。

二、预防功能之实施效果

侵权法的损害事故预防功能,分为一般预防功能和具体预防功能。一般预防功能是指通过侵权法的普遍警示潜在的从事类似行为的人提高注意义务的履行程度而发挥作用。通过判令个案中的被告承担侵权责任,让所有人都意识到侵权责任发生的可能性,从而避免可能发生的侵权。医疗活动中,如果有证据证明医护人员了解侵权法的运行机制,并且确实给他们的日常诊疗工作带来积极影响,那么侵权法的一般预防功能就实现了。具体预防功能是一种鼓励被告改正其错误行为的机制,原告胜诉后获得的赔偿金,理论上是来源于被告的个人财产,对被告而言,其之前的行为不可取。

当前,医疗侵权法功能的实施效果上,存在威慑不足与过度预防两种问题。第一,法律秩序有效运转的最重要的因素正是对于规则的知晓、理解和接受,然而,医师不清楚医疗侵权规则。对于独立执业医师而言,个人身陷诉讼之中,可能导致的结果促使部分医师采取更强的自我保护措施,医师处于焦虑之中,面对患者拿不定主意、

---

① [英]阿蒂亚."中彩"的损害赔偿[M].李利敏,李昊,译.北京:北京大学出版社,2012:12—13.

不相信患者所说的话、过度使用和依赖检查仪器、迟迟无法得出有效诊断、丧失自信甚至终止执业。对于受雇于医疗机构的医师而言，医疗机构是承担患者所有损害的真正责任人，即使医疗机构对医师基于劳动合同上的约定予以惩戒，只是起到间接的、有限的作用。第二，预防功能对于促进个人行为更加谨慎，可能是有效的、积极的，但是对于实现医疗侵权法的预防功能却是有限的，甚至可能是与人们的期望背道而驰，产生难以遏制的防御性医疗。医疗服务体制下的医患信任缺失，"医闹"游离在法律之外，患者的不正当维权，更是加剧了防御性医疗盛行。第三，医疗侵权诉讼制度实施成本高、效益低，弱化了其功能的实施效果。医疗损害赔偿案件，医疗过错鉴定费用、律师费用等直接成本很高，而如果没有专业的法律人士帮助，患者很难获得胜诉。现有诉讼体制中，医疗侵权损害赔偿是作为人身损害赔偿案件，不允许律师采用风险代理收费机制，医疗诉讼不同于一般民事赔偿案件，涉及医学知识千差万别，收费标准低而律师服务付出多，患方自然得不到专业律师的良好服务，反之，患者担心败诉也难于接受律师的高收费要求。第四，医疗行为中的轻微的过失和不明显的因果关系往往在诉讼中难以发现或容易被忽视，只在损害严重并且患者不放弃诉讼的案件中，患者才可能获得赔偿。医疗损害案件，法官高度依赖医学专业鉴定，而对于医疗专家评议，却很难做到实质审查和有效督促。

三、教育功能之实施效果

侵权法的教育功能是指教育社会民众为了维护他人安全，其行为要符合合理的标准。教育功能可以直接作用于侵权诉讼的当事人，也可以间接作用于对侵权法有所了解或者通过媒体宣传对侵权法有所了解的人。当侵权法适用于某个具体领域的时候，通过法院处理某个案件或者裁定某个行业领域的习惯做法不合法时，对该行业的其他从业者产生教育和指引。

医疗侵权法通过对个案的审判，教育医疗机构、医护人员遵守诊疗规范，维护患者安全。例如，法院对于医疗服务中未履行风险告知义务而实施手术的行为，无论是否发生患者身体损害，都判令医方承担侵权责任，那么就会警告教育医护人员在诊疗活动中，认真履行告知同意义务。通过分析法院判决，归类医疗纠纷承担侵权责任的类型，也会起到教育作用。

我们以"医疗纠纷+原因"为主题词在"中国期刊网"上检索自1994年起至2015年12月期间的文献，得到121篇文章，这些文章主要从两个方面分析发生医疗纠纷的主要原因。一方面，患者索赔的原因有经济原因、社会心理因素、对疾病治疗复杂性不了解、对治疗结果不满意、医患沟通不到位等，这些是发生医疗纠纷的普遍原因。另外一方面，医护人员存在的沟通能力欠缺、职业素养缺失、服务态度不良、职业兴奋性低、治疗行为存在缺陷,医院管理不完善,对医疗技术固有的局限性缺少说明,甚至媒体片面宣传误导等。① 根据法院审理医疗纠纷案件的报告指出,发生医疗纠纷的原因,在医疗机构方面,主要有病历记载不规范、履行告知义务欠缺、医疗技术存在过失、过度检查和过度治疗;在患方的原因主要有对医师诊疗的过程不了解、对疾病治疗风险性估计和认识不足、对治疗结果不满意、对医疗机构承担过错责任存在误区、缺乏参与诊疗方案讨论决定的能力。②

侵权诉讼作为一种审查、检验机制能够为推进适当的医疗护理规范与标准发挥作用。当今的医疗技术日益更新,医疗护理规范越加复杂细化,判断医疗行为是否存在不当的标准和诊疗规范内容尤为复杂。区分误诊与医疗过失,不仅要考虑医院所处地域、级别、专科的不同,甚至要在"可尊重的少数原则"方面平衡适用,医护人员必须密切关注医疗技术标准的更新,而医疗侵权诉讼在一定程度上对现行医疗护理标准审查、检验、界定以及推动新诊疗护理标准广泛使用起到了教育影响作用。侵权法作为一种提高医疗行为标准的手段,对医护人员具有教育功能,促使他们不断更新学习,获知当前最新的医疗护理标准和要求,通过继续教育培训、研讨会、时事通讯、期刊文献等途径,了解有关医疗侵权案件所透出的诊疗标准的发展变化。

医疗侵权法律制度的实施最终是否实现其价值,带来有限的医疗资源配置的高效率,在功能上是否实现预期效果,要对医疗侵权制度实施过程以及效果实证分析、综合考察法律制度对资源配置的深层影响作用。均衡状态是法律价值追求,效率、效益(包括经济效益、社会效益、政治效益等)是评价分析的出发点和回归点。具体到医疗服务领域,合理配置医患之间的权利义务责任,使之从不均衡向均衡发展,力图维持均衡,用有限的成本最大限度地降低医疗损害风险发生概率、促进医疗安全和医学事业发展。

第三节 医疗侵权法律制度存在的不足

一、过错的判断:难以琢磨

矫正正义作为侵权法的哲学基础,并不能解释与明确指出哪种过错必须科以侵

---

① 宿小满,万兵华,薛东.医患纠纷的现状与成因分析[J].中国医院管理,2010(10):56—58.
② 浙江省宁波市中级人民法院民一庭课题组.侵权责任法实施以来医疗纠纷案件审理情况报告[J].人民司法,2013(9):77—82.

权责任。从这个意义上讲,矫正正义解释是空洞的、形式主义的,需要用其他理论进行填补。侵权法关于行为人过错的判断,是建立在理性主义基础上,假设行为人都是理性人,将一切需要调整的社会关系,通过智识活动将其纳入到具有逻辑自足的法律体系中,建立起理性行为人标准来判断行为人是否有过错。然而,理性行为人标准非常有弹性,以致在对具体行为是否有过错的司法评价时,会导致令人不满的主观性。在医疗活动中,根据人体和疾病的复杂性建立起来的医学思维与已经建立行为标准确定性的法学思维之间,存在巨大的差别,从医学的确定到法学的不确定性、再到司法中的主观性,如何使裁判结果实现侵权法的功能,的确为司法实践出了难题。

(一)医学思维与法律思维存在不同

思维是人脑对客观现实的间接概括反映,是人类认识的高级阶段。医学思维是以人的身体健康为观察对象,从科学与经验角度解释人体组织现象,运用医学原理和专业知识对疾病诊治的认识活动。医学思维包括初步拟诊、病因探究、诊断确定、治疗决策、预后分析等。法律思维是适用法律的主体运用证据确认案件事实、寻找适用法律规范,对案件事实作出法律评判和结论的逻辑活动。[①] 医学思维和法律思维都必须遵守"以事实为根据",都具有专业性和理论性,但是二者分属自然科学与社会科学两个不同领域,适用于医疗损害赔偿责任认定中,思维目的、思维活动、推理模式等方面是存在差异的。(1)目的不同。临床医疗活动目的是疾病诊疗处置,司法裁判活动目的是作出损害责任归属与赔偿认定。(2)活动期间不同。临床活动发生在拟实施诊疗行为之前与诊疗过程中,而法律思维是发生在对已经发生的事实进行事后查证与裁判过程中。(3)推理方式不同。医学思维推理以归纳推理为主兼有假设验证推理,最终结论可能超出医师设想的所有可能,医师需要从多个可能的选项中逐步证实或者证伪自己的预判是否有误,如果有误就调整思路方向和范围,再根据临床信息逐步对预判证实或证伪,其间存在证实或证伪的反复过程;法律思维推理方式是演绎推理,法官根据规范构成要件,对事实证据作出认定裁判的过程,根据经验法则对呈现的案件事实从要件事实角度作"是"或"否"的评价,只要评价符合法官心证要求的证明程度即可,不可能也不允许反复推翻法官的预判。

(二)临床决策的不确定性与法律裁判诊疗过失的确定性之间难以协调

医学具有的不确定性与人类医学知识的有限性相关,导致医师修正临床决策带来的诊疗对错不确定性是客观存在的现象,被修正前的临床决策可能是误诊。尽管学界对于误诊的概念与统计方法不能形成一致意见,但是误诊不等于构成了医疗过错。医学界对误诊的定义包括诊断错误、漏诊,对病情状况、危险程度认识估计不足,

---

[①] 姜柏生,刘虹.论医学思维与法律思维的差异[J].医学与哲学,2008(1):29—31.

用药时间或剂量不准,综合治疗方案不妥,医患沟通不畅等。从法律角度看,个体承担对其他主体的侵权责任,只能以行为人可以作出合理判断的情形为限,在采取行动时必须考虑预见能力所能达到的影响程度,行为人应当只对自己的行动负责。换言之,对于无法预见的医疗损害风险,以及已经预见但不具结果回避可能性的医疗损害风险,医师不承担责任。那些临床决策前应当预见而没有预见以及本可以避免却因疏忽未能避免的医疗损害,相应的临床决策构成诊疗行为过错。

医学的本质和核心价值是临床决策与实践推理。医师面对一个特定病人需要作出医疗决策时,经常处在未经验证的悖论和矛盾之中,医学统计学数据的感知和认识具有主观性,统计数据概率用到特定的患者身上,究竟会有多大的普适性和不确定性,医学表述的规律和结论,在人体上很少可以准确"复现",也很少有"普遍适用"的情形。在个案的医疗实践中,临床经验至关重要,医师要考虑既往的临床知识和统计数据的结论性意见是否能够解释特定病人的病情,医师总是想要减少医学的不确定性在患者身上发生的概率。但是,医学不是一门确定性的知识体系,永远不能对应到每个病患的身体状况。医师运用医学知识和经验,尽量对具体病患诊断治疗,通过视诊、触诊、问诊,用尽合理检查手段,将自己的临床经验和检查结果与典型病例的临床表现对比,询问疾病发生背景,把病人的具体症状、体征、发展变化合理地结合在一起,力图找到一个合理解释,作出诊断。换言之,医师的诊疗过程就是凭借经验在不断地排除假设可能性和确定假设的可能性之间徘徊,这其中所作的临床推理发生误诊是常见的事情。此外,患者主述病情错误也会经常导致医师误诊、误治。病人对自己身体不适主述是医师作临床判断的关键信息,构成对于疾病诸多可能性范围的最初排查线索,医师采集病患病史、检查体征时,患者对自己身体的感觉通过语言加工表述,具有一定的主观性甚至发生表述错误,进而影响医师作出准确判断。

因果关系自始作为被告侵权的构成要件,保证了某个人的行为只有在造成了他人的损害时才具有法律意义。然而,侵权构成要件的因果关系的认定是最令法官和学者感到难以处理的问题。正如美国学者波斯纳的描述"可能在整个法律领域再没有其他问题如此混杂诸多不一致的意见,尽管人们做过各种努力去澄清,最好的途径是哪一种,然而,至今没有达成总体一致"[1]。美国法学家韦克斯·S.马隆(Wex S. Malone)认为,因果关系是法学理论上所用的概念,法官是在运用因果关系的概念促成重要法律政策的实现。对事实上因果关系的判断,除了运用已知经验法则,还会经常用到政策。就事实因果关系的决定过程而论,事实存否并非仅仅依赖事实证据即

---

[1] 威廉·M.兰德斯,理查德·A.波斯纳.侵权法的经济结构[M].王强,杨媛,译.北京:北京大学出版社,2005:249.

可得之,需要就获得的证据加以法律诠释。然而,在判断证据所呈现的事实时,无法排除判断者的个人知识、经验、好恶的影响,在这个过程中,判断者所作的判断已非"事实"判断,而是具有了"评价"涵义。

医疗损害案件中,诊断不确定的情形下,临床上的事实因果关系分析更为复杂,治疗缺乏明确指证,治疗方案、预后判断都需要结合临床推理与具体情况分析。比如,临床检验数值正常值的区域,一般是在甄别边际病例的敏感性和确诊疾病的特异性之间进行平衡的结果,医师在诊断不确定的情形下,要从检验数值分析与模棱两可的多个治疗方案中作出取舍,无法求助于更多的书本知识,只能从个人积累的经验和以往案例中回顾,推断可行的诊疗方案,摸索找到对症的措施。这其中,医师不断修正临床决策是正常的,正所谓"医学本身不可完全控制,医学力量所发挥的作用也不可完全控制,……医学不是一门科学,医师必须努力实践,边实践边从中学习,必须尽力做到最好"①。医疗实践的不确定性更加要求医师诊疗行为符合道德规范。

法官对诊疗过错的法律判断要求具有确定性。诊疗过错判断困难的主要原因是这类案件涉及的专门知识跨越医学和法学二个不同的专业领域,而涉及医疗损害风险的人身伤害案件的原因都是复合因果关系。医学上的注意义务与法律上的注意义务应当区分清楚,从法律角度评价医师诊疗行为是否存在过失,要结合医学的复杂性,认识到医师临床决策出现误诊误治是客观存在的,医界是坚持"患者安全第一"的原则来判断医疗决策的合理性,以公认的诊疗规范为诊疗行为有无过失的判断标准,同行评议②(或者类似的称作专家鉴定意见)一定程度上可以克服诊疗过失判断中存在的困难。医疗同行专家对已发生医疗伤害的诊疗行为进行分析,检验护理人员对患者病情监测是否充分、病患死亡原因、伤害发生的原因等,以少数服从多数的原则作出判断。但是,医疗活动的特殊性决定了同行评议时不能否认少数可尊重的人的专业意见。如何判断少数人的"可充分信赖的专业意见",基本上有两种观点:一种认为应考虑"数量"因素,由支持某种学说的医师数量决定,也就是在某一领域内存在"人数可观"的医师,在很多专家存在的相关领域内,只有一个人支持的不同观点是不构成"可充分信赖的专业意见",但有时3到4个医师又有可能构成"可尊重的少数

---

① Kathryn Montgomery.医生该如何思考:临床决策与医学实践[M].郑明华,译,北京:人民卫生出版社,2010:27—29.

② 同行评议(peer review),是指某一或若干领域的一些专家共同对涉及上述领域的一项知识产品进行评价的活动。在科学界,同行评议是指利用若干同行的知识和智慧,按照一定的评议准则,对科学问题或科学成果的潜在价值或现有价值进行评价,对解决科学问题的方法的科学性及可行性给出判断的过程,是科学界对科研项目进行评审和对科研成果进行评估的一种基本方法,科研项目基金评审工作中经常用到同行评议。

派"（respectable minority）；另一种观点认为应考虑"质量"因素，即支持某种学说的医师中必须是在该领域内"有名望和受尊敬"的专家。英国通过判例法建立的 Bolam 规则成为司法实践中对有特殊技能的被告检验标准的开端，成为英国侵权法教科书中论述专家责任最重要的案例之一。这充分说明，同行评议时应尊重主治医师的自由裁量权。医学上至今仍然有许多领域缺乏足够的循证医学证据和临床经验，在最初形成操作指南的时候作了限制或者排除的条件，出现一个限制范围内存在多个建议选项。这需要主治医师根据临床情况决定在多种合理可行的不同或替代做法中，在合理可接受的医疗照护标准范围内，依个人临床实务经验或参考文献资料，选择其中一种方法，并未逾越良好诊疗标准范围，这实际上大大减低了临床指南的确定性，进而产生专家意见的不一与合理差异，此时，医师裁量权具有极其重要的必要性与合理空间，如此不得不模糊的临床指南确实给法院审判带来难题。例如，对于老年男性的前列腺癌患者的治疗，可以马上手术治疗，也可以先保守治疗，有的医师认为老年人无基础疾病、身体健康，手术治疗快速彻底，也有的医师认为年龄大的患者宜采取保守治疗，可以更多考量患者个人的心理情感需求。二个方案之间并非矛盾，均存在各自的优点和不足，均属于医疗照护标准范围内的合理治疗。临床上在不同医院、医师之间被得到普遍实施的治疗，都是符合医疗常规的做法，同行评议对医师诊疗方案的选择评价上，即使有最好、次好的差别，也不构成过失，除非医师发生基本的诊察错误，对病情估计不足甚至错误。经过医师详查病情，所作的判断对具体病人而言就是最好的，一般不应受到同行质疑，当然，如采用完全相反的判断，则一定不是最佳的。经过仔细体检后所选择的对病人治疗符合诊疗照护安全性要求，即使医师最初的判断和最后的诊断不同，是个"误诊"，那也仅仅是判断失误，而不属于应当能够确诊却因过失发生误诊的情形，从法律角度评价，不能认定该误诊构成诊疗行为违法。因此，在具体的争议案件中，法院委托医疗专家鉴定时，要求鉴定医师指出诊疗个案，何者为最佳之治疗方法或手术方法。这不符合医疗实际，容易误导鉴定专家错误的回答，使得选择不同于常规诊疗指引的治疗或手术方法的医师处于不利甚至不公平的状况。

同行评议的专家鉴定制度存在局限性。应当由谁来制定诊疗行为的标准？由谁来认定医师的诊疗行为是否符合标准？对此，医学专家认为只有医学专家才有能力作判断。在医疗过错鉴定过程中，以医师提供的权威教科书、诊疗指南、专家意见甚至医疗保险制度规定为依据，可能存在不同的结论或者建议，还可能专家认为作鉴定意见的依据文献，在医学界还没有形成定论。所以法院在审查时不能仅仅是消极地接受鉴定意见，医学专家的鉴定意见只是提供给法官认定行为有无过错的参考，涉案医师行为是否有过错交由法院认定，何其难也！

二、举证责任分配规则：立法留白

举证责任分配规则是民事证据规则的核心问题,理论上历来富有争议。有学者认为举证责任的概念本身存在很大争议①,多数学者认为,"举证责任本质上是横跨实体法与程序法的'两栖'问题,是实体法与程序法在诉讼中的交汇点,任何局限于实体法或程序法的研究,都无法把握其真谛"②。"法庭上探求事实真相与实验室中探索真理,二者之间存在区别。实验室中的研究结论,可以且需要不断重复试验、验证、复核。然而,在法庭上,法官须依据程序法规定的审限作出终局裁断,这其中,证据规则宗旨或者兴趣所在,不是为调查宇宙奥秘,而是要解决特定的法律争端"③。从法经济学角度看,设定举证责任的分配规则就是要在主张事实为真的可能性、完成举证与证明的成本、发生错判的成本与出错概率之间进行的博弈与权衡。

世界范围内没有为世人公认的医疗侵权诉讼举证责任分配规则。美国法中,医疗诉讼中在符合特定条件下,适用"事实说明自己"举证责任分配规则。④ 德国法中,只有重大诊疗过失适用举证责任转换,类似于举证责任倒置。日本的医疗损害赔偿诉讼适用"大概推定"规则,即"如无过失,损害不致发生"之情事者,原告如果能够证明损害之发生以及一般情况的存在,即初步推定被告具有过失,转由被告就其行为无过失反证,否则败诉。过失推定举证规则下,原告须证明足以推定故意过失或者因果关系存在的客观性事实,即可认定其已尽到举证责任。在中国台湾地区,患方主张诊疗过失侵权,由患方就医师存在过失负举证责任。⑤

域外医疗侵权争议举证责任分配规则各不相同,存在诸多原因。一是举证责任分配规则关系到实体法的立法目的与价值追求,这属于各国的内国法中公共政策考量范围;二是医疗侵权案件涉及医学与法学的交叉维度,裁判活动复杂,当证明终了而案件事实仍然处于真伪不明的模糊地带时,借助举证责任分配规则裁判,应当考虑到医疗侵权法立法目的功能与实际实施效果;三是诉讼经济是民事诉讼制度的内在要求,法官为解决当前争议案件,在考量有限的时间与查明事实的成本收益之后,运

---

① 叶自强.我国举证责任概念的模糊性问题[J].证据科学,2010(6):645—661.
② 李浩.民事举证责任分配的法哲学思考[J].政法论坛,1996(1):36—40.
③ 罗纳德·J.艾伦,理查德·B.库恩斯,埃莉诺·斯威夫特.证据法:文本、问题和案例[M].张保生,等译.3版.北京:高等教育出版社,2006:748.
④ 陈聪富.美国医疗过失举证责任之研究[M]//朱柏松,詹森林,张新宝,等.医疗过失举证责任之比较.台北:元照出版社,2008:161.
⑤ 王岳.域外医疗损害之举证责任分配比较与我国的策略[J].证据科学,2010,18(4):19—26.

用自由裁量权,形成不同的举证责任分配结果。因此,有学者认为,"民事举证责任制度是为弥合理性有限和法的整体性之间的非连续性而设置的一种特殊制度。这种制度是人为追求社会的法治状态所作的一种价值选择"①。

设计举证责任分配规则必须首先解决价值选择的合法性问题。纯粹理性对实践理性的能动必须受到限制,必须服从于人类对法治的追求,符合实体法的立法目的功能和价值选择与追求。争讼案件中的事实不可能对每个细节都得以澄清,客观上存在如下情形:对裁决具有重要意义的事实,有可能既不能查明已发生,也不能查明没发生,属于事实真伪不明,当事人对此既不能证实,也做不到证伪,达不到证明标准,法官无法形成心证。比如,输液反应致害是常见的医疗纠纷起因,根据卫生部②《临床护理实践指南》,护士对静脉输液管理要根据患者年龄、病情及药物性质以适当速度注入药物,推药过程中要观察患者反应。《氯化钾注射液说明书》的用法用量说明,静脉滴注浓度过高或滴速过快,大于 30mmol/L(相当于 2.2g/L)时引起疼痛和静脉炎甚至心脏停搏,静滴过量可出现疲乏、肌张力减低、反射消失、心律减慢甚至心脏停搏。氯化钾注射液只可以按规定稀释后输注,即滴注,且滴速不超过 0.75g/h;病情危急的,补钾浓度和速度可超过 0.75g/h,需密切观测血钾、心电图等,以防发生高钾血症、其他多种不良反应甚至死亡。实际操作中,护士将 10cc 氯化钾加入点滴瓶中,随即点滴袋挂上支架,未将点滴袋上下摇晃使液体充分混合,点滴袋的下半部显现浓于其他部分的黄色,护士的这个细节动作没有做好引起的结果是——静脉滴注浓度过高或滴速过快,一旦引起患者输液反应严重后果,这个细节动作基本无法查实的。医疗活动中的细节动作往往关乎患者的健康甚至生命,然而病历书写规范并不要求将所有治疗细节动作记录,发生纠纷时细节动作事实无法查清,医患双方各执一词,诉讼中缺少证据证明一方的过失。此时即出现了法律推理的非连续性和法律推理的逻辑中断的情形。适用举证责任分配规则,是克服人的理性有限而实施的主观能动行为,由法官依据个体经验以及知识能力,作出推断。

我国医疗侵权举证责任分配规则历经变化,至今未能制定出完善规则。《侵权责任法》颁行之前,《最高人民法院关于民事诉讼证据的若干规定》(以下简称《证据规

---

① 李玲,蒋银华.在理性有限与法治价值之间——以民事举证责任制度设立之法理念为视角的实证分析[J].中国地质大学学报(社会科学版),2007(1):95—99.
② 2013 年中华人民共和国国务院机构改革,将国家卫生部与国家计划生育委员会合并,统称国家卫生和计划生育委员会,下文沿用习惯表述"卫生部",是指原卫生部。2018 年 3 月国务院机构改革组建国家卫生健康委员会,国家卫生和计划委员会等机构整合并入国家卫健委。为方便阅读,本书沿用原机构名称表达卫生相关主管机构。

定》)第4条第8款规定①被理解为医疗诉讼适用"举证责任倒置"的依据,并在实践中广泛适用。对该条款的文字理解关键词有:一是"因果关系",二是"及",三是责任主体在多大范围内承担民事责任。从侵权构成要件上看,对于"及"字的理解,应当是作"或"而不是"和"的理解,医疗机构只要证明医疗行为与损害结果之间不存在因果关系,或者只要证明主观上没有过错即可,不需要同时证明既不存在因果关系又不存在主观过错。但是,也有学者认为,对于"及"字理解为"择一证明责任"的解释,这是低估了"立法者"的语言文字能力,违反了"法律解释不得超出文义解释的可能射程"的原则。在案件审理过程中,由于法官实际上不会在诉讼过程中对于案件事实的证明标准和心证过程作出明确表态,导致医疗机构同时要极力证明"无过错"与"无因果关系"两个事实。司法实践中,将《证据规定》第4条第8款理解为"和"的大有人在。司法中,法官要求医疗机构应当对过错及因果关系两个要件事实负举证责任的裁判文书随处可见。事实上存在医疗机构在给患者实施的诊疗行为没有过错,患者死亡可能是不能预见或者至今医学无法认知的原因所导致,但是,因为医疗机构无法完成"不存在因果关系"的举证而败诉,由此激起医疗机构和学者的诟病。② 杨立新教授提出"对于医疗技术过失,应当实行谁主张谁举证的原则,由原告举证,但在原告举证极为困难的情况下,实行举证责任缓和,实行有条件的过失推定;对于医疗伦理过失,则实行过错推定原则,实行完全的过失推定"③。"在有关因果关系的举证规则上,应当实行有条件的因果关系推定、举证责任缓和"④。《中华人民共和国侵权责任法(草案)》三审稿第七章删减了因果关系推定制度。

　　《侵权责任法》第58条⑤是对于符合特定条件下的诊疗行为的过错推定。由此,可否推导出《侵权责任法》否定了《证据规定》第4条第8款的医疗过错举证责任倒置的规定?有学者认为《侵权责任法》第54条是医疗侵权归责原则的"总则性"的规定,旨在肯定并加强患者提供证据证明"医疗行为存在过错",减轻医方的举证负担与诉讼成本,《侵权责任法》第58条已对于举证责任分配规则作出了规定,是对于诊疗行为过错之推定制度,是立法进步。但是,侵权法没有关于"医疗行为与损害结果之间

---

① 《证据规定》第4条第8款规定,"因医疗行为引起的侵权诉讼,由医疗机构就医疗行为与损害结果之间不存在因果关系及不存在医疗过错承担举证责任"。
② 胡学军.解读无人领会的语言——医疗侵权诉讼举证责任分配规则评析[J].法律科学:西北政法大学学报,2011(3):98—106.
③ 杨立新.论医疗过失的证明及举证责任[J].法学杂志,2009(6):1—6.
④ 杨立新.论医疗过失的证明及举证责任[J].法学杂志,2009(6):1—6.
⑤ 《侵权责任法》第58条:"患者有损害,因下列情形之一的,推定医疗机构有过错:(一)违反法律、行政法规、规章以及其他有关诊疗规范的规定;(二)隐匿或者拒绝提供与纠纷有关的病历资料;(三)伪造、篡改或者销毁病历资料。"

是否存在因果关系"的举证责任分配规则作出规定,司法实践中是否仍沿用《证据规定》第4条的相关规定,没有作出进一步的规范。[①]《侵权责任法》第58条第(1)款与(2)、(3)款是一般情形与特别情形的区分,(2)(3)款列举隐匿、拒绝提供、伪造、篡改、销毁病历资料等行为,医疗机构主观上存在故意,导致病历资料失真、无法查明患者病情和医疗行为对错,由此也无法查明医疗行为与损害间的因果关系,构成"证明妨碍",应予以从严制裁。证明妨碍法律效果的择定,理论上主要有举证责任倒置、自由心证说、可推翻的不利拟制说、降低证明标准、证明度分层理论等途径。病历具有不可替代性,是医疗损害诉讼中最重要的证据,对恶意的证明妨碍,应制裁从严。如果其法律效果仅仅是可据情推定医疗行为有过错,不足以惩罚和警示医疗机构的恶意行为,发生第58条(2)、(3)款情形,应当产生行为过错与因果关系的双重推定效果,根据《证据规定》第75条的规定[②],医疗机构"无正当理由拒不给患者提供真实完整的病历资料"的,推定患者的主张成立——"医疗侵权"成立。[③]

司法实务中,各省区的高级人民法院颁布的司法文件在使用举证责任分配规则上存在很大不同。北京市高级人民法院有关医疗纠纷案件审理的指导文件将医疗诉讼的举证责任主要分配给患方,而湖北省高院的文件将主要的举证责任分配给医方。如何分配举证责任更为合理?采用司法文件规定一刀切的做法都不合适,对于一些特殊情况采用何种举证责任,需要予以明确。[④] 2011年最高人民法院《全国民事审判工作会议纪要》[⑤]规定,仍是要求患者提出医方有过错的初步证据,何为"初步"证据?仍未知云云。

医疗侵权诉讼举证责任分配规则的发展变化体现了各种利益博弈过程。《侵权责任法》的立法目的"促进社会和谐稳定",体现于其立法的利益保护与价值平衡之间。以照顾弱势、利益平衡为出发点的抽象公平观虽然符合社会公众的道德直觉,但是作为支撑立法修改的理念却又太过宏大、形而上,无法实现民众在医疗侵权中的诉

---

① 陈秉喆.再议医疗侵权适用举证责任倒置——以《侵权责任法》为视角[J].中国医院管理,2011,31(5):25—26.
② 《证据规定》第75条规定,"有证据表明一方当事人持有证据无正当理由拒不提供,如果对方当事人主张该证据的内容不利于证据持有人,可以推定该主张成立"。
③ 陈玉玲:实体与程序的链接——《侵权责任法》第58条医疗过错推定之检讨[J].南京大学法律评论,2012(2):144—155.
④ 刘鑫,连宪杰.医疗侵权案件地方司法指导文件证据规定研究[J].证据科学,2015(2):184—208.
⑤ 2011年《全国民事审判工作会议纪要》第44条规定,"患者一方请求医疗机构承担侵权责任的,其应证明与医疗机构之间存在医疗关系及受损害的事实,并提供医疗机构及其医护人员有过错的初步证据。人民法院应综合交费单、挂号单、病历、出院证明等证据认定是否存在医疗关系"。

愿。《侵权责任法》试图兼顾医患双方利益,然而,现有的举证责任分配规则是立法妥协之结果,无法改变医患双方在诉讼中的不平等地位,很难做到医患双方权益平衡,不是理想的诉讼风险分配模式。① 由此进一步证明,医疗侵权举证责任分配规则的最终确立,必然要与医疗损害风险社会化分担的法律政策密切结合。也有学者撰文指出,"应当以激励机制作为举证责任分配的规范基础,建立患者举证责任的多元规范体系;以福利机制作为规范外的补充,通过卓有成效的医疗保险制度促进激励的实现"②。

三、医疗过错鉴定:启动与审查机制有待完善

医疗损害鉴定的启动程序以及对鉴定意见的审查存在问题,可以从实证研究的数据中可见一斑。实证研究可以从外部视角入手,关注规则制定之后的务实品格。有学者对2002年至2013年间1628例医疗纠纷案件的判决书进行实证研究,得到的数据结果是:(1)案件经过一次或多次鉴定、得出确定性一致意见的占分析案件总数的61.1%,判决与鉴定意见形成一致对应关系。(2)进行二次或更多次鉴定鉴定、得出不一致意见的占分析案件总数的18.0%。其中采纳最后一份鉴定鉴定意见的占48.2%;法官自由裁量不采纳、不完全采纳、采纳其中某一份鉴定意见的合计占比35.3%;排除程序不合法、采信合法鉴定意见的占比14%。(3)占分析案件总数20.9%的案件是未申请鉴定或者未能得出鉴定意见(病历不全、未经尸检死因不明),这些案件的判决主要依据是举证责任分配规则。实证研究的结论是:鉴定对案件判决至关重要,多头鉴定、重复鉴定现象泛滥,造成司法资源浪费,亟需改革;医学会组织的"医疗损害鉴定"与司法鉴定所的"司法鉴定"模式并存,在全国范围内不能形成统一,当事人选择何种模式取决于司法裁判法院所属省份的相关司法文件的规定;多头鉴定、重复鉴定案件中,医疗损害鉴定意见的认定往往责任较轻,司法鉴定所的司法鉴定意见往往认定责任较重;没有证据证明判决与采信哪种鉴定模式有关。③

进一步,本课题组选择"内固定断裂医疗损害案件"为研究对象,在中国法院网、北大法意网、无诉案例数据库中检索,通过分类与确定检索关键词的方法,检索时间限定为判决日期自2010年7月1日始至2015年8月30日止,初步得到290个检索结果,剔除裁定书、重复和无效的结果,得到155个可供研究的判决书样本,详见本书附录1。内固定断裂引起的医疗损害原因复杂,可能是交通事故或者摔伤引起骨折

---

① 彭浩晟,贺红强.《侵权责任法》视野下的医疗侵权诉讼举证责任价值审视[J].证据科学,2011(5):594—599.

② 冯磊.孱弱的抽象公平观——医疗侵权诉讼举证责任分配的深层解读[J].医学与法学,2012(1):1—9.

③ 王晓燕.医疗损害鉴定与判决实证研究报告[R].国家社会科学研究基金项目(12CFX061).

疾病风险所致，可能是手术或术后护理不规范引起，可能是患者术后感染引起骨不连、内固定松动导致，可能是术后康复训练受伤，可能是患者自体骨折长久不愈合引起，可能是患者不遵医嘱过早下地负重引起钢板受力断裂，还可能是所用钢板存在质量缺陷引起裂缝断裂。案件审理中要查明诊疗行为有无过错侵权、是否存在产品质量侵权，以及是否有受害人自己的过失或者客观原因。对于案件审理中的医学会组织的鉴定与司法鉴定机构所作的司法鉴定数据统计结果，见表1："不适用"与"未申请"医学会鉴定的案件合计有110个（110/155，占比70.9%），既没有医学会鉴定也没有司法鉴定的案件有51个（51/155，占比32.9%）。出具了医学会鉴定意见的有37个（37/155，占比23.9%）案件，其中"认定有责"的15个（15/155，占比9.7%），"认定无责"的22个（22/155，占比14.2%）；出具了司法鉴定意见的64个（64/155，占比41.3%）案件中，"认定有责"的50个（50/155，占比32.3%），"认定无责"的14个（14/155，占比9%）。比较数据可知，司法鉴定更有可能认定医院"有责"。虽然每个案件的基本事实不同，不能简单以鉴定意见构成医疗损害赔偿责任的概率作比较，但是，155个案件中，即使司法鉴定的收费比医学会鉴定收费平均高出上千元甚至几千元，当事人更愿意选择司法鉴定，法院还是更多地委托法医鉴定。① 医学会鉴定为

表1 医学会鉴定 VS.司法鉴定

	医学会鉴定		司法鉴定	
	判决书（份）	占百分比	判决书（份）	占百分比
不适用	12	7.7	5	3.2
未申请鉴定	98	63.2	46	29.7
小计	110	70.9	51	32.9
申请，因钢板质量未鉴定，无法作责任鉴定	4	2.6	8	5.2
申请，缺病历，无法鉴定	4	2.6	4	2.6
患方、医方不配合（含不缴费、不提交钢板、不配合）	—	—	7	4.5
申请，认定无责	22	14.2	14	9
申请，认定有责	15	9.7	50	32.3
伤残、护理、后续治疗鉴定	—	—	21	13.5
合计	155	100	155	100

---

① 陈玉玲.内固定断裂医疗损害赔偿判决实证研究[C]//第六届海峡两岸医事法学术研讨会论文集，2015:233—256.

"有责"的15个案件,没有1个案件再做司法鉴定;反之,有6个案件被医学会鉴定为"无责",司法之后鉴定为"有责",最后,法官采信司法鉴定意见,判决书中只是一笔带过地认为司法鉴定意见分析更深入,几乎没有说理。

《侵权责任法》实施后,解决了医疗损害赔偿案件的法律适用二元化问题,但是,对医疗损害鉴定中存在的医学鉴定和司法鉴定机构的鉴定并存的二元化问题、多头鉴定、重复鉴定等问题至今没有统一解决。常见鉴定意见表达含糊不清、模棱两可,法官不得以采取补正办法,发生重新鉴定、补充鉴定,以及采用质询函,案件审理期限不断延长。同一个案件中,医学会鉴定与司法鉴定意见完全不同,法院为何采信其中的一个鉴定意见,很少在判决书中说理,而是采用反复鉴定的办法,患者不服医学会鉴定意见,自己再委托司法鉴定机构鉴定,医院不服之后,法院再次委托异地司法鉴定机构做鉴定。如此反复,浪费司法资源,消耗当事人精力,亟需立法规范。

四、制度运行成本:时间长、费用高

曾担任北京市高级人民法院法官的学者陈特,对2013年北京市法院的一审审结的医疗损害责任纠纷案件的研究指出,最长审理天数为2 454天,平均审理天数为309.2天。673个案件中,超过一半的案件都进行了鉴定(389个,占57.8%)。其中,63个案件做了2次鉴定,占16.20%;11起案件(占2.83%)作了3次鉴定。根据搜集的内固定断裂医疗损害案件的155个判决书研究样本,制作表2,155个样本中有142份判决书记载发现钢板断裂日期,即有效研究样本数据为141份,缺失数据14份。一般来说,患者术后发现钢板或者钢钉断裂,通常就会认为自己的权利遭受侵害,从开始投诉、起诉、鉴定、开庭审理,直到法院做出裁判之日,这中间间隔的天数就是患者维权的时间成本。从发现钢板断裂之日到获得判决书之日,经历的最长天数为5 264天,最短天数为231天,平均1 129天,可见患者维权的时间成本和心路历程,这期间被告医师同样承受着巨大的精神压力。

民事诉讼法规定的案件审理期限简易程序为3个月、普通程序为6个月,加上立案、确定主审法官、法院开庭排期等环节所需要的时间,民事案件简易程序最多半年、普通程序不超过1年可以结案。然而,由表2可见,患者维权时间成本最长的达8年以上,最短的231天,平均1 129天(大约3年)。155个案件中一审结案率为64.5%,大多数案件没有进入二审,即便如此,医疗纠纷案件中诉讼的时间成本普遍高于一般民事诉讼。

专业证据的证明力在很大程度上可能取决于鉴定的科学过程的合理性和方法论,以及推理和方法论能否合理地适用于争议的事实。这些内容都可以在盘问证人

表 2　维权时间成本

	有效数据	141 份	判决书（份）	占百分比
	缺失数据	14 份		
	最大（天数）	5 264 天		
	最小（天数）	231 天		
	平均（天数）	1 129 天		
其中	1 年（含 1 年）		6	4.26
	2 年（含 2 年）		43	30.50
	3 年（含 3 年）		41	29.08
	4 年（含 4 年）		18	12.77
	5 年（含 5 年）		13	9.22
	6 年（含 6 年）		6	4.26
	7 年（含 7 年）		7	4.96
	8 年（含 8 年）		3	2.13
	8 年以上		4	2.84
	合计		141	100.00

的过程中详尽探究。"加利福尼亚州最高法院在 1985 年至 1986 年报道的陪审团裁决的民事案件中,有关专家证言的使用频度——在 86% 的民事陪审团案件中有专家证人作证。专家证人专长的数据中有一半专家是医师。专家出庭的案件种类中超过 70% 的案件涉及不正当死亡或者个人伤害案。专家使用率最高的案件是医疗事故案,使用率 97%。"[①]然而,要获得专业证据何其难也。在 155 个研究样本中,涉及钢板断裂的医疗损害案件,如果要排除钢板质量问题,就需要对钢板质量进行鉴定,需要对钢板化学成分、力学性能、断裂原因等方面检测。然而,在全国范围内具备相应资质、设备和技术力量的检测机构为数不多,在 11 个出具钢板品质鉴定报告中,有 9 个是由苏州华碧微科检测技术有限公司出具、2 个是由其他鉴定机构出具。

由表 3 可见,在 14 个钢板质量鉴定为不合格的案件中,除去法院直接认定的 3 个案件,以及鉴定费用"不明细"的 5 个案件,其他 6 案件的钢板鉴定费用少则 8 000 元,多则 22 580 元,平均 14 130 元,对患者而言鉴定费用负担是很重的,鉴定费用与

---

① 罗纳德·J.艾伦,理查德·B.库恩斯,埃莉诺·斯威夫特.证据法:文本、问题和案例[M].张保生,等译.3 版.北京:高等教育出版社,2006:722.

其获赔数额之比由5.52%至80.33%。专家鉴定意见需要出庭质证的,需要给鉴定专家出庭费用。医学会代收费需要经物价局核准,其医疗损害鉴定收费标准远远低于司法鉴定所收费。① 医学鉴定专家出庭费用每人每天1 000元,已是业界习惯。如果一个案件涉及两个专家出庭质证,加上差旅费用和住宿费用,合计数额上万元。这说明患者维权花费金钱成本昂贵。当事人提出钢板鉴定异议之后,考虑到钢板质量鉴定费用要花费接近万元,很可能采取不配合、不缴费的办法,最后实际付诸鉴定的案件比例很小。

表3 钢板断裂—鉴定不合格—鉴定费用与赔偿之比

序号	案件编号	钢板断裂时间(月)	鉴定费用	鉴定费用占赔偿额之比(%)
1	2	4	无明细	—
2	4	3	直接认定	—
3	35	2	无明细	—
4	49	4	直接认定	—
5	53	5	22 200	5.52
6	70	5	9 000	34.41
7	73	5	直接认定	—
8	89	6	无明细	—
9	128	3	无明细	—
10	134	4	11 000	12.17
11	137	2	无明细	—
12	138	2	22 580	80.33
13	140	3	8 000	6.38
14	146	3	12 000	13.43

---

① 如甘肃省物价局和省财政厅的甘价费〔2005〕273号文件规定,对医疗事故技术鉴定费用规定,设区的市级地方医学会或省直接管辖的县或县级地方医学会负责组织本地区内医疗事故争议的首次技术鉴定,首次医疗事故技术鉴定费每例2 000元;省级医学会鉴定费每例3 000元。河北省物价局、河北省财政厅的冀价行费〔2009〕25号规定,省级鉴定每例3 800元,市级鉴定每例3 200元。

第四节 防御性医疗痼疾难治

一、防御性医疗概念界定

1973年，美国健康、教育和福利委员会对防御性医疗（Defensive Medicine）作出定义，即指医师为避免或者防止承担责任而进行的不合理的医疗行为。[①] 1978年，美国学者L.R.坦克露迪（L.R.Tancredi）等撰写《防御性医疗行为的问题》（The problem of defensive medicine）发表在科学（*Science*）杂志上，界定防御性医疗的概念，是指医师在诊疗疾病的过程中为避免医疗风险和医疗诉讼而采取的防范性医疗措施。美国国会技术评估局（the Office of Technology Assessment）将防御性医疗定义为：医师为避免潜在的医疗损害赔偿，采取开具大量化验单和检查单，使治疗程序复杂化的诊疗行为。[②] 国内学者将"Defensive Medicine"译为防御性医疗行为，是指医护人员为减少医疗风险、保护自我而实施的偏离规范化医疗服务准则的医疗行为。防御性医疗行为可以区分为积极防御性医疗和消极防御性医疗。积极防御性医疗是指医师对患者的检查更加详细，病例记录更加详尽，而且对患者医疗措施的说明更加具体。但是，这些检查治疗措施有可能被其他医师认为是没有必要、琐屑的。比如，脑血管病患者发病初期到医院就诊，医师根据经验初步诊断患者发生脑梗死，此种情况下，患者根本没有必要做CT检查。因为脑梗死只有极少数病例在血管闭塞后6小时内能够检查出低密度改变，而绝大多数病例在患者最初发病的24小时内甚至是3天内并不会出现密度变化，即便是CT扫描也很难检查出阳性结果，但是为了避免纠纷和搜集证据，医师会要求患者一来医院就做CT检查，目的主要是为了保存证据，以应对将来可能出现的医疗诉讼。消极防御性医疗是指，某些治疗措施、行为可能有利于患者的治疗，但医师由于担心之后会被卷入医疗不当的诉讼而拒绝采取治疗措施，或者采取更为保守的治疗。比如，手术时发现病变组织的位置离大血管很近，如果选择切除范围大，有可能会损伤血管，导致大出血；如果选择切除范围小，成功的可能性大一些，但是对预后有影响。医师为了避免医疗纠纷，可能选择风险较小的方法。遇到急需抢救的危重病人，医师以医院条件有限，技术能力不够为借口，劝导患者转院，以

[①] Klingman D,Localio A R,Sugarman J.Law,Liability and Defensive Medicine[J].Journal of Health Politics,Policy and Law,Summer.1996.1:62.

[②] Anderson R E.Billions for Defence: The Pervasive Nature of Defense Medicine[J].Archives of Internal Medicine.1999,159(20):2399—2402.

看似合理理由规避风险大的治疗,至于患者由此错过最佳抢救时机、医院违反首诊负责制的问题,难以追究。防御性医疗与过度医疗是存在区别的。过度医疗行为是指医疗机构及其医护人员在诊疗活动中,违反医疗卫生管理法律、法规、规章和诊疗护理规范,以获取非法经济利益为目的,采用超出治疗需要的诊疗,造成患者人身伤害或财产损失的行为。① 过度医疗和防御性医疗具有相同点,都违反法律、行政法规、部门规章和诊疗护理规范、常规,可能给患者带来人身伤害或财产损失,侵害患者的合法权益。但是,在主观恶性方面,防御性医疗行为和过度医疗行为有显著区别:过度医疗行为是为获取非法经济利益为目的,主观恶性程度高;防御性医疗行为是以自我保护为目的,其主观恶性程度较低。

荷兰、丹麦、冰岛等国家,对防御性医疗的研究已深入医学各分支。② 美国联邦政府也投入相当大的资金研究实证中的防御性医疗行为,但是,没有关于防御性医疗的定量研究。我国学者进行了相关的实证研究发现,针对同样或类似场景下所实施的诊疗行为,有的得出防御性医疗的结论,有的则得出相反的结论。③ 学者程红群等人对北京市 9 家三甲医院的 512 名医师的防御性医疗行为进行调查,发现增加各种转诊、会诊的比率为 72.83%,增加各种化验和检查的比率为 79.49%。512 名医师中有 491 人认为现阶段防御性医疗行为有其存在的合理性,占被调查人数的 95.9%。④ 医师为预防医疗纠纷,开具相关的辅助检查,即使医师凭经验可以确诊的病例,也要留下相关证据以应对医疗纠纷。一些医疗设备配备较好的乡镇卫生院宁可让病床空着也不接受宫外孕手术,甚至停止提供儿科、妇产科的基本医疗服务,把风险高的手术推给上级医疗机构。⑤

二、辩证看待防御性医疗

评估防御性医疗的利弊是件十分复杂的事情,"防御性医疗的根源在于医疗诉讼风险和法院确定过失的不确定性"⑥,表现在:

第一,由于适当治疗与保守治疗之间的划分界限不确定且非常专业复杂,所以,

---

① 周士逑,曾勇.过度医疗行为的法律研究[J].川北医学院学报,2007(2):186—189.
② 周士逑,曾勇.过度医疗行为的法律研究[J].川北医学院学报,2007(2):186—189.
③ 韦嫚,沈春明.中美防御性医疗行为调研体系对比分析及启示[J].医学与哲学,2009(9):49—51.
④ 程红群,陈国良,蔡忠军,等.512 名医师自卫性医疗行为现状调查及分析[J].中国医院管理,2003(6):8—9.
⑤ 李晓雅.基层医院人员不用再为纠纷赔偿担忧[J].中国社区医师,2011(17):25.
⑥ 肖柳珍.防御性医疗的经济学思考——当前医药卫生体制改革的难点[J].中国医院管理,2008(10):27—29.

对具体某个诊疗方案是否构成防御性医疗,很难作出恰当地评价,可能在一位医师看来是构成防御性医疗的行为而另外的医师则认为是合理的诊疗措施。

第二,防御性医疗可能给患者安全带来受益,体现侵权法在预防上的"反射功能"。如果将防御性医疗精确表述为医师诊治患者时更加小心谨慎,则尽管医疗体系的费用会增加,但可能带来患者受益。例如,小儿腹泻就诊,医师建议患儿作心电图检查,表面看似小题大做,其实是通过抽血查肝功能、心肌酶谱升高,提示心电图有心肌缺血的变化,可能的病因是病原轮状病毒或其他病毒对人体心脏有侵犯,造成心肌损害。几十年前,发生过患儿腹泻突然死亡,当时技术水平限制,无法查之病因,现在看来可能是与心肌缺血有关。又如,患者咳嗽不停,怀疑感冒引起,到呼吸科、心脏科就诊多次,吃遍所有镇咳药不见好转,最后消化科医师开具吗丁啉和西咪替丁以及一些中药,诊断是患者胃食管反流引发的咳嗽。而此前的一些检查,不能简单被认定为防御性医疗带来的不良后果。换言之,防御性医疗可能根本上不是件坏事。医师对患者的检查更加详细,就意味着诊断的精确度会提高,患者在决定是否同意某一治疗方案时可以获得更多信息。

第三,防御性医疗符合理性经济人的选择,但负面评价更多。防御性医疗造成稀缺的公共医疗资源浪费,增加社会经济负担,影响卫生服务的公平性,导致医疗服务于患者的目标偏离,转向了过分注重医方的自我保护。医师提供治疗不能尽其所能,拒绝提供治疗或者采用新的有风险的治疗方法,转而采用对自己在诉讼中更加能保护自己的诊疗技术手段,久而久之,医学进步滞缓,最终影响广大患者利益,这已经成为不争的事实。作为风险决定因素的注意水平与行为水平之间存在经济规律,过失责任归责原则下,无论加害人选择什么注意水平,他们都希望施加合理的注意以避免承担责任。如果合理注意等于社会最佳水平的注意,加害人会选择社会最佳水平的注意,但其行为水平会超过社会最佳水平。同时如果合理的注意义务水平被提高到社会最佳水平之上,社会福利的水平将会高于把注意义务定位于等于社会最佳水平的状况。但是,通常的责任规则中没有一个能够引导加害人与受害人按照社会最佳状态行为准则,实施规则的结果不是社会最佳状态。具体到医疗损害风险预防中,假设预防损害发生只在于医护人员的单方投入,医护人员为了预防医疗损害风险发生,需要在履行注意义务程度上达到一定的行为水平,在合理的注意义务水平达到最佳的预防事故成本时,取得预防医疗损害风险发生的最佳状态。医师在作医疗决定的时候,会面临两个甚至更多的具体成本的考量。在决定给一位患者做多少检查的时候,要考量发生医疗错误的成本与医疗成本之间的平衡。然而,由于医疗损害风险本身具有损害不确定性,导致预防事故发生投入的注意义务水平与预防效果产生不确定性,医疗人员就有了投入更高注意义务程度的动机,甚至采取过度投入的防御性医疗，这是医师考虑事前成本与收益激励作用的结果。通常地，很多时候预防医疗损害的投入不是由医护人员单方控制，患者自己对事故发生也负有防范成本投入责任，如认真遵照医嘱、仔细观察身体反应并及时与医护人员沟通。在这里，我们假设所有患者都会不惜成本、尽最大努力爱护自己身体，预防医疗事故的成本完全由医护人员控制。那么，由于医护人员在专业知识上具有优势，在治疗、预防成本方面存在信息不对称，就会发生医护人员与患者之间的不公平、不均衡，医护人员可以将本不该发生的医疗费用转由患方承担，或者要求患者承担没有收益的支出，实施不必要的检查、手术、治疗，降低患者安全，甚至发生医疗侵权损害的负的外部性，即医疗损害后果由患者承担，而造成损害的行为人没有为此负担成本。

目前，通过医疗保险承担了大多数的医疗费用支出，医疗费用支付体系对于医疗成本有巨大影响。如果医疗费用偿付是按照医疗保险经办机构核定的固定价格结算，那么医师要给患者实施额外的检查就得不到偿付，医师陷入了在实施检查预防医疗错误成本边界与不实施检查可能发生错误构成侵权之间来回权衡之中。医疗侵权法应当给予医师一个积极指引——让医师在医疗检查成本与医疗成本之间加以控制，换句话说，认定医疗过失的标准非常重要，直接影响医师行为和预防侵权的成本。法经济学视角下，侵权法的目的是促进经济效率，在实现社会成本最小化的框架内，对行为人产生有效预防和激励作用。申言之，医疗侵权法有关医疗过失的认定选择了法律条文主义，如果将医疗惯常做法作为判断过度医疗的标准，可以创造医疗谨慎注意水平的确定性，医师行为符合一般可接受的未成文化的医疗惯常做法就可以免责，因为法官不太可能再发现过度医疗的不合理性。所以，将符合"惯常做法"作为医师的抗辩理由，可以使得过度医疗过失标准具有更多的预见性，这也符合理性人的逻辑。

三、过度医疗争议的司法裁判评价

《侵权责任法》第63条[①]以宣示性条文形式规定医疗服务提供者不得实施"过度治疗行为"。杨立新教授认为，这一条文的立法基础是保护患者的权利。但是，第63条没有规定侵权请求权，患者诉请还是以《侵权责任法》第54条作为请求权基础。司法实践中对于所谓的"不必要治疗""过度治疗"的争议存在裁判困难，由下面案例统计数据可见一斑。

在北大法宝数据库中，截至2015年12月31日检索适用《侵权责任法》第63条

[①] 《侵权责任法》第63条规定："医疗机构及其医务人员不得违反诊疗规范实施不必要的检查。"

裁判的案件,仅得到判决书3个。① 在无讼案例数据库中,以"不必要检查"、《侵权责任法》第63条为关键词检索,截至2015年12月31日仅有7个案件实质涉及不必要检查、过度诊疗的争议。② 这10个案件相较于北大法宝和中国裁判文书网数据库中的医疗损害责任纠纷案由的15 861个案件数③而言,实在是少之又少,具体分析如下:

第一,患方未主张医方过度医疗,法官根据鉴定意见认定诊疗行为过度或不足的案件。(2012)浙甬民一终字第90号案,原告认为医院诊疗存在过错,并未主张医院实施"不必要治疗",鉴定意见认为,对患者治疗中安装永久性起搏器指征掌握不严,该医疗器械的安装对心室颤动无预防(威慑)和治疗作用,导致患者家属为此支出了额外的医疗费用,术前告知存在不足,上诉过失与损害之间没有因果关系,法院依据《侵权责任法》第63条等规定,判令医方补偿患者家属人民币7万元。(2014)宁少民终字第108号案,医学会鉴定认为,医院对于肠镜检查的重要性认识不足,未对相应的辅助检查引起重视,导致对结肠癌的诊断存在延误。医院抗辩到《侵权责任法》第63条规定,"医疗机构及其医护人员不得违反诊疗规范实施不必要的检查"。医方实施检查的必要性基于其科学性,医院对患者张某实施检查应基于其科学的诊疗进行,此系其积极性诊疗义务,而不得实施不必要检查系其消极性诊疗义务,两义务并行不悖,只有两义务的恰当、充分履行方能保障患者的合法权益。法院采信"未及时诊断对其生存期能否得到延长存在一定因果关系,对损害结果发生起到次要作用"的鉴定意见,判令医院赔偿30%的损害。

第二,患方主张医方过度医疗,法官根据鉴定意见从医疗过错构成要件角度审判的案件。(2015)鄂咸宁中民终字第317号案,患者主张医院误诊、漏诊、虚构夸大病情,实施不必要检查等过错,医学会鉴定意见认为"宫角妊娠临床早期诊断较困难,易于误诊和漏诊,医院存在未严格掌握手术适应症,实施子宫全切术存在诊疗过错,造成患者残疾损害"。法院认为,基于医疗科学的疑难复杂性、医疗技术手段的局限性、医疗行为存在合理风险性等因素,结合鉴定意见书中的分析意见,认定医院承担

---

① (2012)南市民一终字第850号,(2012)浙甬民一终字第90号,(2010)西民初字第1461号。

② (2014)宁少民终字第108号,一审(2010)鄂咸安民初字第01213号和终审(2015)鄂咸宁中民终字第317号,(2012)虹民四(民)初字第745号,(2013)深宝法沙民初字第959号,(2014)沈铁西民一初字第390号,(2013)徐民一(民)初字第4891号,(2014)杭下民初字第2154号。

③ 截至2015年12月31日,在中国裁判文书网官网中的民事案件数据库,检索医疗损害责任纠纷案由,结果为15 861个。北大法宝数据库中的民事案件数据库,检索医疗损害责任纠纷案由,得到的结果为4 395个。二个数据库中的判决书内容大部分是重合的。

75%的责任。(2013)深宝法沙民初字第959号案,原告主张医院实施不必要检查,导致其身体损害,医学会鉴定意见认为诊疗行为存在轻微过错,与损害之间的因果关系为1%—10%,法院认定承担20%责任,赔偿数额1 188.92元。

第三,是否构成过度医疗,与履行告知同意义务密切相关,法官需要根据案情、诊疗结果、花费费用等多因素综合考量。(2010)西民初字第1461号案,患者刘某右乳绿豆大小的包块、乳头溢液,同意手术、要求保乳。医院实施右乳腺癌改良根治术,病检报告为右乳导管内原位癌。医学会鉴定认为,保乳存在风险。法院认定,"医院在未经原告同意的情况下,擅自将原告的乳房切除,明显与患者在《手术知情同意书》表达的意愿相反。"法院优先选择了保护患者的知情同意权,限制了医护人员的裁量权。该案裁判中,法官回避了"治疗是否必要性"的事实认定和《侵权责任法》第63条的适用。(2013)徐民一(民)初字第4891号案,患者死亡,生前治疗过程中,听从医师建议,为避免药物副作用使用了非医疗保险药品,花费巨大。医学会鉴定认为,患者化疗使用的药物系未经过批准适用于胃癌化疗第一线药物,存在过错,但该过错与患者死亡之间不存在因果关系。法院认定被告采用不符合诊疗常规的高价化疗药物,系过度医疗,造成患者财产损失,被告应当对此承担赔偿责任。(2014)杭下民初字第2154号案,医院未就医疗风险、替代方案予以告知,医院不能证明其实施"LOL消融术"系在正常情况下治疗所应采取的必要措施,应承担相应的赔偿责任。但是,患者也无证据证明手术造成新的人身损害,病情加剧、恶化,法院酌定医院赔偿手术费用2120元。(2012)虹民四(民)初字第745号案,亲属肝移植手术失败,患者主张侵害知情同意权和实施不必要诊疗,造成伤害。医学会鉴定意见认为医院无过失、诊疗行为与损害之间无因果关系。法院认定,医院与患方沟通欠充分、引流管位置欠合理,与原告的人身损害结果不存在因果关系,酌定赔偿2万元。(2014)沈铁西民一初字第390号案,原告疾病治愈,没有身体损害,但是花去医药费若干,主张未经其同意医院实施不必要检查,然而没有提供证据证明相关检查和治疗属于过度治疗,法院不予支持原告诉请。(2012)南市民一终字第850号案,患者主张医院"过度治疗,对经济较困难的患者不采取传统、较为适宜的保守治疗或开颅手术治疗,而是选择在医学界尚有争议且收费昂贵的放支架手术……"。司法鉴定意见认为"诊疗行为无过错、无因果关系"。法院认定原告无证据证明医院存在误导患者接受不必要治疗,驳回原告诉请。

由上述10个案件的审理要点可见,所谓"不必要检查"与"必要检查""适度诊疗"与"过度诊疗"之间是相对而言,需要综合权衡《侵权责任法》第54条(过错责任原则)、第55条(告知同意义务)、第57条(诊疗水平义务)的规范目的,既要求医师的审慎履行注意义务,又要求赋予医师自由裁量权。防御性医疗往往与侵害患者知情同意权,诊疗行为违反注意义务的过错相关联,如果医师自认为根据病情不需要做的检查和治疗,事后被专家认定属于"应该做的检查",则医师的诊疗行为被认定为构成漏诊、误诊;如果为查明病因,反复实施检查过程之后还是发生误诊,医学会鉴定意见认为医师存在主观上的认识错误,诊疗行为构成过错,所实施的诊疗行为不属于"不必要检查、过度治疗"范畴,而是属于"未达到合理的诊疗水平"。实践中,认定构成"不必要检查、过度治疗"的,需要鉴定意见明确确认,最终被认定构成过度医疗。审查的关键点在于"诊疗不符合常规、使用高价药物、未实现预期疗效"。在没有鉴定意见的情形下,有关"不必要检查、过度治疗"的举证责任分配由法官自由裁量,如果分配给患者举证,难免救济不足,如果分配给医方,难免医师认为负担过重,影响到医疗生态。换言之,防御性医疗具有积极和消极两面性,如何正确认识和有效规制,是摆在我们面前的重要课题。

众所周知,一个理性的判断或选择必须基于事前的推理作出,而作出一个理性推理的唯一途径是通过一种单一的规范价值对选择对象进行排列次序。侵权法的损害赔偿功能与教育警示功能之间,存在两个选择,以损害赔偿或者威慑的名义在侵权法的内部提供一种合理的决策制度框架的可能性很小。正如韦恩·瑞布(Wayne Reb)指出的,这样一种不协调的无序的侵权法目标,尤其是成问题的,"因为法律本身就是一种'智慧的展示',一个自我意识到的理性的组合,并且由于公开形成和客观理解的原因,一直追求'避免矛盾,保持连贯,与实际原则、规则、标准之间有一种自我协调的和谐'"。

侵权法的利益平衡与价值判断趋于多元和复杂,在理论与现实紧张关系的拉扯之下,侵权法开始表现出自负与贫困的双重面相。[①] 具体在医疗侵权法领域,医疗过错判断标准的弹性化、告知义务履行的虚化、举证责任分配规则中两难的法律政策选择、医疗过错鉴定制度未统一化、防御性医疗的利弊难以简单判断等多方面均存在立法或者司法上的不足,使得人们开始在现有的社会经济条件下,寻求医疗损害风险社会化分担的多元化方式。

---

① 张铁薇.侵权法的自负与贫困[J].比较法研究,2009(6):38—49.

第四章 医疗责任保险与医疗侵权法律制度的关系

第一节 保险与侵权法律制度的关系

一、责任保险与侵权法律制度共生关系

(一)侵权法中的无过错归责原则催生了责任保险

传统的侵权法理论,基于矫正正义理论和个人主义哲学,坚持"无过错,无责任"的过错归责原则。无过错责任进入侵权法领域并发展成为一种归责原则,是在资本主义国家的法律制度中产生和发展起来的,与资本主义世界的社会观念的变迁不可分割。19世纪末20世纪初,工业革命带来社会经济的巨大发展,在社会财富迅速积累的同时,环境污染、工业灾害、商品瑕疵等各种危害频繁发生,受害人难以证明加害人有过错,危险物的制造者在享受经济发展带来利益的同时,却不承担责任和危险灾害带来的损失,有悖社会公平和正义。将无过错归责原则引入侵权法领域,对于不幸损害的合理分配,可以实现对社会弱者的保护。

实证主义和社会连带主义可以作为无过错归责原则的哲学基础。实证主义者否认主观过错是人的意志理性选择的结果,认为只有人的行为与损害后果是可认知、可感觉的真实存在,人的主观心理状态难以被感知,不能实证。侵权法的归责重心应当是考量人的行为与损害后果,而不是人的主观心理状态。实证主义为无过错归责原则的确立奠定了哲学基础。19世纪末20世纪初,实证主义哲学取代理性哲学,为社会学法学提供支撑。以莱昂·狄骥(Léon Daguit)为首创人的社会连带主义法学派认为,人们生活的社会存在连带关系,人人具有不同才能和需求,必须通过互相提供服务以满足这种需求。连带关系不是人的行为法则,而是人类社会的基本事实,人们必须遵守社会连带关系中的社会法则。社会法学家庞德(Roscoe Pound)认为,法律

是"一种社会工程或社会控制工具",损害发生不要考虑个人之间的过失,而应当在更大范围内,把个人与社会团体结合起来,考虑由谁承担风险成本更低、更利于事故救济,就由谁来承担责任,无过失责任归责原则由此产生。20世纪初期,法国学者约瑟·朗午(Joseph Langnoon)提出"风险分摊"理论,认为谁获利谁就应当对形成的事故风险负责任,承担事故风险的代价与生产过程中的其他风险一样,可纳入成本,由此,将从事有风险的行为所获利益与事故风险分担成本连接在一起。① 偏差(errors)理论为无过错损害风险社会化分担提供了支持,偏差是人类固有的神经与智力方面的缺陷,是一种人们对无法预料的事件的一种不幸的反应,不具有道德可非难性,将偏差当作过错是不合理的。但是,不能因偏差无可非难就不承担责任,为减轻偏差引起的不幸事故和损害,行为人应尽可能对受害人给予补偿。②

承担无过错责任的加害人可以通过购买保险的方式分担损失,保险成本可以通过提高商品价格实现分摊,实现损害风险社会化分担。责任保险因其在解决纠纷、为受害人提供迅速救济的优点,被越来越广泛地适用于人身、财产损害赔偿领域,由于责任保险承保的是法律责任,理赔都是以被保险人应当承担侵权责任为前提。高度危险作业保险、产品责任保险、机动车保险的发展不断推进侵权法扩大适用无过错责任领域,侵权法由过错责任原则逐步向无过错责任原则的转变,实现最大限度地保护受害人的利益,这其中,责任保险作为风险转移制度所起到的作用功不可没,责任保险使得加害人可以有效分担侵权赔偿责任原则的风险,不再追究加害人是否有过错。无过错责任原则的合理性契合现代社会的风险社会化分担理念,责任保险的发展为实现侵权法的损害填补功能提供了经济基础。

(二)责任保险的发展不会导致侵权法的危机

伯尔曼(Harold J.Berman)讨论西方法律(包括侵权法)危机时,将20世纪各国的法律巨变称为"革命性变化",认为"法律巨变构成对传统西方的法律制度,诉讼程序,法律价值、观念和规则以及思想方式的严峻挑战"③。当然,有学者认为不存在侵权法危机,侵权法发生巨变是适用社会发展的,有三方面的原因:一是归责原则上引入无过失责任,举证责任分配上引入过错推定规则;二是责任保险领域得到巨大发展,适用范围越来越广;三是各国加强了社会保障立法与推广范围。当然,社会保障立法基础与侵权法的立法基础具有根本区别,前者基于分配正义理念建立,与矫正正义没有关系,最不可能替代侵权法。责任保险用于分散侵权赔偿责任风险,绝不是侵

---

① 赵家仪,金海统.高危险民事责任与民法典关系研究[J].中国法学,2004(3):65—72.
② 陈岩.无过错责任理论基础试探[J].甘肃政法学院学报,1997(4):15—21.
③ [美]哈罗德·J.伯尔曼.法律与革命[M].贺卫方,等译.北京:中国大百科全书出版社,1993:42.

权法危机之表现,更不是侵权法危机之缘由。无过失责任是对过错责任在一定范围内的调整,其适用范围受到严格限定,法律对无过错归责有着明确的范围和适用规则。即使某类型损害适用无过失责任,也并不排除行为人的过失责任。换言之,如果加害人对于造成损害无过失,依侵权法的明文规定承担了无过失责任,该责任大小应当适用限制赔偿原则;进一步地,如果加害人对于损害有过失,加害人不仅要承担无过失责任,更要对其过失所造成的损害承担全部赔偿责任。所以,无过失责任并不是对个人救济途径的一种背离,不会从根本上动摇过错责任归责原则,侵权法仍然是作为侵权损害赔偿的救济法而发挥作用。

二、责任保险与侵权责任的区分原则

风险的可保性以及保险本身不应当成为向被告施加责任的理由,侵权责任的确定与侵权人是否具有责任保险是两个互不影响的独立领域。法官在认定侵权责任时,仍应当恪守侵权法过错归责原则,在考量加害人是否构成侵权以及侵权责任数额时,原则上不考虑被告是否有责任保险。这原本是不言自明道理,不能因为加害人有责任保险而倾向于认定侵权责任构成以及带来损害赔偿数额上的增加。然而,要确认法官审案不受到加害人是否有责任保险这一事实的影响,是很难的,事实上,我们无法在判决书中找到法官因为加害人有责任保险而影响判决的说理。在与工业社会发展伴生的巨大社会风险面前,风险的可保险因素已经成为侵权责任认定的一个重要因素,缺乏了保险的损害赔偿救济,无法想象将产生多少社会不良后果。①

欧洲侵权法与保险法中心(European Centre of Tort and Insurance Law, ECTIL)在2005年专门对于侵权法与保险法之间的关系进行项目研究,其中"责任保险对法院裁判侵权案件的影响——聚焦法院"的研究议题中,奥地利、德国、瑞士的国别报告中认为,侵权法本身被视作独立于保险而自行运作的,法院针对侵权事项作出的判决,无需考虑被告是否购买保险这一事实,在这个意义上讲,责任问题与保险问题相互是区隔并独立于彼此。只在某些特殊领域,才不会考虑这种区隔性,人们才会公开承认保险的可获得性从一开始就对责任的确定具有影响。② 表现在:

第一,在公平责任的领域。公平责任是通常适用在智力障碍、未成年人和其他欠缺能力等原因而行为的侵权人,其行为不具有道德可责难性,基于衡平考量需要这类侵权人承担责任,法院裁判很大程度上颠覆了近因原则,倾向于仅仅因为侵权人购买

---

① [德]布吕格迈耶尔,朱岩.中国侵权责任法:学者建议稿及其立法理由[M].朱岩,译.北京:北京大学出版社,2009:32.

② [德]格哈德·瓦格纳.比较法视野下的侵权法与责任保险[M].魏磊杰,等译.北京:中国法制出版社,2012:396—397.

了责任保险,而令其承担责任。这是符合公平责任是在考量双方当事人的财务状况的基础上的,如果当事人购买有保险,通常被认为是具有较好分担损失、吸纳风险的能力的一方,于是更容易被认定要承担公平责任。

第二,在无过错责任领域。在英国,学者们抱有这样的观点:在那些无过错责任原则归责的领域,法院将他们的真实动机隐藏在法律推理的烟雾之后——而且保险是一只"隐藏的手",在"无形中"驱动着侵权法的发展。在德国的大多数侵权法的文献中,不认为"投保的被告是较佳的风险承担者"这一纯粹事实本身,就构成了他应当承担责任的充分理由,就上个世纪出现的无过错责任扩张是否真的与责任保险增加存在任何关系,无从知晓。但是,在有关产品导致人身损害的案件中,多个国家的法官公开承认,保险因素在作出判决的过程中是具有影响力的。法官认为,尽管不存在过失,但是公共政策皆要求必须确定责任,因为这将会非常有效地减少市场中缺陷产品对于生命与健康的固有危害。制造商能够预见到某些危险存在并且采取防范措施,针对伤害的风险,完全可以通过制造商投保并将其作为营业成本在公众之间分摊。[1]

欧洲侵权法与保险法中心的研究还将过失与保险之间的关系作为研究的核心问题,结果是没有确定性的结论。法官都知道,所有谨慎的职业人都会购买保险。有一份德国的保险商提交的报告认为,法院过分扩充了注意义务,法院判决背后的真正动机在于将伤害或财产损害的成本转嫁给保险人,而不考虑被告是否"真的"有过错。而瑞士的国家报告坦率指出"如果没有保险,在某些案件中要求颇高的注意标准,将是无法想象的";"如果潜在的侵权人受到责任保险的保护,那么他被视作实力雄厚的企业加以对待并对其适用严格的注意义务标准"。[2] 多数国家的研究报告指出,在受害人的比较过失以及损害赔偿数额的确定上,有过失的侵权人是否购买了保险并不因此受到影响。

三、社会保险制度与侵权法律制度的协调发展关系

社会保险是基于社会安全理念建立的社会制度,通过立法建立养老、疾病、工伤、失业、生育等各类社会保险,为社会成员通过必要的保险补偿和社会救助,构筑社会安全体系。其中,医疗保险将由所有参加医疗保险的投保人来分摊,从社会整体来说医疗损害风险管理的成本是最小的,因为从医疗损害风险分摊到每个投保人来说费

---

[1] [德]格哈德·瓦格纳.比较法视野下的侵权法与责任保险[M].魏磊杰,等译.北京:中国法制出版社,2012:407—410.

[2] [德]格哈德·瓦格纳.比较法视野下的侵权法与责任保险[M].魏磊杰,等译.北京:中国法制出版社,2012:416.

用是较低的,而对于遭遇疾病需要就医的患者而言,可以通过医疗保险解决疾病就医的经济困难,避免患者及其家庭因病致贫。因此,社会医疗保险是成本较低的社会团结互助机制。

  社会保险制度与侵权法律制度,在哲学思想基础、功能、适用事由和范围等方面存在不同。前者是以分配正义为思想基础,后者是以矫正正义为思想基础;前者功能是意图对受到伤害或疾病需要救助的人提供保护,后者功能意在损失填补与警示教育他人。在补偿的事由和范围方面,前者是为了保障社会成员的基本生存权利,在给予补偿时不考虑损害发生的责任归属以及受害人自己是否有过失,通常是迅速、及时、确定地给予受害人补偿,补偿的范围是以满足基本需要为限。后者是对于加害人行为导致受害人的损失予以全额赔偿,需要满足特定条件(行为与损害之间有因果关系,甚至要求加害人有过错等)才能获得赔偿。社会保险制度与侵权法律制度都是给予了受害人经济上的金钱给付,因此,社会保险制度对于侵权法的影响和冲击是巨大的。虽然社会保险制度并不排斥侵权责任制度的适用,但是在受害人获得社会保险给付之后,基于要获得侵权损害赔偿通常需要通过诉讼,受害人考虑到诉讼风险和金钱与时间成本、举证困难等原因,可能选择放弃侵权损害赔偿诉讼。甚至在一些诸如新西兰等社会保险发达的国家,建立了以社会保险为基础的广泛综合的事故补偿机制,将因车祸、医疗损害等意外事故造成的生命和身体损害的赔偿,纳入社会保险范围内赔付,并排除侵权法的适用。

  社会医疗保险与侵权法共存的格局将长久存在。随着老龄化社会的到来,实施社会保障机制的成本增大,有的国家开始逐渐缩减社会保险的覆盖范围和保障程度。社会保险资金来源于税收和投保人的汇缴,有限的保险资金来源无力承担各类损害的全部损失,社会保险的覆盖范围只保障参加保险的人们尊严生存、发展的基本所需,对于非财产性损害,只能根据侵权法主张赔偿。

  尽管社会保险可以很大程度上实现损害风险的社会化分担,但是在过错责任归责原则适用领域,侵权法本身作为传统的损害赔偿风险转移机制的基础地位不会发生动摇。"社会保险和责任保险对侵权法损害赔偿功能具有调节作用,这种作用随着保险市场的扩大而逐渐强化,特别是无过错保险方案的实践对侵权法产生了强烈冲击,然而保险对侵权法的冲击存在限度,一方面侵权法面对冲击进行自我调适,即从以个人主义观念为基础的过失制度逐渐转向对被告公共责任的关注,另一方面社会保险的性质和商业保险遵循的市场原则限制了保险对损害赔偿问题的解决力度,保险与侵权法在互动过程中形成了相对的边界。"[①]"从社会发展取向看,用一种制度取

---

① 陈皓.保险对侵权法损害赔偿功能的冲击与限度[J].社会科学辑刊,2014(3):61—65.

代其他制度是不可行的,国家立法应着力于不同制度之间的协调机制建设,既要考虑不同制度的优势与短板,又要力图社会资源的合理分配,通过制度协调与构筑合理、及时、有效补偿受害人损失的机制,实现社会资源的合理分配,保障社会安全。"[1]

第二节 医疗责任保险与医疗侵权法之间的关系

一、医疗责任保险:侵权赔偿金来源之担保

医疗责任保险只承保因医疗过失而产生的责任风险。被保险人依法对患方有赔偿责任为前提,是否落入保险范围是依据《侵权责任法》确定医疗过失赔偿责任,患方寻求侵权法救济的主要目的是获得损害赔偿,为今后生存的护理、后续治疗和生活提供物质保障,抚慰受伤的精神痛苦与疼痛。但是,可能存在医方赔偿能力有限的情形,即使医方筹集资金支付赔偿金,也可能使得医方陷入债务危机而难以为继,最终影响居民获得就近医疗服务保障。医疗责任保险能够在一定程度上缓解矛盾,通过医疗责任保险,损害赔偿责任转移到保险公司,由保险公司赔偿患者的损失。

医疗责任保险赔付不能取代医疗侵权赔偿责任。保险赔付是以医疗责任保险合同为前提和依据,合同明确约定的保险范围是被保险人医护人员的诊疗活动致人损害的赔偿责任,并且约定了各种除外责任和范围,如故意行为、违法行为等引起的医疗损害赔偿责任不赔偿。如何解释"故意"? 如果有事实证明医师想要搜集数据科研之用、没有告知患者其他替代诊疗方案,发生的损害不予理赔。所以,医疗侵权的责任范围比责任保险事故范围宽泛。申言之,即使构成医疗损害赔偿责任,保险公司首先是要确定该赔偿责任是否在保险范围内,是否属于保险除外和不予赔偿之情形,进一步,还将依据合同限额约定计算和扣除免赔额。对超过保险理赔部分的医疗损害赔偿额,患方仍得向加害人索赔。

二、医疗责任保险:克服医疗侵权法之不足

医疗侵权法是确定医方是否存在过错以及责任承担的基础。所谓"过错"是含义非常不确定的概念,实际运用过程中导致裁判存在不确定性。法院裁判依据的事实都是要求证据所能证明的事实,医方要证明已尽到应有的谨慎注意,患方更要有证据证明自己的损害程度和应赔偿数额的依据。正如前文所论述——侵权法在计算损失

---

[1] 林嘉.社会保险对侵权救济的影响及其发展[J].中国法学,2005(3):90—97.

方面存在不足或者过度补偿,侵权责任诉讼中限于举证责任制度设计的不足等问题,无法用侵权法律制度本身来予以弥补,尽管医师行为谨慎小心,也难得不被认定有错,责任风险转变为现实责任。那么,通过医疗责任保险实施社会化分担,是一种理性的选择。医患各方依据民事诉讼法规定的诉讼程序解决争议,存在举证困难与时间成本高等问题,侵权法制度实施中的局限和低效率,让人们开始寻求其他救济途径。

医疗侵权纠纷的第三方调解与第三方责任保险理赔相结合的制度,对于弥补侵权法的内在不足、有效解决医疗侵权案件中小额索赔案件是一个好的选择。首先,医疗侵权责任不同于保险事故,但是多数的医疗侵权责任同时也构成医疗责任保险事故。将医疗侵权责任的认定与保险事故的认定相结合,通过庭外纠纷调解机制,确认侵权赔偿责任以及保险事故理赔依据。其次,"替代性纠纷解决方式"是解决纠纷的国际经验。通过专门的争议解决机构处理争议是化解当事人之间矛盾和管控风险的优选方法,在保险领域"以非诉讼方式解决保险争议亦成为大多数国家化解保险活动当事人之间矛盾和管控保险纠纷的优先方法"[①]。再次,医疗侵权责任认定与责任保险理赔相结合的制度。调解协议书作为认定侵权责任与保险理赔的依据,由保险公司根据调解协议书和保险合同的约定予以理赔,患者可尽快拿到赔偿金,可以解决绝大多数的小额医疗侵权索赔纠纷,息诉止争。"我国2014年人民调解医疗纠纷6.6万件,医疗纠纷人民调解成功率在85%以上,形成医疗纠纷第三方调解和第三方赔付的调赔结合模式。"[②]

三、声誉机制:防范道德风险、实现侵权法预防功能

保险中的道德风险,是指保险对于减少风险动机的影响。在没有保险的情况下,规避风险或者防范风险的成本和收益对于医师来讲都是内生的,规避风险的激励也是最优的;有保险的情况下,被保险人承担风险的全部成本就是购买保险的费用,发生损害赔偿责任由保险公司负担。因此,道德风险可以被理解为组织的集体利益(所有投保人的集体利益)与组织中的个体私人利益(希望获得理赔的单个投保人的利益)之间的冲突。道德风险表现为投保人风险预防的注意水平降低。如果再实施限制赔偿,与其他的高额诉讼赔偿相比,对于医疗机构医护人员而言,有了保险担保给

---

① 于海纯.国外保险消费纠纷替代性解决机制及其启示[J].大连理工大学学报(社会科学版),2015(4):92—99.

② 参见原国家卫生和计划生育委员会关于《医疗纠纷预防与处理条例(送审稿)》的起草说明,2015年11月2日新华网. http://news.xinhuanet.com/finance/2015—10/31/c_128379233.htm,2015-12-10.

每个案件提供最高几十万元的赔偿,降低了医护人员防范风险的激励水平,一定程度上影响了侵权法的预防功能,侵权法对加害人及潜在的加害人的威慑力和预防功能降低。

设计对投保人约束的合同条款,加强责任保险的引导作用,防范道德风险。"加害人对事故防范所施加注意的激励,是否会因购买了责任保险而增加,这取决于保险人确定加害人注意水平的能力以及将保险费(或者其他的保险条款)与注意水平相联系的能力,当保险人不能够确定注意水平时,加害人的注意水平会因为他们购买了全部保险而被进一步弱化。"[①]于是,通过保险合同约定对投保人的约束条款,诸如免赔额[②]、比例赔偿[③]、最高赔偿限额[④]和不保事项条款,让被保险人自担部分损失,使其保持适当注意程度,消除危险、降低被保险人的道德风险。

声誉是一种社会评价,声誉机制是一种运行成本低的秩序维持机制,是法律机制的重要替代。各类评级机构的成功都是建立在因其发布准确和可信的评级而享有"声誉"的基础之上。比如,卫生部实施对医院评审定级制度,按医疗卫生资源规划与功能,将医院分为一级、二级和三级,每个级别的医院再根据其人员技术力量、医疗技术水平、医疗设施环境等要素,区分甲、乙、丙等级。医院等级以及医院对医师的公示信息是患者选择就医的主要考量因素。医院的医疗服务水平和医师业务技能是医院声誉的重要内容。现有规范对于发生医疗损害的医疗事故行政惩罚机制,主要是根据《医疗事故处理条例》《中华人民共和国执业医师法》《医疗质量安全事件报告暂行规定》(卫医管发〔2011〕4号)等,对发生医疗事故的医疗机构、医师给予的行政处罚或者行政处分,这些信息一般不会被广大患者所知。可以想象,如果患者知道这些信息,在有选择条件时,自会选择其他医院就医。卫生主管部门公示医疗服务信息的时候,将发生医疗事故的情况公示于众,无疑降低了医疗机构和医师的声誉评价,影响病患就诊来源。[⑤] 医院和医师的声誉损失无法通过责任保险得到恢复。因此,在市场竞争条件下,只要声誉机制能发挥约束作用,被保险人就不会因为投保责任保险就

---

① [美]斯蒂文·萨维尔.事故法的经济分析[M].翟继光,译.北京:北京大学出版社,2004:280.

② 所谓免赔额,又称扣除额,是指保险人只被保险人对第三人的赔偿责任中超过一定数额的部分负有给付保险赔偿金的义务,而对该数额以下部分的赔偿责任由被保险人自行承担。

③ 所谓按比例赔偿,是指当被保险人对第三人的赔偿责任发生后,保险人只按责任金额的一定比例给付保险金,而剩余部分由被保险人自行承担。

④ 所谓最高赔偿限额包括单次事故的赔偿限额和保险期间内累积赔偿限额,是指对于超过约定的赔偿限额部分,保险公司不予赔偿。

⑤ 李蓓,宋国梵.上海公示40起医疗事故情况 36家医院受处罚[EB/OL].[2010-12-10].http://news.qq.com/a/20061130/001893.htm.

疏于谨慎注意。尤其是在中国的广大农村,村镇卫生室医师是最基层的医疗服务主体,新的医疗卫生体制改革中实施乡村医生与农民家庭签约服务机制,乡村医生的收入与其签约服务的农村家庭人口挂钩,医师和患者之间基于亲缘、地缘因素,相互比较了解、熟知,在乡村熟人社会中,声誉和社会评价来自医术和口碑,声誉几乎成为其生存和发展的重要条件。声誉机制可以引领医师提高注意程度,预防医疗损害风险发生。但是"村医学历层次低、性别机构失调、老龄化现象严重,大学毕业生不愿意进农村,村医后继无人的现象"普遍存在[①],这将制约农村医疗服务保障。国家应当采取培训和有效资助村医发展的政策,需要为村医执业风险提供医疗损害风险分担机制和资金保障。

四、医疗责任保险:不能取代医疗侵权法律制度

医疗责任保险对患方理赔是以保单约定的理赔限额为限,如果医疗行为对患者造成的损害超过保险金限额,对超过的部分,仍由医方承担责任。尽管侵权法存在不足,但是它仍然在解决损害赔偿中发挥重要作用。

医疗责任保险不能脱离侵权法独立存在。保险事故的认定是以侵权责任为依据。侵权法的预防功能在损害赔偿领域仅起到"反射功能",具有间接性,表现为发生损害后的赔偿导致行为人的注意程度提高,防止类似损害再发生,使得侵权法具有预防功能。保险对实现侵权法预防功能只起到间接推动作用,通过对发生保险事故的投保人提高费率、设计免赔条款,力求防范投保人道德风险,形成正向激励机制,促使被保险人增加投入,提高注意程度和水平。

现代侵权法与传统侵权法的重要区别在于,损害赔偿功能不再是侵权法的专利,相反,保险在很大程度上侵蚀或提升了侵权法损害赔偿功能。尽管如此,仍要坚持侵权责任的认定与保险事故认定的区分原则,不能因为保险而影响到医疗侵权责任的认定,保险法不可能取代侵权法,相反,正是因为有了责任保险发挥保险费率调整机制,从而促使医疗机构和医师提高注意义务程度、减少损害事故的发生。此外,应当完善卫生行政处罚措施的分类分级,严格执行医疗机构的卫生许可证和医护人员的执业许可的管理与执法。

1. 商业保险与侵权法之间存在经济上的互补关系。首先,商业保险的保险人、投保人都从成本收益角度考虑投保险种。对投保人而言,是否投保、投哪种保险,要计算保费与理赔保障程度;对保险人而言,保险运行成本中,业务支出、营业费用和各类准备金提转差是基点,其中业务支出占比最重要。影响赔付比例的因素主要有:一

---

① 任晓丽.乡村熟人社会医患关系特质研究[J].医学与哲学,2011(12):30—32.

是危险的客观存在和危险发生的随机现象。医疗责任保险中,保险公司依据以往的赔付数据预测将来的风险支出,但是这个预测从来都有很多无法确定的因素,比如不同产科医师,其技术和操作的使用在不同环境下都不一样,如果依据以往的数据计算承保费率可能是不准确的,甚至会有较大偏差,需要人为地判断各种不同情形;二是人为因素,即道德危险。道德危险在一定条件下、一定程度上对赔款数额、经济效益有制约作用。保险人应对不确定因素的主要财务办法是提取各类准备金,这在一定程度上影响到保险的成本和收益。从医院投保人角度看,其成本收益比较就看每年花费多少钱购买保险,又从保险公司那里获得理赔金额,以此减少对患者赔偿成本,二者之间的比较非常直观。因为保险公司在风险预防教育和风险事故发生之后直接与患者沟通理赔的服务很少,几乎被医院忽略不计。作为投保人的医院认为,医院支出的年度保险费能够如数"拿回来"是划算的,如果多拿回来就赚了,没有"拿回来"就不愿意再参加保险。对医院而言,这样的计算角度自是无可厚非,但是,从保险险种的稳健运行来看,没有剩余资金提取各类风险准备金,对保险公司经营来说犹如踩在无底的海面上,随时担心落入水中不能自拔。理赔损失对于保险公司而言,是存在影响的,不仅要计算保险期间保险单已经获得索赔的部分,还要计算保单已售出还没有提起理赔的部分,又称为"风险积压",一旦将来突然提出多个理赔申请,就有可能理赔数据突然放大,这种"风险积压"时间越长,该保险险种的运行受到不确定因素的影响越大。

2. 信息不对称在医疗责任保险中影响作用较大。信息不对称是影响保险机制有效运行的障碍之一。如果保险人无法获知或者对保险人风险偏好进行有效分类,就无法根据被保险人的过去表现确定费率,掌握信息一方利用对方不知道的风险信息获得较为低价的保单。信息不对称会引起一对孪生的问题——逆选择和道德风险。

逆选择使得风险高的投保人发生损害赔偿的概率和数额比较高,导致来年的保险费用增加;相反,风险低的投保人就不愿意再留在保险资金池内,结果是风险高的投保人留了下来,风险低的投保人离开这个保险群体,最后高风险的投保人越聚越多,更新保单费用越来越高。保险公司是根据所有已经投保的投保人的数量与保险费匡算更新后预期保险费率,导致保险公司在保险紧缩期间还要大幅提高保险费率。如果医院将容易发生事故的科室医护人员进行投保,中医科、保健科等低风险科室的医护人员不纳入投保名单,表面上是减少保险费用,但是对保险公司而言,医院的做法构成保险中的逆选择。

如果是采用由医师作为股东的相互保险公司的模式,这种非营利性的、准公益性质的保险机构,管理者相信机构会尽最大努力对患者的索赔抗辩,因为股东不需要分红、由懂医学和保险的专业人员为被保险人提供服务,与一般的保险公司相比,这类保险公司占据大多数的市场份额。于是,这些相互保险公司在保险宽松时期以低价格的竞争优势而占据保险市场,并且持续保有保险市场的份额。保险公司所能够采取的方法有二种:一是限额赔偿,又称不足额保险。二是约定自负比例。以此激励医护人员对自己的行为负责。

3. 承保周期变化受到医疗侵权索赔滞后性等因素的影响。通常情形下,责任保险周期变化是受到利率周期、长尾责任保单、风险的高度不确定性因素、道德风险、保险资本容量、制度性激励等因素影响。在医疗责任保险领域,利率周期不对医疗责任保险周期有影响,但是,长尾责任保险会影响保险利益的转移、增加损失赔偿可能性,并且还影响到保险周期的振幅。这是因为,即使保险是索赔发生式保单,医疗责任保险还有很长的长尾性,除非患者就医过程中马上发现医师的过失,更多的索赔是发生在保单签发和到期后若干年,医疗责任保险单中不仅规定了较长的追溯期,医师还必须要连续投保才能确保责任保险能够发挥风险移转作用。有时,在医师购买责任保险期间来就医的儿童,在十多年后发育成人时才来索赔,如此之久的长尾索赔,相关的责任保险周期就会受到较深影响。

4. 其他影响保险成本核算的不确定性因素。区别于一般财产保险,医疗责任保险存在发展性风险,比如患者受到的医疗损害会随着时间而变化。经济通胀原因导致按年度计算的赔偿标准提高,计算护理费用中的人工成本和非经济性赔偿成本上涨,医疗照护标准会因新技术的适用而发生更新,进而在提高患者救治机会的同时,不断要求医师更新技术知识,非如此则医师的行为将被认定为未达到相应"诊疗水平"。此外,还有众所周知的因素,发生医疗损害的患者人数远比提起诉讼索赔的人数多得多,这种情况不仅在美国普遍存在,[1]几乎在很多国家都是现实存在的,如果受到损害的患者索赔案件增加,医疗责任保险赔付成本自然增加。

第三节 美国医疗责任保险危机与医疗侵权法改革之考察

世界经济与合作发展组织(OECD)在2006年出版的《医疗过失:预防,保险与保险范围选择》(*Medical Malpractice:Prevention,Insurance and Coverage Options*)

---

[1] Thomas E J, Studdert D M, Burstin H R, et al. Incidence and Types of Adverse Events and Negligent Care in Utah and Colorado[J]. Med Care, 2000, 38(3):261—271.

研究报告①指出,自 2002 年起在世界范围内,一些国家先后出现不同程度的医疗责任保险危机,医疗事故诉讼的严重程度和发生频率都有不同程度的增加,美国尤其表现明显。实施无过失医疗损害风险补偿的北欧国家,也遇到风险保障范围不断缩小的问题。自从 2002 年以来,一些经合组织国家的保险人和再保险人决定减少参与或者完全退出医疗事故责任保险市场。保险人退出市场的行为严重影响保险市场供给,导致保险市场的保险能力大幅缩水,保险费进一步升高,尤其是某些特定专业领域保险费大幅增加,导致医疗服务质量、患者安全和(治疗)费用方面受到严重影响。Harris Interactive 公司的研究报告指出,医师对高额诉讼费用的担心,限制了医师们对医疗错误的报告分析。一项调查认为,多达 95% 的医疗事故没有被提交报告。由此导致临床医疗失误相关数据缺乏,对未来整个医疗体系的医疗服务水平提高和患者安全造成损害。

2002 年澳大利亚发生了医疗责任保险可及性和可负担性的危机,尤其是公共责任和职业过失责任保费增加太快,以致投保人难于买到保险,一些团体、志愿者、职业人士和一些小的商业医疗运营者因为缺少保险不得不减少业务活动。2002 年 5 月,澳大利亚最大的医疗过失保险机构——联合医疗保护组织(United Medical Protection,UMP)到了破产边缘,存在无法负担保险理赔的可能性。医疗责任保险费率大幅提高,极端的例子是一个医师要拿出其收入的三分之一用于购买责任保险。为缓解医疗责任保险危机,澳大利亚政府做出两项改革:一是对联合医疗保护组织所承保的已发生未报告未决赔款准备金(Incurred But not Reported Reserve,IBNR)约 4.6 亿澳元保险责任,由澳大利亚政府负担约 75% 费用,剩余的 25% 在截至 2000 年 6 月 30 日前是由 UMP 成员的医师承担。二是完善责任保险规范。要求医疗保护组织将其保险业务的操作运行与澳大利亚保险规范管理机构分离,规范保险公司注册登记,采取包括价值标准评估事故责任、引进风险管理体系、达到最低资本金等措施要求;此外,2003 年至 2008 年保险公司要留出额外的保险费备付金,以确保保险公司理赔金的储备。其他的改革包括实施保险费率支持方案、诉讼成本控制方案、例外索赔成本方案和超出保险范围的处置方案。②

为应对医疗责任保险危机,美国的许多州自 2002 年起陆续实施侵权法改革,并且至今仍存在一些争议。为突出重点和主题,课题选择美国的医疗责任保险危机和

---

① OECD.Medical Malpractice:Prevention Insurance and Coverage Options[M].OECD,2006,Policy Issues in Insurance No.11.

② Corbett A.australia:An Integrated Scheme for Regulating Liability for Medical Malpractice and Indemnity Insurance Markets That Does Not Include The Goal of Improving The Safety and Quality of Health Care[J].Drexel Law Review, 2011,4(1):199—216.

侵权法改革为研究范围,希望对我国医疗责任保险发展、处理侵权法与责任保险之间的关系起到借鉴作用。

一、医疗责任保险危机状况与形成原因

(一)医疗责任保险危机表现

世界范围内发生医疗责任保险市场供给减少,这种现象在美国表现尤其突出。在过去的三十多年里,美国发生了三次医疗责任保险危机,每次危机都表现出共同的特点,即医疗责任保险费率快速提高,保险公司终止一些保单,主动减少保险要约或者对到期保险合同不再续约,开始采取严格的承保标准(剔除风险高的医师投保),停止新的业务或者声称要退出医疗责任保险市场。

1. 医疗责任保险费率的可负担性出现问题。美国政府的健康与国民服务管理机构(U.S.Department of Health and Human Services, HHS)和美国医师保险协会(Physician Insurers Association of America, PIAA)的研究报告认为,医疗责任保险费率增速已经超出预期,以致医师无法负担保险费用。根据美国医师协会统计,1999年以来医疗责任保险费率的增加超过了预估水平,到2003年许多州的保险费率平均上调了25%,弗吉尼亚州上涨了139%,并且,伴随着保险公司退出保险市场,新泽西州55%的医师买不到保险,导致一些医师无法执业。[①] 美国HHS在2002年的研究报告指出,陪审团裁决的医疗过失赔偿平均在100万美金,55%的案件赔偿金在100万以上。美国财政办公室(United States General Accounting Office, GAO)2003年发布的调查报告显示,自1999年以来,医疗责任险费率增长幅度大大超过了1992年至1999年的同期数据,增长幅度在各州和各医疗专科间较不均衡,外科医师和妇科医师的保费增长从1996年至1997年的0%—20%上升到了2003年的17%,一些州甚至达到了60%以上。2003年2月11日美国医师保险协会主席沃伦·F.麦克弗森(Warren F.McPherson)等人在有关医疗责任保险危机的新闻发布会上称,2001年保险公司每收入1美元保费却要付出1.53美元,2002年估计每收入1美元要支付1.65美元,在过去的几年里医疗过失保险费迅速上升,医疗过失保险费以2倍或3倍的速度提高,保险理赔高于保险费收入。美国医师保险协会自1985年运营以来,已经建有了一个关于医疗过失诉讼情况的巨大资料库。从数据库的金融数据显示,医疗责任保险存在的真实问题以及医疗责任保险的危机,并且大量的诉讼是没有价值的和

---

① Donald J. Palmisano D J. Presidentelect, American Medical Association, Assessing The Need to Enact Medical Liability Reform Before The Subcomm. on Health of The H. Comm. on Energy and Commerce[R].108th Cong.68 (2003).

随意的挑诉。保险公司的律师出庭为医师辩护的案件80%胜诉,平均保险公司和医师胜诉率是70%,说明医疗侵权诉讼案件中,存在有大量的不必要的诉讼。[①]

2008年12月31日,由马萨诸塞州的健康照护准入机构(the Health Care Access Bureau)和州保险费率管理机构(State Rating Bureau within the Division of Insurance)的工作人员凯文·比甘(Kevin Beagan)等6人所做的《马萨诸塞医疗过失保险市场报告》,对在该州执业医师的详细人数和机构数、注册登记代理等情况进行调查,分析在马萨诸塞州的各类保险公司在2001年至2007年,销售医疗责任保险的市场变化情况。依据马萨诸塞州法规定,医师必须购买医疗责任保险,对于其行为低于执业标准或者未达到预期结果的损害,必须通过购买保险来应对索赔。如果医师愿意购买保险,保险公司必须平等对待所有在马萨诸塞州执业的医师。尽管如此,还是有医师离开马萨诸塞州到其他州执业。自2001年到2008年,保险费由1.98亿美元上涨到3.01亿美元,六年上涨超过50%。在过去的35年里,马萨诸塞州经历了医疗责任保险危机,20世纪70年代立法建立"医疗过失联合承保协会"(Medical Malpractice Joint Underwriting Association,MMJUA),为医师提供责任保险。到20世纪80年代,保险公司将保单由"期内发生式"(occurrence-based)改为"期内索赔式"(claims-made),藉此,对保险公司而言可以比较有把握预估保单损失,进而稳定保险费率。1994年马萨诸塞州通过立法将"医疗过失联合承保协会"改为"医疗职业相互保险公司"(Medical Professional Mutual Insurance Company,ProMutual),由医师或者退休的医疗健康照护者为主要构成人员,保险公司的股东是作为保单持有人的医师,投资回报取决于医师自己的预期。自此,医师职业相互保险公司成为马萨诸塞州最大的医疗过失保险公司之一,到2007年该相互保险公司与普若色莱克特保险公司(ProSelect Insurance Company)占据市场份额达到83%。对于保险公司,要在马萨诸塞州获准经营,必须提供资金担保,以防止保险公司破产而导致医疗责任保险保单持有人落入无保险状态,医疗过失直接保险费达到1.732亿,占财险和责任险的1.6%。[②]

2. 患者医疗服务的可及性出现问题。医师责任保险费高昂,医师要么停止执业,要么不购买保险,要么到其他费率低一些的州执业,这导致一些地区缺少外科、妇

---

① McPherson W F,Hartwig R P,Smarr L,et al.Physicians Insurance Association of America [EB/OL].Press Conference on Medical Malpractice Insurance Crisis.(2003-02-11)[2006-10-10]. Washington,DC.http://www.iii.org/media/presentation/medmal.

② Beagan K,Condon G,Huntington C,et al.Medical Malpractice Insurance in The Massachusetts Market Report[EB/OL].[2013-12-01].http://www.mass.gov/ocabr/insurance/health-insurance/health-care-access-bureau/medical-malpractice-insurance-in-the.html.

产科医师,患者就医都出现困难。根《医疗责任保险监督管理》杂志报道,妇产科医师医师的医疗责任保险费率在2002年平均增长了19.6%、一般外科医师增长了25%、实习医师增长了24.7%。[①] 医师要支付医疗事故保险费用、又要维持收入,就不得不收取病患更多的钱,使得医疗保健系统的支出每年都在上升。正如2008年夏威夷医学会会长道格希勒博士指出,"他作为一名整形外科医师,曾在夏威夷的执业近二十年,亲历了医疗事故保险费上升和收入停滞之间的矛盾。他工作越来越努力,每年却只能挣得同样多的钱,整形外科医师的医疗事故保险费用约为每年44 000美元,而一个外科医师在夏威夷的年薪一般在10万元至15万元,所以,他决定迁往怀俄明州执业"[②]。生育是每个家庭的权利,然而,由于产科医师的保险费率上升了60%,在2002年夏季,一些医师放弃了执业,或者只开设咨询服务,不接受患者生产,这样的情况影响到1300个医疗机构。人们开始呼吁医师走了,妇女们到那里去生孩子?育龄妇女的医疗照护处于困境。[③]

医疗事故增多,保险公司赔付加大,风险增加。医药技术发展促进新疗法诞生,同时带来更大的诊疗风险,医疗事故不降反升。社会经济条件改善,人类寿命普遍延长,医疗服务需求增加。患者经常以为医师了解病情,能及时准确诊断治疗,其实医学知识具有高度专业性和未知性,医患双方认识不一致必然导致纠纷产生,引起诉讼。

(二)美国医疗责任保险发生危机的原因

关于医疗责任保险危机产生原因,学界和司法实务界都一直对此存在争议。查阅自2000年以来研究美国医疗责任保险危机与侵权法改革的文献,发现发表论文和报告的作者身份是医师、保险公司、律师以及可能不存在利益冲突的学术机构的经济学、保险学、法学学者。主要观点的内容如下:

1. 频繁的医疗侵权之诉和高额风险代理律师费引起保险危机

医师协会代表们认为,危机发生是源于长期医疗侵权法成本和竞争所导致,应当寻求限制医疗过失责任的侵权法改革。据美国医师协会统计,1997年医疗过失的赔偿的中间费用为15.7万美元,2003年涨到30万,判决损害赔偿从1997年的34.71万元涨到2002年的43万多,调解和解金额从1997年的10万涨到2002年的20万。

---

① 刘璐.美国医疗责任保险面临危机[N].中国保险报,2005-12-27(4).
② Koch S R. Whose Loss Is It Anyway? Effects of The "Lost-Chance" Doctrine on Civil Litigatiation and Medical Malpractice Insurance[J]. North Carolina Law Review, 88 N.C.L.Rev.595.
③ Domin S. Where Have All The Baby-Doctors Gone? Women'S Access to Healthcare in Jeopardy: Obstetrics and The Medical Malpractice Insurance Crisis[J]. Catholic University Law Review, 2004, 53(2):499-541.

这些数据的上涨应当考量到患者医疗费用的上涨因素，以及抗辩费用的上涨。① 美国医学会在2000年统计因医疗错误导致的死亡人数在4.4万—9.8万之间，2000年至2002年间发生的致命和非致命的医疗错误达到114万起，医疗过失赔偿金估计达到每年170 000万美元。②。数量剧增的医疗事故诉讼导致医疗责任保险费率上涨。医疗专业律师通常可以得到患者胜诉赔偿额的30%到50%风险代理费，所以更愿意帮助患者提起医疗诉讼，诉讼律师把今天身受伤害的患者变成了明天索赔数百万美元的客户，医疗侵权法体系不利于建立患者安全的体系，反而让律师从中赚得律师费。

保险公司代表认为，是无效诉讼以及由此花费的抗辩费用助推了医疗责任保险危机。美国保险信息协会2002年"信息披露书"数据分析，医疗责任保险的成本中估计40%是花费在抗辩费用上，而多数类型的保险抗辩费用仅仅占总成本的13%。③ 换句话说，花费在医疗责任保险诉讼中的裁判、和解、抗辩的成本远比其他保险险种高，这使得保险费率收入与支付比率的配比不相符合。要稳定医疗责任保险费率，可能的路径是：减少给原告的赔偿、减少抗辩费用、降低行政管理成本。通过侵权法改革可以实现限制无效诉讼，对提起医疗过失侵权之诉设定前置条件，要求提起医疗过失诉讼必须事先通过审查机制。

2. 保险周期性变化导致保险费进入上升通道

医疗责任保险费率高的原因是保险市场紧缩周期所致。20世纪70年代、80年代和21世纪初发生的保险周期性紧缩都触发了医疗责任保险的危机。④ Mitchell J. Nathanson则认为不存在医疗责任保险危机，保险费率急剧上升的原因是保险周期运行的结果。⑤ 但是也有学者认为，医疗责任保险费率高涨的原因不排除是保险公

---

① United State General Accounting Office.Medical Malpractice：Implications of Rising Premiums on Access to Health Care[Z].Goverment Accountability Office Reporots,2003,10(2):607—610.

② National Research Council and The Commonwealth Fund.IOM Report,"To Err is Human：Building A Safer Health System[R].http://www.nap.edu/books/0309068371/html.2010-10-10".

③ The Insurance Information Institute Fact Book 118 [G].(2002).

④ Hunter J R,Consumer Advocate Challenges Insurers on "Crisis"in Med Mal Mkt[G].National Underwriter：Prop.& Casualtyrisk & Benefitsmgmt.Edition,Oct.7,2002.

⑤ Nathanson M J. It's The Economy and The Combined Ratio Stupid：Examining The Medical Malpractice Crisis Myth and The Factors Critical to Reform [J].Penn State Law Review.2004,108：1077—1078.

司运营失策导致医疗责任保险危机①,至少是放大到了医疗责任保险危机②。

保险市场周期性变化是指在低价格和充足的市场供应(软市场,又称宽松市场,Soft Market)与高价格和供应紧张(硬市场,又称紧缩市场,hard market)之间循环(insurance cycle)。软市场周期内,索赔成本低,投资回报高;保险公司会降低承保标准以吸引更多的业务,保险公司收取越多的保险费,越是能够拿出更多资金从事证券与债券投资。但是,当保险精算师意识到保险的财务资金来源不足以抵偿保险损失,财务危机显现,比如储备不足、盈利能力的财务比率降低,保险公司开始提高费率,采取严格的承保标准,停止新的业务或者声称要退出医疗责任保险市场。医疗机构和医师受到保险的可负担性和可得性的警示。保险费率持续增加,保险市场转移竞争或者增加投资回报。保险市场周期是保险预测误差的反映,保险公司预测短期的损失与实际损失之间存在差距,尤其是在医疗责任保险中,医疗损害发生和保险事故责任认定往往要经过2—3年时间,这就意味着2—3年后,发生了保险索赔不仅与当初预估损失时的假设不同,还要影响过去一年甚至未来的保险赔付。美国的责任保险市场在近30年来先后于1975年至1977年、1984年至1986年以及2000年至2002年期间爆发了三次责任保险危机,主要表现为费率激增,供给减少。③ 保险市场的周期性变化是一些无法预见的外部因素所致,脱离现实和保险精算师的不谨慎假设,导致软市场期间低于成本价格销售保险,硬市场期间高于成本价格销售,保险公司力图追求利益最大化而不是考虑市场的合理性。有关费率变化、诉讼成本变化与医疗责任保险危机的肇端,都是与保险市场周期性变化有关。这些因素共同作用,受到外部因素的驱动和影响,这是已经达成的共识。已经有证据表明,保险市场的周期性变化、诉讼成本的增加、轻率地决定保险业务、缩减的投资回报以及保险市场的其他原因,都对出现保险危机产生作用,并且这些因素之间会相互作用。④

美国康涅狄格大学法学院保险法教授汤姆·贝克(Tom Baker)多年专注于医疗法律与保险法交叉问题研究。他认为,一方面,保险周期是影响医疗责任保险费率飞涨的原因的观点是部分真实的,诉讼行为与医疗过失赔付之间的关系在1970年至1975年、1981年至1986年、1996年至2001年的这些年间并没有发生太大变化,相

---

① Gen. Accounting Office (GAO). Medical Malpractice Insurance: Multiple Factors Have Contributed to Increased Premium Rates[R].2003.

② Miller K.Putting The Caps on Caps:Reconciling The Goal of Medical Malpractice Reform[J].Vanderbilt Law Review,2006,59(4):1457—1499.

③ 杨鹏艳.侵权立法对责任保险市场的影响机制[J].保险研究,2011(4):110—115.

④ Mello M M. Understanding Medical Malpractice Insurance: A Primer. The Robert Wood Johnson Foundation [R].Research Synthesis Report, No.8,2006.

反保险资金用于投资成本与收益的市场条件发生了巨大变化。另一方面,保险市场进入紧缩周期是源于医疗过失赔付增幅加快而不是医疗过失责任保险费率变化所致。保险公司承保时无法对于未来的赔付作出准确判断,如果理赔支出比保险费收入的资金运营收益与保险项目运行成本之和高或者持平,保险公司就会收缩保险市场。市场紧缩,引起医疗机构和医师们对法院、律师的抱怨;费用的迅速上涨,引来医师们对"诉讼爆炸"的声讨。但是持有这些观点的人们只是凭借直觉,没有实质性的实证研究证明。始于2001年的保险市场紧缩是寻求侵权法改革的触发器,公众所关注的是侵权法如何从法院个案裁判转变到立法改革,以确保市场紧缩时期医疗责任保险的可及性。这个转变对于侵权法的发展有着结构性的影响,在立法机构看来,拥护侵权法改革的人们认为通过侵权法改革可以确立那些受害者应当受到保护。就个案来讲,法庭上只能解决作为个人的受害人与加害人之间的直接利益冲突,不会解决不同利益集团之间的利益冲突问题。对医师而言,保险市场紧缩期间,医师作为高风险的一类群体,也容易被冠以"受害人"的标签,因为他们要负担保险费巨幅提高的费用而成了"受害人"。保险紧缩期间实施的侵权法改革,包括限制非财产性损害赔偿、限制连带责任适用、诉前专家预审等措施,使得患者提起医疗侵权之诉变得更加困难,未来责任索赔成本不确定性对于保险周期的影响更加难以确定。医师应当以医疗责任保险危机为契机,致力于预防医疗过失责任本身,不断提高患者安全。①

(三)医疗责任保险制度与侵权法制度的协调存在缺陷

医疗责任保险运行没有遵守一般责任保险的运行法则。商业责任保险价格必须在理赔与保险运营之间达成合理平衡,保险公司出于理性和经济考量,会拒绝经常发生保险事故的投保人投保,保险公司可以通过评估风险程度自由地挑选投保人和选择承保范围,高风险客户和业务基本被排除在外,如此,可能导致一些患者的医疗损害赔偿没有医疗责任保险提供基本的赔偿保障。

医疗侵权制度不能为患者安全提供足够刺激,导致诉讼频发和责任保险危机。马克·盖斯特费尔德(Mark Geistfeld)指出,医疗责任保险存在的真正问题不是保险价格过高,医疗责任保险费率机制与医疗过失成本相比还是低廉的,因此没有成为防范医疗过失的有效制约。或许医疗责任保险危机对于改善患者安全是好事,如果医疗责任保险费率足够高,足以影响到医疗过失责任,或许保险周期性变化是促使医师增加防范医疗不良后果的投入,从根本上减轻医疗责任保险周期发生的负面影响。②

---

① Baker T.Medical Malpractice and The Insurance Underwriting Cycle[J].Depaul Law Review.2005,54(2):393—438.

② Geistfeld M.Malpractice Insurance and The Legitimate Interests of The Medical Profession in Tort Reform[J].DePaul Law Review,2005,54(2):439—447.

二、侵权法改革的主要内容

(一) 美国联邦的侵权法改革议案

为降低医疗责任保险成本、降低患者就医负担和提高医疗服务可及性,自 2000 年开始在全美国范围内开展侵权法改革,众议院提交"提高医疗保健效率、提高可及性、降低成本、改善及时性"的法案 [Help Efficient, Accessible, Low-Cost, Timely Healthcare Act of 2004, H.R.4280, 108th Cong. § 2(2004), HEALTH ACT 2004],国会在 2011 年提交了 Health Act 法案。Health Act 2004 法案通过的重要依据分别是几份报告:美国预算办公室在 2004 年 1 月 8 日的报告《经济和财政议题:限制医疗过失侵权责任》[1]、肯尼斯·索普(Kenneth E.Thorpe)的报告《医疗过失保险危机:近期各州侵权法改革的影响和趋势》[2]以及美国财政办公室的报告《医疗过失:蕴涵健康照护可及性的成本上升》[3]。Health Act 2004 的主要内容是:

医疗过失责任索赔诉讼适用州法优先,但是涉及跨州级交易,美国宪法允许国会对州法加以规范。法案适用于有关医疗过失诉讼中的问题,不涉及法律适用问题,这个问题仍然是以州法为准据法。法案涉及的立法改革措施包括:

1. 限制非经济性损害赔偿。诊疗引起的索赔案件,非经济性损害赔偿的上线为 25 万美元,无论患者的人数还是就一个案件分开索赔的次数。经济性损害是指伤害引起的财产性支出损失,如医疗花费、工资损失、康复费用。非经济性损害包括身体伤害引起的疼痛、痛苦。

2. 限制惩罚性赔偿标准。如果原告能够清楚和确认无误地证明被告是"恶意伤害"或者有意导致"避免不必要的伤害"失败,引起患者痛苦,惩罚性赔偿最高 25 万美元或者 2 倍经济性损害赔偿,取两者之最高者。限制惩罚性赔偿不适用于医疗产品的制造商或者分销商、供应商以及提供制造医疗产品的原材料商,这些医疗产品的安全性和有效性要符合美国食品药品管理局(Food and Drug Administration, FDA)规定,并获得 FDA 批准。但是,限制惩罚性赔偿不适用于知道是误导或者产品被 FDA

---

[1] Congressional Budget Office.Economic and Budget Issue Brief: Limiting Tort Liability for Medical Malpractice [R/OL].[2010-12-06]. http://www.cbo.gov/ftpdocs/49xx/doc4968/01-08-MedicalMalpractice.pdf.

[2] Thorpe K E.The Medical Malpractice "Crisis": Recent Trends and The Impact of State Tort Reforms[EB/OL].Health Affairs,2004:w4 [2010-12-06].http://www.healthaffairs.org.

[3] United States General Accounting Office.Medical Malpractice: Implications of Rising Premiums on Access to Health Care [R/OL].GAO-03-836,2003 [2010-12-06].http://www.gao.gov/new.items/d03836.pdf.

撤销许可,该产品引起患者损害;或者有意向 FDA 支付不合法的费用而获得批文、许可生产的医疗产品导致患者损害。

3. 限制单独与连带责任。连带责任是民事责任法保护受害人的一项制度,但是在医疗损害中,可能医师因为一点点小错误却要连带承担 100% 的责任,对被告医师来说是个"深口袋"。法案规定每个被告按照各自的责任分别承担责任。

4. 修改平行来源规则。平行来源规则是允许受害人从被告那里获得全部赔偿,即使受害人有来源于第三人、医疗保险公司或者政府给予受害人的赔偿或者补助。废除平行来源规则意味着法院可以将受害人获得来源于非加害人那里的赔偿从加害人应当赔偿的全部责任数额中减去,进而实质上减轻了加害人的责任。通常情形下,医疗保险公司、政府等给予受害人赔偿之后,获得了代替受害人向加害人追偿的权利。在医疗侵权案件中,废除平行来源规则,意味着对医疗损害负担赔偿责任的加害人的保险公司保险理赔数额减少,医疗保险公司和其他第三方负担了受害人损失。法案废除了医疗保险公司的代位求偿的权利。

5. 限制律师风险代理费用。律师风险代理收费,允许其获得受害人获得赔偿总额的 1/3 甚至 40% 的服务费。法案将之修改为浮动计算律师费限额:在裁定赔偿金的第一个 5 万美元中律师费的比例限制在 40%,第二个 5 万美元中律师费的比例限制在 33.3%,裁定赔偿金超过 60 万美元时,律师费的比例一律限制在 15%。

6. 通过联邦立法规定诉讼时效。医疗损害索赔的诉讼时效为自出现身体伤害之日起三年,或者一个合理谨慎的受害人知道或者应当知道之日起一年,或者原告年满 18 岁之前。但是在有证据证明存在欺诈、医疗方故意隐瞒证据、非出于治疗或者诊断目的的体外异物造成的人身伤害的情形不适用。

7. 分期偿付损害的后期赔偿金。依据不得减少未来损失计算折抵的现金价值计算,确定赔偿是否或者等于 5 万美金,对于一方要求分期支付的,法院判令分期支付,根据《统一分期支付法案》,对受害人未来损失分期支付。比如赔偿总额 100 万,如果分十年每年 10 万,就相当于减轻加害人的经济负担,当然,还要折算一次总付与分十年支付的现金价值差异。

美国众议院以 230:194 通过法案《医疗责任改革法案》(Medical Malpractice Liability Reform:H.R.534,109th Congress),2005 年 3 月 7 日提交参议院,目前未获通过。但是,这不妨碍美国各个州实施的侵权法改革。

(二) 美国各州的侵权法改革主要内容

美国阿拉斯加、科罗拉多、夏威夷、爱达荷、马里兰、新墨西哥等多个州仿效加州

《医疗损害赔偿改革法案》(MICRA)法案改革侵权法[①],修改的主要内容包括:(1)限制诉讼量(claim frequency),实施诉前审查(pretrial screening),提交可诉证明(certificate of merit);(2)缩短诉讼时效(discovery rule);(3)限制律师风险代理和代理费(statute of limitation contingency fee);(4)限制胜诉权(ease of victory),采取包括改变注意义务标准(change Standards of care)、限制陪审团决定知情同意的合理信息量,改变举证责任分配规则(burden of proof);(5)实行限制赔偿额,包括实行限制赔偿(damage caps),取消重复赔偿或适用平行来源规则(statutes limiting or abolishing the collateral-source rule);(6)改变连带责任的适用(joint and several liability);(7)实行定期金给付(period payment);(8)其他创新改革(innovative reforms),包括精神损害分级赔偿(schedule of non-economic damages)、医师过失披露(disclosure and offer)、建立行政赔偿(administrative compensation system)、实施安全港制度(safe harbors)。加州MICRA法案的实施成效被其他州仿效,甚至作为黄金模式引起了广泛讨论[②],而德克萨斯州的改革更为深入细致,下文详述之。

1. 加利福尼亚州的《医疗损害赔偿改革法案》

加利福尼亚州MICRA法案(the Medical Injury Compensation Reform Act,MICRA)成为了其他州改革的模板。MICRA法案旨在降低医疗责任保险费率,使得医师能够买得起保险并且愿意留在加州执业。保险公司支持降低对患者的赔付和限制律师风险代理收费,而医师们担心保费继续上涨,高风险的妇产科、儿科更是希望限制赔偿,所以MICRA法案得以通过。该法案主要内容包括:限制医疗过失诉讼,诸如痛苦、疼痛等非财产性损害赔偿上限为25万美元;允许被告证明原告已经/将要获得部分赔偿,那么受害人就不能再就已获/将要获得的赔偿向被告主张,即排除适用平行来源规则[③];授权法庭裁定适用定期赔偿金,即受害人在有生之年逐年获得赔偿而不是采用一次性总付赔偿金;限制律师风险代理的收费。虽然曾有对MICRA法案提起违宪之诉,但是1985年加州高等法院判决认定MICRA符合宪法。截止2002年,加州私人医疗责任成本平均约4万美元,而同期在纽约和密歇根是10

[①] 实施侵权法改革的州有 Alaska, California, Colorado, Florida, Hawaii, Idaho, Indiana, Kansas, Louisiana, Maryland, Massachusetts, Michigan, Mississippi, Missouri, Montana, Nevada, New Mexico, North Dakota, Ohio, Oklahoma, South Dakota, Texas, Utah, Virginia, West Virginia and Wisconsin,可以直接查各州的成文法。

[②] Custin R E,Tehrani S. The Golden Standard? California As A Model for National Medical Malpractice Tort Reform[J]. Journal of Law, Business & Ethics, 18 JLBUSETH 91, 2012. Available at SSRN: http://ssrn.com/abstract=2232290.

[③] Cal.Civ.Code § 3333.1(West 2006).

万美元、佛罗里达州医师责任保险成本超过 20 万美元,一些产科医师停止执业或者离开佛罗里达州转到其他费率较低的州执业。①

2. 德克萨斯州的医疗责任保险相关法案改革

1977 年德克萨斯州立法通过《医疗责任与保险改进法案》(Medical Liability and Insurance Improvement Act,MLIIA),立法机关解释立法理由是为了应对医疗保险费率超乎寻常的螺旋式上升,引起保险可负担性、可及性的危机。事实上,自 20 世纪 70 年代起,医师们因为医疗责任保险费率不断上升而放弃在该州执业,导致德克萨斯州患者有时候得不到医疗服务,1975 年德克萨斯州立法通过《医师、足病治疗师及医院医疗责任保险法案》(Professional Liability Insurance for Physicians, Podiatrists and Hospitals Act)。可是到了 1977 年,医师还是面临保险费不断上涨的困境,有的医师采取限制执业范围、缩小风险大的业务的办法。立法机构成立了医疗责任研究委员会,分五个小组,专门负责调查出具报告提出建议。一组调查当前费率、赔偿、损失和先前费率做比较,寻求赔偿增加和费率调整之间的关系。二组任务是估测危机对于医疗服务者离开服务业或者投保成本的影响,包括对于公众就医成本以及防御性医疗的影响。三组调查保险合同自身以及保险业确定费率的方法。四组研究司法裁判体系对于当前保险体系的考量。五组考察当前保险的覆盖范围以及律师风险代理和职业责任的问题。小组经过听证、收集证据和听取建议等方式,针对下列问题进行调查:(1)医院医师存在过失的情况;(2)律师数量的增加和不断公开的大额诉讼引发的越来越多地诉讼;(3)保险业管理操作程序需要对改革进行更深入的审查。研究报告针对危机提出建议:(1)修改"诉讼时效规则",由原来的 3 年缩减为 1 年的索赔期限,被立法机构否决,最终定为 2 年诉讼时效期限,对于未成年人也有特殊延长规则。(2)限制平行来源规则。提出考虑到原告有来源于被告之外的诸如个人保险等其他损害补偿的途径,应当就此减少被告的赔偿数额,立法机构对此予以否决。事实上这个建议在 2003 年的侵权法改革又被接受。(3)限制疼痛和痛苦赔偿等非财产性损害赔偿数额。针对责任保险危机,研究报告提出限制赔偿最高额为 10 万美元的建议,立法选择了限额 50 万美元加上一个最低消费指数的上升调整机制。(4)分期支付。一次总付有两方面的不利,一是对于患者家庭和社会来说是一个很大的负担,二是如果患者很快死亡,所支付的赔偿对患者家人来说是一笔意外之财。因此研究报告提出超过 100 万美元的赔偿应当分期支付。如果患者很快死亡,则对其家属可以一次性支付一笔金钱,但是对于预期的医疗花费和长期护理等费用不需要再支付。

---

① Neighmond P. Malpractice Costs, National Public Radio[EB/OL]. (2002-08-02)[2004-12-06]. http://www.npr.org/templates/story/story.php?storyId=1147707.

对此立法机构当时未为采纳,而2003年侵权法改革报告建议被采纳。(5)列明各个赔偿的详细计算之建议未被立法机构采纳。(6)限制律师风险代理费用。一方面这样的制度会导致律师挑词架讼、启动无效诉讼,另一方面在案件有利于原告的时候,律师乘机索要高额赔偿,增加保险公司的负担。报告建议律师协会要采取措施惩戒这样的律师,但是建议未被接受。(7)建立诉前审查小组机制。根据研究报告揭示60%的案件是医疗机构或者医师不承担任何赔偿责任,换句话说,有很多案件是无效诉讼案件,因此研究小组建议建立诉前专家小组审查制度,对于专家小组由三名医学专家组成和一名司法管辖区域的法官组成,专家也可以成为后来进入诉讼的专家证人来使用。但是立法机关没有接受这个建议,虽然这并不构成对原告诉权的限制,但是一些已经建立强制性的诉前专家小组审查的州也并没有因此有效减少医疗诉讼,并且专家不切实际地、高成本地和长期拖延案件也使得立法者对于该制度不看好。(8)仲裁制度。未被立法接受。① 时至2003年,经过数十年,有的条款被认定不符合宪法,有的条款作了修改,2003年德克萨斯州民法典修正,通过《医疗责任与保险改进法案》(Medical Liability and Insurance Improvement Act,Tex. Civ. Stat. Art 4590i),该修正法案的目的还是应对医疗责任保险危机,主要内容包括:诉前通知、诉讼阶段早期专家报告、限制最高额赔偿和2年诉讼时效限制等。

(1)诉前通知。基于要给医患双方提供在诉前自行沟通与和解机会,并不是为了限制诉讼,也不是等同于双方必须在此期限内要达成和解协议。《德克萨斯州民事诉讼和救济法规则》(Texas Civil Practice and Remedies Code)第74章医疗责任(Chapter 74 Medical Liability)的第74.051规定,强制性地要求原告或其书面授权的代理人提起医疗责任诉讼,必须至少提前60天向投保医师发出书面通知,并且要以收到回执或者邮件确认为准。如果不到60天,法院将对诉讼程序推迟直至满60天为止。如果患者死亡,其遗属提起的诉讼例外。在随后的45天之内,所有当事人必须获得与原件一致的病历。如果原告或者其律师只是向被告或者保险公司要求提供病历、告知其代理人要进行相关的调查、要求医院做相关的治疗解释等,没有通知医院打算起诉,这些不被认为是发出了符合第74.051的书面通知。构成有效通知的送达地址要求必须是准确的可以收到信件的地址和电子邮箱地址。一旦发出诉讼通知,这个2年的期限可以延长75天。

(2)诉讼阶段早期专家报告。根据《德克萨斯州民事诉讼与救济法规则》第74.351(Tex.Civ.Prac.& Rem.Code,Sections74.351)的规定,2003年9月1日起原

---

① Keith D L.Texas Medical Liability and Insurance Improvement Act:A Survey and Analysis of Its History,Construction and Constitutionality[J].Baylor Law Review,1984,265—332.

告起诉医疗过失损害赔偿必须按照程序要求提供专家报告。原告必须在提起诉讼后的 120 天之内提交专家报告以及专家资质证明文件;如果 120 天之内没有出具专家报告,法庭将给予延长 30 天期限补充提交材料的时间,延长期过后还没有提交,则诉讼被驳回,且原告要赔偿被告医师因为准备应诉而花费的律师费等费用。如果原告提交的材料不足,法庭给予 30 天补充材料的期限。如果报告不能呈现专家是依据善意、客观来作的评价,则法庭将启动对专家报告的合适性提出质疑的程序。书面专家报告要包括对诊疗行为是否达标、损害以及医师过失之间因果关系的判断。专家出具报告所需要的与诉讼有关的医疗记录、文件、有形的东西全部予以封存。一般来说,表见证明的案件是要通过专家鉴定。专家证人要鉴定医护人员是否违反诊疗规范,该专家必须符合下列要求:争议案件发生时也是从事医疗服务事务的,具备可接受的诊疗标准知识,具备有关争议案件的诊疗服务标准的培训或者经历,并且以该专业的专家身份对外提供诊疗服务。

(3) 限制最高额赔偿。依据《德克萨斯州民事诉讼与救济法规则》第 74.303(a)条(Tex.Civ.Prac.& Rem.Code,Section 74.303 (a))规定,医疗过失引起死亡的案件最高赔偿 50 万美元,第 74.303(b)规定 50 万的赔偿限额将按照年度通胀水平调整。对于非经济性损害赔偿,则依据第 74.301(Tex. Civ. Prac. & Rem. Code, Section 74.301)之规定,不论同案的被告医师人数,最高限额为 25 万美元;如果医师和医疗机构共同被告,则医师最高限额为 25 万美元,医疗机构最高限额为 50 万美元。大卫·A.海曼(David A.Hyman)等人[①]对德克萨斯州 1988 年至 2004 年间由陪审团裁决、判决支付以及和解的案件,在医疗损害中适用限制赔偿的情况做了实证研究。他们发现限制赔偿对于案件的影响比较显著,约 73% 的案件减少了非财产性损害赔偿。适用非财产损害限制减少赔付的比例分别是:法院判决约占 38%、支付占 27%、和解约占 18%。非财产性损害赔偿对不同原告群体的影响也不同,影响最大的是非受雇人、死亡和年长的原告。

(4) 诉讼时效限制。根据《德克萨斯州民事诉讼与救济法规则》第 74.251(a)条(Tex.Civ.Prac.&Rem.Code,Section 74.251(a))规定以及后来的判例确立的一些规则,提起医疗侵权或者违约之诉应当在诊疗行为结束后的 2 年之内提出,特定日期计算起点是从违约或者侵权能够被确认的日期开始起算。如果案件涉及未成年患者,基于宪法保护未成年人的要求,2 年的起算日期推迟到年满 18 周岁开始计算。如果

---

① Hyman D A, Black B, Silver C, et al. Estimating The Effect of Damages Caps in Medical Malpractice Cases:Evidence from Texas[J]. Social Science Electronic Publishing,2009,1(1):355—409.

患者死亡的，不适用2年时效限制，如果患者生前已经提起诉讼的案件，其未成年子女可以继续参加诉讼。

此外，在德克萨斯州，医疗损害赔偿不强制仲裁。在患者也有过失的情形下，根据《德克萨斯州民事诉讼与救济规则》第33.001条至第33.012条（Tex.Civ.Prac.& Rem.Code Ann.§33.001 to 33.012）的规定，如果一个人对于损害的发生有超过50%的责任，就有可能得不到任何损害赔偿，如果对损害发生有低于50%的责任，则按照其过失比例获得赔偿。对于医师是否违反告知义务的判断，难点在于：医师的告知内容是否达到患者作出自主决定所需要的信息量，在判定医师未充分揭示医疗风险构成知情同意过失，必须以影响到患者作出合理的决定或者撤销决定为条件。为此，德克萨斯州建立了行政管理上隶属德州健康部，并由其遴选专家组，专家小组有9人，3名为有本州执行许可的法律专业人士和6名有执业许可的医学人士组成。专家组负责全案审查和认定哪些风险是必须要向患者揭示，专家服务可获得未履行告知义务而花费的必要时间成本支出之补偿。对一些可以事先固定的内容知情同意文书（如子宫切除手术知情同意书），专家必须事先拟定，要求文字理解上必须是要满足外行能够看得懂的说明，还要确保病患取得向其他医师咨询的权利。

1997年9月1日，德克萨斯州《医疗责任保险联合承保协会法案》（Medical Liability Insurance Joint Underwriting Association Act）生效，法案要求联合承保协会要向政府和国会提交法案执行情况的报告。德克萨斯州保险规则第5.15-1条也规定，保险协会必须公布每年的保险统计数据，并且在费率优惠、保险格式条款、保险理赔争议、惩罚性赔偿不予承保等方面作出规定，诸如防止通过仲裁方式取消被保险人的保险范围，建立统一的保险合同格式条款以保护被保险人。在保险格式条款审查上，如果责任保险合同中使用"有限制的同意"的条款，即如果保单持有人不接受和解要约，则他将负担所有高出和解协议要约数额部分；如果使用"完全同意"的条款，保单持有人不对高出要约部分的负责赔偿。保险协会对保单研究小组成员会提出建议，不使用"有限制的同意"条款，也不使用没有得到推荐的"完全同意"式的条款。

在马萨诸塞州，凯文·比甘（Kevin Beagan）等6人所作的《马萨诸塞医疗过失保险市场报告》，针对医疗责任保险危机，提出可供选择的途径：(1)加强医患沟通。患者抱有不切实际的愿望得不到满足、医师作为背负患者信任的专业人士对患者而言不是单纯的技术人员，医师要解释诊疗风险和仔细倾听患者的疑惑，降低患者感觉无助的情形发生。(2)引入实体责任。有的医疗损害发生的原因不是某个医师、护士的过失责任，而是由于医院管理的系统性错误，比如设备不是处于良好的运行状态、信息传导出现错误。为此，医疗机构必须购买责任保险。(3)实施侵权法改革。采取的措施包括：所有医疗过失索赔案件必须通过法庭审判、医疗过失诉讼时效为诊疗行为后的 3 年之内、非经济性损害赔偿上线为 50 万美元、限制律师在医疗过失诉讼中的代理收费等措施。修改连带和单独责任规则,分别按照比例承担责任,建立新的专家证人制度,专家证人资质上必须是实际从事诊疗训练的同行,法庭诉讼要有专家证人来证明诊疗行为是否达标。不允许患者将医师向其披露的医师行为之错误用于诉讼。改革医疗过失争议程序,让医师在诉前主动解释自己的错误,积极引入医患和解制度节约诉讼费用。(4)仿效新西兰、芬兰等国家,建立医疗过失损害无过错补偿制度。[1]

(三) 与侵权法改革相关的税法修改

为应对医疗责任保险危机,各州在侵权法改革的同时,还将实施税法改革。对于医师缴纳医疗责任保险的费用在税收上允许其抵免。例如,西弗吉尼亚州立法通过了"每年度的购买医疗责任保险费可以在医疗业务收入中实行应税抵免"的改革,立法机构在解释税法修改目的时指出,"稳定医疗责任保险费率、促进医师愿意留在本州执业,这是符合本州公众的利益,为了有效降低医师在承担责任保险的费率,其支付的医疗责任保险费可以享有纳税年度内的税收抵免。可以享受这项税收优惠的纳税人范围包括医疗机构合伙人、股份持有者、受雇医师和人员。具体享有税收抵免的额度每年会调整,纳税人在年度纳税申报时提交包括已支出的责任保险费用单据等在内的相关资料和信息"[2]。

税收是影响医师选择执业地点的重要因素。有学者对美国外科医师选择执业地点时考量因素进行分析,认为获得执业许可的资质条件、开立处方药的规定、外科执业限制规定、维持执业执照的政策要求、医师协会状况、医疗诉讼状况、继续教育与培训要求、价格透明度、美国医疗照护系统的支付情况和其他特殊因素,其中选择/不选择在佛罗里达州、夏威夷、肯塔基州、新罕布什尔州、明尼苏达州、新墨西哥州、新泽西州、西弗吉尼亚州、德克萨斯州、华盛顿州等州执业,均是与税收负担有关,还有其他一些诸如马萨诸塞州实施电子病历与执业许可相联系、密苏里州获得执业许可与医学教育学位和学校排名有关等特别因素[3]。可见,对医师来说,平均 10%甚至更高的

---

[1] Beagan K,Condon G,Huntington C,et al. Medical Malpractice Insurance in The Massachusetts Market Report[R/OL].[2013-12-01]. http://www.mass.gov/ocabr/insurance/health-insurance/health-care-access-bureau/medical-malpractice-insurance-in-the.html.

[2] 2015 West Virginia Code.Chapter 11.Taxation,Article 13p.Tax Credit for Medical Liability Insurance Premiums[EB/OL].[2015-12-01]. http://law.justia.com/codes/west-virginia/2015/chapter-11/article-13p.

[3] Eskew P.Which State Best Suits Your Medical Practice:An Analysis and Reference Guide [J].Journal of American Physicians and Surgeons,2014,19(4);Eskew P.Why This West Virginia trained Physician Moved to Wyoming[J].West Virginia Medical Journal,2015,111(6):8—10.

年度收入用于缴付医疗责任保险费,这些支出如果可以通过税收抵免实际享有优惠,对医师家庭的影响是巨大的,进而间接影响医疗服务供给。

三、侵权法改革之评价

医疗侵权法改革的期望是降低投保医师的医疗责任保险费用,稳定医疗责任保险费率,提高患者安全,为真正的医疗过失伤害提供补偿。然而,由于"医疗责任保险危机"本身是否真实存在都有争议,因此,围绕着解决危机的侵权法改革内容的争议从未间断,其中最激烈的争议是限制非财产性损害赔偿是否构成违反宪法。截至2006年,有19个州立法修改医疗侵权法,采纳限制赔偿,其中多数州立法采用只限制非财产性损害赔偿——疼痛、丧失陪伴和快乐的痛苦。

（一）反对限制非财产性损害赔偿的主要理由

首先,1991年至2002年之间,实施非财产性损害赔偿限制立法的州的医疗过失索赔数是上升83.3%,未实施的州是127.9%,但是保险费率上升前者比后者快[1],似乎间接说明限制非财产性损害赔偿的效果不明显,因而这一侵权法改革内容争议最为激烈。其次,单一采取限制非财产性损害赔偿的法律改革,不能取得有效结果。这是因为医疗损害的案件中,只有5%的索赔案件最后进入陪审团诉讼,这其中又只有0.9%的案件陪审团支持患者的主张,也就是说,99%的索赔案件不会受到限制赔偿法律的影响。[2] 限制赔偿不会降低保险的抗辩费用,保险公司的成本中40%是抗辩费用,限制赔偿只是间接影响抗辩费用,医疗诉讼案件患者的胜诉率低,对于风险代理案件律师不会接受没有胜诉把握的案件,所以限制赔偿对于贪图巨额胜诉利益的律师会有一定影响,虽然没有实证数据支撑这个观点,但是逻辑上是可以成立的。再次,实施非财产性损害赔偿,会对于那些没有正常收入的老人、孩子和父母造成较大影响。因为这些人的直接经济收入损失计算数据较低,甚至几乎不能获得多少赔偿。对于那些容易发生医疗事故的医师而言,减轻了对他们的处罚,法律的惩恶扬善功能弱化。

（二）限制非财产性损害赔偿的违宪审查

1. 佐治亚州限制赔偿法案的违宪争议

2005年佐治亚州立法通过侵权法改革——医疗照护服务[（Tort Reform——

---

[1] Weiss M D, Eakins S. Medical Malpractice Caps: The Impact of Non-Economic Damage Caps on Physician Premiums, Claims Payout Levels, and Availability of Coverage[R]. 2003.

[2] Gunnar W P. Is There An Acceptable Answer to Rising Medical Malpractice Premiums? [J]. Annals Health Law, 2004, 13(2): 465.

Health Care Services，2005 George Law Act 1（S.B.3）]①，被当事人提起违宪审查之诉。该法案规定，非财产性损害（疼痛和痛苦）赔偿的上限为35万美元。但是，在2010年3月22日佐治亚州最高法院在亚特兰大的眼整形外科中心（Oculoplastic Surgery, P.C.）诉内斯特尔哈特（Nestlehutt）案中，患者内斯特尔哈特（到Atlanta Oculoplastic Surgery, P.C.）就诊，接诊医师哈威·P.库尔Ⅲ（Harvey P.Cole Ⅲ）在使用二氧化碳激光器对患者面部整容时，过失发生血管组织切断引起患者脸部一侧从太阳穴到面颊的受伤，患者不得不接受二次手术并留下永久残疾、面部丑陋。内斯特尔哈特和其丈夫提起诉讼，要求赔偿医药费、疼痛、痛苦和配偶权利丧失的精神损失。2008年陪审团拟判决126.5万美元赔偿，其中医药费11.5万美元，配偶权利丧失的精神损失25万美元，90万美元的疼痛、痛苦非财产性损害赔偿。案件被以违反佐治亚州州法第51-13-1条，即"非经济损失、可恢复赔偿总额限制、将来损失和分期支付"[Noneconomic Damages, Limitations on Amount Recoverable, Future Damages, Periodic Payment, Section 51-13-1 of The Official Code of Georgia Annotated（O.C.G.A.）]而发回。于是内斯特尔哈特提起违宪审查之诉，陪审团认定对于医疗损害赔偿案件适用非经济损失赔偿限额规则构成违宪。法庭基于避免对相互有竞争的医疗行业利益与医疗损害受害人利益权衡，从平等保护和法律正当性角度分析，将一般侵权与医疗侵权的受害人比较，认为二者没有得到平等保护，如果医疗侵权适用限额赔偿立法，就构成违宪。对此，立法机构的反应是——唯一解决冲突的途径是修宪，需要得到国会两院议员三分之二人数通过，这是非常困难的事情。②

2. 伊利诺伊州关于限定非财产性损害赔偿的违宪争议持续几十年

1976年的怀特诉杜佩奇中央医院协会（Wright v.Central DuPage Hospital Association）案③中，伊利诺伊州最高法院裁决，医疗事故最高赔偿限额的立法违背了平等保护和禁止惠及特别群体的宪法原则。原告主张，限制赔偿对于伤害轻微索赔在50万美元以下的患者与伤害严重索赔超过50万美元的患者之间，构成对后者的不平等与歧视，因而违反宪法。被告抗辩认为，法案虽然形成不平等对待，但也是为了解决医疗过失危机，并且以工伤赔偿也是采用了限额赔偿制度为佐证。法院认为侵权损害赔偿诉讼固然导致保险费上升，立法政府本应努力遏制保险公司滥用优势

---

① Ga.S.Bill 3, Reg.Sess., 2005 Ga.Laws 1 (codified in scattered sections of titles 9, 24, 33, 43, and 51 of the O.C.G.A.).

② Eleventh Circuit Survey, January 1, 2010-December 31, 2010 Casenote.Caps off to Juries: Noneconomic Damage Caps in Medical Malpractice Cases Ruled Unconstitutional[J]. Mercer Law Review Summer 2011, 62 Mercer L.Rev.1315.

③ Wright v.Cent.DuPage Hosp Ass'n, 347 N.E.2d 736.

地位任意提高保费,而不是通过立法设定损害赔偿上限,把政府管制保险公司的责任转移给本应受到保护的那些受到严重伤害的当事人。因此,限定医疗事故最高赔偿额的法律是专断的、不合理的,该立法赋予侵权行为人特权,使之免于承担全额赔偿的责任。法官认为,工伤赔偿中受雇者放弃援引普通法索赔,是要避免因为受雇人自己的过失而得不到赔偿,工伤赔偿制度是保护处于弱势受雇人的法律政策选择对雇主适用严格责任归责;而医疗损害适用普通法,不能在普通法中限制受害人获得赔偿的权利。

1995年伊利诺伊州立法机构试图再次叩开医疗侵权限制赔偿的大门,1997年修改法案,在前言部分阐述了在限制赔偿在促进乡村医疗照护、降低医疗保险照护支出、修改非财产性损害赔偿裁决过程的修法理由,即要降低医疗照护成本、促进医疗可及性、降低司法成本和确保医疗责任保险的可负担性。修改法案内容包括责任构成、产品责任、共同与个别责任、医疗损害限制赔偿、限制惩罚性赔偿倍数等;诉讼程序上要求原告提供有效证据证明损害源于产品责任或医疗过失,收紧原告启动诉讼门槛,旨在降低交易成本,保护商业和医疗服务。但是,法院通过个案裁判,认定限定赔偿数额法案违宪。在贝斯特诉泰勒机械厂(Best v. Taylor Machine Works)[1]案中,贝斯特在用吊车搬运钢水时,车架断裂发生意外事故烧伤。经历痛苦不堪的外科手术之后,贝斯特以产品缺陷致人损害为由,要求被告赔偿现在医疗费开支、身体疼痛和精神痛苦和将来的收入损失。贝斯特主张其实际损失超过伊利诺伊州《民事诉讼改革法案》(Justice Reform Amendments of 1995, Public Act 89—7)限定的"非财产性损失"的最高赔偿额50万美元。[2] 原告不挑战Public Act 89—7号法案,就无法达到诉讼目的,因此原告请求法院审查89—7号法案的合宪性,授予原告确认和禁令救济(declaratory and injunction relief)。法院认定50万美元非财产性损害限制赔偿违反宪法。法院着重审查限制赔偿法案的违宪问题,根据宪法理论,州议会不能通过限制司法权限的法律。禁止立法机构在没有正当理由的前提下,对特殊利益群体利用立法排除其他人的权利,法院判断一个基础法律是否违宪,重点考察法律与公共利益

---

[1] BEST v. TAYLOR, 179 Ill. 2d 367 (1997).

[2] 伊利诺伊州《民事诉讼改革法案》(Justice Reform Amendments of 1995, Public Act 89—7号法)规定,在所有普通法诉讼、制定法诉讼和其他诉讼中,凡以过失或产品缺陷(无论以产品责任的何种理论为基础)造成死亡、身体伤害、财产损失为由而主张的损害赔偿,非经济损失的赔偿以每名原告50万美元为限。乐趣感受的损害不在赔偿范围。无形损失,包括而不限于疼痛和痛苦、能力丧失、毁容、夫妻失和和社交缺失;经济损失为全部有形损失,如:已往和未来的医疗费用支出、进账收入或创收能力损失,以及其他财产损失。条文翻译源于《关于非经济损害法定最高赔偿额的合宪性争议——BEST v. TAYLOR(179 Ill. 2d 367(1997))案摘要》,参见新浪网中方流芳个人博客,2013-11-22访问。

之间的关系。如果某个法案隐含狭隘目标,缺乏正当理由地向特殊群体输送利益,则该法案违宪。宪法上的平等保护必须得到维护,改变平等保护的正当理由只能是基于州的公共利益。限制赔偿数额的法案存在如下问题:(1)造成受害轻重不同的受害人之间的差别对待。比如受害人 A 一个月康复、受害人 B 一年康复、受害人 C 终生残疾,如果陪审团裁定的非财产性损害赔偿,A、B 都是 10 万美元,而 C 是 100 万美元,那么适用限制赔偿法案,A、B 都是 10 万美元,而 C 最高 50 万美元,但是这样并没有考虑到 A 与 B 的伤害程度不同,也没有考量 C 的严重伤害实际上与 A 不成比例。(2)造成同样受害结果的个人之间差别对待。比如受害人损害后果都是失去双腿的,导致受害人在一年内两次分别失去左右腿和受害人一次就失去双腿的非财产性损害赔偿金会有不同:前者情形分两次起诉,陪审团每次裁定的非财产性损害赔偿分别为 40 万美元,那么受害人可得 80 万美元,因为他是针对不同的加害人起诉的;后者情形是起诉一个加害人,最多获赔 50 万美元。(3)在损害类型上形成差别对待。法案规定只对死亡、身体受伤、财产损害引起的非财产性损害赔偿最高限额 50 万美元,但是对于侵害个人隐私权、恶意中伤、故意和过失引起的情绪沮丧、名誉受损和违背忠实义务而造成的非财产性损害赔偿未加关照。其次,违背立法权与司法权分离原则。因为限制赔偿实质是法庭裁判行使的减免赔偿权力。司法独立是三权分立下法庭固有权力,减免赔偿需要个案审查,只有在赔偿远远超出合理范围,或者如此之大的赔偿额引起司法善恶质疑的时候,法庭才会考虑对陪审团作出的超过一定限度的赔偿予以减免。

2005 年伊利诺伊州立法机构为应对医疗健康照护可及性的危机、医疗责任保险费率上升的状况,在实施法案 Public Act 94—677 立法改革,内容包括医疗责任保险公司应予更多信息披露、增加医师惩戒委员会成员、进行更多医疗调查、修改专家证人标准、改变医疗过失诉讼证据和道歉法、限制非财产性损害赔偿等。但是,在 2010 年勒布朗诉戈特利布纪念医院(Lebron v.Gottlieb Memorial Hospital)①的案件再次推出对 2005 年 Public Act 94—677 法案的违宪审查。原告勒布朗是 2005 年 10 月 31 日入住被告医院接受剖宫产手术,生育的女儿发生严重的脑损害、脑性瘫痪、认知和心智不全、不能自主进食必须依赖引流管喂养,精神发育不正常影响神经功能。原告索赔时提出 Public Act 94—677 法案的"诉前裁判和限制赔偿、限制获得陪审团裁判"都是违反宪法的。库克郡巡回法庭认定限制赔偿违反了立法与司法分离的原则,

---

① McBride G.Medical Malpractice Insurance in Illinois:Where We've Been and Where We're Going After Lebron V.Gottlieb Memorial Hospital[J].930 N.E.2D 895,Southern Illinois University Law Journal,2011.

认为 Public Act 94—677 法案整体违宪,要求原告勒布朗向伊利诺伊州最高法院提起违宪之诉,2010 年 2 月 4 日伊利诺伊州最高法院以 4∶2 作出判决,多数法官认为 Public Act 94—677 法案违宪,自 2005 年 8 月 25 日起无效。

(三)侵权法改革具有积极与消极的两面性

任何一项涉及利益调整的制度,都具有两面性。医疗侵权法制度改革中的"要求患者提供诉前医学专家初步审查意见"的制度,积极目的是以此限制患者滥诉,提高医疗诉请索赔的有效性和效率,但是对于"过度医疗过失诉讼,需要改革医疗侵权法"的观点,也存在反对意见。反对意见的证据来自两个具有开创性意义的研究结论:一个是 1974 年在加州进行的研究结果,另一个是 1984 年的哈佛医疗实践研究得出的结论(the Harvard Medical Practice Study)。这两个研究都是以既往就诊患者病历为数据样本,研究因医疗照护不同导致不良事件的比例,以及因医疗过失导致患者损害的比例。加州的研究结果表明,5%的病人发生的医疗不良事件,其中 17%是由于医疗过失引起的。哈佛的研究结果显示,约有 4%的患者遭遇过医疗上的不良事件,其中 28%是因医疗过失造成。但是,只有 2%的遭遇不良事件的患者提起诉讼,未起诉医疗过失损害的患者是起诉患者人数的 7.6 倍。

现有的侵权责任法不能给医疗机构和医师们足够压力和守法动机,一个重要的原因是医疗过失保险使得潜在的被告得到了庇护,他们的过失没有被诉,心存侥幸。患者安全和医疗过失责任体制是紧密相连,那种认为"患者滥诉,以及提起的诉讼没有足够的有效诉请"的结论是错误的[①]。正如航空公司要吸引乘客,需要有一套有效的安保措施,航空运输法使得航空公司有压力和动力确保航空安全。酒店服务业也是如此,顾客需要高质量的酒店服务,市场竞争可以实现顾客需求。但是,医疗服务供给却不能做到完全市场竞争,病患几乎没有什么方法可以打听到医师和医院的服务质量和发生医疗事故的负面信息,只能希求得到高质量的医疗服务。在医疗服务供给有限、医疗需求无限的情况下,仅仅依靠市场竞争是不能令医疗机构和医师们自觉自愿提高品质的,这需要政府介入和法律规制,如加强医疗同行审查、促进医疗侵权责任制度发挥作用。

(四)是否实现侵权法改革的既定目标尚无定论

经济学家对美国医疗侵权法改革蓝本加州 MICRA 法案是否真正对降低医疗责

---

① Chepke L M,Sloen F A. From Medical Malpractice to Quality Assurance[M]. Issues in Science and Technology,2008,24(3):63—71.

任保险费率起到作用提出质疑。① 有学者将加州与其他30个州的商业保险公司在2003年的净收入、保单现金价值、保险赔付、承保收入进行比较，认为加州的医疗责任保险公司的运行情况并不比其他州有明显差异，换言之，"限制赔偿可以降低保险费率"的结论不准确，根据经济学理论和实证研究，无法将加州MICRA法案作为其他各州效仿的模式。② 事实上，加州的医疗责任保险模式不限于商业保险公司提供的过失责任保险，许多加州医师投保的保险是私人或者公立的自我保险集团或者是自我保险机构的保险产品，这些保险公司是非营利性实体或者是由医师作为保险公司投资人组建的相互保险公司实体，它们并没有追求收益最大化或者盈利的动机，其保险费率是根据历年的赔偿数额和预估来年数据计算出来的，这种相互保险模式比普通保险公司表现出了更好的风险控制和降低费率的优势。③

对于限制赔偿与侵权法改革目标之间的关系，凯尔·米勒(Kyle Miller)认为，增加医疗执业规则、规范保险市场、要求当事的执业医师提交既往执业记录证明、修改用于界定诊疗标准的方式，才是实现医疗侵权法改革目标——患者安全的理想途径。美国医疗过失诉讼不是现代社会的发明，美国实施的医疗过失法改革，与最初的改革目标和侵权法目标不一致。要理解医疗侵权诉讼实质，首先必须要区分传统的侵权过失与医疗过失的不同，自2003年以来，各州陆续实施医疗过失法改革，包括设定非财产性损害赔偿上限、专家小组预审医疗过失诉讼程序前置、限制律师代理诉讼的费用等措施，到2006年，这些措施被认为低效率的，不能起到降低保险费用、解决危机和阻碍危机持续的作用。④ 有学者认为适当的医疗责任保险体系可以降低医疗错误蔓延，整体上提高医疗照护水平。事实上，大约每隔10年，美国就会发生一次医疗过失侵权法改革高潮。不幸的是，每次改革高潮过后，并没有能解决医疗过失责任法的根本问题，医疗侵权法改良不能解决真正的问题。"一个良好的医疗过失侵权责任体制不应当仅仅解决怎样赔偿受害病人，而应当首先致力于如何减少医疗过错的发

---

① Foundation for Taxpayer and Consumer Rights. How Insurance Reform Lowered Doctors' Medical Malpractice Rates in California and How Malpractice Caps Failed[R]. 2003-3-7. http://www.consumerwatchdog.org.

② Frech H E I, Hamm W G, Wazzan C P. Controlling Medical Malpractice Insurance Costs-Congressional Act or Voterproposition? [J]. Indiana Health Law Review, 2006(3): 33-40.

③ Lei Y, Schmit J T. Influences of Organizational Form on Medical Malpractice Insurer Operations[J]. Connecticut Insurance Law Journal, 2008(15): 53—68.

④ Miller K. Putting The Caps on Caps: Reconciling The Goal of Medical Malpractice Reform with The Twin Objectives of Tort Law[J]. Vanderbilt Law Review, 2006, 59(4): 1451—1498.

生"[1]。

限制赔偿制度直接影响诉讼利益和受害人人身损害赔偿基本权利,因此,各州侵权法改革中最有争议的问题是限制非财产性损害赔偿是否违宪？正如中国台湾地区学者王泽鉴先生在给大陆学生作讲座时所言,他认为大法官做违宪审查时,就是要解决基本权冲突,自然就须对相冲突之基本权作适切的利益平衡。利益平衡不能脱离价值判断。一涉及价值判断,利益平衡就难免披上一层神秘面纱,令外界不易窥其深奥。然而再怎样神秘,权衡相冲突之基本权,以总不得任凭衡量者自身之恣意与好恶,最基本的要求是不得偏袒任何一方基本权,致作出全有或全无之认定,而是必须在对双方基本权尽可能兼顾,尽可能都伤害最小的前提下,作出适当之调和,以避免对任一方基本权造成过度侵害,否则将构成错误的、违宪的利益衡量。

（五）政治因素影响侵权法改革

侵权法改革总是与历次的保险危机相随,每次改革都会产生各种建议和不同观点,出现正反两个对立阵营的长期争论。被告方的阵营是责任保险公司、医师,主张侵权法改革作为解决保险危机的路径。原告方的阵营是律师组织,代表受害人和消费者权益保护组织,主张保护受害人的诉讼权利和利益。马克·A.罗德文（Marc A. Rodwin）教授、贾斯廷·西尔弗曼（Justin Silverman）律师和大卫·摩菲尔德（David Merfield）会计师合作撰文指出,谨慎的经济分析认为,保险周期性变化引起保险费率升降具有一定规律性,医师们依据错误的数据得出保险危机的结论是存在问题的,医师收入减少的真正原因是源自医疗保险公司对医师偿付费用的挤压、减少服务项目的支付范围所导致,责任保险费率上升成了替罪羊。医师协会在20世纪50年代至60年代,会员占据全美医师的总数到达顶峰,如今却不到1/3,医师协会因此会更加急于维护现有会员的利益,选择保险危机话题,从而有利于政治参选人物竞争拉票。[2] 学者F.帕特里克·哈伯德（F.Patrick Hubbard）认为,在主张改革的保险公司和医师团体背后,还有一些零售商、制造商等利益集团,他们认识到自己是属于侵权诉讼中的被告方,自愿加入到支持侵权法改革之中,利用自己掌控的资源游说、支持政治候选人,发动公共关系战略以及资助保守派思想智囊机构,目的是将自己的主张推到各州、国会的政治议程上。"侵权法改革"是否必要或者能否能够达到上述目标,很大程度上是个信念问题。"危机""诉讼爆炸""滥讼""无聊法律诉讼"等术语含义非

---

[1] Chepke L M, Sloan F A. From Medical Malpractice to Quality Assurance[J]. Issues in Science and Technology, 2008, 24(3):63—71.

[2] Rodwin M A, Silverman J, Merfield D. Why The Medical Malpractice Crisis Persists Even When Malpractice Insurance Premiums Fall[J]. Health Matrix: Journal of Law Medicine, 2015 (25):163—224.

常模糊,这就使我们很难确定:"危机"是否真的存在、"滥讼""无聊法律诉讼"包含着哪些内容或者怎样平衡当事人诉讼意愿和防止"滥讼"之间的关系等等。当然,并没有任何方法能够知晓目前侵权诉讼案件的程度是高还是低。由于没有相应的数据用于分析侵权法的实际运行状况和改革成效,因此也没有办法断定侵权法是否阻碍了制度创新、竞争能力或医疗服务水平的提高,或者侵权法的改革是否真正起到了积极效果。①

---

① F.帕特里克·哈伯德.美国侵权法改革运动的本质与影响[C]//梁慧星.民商法论丛:第43卷.王晓明,译.北京:法律出版社,2009.

第五章 医疗损害风险社会化分担的不同模式

现代社会中,个人保险和公共保险迅速发展,使得世界各国有关医疗损害风险社会化分担模式具有了多样性,从保险而言,在保险金缴纳来源、保险理赔条件、保险范围以及是否需要强制保险等方面存在很大不同;从补偿基金筹集主体而言,分为政府筹建的患者补偿基金和执业医师筹建的患者补偿基金,由此形成的医疗损害的社会化分担模式各有不同。

模式是指解决某一类问题的方法论,包括组织模式、实施模式和制度模式。当今世界各国经常采用的医疗损害风险社会化分担模式可分为社会保险、责任保险、患者补偿基金三类。其中,社会保险模式由政府依社会保险法组织全社会成员投保,具有社会保险性质。在那些社会医疗服务成本大部分由政府资助的国家,医疗损害风险社会化模式较少依赖私人保险市场,而是多由国家政府建立综合性的无过失补偿基金提供损害补偿社会化分担。瑞典、新西兰等北欧国家主要采用社会保险模式。责任保险模式分为互助保险模式和商业保险模式。互助保险模式指共同具有医疗损害风险的医疗服务提供者(包括医疗机构、医师、护理人员等医疗服务执业者)为获得责任保险保障而共同设立的保险组织,这类保险组织很多是注册为相互保险公司,有的是注册为社会组织模式,如医师(保护)协会组织等。商业保险模式区分为责任保险和人身意外保险。前者由保险公司提供商业保险产品,采用市场机制,由医疗服务提供者(医疗机构、执业医师、执业护士)为投保人,缴纳保险费,保险公司对保险事故依据保险合同约定理赔;后者是由投保人缴纳保险费用,由保险公司承保的人身意外伤害保险,对发生包括医疗意外损害在内的各类意外伤害提供保险理赔。在私人提供医疗服务较为盛行的国家,医疗损害风险社会化分担模式主要是依靠私人保险市场来分担损失风险。

医疗损害风险社会化分担的实施模式是指政府采用的推行医疗损害风险社会化分担的方法,可以区分为强制保险模式和自愿保险模式。依据是否允许采用替代保险方式为标准,强制保险可以再分为单轨制和双轨制。单轨制是指没有其他可供选择的机会和方式,只能参加保险;双轨制是指除了保险之外,可以选择其他方式,比如提供承担风险保证金的担保方式。患者补偿基金,是由政府建立或者医疗服务提供者建立的对特定疾病病患给予医疗损害风险补偿的基金,这类基金不同于社会保险中的医疗保险。患者补偿基金可以分为重大疾病患者补偿基金和特定病患(如与出生有关的神经患者)补偿基金。

医疗损害风险社会化制度模式是指为实现医疗损害风险社会化分担目的而建构的规范,实现组织模式和实施模式的制度化。对于医疗损害风险社会化分担制度,依据不同标准可以划分出不同类型:依据保险(基金)管理主体不同,分为私营保险(基金)与政府的公共保险(基金);依据是否用财政收入补贴保险(基金)为标准,分为补贴保险(基金)与非补贴保险(基金);依据政府是否强制推行为标准,分为强制保险(基金)与任意保险(基金)。由此,医疗损害风险社会化分担的制度模式分为:(1)私营、非补贴的商业保险模式,即完全由保险公司经营的商业保险模式。(2)私营、部分补贴模式,即商业保险公司经营责任保险,政府提供部分保险费或者管理费的补贴以及再保险的支持的模式。(3)公共、非补贴模式。政府成立专门机构或者民间非营利机构经营责任保险、政府不提供补贴的模式。(4)公共、部分补贴与自愿保险模式。政府成立专门机构或者民间非营利机构来经营保险的模式,政府不提供补贴,投保人自愿参加保险。(5)公共、部分补贴与强制保险模式。政府成立专门机构或者民间非营利机构来经营保险的模式,政府提供部分补贴,投保人必须参加保险。

第一节　社会保险分担医疗损害风险模式

新西兰和4个斯堪的纳维亚国家(瑞典、芬兰、丹麦和挪威)实施的强制社会保险模式,将医疗损害风险作为人身损害风险,统一纳入社会保险,补偿是基于伤害本身或者伤害是可以避免而未能避免的事实作出,补偿资金来源是通过立法强制私人资金通过商业或者非营利性保险公司(丹麦、芬兰)或者由社会保险的公共资金(瑞典、新西兰)来保障。新西兰是最早实施全面无过失补偿的国家,瑞典的医疗服务损害很少适用侵权法救济,其所建立的医疗损害无过失补偿体系是较具有特色的。[①]

一、新西兰实施的综合无过失补偿模式

1972年新西兰立法通过了医疗损害赔偿保险(medical malpractice insurance)被纳入了《意外事故补偿法》(Accident Compensation Act),1974年生效实施,1992年

---

① 1987年芬兰创立患者保险中心(Patient Insurance Center),以确保基于无过错的医疗事故损害得到赔付,丹麦也有类似的改革。为避免相似内容重复,下文不叙。

和2001年又经过两次修改适用调整范围,该法案的立法目的是为促进良好的公共秩序,通过社会保险提供一个公平稳定的赔偿计划,旨在降低不幸受伤害的个人的风险和损失,建立一个搜集、分析与伤害有关的信息工作框架,最大限度地确保受害人的生存质量和健康等。根据该法案成立的新西兰意外事故补偿委员会(New Zealand Accident Compensation Corporation,以下简称为 ACC)负责管理补偿受害人的资金计划。该计划不是为医疗损害赔偿单独设计,而是将新西兰公民及到访新西兰的非公民的工伤、非工伤、机动车伤害、医疗损害事故赔偿全部纳入该计划。给患方的赔偿金不是由医疗服务提供者单独缴纳,而是由新西兰政府和新西兰有劳动能力的人口共担。ACC 运行的补偿基金来源于雇主缴纳的保费、雇员缴纳的保费、机动车保险费、政府补助款、投资收益。补偿实行分期支付,补偿的范围仅限于财产损失范围,包括医疗费、交通费、康复费用、收入减少、生活补贴等。

根据《意外事故补偿法》建立的赔偿计划自1972年建立到时隔20年后的1992年修法,对"医疗意外"作出定义:"因医疗意外所致之人身伤害系指因医疗错误(medical error)或医疗不幸(medical mishap)所导致之人身伤害。"[1]"医疗错误"之定义可见于1992年《意外事故补偿法》法案第5条第(1)款的规定,"医事专业人员在系争情况之下,怠于遵守一般可合理期待之照护标准"[2]。如医疗伤害并不涉及"医疗错误",则必须符合"医疗不幸"才可以获得理赔。所谓"医疗不幸"是指一个适当施予的医疗措施却产生"罕见"(rare)而且"严重"(severe)的负面医疗结果。法案进一步定义所谓"罕见"乃指该负面医疗结果的发生几率在相同情况之下,低于百分之一;而"严重"[3]则指负面医疗结果为死亡、住院超过14天,或重度残障超过28天,或依照该法之54条得请求独立生活津贴的情形。但是,这些立法分别在1998年的《事故保

---

[1] Accident Rehabilitation and Compensation Insurance Act 1992, s 5, Section 35(1) of the Accident Insurance Act 1998:"Personal Injury Caused by Medical Misadventure"means Personal Injury Caused by Medical Error or Medical Mishap.

[2] "Medical Error" means the failure of a registered health professional to observe a standard of care and skill reasonably to be expected in the circumstances; "Medical Mishap" was defined as an adverse consequence of proper treatment which was both "severe"and "rare", with precise and inflexible definitions for both requirements.

[3] An adverse consequence was 'severe' only if it resulted in the person dying, or being hospitalized as an inpatient for more than 14 days, or suffering significant restriction or lack of ability lasting more than 28days in total. Such a consequence was 'rare' only if the probability was that it would not occur in more than 1 percent of cases in which that treatment was given. There was no medical mishap where an adverse consequence was rare in the ordinary course but was not rare having regard to the circumstances of the person(it was not rare for that particular person), and the greater risk was known to the person or his or her parent or guardian prior to the treatment.

险法》(Accident Insurance Act, 1998)和 2001 年的《伤害预防、恢复与赔偿法案》(Injury Prevention, Rehabilitation, and Compensation Act 2001, IPRCA 2001)中再次被修改。如果医师没有过失，则不再在"医疗不幸"(medical mishap)事故中保险理赔。但是患者要证明因果要件是非常困难和耗时的，原本所谓的"无过失补偿原则"已经演变为只对"医疗错误"(medical error)事故理赔，无异于重新回到以"过失"作为理赔之判断依据。[1]

二、瑞典患者医疗损害赔偿的社会保险模式

瑞典是世界上彻底采用社会保险制度替代过失损害赔偿制度的国家。自 1962 年起，瑞典陆续建立起社会安全网络，通过各种强制保险与集体保险，为合乎保险赔付条件的任何伤害提供保险赔付，大大降低人们日常生活风险。1975 年瑞典县议会联盟(Federation of County Councils)和瑞典患者保险联合会(Consortium of Patient Insurance)在司法部非正式监督下共同协议磋商，创立无过失医疗伤害补偿体制，对公立医院、门诊、其他由县所提供的医疗服务导致的损害通过保险提供补偿，个人执业医师通过医师组织加入保险。1993 年患者保险联合会与反不正当竞争法冲突而被解散，1995 年医疗保健业的公共互助保险公司取代传统保险公司开展保险服务。1996 年国会通过《患者损害补偿法》(the Patient Damages Act)，将自愿保险改为法定强制保险，所有医疗服务者都被要求购买保险，而保险的给付不以存在赔偿责任为条件；同时，成立医疗责任委员会(Medical Responsibility Board)，由其负责对医师的执业活动进行违法处罚。保险的资金来源于县议会缴纳的保险费，费用出自所得税，费率按人头统一划定，2003 年平均每人约 5 美元。私立医院通过购买责任保险自行付费，公立医院以及在公立医院服务之医师不需缴交保费，医疗院所所缴交之保费也不会因为其发生医疗伤害事件之多寡而不同。保险纯粹只是为了达成填补损害的单一功能。患者保险联合会负责患者的补偿请求的处理、审核，以及决定补偿数额，审核人员具有临床或者法律背景，根据受害人和医师提供的书面材料加以审查。补偿的医疗损害必须具有一定的严重性，包括诊断、治疗、产品等造成的伤害，感染引起的伤害及意外，伤害须是可避免性的，引起疾病超过 30 天以上或住院诊疗达到 10 天，或永久性身体残疾，或死亡。诊疗与伤害之间有因果关系。但是，诊疗中必然带来的伤害、精神损害、美容手术损害等不属于保险补偿范围。实行限额补偿制度，最高额

---

[1] Todd S.Twenty Years of Professional Negligence in New Zealand[M].Professional Negligence,P.N.2005,21(4),257—282.

度在 120 万美元,免赔额为 275 美元。[1]

瑞典 1997 年开始推行的"患者损害保险"是社会保险中的一环,在适用上具有"候补性",病人必须先向其他的保险请求理赔,然后再就不足额的部分向患者损害保险基金提出请求。一般而言,因疾病或伤害所导致的收入损失,90%的损害补偿费用是由瑞典优厚的社会福利制度支付。

三、对社会保险模式分担医疗损害风险之评价

(一)对新西兰综合无过失补偿模式之评价

中国台湾地区学者杨秀仪在 2000 年撰文[2]指出,新西兰医疗伤害补偿制度采用"过失"或"无过失"之责任要件并不是影响病人利益的唯一要素,无过失责任制度未必比过失责任制度对病人有利。由于"疾病"和"医疗意外"这两个概念之间存在广大的灰色模糊地带,ACC 并不补偿"疾病",所以,病人就医发生负面的医疗结果时,究竟该结果是归因于病患原本疾病之进程呢?还是医疗意外所导致?发生难于判断时,ACC 出于财务考虑,倾向对"医疗意外"采用比较严格的界定,将难于区分疾病自然转归与诊疗损害的案件时,都认定成"疾病"而不理赔[3],尤有甚之,更因为对因果关系之认定采取严格的态度,ACC 在认定"医疗意外"时,甚至会发生比普通法上之法官还要严格的情形。医师误诊或延误医疗所造成的医疗伤害,若该误诊本身有过失,则在普通法下病人是可以请求赔偿的。但是依照"意外补偿"制度,医师之不作为(误诊、延误医疗)就算是有过失,导因于疾病的,也不在理赔之列。

2003 年 ACC 对于医疗不幸的咨询研究报告[4]指出,实施 ACC 计划并没有得到民众的满意评价,民众认为 ACC 虽然是采用无过失补偿制度,但是受害人要获得理赔却要受害人证明存在医疗错误和因果关系,这要花费受害人的巨大时间和精力,理赔所要求的"严重"和"罕见"也备受批评,ACC 实际是鼓励一种责难文化而不是意在加强医疗专业人士对错误行为的认知,也没有起到替代侵权责任的目的。ACC 计划的进一步改革面临几种选择:第一,坚持原有的立法框架,修改"医疗错误"和"医疗不

---

[1] 唐超.瑞典医疗伤害无过失补偿制度研究[J].河北法学,2015(7):143—155.

[2] 杨秀仪.从无过失重回过失——纽西兰有关医疗伤害补偿制度之变迁及对中国台湾之启示[J].政大法学评论,2000(64):99.

[3] 如果受害人对于 ACC 因为适用疾病排除条款而拒绝理赔有异议,可以直接向法院起诉。而法院基于填补被害人损失,则倾向于采取一个比较宽松的定义,详细讨论参见 Richard Mahoney R. Trouble in Paradise:New Zealand's Accident Compensation Scheme[M]// McLean S A M.Law Reform and Medical Injury Litigation.Dart Month:Ashgate Publishing Limited,1995:54.

[4] ACC,Review of ACC Medical Misadventure:Consultation Document (2003), Available from The Accident Compensation Corporation (ACC). http://www.acc.co.nz. Visited 2013-12-30.

幸"的界定范围,依然保留过失要件但不将过失造成损害原因力作为要件;第二,只对医疗治疗中具有"可预防性"却未能避免的损害予以赔偿覆盖。但问题在于,难以区分照护和治疗的不同以及哪些是可避免的损害。第三,理赔限于以诊疗过程中非故意行为造成的损害为限。换言之,所有的医疗负面结果都予以赔付,无论是否可以预防和避免,只要不是故意行为造成的损害。最后一种选择得到多数人的赞同,并且在《伤害预防、恢复与赔偿法案》(Injury Prevention, Rehabilitation and Compensation Amendment Act 2005, IPRCA 2005)得到立法确认。自此,用"诊疗伤害"(treatment injury)取代原法条中的"医疗意外事故"(medical misadventure)[①]概念,ACC 中所有关于错误(error)、过失(fault)或疏失(negligence)的概念都完全消失。"诊疗伤害"是指执业注册医师提供诊疗服务所造成的损害,该损害在考量了患者自身条件和当时的医疗水平下,对超出医疗行为固有的必要的损伤或者通常的医疗结果予以补偿。ACC 还规定了不予覆盖的诊疗伤害,诸如患者自身疾病发展造成的损害、对拟实施的诊疗不合理地收回知情同意或者延迟作出告知同意而引起的延误治疗导致的损害等。[②]但是,IPRCA2005 法案仍然被认为存在遗留问题,比如条文中使用了一些不确定法律概念,实践中区分患者自身疾病损害与诊疗造成损害比较困难。IPRCA 2005 法案实施后一年,ACC 宣布对于事故处理的时间平均从原来的 5 个月降到了 36 天。索赔案件数量在上升,统计数据显示,从 2004 年 5 月份的 893 件上升为 2005 年 6 月的 2 445 件,绝大多数案件是单纯的医疗伤害案件。ACC 的统计支出由 2004 年 5 月的 48 633 000 新西兰元提高到 2005 年 6 月的 56 532 000 新西兰元,平均每个案件的赔偿数额为 19 864 新西兰元,是原来赔偿数额 1 555 新西兰元的 13 倍,这意味着从赔偿范围"医疗不幸"转为"治疗伤害"概念之后,取消了"严重""罕见"损害获

---

① 根据 ACC 的定义,Medical misadventure is when (a) a person suffers bodily or mental injury or damage in the course of, and as part of, the administration to that person of medical aid, care or attention, and (b) such injury or damage is caused by mischance or accident, unexpected and undesigned, in the nature of medical error or medical mishap. Medical misadventure typically included: (1) Medical error: failure of health professional to observer the standard of care and skill reasonably expected in the circumstances; and (2) Medical mishap: where the patient received the right treatment and it was properly administered, but the patient had a complication that was both severe and rare. Injury Prevention, Rehabilitation, and Compensation Act 2001, s 32(1). "Treatment injury" means personal injury suffered by a person seeking or receiving treatment from a registered health professional that is caused by treatment and that is not a necessary part or ordinary consequence of the treatment, taking into account all the circumstances including the person's underlying health condition and the clinical knowledge at the time of the treatment.

② Injury Prevention, Rehabilitation, and Compensation Act 2001, s 32(2)—(6), (ACC) website http://www.acc.co.nz,2012-12-01 visited.

得理赔的限制条件,轻微伤害获赔更加重了 ACC 的财务负担。①

(二) 对瑞典患者赔偿社会保险模式之评价

中国台湾地区学者杨秀仪曾撰文对瑞典通过社会保险分散人身损害风险的模式研究后指出,瑞典的患者损害保险的保费收入有 80% 是用于理赔病人,相较于美国的医疗伤害责任保险的保费只有约 40% 真正用于赔偿病人而言,瑞典的患者损害保险制度效率的确惊人。这样一个低成本的运作制度是有其独特的社会条件来支撑的,瑞典的患者损害保险制度运行中的低保费主要是源自低理赔额。瑞典周延的社会福利及保险系统,使得患者医疗损害赔偿很少支付大笔金额。患者损害保险的低行政成本低,是因为其理赔程序是以书面审理为原则,这当然会比用言词审理的美国司法制度来得有效率。② 但是,瑞典的患者损害保险理赔虽然不需要证明行为人有过失,但是同样存在证明因果关系困难的问题。患者要举证证明:(1)诊疗行为与人身损害之间存在因果关系;(2)治疗行为是出于治疗目的;(3)选择的诊疗方法是符合科学的,是医师根据执业经验作出的;(4)尝试过其他诊疗方法无效,不得已选择当前的诊疗方法,造成的损害原本可以避免的。对患者来说,与证明因果关系要件相比,相对而言,容易成功一些。③

第二节 医疗责任保险分担医疗损害风险模式

世界上许多国家将医疗责任保险作为分散医疗损害风险的主要模式,实现保护医疗服务提供者和患者的双重目的。对患者而言,保险是典型的第三人利益合同,作为责任保险的实际受益人,获得损害赔偿的资金来源担保、保险理赔过程规范和规模化、专业化,可以减轻患者维权成本。对医疗服务提供者而言,可以分散责任风险,实现集体安全目的。

---

① Oliphant K.Beyond Misadventure:Compensation for Medica Injuries in New Zealand.Medical Law Review,2007,15(3):357—391.

② 杨秀仪.瑞典"病人赔偿保险"制度研究——对中国台湾医疗伤害责任制之启发[J].台大法学论丛,2000(6):165—194.

③ Hoffman S Z.No-fault Solutions to The Problem of Medical Injuries:A Focus on Sweden As A Model [J].Annals of Health Law Advance Directive,2009(18):73—93.

一、医疗责任保险的组织模式

（一）组织模式分类

责任保险组织模式分为三类。第一类是传统的商业保险公司，注册资本十几亿甚至更多，提供各类保险产品，其中包括医疗责任保险产品，完全遵循商业保险模式运营。第二类是专营的自保公司（captive insurance company），是一种由母公司（被保险人）拥有、主要为母公司提供保险的专业保险公司。比如由多家医院组成的医疗集团自己成立一个保险公司。相当于在医院集团内部风险自留。专营自我保险自19世纪中期出现，20世纪60年代真正发展起来，国际上越来越多的企业拥有自己的专业保险公司，这些公司成立之初是为应对母公司无法购买到责任保险而建立，后来发展到产品责任保险、专业执业责任保险、环境污染责任保险等领域，在这些领域可能无法买到责任保险的情况下，由被保险人建立自己的保险公司承保责任保险业务。专业保险公司的保险成本预期是可以减少部分保险费用，还可以直接参与再保险市场来避免超额风险的管理成本，相比于传统的商业保险，平均可以节省大约20%—30%的保险费用，因为是专业人士自己建立保险公司，可以降低传统商业保险中的道德风险。但是，专营自我保险公司存在业务量有限、风险品质差、组织规模简陋、财务基础脆弱等劣势。[①]第三类是相互保险公司（Mutual Insurance Company），是由多个投保主体组合而成，也可以是先组建一个责任保险公司，吸纳会员加入。[②]这类保险公司最早起源于17世纪的英格兰，是经营火灾保险业务，美国于1752年由本杰明·富兰克林最早建立了费城相互保险公司（Philadelphia Contribution Ship），承保房屋损失保险业务。如今，相互保险公司的组织存在于世界各地，这类保险公司的保单持有人与保险人身份重合，保险公司的经营收入用于保单持有人的持股份额分配利润或者折抵未来保费费率。因此，无论是专属保险公司还是相互保险公司，都是介于商业保险与风险自留保险之间，保险资金是由累积式准备金演变而来；二者在所有权归属上不同，但是承保的都是医疗机构、医护人员责任风险，医疗机构或医护人员都是投保人、保单持有人身份或者会员身份，相当于是医疗服务提供者群体自己组建的自保公司，适用于道德风险较高的责任风险保险，运行成本相对较低，保险费率可以灵活调整。但是，这类保险公司可能存在运行资金能力有限、保险保障能力较低的

[①] What Is Captive Insurance. http://www.captive.com/resources/captive-insurance-basic-information-index，visited 2015-12-26；专业自保公司——智库百科. http://wiki.mbalib.com/wiki，visited 2015-12-12。

[②] Mutual Insurance, Wikipedia, The Free Encyclopedia. https://en.wikipedia.org/wiki/Mutual_insurance，visited 2015-12-26。

劣势。

（二）组织模式选择

在组织模式选择上，专业的自保公司比商业保险公司更适合于医疗责任保险险种需要。这是因为：(1)组织目标不同。商业保险公司的经营目标是利益价值最大化，更注重投资回报，基于追求利润最大化与规避经营风险，保险公司在格式合同中安排免赔、不予理赔条款，在遭遇保险危机时，会大幅提高保险费率维持经营或者退出保险市场。自保公司旨在给医疗服务提供者提供一个稳定的保险市场和安心的执业环境，保险费率水平维持风险共同体运行即可。(2)风险信息管理服务不同。商业保险公司的保险经营与服务是通过保险经纪公司提供，经纪人经常没有能力进行医疗风险管理评估与预防。而自保公司自己有能力直接进行风险的评估与信息管理，通过专业医疗风险管理、教育医师与患者沟通交流医疗风险的方法、流程和技巧，降低保险事故发生率。(3)提取风险准备金更加稳健。所谓风险准备金是指保险公司对未来有可能发生的理赔和后来实际支出的理赔损失之间的落差数据，如果准备金预留过多会造成资金占用和浪费，反之则影响保险公司的财务安全。由于诊疗行为发生时间、发现医疗损害时间、确定赔偿责任时间，这三者之间可能相差一年以上甚至数年，容易导致风险准备金预估出现或正或负的误差，影响保险公司财务业绩报表数据，进而极大影响保险市场价格波动。误差越大，对于保险市场价格波动影响越大。医师专业人员对医疗风险的评估和预测能力强于一般保险经纪人，使得自保公司在合理提取风险准备金、应对损失弥补策略、减少保险软硬周期性影响上都强于一般商业保险公司。此外，自保公司拥有兼具法律和医学的人力优势，可以自己应对诉讼节约诉讼成本。根据美国1986年《风险自留法案》(Federal Liability Risk Retention Act)，由医师们组建的特别互助保险公司，在成员内部进行融资或共同向第三方购买保险，为其成员进行风险管理与诉讼抗辩保护，进行风险管理评估和降低诉讼技能培训，实施医师与病患沟通技巧教育项目。有学者对美国保险协会(National Association of Insurance Commissioners，NAIC)1994年至2006年的医疗损害风险的保险运行数据进行研究，指出"自保公司在风险准备金提取上表现得更为保守和准确，利于政府监管保险市场和信用评级，减轻和避免保险费增加过快、市场混乱的不利因素"[①]。

二、医疗责任保险的实施模式

对于医疗责任保险，在区分强制对象基础上，实施强制保险模式，理由如下：

---

① Lei Y, Schmit J T. Influences of Organizational Form on Medical Malpractice Insurer Operations [J]. Connecticut Insurance Law Journal, 2008(15):53—68.

(一)医疗责任保险符合实施强制保险的立法理由

从机动车强制保险的立法理由,可见实施强制保险的考量因素。世界许多国家立法实施机动车强制责任保险制度,立法理由基于两个基本事实:(1)机动车致害的角色具有互换性,受害人维权机会成本高,可能产生社会问题。一般社会大众都有可能面临机动车交通事故所带来的不利益,如耗费过大的诉讼成本和医疗资源,极易因加害人无力承担损害赔偿责任,使得无辜的受害人得不到实际救助,从而产生更多的社会问题。(2)机动车损害的加害人自己发生道德风险的可能性极低。除加害人的机动车财产损失之外,自己也可能受到事故伤害,无力承担医药费用。

医疗损害风险与机动车损害风险相比,存在不同特点,表现在:(1)医疗损害风险原因复杂。机动车事故造成人身损害原因凭生活经验可断定。而医疗损害原因为复合型的,患者原有疾病与医疗损害融为一体,患者病情不断变化,只有依靠医学鉴定专家们来查明损害原因。(2)医疗损害索赔案中,保险公司没有人员和能力认定事故原因和范围,很难掌控理赔。机动车致害案件中,交通警察提供的交通事故认定书,可以给法官断案提供可操作的依据。(3)医疗损害风险中,医患之间的角色不具有互换性,医方的道德风险控制难于交通事故损害中的道德风险管控。(4)与交通事故责任主体通常是自然人身份的主体不同,医疗损害风险中的医疗机构一般不存在无力承担赔偿责任的情形。

(二)强制责任保险比任意责任保险更适合医疗损害风险社会化分担

强制保险与任意保险的区别表现为:(1)保险目的不同。任意保险目的在于填补损害,强制保险目的在于确保事故受害人获得赔偿金来源保障,实现社会安定功能。(2)费率设计与投保目的不同。任意保险的费率设计与运行是基于商业考量,而强制保险是基于社会政策考量,投保人投保不仅是为了风险管理,还是为符合法律规定或者行业惯例要求,对从事有风险的活动必须投保。(3)对保险范围的约定权限不同。任意保险范围可任由投保人与保险人自由约定,强制保险受政策影响,保险范围应当以实现政策与立法目的所需的保险保障程度为限,避免对投保人的财产支配权施加过度限制。(4)保险范围不同。任意保险的保险范围可以包括实际损害、惩罚性赔偿;而强制保险的保险范围须由立法设计者作出选择与平衡,既要给受害人提供基本保障,又要避免对投保人造成过重财务负担。

医疗损害责任保险采用任意保险模式具有明显的不足。表现为:(1)医师担心发生医疗损害风险,并不意味着他们有风险管理观念和知识储备。(2)任意保险无法避免逆选择。医疗服务提供者不同科别的诊疗风险差别较大,可能导致高风险的医院和医师无法购买到保险,愿意投保的医疗服务提供者本身可能就是医疗损害风险较高的群体,形成逆选择。(3)难以实现大数法则原理的运用。愿意投保的人数越来越少,基于使用者付费、保险的对价有偿原则,保险费用越来越高,而愿意投保的人越来越少,医疗责任保险的基金池规模始终难以扩大甚至变小。(4)高风险医师可能买不到保险。商业保险中,保险公司出于理性和经济考量,会拒绝经常发生保险事故的投保人投保,保险公司通过风控评估,将高风险投保人和保险业务排除在外。如拒绝不良记录者投保、大幅度提高保险费使得医师买不起保险。(5)任意保险分散赔偿风险的程度较低。任意保险之下投保人规模有限,保险人只有压低理赔限额以避免亏损,导致保险额度不足以有效分散投保人的责任风险。

实施强制医疗责任保险具有优势。表现为:(1)强制保险是要实现一定的社会政策,即确保患方损害赔偿救济得以偿付。(2)强制保险制度可以作为实施医疗安全风险管理工具。(3)强制责任保险制度具有一定的经济合理性。如果医疗服务提供者能够提供责任担保的替代形式,比如支付赔偿责任保证金、加入医疗责任风险基金,可以不强制医疗服务提供者购买责任保险。(4)强制医疗责任保险制度的实施成本和实施效果优越于单一的侵权制度或社会保险制度,为患者获得多个损害赔偿来源提供财务保证。

(三)强制医疗责任保险的不同实现路径

实施强制医疗责任保险有不同的实现路径,可以是立法明确规定强制医疗责任保险制度;可以是法律不规定必须参加医疗责任保险,而是将颁发医师执业资格许可证与该医师必须持有有效的责任保险单、医疗损害责任赔偿的担保相互关联,间接地实施强制医疗责任保险;可以是颁布法令,要求执业医师须加入医师协会组织,而医师协会要求医师必须持有责任保险单,才能取得会员资格,间接地强制医师购买责任保险;还可以是医疗服务机构要求医师必须持有责任保单,作为获聘的前置条件。

在美国,尽管对执业医师须持有责任保险的规范条文不尽相同,但是,多数是采取了与医师取得本州执业许可相关联的措施[1]。在夏威夷岛,医师协会曾经寻求政府发布禁令,即禁止行政机关将特许医师执业许可与医师必须买保险相关联,但其要求未得到法院支持。相反,在阿伦森诉奥尔森[Arenson v. Olson, 270 N.W.2d 125 (N.D.1977)]案件中,肯塔基州的法官认为"医师执业许可管理法律要求私人医院(individual hospitals)须买责任保险才能获得执业特许"之规定违反了中立的审慎原则,立法者认为"所有医疗服务提供者一定会发生医疗过失且没有经济能力负担赔偿责任的想法是武断的",法庭拒绝对"要求医师必须买保险的法律是否合乎宪法"作裁

---

[1] 20世纪70年代,阿拉斯加、夏威夷、爱荷华、堪萨斯、肯塔基、北达科他、宾夕法尼亚等多个州,立法规定医师获得执业许可,必须要维持有效的医疗责任保险合同,个人医院(individual hospitals)必须购买责任保险才能获得医疗许可证。

判。然而,在麦考伊诉联邦医学教育认证委员会[McCoy v.Commonwealth Board of Medical Education and Licensure(37 Pa.Comwlth .530,391 A.2d 723)]案中,宾夕法尼亚州的法官认为,从确保赔偿的可获得性看,"要求保险"与"社会公共利益"之间存在一定关联,要求医师必须购买责任保险不违反平等保护原则,不构成违宪,不会因此构成对医师执业活动禁止,不是限制医师的工作权。此后,宾夕法尼亚州还颁布法令,允许医院要求医师必须购买责任保险。如今,在美国的多数医院都将持有有效责任险保单作为医师入职条件。医院管理者们认为,无论是私立医院还是公立医院,都接受了政府的财政资助,医疗风险管理通常采用保险分担方式,要求医师持有有效的责任险保单才能执业是符合公共利益的保护要求;聘用的医师发生诊疗过失,导致患者索赔的案件,医院通常是成了共同被告,应诉需支出必要的法律费用,因此医院就有权采取保全措施避免损失。

三、医疗责任保险理赔服务模式

(一)由保险公司提供理赔的服务模式

传统责任保险中,保险服务主要是提供投保、定损和理赔服务,也有保险公司对于投保人的风险管理、风险教育培训等提供讲座服务,但是,普适性的保险服务是各方依据保险合同约定享有权利和承担义务,甚至在保险投保与理赔中引入保险公司或服务中介提供服务。

"预防风险永远比事后赔偿来得有效"。医疗损害风险保险服务,除了要通过保险理赔,更应当提供医疗损害风险管理、预防保险事故的培训,以提高对诊疗活动中的风险识别、评价和处理的能力,有组织地减少医疗损害风险事件的发生,评估风险事件对患者和医疗机构、医护人员的危害和经济损失,提高医疗质量和患者安全。在医疗机构的风险管理制度和实施机制建设、风险预警标准设置、安全风险因素的管控措施监管等多方面提供服务。然而,医疗服务中哪些人员容易犯错误?哪些环节易发生纠漏?哪些方法在发生医疗损害之后得以有效止损?这些都是需要医疗风险管理的专业服务机构和人员才能识别与管控的。

(二)由医师协会提供理赔服务模式

在英国,互助型医疗责任保险主要由医师维权联合会(Medical Defense Union)、医师保护协会(Medical Protection Society)和国民医疗服务诉讼委员会(National Health Service Litigation Authority)三个机构组成,负责全面维护医师权益、提供法律辩护、承担诉讼费用、给予患者赔偿。互助型责任保险机构是非商业化的没有股权资本的法人团体,以会员交纳会费作为机构运行资金和赔偿基金,医师自愿加入互助型医疗责任保险,缴纳会费远比商业险的保险费低,也有医师自购商业责任险。凡是诊疗过失争议案件,只要医师是缴纳了会费的会员,机构都会代表医师与病患协商,多数医疗损害索赔案件都能协商和解,如果走到诉讼阶段,法律服务机构将代理医师进行抗辩,维护医师权益,并且能够及时给遭遇诊疗行为损害的患方有效补偿。①

加拿大医疗保护协会(Canadian Protective Association)成立于1901年,1913年改革为非营利性医疗互助保护组织,服务于95%的加拿大执业医师,提供医师执业风险教育、法律咨询与诉讼辩护、给患者赔付等服务。协会100多年的发展历史证明,非营利性医疗互助协会的保险模式取得了巨大的成功。协会有全额资金保障服务资金来源,根据医师执业专业、地域进行风险评估和收取保险费用,保险精算方案可靠;协会还根据保险资金投资的盈亏进行费率调整和预留储备资金。该协会目的是为加入协会的成员提供帮助,对患者的赔偿不限制额度,支持全面改善患者安全,提高医疗风险管理的医疗体系建设。②

日本医师采用强制保险,以基本保险与任意保险和团体保险相互结合的方式实现医疗损害风险社会化分担。日本医师协会(Japan Medical Association)在全国以都道府县为地域划分标准,建立了47个都道府县医师协会,作为行业自治组织。其注册为社会团法人,为会员提供医疗责任保险,组织医师参加团体保险来代替专科医师的分散保险,注册医师可自由选择加入医师协会。由一家公司作总承保人,多家保险公司联合承保。在医疗损害发生之后,医师协会与保险公司一起成立联合调查委员会,对事故进行调查,形成的报告交赔偿责任委员审查。审查小组的成员由法律和医学专家组成,按少数服从多数原则形成决议,决定医师应否担责及赔偿数额。日本多数医师通过加入协会获得基本保险,同时还会购买更高的补充保险,用于分散协会保单中的免赔额与超过保单最高限额的部分赔偿责任。③

四、医疗责任保险的监管模式

各国普遍建立和实施对医疗责任保险的监管制度,监管范围不仅包括费率、公司偿付能力以及风险池管理等方面,还包括对医疗责任保险实施特别监管制度。主要是:(1)定期业务报告制度。要求保险公司定期(每季度或者每半年)对于被保险人的医疗过失诉讼情况、赔付情况和保险理赔情况进行报告。(2)特定事项报告制度。发生保险费率变动,保险公司应当申明变动理由;医师主动取消保单、被动取消保单、医师或者医疗机构未支付保险费用的情况制作报告并提交审查。报告的内容包括投保

---

① 戴庆康.英国医师互助性责任保险评述[J].南京医科大学学报(社会科学版),2003(1):28—32.
② OECD.Medical Malpractice:Prevention,Insurance And Coverage Options[Z],2006:12.
③ [日]植木哲.医疗法律学[M].冷罗生,等译.北京:法律出版社,2003:42—43.

医师、医疗机构的姓名(名称)、地址、执业许可(开业许可)证。(3)保险理赔情况统计报告制度。保险公司在接到患方诉讼文本的 10 日内,应当向被保险人(医疗机构、医师或者医师助理)发出书面通知,反之亦然。如果涉及刑事案件调查,必须在被保险人获得该信息的 5 个工作日内通知协会,报告内容包括涉及医疗损害争议案件的原被告、诉讼争议实质、判决或者调解结果,涉及刑事轻罪的案件还要提供案件的分析报告与评价。(4)医疗机构管理医师的报告制度。医疗机构的管理者必须在发生开业许可证被否决、吊销、限制,暂停开业,缩短培训等情形时,或者受雇的医师发生身体缺陷、丧失健康身体、过失、错误行为或者危害患者安全的行为,或者患者发生医疗不良反应长达 30 天以上,或者停止特批的诊疗项目;或者因为不良医疗行为被调查等,必须提交报告给医疗责任保险协会。报告的内容包括医疗机构的基本信息(名称、地址、电话、医疗许可证),以及执业医师的基本信息(姓名、执业证号码、电话、出生年月),发生诊疗行为的时间、地点,争议事件发生的经过,医护人员辞职的原因。

　　成立专门机构实施对医疗责任保险的监管。美国的部分州根据州保险法的规定,成立医疗责任保险协会,作为对医疗责任保险业务实施监管的专门机构。纽约州州保险法第 28 章第 55 条(Article 55.Medical Malpractice Insurance Association)规定,建立具有法律主体资格的纽约州医疗责任保险协会,该协会为非营利组织,经由医疗责任保险保险人特别授权,协会的所有基金和储备是由协会持有和投资收益形成的,协会要确保账户的完整性,与其成员的资金账户是分离的。每个计划开展医疗责任业务的保险公司都必须加入协会,通过缴纳会费成为会员,才能开业。首先,医疗责任保险协会对入会的保险公司实施全面监管。保险公司必须将医疗责任保险保单提交协会审核,审核等待期为 30 天,超过 30 天没有接到审核通过通知则视为批准,但是保单条款本身不得误导消费者、不得违反公共政策。根据公共健康法规定,医疗机构必须持有有效的责任保险合同方能对外营业,如果协会审核认为应取消某种保单,须提前 45 天书面通知或等该保单有效期届满,并且要提前 15 日具体通知可能受到影响的医疗机构,如该医疗机构有异议,协会须在 10 个工作日内将理赔历史信息提供给保险人,并应当说明取消保单的理由。其次,明确协会有权利终止医疗责任保险合同的各种情形。如被保险人投保告知信息时对重要事实作虚假陈述,不遵守合同条款与附加条件,未支付作为会员应缴纳的保险储备基金等。再次,规定维持保单效力的时限。保单到期前 30 天内,被保险人没有申请续保的,则保险合同终止。复次,监管医疗责任合同条款。要求合同应约定绝对免赔额和共保条款,规定被保险人享有和解控制权,未经被保险人同意,保险人不得与患方和解。最后,对医师执业特殊情况作出安排,包括:(1)连续 5 年以上的索赔发生式保单,必须对延展报告期作出约定,通过保险合同安排,对医师停止执业或退休之前的诊疗过失责任理赔。

(2)基于人道主义,医师突然死亡或永久性残疾不能执业的,对合同期内医疗过失责任,保险公司应当依合同理赔,且不得向医师及其继承人主张额外的保险费用。(3)经过协会同意,医师变更执业地点,从某个州转到另外的州执业,在获得新的州的医疗责任保险合同之前,只要是该医师处于连续投保期间,保险公司应对该医师执业过失赔偿责任理赔。(4)保险公司为投保人提供更多保险条款备选的,不得采用减少或者削弱前述合同的必备条款内容。①

医疗责任保险的市场竞争必须符合反垄断法的要求。一方面,商业保险市场应当采用合法的竞争与服务方式,禁止保险公司与其他保险公司之间达成保险费率协议、制定价格同盟、抬高保险产品费率,或者拒绝承保,垄断费率市场和服务价格,以获得超额利润,实施不当竞争;不允许保险公司之间通过持股、资产管理或者共同管理公司的方式,导致实质上削弱在保险公司某个区域或者某个保险产品的有效竞争;不允许保险公司之间通过达成协议的方式影响其他保险公司的独立经营,也不允许保险公司之间达成协议,共同对某个投保人拒保。如果保险公司违反反不正当竞争法规范和规则,将被限制或禁止开业或者开展保险业务,甚至受到处罚。② 另外一方面,医疗责任保险市场结构高度集中是现实存在的现象。罗杰·D.布莱尔(Roger D. Blair)和斯科特·D.马卡(Scott D. Makarc)考察了佛罗里达州的开办医疗责任保险的公司情况,发现佛罗里达医疗责任保险市场结构高度集中、市场准入存在壁垒等现象,怀疑保险费迅速上升是否存在保险公司之间的共谋价格垄断和虚高抬价,于是从佛罗里达州保险市场结构、市场划分和规模、其他保险公司进入佛罗里达保险市场的法律规定与限制条件、经济规模成本、保单类型等方面研究,得出结论认为市场集中度高并没有引起保险公司共谋价格垄断,保险市场仍然是开放和存在竞争的,保险市场结构不是引起保险危机的原因。③

第三节 患者补偿基金分担医疗损害风险模式

患者补偿基金(Patient Compensation Funds,下文简称患者补偿基金)是指医疗服务提供者对患方赔偿数额超过医疗责任保险保单最高限额,或符合基金给付的特

---

① McKinney's Consolidated Laws of New York Annotated,§5502.Medical Malpractice Insurance Association. http://westlaw international.com,2013-12-05.

② NY Jur.2d,Trade Regulation §14,Donnelly Antitrust Act;Scope of Coverage.

③ Blair R D,Makar S D,The Structure of Florida's Medical Malpractice Insurance Market:If It aren't Broke,Don't Fix It[J].Yale Journal on Regulation,1988(5):427—458.

定医疗损害条件,由基金支付补偿金。根据患者补偿基金支付条件与补偿对象的不同,分为超额补偿型基金和特定医疗损害风险补偿基金。进一步地,根据补贴对象的不同,特定医疗损害风险补偿基金可分为严重损害患者补偿基金和出生损害补偿基金。根据患者补偿基金的组织形式不同,分为政府出资的基金和准私有化基金。根据法律要求医疗服务提供者加入患者补偿基金的约束力不同,分为强制加入型的基金与自愿加入型的基金。

一、超额补偿型患者补偿基金模式

（一）超额补偿型患者补偿基金的概述

超额补偿型患者补偿基金是指对医疗过失赔偿数额超过商业责任保险保单约定的最高限额时（包括合理的医疗费用和各种直接和间接损失），由患者补偿基金对超额的部分给付。有的基金不仅为通常的执业医师提供保险,还为牙医,按摩疗法医师,足病诊疗师,护理院和健保组织提供保险,有的基金不承保医院责任风险。多数州患者补偿基金是作为商业医疗责任保险的补充保险。路易斯安那州对超过10万美元的医疗损害赔偿、印第安纳州对超过25万美元的医疗损害赔偿在责任保险的限额之后由患者补偿基金予以支付。因此,超额补偿型患者补偿基金又称超额医疗责任保险（Excess medical malpractice liability insurance）。美国各州对于基本医疗责任保险的最低保险额规定不同,并且不断更新。2004年南科罗拉多州将基本的医疗责任保险额由10万美元提高到20万美元。

为确保患者补偿基金的偿付能力,许多州的基金组织规定在某一特定年份支付的总金额,如果基金在本年度无法支付所有的索赔,则索赔者按比例分配或者轮候在下一个年度获得赔偿金支付。在美国,至少有13个州建立了州级的患者补偿型基金[1],其中俄勒冈州和怀俄明州的患者补偿基金因资金紧张处于非活动状态[2],佛罗里达州患者补偿基金1983年关闭,但是,基金组织根据法律规定对2003年4月前的医疗损害索赔仍然负责支付补偿金。怀俄明州患者补偿基金法案从来没有得以正式实施。[3]

患者补偿基金的资金来源有三种。一是由执业医师注入资金以及这些资金对外

---

[1] 13个州分别是佛罗里达州,印第安纳州,堪萨斯州,路易斯安那州,内布拉斯加州,新墨西哥州,纽约州,俄勒冈州,宾夕法尼亚州,南卡罗来纳州,弗吉尼亚州,威斯康星州和怀俄明州。

[2] AMA-state Patient Compensation Funds,美国医师协会主页. http://zh.scribd.com/doc/181171839/AMA-state-Patient-Compensation-Funds,2013-12-16 visited.

[3] Sloan F A,Mathews C A,Conover C J,et al.Public Medical Malpractice Insurance:An Analysis of State-operated Patient Compensation Funds[J].DePaul Law Review.2005(54):247—273.

投资的回报。多数州法律规定执业医师需要提交其购买了最低限度的责任保险的证明文件，或者满足最高限额的医疗责任担保要求。医疗服务提供者在交纳医疗责任保险费时，需要支付一个附加费用，作为取得患者补偿基金的会员资格，这些费用由医疗责任保险公司收取并转付给基金。二是由州政府出资建立患者补偿基金。有的州医师注资成立的患者补偿基金运行不佳。宾夕法尼亚州患者补偿基金曾经发生高达2亿美元的赤字，于是州立法通过《降低医疗错误提高医疗可及性法案》（Medical Care Availability and Reduction of Error Act，MCARE），并且于2009年建立患者补偿基金。三是不同专业医师组建患者补偿基金，采用固定费率，周期性地调整患者补偿基金的保险范围。

（二）超额补偿型患者补偿基金模糊的运行与管理

患者补偿基金有权决定患方应该获得的赔偿金数额，但是不决定保险理赔应当支付给患方中的具体哪些索赔权利人。执业医师自购的商业责任保险有效时，患者补偿基金不承担对患者索赔的抗辩义务，但是如果医师的商业责任保险公司（primary carrier）错误地拒绝抗辩与和解、不支付包括律师费在内的保险金时，患者补偿基金就负有抗辩义务，并且获得向商业责任保险公司追偿的权利。如果医师个人的责任保险公司与聘请他（她）执业的医疗机构的责任保险公司是两个不同的保险公司，只有在这两个保险公司的保险理赔被用尽时，患者补偿基金才负有保险理赔责任[①]。例如，在印第安纳患者补偿基金诉埃弗哈特（Indiana Patient's Compensation Fund v. Everhart）案中，患者因交通事故入住医院，因医疗过失导致其死亡，医师与患者继承人达成和解协议，但和解协议数额超过医师的医疗责任保险单的最高限额，法院判决患者补偿基金应当负担患方未能获得和解协议数额的不足部分。法院还认为，即使患者入院当时有80%的生存机会，因医疗过失导致患者死亡，患者补偿基金负担的数额应当与医师过失造成损害的原因力比例相当的赔偿金[②]。

患者补偿型基金对保险范围有限制。威斯康星、路易斯安那、新墨西哥和堪萨斯4个州的医疗损害侵权法对非财产性损害赔偿额规定了上限，所以，患者补偿基金对保险范围作出了相应的限制。限制的方式是规定患者补偿基金予以理赔的单笔最高理赔限额或者不对非财产性损害予以理赔。例如，内布拉斯加的患者补偿基金规定财产性和非财产性医疗损害赔偿合计不得超过175万美元。[③]

---

① Amendola F C, Bourdeau J, Coltoff P M. Corpus Juris Secundum Insurance[EB/OL]. § 76. Excess Medical Malpractice Liability Insurance[2015-12-06]. http://www.westlaw.com.

② Indiana Patient's Compensation Fund v. Everhart, 932 N.E.2d 684 (Ind. Ct. App. 2010).

③ Tanya Albert, Tort Reform Challenges Yield Mixed Results, AM. MED. NEWS Aug. 9, 2004, at 12.

患者补偿型基金的监督机制。患者补偿基金监督机制主要是对基金运行的进行外部监督,检查患者补偿基金的财政状况,决定其储备水平,提出财务建议等。患者补偿基金是根据州法建立的公共组织,下设委员会和董事会。委员会是自我维持机构或是委任机构,个人通过接受委托成为委员,委员身份来源包括高校教师、保险精算师等,这样做的优点是委员们较少受到外界的政治影响。委员会决定基金的年度评估,对基金投资进行监控,有人事安排上的建议权力。堪萨斯州的患者补偿基金委员会还负责审查患者补偿申请,新墨西哥州建立了由医学和法律界代表组成的医疗法律联络小组,负责研究基金的发展变化。但是,也有学者认为委员会可能对公众和利益相关者不太负责任,基金没有营业额或投资回报,委员们不太能够进行有效监督。董事会成员是从执业医师会员中产生,董事会有权决定取消某个高风险医师的会员资格,将医师以往的赔偿历史数据纳入到对会员的考核评估中。比如,南卡罗来纳州的患者补偿基金有权对被投诉比率高的会员提高其保险费率;路易斯安那州的患者补偿基金组织管理机构采用基本费率乘以一个系数,来区分医疗责任风险高低不同的投保人;新墨西哥州最初采用经验费率等级系统,根据投保人发生索赔案件的不同数量,在标准费率基础上增加额外费用,对那些索赔频率特别高的医师,其费率可能会在正常年值的基础上增加100%的附加费。[①]

患者补偿基金组织不得利用其优势地位实施垄断的保险费率,也不得受利润驱动去从事高风险金融决策而导致基金破产。但是,由于患者补偿基金一般都规模小且自负盈亏,容易逃避公众和利益相关者的监督,也有可能导致基金管理人不负责任。在患者补偿基金资金不足的情况下,一般是由州立法审计委员会对患者补偿基金进行初步审计,每年进行外部评估,聘请专业评估人和精算师对基金进行财务审查或调查,针对基金运行中出现的问题进行研究。当然,这些专业人士提出的建议并不总是得到采纳。

患者补偿基金管理机构对医疗责任风险具有管理职能。患者补偿基金积极参与医疗损害诉讼的管理,如果商业责任保险公司没有代表其基金会员的最佳利益、没有对患方索赔进行有效抗辩,患者补偿基金会对商业责任保险公司提起恶意违约之诉。在有的州,患者补偿基金立法规定其有权强制要求所有基金会员进行有效风险管理。

二、严重医疗损害风险补偿基金模式

对于遭受严重医疗损害的患者给予补偿的基金模式,主要是指对医疗固有风险

[①] Sloan F A, Mathews C A, Conover C J, et al. Public Medical Malpractice Insurance: An Analysis of State-operated Patient Compensation Funds[J]. DePaul Law Review, 2005(54): 247—273.

造成严重损害的患者给予经济上的补偿。

2002年3月4日法国出台《患者权利和卫生系统质量法》(the Patients' Rights and Quality of Care Act),法案以提出者Kouchner命名,称为Kouchner Act,2002年12月30日又通过了对Kouchner Act的修正案(下文简称"2002年3月4日法案")。出台法案的目的是应对医疗固有风险造成严重后果、对商业医疗责任保险理赔不足部分建立补偿制度,是应对医疗责任保险费率上升、公立与私立医院的医疗损害赔偿不平等的问题,避免民事和行政赔偿责任与司法体系的双轨制产生的不利,建立唯一机构确立责任规则,决定公共保障基金是否予以赔偿。法案出台之前,法国法中有关人身伤害(含医疗伤害)赔偿法在法律适用上存在公法与私法划分,基于私人的执业行为和医疗机构致人损害的民事赔偿规则体系与基于公共领域的政府服务所产生的赔偿责任体系是分开的,后者纳入行政法责任体系。对于医护人员来说,受雇于私人医疗机构的医疗行为致人损害适用民事赔偿责任体系,受雇于公共医疗服务机构所产生的医疗损害适用行政法赔偿责任体系,前者适用民事诉讼程序,后者适用行政诉讼程序。患者受到医疗损害,不能直接起诉公共管理机构,而是向承担公共服务的医疗机构主张赔偿。如果是医疗刑事责任,患者就民事赔偿责任适用民事赔偿责任体系。于是,同样的医疗损害,因为医护人员受雇的医疗机构区分为私人和国家公共服务机构,就会有不同的救济体系,这样的区分因其过度复杂而备受批评,公众普遍认为不同体系下的医疗损害赔偿不同,有悖于平等对待的法律理念,呼吁统一医疗损害赔偿立法。

法国构建了以民事责任为核心、以责任保险为保障、以国家救济为补充的医疗事故损害赔偿制度体系。"2002年3月4日法案"统一适用于所有从事医疗护理和服务的机构和个人,作为处理所有医疗行为引起的损害赔偿责任的特别法,不区分私立医院与公立医院,所有从业医护人员都要承担其诊疗过失导致的损害赔偿责任,包括院内感染产生的损害,除非医护人员能证明损害是由于其他原因造成的。[①] 对医疗损害民事赔偿责任通过医疗责任保险实现责任转移与社会化分担,对于非民事责任、单纯因医疗风险引起损害,纳入国家赔偿范围。[②] 进一步地,根据法国《公共健康法典》第1142条第2款规定,所有公立或私营的医疗机构及所有自由执业医护人员,都强制投保医疗责任保险,医疗机构的责任保险范围应覆盖聘用医师的职务行为引起

---

① 医疗责任不包括伤害是由于产品瑕疵所造成的损害,这些产品无论是药品还是源于人体生物组织,以产品责任为案由适用消费者保护法,除非患者主张医疗错误是源于用药错误或者不合理用药。

② 姜影.法国2002年《患者权利和卫生系统质量法》对医疗事故损害赔偿制度的构建[EB/OL].中国民商法律网,[2013-12-05].http://old.civillaw.com.cn/article/default.asp?id=46283.

的医疗损害赔偿责任。根据《患者权利和卫生系统质量法》,建立国家医疗损害赔偿基金,授权医疗损害国家赔偿办公室对单纯的医疗风险损害给予赔偿。如果医疗机构、医护人员没有投保医疗责任险,或对患方的赔偿责任数额超过保单最高理赔限额,则医疗损害国家赔偿办公室先垫付对患方赔偿,然后再向医疗损害事故责任人或责任保险人追偿。《2002年3月4日法案》立法有假设前提,即如果法案付诸实施,私人保险公司会提出反对意见,认为是自己无法负担医院院内感染的风险,于是游说政府修改法案,2002年12月30日通过了《2002年3月4日法案》修正案,对于因医院院内感染遭受严重损害,达到人体功能25%丧失或者死亡的,由公共保障基金予以赔付,基金组织因此也取得代位求偿的权利。[1]

《2002年3月4日法案》承担医疗损害风险具有条件限制。首先,公共保障基金只赔付诊疗固有风险(inherent therapeutic risk)所产生的损害。患者需提交医疗损害事故风险的认定报告。固有风险是源于诊疗或者治疗所产生的损害,该损害超出了诊疗失败本身,其导致的结果不同于患者疾病本身的自然转归。如何界定诊疗固有风险,交由社会事件总监察机构(the General Inspector of Social Affairs and the General Inspector of Judicial Services)作出"医疗固有风险责任与赔偿"的分析报告。其次,公共保障基金只赔偿预防、诊断和治疗导致的损害,并且这些损害直接对患者健康和生存产生了非同寻常的后果。换言之,公共保障基金只对非常严重的医疗损害的提供赔偿。比如患者为查明身体组织机能失调,在接受脊椎造影检查时导致神经性障碍,引起瘫痪,应当获得公共保障基金的赔付,法院判决书中认定瘫痪不是患者的原发疾病,也不是其原有疾病的自然转归,应当获得公共基金赔偿。再比如,患者颅内肿瘤接受手术引起偏瘫,医师手术没有过失,偏瘫是与患者原有的疾病状况(patient's initial medical condition)相关,是可以预见到发生的损害,这类损害不属于治疗所固有的风险,公共基金不予赔偿。

为确保《2002年3月4日法案》的实施,法国政府设立了特别的地方调解委员会和专家库。[2] 在法国全境设立了25个地方调解委员会,分成6个地区中心,每个委员会由患者代表、医疗服务提供者、医疗机构、付款人(私人保险公司和公共保障基金代表)、医疗专家组成,司法或者行政法庭的法官担任委员会主席。调解委员会要求

---

[1] Rodwin M A, French Medical Malpractice Law and Policy Through American Eyes: What It Reflects About Public and Private Aspects of American Law[J/OL]. Social Science Electronic Publishing, 2011[2013-12-15]. http://ssrn.com/abstract=1965563.

[2] Thouvenin D, French Medical Malpractice Compensation Since The Act of March 4, 2002: Liability Rules Combined with Indemnification Rules and Correlated with Several Kinds of Proceedings[J]. Drexel Law Review, 2011(4): 165—193.

患者提供相关资料，对患者索赔进行预先调查，审核患者的要求是否正当，分析医疗损害是否可归责于医疗过失，是否符合基金赔付的条件。委员会将从注册登记的专家名单中选择专家，组成专家组来评估案件。专家中外科、妇产科和麻醉科居多，因为这些科室容易发生医疗损害风险。单个专家提交报告的时限是3个月，专家组提交报告的时限是4个月，平均提交报告的时间长达5个月。专家不是证人，但是对于案件的结果起到决定性作用，近半数的案件会采用专家小组的评估报告，调解委员会对于专家组的报告再行审查，调解委员会不必听取原被告双方以及保险人的意见，可以自己作出决定。作出的决定有两种：一是认为申请的案件没有赔偿依据，驳回申请。驳回的主要原因是损害没有达到严重程度、损害与诊疗之间没有因果关系、诊疗没有过失也不属于基金理赔范围。二是对永久性医疗损害作出意见，内容包括是否可以获得公共保障基金的赔偿，损害发生的情形、原因、程度以及赔偿计划。调解委员会作出的决定是建议性的，对于保险公司和公共保障基金会不具有拘束力。患者拒绝接受调解方案并将争议诉诸法院，一旦法院不支持患者的要求，患者不可以回头再要求执行获得保险人和基金同意的调解方案。如果保险公司拒绝接受调解委员会的调解建议方案，而患者接受，则公共保障基金先行支付赔偿金给患者，然后向保险公司追偿。如果保险公司仍然不服并且因此被诉，在法庭认定保险公司不应赔付时，则由公共保障基金自己负担这笔已经支付给患者的赔偿金。

《2002年3月4日法案》实施的效果喜忧参半：(1)法案配套实施强制医疗责任保险，一方面可以藉此扩大保险市场和医疗责任保险的资金池，另一方面保险公司不能对高风险的医师拒绝承保，确保医师购买得到责任保险。如果保险公司两次拒绝某医师的投保要求，医师可将材料提交到由保险公司和被保险人共同组建的特别机构，由该特别机构决定该医师的保险费率，对此保险公司必须接受机构作出的决定，否则就会收到停业警告或者被停止保险业务。保险公司认为，这些做法是加大了保险公司的经营风险。(2)医疗责任保险是个高度分化的保险市场，医师团体中，多数医师执业风险较低，而妇产科、外科、麻醉科发生严重医疗损害的事故多、保险费率高，其他专科医师的保险费率并没有受到大的影响，强制所有医师参加责任保险存在不合理性，实际上是在用所有的医师负担部分高风险医师的责任，动用公共财政基金去帮助那些管理经营差的医疗机构。(3)根据法案修正案建立的公共保障基金，用于医疗伤害、医源性疾病和绝大多数严重的院内感染，是将由原来的私营保险公司承担的转移至公共保障基金承担，这是政府处理公共健康问题的途径，是社会团结一致承担责任的响应。(4)法案修正案在提高保险可及性和赔偿方面有巨大进步，但是也加剧了保险与相关法律关系之间的复杂性，需要通过司法体系调和平衡私营保险与公共保险的关系,不断扩大医疗损害的赔偿范围。①(5)公共保障基金运作程序与私营保险机构基本相同,但是,公共保障基金迟延提出赔付意向不被处罚,而私营保险公司迟延达成理赔协议导致患者起诉,法院认定保险公司有赔付责任,保险公司则要负担罚金。因此公共保障基金的双重角色之间会存在矛盾。申言之,公共基金不能监督和决定私营保险公司的赔付事项。(6)公共保障基金与调解委员会是同一个体系下的两个组成机构,功能应当有所区分。调解委员会提出赔偿建议,公共保障基金就如数支付,但是法律没有对公共基金未按照调解委员会建议给予赔付时的救济途径作出规定,迫使患方寻求司法诉讼程序解决争议,弱化了在调解委员会快速解决争议机制的作用。(7)患者举证负担过重导致获赔有一定困难。实践中,患者要举证证明自己的残疾是由于医疗行为导致的损害后果,对患者而言是非常困难的。反之,如果专家认为患者残疾的30%至40%原因归于患者原有疾病因素,患者就会因此丧失了从公共保障基金获得赔偿的可能性。②

三、与出生有关的医疗损害患者补偿基金模式

美国的弗吉尼亚州与佛罗里达州、日本和中国台湾地区都建立了医疗损害风险补偿基金制度,实现与出生有关的医疗损害风险补偿。

(一)美国与出生有关的神经损害补偿基金制度

根据《弗吉尼亚州与出生有关的神经损害赔偿法案》(Virginia Birth-Related Neurological Injury Compensation Act)建立的与出生有关的损害补偿项目(Virginia Birth-Related Injury Compensation Program)③,以及根据《佛罗里达州与出生有关的神经损害赔偿法案》(Florida Birth-Related Neurological Injury Compensation Act)建立的佛罗里达与出生有关的神经损害补偿基金(Florida Birth-Related Neurological Injury Compensation Association)④,都是实施对出生有关的神经损害患儿给予补偿的两个基金项目制度。

---

① Thouvenin D.French Medical Malpractice Compensation Since The Act off March 4,2002:Liability Rules Combined With Indemnification Rules and Correlated with Several Kinds of Proceedings[J].Drexel Law Review 2011(4):165—193.

② Pierre P.The Role of Insurance in Compensation for Medical Injuries Since The Kouchner Act[J].Drexel Law Review,2011(4):151—164.

③ Virginia Birth-Related Neurological Injury Compensation Program. http://www.vabirthinjury.com,2008-12-10 visited.

④ The Florida Birth-Related Neurological Injury Compensation Association. http://www.nica.com,2008-12-10 visited.

1. 立法背景

《弗吉尼亚州与出生有关的神经损害赔偿法案》是应因时代所需。1986年弗吉尼亚州产科医师的责任保险费率连年提高,导致一些医师无力负担保险费用,而保险公司却在宣布暂停产科医师的责任保险承保业务。尽管弗吉尼亚州成立了联合承保的保险协会,但是产科医师的责任保险费率仍然高昂。到1987年投保季节,几乎每4个产科医师中就有一个面临无处投保的境地,农村产科医师缺乏、产科医师不愿意给贫困产妇提供医疗保健服务。弗吉尼亚医学会草拟法案,提出要在侵权法之外建立与出生有关的医疗损害赔偿救济计划,立法机构不愿意接受,激进的改革者宣称出生过程中的神经损害,是一个特殊权宜之计,法案获得通过。同一时期,美国其他一些州也在实施侵权法改革,采取包括限制精神损害赔偿数额、限制律师风险代理收费、缩短诉讼时效、成立医疗过失评审委员会等立法改革,但是都没有改变一个根本性的前提——损害赔偿的前提必须是在诊疗行为存在过失。弗吉尼亚医学会在征询保险公司"如何才能使保险公司愿意承保医师责任保险"这一问题时,保险公司的答复是"如果少数严重的与出生有关的医疗损害不在保险赔付之列,就能大大降低产科医师责任风险的不确定性与不可预测性,保险公司愿意重新对产科开放责任保险市场"。出生损害患儿一般高度残疾,陪审团成员通常对患儿充满同情,加之患儿神经损害原因复杂,使得保险人难以在产科医疗固有风险与诊疗过失之间作出恰当的区分评估。为促使保险公司重新开放产科医疗责任保险市场,州立法会与保险公司代表充分协商,确立了无过失赔偿制度的适用范围的原则,既要确保责任保险能够转移侵权责任风险,又要稳定责任保险市场,避免无过失赔偿制度适用范围过大而超出基金的可负担能力,最终各方达成妥协,法案获得通过。到1988年,弗吉尼亚州有超过2/3的产科医师及产科服务机构加入了出生损害补偿项目。与侵权诉讼赔偿相比,出生神经损害补偿项目能够使得患儿更快捷的获得补偿,并且降低了医师责任保险费率。

《佛罗里达州与出生有关的神经损害赔偿法案》面临的环境背景几乎相同,法案的立法目的在法案第766.301条中有明确规定,"产科医师面临高风险,医疗责任保险费用相当高,产科医师保费的增速高于其他科别医师,常常因非正常的分娩被起诉;医疗过失问题对产科医师的影响最为严重;产科医疗服务必不可少,应当通过立法促使佛罗里达州产科医师责任保险费用保持稳定并促使其降低;与出生有关的神经损害的诉讼成本特别高,建立一个不考虑过失而予以补偿的机制具有目的正当性,建立行政程序运行补偿制度,为某些护理及康复费用异常高昂的灾难性损害提供无过失赔偿"①。

2. 主要内容

两个州的与出生有关的神经损害补偿基金制度内容相似,主要包括如下:

(1) 救济的排他性。项目实施采用产科医师自愿加入的方式,如果孕妇家庭选择入组项目的产科医师为其提供生育医疗服务,就必须接受出生过程的神经损害补偿限额制度,放弃通过法院寻求起诉医疗过失赔偿的权利。生育过程中阵痛、分娩或者产后立即进行复苏治疗过程中,导致新生儿神经损害,无论是否与医疗过失相关,不再享有依据普通法或者其他相关规定,向任何相关医师个人或者医疗机构提起损害救济的权利。如果项目管理行政机关作出不予补偿的裁决,申请人有权依据普通法或者成文法的规定提起民事救济程序。如果有明显且令人信服的证据表明医师或者医疗机构是恶意或者有恶意的、不顾人权、安全或者财产权的任意妄为,不得排除患方的民事诉讼的权利,但是,患方必须在依据提出补偿申请之后、项目管理行政机构尚未作出终局的、有约束力的裁决之前提起诉讼。

(2) 补偿对象与费用范围。补偿对象范围是患儿活着出生,在阵痛、分娩或者紧接着的产后复苏阶段的过程中,因缺氧或使用医疗器械导致大脑或脊髓损伤,医学检查确认患儿智力发育水平严重低于正常儿童或肢体、神经系统永久性的、实质性的损伤,排除遗传或先天性异常、退化性神经系统疾病,排除孕期滥用药物致害;婴儿体重不得低于2 500克,多胞胎妊娠不得低于2 000克。补偿范围包括实际发生的必要医疗费用及合理的医疗、住院费用,康复费用,家庭住宅或者托管保健,专业住宅及监护和服务,医疗必须的药品,特殊设备和设施及相关的交通费;婴儿死亡抚恤金10 000美元;合理的维权费用(如律师费)。但是,以下费用除外:根据法律规定,婴儿获得或有权获得给付或服务的相关费用;婴儿已经取得或者依合同约定有权取得来自于任何医疗预付计划和健康维护组织或者其他私人保险机构的给付费用;依据州法及联邦法已经报销或者有权报销的费用;依据健康疾病保险或者私人保险计划已经报销或者可以报销的费用。

(3) 医疗机构、医师在提供生育医疗服务前应履行告知义务,紧急医疗情况下或者无法进行告知的情况下除外。根据州法规定,医疗机构、医师在接收产妇孕产服务前,须告知患方有与出生相关的神经系统损伤的无过错机制选择权及其诉讼权利限制,详细解释格式文件内容供患者填写,患方自愿决定是否签署格式文件,一旦签署,

---

① Florida Birth-Related Neurological Injury Compensation Association Florida Statutes 766. 301- 766.316 as amended through July 1,2001. http://www.acog.org/-/media/Departments/State-Legislative-Activities/1988FloridaNICA. pdf? dmc = 1&ts = 20150125T0554416620, 2012-12-01visited.

就构成一个可反驳推定,即推定医疗机构、医师已适当履行与出生有关的神经损害补偿法中所规定的告知义务。

(4) 项目行政管理机构及其权限。基金建立三个分权机构,即赔偿委员会负责审查申请与决定是否给予补偿、州合作委员会负责资金拨付、出生损害委员会负责管理基金和项目行政管理,下设管理辅助人员。项目管理行政机构对于索赔申请是否符合法案要求具有专属管辖权,有权决定是否给予患方补偿。对诊疗与损害事实的认定结论不能作为后续诉讼的证据,医患各方的宣誓证词和证物可以有条件地被法庭采信。

(5) 医学专家小组组成与专家报告。获得基金补偿需参考医学专家小组报告和意见。专家小组在妇科、产科、新生儿科、神经病学科、遗传学科、康复医疗科等相关领域中选出 3 人组成,医学院的院长决定主席人选。基金直接向医学院支付专家咨询报酬。医学专家小组必须在申请人提出申请的 60 日内,提交专家意见报告,包括每个专家对患儿的伤害是否满足"与出生有关的神经系统损伤"的每条标准详细的说明及其基本依据,将支持性文件打包提交赔偿委员会。报告副本同时寄送所有相关当事人及基金项目的行政主管机关。举证听证时,要确保至少 1 名专家小组成员到场作证,当事人有权与专家对质、交叉询问。赔偿委员会的裁决不受医学报告和意见的拘束,但是必须对医学专家小组报告和意见作出分析判断。

(6) 补偿申请材料提交和决定期限。补偿申请应当于患儿出生后 5 年内提出,需要提交患儿及其代理人的基本信息材料,包括姓名、地址、发生损害的时间和地点、病历、伤残状况说明与评估文件、索赔的事实依据和简要说明,患儿获得其他平行来源的证据材料,包括其他私人或政府机构提供的社会医疗服务和补助的证明材料。材料需邮寄给基金管理的行政机构,同时邮寄副本给医疗质量监管管理机构和卫生保健管理机关。赔偿委员会必须在收到申请和所有材料之后的 45 天之内作出书面答复。

(7) 对医疗质量的监管。医疗质量机关必须对涉事的医师和医疗机构审查,作出是否违反诊疗规范和管理规范的决定。卫生保健管理机构在收到申请之后,必须对医疗行为进行调查,如果认定医方违法并导致患儿损害,有权采取适当措施。

3. 评价

美国的其他一些州也有建立与出生有关的神经损害补偿基金制度的立法建议,比如纽约州医学会提议建立"与出生有关的神经损害赔偿基金"[①],马里兰州提出建

---

① Odato J M, Crowley C. Doctors Rally for A Remedy, Times-Union (Albany), Mar. 5, 2008, at A3.

立与出生有关的行政赔偿的立法建议①,但是至今未见具体的实施制度。

弗吉尼亚州和佛罗里达州的与出生有关的神经损害患者补偿基金制度,目标之一是使那些遭遇神经损害的患儿更加有生活保障,能够很快获得医疗服务和生活照护,避免因为不确定的诉讼结果花费大量时间。基于患儿神经损害补偿并非基于医疗服务者是否有过失,二是政策权衡的结果,所以基金的补偿费用不包含精神损害赔偿,否定平行来源规则。两个州出生神经损害补偿基金制度的运行效果上存在很大不同。首先,在佛罗里达州,患儿家属及其律师更愿意通过诉讼方式寻求救济,佛罗里达州直到2003年才立法通过对非财产性损害赔偿限额制度。此前,患儿有可能获得相当高的赔偿。在弗吉尼亚州,这种试图回避管辖的动机并不强烈,弗吉尼亚州在1992年就通过立法限制高额赔偿,通过诉讼方式与依据基金规定申请补偿的数额相差不大,并且弗吉尼亚州的出生损害补偿标准更加宽松,患儿通过侵权诉讼反而很难获得赔偿。也有学者认为佛罗里达州与出生有关的医疗损害赔偿基金制度应当废止②,主要理由是:基金补偿制度采用"结果标准"(avoid ability standard)要比"过失"宽泛,但是又比"严格责任"窄。这样的制度运行有一个假设的制度运行环境——设计良好的医疗照护体系,这样,无论伤害是否源于诊疗行为过失,都予以损害补偿。但是,设计良好的医疗照护体系的一些参数标准可能并不符合实际情况,比如无论医院大小,都要求其投资昂贵的医疗设备并且安排医师全天候提供服务,这是目前的医疗现实无法达到的。医疗同行都可能有如此认识——所谓不可避免的损害是可以通过医院花费合理的成本改进就能够避免的,对于这类被当作不可避免的损害并且给予补偿,其结果是出现基金补偿范围扩大化的问题,这个问题发生在社会保障医疗保险制度健全的国家地区,可能并不是个大问题,然而,在医疗保险制度不发达的地方,就是个难以克服的大问题。

弗吉尼亚州出生神经损害补偿基金法案实施15年之后,联合立法审计与评审委员会(Joint Legislative Audit and Review Commission)组织人员对该法案的实施情况作评估,从法案的运作框架及模式以及法案目的的实现程度等方面作了评价。报告认为,基金运行中受益儿童数量逐渐增多,年龄1岁至14岁,身体严重残疾、生活认知不能自理的孩子可以获得基金补偿,18岁至65岁期间采用分期支付方式,自1987年以来,已支付2 530万美元,另有720万美元要用于后期支付。自1992年以

---

① S.B.730,425th Gen. Assem., Reg. Sess.(Md.2008);H.B.1124,425th Gen. Assem.,Reg.Sess.(Md.2008).

② Martin S. NICA—Florida Birth-related Neurological Injury Compensation Act: Four Reasons Why This Malpractice Reform Must Be Eliminated[J]. Nova Law Review,2002(26):609-648.

来，年均支付补偿费用是 62 000 美元（不包括支付给受托家庭的费用）。截至 2002 年 7 月，共有 500 位医师和 27 家医院参与基金项目，基金总价值 83 600 万美元。短期内不会发生财政赤字，但是不能确保已经获得赔偿的孩子终生所需要的费用。换言之，法案实施的过程中仍然面临着基金财政稳定性及可行性的问题。

  对于接受补偿的孩子及其家庭来说，补偿计划所提供的补偿比通过诉讼所能够获得的赔偿额更高。但是，对其家庭而言，也存在一些重大的不利，比如生产过程中的母亲是不能获得补偿的，并且补偿金并不能满足孩子的所有需求。补偿基金计划方案使医师、医疗机构、责任保险人都有获益，不仅降低了有关严重出生损害的诉讼案件数量，同时也有助于赔偿限额制度的实施。弗吉尼亚州医师责任保险费率较其他州相对较低，使得所有医师受益。虽然近几年保费有所上涨，但不能否认州法规定的赔偿限额制度与出生神经损害补偿基金法案对于诉讼成本及保险费的降低有积极作用。但是，法案实施的社会效果并不明显，没有证据证明基金项目对于改善贫穷产妇医疗保健的目的已经实现，虽然农村产妇的医疗服务覆盖范围增加，但是不能证明是法案所起到的作用。报告提出 41 条修改建议，内容涉及组织机构职能完善、项目管理、投资收益报告、信息披露与审查、患者服务与保险等各个方面，其中主要内容包括：修改医师和医疗机构缴费标准；建立独立的咨询公司协助基金项目工作；对获得基金帮助的孩子条件作出更加明确的规定，排除那些出生后 1 小时内死亡的新生儿；允许出生后半年即死亡的孩子家庭选择诉讼；加强医疗专家小组的审查工作，医师协会和医疗质量审查管理机关应更严格审查和处罚发生错误的医师和医疗机构；要求医师和医疗机构对产妇患者的告知义务实际履行到位，尤其是有关限制患者诉讼权利和限额补偿的规定内容；及时更新项目基金操作指南和信息，积极向产妇家庭进行宣传告示；建议基金拿出部分资金购买私人健康保险，为那些急需私人健康保险覆盖的医疗项目的孩子提供帮助；明确基金项目的性质是私人还是政府组织，以利筹集更多来源的资金；根据信息自由法案的要求，基金应当接受年度检查和报告；建立信息沟通网络和网站，改进与患者家庭的信息沟通政策，更新最新服务信息，详细列明可以报销的医疗服务项目和金额。[①]

  学者吉尔·西格尔（Gil Siegal）等人对弗吉尼亚州和佛罗里达州的出生神经损害补偿基金制度进行了对比研究，认为出生损害补偿适用的标准之一"缺氧或者机械损伤引起的损害"术语本身具有不确定性，因果关系的判断具有不确定性，相关证明

---

  ① The Joint Legislative Audit and Review Commission. Review of the Virginia Birth-Related Neurological Injury Compensation Program. http://biotech.law.lsu.edu/policy/BirthInj.HTM, 2012-12-10 visited.

十分困难,举证和证明责任的分配规则可能导致索赔者被排除在基金救助对象之外,会严重削弱该制度的替代性救济功能。尽管这两个州出生损害补偿基金制度存在各种不足,但是总体上基本实现了立法的主要目标,即稳定产科医疗服务运行环境、快速理赔、降低保险费率。①

(二) 中国台湾地区的《生产事故救济条例》

1. 背景

1998年中国台北地方法院援引消保法判令马偕医院发生的肩难产造成新生儿臂神经丛受损害,医院赔偿患者一百万元台币。该案件判决公开后,医界和法界反响强烈,尤其是医界社会团体纷纷呈请建议应修法,2004年4月23日中国台湾地区公布了医疗法条文,增订第82条第2项规定"医疗机构及其医事人员因执行业务致生损害于病人,以故意或过失为限,负损害赔偿责任"。多数学者认为该条文实际上是宣告"医疗伤害不适用消保法无过失责任"的效果。② 马偕医院发生的肩难产案产生的社会影响是长远的,中国台湾地区妇产科医学会秘书长黄闵照指出,"中国台湾地区的医疗纠纷诉讼从1990年的100多件到2010年的500多件,扭曲了医病关系,也是造成急重难科五大皆空的重要原因。医疗纠纷尤其是以产科诉讼为最,主要原因是生育率降低加上对生产的预期性很高,碰上不可避免的风险如羊水栓塞、产后出血、肩难产等产生不幸,诉讼旷日持久,医生压力大,医学生纷纷流失,2006年至2012年期间,妇产科招收住院医师平均不到计划数额的六成,未来妇产科照护缺口很大"。③

中国台湾地区妇女联合会等团体自2000年起开始推动生产风险补偿计划。2008年马英九竞选台湾地区领导人时,提出建立医疗无过失事故救助办法及生产风险补偿制度,对于生产过程中医疗机构或人员非出于故意或明显过失之医疗风险所造成之母婴不良结果,予以补偿或救济,将生产风险补偿计划所需资金预算纳入参选政见。自2009年起,中国台湾地区立法机构着手调研"医事争议处理与医疗损害风险补偿法"草案,多次开展专家论证,鉴于全面的医疗损害风险补偿法案尚且需要很长时间讨论,于是决定采取分步骤办法,先建立生育事故补偿计划,改善妇产科医师

---

① Siegal G, Mello I M, David M. Studdert: Adjudicating Severe Birth Injury Claims in Florida and Virginia: The Experience of A Landmark Experiment in Personal Injury Compensation[J]. American Journal of Law & Medicine, 2008, 34(4):493—537.

② 也有学者认为该案件,医院未履行对患者的告知同意义务,存在过错,应当承担过错责任。参见林欣柔,杨秀仪.告别马偕肩难产事件?——新医疗法第八十二条第二项评析[J].月旦法学杂志,2004(9):24—34.

③ 黄闵照.解读生产事故条例[J].医院,2016(4):1—12.

执业环境,缓解妇产科医师人力不断萎缩的困境。2012年10月1日中国台湾地区卫生行政主管机构推出《鼓励医疗机构办理生育事故争议事件试办计划》,该试办计划实施期间为2013年至2015年。中国台湾地区卫生行政主管机构福利管理部门统计了试办计划实施的数据,截至2015年12月底共计收到申请案件322件,有278件获得救济补偿。没有获得救济补偿的原因,大部分是不符合试办计划规定的条件。试办计划所需要的经费年均7 000万元左右,远远低于原先估计的2亿—3亿元。试办计划取得良好效果,成为推定立法的奠基石。① 中国台湾地区有关医疗损害风险补偿立法提议历经多年讨论,台湾地区立法机构社会福利及卫生环境委员会于2013年5月8日初审通过由行政机构于2012年12月18日函请审议的"医疗纠纷处理及医疗事故补偿法(草案)",并将送立法机构二、三读审议,中国台湾地区立法机构社会福利及卫生环境委员会于2014年5月8日逐条审查初审通过,全案提交中国台湾地区立法机构提请公决,继续待审。② 2015年12月11日《生产事故救济条例》三读通过,2016年7月开始实施,条例正式取代了《鼓励医疗机构办理生育事故争议事件试办计划》。

2. 立法目的与资金来源

《生产事故救济条例》的立法目的是要建立救济机制,确保产妇、胎儿及新生儿在生产过程中发生事故能够获得及时救济,减少医疗纠纷。确立由中国台湾地区的卫生福利部和县市政府作为主管机构,设置生产事故关怀小组,事故发生后的2日内与患者以及家属沟通,救济基金来源于政府预算拨充、药品福利捐、捐赠收入、基金孳息和其他收入。

3. 救济适用范围与标准

救济范围是在围产期医疗与助产过程中,医疗机构、助产机构依专业基准实施诊疗、助产等措施,发生孕妇、胎儿、新生儿死亡,或者出现符合《身心障碍者权益保障法》所规定的中度以上障碍。排除救济范围:(1)流产致孕产妇或胎儿发生不良结果;(2)孕36周前发生早产、重大先天畸形或基因缺陷导致胎儿死亡、新生儿死亡;(3)怀孕或生育导致孕产妇心理或精神损害;(4)生育事故明显可完全归责于机构或病方者;(5)孕期参与人体试验。

给付标准:(1)孕产妇死亡:新台币200万元以内;(2)胎儿、新生儿死亡:新台币

---

① 黄岗照.解读生产事故条例[J].医院,2016(4):1—12.
② 此前,中国台湾地区民意代表具名提出的立法草案有:2000年沈富雄代表的"医疗纠纷处理及补偿条例草案"、2002年邱永仁代表的"医疗纠纷处理及补偿条例草案"、2006年赖清德代表的"医疗伤害处理法草案"。详见中国台湾地区立法机构图书馆网站。http://lis.ly.gov.tw,2013-11-18访问。

30万元以内;(3)孕产妇或新生儿极重度障碍:每人新台币150万元以内;(4)孕产妇或新生儿重度障碍:每人新台币130万元以内;(5)孕产妇或新生儿中度障碍:每人新台币110万元以内。

4. 救济运行审议程序和机制

设立由医学、法学、妇女团体代表和社会公正人士组成的事故救济审议会。但是,有专家学者指出,"原先由政府聘请社会公正人士成立调查小组的'独立病安调查机制'意见在立法审议时被否定,现在的条例改成了'医院自行调查'"是构成"医院出错、政府买单"的结局。① 审议委员会审查是否符合救济条件并核定救济金额,审议过程不作有无过失之认定或鉴定。中国台湾地区卫生主管机构成立审议委员会,依审议基准及作业程序进行审议。

医院、诊所或者助产机构向中国台湾地区卫生主管机构或其受托机构提出生育事故救济的申请,申请书须按照卫生主管机构要求的格式和内容提出,并且附上证据材料。申请书中除了要填写医疗机构和患方的基本信息之外,还必须对生育事故的案件情况、事故程度、死亡或者残疾的医学证明资料、与患者达成事故处理的协议金额、产妇生育之前医疗资料和生育过程中的医疗记录、诊断书等资料报备齐全。中国台湾地区卫生主管机构网站提供了协议范本,申请人须与患方达成争议处理协议,协议书包括双方认可同意的补偿金数额,患方同意不再追究生育服务机构及其医护人员的民事、刑事以及行政责任,不得提出任何其他请求。患方保证不会有其他第三人向医疗机构提出补偿或者赔偿要求。各方对协议内容负有保密义务。

审议会在收到报告之日起3个月内作出审定,对于符合救济条件者审定给付金额,由卫生主管机构函复申请人。申请人收到函件的15日内,中国台湾地区卫生主管机构拨付款项,由机构通知患方领取。

5. 评价

《生产事故救济条例》的颁行是因应时代所需和社会现实。中国台湾地区的医疗纠纷与诉讼快速增加,赔偿数屡创新高,严重影响医师执业行为,社会各界认识到提升医疗纠纷调节效能,建立客观公正的医疗损害鉴定与补偿机制的重要性。中国台湾地区没有实施计划生育政策,但是却出现少子化、晚婚晚育的现状。社会现实需要立法应对,鼓励生育和社会化分担生育医疗损害风险。

《生产事故救济条例》的制度优势:(1)不以有无医疗过失为补偿条件,易于患者得到补偿。对因分娩导致产妇或新生儿造成严重且不可逆机能障碍者,给予适当的

---

① 朱显光,潘柏翰.八成民众要求由政府委托公正第三人进行生产事故调查[J].医改季刊,2016(4):2—3.

照护,以医疗机构在提供生产医疗服务过程中发生的不良结果为补偿条件,对医护人员和机构的非故意或者明显过失造成的生育事故,给予补偿,避免医患之间是非对错争议,缓解患者索赔难。(2)患者等待期间缩短,拿到补偿金案结事了,利于迅速化解矛盾。条例规定申请、审核、通知、发放补偿金各阶段的程序和时间,与诉讼相比,大大节约了患者得到补偿的时间。患方要快速拿到补偿金,就要放弃诉权,以此避免矛盾双方反复纠葛。(3)高效、权威的审核机制,避开了医疗事故鉴定的不足。

《生产事故救济条例》的制度存在不足,以往的试办计划规定的相关通报及检讨机制没有得到确实执行,无助于检讨医疗过失,[①]不能有效实现计划实施的目的。案件审查时不作事故的评鉴,不利于有效改善、促使医疗质量提升,甚至有可能产生道德风险。医患双方须先达成和解,政府再提供和解金来补助医疗院所,产妇根本无法直接受益,有变相鼓励医院和解付钱了事之嫌。2016年7月30日中国台湾地区颁布了与《生产事故救济条例》配套的制度《生产事故救济作业办法》《生产事故通报及查察办法》和《生产事故救济审议会设置办法》,详细规范救济工作的要求和程序。

(三)日本《产科医疗补偿方案》

1. 背景

日本实施《产科医疗补偿方案》始于2009年,方案倡导人武见太郎医师(Dr. Taro Takemi)在20世纪70年代开始向日本医疗协会JMA提出建议。产科医师加藤(Kato)被拘事件引起医疗界反对滥用权力实施逮捕、拘留、起诉的抗议。产科医师担心在小医院缺乏设施和其他基本条件,导致医疗损害而被提起诉讼,年轻产科医师更愿意去大的城市,导致乡村产科医师后继无人。为减轻产科医师执业压力、鼓励年轻医师到乡村执业,日本医师协会和日本妇产科学会及其政治同盟自由民主党向健康内阁提出建立生育损害的无过失赔偿体系。

日本新生儿出生率不断下降,少子化和老龄化影响社会持续发展。2009年有学者对日本的新生儿脑瘫数量进行了统计,显示每年大约有630个新生儿在分娩时因为缺氧或者其他各种复杂原因导致脑瘫。由于脑瘫的原因复杂,患儿父母很难举证医疗行为存在过失,患儿家庭为照看、治疗患儿经常面临经济困难。[②] 产科和小儿科专科风险高,因新生儿大脑重度残障提起医疗诉讼可能发生高额赔偿,导致妇产科和儿科医师日渐减少,甚至边远地区没有为产妇接生的医师提供服务。

---

① Uesugi N, Yamanaka M, Suzuki T, et al. Analysis of Birth-related Medical Malpractice Litigation Cases in Japan: Review and Discussion towards Implementation of A No-fault Compensation System[J]. The Journal of Obstetrics and Gynaecology Research, 2010, 36 (4): 717—725.

② Tomizuka T, Matsuda R. Introduction of No-fault Obstetric Compensation[EB/OL]. [2013-8-20]. http://hpm.org/jp/a14/4.pdf.

最初由福冈县医师协会提出实施产科补偿计划,得到日本健康、劳动和福利部的支持,于 2009 年 1 月颁行《产科医疗补偿方案》(産科医療補償制度とは,Obstetrics Compensation System for Celebral Palsy)。[①] 实施产科补偿方案的目的,是对因分娩所致的重度脑性麻痹症儿童及其家属快速地补偿,分析引起重度脑性麻痹症的原因,教育医师预防发生类似事故,平息医患矛盾,提高产科医疗品质。[②]

2. 主要内容

产科补偿制度的运行机构是日本医疗机能评价机构(Japan Council for Quality Health Care,JCQHC),主要负责对医院进行第三方认证,与保险公司订立合同,向参与该制度的私人分娩机构(医院部门或孕产诊所)收取保费,而这些医疗机构则从产妇那里收取相同的费用作为分娩费用的一部分。最后,公共医疗保险会以生育津贴的形式返还给孕妇。孩子出生后脑性瘫痪的,父母向分娩机构提交必要的文件申请补偿,由医疗机能评价机构所属的运营机构按照补偿制度的要求和标准,决定是否给予补偿以及补偿标准。

产科医疗补偿的对象要求:出生时体重为 2 000 克且妊娠周期为 33 周以上,或者妊娠 28 周以上,且低氧状态持续,出现酸血症的个案审查对象;同时依据日本社会福利保障制度规定,残疾达到 1 级至 2 级身体障碍的重症儿。但是,如果患儿是由先天性因素造成的、新生儿期诸因素造成的,或者是孕妇在妊娠和分娩期间有故意或重大过失的、出生后不满 6 个月死亡的等情形,是不予补偿的。[③]

补偿金主要是护理费。分阶段发放,一次性给付 600 万日元,然后分 20 年分期给付,每年 120 万日元,分 20 次付清,合计 2400 万日元,直到满 19 岁为止。申请人可在患儿满一周岁(如果孩子由于严重的症状及特别的临床表现被诊断为脑性瘫痪的,可以在产后六个月提出)至满 5 周岁之间,向分娩机构申请补偿,当医疗机构发现患儿有可能成为补偿对象时,分娩机构应向评价机构申请补偿。患儿父母起诉医疗机构违约或者侵权的,如果患儿家庭接受了产科补偿给付的补偿金,那么即使医师被认定有医疗过失,患者家庭也不能兼得补偿与赔偿。

3. 评价

产科补偿制度具有准公共性质,评价建立该制度成功与否还为时过早。2012 年

---

① Ministry of Health, Labour and Welfare. The Japan Obstetrics Compensation System for Celebral Palsy. http://www.mhlw.go.jp/topics/bukyoku/isei/i-anzen/sanka-iryou/index.html.

② 日本医疗机能评价机构.产科医疗补偿制度[EB/OL].[2013-8-20].http://www.sanka-hp.jcqhc.or.jp/outline/index.html.

③ Japan Council for Quality Health Care. The Japan Obstetrics Compensation System for Celebral Palsy. http://www.sanka-hp.jcqhc.or.jp/index.html;张忆红.医疗损害无过失主义原则适用——考察日本产科医疗补偿制度[C]//两岸法学新知学术研讨会论文集,2013:51-62.

7月24日在日本北里大学药学院(The kitasato university school of pharmacy)召开的有关产科补偿制度本质的公开辩论上,久弥池下医师和井上清成律师发表观点,认为制度的实施应当考虑到产科医疗的风险和医师的压力,由基金组织机构对于医师诊疗行为进行重大过失评价是违反宪法原则的,并且构成事实上的不公平的裁判。[①] 日本产科补偿方案实施的结果是:99.7%的生育服务机构加入了这个计划,残疾脑瘫儿通过这个计划获得的金钱赔偿,比从保险公司给付的医疗责任保险赔偿多,目前还无法判断这个计划在提高产科质量方面的成效。[②] 如果日本产科补偿制度实践证明是成功的,就有可能成为推动日本全面实施无过失赔偿的动力,日本政府发起建立了研究无过失赔偿体系、促进医疗照护服务质量的委员会,委员会的成员是由与该体系密切相关的利益集团的代表和学术界人士组成,尽管无法预见什么时候无过失补偿体系能够对日本医疗过失侵权制度带来根本影响,但是这种变化的征兆已经显现。

第四节 医疗损害风险社会化分担不同模式的考量因素

一、社会保险模式:财源保障与患者安全是关键

新西兰、瑞典等北欧国家对医疗损害风险社会化分担的立法实践和改革表明,这些国家采用社会保险模式分担医疗损害风险,是与这些国家有着为世人称道的社会保险传统、建立的社会安全网络密切相关的。这种模式的突出优点是利用现存的保险机制实现社会成员之间的互助互济、风险分担,符合疾病风险社会化分担特点。目前很多国家都建立了医疗保险制度,很大程度上实现了患者医疗损害风险的社会化分担,只是新西兰、瑞典等国家在社会保障方面程度更高,以损害后果的严重性作为获得保险补偿的条件,能够保证患者平等地获得适当的医疗服务,实现迅速救济受害人的目的。此外,社会医疗救助制度通过社会保障分担重大疾病患者的医疗费用,是社会保险模式分担医疗损害风险的辅助方式,政府对处于社会贫困人群的老弱病残及低收入者和因其他原因导致生活困难人群中的病患提供包括医疗服务在内的社会帮助,为缴不起社会保险费用的低收入居民提供帮助。

财源保障是选择社会保险模式实现医疗损害风险社会化分担的物质前提。无论

---

① 公開討論会「産科医療補償制度の本質を議論する」に参加して:九州口医療問題研究会福岡県弁護団 ブログ[EB/OL].[2014-12-01].http://blog.f-iryouken.org/article/57211726.html.
② Leflar R B.Comparative Perspectives II: Australia, India, Mexico, and Japan, Public and Private Justice: Redressing Health Care Harm in Japan[J].Drexel Law Review,2011(4):43—105.

是采取一体化的社会保险模式,还是单独对医疗损害风险社会化分担立法规范,要让所有患者医疗损害风险得到及时补偿,必将提高所有社会成员缴交的社会保险费用,以维持社会保险所需要的庞大资金。因此,新西兰和瑞典所采用的社会保险模式已经采取缩小医疗损害风险补偿范围、增加获得补偿的限制性条件,导致获得补偿的人数减少,制度的实施效果大打折扣。

采用社会保险模式分担医疗损害风险,还必须与建立有效的提高患者安全的制度相衔接。医疗行为目的是减轻患者病痛,坚守患者安全是医疗行为的基本原则,设计患者医疗损害风险补偿制度要与预防医疗损害、提升医疗质量与患者安全相一致。尽管医师执业管理制度有约束医师行为规范的内容,但是如何有效避免、抑制执业医师的道德风险,仍然是社会保险补偿患者医疗损害模式面临的难题。

二、医疗责任保险模式:医疗损害风险社会化分担主要途径

医疗责任保险模式应当作为医疗损害风险社会化分担的主要途径。首先,多数国家的医疗损害侵权遵循过错责任原则。侵权责任作为转移受害患方风险的主要制度,"有过错才担责"是其基本原则。其次,社会发展历史已经证明"侵权责任与责任保险之间的相互融合发展"是现代社会发展的共同趋势。再次,各国保险发展历史表明,医疗责任保险是集专业化、高风险于一身的险种,采用哪种组织模式、实施模式与服务模式,取决于该国家地区对该险种的法律政策、保险业发展程度、医疗服务提供者的社会团体组成能力以及对保险公司的业务能力。

强制责任保险比任意责任保险更适合医疗损害风险社会化分担。除前文已论证的强制责任保险的制度优势外,实施强制保险的主要理由是:(1)纯粹商业化医疗责任保险产品不是可靠的分散医疗损害的途径。保险公司要对投资股东负责任,必须以盈利为经营目标,对于保险索赔,保险公司很难知道如何控制随机的医疗损害事件,多数保险事故损失波动分布在高额索赔的裁判中,导致商业保险公司要么提高保费,要么退出保险市场。而对于强制医疗责任保险而言,必须确保医疗服务提供者都能买到合适的保险产品、保险人须提供相应的产品与服务,甚至投保人与保险人都负有维持保险合同有效性的义务,非经法定原因不得提前终止保险合同。(2)强制医疗责任保险能够克服任意保险的不足。强制保险一般是政策保险,出于政策性和公共利益的考量,强制保险制度设计要实现受害人及时得到基本理赔、安定社会的目的。强制保险一般赋予保险受益人直接请求权,患方可以直接向保险公司申请理赔,也可以在诉请时将保险人列为共同被告,有效节约司法资源。

股东型或会员制的医疗责任保险的组织模式更适合于医疗损害风险社会化分担。世界上多国发生过医疗责任保险危机,为应对医疗责任保险运营风险、保险业务

萎缩的情况,采用的措施是实施侵权法改革以及推行股东型或会员制相结合的相互保险公司来运行医疗责任保险业务。这类保险公司的宗旨是提供费率稳定的环境,通过减少保险经纪人等中间环节,节省开支,获得社会和政府的政策与金融支持。专营或者自营的保险公司坚持限额赔偿,快速有效地实施专业鉴定或者认定过失的成本、迅速赔偿。更为重要的是,股东或者会员在医疗风险管控方面具有专业优势,核保能力强、责任认定比较准确,使其在提取风险准备金更加稳健。当然,专营或自营的医疗责任保险公司,介于商业保险与风险自留之间,保险资金池是风险准备金的累积而成,规模体量有限,一旦发生运营亏损,自身是难以为继的。为此,有的国家和政府采取支持措施,以维持医疗服务提供者能够持有一个有效的医疗责任保险保单,这些措施包括将效益好的险种与责任保险搭售、税收优惠、提供资金补助、支持专营或自营保险公司发展医疗责任保险。

发挥专业组织优势在医疗责任保险理赔中的作用十分必要。具有医学专业背景的专业理赔服务,可以实现费用低廉、尽速定损定责、避免医患之间的直接对抗。股东型或者会员型专业保险公司,具有专家人力优势,提出的专业审查意见如果被患者接受,可以尽速解决医患之间的争议与理赔。当然,这样的保险公司的定损和理赔可能受到"中立性"的挑战,为所有的医疗服务提供者售卖保险,可能导致风险高的那些投保人的道德风险,为此,可以采取赋予患方在保险理赔后提起诉讼的权利,保险理赔与对投保人的专业评价、行政制裁相结合等措施,以减少道德风险的不利影响。

三、患者补偿基金模式:法律政策考量之结果

患者损害补偿基金制度与实现患者安全目的之间应当建立有效的承接关系。医疗目的是为了患者康复和减轻病痛,医疗行为当坚守患者安全底线,患者损害补偿制度的目的要与预防医疗损害、提升医疗质量和患者安全相一致,尽管医师执业管理制度有约束医师行为规范的内容,但是如何有效避免、抑制医疗服务提供者的道德风险,也是医疗损害风险社会化分担模式选择所面临的难题。国家的立法与司法政策中,应当在及时有效补偿患者医疗损害与提升患者安全之间作出位序安排与协调。

(一)对超额患者赔偿基金模式之评价

超额患者赔偿基金是医疗责任保险基本保险与患者补偿基金相结合的模式。超额患者赔偿基金是采用保险方式实现风险区分,对高风险专业医师提供保险保障、为大额索赔患者提供赔偿资金来源。超额患者赔偿基金模式的运行结果与其设立目的相符合,既增加了基本责任保险的数额和覆盖面,使得患者赔偿基金的保险覆盖面扩大,又提高那些实施限额赔偿制度下对患者的赔偿标准。在保险范围上,覆盖高额损失赔偿,弥补基本医疗责任保险的不足与亏损,减少基本医疗责任保险费率波动,实

质上是起到了保险供给商的作用。

超额患者补偿基金是由公共或非营利性组织或政府主导,是基于公共政策的选择结果。在美国,有些州是采用强制超额补偿型的患者补偿基金模式,如果基金的资金全部是由医师出资构成,强制医师加入超额保险,是对医师行使财产权利的法律限制,需要合宪审查。强制超额补偿基金制度存在利弊两个方面。利处在于:(1)避免医师对加入超额保险的逆选择,建立统一的缴费标准和费率调解机制,组建较大的保险基金池,以保证患方通过法院裁定的赔偿责任之履行落实;(2)建立广泛保险数据库,便于损失预测和费率制度实施;(3)作为稳定医疗责任保险费率、吸引医师执业的政策工具,符合公共利益,利于保障患者就医服务需求的可及性,尤其是确保妇产科、儿科、急诊科服务供给。强制超额补偿基金制度的弊端在于,强制保险实际上是低风险医师的补助高风险医师,使得高风险医师不太在意被索赔,触发道德风险,甚至可能会由于资金来源和管理不足,造成基金处于有名无实的状态。

美国杜克大学的弗兰克·A.斯隆(Frank A.Sloan)的研究团队对由政府发起成立的患者补偿基金运作情况进行调研,采用向几个州的保险代理公司搜集没有公布的资料数据进行分析,研究患者补偿基金制度是否真正提高了医疗服务提供者的保险支付能力和实效性,发现不同的患者补偿基金制度有着共同的目标,但是具体制度差异较大,现有的数据不能证明建立与不建立患者补偿基金在影响患者起诉方面有何不同。但是,患者补偿基金的工作人员一致认为,与其他医疗损害责任保险相比较,基金减轻了医疗服务提供者承担损失的波动,通过为高额赔偿风险保险,吸引更多投保人,即使在没有实施医疗损害限制赔偿的州,也有利于稳定责任保险市场,并且基金的行政管理费用更低。调查显示,由州级政府运行管理的患者补偿基金,即使在责任保险危机阶段也不退出保险市场,并且满足了超额保险的市场需求,这相当于是在法律框架下为医疗服务提供者购买医疗责任保险建立了一个风险共担的机制。对于患者补偿基金因资金短缺和经营管理不力,出现无法正常运行的状况,州级政府要考虑的是调整、维持患者补偿基金还是任其破产,研究报告认为,这取决于州级政府是否愿意将患者补偿基金制度作为商业责任保险的必要补充,尤其是在商业责任保险发挥危机的时候。如果州级政府选择保留患者补偿基金,公共供给是比公共补贴更好的一个选择,那么设计合理的患者补偿基金制度应当是在强制保险与自愿保险中作出选择,将患者补偿基金定位在超额保险,建立激励和威慑机制,发挥患者补偿基金制度作为公共政策的有效工具,促进保险市场稳定和医疗服务的可及性。在法律意义上,能够为患者提供充分赔偿,使得法院裁判得以执行,维护法律公平正义。

(二)对严重医疗损害风险补偿模式的评价

法国、日本、中国台湾地区都针对严重的医疗损害风险设计了社会化分担的制度方案，尽管具体制度存在细微差别，但是，都动用了社会资源来处理特定类型的医疗损害赔偿纠纷，制度内容从纠纷的解决机制到医疗风险分散补偿基金一体筹划。补偿对象受到限制，即针对严重的医疗损害风险补偿模式，限于患者死亡、重大伤害二类情形；仅限于有理由怀疑医疗事故的发生非因医事人员之故意或过失，即难以分明责任归属者的补偿给付，而不是采取无过失补偿制度，在程序上调解前置并增强调解书效力以迅速救济患者及其家人。与出生有关的神经损害基金补偿计划是考量到出生伤害过程的特殊性、责任认定的困难性、生育医疗服务的社会需求与服务保障性，采取的向无过失补偿制度的过渡机制，具有准社会保障福利性质。虽然至今为止没有确定对出生损害补偿制度的效益评估的一致结论，但是越来越多的国家地区开始有条件地实施出生损害补偿计划过渡，立法趋势为医疗损害领域向无过失医疗损害风险补偿计划，表现出医疗损害领域的侵权责任与社会保险逐步融合，以人为本的法律思想深入触及具有社会公益性的医疗服务领域，体现为扶助社会弱者、维护患者基本人权的法律政策的制度化。

综上，由国家和政府直接运作的社会医疗制度为社会成员发生医疗损害风险提供基本基金保障，责任保险法律制度为医疗服务提供者分散责任风险、确保患者赔偿权利落到实处，医疗损害责任风险补偿基金是给予超额补偿或者无过失补偿，是为救济特别严重医疗损害患者，分担医疗服务提供者执业压力和风险，这些法律制度共同构筑综合的、分层的医疗损害风险社会化分担法律制度体系。

第六章 我国医疗损害风险社会化分担之模式选择

第一节 医疗责任保险中的现存问题与解决思路

一、医疗责任保险遭遇的困境

我国医疗责任保险的发展历史较长,但是发展现状却不容乐观。各省市区卫生主管部门积极推动医疗责任保险,1989 年颁行的《云南省〈医疗事故处理办法〉实施细则》是最早的医疗责任保险规范依据,至今已有 26 年历史。[①] 2007 年 6 月 21 日国家卫生部、中医药管理局和中国保监会发布《关于推动医疗责任保险有关问题的通知》(卫医发〔2007〕204 号),指出要充分认识到医疗责任保险的重要性,积极探索与稳步推进医疗责任保险,坚持"公平公正、保本微利"的原则设计保险条款、科学厘定费率,满足医疗责任保险的多样化需求,促进医疗卫生行业与保险业的深层次合作。随后,甘肃、上海、北京、江苏等省市及宁波、苏州等市政府发布医疗责任保险规范性文件和医疗责任保险实施方案,明确要求二级以上公立医疗机构、城镇职工基本医疗保险定点医疗机构必须参加医疗责任保险。江苏、宁夏、海南等省(自治区)医疗卫生主管部门针对医院不积极投保、消极应对的状况,将参加医疗责任保险作为平安医院的考核指标之一。2010 年 2 月国家卫生部联合五部委发布《关于公立医院改革试点的指导意见》,提出要大力发展医疗责任保险,营造良好医疗执业环境。

然而,公立医院普遍不愿意参加医疗责任保险,这是因为:首先,保险公司不能直

[①] 1999 年 1 月 1 日云南省人民政府令(第 70 号)《云南省医疗损害事件处理规定》,对 1989 年颁行的《云南省〈医疗事故处理办法〉实施细则》第 16 条"医疗机构及其医务人员应当办理医疗执业保险"。因此,云南省成为在全国率先开办医疗责任保险的省份。

接处理患者索赔事务,医院不得不自己直接与患者协商赔付,保险公司只是在付款时作决定。医院管理者不理解为什么医院自己的钱要放在保险公司口袋里,理赔时要保险公司说了算。其次,医院普遍认为买保险不划算。医疗责任保险的费率计算是以医院机构的床位数、医护工作人员数为基数核定的。一般来说,一家拥有500张床位的二级医院,每年支付医疗责任保险保费至少100万元,而医院做好医疗损害预防与纠纷处理,没有任何一个年度理赔数超过100万元,以十年计算,医院累计保险费支出1 000多万元,医院自己赔付给患者的赔偿金也就500万至600万元,对于医院来说,参保与不参保的费用支出相差近半。最后,有的保险公司与医院不规范运行保险业务,违背保险基本原则,侵害其他投保人利益。比如,有的医院采取拖延缴纳保险费的办法,次年补交上一年度的保险费,然后再由保险公司对上一年度发生的医疗损害赔偿责任案件予以理赔,这其中不乏已知医疗纠纷诉诸法院、已预知要承担侵权赔偿责任的情形,如此"保险期间届满之后才交保险费、保险公司倒过来赔付"的做法是完全背离责任保险"风险责任存在可能性、但无法具体预知"的基本原理。

保险公司声称连年亏损,不愿意承担医疗纠纷理赔的具体事务。根据保险公司提供的医疗责任保险费率计算办法,保险费计取是根据医院上年度保险理赔数据,调整次年保险费率,有的甚至费率上调250%。然而,责任保险赔付率居高不下。2012年中国人民财产保险公司江苏分公司对医疗责任险险种统计分析,全省医疗责任保险业务处于亏损状态,1 202家医院投保,2011年的保费收入1亿元,赔付接近1个亿,截至2015年11月23日江苏省的统计数据显示,2010年至2011年的赔付案件数505件,赔款数额16 829 807.55元,赔付率已经达到104.73%,2008年至2012年平均赔付率逾100%,2011年至2012年降到84.08%,都远远高于70%的盈亏点。也就是说,假设赔付率为120%,就等于医院投保100万元,保险公司亏损20万元。保险公司坚持认为"医院交了保费,不等于能将处理医患纠纷包袱甩给保险公司,保险公司不会轻易把医患双方的赔偿协议当作理赔依据"[①]。

二、医疗责任保险法律制度存在的问题

现行的医疗责任保险法律制度,在实施强制保险的规范依据、投保对象范围、医疗损害赔偿事故认定和理赔程序规范、费率监管机制建设等方面存在问题。

1. 当前推行医疗责任保险的规范依据的效力位阶低。国家卫生部、中医药管理局、保险监督管理委员会等联合发布《关于推动医疗责任保险有关问题的通知》,该通

---

① 孙巡,仲崇山,李玲.医院与保险公司都不满医疗责任险左右不讨好[EB/OL].[2012-8-29].http://www.zgjsrx.com.以及江苏省医疗责任保险2008年至2015年统计数据。

知在规范依据的分类上属于规范性文件,没有行政法规效力位阶高度。我国法律没有关于"哪些事项应当以行政法规的形式作出"的规定,实践中,存在着国务院下属部门发布规章、规范性文件被"升格"为行政法规适用的现象。医疗责任保险涉及多部门之间的协调,将原本应当用"行政法规"规范的事项"降格"为用"部门规章或通知"来规范,医疗责任保险就属于此类情形,造成推行强制医疗责任保险缺乏以行政法规为依据。

2. 卫生行政主管部门动用行政权力推行商业医疗责任保险,混淆民商事合同与行政管理职责之间的不同。各省市政府和卫生局发文要求"按照属地化原则,二级及二级以上公立医疗机构必须购买责任保险,鼓励其他各级各类医疗机构投保",有的公立医院迫于行政压力参保,次年也不再续保,有的医院决定不买保险,基于这些公立医院在当地医疗服务供给方面居于重要地位,卫生局无法强制医院买保险。医疗责任保险业务经过数年运行,保险公司对医疗侵权纠纷判决书中明确判令医疗机构承担医疗侵权责任的,按照约定理赔,拒绝对医患达成的和解协议、且经人民调解委员会调解的超过一定数额(通常是1万至2万元)的调解协议予以理赔。事实上,医院每年处理的医疗纠纷,以诉讼判决方式结案的仅占1至2成,而医患达成赔偿协议以及医疗纠纷人民调解委员会调解结案的案件,保险公司不予理赔或者减少理赔的,很大程度上导致医院对保险合同的预期目的无法实现。

3. 保险公司控制医疗纠纷处理中的抗辩与和解权,行使权利与其履行理赔服务的义务之间不对等。保险公司没有懂得保险、医疗、侵权法的复合型人才,无法提供相应的理赔服务。保险应当具有为被保险人提供心理宽慰的作用,避免或减轻被保险人因发生事故承受心理上的紧张、不便和劳顿。医疗责任保险格式合同约定被保险人对发生可能引起索赔的案件负有通知与报告义务,未经保险人书面同意不得向患者作出任何承诺、出价、赔偿等内容。保险公司通过合同条款约束医疗机构与患者的谈判权限,但又不参与与患者的具体谈判,却在理赔时有权直接扣减医患和解的赔偿数额。对医院而言,一方面要与患方讨价还价,另一方面还要向保险公司交理赔资料与沟通,工作量倍增。

4. 保险事故认定机制不能克服医疗侵权认定中的不足。医疗损害责任事故的认定比交通事故责任认定复杂。交通事故发生前受害人健康与财务处于良好状态,发生碰撞剐蹭,凭生活经验可推知损害原因,一般情形下交通警察根据事故现场的物理痕迹能够确定责任以及责任比例。然而,医疗损害原因都具有复合性,患者身体状况一直在变化发展中,只有医学专家才有能力判断损害原因,医疗责任保险事故的认定机制依赖于医疗鉴定机构的鉴定意见,而要做出一份鉴定意见少则需要6个月、长则数年,在等待鉴定意见的期间里,患者不能得到及时赔付,可能错过最佳谈判时机。

同时,经常存在一个案件有多个鉴定意见的情况,保险公司选择有利于己的鉴定意见作为理赔依据,导致保险理赔数额减少,投保人极为不满。根据269个医疗责任保险纠纷案件全样本数据①的统计可见,86.6%的案件是保险公司为单独被告,有242个案件被告保险公司承担赔付责任,侵权认定通过调解委员会调解而保险事故认定与赔付是通过法院判决,多数案情是医院先行垫付赔付患者、因未得保险公司理赔的案件,而这些案件的裁判结果都是保险公司要承担保险理赔责任,而保险公司之所以拒赔被诉,只是拖延支付现金的时间。

5."医疗意外险"被当作缓和医患矛盾与回避卫生行政执法处罚的工具。保险公司坚持"微利保本"经营原则,采用医疗责任保险产品与其他保险产品捆绑销售模式,弥补医疗责任保险产品效益不足。医院投保医疗责任保险主险,需要同时投保医疗机构场所责任保险、医护人员遭受伤害责任保险和医护人员法定传染病责任保险。作为满足医院投保的条件,保险公司销售医疗意外保险满足医疗机构对难以界定医疗损害责任归属案件的保险分担风险的需求。② 实践中,对保险公司而言,医疗机构场所责任保险、医护人员遭受伤害责任保险和医护人员法定传染病责任保险是盈利产品,这是因为:医疗机构公共场所设施缺陷致害和医护人员遭受人身伤害保险事故很少发生,医护人员职业暴露感染疾病可以纳入工伤保险范围,无需另外投保。对医院而言,医疗意外险却可能成为应付患者无理取闹、医院逃避行政处罚的工具。但是,医院也担心患者知道医院购买了医疗意外险,患方认为医院有赔偿资金来源,将诱发更多的患者向医院无理索赔,有的患者因为治疗未达预期效果,长期在医院占着床位,不起诉也不缴费,医患之间沟通无果,不得已将此病例作为"医疗意外"保险事故,通过医疗意外险赔钱了事。2009年版医疗责任保险条款将"医疗意外险"作为附加险且必须投保,2012年版医疗责任保险条款虽然取消"医疗意外险",但是,在主险条款中又将2009年版医疗责任保险条款的"医疗意外险"列入了保险范围,只是在该条款前面增加限制性条件,即"依法应由被保险人承担民事赔偿责任"。事实上,满足条款约定的四种情形,诊疗行为不构成民事赔偿责任,根本不属于"责任保险"的理赔情形。医疗责任保险条款的文字用语意思自相矛盾,在实际保险理赔中,医院和保险

---

① 参见本书表19"医疗责任保险案件当事人分布"和表24"保险理赔与侵权赔偿之比"。
② 《中国人民财产保险股份有限公司医疗责任保险条款》(2009年版),将"医疗意外险"作为附加险和强制投保范围,约定保险人依据保险合同负责赔偿下列四种情形:1.在诊疗护理过程中由于病情或者患者体质特殊而发生的难以预料或者在预料之中但难以防范的不良后果;2.按照正常的技术规范操作,仍然发生难以避免的并发症或者治疗意外;3.应用现有医学科学技术,仍发生无法预料或难以防范的不良后果;4.在危机情况下为抢救危重患者生命才采取的紧急措施所造成的不良后果。

公司都无法解释清楚这个条款的内涵与外延。《侵权责任法》第54条明确了医疗侵权的过错归责原则,也就是说,除法律有例外规定外,医疗机构对于没有过失的医疗意外不承担责任,更加无需借由所谓的"医疗责任保险"赔付患者。中国人民财产保险股份有限公司的2009年版医疗责任保险条款中的医疗意外险以及2012年版医疗责任保险条款中"名为医疗责任保险、实际暗含的医疗意外险"的做法,进一步证明"医疗意外险"是不利于医疗责任保险的稳健发展,医疗意外险被当作了化解医患矛盾的工具,保险公司没有相应核保能力,做不到实质性审查,甚至出现"借医疗意外保险逃避医疗事故责任处罚"的情形。对此,已有学者撰文指出"医疗机构不应当对医疗意外造成的伤害投保责任险"[1]。也有学者认为"医疗责任保险无法对医疗意外进行风险分担,医疗责任保险的赔偿范围仅限于医疗过失,无法涵盖医疗中太多的不确定的医疗意外"[2]。

6. 医疗责任保险的限制赔偿约定导致投保人需求无法满足。各省市医疗责任保险方案中,有的方案确定了各级各类医疗机构责任保险的最高保险限额、单次事故理赔限额、免赔额比例。现实情况是,综合性大型医院每年向患者赔付额已经远远超过医疗责任保险合同约定的最高保险数额,换言之,医疗责任保险作为分散医院责任风险的容量有限。假设以年均医疗服务收入8亿元的三甲医院为例,年均赔付患者合计400万元,根据保单约定累计赔偿限额250万元,其余150万由医院自付赔偿,医院责任保险社会化分担医疗责任风险的比例为62.5%,剔除免赔额比例(5%至20%),医院实际可保的医疗责任风险比例仅为50%。2012年版医疗责任保险格式条款中约定,如果发生患者死亡或者重度残疾,赔偿数额至少在100万元以上,而责任保险保单每人每事故理赔限额20万元,对投保人来说,医疗责任保险作为分担责任风险的效用是低下的。事实上,公立医院几乎不存在赔不起的情形,对医院而言,责任保险的安定功能与分散风险功能也没有得到体现;对患方而言,超过2万元的索赔要等待数月才能拿到医疗损害鉴定意见,直接诉讼索赔与通过保险理赔,在时间成本上不存在明显区别,只要判决书生效,患者几乎不需要申请强制执行就可拿到赔偿款。

7. 人民调解委员会的组织建设与调解工作有待完善。医疗纠纷人民调解委员会对医疗纠纷进行调解、达成调解协议作为保险理赔依据。但是,医疗纠纷人民调解委员会人员人数有限,聘请医院、卫生局和公检法退休的人员担任顾问,这些人员数

---

[1] 王启辉,汤建平,王晓庆.医疗机构不应就患者的医疗意外伤害投保责任险[J].临床误诊误治,2012(11):71-73.
[2] 苗京楠,张建,王晓燕,等.建立医疗意外风险分担机制的实证研究[J].中国医院,2015(12):33—35.

量、精力有限,实际能够参与医患沟通的精力和时间同样有限。调解组织聘用人员实行工资奖金与效益挂钩,调解过程中高估或压低患方诉求,保险公司不能从中分辨调解协议的合法性与合理性。尤其需要指出的是,有些可能构成医疗责任事故的案件,医院为回避行政处罚、影响医院等级评审和声誉,愿意多花钱了结纠纷,出现了"医疗损害责任性质界定不清,相同或近似案件,通过调解方式结案的赔偿数额反而比通过法院裁判的还要高"的怪现象,不利于实现患者安全目标。

8. 投保人的逆选择妨碍保险公司的厘定费率工作。诊疗行为专业性强,保险公司没有能力区分不同科别的医疗行为的风险差别,在保费计算时,简单地以手术/非手术科室、医技科室来区分保险费标准。医院投保时,有意把高风险的手术科室人员纳入投保医护人员名单范围,减少非手术科室人员投保人数,在投保的环节上逆选择,增大保险公司承保风险。全国每个县都建有县人民医院和县中医院,如果人民医院和中医院在床位数、医护人员数方面相同,计取的保费总额接近,那么,中医院就不愿投保,这是因为中医和西医相比,中医诊疗方法趋于保守和调养,医疗损害责任风险普遍比西医低,导致的结果是:风险大的医院和科室愿意投保,风险小的医院和科室不愿意投保,发生保险上的逆选择。

9. 保险精算数据缺乏历史经验,费率计取不合理,缺乏医疗风险管理意识与保险服务意识。有关医疗机构等级、床位数、医护人员构成数据等基础信息,保险公司完全是可从卫生行政主管部门调查取得,但是,有关医疗机构风险管理制度的建设与实际执行情况、医护人员的业务技术水平、医院床位数实际使用情况,尤其是医疗损害赔偿的历史数据、当前的诉讼和被索赔信息,简单通过"投保询问告知表格",寄希望于医疗机构投保人自觉填表获悉,这些想法和做法显然会增加医疗责任保险业务经营风险。在医疗责任保险纠纷的案例实证研究中发现,有的医疗机构只给手术科室投保,非手术科室、院外联合门诊科室人员不列入参保人员名单,一旦发生医疗损害事故,该部分医护人员不在参保名单之列,保险公司的处理办法是"按照为投保人员的比例计付理赔数额",这种做法显然不符合保险诚信原则与对价原则。

三、医疗损害风险社会化分担的多途径并用思路

医疗损害风险社会化分担途径中,医疗侵权损害赔偿是由受害人转移损失风险至加害人的基本途径,医疗责任保险承保的是医疗侵权责任,继而成为医疗损害风险社会化分担的主要途径。对于医疗责任保险发展中的现存问题,不能简单、直接归咎于制度本身,事实上,单靠医疗侵权法律制度或医疗责任保险制度,都不能承载和解决国家对医疗卫生事业投入不足、投入不均衡等社会经济和社会政策中存在的问题。医疗损害风险社会化分担是一项社会系统工程,在法律层面首要解决的是医疗过失

责任的界定问题,然而,我国的医疗侵权立法和司法受到法律政策影响。《侵权责任法》立法时对于医疗侵权中因果关系证明缓和制度未作规范,《侵权责任法》第58条关于医疗行为过错推定的规定,作为连接实体法与程序法桥梁,没有对医疗过错推定和因果关系的举证责任分配一体考虑,实为遗憾。[①]

医疗损害风险社会化分担机制的法律制度设计,需要提供建构合理赔偿救济体系,取决于法律环境和法律文化,为降低患者维权成本,应建立医疗纠纷争议的快速解决机制,激励医患达成和解。"侵权法应当是用于解释和理解更为复杂的自然过错概念、一项更少带有惩罚目的的纠纷解决依据,以及禁止寻求非法解决纠纷途径",当今,不断增强的患者权利意识应当被看作是积极促进法律作用的因素,而不是被作为医患矛盾增加的原因。

"回避风险、减少风险、风险自留、风险转移"是人们处理风险的基本方法,具体采用何种处理风险的方法,需要根据危险性质来决定哪种方法最合适。医疗损害风险责任领域,只有那些能够同时满足医院风险管理要求和医护工作人员需求的风险处理方法才会被选用。"回避风险"的方法是指简单采用拒诊的做法,但是,这样的做法违背医疗机构的"首诊负责制"。如果患者前来就诊,而医院没有相应的诊疗设施与人员,要先采取急救措施,等到患者病情平稳后尽快转诊。对于执业医师、个人诊所而言,看诊是医师赖以维持工作和生活的途径,医师一般不会直接采取避免的方式管理风险。只是在医师选择执业类别的时候,会有倾向性地选择风险较低的科别或者提前退休,正如中国台湾地区医疗界所言"内科、外科、妇产科、儿科皆空,医师转向美容保健科",就是自主回避的做法。"减少风险"的方法是指消除或者减少风险发生的原因,采取预防措施,加强医疗风险管理,提高医院风险管理水平,降低事故发生概率。但是"人人都会出错",这是人类的自然本性,所以一定存在发生医疗损害的概率。"自留风险"是由自己承担可能发生的风险,这是最为常见和最少阻力的危险处理方法,可以自建准备金或者基金来应对风险。对于大型医疗机构可以选择适用,但是对于中小型医院和独立执业医师不可行,后者的财务状况和收入水平不能足以承担大额索赔责任。"转移风险"的办法是指将医疗损害的风险转移给保险公司。医疗风险具有意外性、偶然性和同质性特点,医疗风险的重大性和个体分散性,符合保险

[①] 陈玉玲.实体与程序的链接——《侵权责任法》第58条医疗过错推定之检讨[J].南京大学法律评论,2012(2):145—155.

产品特质。我国已开展医疗责任保险多年，部分医疗机构已建立了医疗风险金制度[1]，集合我国医疗卫生资源分布特点，应当采用多途径并用方式实现医疗损害风险社会化分担。首先，应当以行政法规形式确立医疗责任保险作为医疗损害风险分担机制的主要途径，对医疗责任保险定性与定位作出规定。其次，建立医疗风险基金制度作为医疗损害风险社会化分担机制中的备选或补充机制。医疗服务提供者自设的风险基金，由医疗机构及其医护人员筹集资金，用于医疗损害赔偿。再次，试点建立患者补偿基金制度，作为医疗责任保险的超额保险，对高风险医疗损害提供损失分担机制。此外，医疗损害风险社会化分担机制的有效运行，必须要建立完善的、独立于医疗服务提供者的医疗过错损害事故责任认定机制，应用电子技术保存医疗健康档案，建立与医疗保险机构、法院、仲裁、调解组织和卫生主管部门以及保险机构联网的医疗过错信息共享平台，协调医疗损害的不同赔偿来源之间的关系，加强医疗损害风险管理。

第二节 不同医疗损害风险社会化分担模式之间的安排

区分不同医疗服务提供者主体，使用不同的医疗损害风险社会化分担模式，主要取决于国家政策导向、医疗卫生体制、经济发展程度以及保险行业发展状况。

一、医疗责任保险：医疗损害风险社会化分担主要途径

根据医疗服务主体的赔偿责任能力的不同，作为划分其是否应当强制投保的标准。2015年国务院法制办发布的《医疗纠纷预防与处理条例（送审稿）》的说明中提出，要建立"人民调解为主，院内调解、司法调解、医疗风险分担机制的有机结合、相互衔接制度，医疗机构应当按照有关要求参加医疗责任保险，鼓励患者参加医疗意外等保险"[2]，该送审稿是对各省市[3]所实施的医疗责任保险方案的总结。我们认为，以是否为公立医疗机构为划分依据、以二级以上医疗机构为强制对象标准，是固守传统的

---

[1] 在中国台湾地区的大型医院也有类似基金，适用于具有一定规模的医院雇佣较多医师时，在医院内建立互保制度。医师按月支付一定金额，委托医院或者特定人保管，如果发生医疗损害赔偿事故，由该基金拨款赔偿。这种互保制度弹性强、成本低，资金完全用在理赔上，比起保险运行更为低廉。这种共保在小型医院、私人诊所无法实现。互保资金不能用于投资增值，动用资金的基础和如何监督检查等缺乏制度性管理规范。

[2] 参见国务院法制办公室发布的《医疗纠纷预防与处理条例（送审稿）》，人民网 http://legal.people.com.cn/n/2015/1030/c42510-27759238.html，2015-12-04 访问。

[3] 参见《石家庄市医疗纠纷预防和处置暂行办法》（2011年4月1日）、《石家庄市医疗责任保险实施细则》（2011年3月8日），甘肃、贵州、广东、上海等多个省市均有类似规范性文件颁行。

所有制划分"公立与私立"的思维模式,没有以"确保加害人具备赔偿责任能力"作为强制对象标准是背离了强制保险制度目的的。事实上,公立与私立医疗机构只是投资主体有所不同,在有关医疗损害赔偿责任的认定与赔偿责任范围上不存在差别,在有关是否要纳入强制投保的对象范围上,不应当以是否公立为划分标准。根据2015年国家卫生计划生育事业发展统计公报中的统计数据,公立医院由2005年的15 483个逐年减少为2014年13 314个,而民营医院由2005年的3 220个迅速增加到12 546个,其中个人作为主办单位的医院有9 861个;全国的营利性医院有8 155个,非营利性医院有17 705个。医疗服务提供者是否具有独立承担医疗损害赔偿责任的能力,是是否将其纳入强制购买购买责任保险的标准;而营利性与非营利性的区分意义在于国家购买医疗责任保险是否提供补贴,非营利性医疗机构成为考量因素。

  有关"医疗责任保险是否应采用强制保险模式"的争论由来已久。2002年有学者提出"强制医疗责任保险是医疗责任保险发展取向"[①]时,就有学者认为"医疗责任保险的发展模式应当遵循市场演进规律,不宜实施强制保险模式"[②],理由是医疗机构偿债能力强,医疗纠纷诉讼中败诉率低,依靠行政力量干预医疗责任保险投保行为与行政权行使的限制要求不符,单纯靠外在强制力推动的医疗责任保险,保险需求不具备内在张力,在行政之力缺乏或疲软时,医院就不再愿意投保。

  以医疗服务主体的损害赔偿责任能力作为划分标准,以是否强制其购买责任保险划分的依据。首先,对于个人执业医师、诊所等可能存在医疗责任赔偿能力不足的医疗服务主体,应当立法强制其购买医疗责任保险;其次,对乡村卫生院、城镇社区医院等小型公办医疗机构和基层医疗院所,它们直接为附近居民提供医疗、保健和康复医疗服务,承担建立居民健康档案、健康教育、传染病报告、慢性病管理等国家基本公共卫生服务项目。但是,这些基层医疗服务机构几乎没有独立承担大额赔偿的责任能力,应当强制其购买医疗责任保险,对保险费用提供一定的财政补助支持;再次,对于具有较强的医疗损害风险责任能力的二级以及二级以上的公立医疗机构,可限定其在医疗责任保险与医疗责任风险基金中必须选择一个。《国务院办公厅关于推进分级诊疗制度建设的指导意见》中明确划分了各级各类医疗机构诊疗服务功能定位,《二级综合医院评审标准(2012年版)实施细则》规定,二级以及二级以上医疗机构的定位是"向多个社区提供综合医疗卫生服务和承担一定教学、科研任务的地区性医院"。城市三级医院的社会功能是提供急危重症和疑难复杂疾病的诊疗服务,县医院

---

① 陈玉玲.强制保险:我国医疗责任保险发展取向[J].上海金融,2002(11):31—32.
② 陈绍辉,袁杰.医疗责任保险:强制抑或自愿——现实条件下的模式选择[J].上海保险,2005(12):15—18.

主要为县域内常见病、多发病患者提供诊疗服务,对急危重症患者抢救,对疑难复杂疾病实施转诊。"县医院"是由县级政府举办的本区域内的医疗卫生中心,承担对县辖范围的居民重大疾病的诊疗服务,负责对县域内的乡镇卫生院、村卫生室的业务指导和人员培训,"县医院"的医疗服务特点是病人多、常见病多,服务收入并不比三级医院少,但是其医疗损害风险较三级医院低得多,多数的二级医疗机构具有独立承担医疗损害赔偿责任的能力,但不能因为医疗损害赔偿造成这些二级医疗机构陷入经济困境。对于在经济发达地区的二级以及二级以上医疗机构,其年均收入高达几个亿,完全具有独立承担损害赔偿责任的能力,可以不将其纳入强制医疗责任保险的投保主体范围。

二、医疗责任风险基金:医疗损害风险社会化分担备选途径

医疗责任风险基金是指预先提取或缴存一定的资金,专门用于支付医疗损害责任赔偿/补偿金。医疗责任风险基金具有一定的资金规模,满足给付患方赔偿金的资金需求,为承担医疗责任提供财务担保。根据维基百科词条查询基金一词,基金是指为某种目的而设立、实施独立核算的具有一定数量的资金。医疗风险分为医疗行为固有风险和医疗过失责任风险。医疗责任风险基金仅用于偿付医疗责任赔偿金,即应当仅限于医疗过失导致的医疗损害以及有证据证明无法判断是否存在医疗过失的医疗损害,后一种情形需由风险基金组织的特别机构通过个案认定,单纯的医疗意外伤害不应当纳入医疗责任风险基金的补偿范围。"医疗责任风险基金"不同于"农村合作医疗风险基金",后者是指专项储备资金,用于支付农村合作医疗中出现的非正常超支。[①]

我国的医疗损害风险分担机制不能以无过失补偿为基础。这是因为医疗意外的难以归责性,无过失补偿可能导致原本属于疾病本身的风险却由风险基金补偿,使得医疗责任风险基金负担沉重而难以为继,从而导致基金主要补偿医疗过失损害责任的制度目的落空,无过失医疗损害风险纳入风险基金赔偿/补偿范围还将与患者所持有的医疗保险之间形成重合保障,形成对患方的过度保护。

一般而言,责任风险基金的资金来源分为两种,一是从事风险行为的主体自提风险保证金,按比例分期存入资金至特别账户,作为风险准备金,以备支付损害赔偿。这类财务安排规模取决于潜在加害人的自有资金量,如果提取数额较大,将加重自身

---

① 根据《财政部、卫生部关于建立新型农村合作医疗风险基金的意见》(财社〔2004〕96号),各省要建立专项储备资金,用于弥补农村合作医疗中非正常超支的合作医疗基金临时周转困难等。其中非正常超支是指因当年大病人数异常增多等因素,导致按规定应由合作医疗基金支付的医疗费用大幅度增加,致使合作医疗基金入不敷出。

财务负担,反之,则有可能不足以应对责任风险。加害人的财务安排是一种自我担保,是将一次性支付大额赔偿的可能性在时间安排上予以分散化,没有实现责任风险由自己承担转向社会化分担。二是多数人组建的互助基金,由多数从事相同风险行为主体成员,按照法定/约定预先缴纳一定的资金,建立具有一定规模的基金,当某个主体成员发生赔偿责任,由基金直接向受害人支付赔偿金,再由该主体成员逐年返还给基金。多数人组建的互助基金,实现多数人同质化危险主体之间分担风险,参加互助基金的人数越多,责任风险社会化分担程度就越高,互助基金资金池规模越大,并且基金管理规范运行,则基金提供财务担保的安全性就相应地提高。

通过责任风险金形式提供的担保,可以区分为强制担保与任意担保。强制担保是指依据法律规定从事具有一定风险的行为主体,必须事先自备或缴纳一定数额的资金,用于担保将来可能发生的赔偿责任。多数国家对从事高度危险活动的经营性主体,立法强制其参加强制保险或者提供财务担保。任意担保是指由从事具有一定风险的行为主体主动缴存一定数额资金,以备承担赔偿责任之资金需求。任意担保是行为主体主动的风险管理方式。

在我国,有诸多省市政府颁布的有关医疗纠纷预防与处理的规范性文件,要求二级以上医疗机构应当参加医疗责任保险,没有参加医疗责任保险的医疗机构,应当以县市级为统一管辖范围,建立医疗责任风险基金。新闻媒体将建立医疗风险基金制度作为一种社会管理创新形式予以报道。① 如浙江省天台市《天台市医疗纠纷预防与处理办法》规定,全县各乡镇(街道)卫生院以上医疗机构每年按比例缴纳风险金,统一管理和统筹使用。南昌市湾里区建立首个乡村医生医疗责任风险基金,由医生申请资助,减轻医生的医疗损害赔偿责任,有效化解村级医疗机构的医疗风险,促进农村医疗服务体系完善。② 河南省洛阳市自2009年起开始实施市级统筹的医疗责任风险金制度,2012年推广至河南省全省实施,颁行《河南省医疗责任风险金管理办法(试行)》,建立医疗责任专项储备金,由省财政厅和卫生厅负责日常监管,基金款项用于支付医疗机构因医疗纠纷产生的医疗赔偿或补偿。三级医疗机构缴纳风险金比例为年医疗收入的千分之二,二级及其他医疗机构缴纳风险金比例为年医疗收入的

---

① 李晓雅.各地试点基层医疗风险基金,基层医护人员不再为纠纷赔偿担忧[N].中国社区医师,2011-5-6(25).
② 黄仕琼.村医医疗风险基金值得推广[N].南昌日报,2015-10-8(3).

千分之三,提取6%用于医疗纠纷案件调查等法律费用和管理费用。海南[①]、江苏[②]等省市试点基层医疗机构医疗风险基金,专用于支付医疗损害赔偿金,其中医患协商协议、调解协议以及法院调解或者法院判决都可以作为支取赔偿金的依据。基金筹集由政府财政提供补助、医疗机构医疗收入计提一定比例风险金、医护人员年基本金组成,计提比例采用固定区间,实施降低或提高风险金计提比例的奖优罚劣办法。医疗风险基金实行地区市级集中管理、统筹使用、专款专用,结余部分结转下年度使用,不足部分及时补充,接受省财政厅和卫生厅监管,基本账户在卫生管理部门。

在全国范围内,有的医院建立了院内医疗安全风险金制度[③],并且取得一定成效。医疗机构自建院内医疗安全风险金是指由医院和医护人员按照一定比例缴纳、统一管理、统筹使用的院内互助共济资金安排。如2004年起,上海市长征医院实施院内的医疗风险基金制度收效良好[④],江苏省人民医院通过医院职工代表大会审议通过并开始实施院内医疗安全风险金制度[⑤]。实施院内医疗安全风险金制度的主体是单个的、独立的医疗机构,不同于由多家医院联合组建的风险基金,院内医疗安全风险金在医院财务会计制度中设计为"医疗风险基金"二级科目,计提比例为不超过医院当年收入的千分之一至千分之三,设专户管理,列明各科室明细账目,便于医院定期分析赔偿数额以及计提与实际支出差额,医院对于没有发生医疗赔偿的科室降低下一年度计提比例,剩余资金结转下一年度,对于发生赔偿的科室则提高下一年度计提比例,以此发挥风险金在促进医院风险管理中的作用。[⑥]

医疗责任风险基金不同于医疗机构的院内医疗安全风险金。表现为:(1)前者是不同的医疗机构成员共同建立的资金池,加入基金的各成员具有风险同质性,一般不会同时发生医疗损害赔偿责任。[⑦] 后者是医疗机构的内部风险管理制度,医院对外

---

① 如《海口市基层医药卫生体制综合改革实施方案》明确,市财政每年安排不低于市政府举办的基层医疗卫生机构总收入的1%作为基本医疗风险基金,专门用于支付基层医疗机构购买医疗风险保险的支出或实际发生的医疗事故赔偿。

② 如《江苏省洪泽县镇村医疗机构风险基金管理办法》。

③ 目前学界和实践中,对于医疗机构内部建立的医疗安全风险金的名称使用上没有形成统一,有的称之为医疗风险基金,还有的称之为医疗安全风险金。

④ 周俊,唐晓峰,蔡剑飞,等.我院设立医疗风险基金的做法和体会[J].中国医院管理,2004(12):20.

⑤ 王启辉,王晓东,汤建平,等.医疗安全风险金制度的探讨[J].江苏卫生事业管理,2011(1):90—92.

⑥ 何理寒.对新医院会计制度下"医疗风险基金"科目的思考[J].江苏·商论,2014(5):221—221.

⑦ 医疗纠纷个案中,可能发生两个或多个医疗机构的共同侵权行为,各医疗机构分别按比例对医疗损害承担侵权责任。

(患方)的侵权责任与医院对内(医护人员)的管理奖惩是两个不同的法律关系,从医护人员的工资收入报酬中扣除部分资金作为医疗安全风险金,在资金筹集和使用方面既要符合劳动合同法、劳动工资支付的相关法规规范,还要符合医院内部的医疗风险管理制度要求。(2)前者是用于承担医院作为基金单位成员的医疗损害的全部赔偿金,后者是由医疗机构支付全部赔偿金之后,按照院内风险管理规定由医护人员承担不超过30%的部分支付。

医疗机构的院内医疗安全风险基金不是医疗损害风险社会化分担的可选路径。医疗机构的院内医疗安全风险金本质上是医院风险管理中的内部财务担保,没有实现医疗损害风险的社会化分担。有学者指出,院内医疗安全风险金实施中存在资金来源单一、医护人员风险意识薄弱、责任认定模糊等问题,需要在组织管理、财务管理、院内风险管理等方面作出改进;[①]院内医疗安全风险金应结合医院财务管理,实施监督考核机制,增强医院风控能力;[②]单靠提取医疗安全风险金不足以转移医疗机构的责任风险,应当在医疗安全风险基金之外,专设医疗责任保险,尤其是对高风险的医疗活动通过责任保险分担损害赔偿责任。[③] 医疗机构的院内医疗安全风险金是其实施风险管理的具体行政措施,可能发生与劳动合同纠纷交叉的问题,有的医院要求医护人员续职时交纳医疗安全风险金,否则按辞职处理,为此曾发生劳动争议诉讼,法院认定医院"强配"风险金的行为,在性质上属于强制劳动者缴纳劳动合同保证金的行为,不符合《中华人民共和国劳动合同法》的相关规范。

医疗责任风险基金不同于医疗责任保险。表现为:(1)前者实为承担民事赔偿责任的财务担保,在没有发生医疗损害赔偿责任时,该担保金没有被使用,可以按约定递转到下一个年度,实质上激励医院不断提高医疗风险管理水平,实质性地减轻医院财务支出;后者属于保险范畴,保险合同为射幸合同,即使合同期内没有发生保险事故,保险费作为射幸合同的对价也不退回给投保人。(2)财务担保的范围不同。医疗责任风险金的补偿范围宽于医疗责任保险,对于责任难以界定、经医患协商愿意由医疗服务提供者承担损害风险的,都予以适当补偿;而医疗责任保险理赔的前提是必须认定医疗行为构成侵权赔偿责任。(3)资金的所有权归属不同。前者资金所有权归属于基金团体成员,后者保险费收入归属于保险公司。(4)理赔程序和要求不同。前者依据基金规定及时赔付,后者依据保险合同约定,损害发生数额高于一定数额(通常是2万)时,保险公司要求投保人必须提供医疗损害责任鉴定意见,对医患而言均

---

① 郭雯雯.浅议医疗风险基金的共担机制[J].经济师,2014(6):274—275.
② 武敏.医疗风险基金在医院财务管理中的应用[J].中国医院管理,2011(11):67—68.
③ 谢曼霞.建立医疗风险基金防控医疗纠纷[J].现代经济信息,2015(10):55—58.

存在较长等待期间。(5)缴费依据和比例不同。前者依据医疗机构等级和医疗收入按比例缴纳,考虑到了医疗机构的不同等级和收入差别,续缴数额与是否用尽已缴存的数额相关;后者按照医疗机构等级和医护人员人数缴纳,保费测算工具比较粗略,续保与赔付情况密切关联。医疗责任风险基金制度比医疗责任保险制度具有一定的优越性,表现为:(1)前者的保障覆盖和保障程度优越于后者。(2)前者的费用低于后者。有学者对洛阳市部分医疗机构参加医疗责任风险金与责任保险的费用测算进行比较,结果发现有7家医疗机构测算的保险费高于其缴纳的医疗责任风险金。(3)前者的医疗损害赔偿的时间上短于后者。尤其是在严重医疗损害和巨额索赔案件上,后者的平均时间是前者的10倍。[①]

医疗责任风险基金能够实现医疗损害足额补偿与医疗风险管理的统一,起到政府与医疗服务提供者和患者之间的沟通桥梁作用。医疗机构之间需要组建基金组织,才能够对医疗损害责任风险预防与处理更为专业化,可以通过开展医疗风险管理与教育,发挥基金组织的专业特长。而当前的医疗责任风险基金至多是一个资金协管平台,有待组织完善。

三、超额补偿基金:与出生有关的医疗损害风险社会化分担途径

在普遍建立医疗责任保险制度的基础上,尝试建立与出生有关的医疗损害补偿基金制度。一般人认为生孩子不同于生病住院治疗,没有产生医疗风险的心理准备,一旦产妇伤亡、新生儿窒息、产伤等损害,容易引发医疗纠纷。事实上,医学进步降低生育风险,但其中还是有无法避免的损害风险、难以厘清的医疗过失责任是否成立。无论在域外还是在域内,由于与出生有关的神经损害原因十分复杂,因而在诊疗行为与损害之间的因果关系判断上具有不确定性,医患各方都很难完成存在因果关系优势证据的证明。出生过程中的神经损害一般会带来患儿严重的身体损害和残疾、智力低下、生活不能自理,这些患儿没有医疗保险保障,给患儿家庭带来沉重经济负担和精神压力。当前我国的产科医疗服务需求与相应的医疗服务供给之间存在差距,孕妇产前保健期间就开始寻找合适的医疗机构生育,妇幼医院可谓一床难求,妇产科医院和医师愿意从事产前保健却不愿意接生的现象比比皆是,适逢国家实施全面的二孩生育政策,产科医疗服务供不应求、产妇儿科"一床难求"的状况更加严重。孕妇保健和生育是乡镇卫生院和县级医院的常见医疗服务需求,国家有责任保障民众的基本医疗服务供给,为鼓励医师从事产科医疗服务,需要建立基金用于分担与出生有关的医疗损害赔偿。根据域外与出生

---

① 苏占伟.医疗责任保险和医疗责任风险金模式比较研究——以河南省为例[J].金融理论与实施,2015(5):80—85.

有关的医疗损害补偿基金和患者损害超额补偿基金的经验,对于超过一定数额与出生有关的医疗损害赔偿责任,由基金予以补偿,今后可以根据国家经济发展状况逐步试点扩大至麻醉医疗损害、外科手术损害等风险社会化。

四、人身意外伤害保险:医疗损害风险社会化分担补充来源

鼓励患者购买人身意外伤害保险,作为医疗损害风险社会化分担的补充来源。当前,鼓励患者购买人身意外伤害保险具有一定社会基础。中国人有喜好祝福、忌讳言称疾病灾难的传统,患者和家属在接受手术之前不乐于听到所谓不好的"预言"。随着现代社会经济发展,机动车保险的普及,社会公众开始接受保险文化和逐步理解保险的涵义及其功能。

设计提供分散医疗意外的保险产品,有利于患者接受诊疗方案风险告知后的决策。获知诊疗风险、自主决定是否接受拟实施的诊疗方案,是患者的基本权利,也是医护人员应尽告知义务。根据《侵权责任法》第55条、《中华人民共和国执业医师法》第26条以及《医疗机构管理条例实施细则》第88条等,实施手术、有创伤性的检查和风险较大的诊疗活动,医护人员必须如实、完整地向患者说明诊疗风险和替代医疗方案,取得患者的同意。诊疗活动中的知情同意环节,医护人员完全可以建议患者购买人身意外伤害保险。但是,根据原卫生部《关于医疗机构不得宣传、推销和代售麻醉意外险等保险产品的通知》,虽然很多医院意识到手术意外保险是一种好的医疗风险分散方式,但是迄今为止,医疗意外保险的推进工作仍旧步履维艰。反之,北京阜外医院试点的心脏外科手术意外保险、神经外科意外险、介入诊疗险、母婴安心险,都为急需等待手术的患者提供了社会化分担医疗意外损害风险的途径。

患者人身意外伤害保险,是指由患者及其家属投保,对患者在诊疗过程中发生的人身损害给予理赔的保险,下文简称"患者医疗意外人身险"。目前可查到的有安邦财产保险股份有限公司的患者医疗意外伤害保险条款[安邦(备案)〔2009〕N39号],保险责任是医疗意外或者医疗事故身故保险金、残疾保险金。责任免除的主要情形有:疾病自然转归、治疗无效;正常诊疗中的不良反应与并发症;分娩前婴儿自身存在严重疾病或缺陷造成的损害后果;患者及其家属与有过失;感染艾滋病等。有关保险金和费率的主要约定有:门诊患者保险费1元/份,保险金1万元/份;住院患者保险费20元/份,保险金1万元/份;心脏手术、开颅手术、胸椎和颈椎手术、化疗以及年龄在65岁以上住院患者保险费50元/份。中国人寿财产保险股份有限公司推出有《中国人寿财产保险股份有限公司手术麻醉意外伤害保险条款》[国寿产险(备案)〔2009〕N152号],对3岁—70岁的在保险人指定的二级和二级以上的医疗机构接受手术需要被实施麻醉的患者提供保险,患者因麻醉意外导致身故或者残疾的,给予保险金赔付。此外,还有母子平安险医疗损害风险的保险产品。

患者人身医疗意外保险不同于中国保险监督管理委员会审定的中国人民财产保险股份有限公司医疗责任保险条款(2009年版)的附加险中的"医疗意外险",表现在:(1)分属不同的保险类别。前者属于人身保险,适用保险法之人身保险规范调整;后者作为医疗责任保险主险的附加险,归属于财产保险中的一种,适用保险法之财产险规范调整。(2)投保主体不同。前者投保主体为患者及其家属,后者投保主体在实践中为医疗机构。(3)保险的目的不同。前者为患者自购保险分散损害风险,与医疗服务提供者之医疗损害责任认定与赔偿责任之承担没有直接关系。后者在理论上不适用于客观事实无法界定是否有医疗过失、不能简单根据举证责任分配规则分配不利后果时,通过保险为患者的医疗损害分散风险的实践做法。严格说来,认定医疗侵权责任是要在客观事实证据基础上进行法律判断,客观事实仍然无法界定医疗损害的原因和责任归属的案件是存在的,亟需法律政策指引,如此情境下医疗损害分担机制将起到社会化分担风险的目的。

鼓励患者在接受高风险医疗手术前投保人身意外保险,保险受益人为患者本人或家属,医护人员宣传介绍保险产品的行为不是保险中介服务,而是为患方投保提供专业意见。一旦发生医疗损害,即使构成医疗侵权,患方获得人身意外保险理赔的同时,不因此抵减医方赔偿责任,换言之,允许患方获得多个平行来源的赔偿,充分发挥各类不同保险分担医疗损害风险的功能。

第三节 医疗损害风险社会化分担模式构建的数据分析

一、医疗服务提供者责任能力与强制保险关系

中小型医疗机构和个人独立执业医师的损害赔偿责任能力较低,应当通过立法强制其参加医疗责任保险,以补强其责任能力。中小型医疗服务提供者,在类型上包括自有资金低于百万元的医疗机构、服务于基层的医疗院所和执业医师、乡村医师等。我国的新农合参保病患收入普遍低,尤其是居住在农村偏远山区交通不便的患者,平时自感身体不适一般也不舍得花钱就医,熬到疾病发展到严重程度时才去县城二级医院就医,这种现象普遍存在。根据国家卫生资源规划和分级诊疗布局,2014年全国有三级医院1 954个、二级医院6 850个、一级医院7 009个;基层医疗卫生机构数中公立491 885个、非公立425 450个(其中个人主办的有328 665个);全国医疗机构总数917 335个,其中卫生院37 497个(占全国医疗机构数比例4%,其中街

道卫生院595个,占卫生院数的比例2%,乡镇卫生院35 902个,占卫生院比例96%)。村卫生室645 470个(占全国医疗机构数70%)。可见,占据全国医疗机构数70%的农村卫生室和占据全国医疗机构数4%的卫生院(主要是乡镇卫生院)是我国医疗服务的机构主体,这些广泛分布于居民生活区的小型医疗机构、乡镇卫生院、卫生室接诊的主要提供慢性病和大病住院后的康复治疗。

基层卫生医疗机构无法独立承担侵权责任。根据《2015年中国卫生统计年鉴》制作表4,由表4可见,2014年乡镇卫生院平均的医疗收入302.5万元(含药品收入152.3万元),大部分收入来自财政补贴217.9万元。扣除支出,平均净收入为18.8万元。可见,从统计数据而言,乡镇卫生院如果遭遇大于18.8万元的医疗损害赔偿责任,是无法独立承担责任的,财政补助有可能成为其责任承担的资金来源。依据《乡镇卫生院管理办法(试行)》规定,乡镇卫生院的年度收支预算由县人民政府卫生行政部门审核汇总后报财政部门核定。乡镇卫生院的收入用于支付医药费、材料费和人员工资后,只要发生一个赔偿金额几十万或者几个累计赔偿金额超过几十万的医疗损害赔偿,乡镇医疗卫生院就会没有财力独立负担。乡村医师是亿万农村居民健康的守护者,农村医疗服务的公平性、可及性依靠乡村医师提供服务,乡村医师的收入和养老保险等保障亟需提高,为此国务院专门提出要增加财政补助、保障乡村医师合理收入①,乡村医师几乎不可能有财力自己承担赔偿责任,对于不幸的对患者而言,有可能赢了官司却难得到赔偿。基层医疗机构和医护人员财政补助是采取专项拨付或逐年偿付方式,县级政府财政用拨付资金赔付患方,将导致公共医疗卫生投入减少,不利于多数患者健康利益保护。因此,应当立法强制各类基层医疗服务提供者参加医疗责任保险。

表4 2014年乡镇卫生院收入、支出及病人医药费用表

单位:万元

指标	平均每院总收入 540	平均每院总支出 521.2	平均净收入 18.8
指标名称	医疗收入 302.5 其中:药品收入 152.3 财政补助收入 217.9 上级补助收入 7.8	医药卫生支出 500.4 其中:药品支出 140.9	平均人员经费 209.8

二、农村基层医疗服务提供者责任保险与风险基金补贴

国家应当对于农村医疗服务提供者的医疗责任保险费用提供补贴或负担相关费

---

① 参见《国务院办公厅关于进一步加强乡村医生队伍建设的实施意见》(国办发〔2015〕13号)的相关条文规定。

用。根据2015年国家卫生统计年鉴数据,基层医疗卫生机构人数中的卫生院人数为284 165人(其中街道卫生院2 301人、乡镇中心卫生院127 012人、乡卫生院154 852人)、村卫生室18 544人、门诊部39 297人、诊所93 892人、卫生所22 122人。据此,"每千人卫生技术人员数",农村(包括县以及县级市)的执业(助理)医师1.51人,注册护士1.31;城市(直辖市和地级市)的执业(助理)医师3.54人,注册护士4.30人。这充分表明城市和农村卫生技术人员的分布差距较大,进一步要注意的是,农村卫生技术人员统计范围包括了每县、每千农业人口乡村医师和卫生员1.21人。根据《2015年国家卫生计划生育事业发展统计公报》中的表2-8-2"村卫生室人员数"制作表5。由表5可见,2014年村卫生室执业(助理)医师有304 343人、注册护士97 864人、乡村医师985 692人,其中村办和乡卫生院设点占比为执业(助理)83%、注册护士93%、乡村医师67%,联合办与私人办占比为执业(助理)14%、注册护士5%、乡村医师25%。按照我国2015年人口普查中乡村常住人口6.1 866亿人(占据全国人口总数13.73亿中的45%)计算,每千名农村常住人口中在村卫生室工作的执业(助理)医师为0.492人、注册护士0.02人、乡村医师1.59人,这些医护人员他们成了为农村人口提供医疗服务的主要承担者,常年为农村(尤其是居住于边缘山区、海岛、人口稀少的地区)常住人口提供基本医疗服务,承担着实现国家为公民提供医疗服务的国家责任。如果诊疗行为导致患者损害,应当由国家采取积极经济政策给予扶持,无论是否这些乡村卫生室的医护人员是在联合主办或者私人主办抑或是村办、乡卫生院设点,只要是实际为农村常住人口医疗服务中发生的诊疗过失责任,其投保医疗损害民事赔偿责任保险应当给予承担或者财务补助,以维持这些人员愿意和能够长期

表5 全国村卫生室人员数

年或主办单位	人员总数	执业(助理)医师	注册护士	乡村医生	卫生员
2006年	1 020 395	103 863	—	864 168	52 364
2010年	1 292 410	173 275	27 272	1 031 828	60 035
2011年	1 350 222	193 277	30 502	1 060 548	65 895
2012年	1 371 592	232 826	44 347	1 022 869	71 550
2013年	1 457 276	291 291	84 922	1 004 502	76 561
2014年	1 460 389	304 343	97 864	985 692	72 490
村办	690 943	87 044	11 307	554 279	38 313
乡卫生院设点	361 740	164 556	79 320	110 366	7 498
联合办	75 191	10 611	1 305	59 217	4 058
私人办	241 606	30 662	3 952	191 639	15 353
其他	90 909	11 470	1 980	70 191	7 268

在农村基层提供医疗服务。

按照全国卫生技术人员中乡镇中心卫生院 127 012 人和乡卫生院 154 852 人(合计 281 864 人)计算,其中由个人主办的医疗机构中,乡村医师和卫生员合计 206 992 人,2014 年全国总诊疗人次为 760 186.6 万人次,其中乡镇卫生院、村卫生室的诊疗分别是 102 865.9 万人次和 198 628.7 万人次,全国的医师日均担负诊疗人次平均为 8.6,而乡镇中心卫生院和乡卫生院的医师日均担负诊疗人次分别为 9.3 和 9.7,都高于全国平均水平。可见,这些乡镇卫生院及其派驻进村的医师成为农村人口医疗服务的主力军,乡村医师工作强度大,出诊到患者家中时跋山涉水的路途时间都远没有计算在内。按照我国 2015 年人口普查数据分析,乡村常住人口 61 866 万人,城乡人口和卫生技术人员配比的对比可知,坚守在农村的卫生技术人员为广大农村(尤其是居住于边缘山区、海岛、人口稀少的地区)常住人口提供基本医疗服务的任务非常艰巨,如果发生医疗损害赔偿案件,应当由国家采取积极的财政经济政策给予扶持,无论这些乡村医师和卫生员是服务于个人主办诊所还是公立医疗机构,只要是实际为农村常住人口服务医疗技术人员,对于其投保的医疗损害民事赔偿责任保险费用,都应当给予财务补助或全额财政拨付,支持这些医疗技术人员在农村基层提供医疗服务,确保农村人口医疗服务需求的供给,这原本是国家实现维护公民健康权的责任。

三、二级以上医疗机构参加医疗责任保险或责任风险基金

多数情形下二级以及二级以上医疗机构能够独立承担医疗侵权损害赔偿。根据我国医疗卫生资源规划分布,每个县级人民政府所在地都设立了县人民医院和县中医院。根据《2015 年医疗卫生统计年鉴》数据制作的表 6 可见,不同等级医院收入差距较大,二级医院平均年收入①达到上亿元(平均 10 153 万元),医疗收入占其收入 88.37%,财政补助占其收入 9.69%,业务总成本支出为 7 923 万元,扣除医疗费用支出成本之后,其经济收益较好,具有足够的赔偿责任能力支付医疗损害赔偿。三级医疗机构年收入平均达 66 383 万元,且医疗收入占总收入 91.38%,总费用 63 152 万元,二者相差 3 231 万元。因此,一方面,三级医院具有更强的创收能力和独立承担侵权赔偿责任能力;另一方面,三级医疗机构的诊疗项目通常具有高风险性,一旦发生多个相同或者近似群体医疗损害诉讼案件,将给医院带来巨额赔偿责任。例如,

---

① 医疗收入指医疗卫生机构在开展医疗服务活动中取得的收入,包括挂号收入、床位收入、诊察收入、治疗收入、药品收入、护理收入、其他收入等;医疗业务成本/医疗业务支出是指医疗卫生机构开展医疗服务及其辅助活动发生的各项费用,包括人员经费、固定资产折旧、提取医疗风险基金等;人员经费包括工资、津贴、社会保险缴费等。

表6　2014年三级医院收入与支出

医院分类 收入成本指标	公立医院	三级医院	二级医院	一级医院	政府办医院
机构数（个）	12 897	1 833	5 854	2 630	9 446
平均每所医院收入（万元）	14 610	66 383	10 153	1 128	18 830
医疗收入（占总收入比）（万元；%）	13 149 90.00%	60 658 91.38%	8 972 88.37%	916 81.21%	16 923 89.87%
财政补助收入（占总收入比）（万元；%）	1 126 7.71%	4 117 6.20%	984 9.69%	171 15.16%	1 493 7.93%
平均每所医院总费用（万元）	13 940	63 152	9 740	1 085	17 933
医疗业务成本（占总费用比）（万元；%）	11 597 83.19%	53 540 84.78%	7 923 81.34%	761 70.14%	14 991 83.59%
财政项目补助支出（占总费用比）（万元；%）	467 3.35%	2 027 3.21%	313 3.21%	61 5.62%	622 3.47%
门诊病人次均医药费（万元）	221.6	269.8	176	125.3	222.9
住院病人人均医药费（万元）	8 290.50	12 100.50	5 114.60	3 737.10	8 352.70

2016年4月发生的71名患者因使用有问题的全氟利丙环发生视网膜毒性反应[①]，江苏省南通大学的附属医院作为医疗机构，被26名因使用有问题的眼用气体导致损害的患者提起集体诉讼，以每个患者赔偿62万元计算，21个患者赔偿数额合计达到上千万元，尽管问题眼用气体的生产单位天津晶明新技术开发公司作为共同被告，但是被告医院需要首先拿出上千万元的赔偿款[②]。同时，北京大学第三医院也是因为使用该问题眼用气体致18人单眼盲而被诉。试想：天津晶明新技术开发公司资金账户已被冻结，已经没有能力承担全部责任?[③] 2006年曾在全国引起高度关注的"齐二

[①] 国家卫计委.71名患者发生严重眼用气体视网膜毒性反应 已派专家赴医院会诊[EB/OL].[2016-07-10].http://news.cri.cn/20160415/aee5ec99-afdb-b331-956f-c0fe8a401c98.html.

[②] 南通"问题气体"致盲事件续：21名患者索赔逾千万[EB/OL].[2016-07-10].http://news.btime.com/china/20160715/n302417.shtml.

[③] 刘灿邦,赵天宇.江苏眼用问题气体致失明生产公司资金账户被冻结[EB/OL].[2016-07-10].http://news.163.com/16/0410/22/BKATQS4500014AEE.html.

药"案件,广州市中山三院最终无法向厂家追偿,成为实质意义上的责任承担者①。伴随医疗器械升级、新药、新技术的推广使用,高额医疗赔偿责任风险将会越来越多。这类与产品责任相关联的案件,在案件审理过程中,患者起诉案由选择"医疗损害赔偿责任"的,医院不得不先行承担医疗损害赔偿责任。

四、与出生有关的医疗损害赔偿案件与妇幼医疗服务保障

与出生有关的医疗损害风险十分巨大。根据《最高人民法院关于审理人身损害赔偿案件适用法律若干问题的解释》,对于活着出生的新生儿的残疾赔偿金和护理费等都按照 20 年计算,这类医疗过失造成的损害赔偿责任也比一般案件高出许多,下文以医疗过失导致新生儿脑瘫赔偿为例说明之。案件来源于北大法意的案例数据库、中国法院裁判文书网数据库和无讼案例数据库中检索结果,检索期间设定为 2000 年 1 月至 2014 年 12 月,案由为"民事经济——侵权责任纠纷——医疗损害责任纠纷",检索关键词为"医疗损害"以及"全文"中有"脑瘫""分娩"词组,在得到的全部结果中剔除案件资料重复和程序性裁定文书,获得有效研究数据裁判书 102 个。② 由表 7 可见:有 3 个是主张后续治疗费、1 个主张残疾赔偿金、1 个出生后 1 小时死亡进而不具有原告资格被驳回诉请、1 个是新生儿自身低体重(2 350 克)先天畸形至重度窒息死亡不予赔偿、1 个因诉讼时效届满被驳回起诉、3 个被认定不满足侵权构成要件(无过错、无因果关系)不支持诉请,剩余的 92 个都是涉及出生医疗损害发生脑部损害甚至脑瘫的首次索赔案件。与出生有关的医疗损害案件,患者获得赔偿的比率为 94.12%。不能获得赔偿的主要客观原因是新生儿低体重、先天疾病以及患儿出生不久死亡。数据采集以医疗机构类别、司法鉴定结论、医疗事故鉴定、赔偿项目与数额、伤残等级等归类,分析数据结果是:(1)与出生有关的患儿损害原因:一是与产妇和胎儿状况相关。怀孕和生产过程中发生脐带绕颈、胎儿宫内窘迫、早产或难产,低体重儿等;二是可归责与诊疗过失。产程中催产素使用不当、胎心监护操作不规范、产程处理不当、新生儿窒息抢救复苏不力等。(2)新生儿致残比例高、重度残疾多见,尤其是视力、智力和肢体活动残障同时存在的情形,患儿对护理依赖程度高。因为患儿处于身体发育期间,对其语言、智力等状况评价要等到合适的年龄阶段,诸如智力鉴定需要在年满 7 周岁之后进行,因此,92 份判决书中,有 63 例作出伤残等级鉴定

---

① 齐二药事件:齐齐哈尔第二制药有限公司用假丙二醇为辅料制售假药"亮菌甲素注射液",导致多名患者肾功能衰竭的死亡,中山三院成为被告,被索赔达 2000 万元,而齐齐哈尔第二制药有限公司因生产多种假药被停产,根本无力承担赔偿责任。http://baike.so.com/doc/5593732-5806332.html#5593732-5806332-1,2013-12-12.

② 见附录 2"102 个与出生有关的脑瘫医疗纠纷案件索引简表"。

（其他没有作出伤残等级鉴定并不是患者没有伤残）。残等分布情况见表8,一级伤残至五级伤残的比例小计90.48%,六级至八级的不需要护理依赖的占比为4例,占比6.35%。换言之,90.48%的残疾患儿都需要护理,其中严重一级、二级伤残患儿需要2个人的完全护理。可见,一旦有家庭有脑瘫患儿,父母中必须有一人全职在家护理残疾孩子。(3)赔偿数额高。赔偿项目中包括医疗费、交通费、后期康复费、后期护理费、鉴定费、营养费等,其中,后期康复治疗与护理费用占赔偿总额的比重较大。(2014)徐民一(民)初字第8567号案件,被告承担70%的责任,需要支付康复费和交通费,患者对发生在2013年7月6日至2014年7月28日脑瘫肢体综合训练费用诉至法院,被告实际要承担医疗费26 512.29元、交通费8 000元,根据专家建议,后续治疗期间为18年,由此,估计后续治疗费用至少62万元。一般涉及人身损害残疾案件,在计算损害赔偿项目以及数额时,只计算到作出裁判之日特定时点的损失。至于后续治疗费用需要根据实际发生情况另案主张。如果患者发生残疾,一是先行支持患者所要求的医药费和3—6年的后期治疗费用,等到患者年满6周岁时,方可进行残疾等级鉴定之后,再行另外主张残疾赔偿金和后续治疗费用。二是一次性计算残疾赔偿金之后,患者仍然需要按照医学建议支付维持现有身体状况的治疗费用和康复费用。所以,在102个脑瘫医疗损害索赔案件中,从表7中可见,涉及再次起诉索赔后续治疗费、护理费、残疾赔偿金的案件有4个,占比3.92%。对于医疗服务提供者而言,如果有与出生有关的医疗损害风险补偿基金的支持,可以避免基层医疗服务机构因为一次性被判决赔偿数额太高而陷入经济困境。

表7　102个与出生有关的脑瘫医疗纠纷案件赔偿情况

分类	情形	案件数	百分比
赔偿	首次索赔	92	90.20%
	再次索赔-后续治疗费	3	2.94%
	再次索赔-残疾赔偿金	1	0.98%
小计		96	94.12%
不赔偿	无过失或者不存在因果关系	3	2.94%
	诉讼时效届满	1	0.98%
	主体资格不符	1	0.98%
	低体重先天畸形（出生后死亡）	1	0.98%
小计		6	5.88%
合计		102	100%

表8 102个与出生有关的脑瘫医疗纠纷案件伤残等级情况

伤残等级	数量	百分比	残疾等级百分比(63人残疾)
一级	26	25.49%	41.27%
二级	9	8.82%	14.29%
三级	13	12.75%	20.63%
四级	5	4.90%	7.94%
五级	4	3.92%	6.35%
(一至五级小计)	57	55.88%	90.48%
六级	2	1.96%	3.17%
七级	1	0.98%	1.59%
八级	1	0.98%	1.59%
(六至八级小计)	4	3.92%	6.35%
其他残疾	2	1.96%	3.17%
(残疾数小计)	63	61.76%	100%
不清楚	39	38.24%	—
合计	102	100.00%	—

新生儿脑瘫医疗损害争议案件的鉴定意见中常见用语,有"医方对患者出生过程中的临床观察欠仔细全面、病历记录不完整、书写不规范,新生儿出生后没有早发现颅内出血,导致对新生儿的治疗有所延迟,存在过失。上述过失与患者脑性瘫痪结果之间具有一定因果关系"。对于患儿重度脑性瘫痪后遗症构成一级或者二级伤残,完全护理依赖长达20年计算,20年之后的后期医疗费不能明确。临床治疗中,0岁至6岁为脑瘫、智力低下患儿治疗最佳时期,需要进行粗大运动、精细运动、语言、早教等康复训练,并进行推拿、针灸、药物等治疗。一级伤残,完全护理依赖,需2人护理。残疾赔偿金暂时按照6年计算。在6岁后根据康复结果重新进行评定。长期用相关药物以控制婴儿痉挛症;继续进行肢体、语言康复训练;定期进行脑电图、血尿常规等检查。在有关脑瘫的后期治疗中,经常可见关于神经干细胞移植治疗项目评价,该种治疗方法属于第三类诊疗技术,属于技术安全有效性不确定、需要国家特别审批的诊疗项目,将这类诊疗项目所需要的费用计入后期治疗费用,应当谨慎。有的法院认为"幼儿父母作为医学知识缺乏的普通人,面对束手无策的脑瘫患儿,基于对中国人民解放军海军总医院的专业信赖,应当支持患者到这些医院接受神经干细胞移植的费

用",由此计算得出了高达几十万元的后续治疗费。① 也有的法院认为原告要求一次性支付20年护理费、营养费,法院考虑上述费用实际尚未发生,且上述费用的支付又以原告的实际生存年限为依据,故判令由被告每年支付原告护理费、营养费为宜,最长以20年为限。如(2013)常民四终字第97号案件的赔偿数额1 580 632.34元,是102个脑瘫案件中赔偿数额最高的,366 549元为首期一次性支付,余款按逐年支付的方式履行,其中康复费和护理依赖费是按照20年计算,该笔赔偿是逐年有医院支付,累计计算时间长达20年。被告为湖南省常德市第二人民医院,是一家具有二级甲等资质的综合性医院,具备履行判决的能力。但是,在(2010)雨民初字第382号案件,赔偿额为1 074 224元,第一被告湖南省双牌县江村镇中心卫生院承担赔偿责任②,第二被告湖南省儿童医院不承担赔偿责任。该案件中对患者的赔偿项目中后期康复费、后期护理费占总赔偿额的权重比分别约为41%和40%。还有一些案件是在患者获得赔偿之后,患者对后续治疗再行多次起诉,赔偿数额年均大约8万元,如沈中少民终字第00053号案件,患儿2008年11月在其母自然分娩中发生重度窒息缺氧引起脑损害,鉴定为一级伤残。2010年患者起诉,医院涂改病历被推定过错承担全部责任,2012年医院赔偿患者1 138 344.7元,18个月之后,患者又提起诉讼主张后续治疗费108 177.42元和残疾器具费用6 356元。一般地,根据医学建议脑瘫患儿学龄前进行康复医疗,每年需要的医疗费约8万元,以六年计算,康复费用赔偿约48万元。又如(2014)穗海法少民初字第123号案件,患儿2007年在出生过程中遭遇医疗损害事故,构成二级乙等医疗事故,医院负主要责任,法院认定医院承担90%的责任赔偿,此后2年内患者又两次起诉索赔医药费、康复费、陪护费。残疾患儿生存期间不单是生活费用增加,而且随着其年龄增加、体重增大,照顾难度增加,其家庭成员的负担与日俱增,对家庭成员的感情伤害长期持续。

与出生有关的医疗损害造成重度残疾的赔偿项目计算数额很高。以二级伤残脑瘫患儿为例,赔偿项目中的护理费和残疾赔偿金相对较高,假设二级伤残患儿的护理依赖需要1人(通常需要1.5人)来按20年计算,按照每天护理费80元为标准,20年的护理费为58.4万元,如以城镇单位就业人均年度工资(2014年)56 360元为标准③,20年的护理费为112.72万元;残疾赔偿金按照上一年度城镇居民人均消费性

---

① 见(2011)苏民再终字第0002号民事判决书。

② 双牌县人民政府双牌县江村镇中心卫生院简介[EB/OL].[2016-3-16].http://www.sp.gov.cn/spxxgkpt/xwsj/jgzn/jgzc/content_18641.html.初步可以判断107万的赔偿对于村镇卫生院来说数额巨大。

③ 中华人民共和国国家统计局数据:城镇单位就业人员平均工资表[EB/OL].[2014-03-16].国家统计局网站.http://data.stats.gov.cn/easyquery.htm? cn=C01&zb=A0A03&sj=2014.

支出或农村人均年生活消费性支出标准计算,依据国家统计局2016年2月28日发布的《中华人民共和国2015年国民经济和社会发展统计公报》①中"全年全国居民人均可支配收入21 966元、农村居民人均可支配收入11 422元、城镇居民人均可支配收入31 195元"计算,患者残疾赔偿金分别是农村22.844万元、城镇为62.39万元;换言之,一个患儿的二级伤残的护理费和残疾赔偿金两项合计由81.24万元至175.11万元之间,如果是双胞胎患儿的赔偿金则高达100多万元甚至300多万元,如果再加上患儿每天每年要使用尿不湿的费用和康复维持费用,赔偿数额更高。

102个涉及与出生有关的脑瘫医疗纠纷案件中,由表9计算可见,提供生育医疗服务机构的被告类型中,乡镇卫生院占比18.45%,妇幼专科医院占比20.39%,二项合计占比38.84%,综合性医院的妇产科服务占比50.49%,私立医院占比6.80%;在医疗服务机构的等级上,乡镇卫生院、中心卫生院基层占比25.47%,二级医院和具有一定规模的妇幼专科占比32.08%,三级医疗机构占比32.08%,有11个医疗机构级别未能查明或者没有进行等级评定。有的案件被告是两家医院,在表9统计中只计算较低级别医院为被告的情形。这是因为:患者在乡镇卫生院首诊就医,再转院到较高级的医院救治。患者作为原告,有权选择所有经治的医疗机构作为共同被告,即使在法院最终认定医疗损害责任归属上,较高级别的被告医院没有构成侵权。

表9 102个与出生有关的脑瘫医疗纠纷被告分布情况

项目	医疗机构类型					
	基层、乡镇(中心)卫生院	妇幼专科医院	综合性医院	私立医院	不详	合计
数量	19	21	52	7	4	103
百分比	18.45%	20.39%	50.49%	6.80%	3.88%	100%
项目	医疗机构等级					
	基层	二级	三级	不详		合计
数量	27	34	34	11		106
百分比	25.47%	32.08%	32.08%	10.38%		100%

说明:1.统计样本的案件数为102个,医疗机构类型的合计数为103个,是因为第14个案件的被告乌鲁木齐雅蓝妇幼医院是私立医院并且是妇幼专科医院,在计算数据上被计算2次。2.医疗机构的等级数合计为106个,是因为102个案件中,有的案件被告是2个,并且分属不同的医疗机构等级。

---

① 中华人民共和国2015年国民经济和社会发展统计公报[EB/OL].(2016-2-29)[2016-03-16].国家统计局网站.http://www.stats.gov.cn/tjsj/zxfb/201602/t20160229_1323991.html,2016-03-16.

涉案的27个基层卫生院(中心卫生院)能否赔得起？(2004)佛中法民一终字第732号是判决数额较高的案件，被告是佛山市南海区松岗镇医院，自然生产过程中胎儿宫内窘迫，新生儿窒息，脑瘫，三级伤残，医院负主要责任。2004年法院判决赔偿时没有将巨额的后续治疗费计算在内，我们无从查询得到这24个基层卫生院的收入情况，但是可以从前文《2015年中国卫生统计年鉴》数据的三个等级医疗机构收入情况分析可知，基层医疗机构每年的医疗收入和支出不能自给自足，医疗收入的大部分比例要用于支付医药费和材料费成本，人员工资和部分医疗事业发展资金需要由国家财政补助，而国家财政扶助资金是不能用于对外承担医疗侵权赔偿责任的，财政补助资金用途必须专款专用。

产科与儿科医疗服务是发生与出生有关的医疗损害的高风险科室专业。如果胎儿出生时有缺氧窒息，抢救和后期治疗都是转入儿科的新生儿诊疗，所以与出生有关的医疗损害涉及儿科与产科医疗服务。根据我国医院评审评价体系规定、二级卫生保健机构的产科建设与验收标准规定，产科的功能与任务包括：承担围产保健及高危孕产妇诊治、监护、终止妊娠及住院分娩；接受基层高危孕产妇转诊救治，抢救高危孕产妇；开展对基层妇女保健和妇产科临床人员的实习进修及培训任务；依法开展母婴保健技术服务；开展孕产期保健健康教育宣传和母乳喂养宣教与指导；依法开展新生儿疾病筛查及出生缺陷监测工作；依法开展孕产期服务信息的收集、登记、统计分析和上报工作等。产科床位数与产科卫生技术人员之比为1：1，每床至少配备0.5个医师。合理的三级医师人员梯队，应符合临床要求结构比例标准的需求，由助产专业人员或经过二年以上助产专业培训、取得助产技术考核合格证的妇产科医师和护理人员承担；科室至少有1名副主任医师，门诊至少有2名高年资主治医师。根据《2015年中国卫生统计年鉴》数据可知，2014年各级医院执业人数中，医师数量紧缺，尤其是儿科医师和妇产科医师，2014年儿科医师数量11.3万，比2010年少了1.1个百分点，占比4.2%；妇产科医师下降了0.6个百分点，占比9.10%。"儿科医师荒"十分严重，以致国家卫计委在2016年2月发布《关于做好季节性疾病高发期儿科医疗服务工作的通知》中提到"儿科医护人员不足时，可以对高年资内科医务人员进行专业培训，充实儿科医疗力量"，"儿科医师不够内科医师上"引起了医师群体的争议。新生儿以及儿童处于生长发育期，各器官发育尚不完善，对药物的耐受性和反应性与成人不同，面对"单独二孩"和"全面二孩"生育政策，儿科与妇产科医师紧缺状况将会加重。[①] 已有学者撰文指出，儿科医师紧缺，除了涨薪水，还应当建立健全执业风险

---

① 国务院发布的《中共中央国务院关于实施全面两孩政策改革完善计划生育服务管理的决定》中提出"加快产科和儿科医师、助产士及护士人才培养，合理确定服务价格，在薪酬分配等方面加大政策倾斜力度"。

机制，建议仿照中国台湾地区的"医疗机构办理生育事故争议事件试办计划"，切实为医护儿科和产科医师分担执业风险。[①]

儿科和妇产科医师的工作强度高。根据《2015年中国卫生统计年鉴》数据可知，妇幼保健院（所、站）2014年的诊疗人数为23 229.2万人次，入院人数873万人。全国各类医院每床出院人数平均30.9，最高48.1，最低护理院3.0，儿童医院为48.1，妇幼保健院（所、站）为47.1，妇产医院为33.2，分别排名第一、二、三名。病床周转次数最高的为儿童医院50.8，其次妇幼保健院（所、站）49.1，妇产医院为36.7，位列第四。可见，妇产医院和儿童医院医疗服务的运行强度最高。全国医师日均担负诊疗人次为8.6，其中妇产（科）医院医师为7.4，儿童医院医师为14.6，是全国医师日均担负人次的1.7倍，这等于是说平均一个儿科医师要负担1.7个其他科医师的工作量。在全国的住院医疗服务中，儿科占比9.11%、妇产科占比9.38%，次于内科和中医科，接近外科。

脑瘫医疗损害风险无法通过责任保险方式分担。前文分析的日本、中国台湾地区和美国弗吉尼亚州与佛罗里达州所实施的与出生有关的医疗损害风险补偿制度设计理由中，都阐述了与出生有关的医疗损害的意外性、损失巨大造成当事人经济困境的可能性，以及脑瘫医疗损害的类属划分过细，未知风险数量减少，不能满足风险的未知性。保险途径分担风险要求危险事故所导致的损失是明确的，然而脑瘫损害原因复杂，遗传、孕期感染、生产过程、出生后疾病等诸多环节都有可能导致，尤其是人体功能减损的原因更加复杂。所以，单纯的出生过程中的有医疗活动介入的脑瘫损害是不能满足保险产品的可保险性要求，不能通过保险机制分担损失。

第四节 医疗损害风险社会化分担之强制责任保险理论基础

医疗责任保险作为医疗损害风险社会化分担的主要途径，将原本属于投保人自愿投保与承保人自由决定的承保的行为实行强制交易，是对民事主体的缔约自由限制，必须有特别的立法理由。这是因为，医疗责任保险原本属于私人商业自由交易范畴，遵循私法自治原则。现代民法是将人假设为理性人，能够自主作出有利于己的选择，因此，自由交易利于实现有限资源的最大收益，提高社会福祉，国家扮演的角色不是利益的界定者、市场参与者，而是市场交易秩序维护者和纠纷争议的司法裁决人。

---

① 李国伟.儿科医师紧缺：除了涨薪水，还当化解执业风险[EB/OL].[2016-03-20].http://www.163.com.

"将保险与获得开业许可和执业许可关联,不参加保险不得开业或执业",这是有的国家(地区)采取的强制保险措施,如此构成对医疗服务机构经济行为自由的限制、对医护人员工作权利的限制,这种权利限制的实施效果与强制机动车保险不同。我国的机动车强制保险制度采用人车分离模式,上路机动车必须购买保险,中国台湾地区的机动车驾驶执照是法律特许颁发给机动车驾驶人的,同时就要求获得特许的人必须遵守相关法律才能行使驾驶机动车的特权,假如某人因违法被吊销驾驶执照,不构成对其人身基本权利的限制或者剥夺,他可以乘坐公共交通工具出行或雇人开车,不会对其工作权利造成实质性的限制。但是,如果立法规定医护人员不买医疗责任保险就不能取得执业许可或者不能执业,如此立法构成对人的工作权利的限制,一定要有合宪审查;如果立法规定医疗服务机构不买责任保险就不能开业或执业,就构成对人的劳动就业权利的限制,因此,实施强制的医疗责任保险制度,必须有法理基础论证。

一、民法社会化:强制医疗责任保险的思想基础

坚守个人权利与社会义务并重理念、民法社会化是现代民法的发展趋势。传统民法采行个人本位、人人互相尊重的伦理思想基础,体现在民法中表现为依法保护个人行使个人权利自由,顾及他人的、社会的更高价值利益。

个人权利自由包含契约自由,契约自由是指人人有权自主决定"是否订立契约、与谁订立契约、契约内容"。现代契约自由思想嵌入"尊重私人选择、兼顾社会公平和公共利益"的考量,相关立法价值取向与利益平衡时,开始更多地强调保护公共利益,通过立法中增加对个人契约自由权利限制的内容,甚至强制缔约制度中有了关于违反强制缔约制度应当承担法律责任的规定。强制保险制度的核心内容是规定投保人必须购买保险,保险人必须承保,如此立法体现了民法的社会化。

二、保护患者人权:强制医疗责任保险之人文基础

现代民法追求以人为本的精神,人格独立与尊严是民法最高法益。医疗损害争议案件中,如果医疗服务提供者没有足够的金钱支付给患者及其家属,患者维权的期待结果会落空。为此,通过立法强制医疗服务提供者购买责任保险,目的是实现国家保护公众利益之目的,维护法律权威,确保受害人得到赔偿。保险作为分散风险工具,如果加害人购买保险,可以有效确保受害人迅速、及时获得基本赔偿,尤其是在发生严重医疗损害需要继续救治的案件中,患者尽早得到救治可以缓解或抑制疾病恶化发展,有了责任保险金作为对患者赔付的经济保障,不至于将患者及其家庭拖入困境,以维护患方人格尊严和基本生存保障,实现对遭受医疗损害的患者及其家属的法

律保护。

三、保护公共利益:强制医疗责任保险之正当性基础

公共利益是指在一定的社会条件下或者在特定范围内的不特定多数人的利益。公共利益是不确定法律概念,概念的核心与边界是要确立哪些利益是可以划入公共利益范畴。我们认为,实施强制医疗责任保险制度符合保护公共利益的目的,这是因为:(1)该险种是准公共产品,具有非营利性;(2)该险种具有道德上的正当性,对经济弱势的患方提供责任赔付的基本保障;(3)实施强制保险制度的受益主体具有一定的扩展性和不确定性,有助于维护医疗秩序稳定,减少防御性医疗。

减少消极的防御性医疗,可以提高医学技术、促进公共产品供给、造福广大患者。我们知道,每个医师都需要成长过程,医疗技术是在勤动手、多操作熟练的过程中获得提高,每个技术娴熟的医师背后都有诊疗失败经历,这原本是医学技术进步之代价。著名的耿黎明主任医师曾写过一篇题为《科主任的自白:一台让我进退维谷的手术》的文章,主要内容是他曾经遇到的一个病例,患者孙师傅59岁,因反复头昏晕、肢体无力入院,基本生活能力正常。脑血管造影显示:患者两支椎动脉,一支完全闭塞,闭塞近端血管内充满了斑块与血栓,另一支有三处狭窄,其中两处只有几乎一丝细线相连,两侧的侧枝血管全都没开放。只要这两处细线有一处断了,成为植物人可能是最好的结局。患者及其家人提心吊胆生活长达2年。由于狭窄的部位多、程度高,手术难度太大,国内多家省级医院和全国介入手术微信平台的专家们都建议保守治疗,手术成功是天大的奇迹。耿黎明主任是具有十七八年的脑血管介入手术经验的知名医师,如果给孙师傅手术失败必然对其声誉造成不利影响。耿主任反复思量,又经过与患者及其家属反复的告知手术风险和获益,虽然手术顺利成功,但是耿主任仍然感叹——不敢想象如果失败会是什么结果。[①] 事实上,发生两难选择时,患者和家属是很难从中比较得失。一般的疾病治疗是有两类方案供选择,一是外科手术治疗,收效显著但风险大的方案;二是保守治疗,打针吃药调理,风险低、收效低。患者要得到最佳治疗,医患之间必须有足够的信任,医师才愿意选择风险大、受益大的治疗方案,如果成功则患者受益亦多;反之,消极的防御性医疗导致患者错失最佳治疗机会的事例比比皆是。2016年4月22日《人民日报》刊登题为《给医师一个冒险理由:最难的永远不是技术》的文章,明确指出"医生之所以敢冒险,既缘于对生命的敬畏,更缘于对

---

① 耿黎明.科主任的自白:一台让我进退维谷的手术[EB/OL].[2016-04-13].http://news.medlive.cn/all/info-news/show-93694_97.html.

人性善良的笃信"①。消极的防御性医疗的反面例子是传统的"内回转术"②现在很少有产科医师会使用。生产过程中发生胎儿臀位,医师出于自保,会选择为产妇行剖宫产术,"内回转术"这种对医师风险高、对患者受益大的传统医疗技术正在逐步退出医疗行业,原因是医患之间信任缺失,导致产科医师技术退化,患者无法从传统医学技术中受益。正如哈耶克(Friedrich August von Hayek)所担心的,"一种文明之所以停滞不前,并不是因为进一步发展的各种可能性已被完全试尽,而是因为人们根据其现有的知识成功地控制了其所有的行动及其当下的境势,以致完全扼杀了促使新知识出现的机会"③。

四、调控市场失灵:强制医疗责任保险的公法基础

保险是担负社会责任、辅助国家实现公众利益保护的行业。政府监管保险行业的目的在于"维持社会有序稳定发展,防止出现垄断、公共品、外部性、信息不对称等市场失灵,引起资源配置无效率和不公平"④。保险市场失灵有两种情形:一是保险公司为吸引投保人采取降低保费措施,力图扩大市场份额,但是几年后却进入了保险疲软期,出现保险偿付能力不足甚至财务亏损,而投保人失去投保预期的分散风险保障;二是保险公司之间达成价格垄断,通过提高保费赚取超额利润,损害投保人利益,甚至连带影响到潜在投保人的选择,几年之后保险业务大幅度萎缩。

保险业同样存在"利益集团理论"的适用空间。我国医疗责任保险费率机制存在利益集团博弈的可能性,医疗机构作为投保人,原本是一个相当大的利益团体,完全具有议价谈判能力,但是,当前的医疗责任保险费率是保险公司制定定价方案,没有机制保障医疗机构介入谈判,导致医疗机构不愿意投保。我国医疗责任保险的市场特点是医疗单位作为最大的投保主体,保单数额大,保险经纪人还要从中抽取保费收入的5%至10%的佣金,高额保险费佣金是由投保人承担的,但是经纪人的保险服务没有跟进,只负责保单签单和收费,不具体负责保险理赔的抗辩与和解事务,不合理

---

① 白剑峰.给医生一个冒险的理由:最难的永远不是技术[EB/OL].[2016-04-13].http://news.medlive.cn/all/info-news/show-111524_97.html.

② 宫内回转术是医师在产妇子宫内拉动胎儿使其胎位转正顺产。医师必须具有很好的心理素质和娴熟技术,操作时不能太用力,以免拉断胎儿的脚,翻转时不能太勉强,以免伤及产妇子宫;推拉胎儿时必须确保胎儿转成面朝地(prone position),如果变成面朝天(supine)会卡在产道里无法拉出,最最重要的是这些动作要在几分钟内完成,否则会造成胎儿窒息。

③ 申建林.对理性主义自由观的反思[J].武汉大学学报(哲学社会科学版),2001(3):343—347.

④ [美]埃米特·J.沃恩,特丽莎·M.沃恩.危险原理与保险[M].北京:中国人民大学出版社,2002:100;张锐.中国保险监管适度性研究[D].成都:西南财经大学,2011:14.

地抬高了保险费率水平,费时费力的医疗纠纷协商和调解却主要由医院承担。换言之,强制医疗责任保险集体签单方式已大量节省保险经纪人工作环节和成本费用,如果减少经纪人环节和佣金可以减轻该险种的市场失灵状况。

五、准公共产品与社会福利:强制医疗责任保险的经济学基础

首先,强制医疗责任保险是准公共产品。公共物品亦称公共产品,是指无排他性和无竞争性之物品。公共物品是用来为全社会共同消费的物品,任何人不能独占专用,任何人消费该物品不会引起他人消费物品的减少。所谓准公共物品,又称准公共产品,是只具有非竞争性、非排他性的两个特性中的一个,或者具有一个特性的表现不充分。[①] 医疗责任保险是准公共产品,这是因为:该保险产品的目的是保障医疗损害赔偿资金来源,具有社会性、公益性;该保险产品具有消费上的非竞争性,医疗服务提供者想投保就有投保机会;该保险产品具有受益的排他性,不缴保费,不能获得保险受益。投保人越多、保险规模越大,保险的保障性越高。

其次,实施强制医疗责任保险制度可以提高社会福利。根据保险经济学理论,假设总社会福利等于各主体期望效用之和,通过保险机制,可以实现财富由风险厌恶者转移至风险中性者,提高社会福利,实现帕累托改善。[②] 任意保险的一般规律是,如果保险费率不合理,经过市场几轮筛选,那些风险程度被高估的投保人放弃保险,而那些风险被低估的投保人留下来继续投保,结果导致保险费率越来越高,而保险资金池却在变小。强制保险是要求投保人必须投保,保险费率是平均费率,强制保险是将风险被高估的投保人财富转移给了那些风险被低估的投保人,以缓解保险的逆选择。强制医疗责任保险为医疗服务提供者带来内在利益,还能够有效增加社会福利。医院管理者与医护人员对风险厌恶程度不同,直接影响到保险需求。我国实施分级诊疗和转诊制度之后,三级医疗机构接诊的大多是急诊抢救、病死损伤率高的患者,风险厌恶程度高,中小医院和个人开业诊所接诊的大多数是常见病和慢性病患者,病死受伤概率低,风险厌恶程度比较低。三级医疗机构年业务收入几亿元、几十亿,拥有医疗风险管理团队和制度措施,完全具备风险责任能力,不愿意购买责任保险。中小医院和个人开业诊所服务于熟人社会,一旦发生药物过敏死亡事故,乡里传闻迅速扩开,赔偿几十万元甚至上百万元之后,会导致经济负担沉重。[③] 但是,小型医疗机构和个人开业诊所,在医护人员聘用与管理上存在疏漏、风险管理意识差,医疗风险控

---

① 参见维基百科网站. http://zh.wikipedia.org/wiki,2015-2-28.
② [美]斯蒂文·萨维尔.事故法的经济分析[M].翟继光,译.北京:北京大学出版社,2004:220.
③ 曾昭耆.拿起你的听诊器[DB/OL].[2012-12-15].百度文库. http://wenku.baidu.com.

制水平处于最低限度之内,也不愿意购买保险。医疗责任保险采用任意保险模式的结果,或者是无论医疗风险高低,多数医院都不愿意投保,或者是只有高风险医院愿意投保。

六、医护人员投保需求:强制医疗责任保险的社会基础

医院管理人员和医护人员都有投保意愿,医疗责任保险存在社会需求。首先,医护人员需要安全的执业环境。一般来说,医师通过望闻问切看病,多数常见病是有把握直接诊断的,检验和影像检查用作辅助诊断。然而,医患信任缺失,防御性医疗加剧。医师却更倾向多做检查,患者多花钱也必能提高确诊率。有医学专家曾描述一位老年患者病例,"初步怀疑是先天性心脏病患者,进行头颅 CT、超声心动图,未能发现患者锁骨下动脉狭窄,专家直接通过听诊得以确诊。"但是,行业潜规则是尽量用仪器设备开具检查,一来体现诊断难度,二来增加医疗收入。长此以往增加医患矛盾起因,医师不能从技术劳动中获得应得的收入,开"大处方"拿药品回扣和开单检查增加收入,更为严重地损坏医疗行业声誉。① 其次,医院内部的医疗风险处罚对医护人员造成压力。很多医院制定有医疗损害赔偿责任处罚制度,医院承担对患者医疗损害赔偿之后,将对事故责任的医护人员进行处罚,按照科主任、医疗组成员、经治医师和管床护士分层实施经济处罚,比例为赔偿总额的 15% 至 30%,从医护人员工资收入或医疗风险金中扣取。实施这种院内惩罚管理的结果是对具体责任人造成巨大心理压力,极大地降低其职业声誉。

医疗服务机构投保人对保险公司的服务不满意,与医疗机构的医护人员对医疗责任保险需求是两个不同问题。我国地域广阔、经济和医疗卫生发展水平差距较大,地处交通不便的广大患者首选当地卫生院或村卫生室、个人诊所就诊,不是因为这些医疗服务的医疗损害风险低,而是边远乡村农民更加需要就近便利的医疗服务供给保障,农村合作医疗保险的政策导向起着较大的影响作用,因而有必要建立责任保险分散基层医疗服务提供者的执业风险。课题组曾采用问卷形式对"医疗责任保险的社会需求和实践状况"做调查②,在 2001 年 12 月至 2002 年 2 月期间先后在江苏省南京市江北人民医院、南京医科大学第二附属医院北院、西安市儿童医院等 17 家医院进行问卷调查,问卷发出 600 份、回收 450 份,有效问卷 421 份。2013 年 5 月至 8 月再次用相同的问卷在天津、河南、贵州、安徽省的 6 家基层医院进行问卷调查,问卷发

---

① 姜洪镜."明星下嫁医师"会发生在中国吗[DB/OL].[2013-03-08].环球医学.http://www.g-medon.com/Item/25599.aspx.

② 下文简称"医疗责任保险调查问卷",见附录 3。

出 400 份,回收 300 份,有效问卷 246 份。采用统计分析软件处理结果显示,由表 10 的统计可见:2013 年的数据显示 74.39%的医护人员愿意参加医疗责任保险,比 2001 年的 66.98%高出 7.41%,说明越来越多的医护人员开始了解和接受医疗责任保险,但是"反对"参加医疗责任保险的由 6.65%增加到 13.41%,说明当前的医疗责任保险服务不能满足投保人需求,医护人员对医疗责任保险的不满意有所增加。2014 年陈丽丽等人对承德医学院附属医院的 400 名医护人员购买医疗责任保险意愿的影响因素进行调查,结果显示:"遭遇过医疗纠纷的医师更愿意购买保险,医疗责任保险意识影响医师购买保险意愿;医师工作科室和年限长短是导致医师购买保险意愿差异的原因之一,工作年限长、职称高的医师购买保险的意愿下降;医疗责任保险没有使得医院摆脱纠纷、承保范围有限、医疗纠纷处理和理赔程序复杂、认为最高免赔额和赔偿限额不合理等是影响医师购买保险的重要障碍因素。"①

表 10 对参加医疗责任保险的态度

调查时间	项目	小计	愿意	不愿意	随便
2001 年 12 月	人数	421	282	28	111
	百分比	100%	66.98%	6.65%	26.37%
2013 年 5 月	人数	82	61	11	10
	百分比	100%	74.39%	13.41%	12.2%
增减百分点			7.41%	6.76%	−14.17%

---

① 陈丽丽,曹志辉,李晶晶,等.医师医疗责任保险购买意愿的影响因素调查研究[J].中国全科医学,2015(6):680-638.承德医学院附属医院是 1949 年建院、专业技术人员千余人、病床数 1 000 多张的综合性三级甲等医院。

第七章　我国医疗损害风险社会化分担的法律制度架构

医疗损害风险社会化分担的相关法律制度架构,主要是指医疗责任保险制度和医疗责任风险基金制度。社会医疗保险作为患者看诊就医的基本保障,医疗保险法律制度已相对成独立体系,法律制度架构应当符合国家医疗卫生法律政策,与医疗侵权法律制度相协调,符合我国当前的医患法律关系特点。

第一节　医疗责任保险法律制度框架

医疗损害风险社会化分担责任保险法律制度框架内容,包括总则与分则,总则主要包括制度目的、基本原则、医疗责任保险法律关系以及保险监管等内容;分则包括具体的医疗责任保险格式合同条款的法律制度内容。

一、医疗责任保险立法目的与基本原则

(一)立法目的

立法目的指立法者制定法律的出发点及欲达到的目标,体现立法的基本功能、价值和使命,是指导法律制定和法律解释的最高精神实质。[①] 立法目的揭示立法者主观意图或法律客观功能,对司法具有指导作用。医疗责任保险立法目的应当与其要实现功能相一致,分为微观和宏观两个层面。微观层面是指强制医疗责任保险作为分散医疗服务提供者责任风险之工具,确保医疗服务提供者具有赔偿责任能力,及时对患者损害赔偿,实现对受害人赔偿权保护的政策目标,分担医疗服务提供者的财务风险;宏观层面是指医疗责任保险应当有利于促进医学创新,推进新医疗技术实施,减少防御性医疗。强制医疗责任保险立法目的在微观层面是制度基础,宏观层面是

---

① 李挚萍.环境基本法立法目的探究[J].中山大学学报(社会科学版),2008(6):170—177.

制度的发展目标。

（二）基本原则

立法的基本原则是指在立法活动中具有基础的、本源意义的法律原理和准则，体现立法价值取向、贯穿立法基本思想。通过立法确立医疗责任保险制度的基本原则包括强制保险法定原则、费率定价非营利原则、保险可得性与可及性原则与方便患方理赔原则。

依据《保险法》第10条第2款规定[①]，强制保险必须以法律或者行政法规形式作出明确规定。换言之，实施强制医疗责任保险的法律依据最低位阶应当是行政法规，在立法名称应当是诸如"强制医疗责任保险条例"，内容包括医疗服务提供者强制投保义务、保险人不得拒绝承保义务、非营利性原则、保险监管制度以及违反条例法律责任等。前文已论证，当前推行医疗责任保险的规范性文件效力层级低，只具有"准强制性"，在医疗机构不愿意投保或者保险公司不愿意承保时，规范性文件不具有强制执行力，强制医疗责任保险是构成对保险合同主体的意思自治和财产性权利限制，行政上要求医疗服务提供者购买责任保险，不属于有权对医疗服务秩序管理的范畴。地方性法规也不能作为强制医疗责任报信的法律依据，对保险人而言，保险公司实行垂直化管理，接受保监会的监管，不能以地方性法规形式对全国性的保险公司设定强制性义务。

医疗责任保险的费率定价原则是指实行政府规制下的有限竞争，以"不盈利不亏损"为基本原则。政府对医疗责任保险准公共产品的监管渗入了公共利益的价值判断标准。一般地，对于准公共产品，可由政府直接供给，也可由政府委托他人提供。如果采用委托保险公司供给方式，应当通过立法制定有关费率厘定规则，防止费率厘定机制损害投保人利益或者定价过低致保险公司经营亏损退出市场，还要预防费率定价过高以致投保人买不起，阻碍强制医疗责任保险制度目的实现。我国医疗责任保险的费率定价原则是"不盈利不亏损"，这种定价实际是受到政府的价格管制。医疗责任保险是按照边际成本核定价格，是采取平均价，如果险种的确存在亏损的情况下，政府应当给予一定的补贴，作出这种差别补贴方案是将"发生医疗损害赔偿责任由政府出钱赔偿"转变为"政府出钱补贴这些赔不起的医疗服务提供者购买责任保险"。美国纽约州等政府采取的"超额保险"制度就是一种公共收入补贴医疗责任保险的方式。

保险的可及性（availability）与可负担性（affordability）原则是指保险人的保险产

[①] 《中华人民共和国保险法》第10条第2款规定，"除法律、行政法规规定必须保险的以外，保险公司和其他单位不得强制他人订立保险合同"。

品具有有效供给，以及投保人对所需求的保险产品有支付能力，具有有效需求。保险的可及性与可负担性是当代保险业所面临的重大理论与实践问题。可及性与可负担性之间并不存在冲突，某个保险产品赔付低，保险就具有可及性与可负担性，反之，当保险产品赔付高，保险公司提高保费，这时，如果该保险产品或者投保人群体不能通过补贴获得支持，该保险也就不具备可负担性。

公共选择理论是保险可及性与可负担性的理论基础之一。保险的可及性与可负担性是对政府提供保险补贴的隐形要求。强制医疗责任保险的费率制度中，政府应当确定保费的补贴对象和原则，对不同投保对象实行不同的补贴方式，多险种经营之间进行利益再分配。"保险补贴可以区分为分担市场、法定承保损失、政府保险计划和社会定价四种方式。"① 分担市场是常用于补贴高风险投保人的方法。例如，美国20世纪70年代中期发生第一次医疗责任保险危机期间，保险公司因经营损失不断扩大纷纷退出市场，尽管高风险医师愿意提高保费，还是没有保险公司愿意承保。于是，州政府颁布法令强制保险公司必须给高风险医师售卖保险，政府补贴再保险，实现州法管辖范围内的所有保险公司共担风险机制。② 政府保险计划是指政府从总收入中抽取或者向社会成员征收特别税补贴某保险产品的方法。例如，美国印第安纳州等州政府在发生医疗责任保险危机之后，采取建立患者赔偿基金方式补贴医疗责任保险市场的供给不足。③ 社会定价方式是指不区分投保人特定群体可能出险的不同状况统一适用相同保险价格的办法。这是将投保人总体中某一群体保费转嫁给另一群体，比如，政府通过社会定价确定要求保险公司对某产品亏本经营，同时允许其用其他种类的保费收入补贴特定保险产品之经营损失。在我国，保险公司销售医疗责任保险时，允许其将医疗机构场所责任、医护人员法定传染病责任保险等产品与医疗责任保险搭售，即属于对保险的补贴方法，在医疗服务提供者人群中实现社会定价。

方便患方理赔原则是指建构求偿的机制以方便医疗损害患方及时得到保险理赔为原则，建构相应的具体规则。从诉讼程序上，建立由患方向保险公司主张保险理赔的直接请求权实现程序，小额理赔快速理赔机制；在保险格式条款设计上，确立被保

---

① [美]埃米特·J.沃恩，特丽莎·M.沃恩.危险原理与保险[M].北京：中国人民大学出版社，2002：114—115.

② [美]埃米特·J.沃恩，特丽莎·M.沃恩.危险原理与保险[M].北京：中国人民大学出版社，2002：84.

③ American Medical Association.State Laws Mandating Minimum Levels of Professional Liability Insurance.http://www.ama-assn.org//resources/doc/arc/state-laws-mandating-minimum-insurance.pdf，2013-06-16 visited.

险人履行通知义务的法律效果,而不是简单剥夺或者削减其保险理赔权利。

二、医疗责任保险制度的主体规范

医疗责任保险制度涉及的主体包括作为投保人的医疗服务提供者和保险产品提供者,即承保人。患者作为医疗损害赔偿的权利人,也是受益于医疗责任保险的第三人。

（一）投保人主体规范

通过法律明确规定,医疗服务提供者必须提供独立承担医疗责任风险的担保,担保方式可以是由责任保险保单提供保证,即通过责任保险分担医疗损害风险的资金保障;也可以是以自有资金提供财务保证,即医疗服务提供者提供自有资金储备证明,达到足以应对可能医疗损害赔偿责任。医疗服务提供者的医疗服务机构等级、类型、是否为营利性,不是考量是否强制其购买医疗责任保险的标准。

医疗服务提供者包括医疗服务组织和医护人员个人执业者二类,作为医疗责任保险的投保人主体必须同时满足两个要件:一是直接为患者提供诊疗服务;二是须依法独立承担侵权赔偿责任。如何判断医疗服务提供者是否具有独立承担医疗损害责任风险能力?

医疗服务机构的经济规模、医院等级与其医疗服务净收入存在正相关关系,医疗损害风险与医疗机构的等级之间不存在完全配比关系。前文根据《2015年中国卫生统计年鉴》数据分析,指出我国三个不同等级医疗机构的收入存在巨大差别性。进一步,根据《中国首部公立医院成本报告》(2015)[1]指出,不同类型公立医院平均收入差距较大,公立三级委属综合医院经营效益最好,国家财政补助对公立医院收入影响显著,补助后盈利的医院占比平均增加32%。首先,三级医院完全有责任能力自行偿付赔偿额,但是,如果发生医院感染[2]事件引起巨额赔偿,将会对三级医院构成重大财务风险。[3] 就医疗服务而言,为生育妇女提供医疗服务是社会需求,生育本身具有风险性,医疗服务对象包括产妇和胎儿两条命,而全国地域的经济发展水平差异性较

---

[1] 《中国首部公立医院成本报告》(2015)[EB/OL]. [2016-05-01]. http://www.centrifugeweb.com/page131? article_category=1&article_id=4342.

[2] 医院感染是指患者在医院接受诊疗服务过程中的获得感染,分为内源性感染和外源性感染,前者是指患者免疫功能低下、入院前已携带病原,机体抵抗力下降引发感染,后者是指由外部环境中的菌群引起感染。如果医疗器械消毒不符合规定标准,手术缝线、器械没有达到无菌要求,容易引起多个患者先后或者同时感染,短期内累积的医疗损害赔偿数额巨大。

[3] 参见(1999)鄂民终字第169号判决书。1998年湖北省"龙凤胎"案判令被告湖北省人民医院赔偿双胞胎新生儿后续治疗费、护理费、精神损失费等合计290.6308万元,因为一个医疗服务中同时造成2个患者损害,创下了当时医疗诉讼"天价赔偿"的全国记录。

大。妇幼保健医院的产科和儿科是高风险科室,假设每年新生儿发生脑瘫的概率几乎不变,一旦遇到重度脑瘫患儿,即使医院对医疗损害承担次要责任,单个案件赔偿也要高达到几十万,如果一个妇幼保健院或者妇产科一年发生 2 个至 3 个案件对重度脑瘫患儿赔偿,对医院而言必然构成重大财务负担。医疗损害案件中通常是伴有医院组织管理过失导致医疗损害案件发生,造成医疗损害赔偿责任比医师个人过失更为严重、损失更大。① 其次,全国多数的二级医院具有一定的赔偿能力,其责任风险更大。根据我国医疗机构分级诊疗制度,二级医院是提供医疗服务的主要机构,长期以来,这些医院的医护人员超负荷工作,患者中存在相当比例的久拖不治、久治不愈、经济困难的情况,因此,二级医疗机构发生医疗损害赔偿责任的风险并不低,而其营收能力远远不及三级医院。再次,基层医疗服务机构几乎不具有独立承担数万元医疗侵权赔偿责任的能力。村卫生院、城镇社区卫生服务站、私人诊所、小型私立医院是对患者进行就近日常护理和慢性病诊疗护理。但是,小型诊所和卫生室经常是由个人承包,乡村医师与后勤服务人员职责分工不明、诊疗操作不规范的情形常见,造成医疗损害数额较低,医患协商私了。基层医疗机构发生的医疗纠纷案件中,常见情形是医护人员无资质、或者超执业范围行医;患者药物点滴注射时过敏导致伤亡的案件;违反一次性医疗器械使用规定,一个器械多人适用引发多人感染丙肝的严重医疗责任事故。② 这些小型医疗服务机构责任风险能力弱,任由其资不抵债关闭,会影响到基层医疗卫生服务供给,为加强其风险管理与独立承担赔偿责任能力,应当强制其参加医疗责任保险。最后,将医师、护士自由执业者参加医疗责任保险作为其获得执业许可的条件。医师个人执业已成为医疗卫生事业改革的重要举措,大型综合医院的知名专家选择从公立名院退出、进入私立高端医疗机构的人数越来越多。现有的执业医师制度允许医师多点执业,仿照国外家庭医师模式进入社区医疗服务的医师越来越多。签约乡村医生人数越来越多,医师开私人诊所执业、多点执业,需要提供执业责任风险保障。责任能力较低者绝大多数也是风险厌恶者,保险公司作为风险中性者,只要保险费率合理,多数医疗服务提供者预估责任风险有超出其能力范围的可能性,会愿意通过购买保险的方式转移风险。但是,责任能力较强的医疗服务提供者不会自愿购买保险。因此,在法律制度设计强制投保人范围时,采用投保人责任能力与社会定价补贴相结合,不区分投保人意愿,统一将其纳入强制医疗责任保险投保人范围。

---

① 2011 年中国台湾曾发生台大医院将死者器官捐献给五名病人进行移植,导致五名病人都有感染艾滋病病毒之虞的重大事故。台湾卫生行政主管机构对事件的调查报告指出,此案为院内感染事件,"人为失误"与"医院作业系统安全性缺失"是发生事故的主要原因。
② 王峥.辽宁百人感染丙肝原因查明:一支针头竟多人使用[OB/EL].[2013-02-06].中国新闻网,http://www.chinanews.com.

（二）承保人主体制度

保险公司作为医疗责任保险的承保人主体，体现其社会责任担当。强制医疗责任保险是准公共产品，医疗责任保险需要具有规模经营和有经验的保险人运行，以确保实现其预定功能。

首先，选择商业保险公司作为医疗责任保险的承保人符合中国的社会现实基础。我国的各类医师协会、医学会、医院管理协会等专业性行业自律组织，虽然在组织鉴定医院管理和诊疗行为过失上具有专业优势，成为医疗损害鉴定的中坚力量，但是，他们不具有保险业务的经营能力，无法仿照域外由医师协会承担医疗损害赔偿责任与保险给付的重任。我国现有的经济发展水平决定其财政投入远不及发达国家，医疗保险在坚持人人均享卫生资源的原则下，为确保弱势人群的基本医疗，在经济政策上扶助医疗责任保险发展，但不能因此取代保险经营组织成为医疗损害风险社会化分担的承担者。

其次，建立保险公司作为承保人的竞争机制。太平洋、天安、中国人保等多家保险公司各自独立开展医疗责任保险业务，但是他们相互之间没有形成有效的适度竞争。二级以上公立医疗机构集体签单模式，采用某保险公司作为"首席承保人"联合其他保险公司共保的模式，一方面是出于分散经营风险考量、聚集更高的风险分担能力，另一方面，这种联合模式导致其他保险公司很难进入该集体签单地域的医疗责任保险市场，对医疗服务提供者而言，基本没有从其他保险公司购买保险的选择余地，长此以往，医疗责任保险市场竞争性越来越降低，甚至有垄断之嫌。目前在全国范围内，医疗责任保险销售模式是由某保险公司作首席承保人，本地域范围内其他保险公司加入共保，他们之间使用共保协议统一保险产品价格，这种方式导致同业竞争者被排除在一个地级区域之外。

（三）赋予患者直接申请保险理赔的权利

医患之间的侵权责任关系与医疗服务提供者作为投保人与保险人之间的保险法律关系分别属于不同的法律关系。根据债的相对性原理，侵权之债与合同之债的法律主体是互相分离的，这种分离具有形式意义和实质意义。形式意义是指保险合同责任与民事赔偿责任分属不同主体的法律关系；实质意义是指保险关系与责任关系存在相互影响，侵权赔偿责任是否成立不以侵权人（被保险人）的赔偿责任能力为要件，反之，责任保险因"责任判决拘束力"影响到保险合同理赔。[①]《保险法》规定被保险人"怠于行使请求权"时，事故受害人才可以直接向保险人主张赔偿的权利，实践中事故受害人很难完成加害人"怠于行使请求权"的事实举证，因此，有学者认为侵权责

---

① 施文森,林建智.强制汽车保险[M].台北:元照出版公司,2009:136—137.

任与保险合同的分离原则构成对事故受害人权利制约,有悖于保险目的和损害救济效率。当前,多数患者不知道为其提供医疗服务的医院和医护人员是否购买了医疗责任保险,通过立法实施强制医疗责任保险、赋予患方直接向保险公司主张医疗损害赔付的权利,有利于促成保险公司尽早介入医疗纠纷事务、患者及早获得赔付。

三、保险合同效力维持制度

强制医疗责任保险是通过法律规定投保人必须参保、保险人必须提供保险产品和服务的义务,该义务还衍生出投保人和保险人具有维持保险合同有效性义务、非经法定原因不得终止保险合同义务和保险期间届满的续保义务。该制度是对医疗责任保险中的保险人和投保人提前解除保险合同权利的限制,并且应当在保险合同期间届满前必须购买新的保险合同,以维持医疗服务提供者独立承担医疗侵权责任的责任财产能力。一般保险合同中约定的提前终止合同的情形不适用于医疗责任保险合同,除有例外规定。比如,医疗服务提供者对重要事项未履行投保时的告知义务的,保险公司提出解除合同应书面提前通知投保人,投保人应当自收到通知的合理期间内,履行如实告知义务,保险公司不得解除合同。投保人可得解除医疗责任保险合同的例外情形有:(1)医疗服务提供者的执业许可被吊销;(2)被保险人停止执业或不再开业。规定例外情形主要考量在于强制医疗责任保险的首要目的是为患者赔偿金来源提供担保,对于投保人违反告知义务的法律后果,应衡量医疗服务提供者投保人没有如实告知的事项,是否足以构成对保险人重要利益的影响程度,如果未如实告知的事项影响到投保人厘定保险费,基于对价平衡原则,计算投保人应补缴的保险费,投保人补缴费用后,应当继续维持保险合同有效,保险人不得行使解除合同的权利。限制保险人的合同解除权是与"要求医疗服务提供者持有有效的医疗责任保险合同或者财务安排担保"作为医护人员获得执业许可的条件相匹配的。换言之,基于公众医疗需求的刚性需求,患者需要合法有效存续的医疗机构提供服务,根据行政处罚的比例原则,对未参加医疗责任保险的医疗机构,可以采用申戒罚、财产罚,在警告、通报批评无实际效果时,实施罚款。对未参加医疗责任保险的医护人员,可根据其医疗服务机构和区域内是否可以寻得替代医疗服务供给情况,选择适用增加其行医执业的资格条件、申戒罚、财产罚,甚至暂停直至吊销执业许可的行政处罚。

四、费率商谈机制与监管制度

建立费率价格商谈机制,构建以对价平衡为原则、坚持非营利原则确定费率调整的具体办法。当前的医疗责任保险精算采用续保保险费结合年度累计限额调整系数核定保费的办法。现行的费率规章是根据上一年度赔付比例计算续保费率公式:主险保险费＝医疗责任年度基本保险费×每人每次限额调整系数×年度累计限额调整系数×(1－免赔率)×续保保险费调整系数,各地保险公司续保保险费调整系数有所不同。如此核定办法是根据医院的床位数、医护人员数量、医疗服务业务量与医疗损害风险的正相关性原理确定费率,但是没有将医院床位实际使用率、不同科别的风险系数纳入衡量指标,未能与投保医院的实际风险程度配比,早有学者撰文指出"医疗机构床位数与医疗责任风险没有必然联系"[①]。

强制医疗责任保险的具体费率规章设计上,应当以满足最低要求的损害赔偿金为原则。医院投保人认为现有保险合同约定的限额保险条款不能覆盖每年的全部赔付责任,加上不断上调的费率调整系数也不公平,因此对强制医疗责任保险不认同。为此,借鉴美国医疗责任保险做法,立法规定医疗服务提供者必须持有最低保险金额度的医疗责任保险,在此基础上建立超额责任保险制度,费率计算与医疗服务提供者的基本医疗责任保险费率基数作出区分,除法律对特别高风险诊疗项目和服务者另有规定外,将超额保险定性为任意保险,由医疗服务提供者自愿投保。

国家对医疗责任保险监管体现为通过立法对医疗责任保险中的公共事务的管理与协调。通过立法对承保保险人准入资格、退出机制、费率调整机制等作出明确的规定。渗入非经济利益为标准,要求保险公司履行一定的社会责任,发挥医疗责任保险在医疗损害风险社会化分担、稳定医疗秩序中的作用。

五、保险费资金筹集制度

医疗责任保险的保险费通常是由投保人承担,医疗机构可以将购买医疗责任保险的保险费用纳入医疗成本。一般情形下,购买医疗责任保险的费用是由投保人自筹,国家对于基层医疗服务提供者实施不同的补贴,根据医疗服务提供者的类型、服务对象和地区确定不同补贴标准。对于基层医疗机构的保险费用给予全额补贴。对不给予补贴的医疗机构以及医护人员归属用人单位的医疗机构,可以采用医疗机构与医护人员共同负担保险费的共保模式,医护人员承担总保费的10%—30%。可以借鉴我国一些城市试点办法,比如重庆市合川区推行的农村医疗责任保险方案中规定,医疗机构负担90%,医务人员负担10%。深圳市2004年出台的《深圳市医疗执业风险保险管理办法》规定"将医务人员纳入投保主体,医务人员的固定保险与其个人风险储备金共同构成保险费来源。医疗机构的保费于保险合同期间届满时不返还,医务人员的保费在保险期间未发生保险理赔事故,可累积计入下一年度的个人保

---

① 李文中,庹国柱.医疗责任险费率影响因素及其程度的实证分析——以某市医疗责任险的经营情况为例[J].保险研究,2008(6):47—51.

险账户"[1],这个办法因为"运作模式、缴费标准等因素,未能得到医院的积极响应,但是对其后的医疗责任保险管理和方案制定产生深远的影响"[2]。2013年6月1日《广东省医疗纠纷预防与处理办法》规定医疗执业风险保险费用由医疗机构固定保费和医护人员风险储备金组成,医疗机构支付80%,医护人员支付20%,从个人工资中扣除。医院和医护人员共保模式下,对于年度医疗收入超亿元的三级医院而言,保费180万元由医院和每个医护人员按比例分担,医护人员的保费总额和比例都很小。对于规模小的医疗机构,医护人员人数少,采用同比例计收保费,则保险合同的保险金总额偏低,对该医院转移医疗损害风险的作用不明显。因此,根据国家卫生经济政策,适度提高中小型医疗机构、独立执业医师作为投保人的保险规模,对他们参保提供经济支持,资金可从三方面筹集:一是列入财政补助专项计划,直接拨付至医疗机构购买医疗责任保险;二是医院提取一定比例的收入作为购买医疗责任保险支出;三是医师收入中提取小比例收入支付保险金。

根据附录3"医疗责任保险调查问卷"的调查数据显示,医护人员愿意参加医疗责任保险的意愿由2001年的66.98%提高到2013年的74.39%。进一步对"赞成"者"是否愿意分担保费"调查,由表11可见,认为"由医院承担"的比例由2001年的69.65%下降为2013年的51.22%,下降比例为18.43个百分点愿意与医院共同负担的由2001年的29.88%上升为2013年的48.78%,增加18.9个百分点。2013年5月调查显示,几乎没有医护人员认为应当由自己来承担保险费。将"愿意与医院共担保险费用"与"赞成立法强制保险"的比例数相乘,得到结果:"赞成强制医疗责任保险且愿意分担保险费"的医护人员占比达25%。可见,构建医疗责任保险的费用筹集制度,应当将医护人员的分担制度纳入考量范围。

表11 医疗责任保险费分担意愿

调查时间	单位	总数据	医院承担	医院和医护人员共担	医护人员承担
2001.12	人数	425	296	127	2
	百分比	100	69.65%	29.88%	0.47%
2013.05	人数	82	42	40	0
	百分比	100	51.22%	48.78%	0
调查数据增减百分点		—	−18.43%	18.90%	−0.47%

---

[1] 见深卫发(2004)4号文《深圳市医疗执业风险保险管理办法》。
[2] 王欢.深圳市医责险改革述评[J].湖北警官学院学报,2014(4):102—106.

进一步地,医护人员愿意与医院共同分担保险费的情况,由表12可见,2013年愿意分担20%以上的人数占比52.5%。假设投保医疗机构有1 000张病床、临床手术医师180人、非手术科室240人、医技人员1 000人,计算可得医疗机构的年度保费总额120万元。以医护人员缴纳保费约占总保费30%计算,医护人员保费845元/(人·年)。以表12计算,医护人员人均负担676元/年,与《中国人民财产保险股份有限公司医疗责任保险条款》(2012年版)的基础保费计算标准相比[1],676元/(人·元)的数额是按照中国人民财产保险股份有限公司医疗责任保险条款(2012年版)中所规定的临床手术科室330元/(人·年)的标准的2倍。而676元/(人·年)的保险费相较于医护人员全年人均收入而言,所占比例极其微小。综上,分析调查数据可知,适度提高医护人员分担保费比例,能够显著增加责任保险资金池规模,提高医疗责任保险在实现医疗损害风险社会化分担中的地位和作用。

表12 医院与医护人员分担保险费的比例

分担比例 \ 调查时间	2001年12月		2013年5月		增减百分点
	人数	百分比	人数	百分比	
50∶50	3	2.36%	2	5.00%	2.64%
60∶40	3	2.36%	5	12.50%	10.14%
70∶30	11	8.66%	6	15.00%	6.34%
80∶20	33	25.98%	8	20.00%	−5.98%
90∶10	31	24.41%	8	20.00%	−4.41%
99∶5	16	12.60%	8	20.00%	7.40%
99∶1	30	23.62%	3	7.50%	−16.12%
合计	127	100.00%	40	100.00%	—

第二节 医疗责任风险基金法律制度框架

医疗损害责任风险基金是指医疗服务提供者按照一定比例,预先提取或缴存资金组成资金池,专用于支付医疗损害赔偿/补偿。我国各地以省、县、市为地域范围,

---

[1] 费率厘定标准为每人每年临床手术科室330元、非手术科室310元、医技人员210元、床位费90元/张。

建立了医疗损害责任风险基金[①]，要求属地范围内的医疗机构参加组建用于支付患方医疗损害赔偿的资金池，以确保患方得到及时、有效的救济，实现平息医患纠纷、安定社会的作用，基于此理解，医疗责任风险基金具有社会价值。进一步，有关医疗责任风险基金制度的目的、基本原则、法律地位、实施模式、资金筹集与使用以及监督管理等作出架构如下。

一、医疗责任风险基金制度目的与基本原则

制度目的与基本原则是构建具体制度条文的基准。医疗责任风险基金法律制度的目的是为了规范医疗损害责任赔付，降低与分担医疗服务提供者的医疗责任风险，保障遭受医疗损害的患方及时获得赔偿，根据国家有关医疗纠纷预防与处理的相关法律规范，制定医疗损害风险基金管理办法。

医疗责任风险基金坚持"互助互济、风险共担"原则。医疗损害责任风险基金池是用所有成员缴纳的基金份额组成，共同来承担医疗损害赔偿责任，将个别成员的责任风险分散在全体成员中，有可能发生某个成员缴纳的基金份额不足以支付其实际发生的损害赔偿责任，然而，不是所有成员都同时发生医疗损害赔偿责任，"互助互济"与"风险共担"成为基金成立、运行与监管中应当坚持的原则。

二、医疗责任风险基金的法律地位与组织机构

医疗责任风险基金不是政府机构或者政府机构的附属机构，目前我国建立医疗责任风险基金的部分县市区，相关规范性文件只是规定医疗机构将资金缴存于卫生局财政指定账户，用于统一支付，政府财政管理部门仅仅是提供一个资金集中与支付的平台，没有关于基金的法律地位的规定。然而，从基金设立目的和应有的功能而言，应当对基金的法律地位作出明确规定，规范基金的组织机构、资金筹集方式、资金运行管理、基金成员之间的权利义务。

医疗责任风险基金的法律地位应定性为社团法人，依据《社会团体登记管理条例》进行登记。这是因为：(1)基金是非营利性法人，以此区别于从事股票证券投资的营利性法人。医疗责任风险基金将"医疗服务提供者"人的集合体与"缴存一定的资金"物的集合体合二为一，具有拟制人的独立财产权构造。(2)基金拥有自己的会员，是行业内的民间组织。一般社会捐助成立的慈善基金组织，没有自己的成员，不具有社会团体性。加入医疗责任风险基金的成员是在一定地域范围内所有从事医疗服

---

① 如《安吉县医疗责任风险金管理办法(试行)》(安卫〔2011〕155号)[EB/OL].[2016-12-10]. http://www.doc88.com/p-743821584983.html.

务、需要独立承担医疗损害赔偿责任的医疗服务提供者,包括医疗机构、独立执业医师和护士。尽管有关地市政府颁行有关基金运行的规范性文件,但是不改变基金作为民间组织的性质。(3)基金资金主要来源于成员缴纳,即使有部分资金来源于财政拨付,构成对基层医疗机构的特定补贴,但基金的资金池仍主要来源于医疗风险责任主体的自筹。

将基金定位为社团法人的好处是:(1)确定基金作为社团法人,依法登记有利于实现公共服务宗旨,依据社会法人规范构造组织机构模型,为实现基金目的实施必要的民事行为,如代表基金审查支付条件、向患方支付损害赔偿、作为法律主体参与诉讼活动、签署合同、雇佣必要事务管理人员、从事法律和基金章程允许的金融交易活动等。反之,而现行的相关地、市政府监管的财政专户,只是提供医疗损害责任风险金缴存和代为支付的账户,没有独立承担责任的实体。(2)基金是行业内的民间组织,医疗服务提供者是其组成成员。基金医疗服务提供者包括各类医疗服务机构、独立执业的医师与护士,每个独立承担医疗责任风险的主体是缴纳资金的独立成员。基金作为组织机构形式为成员提供服务,对基金组织实施管理,建立和实施行业规范,实现自律性管理。医疗责任风险基金,以非营利性的社团法人组织形式出现,可以作为沟通和协调自律的组织,更值得医疗服务提供者、患方信任,医疗责任风险基金制度的目的更容易转化为实现社会公共利益。

由于我国民法典尚处于立法阶段,对非营利性法人之规制本应由私法场域的制度来供给,却转而寄居在公法场域,依靠低位阶的行政法规来规范。因此,对于医疗责任风险基金,基金章程的制定与规范更为重要,通过基金的内部宪法实现自我管理,通过章程确定基金目的、成员资格、缴纳基金份额的办法、基金管理权限等,确定基金的主要组织机构由决策机构、执行机构和监督机构组成,每个机构之间分工明确、互相配合。

医疗责任风险基金章程应确立理事会决策机构以及理事人选和任期;确立执行机关执行基金的日常事务,聘请财务、法学、医学、金融工作人员,处理基金缴费、理财、赔付等事务;建立监督机构,对于章程执行状况监督,对违反法律与章程的人与事进行质询、提出监督检查建议甚至对违法行为提起控告。

三、医疗责任风险基金的成员权

相对于基金组织而言,加入医疗责任风险基金的成员拥有成员权。首先,基金成员有权要求基金按照规定向患者支付医疗损害赔偿金/补偿金,这是成员加入基金的主要目的。其次,基金成员对于基金有参与管理权利,通过全体成员大会行使表决权,赋予基金组织的行为权限,形成团体意思并外化为基金行为,对外代表全体成员,对内约束成员行为。再次，基金成员对基金的管理与运行情况享有知情权，基金组织对成员负有报告义务，基于章程规定的程序，成员拥有对信息的质询权，可以通过提出建议与实施监督等方式行使权利。

作为获得基金成员权的对价，加入基金的成员必须按照基金核定份额按时足额缴存资金，遵守基金管理规范，如实按期向基金组织报告并提供基金规定的信息与资料。

四、医疗责任风险基金实施模式

未能持有有效的医疗责任保险保单的医疗服务提供者，必须加入医疗责任风险基金。医疗责任风险基金与医疗责任保险都是为患者医疗损害赔偿金提供担保的方式，构筑的资金池都是作为赔偿金的来源。因此，医疗责任风险金作为替代强制医疗责任保险的方式，必须采取强制实施模式。这是因为，医疗责任风险基金与医疗责任保险都是医疗损害风险社会化分担的途径，具有立法目的与制度功能需求的相通性，前文关于医疗责任保险实施模式采取强制模式的论证，适用于论证医疗责任风险基金制度实施强制模式的正当性与必要性，在此不再赘述。

有的省市县的医疗损害责任风险金管理办法规定，二级以上各类医疗机构采取自愿参加医疗责任专项储备金的实施模式，有的地市要求二级以上医疗机构必须参加医疗责任保险，对于一级医疗机构以及乡村医师没有必须参加医疗责任保险的要求。医疗责任风险金替代强制医疗责任保险，作为实现医疗损害赔偿责任风险的社会化分担的途径，在地域组建的风险资金池中，要求赔偿责任能力较弱的医疗服务提供者加入责任风险基金，作为其获得开业或者独立执业许可的条件。

五、医疗责任风险基金的资金筹集与使用制度

风险基金成立的章程应当对基金的资金筹集与缴存份额作出明确规定。加入基金的医疗服务提供者应当在每年的1月1日前缴存下一年度的基金份额。确定缴存基金份额的应当与其发生医疗损害风险程度有关，主要考量因素有：医疗服务提供者的医疗业务收入、医疗许可证(执业证)医疗服务地域、以往历年赔偿数额、医院级别与类型(科别)以及医疗服务提供者违法受到处罚的记录，从而划分医疗服务提供者的风险等级和类型，有关医疗服务提供者缴存的基金份额与风险等级类型，应当公知于众，并以此分别记取不同比例的基金缴存数额。

第七章 我国医疗损害风险社会化分担的法律制度架构

目前,有的省区市是在医疗责任风险金管理办法中规定了资金筹集与使用办法。[①] 根据《2015年国家卫生统计年鉴》中的相关统计表,按照医疗机构的年医疗收入的2‰分别匡算河南省、江苏省的医疗机构医疗责任风险金提取数额 M_1, M_2, M_3, M_4,见表13。其中,表栏A是直接取自该年鉴"表4-3-2 医疗卫生机构收入与支出"数据,表栏B是从年鉴中的"表4-5-5 各地区医院门诊和住院病人人均医药费"与"表5-2-3 各地区医院门诊服务情况"和"表5-3-3 各地区医疗卫生机构住院服务情况"中提出的数据,计算得到门诊收入与住院收入的合计数。按照医疗机构的年医疗收入的2‰,计算得出 M_1, M_2, M_3 和 M_4。比较 M_2 与 M_1 可知,如果河南省按照豫卫医〔2012〕85号文设立的全省的医疗责任风险金,每年的资金池可达229 958 640元至241 740 941.8元规模,这比通过保险公司在河南省的医疗责任保险的资金池规模大得多。再比较 M_3 与 M_4,如果江苏省也参照医疗机构医疗收入的2‰份额要求医院加入医疗责任风险基金,则每年的资金池可达325 166 962.7元至340 259 640元规模。进一步,与江苏省自2008年开展医院团购医疗责任保险至2015年11月23日接近6.5年的累计保险理赔数额90 572 412.09元相比,年均赔偿数额约为13 934 217.24元,是325 166 962.7元的4.29%,由此可见,医疗责任风险金的资金池规模远远高出医疗责任保险资金池规模。进一步,按照一个三级甲等医院年度的医疗收入2亿元为基数,计算其加入医疗责任风险基金需要拿出400万元,而购买医疗责任保险的保险费用为200万元,比较二者:(1)医疗责任风险金400万元中的70%,合计280万元是计入基金成员账户,医院控制医疗责任风险管理强,连续三年使用基金数额少于200万元的,医院可以做到一直控制400万元的风险金规模,最大的利益好处是未使用的基金余额滚入下一年度,计入成员账户。(2)医疗风险金份额的30%用于成员间互助,一定程度提高了成员的风险责任能力,但是无法与责任保险的保险金保障程度相比。

基金应当通过章程对资金使用作出规定,坚持"统一管理、统筹使用"、"账户资金所有权与使用权分离"原则,区分成员账户与统筹账户,实现风险共担与奖优罚劣的平衡,防止道德风险。有的省市县组建的医疗责任风险基金,将风险金账户区分成员账户与统筹账户,总额的70%纳入成员账户、30%纳入统筹账户,成员账户资金有年度结余的,滚入下一年度该成员账户中,实现基金账户资金的所有权与使用权在成员自有账户与统筹账户的适当分离与统一。基金成员的自有账户所有权归属成员,列

[①] 如《河南省医疗责任风险金管理办法(试行)》规定,河南省内的三级医院应按年医疗收入的千分之二缴纳,而二级医院及其他医疗机构缴纳标准则是年医疗收入的千分之三,交由河南省卫生厅、财政厅统一管理,并以这些资金为基础,成立河南省医疗责任风险基金。

支该成员对患方赔偿金;基金的统筹账户资金属于全体基金成员所有,按照约定列支成员自有账户不足以支付对患者损害赔偿金的金额,以及基金成员的公共必要开支。对于使用统筹账户支付患者损害赔偿的成员,次年调高其缴存资金至统筹账户的比例,反之,则适当降低比例。

表13 医疗责任风险金模拟匡算表

省份		数据类型			
河南	A	医疗卫生机构总收入(万元) 13 116 209	医疗收入/事业收入(万元) 11 497 932	财政补助(万元) 1 207 642	总支出(万元) 12 411 750
		医疗卫生成本/支出(万元) 10 026 627	财政项目补助支出(万元) 424 896	人员经费(万元) 3 428 333	M1:风险金匡算数(2‰)(元) 229 958 640
	B	门诊人均医药费(元) 155.8	门诊诊疗人次数 158 836 162	门诊医疗收入(元) 24 746 674 040	住院人均医药费(元) 6 642.5
		住院诊疗人次数 14 471 027	住院诊疗收入(元) 96 123 796 848	门诊和住院收入合计(元) 120 870 470 887.1	M2:风险金匡算数(2‰)(元) 241 740 941.8
江苏	A	医疗卫生机构总收入(万元) 19 825 662	医疗收入/事业收入(万元) 17 012 982	财政补助(万元) 2 019 440	总支出(万元) 19 106 859
		医疗卫生成本/支出(万元) 15 508 023	财政项目补助支出(万元) 795 677	人员经费(万元) 5 548 320	M3:风险金框算数(2‰)(元) 340 259 640
	B	门诊人均医药费(元) 222.3	门诊诊疗人次数 230 031 286	门诊医疗收入(元) 51 135 954 878	住院人均医药费(元) 9 673.9
		住院诊疗人次数 11 520 434	住院诊疗收入(元) 111 447 526 472.6	门诊和住院收入合计(元) 162 583 481 350.4	M4:风险金框算数(2‰)(元) 325 166 962.7

明确基金赔付患者医疗损害的范围、依据与时限。首先,基金赔付应当排除不是由于医疗服务提供者的诊疗过失引起的医疗损害。因为医疗损害发生原因具有复杂性、清晰界定原因力的难度大和时间成本高昂,而基金制度设计的目的是实现对患者医疗损害的及时、有效赔偿或者补偿,在实现制度设计目的与实践操作可行性之间,可适用立法技术上的排除法,逻辑上满足基金使用的要求,即包括由医疗过失应承担的医疗损害赔偿责任,还包括经由专家意见确认、因客观原因(医学未知领域、证据搜集困难等)无法清晰界定医疗损害原因力的医疗损害。有关处理医疗纠纷过程中的专家审查小组的支出费用应当从基金中列支。其次,基金赔付患者医疗损害依据,可以是医患协商达成的赔偿/补偿协议、人民调解委员会的调解协议以及法院作出的生

效裁判书。再次,对于一定数额赔偿,基金日常管理机构收到医患达成的赔偿或补偿协议、医患纠纷人民调解协议,应当尽速支付相应金额于患方。对于超过一定数额的赔偿,患者、医疗服务提供者应当提交包括司法确认书、生效的法院裁判文书、仲裁庭裁决等支持性文件,基金应当在45天之内完成支付,实现建构基金迅速、及时、有效赔偿患者的目的。

基金对存量资金的投资与风险管理作出规定。经过多年缴存,基金账户内的流动资金形成长期沉淀或者数月沉淀。基金在确定各成员年度应缴存份额时,一方面要确保基金账户有足够责任风险金余额,另一方面要确保在年度内有足够现金流用于随时支付患者赔偿和基金日常支应,因此,应当聘请精算师对基金的资金筹集与使用进行财务评估和预算,不是简单以医疗收入的百分比记取缴存基金份额,否则,将影响基金的使用效率。通过章程约定,基金组织有权在法律允许的范围内、坚持稳健低风险为原则,聘请适格的资产管理人,允许其根据基金组织的授权进行投资行为,并接受基金监督委员会监督。同时,基金不得对外提供任何担保、从事可能导致基金承担法律责任和风险的金融活动。

基金对资金筹集和使用信息应当公开。基金管理机构必须定期发布资金筹集、管理和使用的信息,相关成员有权利查询自己的资金使用与管理情况,基金管理机构应当报告基金的全部运行情况,提交专项收支说明文件以及基金的审计报告,并公布于基金网站备查。

六、医疗责任风险基金的监管制度

基金资金主要来源于成员缴存,非财政拨付于社会捐助,应当建立监督管理委员会对基金运行监管的制度。基金成员提取、缴存账户资金要具有透明性和使用公开性,如果政府在缴存资金提供补贴,也应纳入统一管理和规范监督范围。

监督管理委员会的委员应根据加入基金的成员类型、不同的风险等级以及缴费数额区间,划分基金监管委员会委员的分配名额,基于缴费比例最高、缴费比例次高、不同级别医疗服务机构和医疗服务个人执业者分配监管委员会委员。每个委员有一定工作年限(3年至5年),所有委员实行轮换依次逐年更新,以保持监督工作的连续性与独立性。

监督管理委员会在法律和基金成员大会授权之下,有权对基金的管理、运行进行监督,包括搜集基金支付信息或其他支付相关信息、建立医疗服务提供者应缴存基金份额的计算标准、检查每个医疗服务提供者缴存基金情况、根据精算师报告和建议要求提出的监督事项。有权对发生赔付案件中明显属于医疗机构非法、医师不具备资质、没有依法赔付的案件进行监管,可以采取包括限期提交审查报告与相关资料、介入调查、参与调解或诉讼等方式实施监督,相关基金成员和工作人员应当配合,提交完整信息资料给监管委员会代表。

监督管理委员会、委员以及雇佣人员负有保密义务,对于工作中涉及提供给监督管理委员会的信息资料包括文档记录、律师文件、代表基金会与他人或者实体的联系、登记的医疗服务提供者以及保险公司、有关和解协议信息资料等,全部都属于信息保密的范围,不得提供、披露给任何其他第三人,依据基金管理制度应当进行信息披露的除外。

正如学者指出,"理想的非营利性法人制度,不是简单诉诸国家严厉管制,而应当是构筑一种利益机制,由非营利性法人主动接受法律的、行政的或独立机构监督,以获得政府税收优惠、财政资助等特别利益,政府实施有效监督手段,维护公共利益,最终实现国家和社会的良性互动"[①]。医疗责任风险基金定位于非营利性法人组织,作为新型社会组织,参与到社会管理之中,在促进医疗风险管理、实现医疗损害风险社会化分担、缓和医患矛盾、构建医患信任等方面起到积极促进作用。

第三节 医疗损害风险社会化分担的平行来源关系调整

一、医疗损害风险社会化分担的平行来源

所谓平行来源规则(collateral-source rule)是指在同一伤害中,如果受害人获得了一些赔偿,而这些赔偿完全独立于侵权人的赔偿,那么受害人不会因取得的这些赔偿而被扣减其有权向侵权人主张的赔偿。医疗损害案件中,患方可能获得来自人身意外伤害保险赔付、医疗保险偿付、公共或者私人退休金、工伤保险赔付、病假和休假补助金和其他基于约定或者免费由雇主支付给雇员的金钱。依据侵权损害的完全赔偿原则,受害人获得了其他来源的赔偿后,就可以减少侵权人的赔偿数额。然而,如此做法对于本应当承担全部责任的被告来说,无异于获得了意外的收益,不符合侵权法的立法目的。侵权损害赔偿的完全赔偿原则是建立在财产损害赔偿的"差额说"基础上,人身损害无法对生命与健康的无价性进行衡量,受害人获得超过财产损害赔偿数额的赔偿是符合对生命健康的无价补偿。因此,一般来说,法庭裁判时在考虑计算受害人金钱赔偿数额的时候,不会将被害人有独立于加害人的其他赔偿来源用于抵消加害人的赔偿金。

---

① 税兵.非营利法人解释[J].法学研究,2007(5):66—74.

平行来源规则原本是普通法上的规则,美国各州立法机构在应对医疗责任保险危机、实施侵权法改革中,有一项重要改革举措是要求法院通过平行来源规则降低医疗损害的赔偿总额,允许陪审团在计算损害的时候有权决定如何运用平行来源的证据,患者实际得到的赔偿是存在上限,这个上限相当于全部损害赔偿额,实现了限制患者获得双重赔付的机会。

在我国,医疗损害案件中同样存在患者可能获得多个来源的赔付的情况。诸如,患者持有第一人保险,如商业人身意外伤害保险,可以获得按天计付(比如 200 元/天)的治疗补助,重大疾病商业保险(符合保险病种给予医药费和营养费报销比例);患者参加社会保险体系下的城镇居民医疗保险对于医疗保险指定目录用药和诊疗费用按比例偿付或异地就诊报销;加害人购买的责任保险也是患者获得赔偿的来源。

二、医疗侵权赔偿与医疗保险给付的平行来源关系规制

(一)研究样本采集与数据引出的问题

近年来,伴随国家推行社会保障制度、全面医疗保险工作,医疗保险已经实现了低水平广覆盖的目标。频繁多发的医疗纠纷案件中经常涉及医疗损害侵权赔偿与医疗保险给付的平行来源交叉给付问题。一方面是越来越吃紧的医疗保险资金储备无法满足日益增长的患者需求,另一方面医疗侵权案件赔付计算时挤占医疗保险资金的问题没有得到重视和解决。2015 年 6 月至 2016 年 5 月课题组对医疗损害赔偿案件中涉及赔偿额计算时与医疗保险报销垫付发生平行来源给付交叉的问题进行调研,在中国裁判文书网、无讼案例数据库、北大法意数据库、北大法宝数据库中,以"中国裁判文书网"数据库中的案由为检索分类方法,确定检索的案由"医疗损害责任纠纷"与判决书中出现关键词"医疗保险",以及案由"医疗损害赔偿纠纷"与关键词"医疗保险",选择二审和再审的判决文书,时间跨度为 2013 年 1 月 1 日至 2015 年 12 月 31 日,得到检索结果 350 个样本。经过阅读筛查,剔除单纯涉及诉讼程序问题的裁定书、重复数据和实际与研究议题无关的判决书,得到 329 个有效研究样本。

由表 14 可见,2013 年的案件有 28 件(最低),2014 年的案件有 166 件(最多),2015 年的案件有 135 件,年均涉及医疗保险的医疗责任纠纷案件数量约 110 件,三年间涉及医疗保险的医疗责任纠纷案件数量快速增长,尤其是 2014 年,涉及医疗保险的医疗纠纷案件猛增,这与越来越多的患者参加了医疗保险有关联。

医疗损害赔偿与医疗保险给付并存时,赔偿数额中是否扣减医疗保险给付部分,329 个判决结果呈现不同结果。329 个判决中扣除医疗保险,不支持给付的有 216 个,占案件总数的 65.65%,支持医疗保险给付与损害赔偿兼得的有 93 例,占案件总数的 28.27%;支持医疗保险统筹账户支付部分扣减的有 4 例,占案件总数的 1.22%;

可见,多数法官倾向采取扣减的处理方式,认为医疗损害赔偿应当扣减医疗保险给付部分赔偿给受害人。研究样本中有4例涉及其他保险的情况和12例有医疗保险给付但是侵权案件审理中未予处理情况。样本数据显示,发生医疗损害赔偿纠纷时,患者首选的损害救济途径是通过医疗保险获得医药费给付[①],这是因为患者就医时同时将医疗保险信息录入医院财务支付系统,由医疗保险负担的医药费部分在发生诊疗费用时自动选择暂由医院挂账的处理模式,在发生医疗侵权纠纷事件时,原本应当由医方加害人承担的医药费已经通过医院挂账、医疗保险经办机构结算拨付,进而出现了越来越多的侵权赔偿与医疗保险给付交叉的问题。

表14 329个研究样本年度分布与医保费用扣减

	年度	案件数	百分比
年度分布	2013年	28	8.51%
	2014年	166	50.46%
	2015年	135	41.03%
医保费用扣减情况	医保给付扣减	216	65.65%
	医保给付不扣减	93	28.27%
	医保给付部分扣减	4	1.22%
	涉及其他保险	4	1.22%
	有医保但审判未处理	12	3.65%

判决书中的说理具有多样性。表15将其划分为八种情形,见:判决书中对"医疗保险已经给付的医疗费用如何处理",不予说理的判决有92例,占样本总数的26%;理由是认为"医疗保险给付的医疗费用非属患者的实际损失;不应纳入赔偿范围的"有118例,占样本总数的33%;"原告自愿放弃对医疗保险已支付医药费索赔的"有43例,占12%;判决中认为"医疗保险报销的费用应当纳入赔偿范围的"有77例,占23%,其中被告医疗机构同意给付的只有12例;法院认定"不同法律关系另案处理"的有18例;认为"医疗保险不可减轻侵权人责任的"有38例;认为"医疗保险报销部分系患者收益因而应当由医疗侵权者赔付的"有9例;其他情形有28例,占8%。上述数据显示的裁判理由的分布图示表明,各地法院对于医疗损害赔偿中涉及医疗保

---

① 患者发生交通事故损害被送到医院就诊时,医院不接受患者押医疗保险卡、个人负担自费部分的就诊结算方式,因为交通事故损害应当由事故加害人赔偿,加害人投保的机动车强制保险公司在保险范围内垫付医药费,基本不发生交通事故理赔与医疗保险报销的平行来源重复偿付的问题。

险给付部分的判决并无统一的标准,法官根据自己的理解作出自由裁量,裁判理由多样甚至同一法院不同法官对相似案情作出完全不同的裁判,多数法官甚至不对该问题进行说理,直接作出判决,造成司法实务中出现大量"同案不同判"的案件呈现。

表15　329个研究样本判决书说理

情况分类	案件数	百分比
未说理	92	27.96%
扣减,非实际损失	118	35.87%
扣减,原告放弃请求	43	13.07%
不扣减,被告同意给付	12	3.65%
不扣减,系不同的法律关系,另案处理	18	5.47%
不扣减,基本医疗保险不可减轻侵权责任人责任	38	11.55%
不扣减,医保报销部分系患者收益	9	2.74%
其他	28	8.51%
合计	358	

说明:合计数为358个,超过研究样本数329,多出29个数据原因,是因为329个研究样本中有29个判决书说理理由,存在多个上述表中所列理由的情况,不影响统计数据客观性和真实性

(二)处理医疗侵权赔偿与医疗保险给付平行来源的模式与思路

处理医疗侵权赔偿与医疗保险给付之间的平行来源关系,涉及社会医疗保险法与侵权责任法之间如何就同一种损害有多个来源时的处理问题。理论上,关于多个平行来源关系的处理模式,有替代模式、补充模式与兼得模式多种学说。所谓替代模式,是指发生人身损害时,保险赔偿请求权与人身损害赔偿请求权之择一行使,选择权归属赔偿请求权的权利人,但是不能同时实现请求权。替代模式价值在于允许受害人选择请求权并尊重其意愿和权利,减少诉讼与提高社会管理效率。所谓补充模式,是指遭受事故损害赔偿权利人可以同时请求保险给付和损害赔偿,但是赔偿金和保险金总额,不得超过实际损失;受害人可以先请求侵权责任给付,再就实际损失与侵权赔付之间的差额向保险人主张保险理赔。补充模式价值有利于受害人获得可靠和完全补偿,被保险人自己也会加强风险防范。所谓兼得模式是指发生损害事故后,允许受害人同时主张保险给付和普通的人身损害赔偿,获得双份赔偿却不构成不当得利,理由在于依据保险合同取得的赔偿属于约定之债,与依据侵权法取得的赔偿为法定之债,二者分属不同法律关系,人的寿命和健康难以金钱衡量,精神损害赔偿本身就是无法用损失填补得以解释的。兼得模式的价值在于最大程度保护受害人利益。有学者指出,"处理侵权赔偿和社会保险并行给付的衔接关系的各种模式,存在

理论和实践的困境,有待制度完善。多种模式并存足以证明各种模式仅仅关注侵权赔偿与社会保险的各自功能,忽略了各种赔偿项目的性质与设计该赔偿项目的目的"[1]。涉及医疗侵权赔偿与医疗保险给付之间关系的司法实践,从329个研究样本统计数据可见,审判实践中对适用不同模式有很多的分歧,甚至有的案件不能简单地以是否适用兼得模式、补充模式、替代模式而论。法院裁判所依据法律条文于说理方面,只有15个案件适用《中华人民共和国社会保险法》(以下简称《社会保险法》)第30条作为裁判依据,占样本总数的4.6%,并且这15个案件中,仍存在错用混用的情况:如(2014)徐民终字第2838号、(2013)宁少民终字第22号、(2014)徐民终字第1907号判决中,法官在适用代位追偿权为请求权基础时,认为已经由医疗保险给付的医药费用,由医疗保险经办机构向"受害人"行使代位追偿权,从而避免受害人超额获益,行使对象错误,违反了向"第三人"行使的法律规定。(2015)永中法民一终字第78号、(2013)六民一终字第00737号判决中,法官在适用代位追偿权为请求权基础时,发生《社会保险法》与《保险法》混用的情况,认为依据《保险法》第46条[2]的规定,人身损害赔偿不得适用代位追偿权,医疗损害赔偿数额不能核减已经由医疗保险给付的部分。大多数(占总数近96%)案件的判决直接忽略了《社会保险法》在此类案件中的适用,审判结果是:要么是患者的医药费从医疗保险中报销了、反而减轻了医疗机构的赔偿责任,要么是患者既获得医疗保险报销,又从医院那里获得赔偿,构成重复赔偿。

  解决医疗侵权赔偿与医疗保险给付之间平行来源关系的基本思路,是要区分两者制度功能的不同定位,结合赔偿项目划分,进行类型化处理,对治疗费用、康复费用、护理费用、交通住宿费用、伙食补贴费、营养费作出分别处理。对于医药费的损失,坚持据实发生原则,不能重复给付;对于医疗保险未能予以给付的项目,如交通住宿费用、伙食补贴费、营养费,可依据侵权法主张赔偿。对于后期治疗费用,如果在医疗侵权之诉中未能一次性确定数额,待后续发生另行主张的,不会构成重复给付,如果医疗侵权之诉中已经对一次性后期治疗费用作出判决的,医疗保险机构不再报销医药费;对于侵权赔偿中的购置残疾生活辅助器具和后期护理费用、残疾赔偿金,可能与医疗保险给付的残疾补助金、津贴等构成重复给付,医疗保险机构也不得给予报销。对给予死亡患者家庭的抚恤金和被抚养人生活费,这是社会保险抚慰功能的体现,不构成重复给付。上述给付种类构成重复给付的,医疗保险经办机构应当行使追

---

  [1] 周江洪.侵权赔偿与社会保险并行给付的困境与出路[J].中国社会科学,2011(4):166—178.

  [2] 《保险法》第46条:被保险人因第三者的行为而发生死亡、伤残或者疾病等保险事故的,保险人向被保险人或者受益人给付保险金后,不享有向第三者追偿的权利,但被保险人或者受益人仍有权向第三者请求赔偿。

偿权利,避免侵权人借社会医疗保险给付减轻责任或者不当免责,也要避免患者获得重复赔偿。

(三)医疗侵权赔偿与医疗保险给付之保险代位追偿权

保险代位(Insurance Subrogation)通说是当保险人支付理赔后,取得被保险人对第三人的损害赔偿请求权,债务发生法定的、当然的转让给保险人,不另外做债务转移行为,保险人得以自己的名义行使权利。保险代位的法理基础是防止被保险人不当得利、避免造成损害的第三人不当免责、衡平与调整当事人权利、促使保险人迅速理赔和落实保险制度的目的、弥补保险人给付保险金的损失。

我国《保险法》第60条关于保险代位的规定是在适用于财产保险合同中作出的规定。人身保险一般不适用保险代位制度,因为人的生命、身体的损害无法用金钱估算,通常人身保险还具有投资和定额给付约定,即使被保险人已经从保险人那里获得保险金给付,再向加害人请求赔偿,也难以认为被保险人有获得超过其实际损失的填补。患者持有的人身意外伤害保险属于人身保险,自无超额获得补偿与保险代位的适用余地,换言之,患者有人身意外伤害保险理赔并不因此减免加害人赔偿和责任保险理赔。

医疗保险是一种公法关系上的保险给付关系,是国家社会保障制度的重要组成部分。医疗保险的制度目标是实现社会互助、危险分担与公共利益保护。医疗保险与人身保险类似,属于人身保险范畴,人身保险是否可以有保险代位权的适用余地是存在争议的。反对者认为人身无价,保险公司的理赔不是填补具体损害,而是填补抽象的损害,即使受害人获得保险理赔也还可以向加害人索赔。支持者认为,保险法有关禁止代位的规范适用于人身保险的规定存在立法观念上的误区,应当以现代"损害/定额保险"划分保险合同体系,将保险代位的规范定位于"损害补偿保险"[1]。人身保险中的伤害保险和健康保险中的医药费用给付,都是在发生危险事故时所产生的财产上损害之保险给付,应当有代位权适用的余地。[2] 还有学者认为"健康保险、意外伤害保险是介于人身保险和财产保险之间的中间性保险。意外伤害保险在应由第三者对保险事故负侵权之责的情形下,对于医药费用应当容许适用保险代位"[3],

---

[1] 樊启荣."人身保险无保险代位规范适用"质疑——我国《保险法》第68条规定之妥当性评析[J].法学,2008(1):16—25.

[2] 司法实践中出现大量的案例支持补偿性医疗费用保险可得适用代位追偿的判决,上海市高级人民法院在《上海市高级人民法院民事审判第五庭关于印发〈关于审理保险代位求偿权纠纷案件若干问题的解答(一)〉的通知》(沪高法民五〔2010〕2号)中明确了补偿型医疗保险的保险人有权适用保险代位追偿权。

[3] 温世扬."中间性保险"及其私法规制[J].北方法学,2013(3):14—19.

还有学者认为"补偿型医疗保险可以约定代位权,实现保险法司法解释与现行保险法规定之间的不一致问题"①。患者投保的是限额型医疗费用保险、失能型给付保险,在性质上属于损失填补保险,是有保险代位的适用余地。医疗保险是直接以填补医疗费用支出为目的的实收实支和提供医疗费用的保险,应当有保险代位的适用。

2011年7月1日起施行的《社会保险法》第30条②规定对于应由第三人负担费用,医疗保险不予以支付。尽管《社会保险法》第30条第2款还规定基本医疗保险基金具有代位求偿权,然而司法实践中该代位权之行使存在困难,甚至出现无人行使代位权的状况,主要表现为诉讼过程中操作瓶颈,如果受害患者已在医药费诉请中得到赔付,又在医疗保险中报销了医药费,则构成不当得利,医疗保险机构很难向患者要回已给付的医疗保险费用。医疗保险经办机构对发生应行使代位权的情形视而不见,是损害了全体参加医疗保险的社会成员的利益。

我国医疗保险的费用结算方式给患者获得重复给付留下机会。医疗保险采用分类分步结算办法:(1)由被保险人自己负担的医药费采用实收实支;(2)应当由医疗保险负担的医药费用,一类在同城医疗保险信息联网环境下,医疗机构暂不收取,而是根据"定点医疗服务协议"定期先向医疗保险机构提出偿付申请,然后向医疗保险机构进行审查偿付。另外一类在医疗保险信息不联网、异地就医情形下,医疗费用由患者全额支付,然后凭票与病历记录等资料回到当地医疗保险经办机构报销。如此结算方式,都可能导致的结果是,一旦发生由于医疗机构过错责任应当承担患者的医疗费用时、因医疗保险经办机构不知情且已偿付给医疗机构或者已经完成患者申请报销。尤其是对于诊疗行为发生之时与医疗损害发现之时相差数月甚至数年,或者患者已经向医疗机构索赔获得赔付之后,后期发生的诊疗费用完全可以按照医疗保险就医报销渠道获得偿付。如此情形显然符合《社会保险法》第30条第2款之规定的不予医疗保险支付的情形。

医疗损害赔偿责任信息,不能及时传递给医疗保险机构,导致结果有二:一是患者就诊结束时,并不知道自己的权利遭受侵害,在没有提起医疗争议之前、没有认定赔偿责任之前,患者的医药费已在医疗保险中心报销或者医疗保险中心已经偿付给医疗机构,等到医疗赔偿责任认定之后,没有人再去提及追偿,甚至法院认为患者并

---

① 史卫进.补偿型医疗保险中的约定代位权探究[J].烟台大学学报(哲学社会科学版),2016(2):20—27.

② 第30条规定,"下列医疗费用不纳入基本医疗保险基金支付范围:(一)应当从工伤保险基金中支付的;(二)应当由第三人负担的;(三)应当由公共卫生负担的;(四)在境外就医的。医疗费用依法应当由第三人负担,第三人不支付或者无法确定第三人的,由基本医疗保险基金先行支付。基本医疗保险基金先行支付后,有权向第三人追偿"。

没有实际全额支付医药费,患者无权就医疗保险负担的医药费进行索赔,案外人(医疗保险中心)的利益并不是本案审理范围,在计算应当赔偿的医药费中直接扣除了医疗保险负担的医药费数额。二是患者在就诊期间、就诊结束不久即提起侵权之诉,患者就医的医药费已由医疗保险支付,患者仍就全部医药费索赔,法院认定侵权之债与医疗保险法律关系系不同法律关系,直接判令医院向患者赔偿全部医药费,患者就此重复受偿,有悖医疗保险法上的利得禁止原则,不符合医疗损害的基本保险原理。

医疗保险经办机构应当履行保险代位追偿的职责。2001年颁行的《社会保险行政争议处理办法》将社会保险经办机构定义为"法律、法规授权的""工作机构",《社会保险法》将其定义为"提供社会保险服务的机构"。因此,社保经办机构可以作为行政诉讼的被告,医疗保险经办机构作为行政主体,认定其为公法人。社会保险在本质上应是独立的个体受国家法律强制规范加入共同分担风险的共同体之中,医疗保险经办机构在组织模式和法律性质上为公法上的社团法人,依国家强制产生,但独立于其他权利主体,在人事和财政实现自我管理。① 根据"定点医疗服务协议"约定,医疗保险经办机构的医疗保险给付原则上是由定点医疗服务机构直接提供门诊或住院诊疗服务,再由定点医疗服务机构向医疗保险经办机构申请所提供的医疗服务和药品费用。当患者发生医疗损害、向医疗保险经办机构要求支付医药费用后,患者作为被保险人对医疗服务机构的损害赔偿请求权已转移给医疗保险经办机构,患者对医疗保险基金先行支付的医疗费用的债权已经消灭,被保险人已经由医疗保险支付的医疗费用不得再向医疗服务机构主张。最后,医疗保险经办机构作为公法上的社团法人,其人事和财政上的自治权受到其组成成员意思表示的限制,医疗保险经办机构代表所有成员对保险基金进行管理使用,维护全体成员的共同利益。医疗保险经办机构取得对医疗服务机构的损害赔偿请求权时,应当积极行使追偿权。

司法实践中,因立法和技术缺失导致医疗保险经办机构行使代位追偿权存在的困难,应当从立法和技术方面寻求解决措施。医疗保险经办机构代位追偿权的行使以医疗保险基金先行支付为前提条件。② 我国立法对于"第三人责任尚未确定之时参保人可否申请先行支付"没有明确规定。实践中,若医疗保险经办机构认可第三人责任未确定前,参保人可以申请先行支付,那么,第三人责任确定之后,由医疗保险经办机构按照责任大小确定先行支付范围和追偿范围。若医疗保险经办机构不认可,则可能存在两种情况:一是参保人隐瞒第三人侵权的情况,跳过先行支付程序由基本

---

① 胡川宁.社会保险经办机构的性质和定位研究——从公法人的组织模式出发[J].行政法学研究,2016(2):78—87.
② 朱珊,房新征.医保基金先行支付及代位追偿机制探索[J].管理学家,2013(2):408—409.

医疗保险基金直接支付,医疗保险经办机构难以行使代位追偿权而导致医疗保险基金财产损失;二是参保人因第三人侵权责任迟迟不能确定而不能申请先行支付,严重影响参保人获得救济的权利,同时也违背了社会保险法的立法目的。因此,立法应当明确认可第三人责任尚未确定之时,参保人可以申请先行支付,从而使得医疗保险经办机构遵循统一标准,保障基金安全,参保人亦可获得迅速救济。进一步地,从医疗保险经办机构行使代位追偿权的制度设计上确立规则:首先,医疗保险经办机构作为代位追偿权权利行使的主体,以自己的名义行使追偿权,否则将导致其在诉讼中将制于被保险人,没有独立请求权和诉讼资格,不利于行使代位追偿权。其次,代位追偿权行使对象的选择应当从代位追偿权的性质出发。无法律明确禁止时,医疗保险经办机构可以向侵权人、多个对被保险人负有理赔责任的机构追偿或要求分担损失。在行使代位权的客体范围上,区分医疗保险账户资金中的个人账户和统筹资金账户,个人账户资金属于患者个人财产。医疗保险经办机构在行使代位追偿权时,应当只能追偿统筹资金支付部分,对于个人账户支付的医疗费用系个人实际损失,受害人得以向第三人行使损害赔偿请求权。最后,严格督察医疗保险经办机构履职责任。《社会保险法》明文规定医疗保险经办机构"有权"向第三人行使追偿权,而《暂行办法》规定机构"应当"行使追偿权,有权与应当之间存在矛盾,医疗保险经办机构怠于行使追偿权的法律责任无明确法律规定。如此将直接导致代位追偿权的相关规定如一纸空文,根本无法落实。任何制度的良性运行都离不开法律责任的约束,医疗保险经办机构代位追偿权应界定为"应当"行使的权利,才能保证代位追偿权的有效行使。医疗保险经办机构的代位追偿权实质是代位被保险人行使的损害赔偿请求权,属于财产性民事权利,应受两年诉讼时效限制,以督促医疗保险经办机构及时行使权利。① 社保经办机构对社会保险基金的管理、审核、支付方面负有行政责任,社保经办机构未按规定履职,存在过失,导致追偿权丧失应承担相应行政责任。

完善医疗保险经办机构管理信息系统,通过共享机制解决法律实践中的难题。医疗保险管理信息系统统筹的缺失,使得医疗保险信息的管理缺乏统一标准,系统间、部门间、区域间医疗保险管理信息没有形成共享机制,这大大增加医疗保险经办机构代位追偿权行使的难度。因此,为保证代位追偿权的有效行使,应当进一步完善医疗保险经办机构管理信息系统,具体而言,包括以下几个方面:首先,建立跨区域医疗保险经办机构的层级统筹系统。实务操作中,由于区域间医疗保险管理信息统筹系统的缺失,这样的政策安排导致异地就医的参保人在医疗保险待遇方面需要付出

---

① 赵青东.论社会保险经办机构医疗费追偿权的诉讼时效期间嵌入[J].阜阳师范学院学报(社会科学版),2013(6):125—129.

更多时间成本和金钱成本,有违基本医疗保险为参保人提供及时的物质帮助的立法目的。同时,在发生医疗损害赔偿纠纷时,加大案件事实的审理难度,医疗保险经办机构代位追偿权的行使更加困难。新时代背景下,城乡间、地区间的人员流动性较大,跨区域诊疗行为在现实生活中十分常见,跨区域医疗保险信息不统筹的弊端日益突出。[①] 保障代位追偿权的行使,应当在基本医疗保险管理信息系统方面,进行系统整合和信息整合[②],建立跨区域医疗保险经办机构的层级统筹系统,统筹区域间的医疗保险信息,实现区域间的信息共享、业务协同。其次,建立医疗保险经办机构与司法机关的管理信息系统。目前的基本医疗保险管理信息系统是社会保险管理信息系统的子系统,围绕着基本医疗保险业务流程即保费收缴、基金支付和运营管理展开[③],系统做好中心数据的管理和共享使用的同时,需要与银行、税务部门以及定点医疗机构进行数据交换与结算,与参保单位进行数据传输,以确保基本医疗保险业务的良性运转。为保障医疗保险基金安全,防止医疗保险基金的流失,应当充分利用信息技术,将医疗保险经办机构管理信息系统拓宽到司法领域,建立医疗保险经办机构与司法机关的数据共享平台,保证医疗保险经办机构代位追偿权的及时行使。再次,完善医疗保险经办机构与定点医疗机构的管理信息系统。医疗保险经办机构与定点医疗机构形成信息化的操作系统,是通过医疗保险管理信息系统与定点医疗机构全面联网,普遍实现即时结算,实时交换完整的就诊购药明细信息。[④] 为保障代位追偿权的行使,可以在现有的信息技术平台上,加强系统与定点医疗机构的数据交换,增强基金支付的信息管理,定期对基金支付信息进行审核,完善医疗保险经办机构与定点医疗机构的管理信息系统,对于存在代位追偿权适用的情形,可以直接扣减后期的基金支付。

第四节　医疗损害风险社会化分担机制中的其他相关协调制度

一、完善医疗损害责任鉴定机制

医疗责任保险、医疗风险基金、患者损害补偿基金以及医患和解,都需要确认医

[①] 2016年全国两会上,医疗保险应尽快实现异地就医即时结算报销,也是代表、委员的建言热点。参见央广网:http://news.cnr.cn/dj/201408/t20140807_516163763.shtml.

[②] 宋京燕.社会保险信息化对医疗保险城乡统筹支撑研究[J].中国医疗保险,2013(5):26—28.

[③] 赵琦.社会保险管理信息系统建设中的问题[J].电脑知识与技术,2016(1):35—36.

[④] 宋京燕.社会保险信息化对医疗保险城乡统筹支撑研究[J].中国医疗保险,2013(5):26—28.

疗损害原因。患者启动索赔的部分原因是为了解病患死伤的真实原因,否则,在不知情或者信息不完整的情况下,即使家属在调解时作出让步,也容易导致患方后悔而另案索赔,调解过程中专家对医疗损害原因的判断和解释尤其重要。但是,医疗纠纷案件中的损害责任归属和损害原因认定,都要通过专业鉴定机构鉴定,势必造成理赔案件积压、鉴定机构负荷更为加重,甚至影响责任保险理赔、医疗风险金制度等的运行。

《侵权责任法》颁行已经六年多,医疗纠纷中医疗损害鉴定涉及的医学会组织的医疗损害鉴定与司法鉴定机构实施的医疗过错鉴定"二元制"的状况犹存,全国范围内有关医疗损害鉴定规范至今没有统一。医疗诉讼案件审理中,由于多数法官不具备医学专业知识,仰赖医学专业鉴定协助断案,而现代医学技术复杂、发展迅速,搜集医疗专业鉴定所需的证据日益困难。患者认为即使有医学会鉴定,鉴定意见经常不利于病患一方,所以宁可违法采取自力救济,甚至借助医闹影响医院与患者的正常协商。2015年10月《医疗纠纷预防与处理条例(送审稿)》的说明中,肯定了与《医疗事故处理条例》相配套的国家、省、市三级医疗事故技术分层鉴定结构体系,对医疗损害鉴定提出了原则性方案①,但是依然没有解决二元鉴定体制的问题。自2010年7月,全国部分省市的高级人民法院以司法文件形式下发有关审理医疗纠纷的指导文件中,上海②江苏③等省的高级人民法院规定对医疗纠纷案件的医疗过错鉴定以医学会鉴定为主,除非医患双方同意,否则不启动司法鉴定,而北京市高级人民法院的做法却相反④,规定除非医患双方同意,否则不启动医学会组织的鉴定。全国部分城市

---

① 《医疗纠纷预防与处理条件(送审稿)》第38条规定:"国务院卫生计生行政部门和国务院司法行政部门共同制定医疗损害鉴定机构设置规划。"设区的市级以上人民政府卫生计生行政部门和司法行政部门共同设立医疗损害鉴定专家库。医疗损害鉴定机构开展医疗损害鉴定时必须从专家库中选取专家。

② 2011年1月1日起实施的《上海法院关于委托医疗损害司法鉴定若干问题的暂行规定》规定,"法院审理医疗纠纷民事案件中,当事人申请医疗损害鉴定的,除双方当事人协商一致以外,应由法院依职权委托医学会组织专家进行鉴定。"

③ 《江苏省高级人民法院关于做好〈中华人民共和国侵权责任法〉实施后医疗损害鉴定工作的通知》(2010年7月9日)中规定,"医疗损害鉴定仍应委托医学会组织专家进行,统称为医疗损害鉴定;当事人均同意委托其他司法鉴定机构进行医疗损害鉴定的,应予准许"。

④ 2010年11月18日《北京市高级人民法院关于审理医疗损害赔偿纠纷案件若干问题的指导意见(试行)》第21条:"人民法院委托进行医疗损害责任过错鉴定的,应当根据北京市高级人民法院关于司法鉴定工作的相关规定,委托具有相应资质的鉴定机构组织鉴定。在国家有关部门关于医疗损害鉴定的新规定颁布之前,人民法院也可以委托各区、县医学会或北京医学会组织进行医疗损害责任技术鉴定。"

的中级人民法院和医学会发布医疗纠纷案件中的医疗损害鉴定工作操作细则或实施意见。① 有诸多学者撰文对医疗损害鉴定中存在的问题提出改革建议②,但是,至今没有形成一致结论。因此,设计快速认定损害原因与责任的制度和机制十分重要。

(一)统一医疗损害鉴定组织、准入与鉴定分工机制

尽快统一医疗损害专业鉴定机制,坚持"专业人做专业事"的基本原则,对医学会的医疗损害鉴定与司法鉴定机构的医疗过错鉴定进行合理划分鉴定业务范围。医学会的医疗事故技术鉴定只作为对违规的医疗机构、医疗工作人员的行政处罚依据。法医鉴定专家与临床鉴定专家各自具有专业互补性,不能相互取代。法医鉴定在对活体损伤、死因鉴定上具有专业优势,然而,法医对于临床疾病发生原因、临床诊疗规律和技术规范专业知识具有局限性。事实上,全国多数的司法鉴定机构从事临床专家资源非常有限,即使司法鉴定机构的医学专家库是与三甲医院合作,也根本无法与医学会的几十甚至上百个临床专业的专家库相比较,无法满足鉴定工作的专业要求,而医疗纠纷涉及临床专业技术问题,临床分科越来越细化,不同科别医师存在对其他科别专业问题无法掌握的情况。专业鉴定要求同一领域的专业人士对专业问题作出判断,结合医学会的专家库对于各类临床诊疗的过错与原因判断的优势、司法鉴定机构对死因、伤残等级具有鉴定专长,融合两种鉴定机构的优势,构建更加合理的鉴定组织机构与鉴定分工机制。

严格鉴定机构的准入、管理与退出机制。针对目前已经出现的司法鉴定商业化带来的不良影响后果,鉴定意见的科学性与公正性颇受质疑,医学会组织鉴定的中立性同样被患者质疑,需要严格鉴定机构的资质审查与管理,落实对司法鉴定机构人员的资质审查制度,禁止执业医师资格证被借用、顶名、挂靠等行为,加强鉴定机构的专业法律知识培训,实施鉴定机构的通报批评、淘汰机制。

(二)完善鉴定专家选任、奖惩与出庭质证机制

医学会的专家库除了法律和法医专家外,多数的临床专家是来自医疗机构的临

---

① 如杭州市中级人民法院下发《杭州市中级人民法院关于医疗损害责任纠纷案件鉴定人出庭制度的操作细则》,南京医学会发布了《南京市医学会关于组织开展医疗损害鉴定工作的实施意见》。

② 如刘鑫,梁俊超.论医疗损害技术鉴定危机与改革[J].证据科学,2010(4):409—424;刘鑫,梁俊超.论我国医疗损害技术鉴定制度构建[J].证据科学,2011(3):261—274;肖柳珍.医疗损害鉴定一元化实证研究[J].现代法学,2014(4):176—183;郑雪倩,等.医疗损害责任鉴定问题研讨[J].中国医院,2013(5):1—4;成都市锦江区人民法院民一庭课题组.医疗损害赔偿纠纷中的鉴定问题研究——从医疗损害鉴定的二元化现状谈起[J].四川行政学院学报,2011(1):53—57;张冲,陈敏.医疗损害鉴定的现状、困境与展望[J].证据科学,2013(2):113—120;顾加栋,姜伯生.医疗损害鉴定制度重构的若干问题[J].中国卫生事业管理,2014(10):767—762.

床科室的主任、主任医师,这些专家在医院的工作已经非常繁忙,面对法庭要求出具鉴定意见的专家出庭的要求,他们很难及时安排时间到庭质证。"医学会组织的鉴定是否存在偏袒医师的行为"与"对被鉴定医师应当以合理医师的平均诊疗水平作为判断过错标准"是两个不同的问题。事实上,医学会组织这些科主任和高资历的专家对特定医师的诊疗行为过错与否作鉴定,往往是以高出一般医师平均医疗水平来评价涉案医师的诊疗行为,这本身存在不合理性。换言之,判断普通医师履行注意义务的平均水平不同于对疑难患者疾病的诊断和研究,后者才需要科主任、专家教授的高水平专家发挥专长的场域。医学会鉴定专家的选任应当坚持专业对应而不是考量鉴定专家的职称与职务,应当坚持要求专家具备独立、公正的法律观念和认识。

采取切实措施提高鉴定人出庭质证效率。临床专家作为鉴定人,不愿意出庭质证已经影响到法官对鉴定意见的审查。[①] 建议采取对专家库的成员区分为常任专家与普通专家,对经常能够协助医学会完成鉴定工作的专家在职称晋升、业务考评时给予优先考量,对于不能履职、工作不负责任甚至发生严重懈怠者给予处罚和清理。医学会鉴定实行集体负责制,鉴定组的医学专家通常为医院临床专家,医院临床工作极其繁忙,这些专家不愿意出庭直接面对患者家属,担心带来负面影响,变通的做法是请鉴定组中的法医出庭接受质询,但是面对医学专业问题的询问,也是经常无法回答,法官无法形成心证,这种做法应当有具体的鉴定制度加以监管。

(三)减少多头鉴定、重复鉴定,提高鉴定意见质量

前文已经指出,我国医疗纠纷处理中存在严重的多头鉴定与重复鉴定的现象,究其原因主要有:(1)患者死因无法查明。如事后死者家属在作户籍销户时阅读病历,发现手中的病历与死者住院期间病历记载不一致,并有多处涂改,怀疑医院篡改病历隐瞒医疗过错。当初没有怀疑医院给出的死因结论,所以没有提出尸体检验申请,医院也没有告知尸检的必要性。所以,后来的医疗损害鉴定是以医院出具的死因报告为前提作出的鉴定意见,认为"医院病历记载与书写不规范,但是与患者死亡没有因果关系",死者家属不服,要求上级医学会再行鉴定,因没有尸体检验报告,无法查明死因,难以认定诊疗行为存在过错。死者家属反复要求重新鉴定。(2)患者疾病自然转归与医疗过错导致的损害之间难以区分原因力。患者作为活体,疾病不断发展,医疗损害原因是复合的,经常发生难以区分患者自身疾病原因与医疗过错致害原因的相互作用与结果。(3)提交用于鉴定的病历资料不全,无法作出鉴定意见。例如,患者因交通事故受伤入院,在入院当天的 X 光摄片检查报告提示"右腿胫骨骨折"未见其他明显骨伤。医生建议入院治疗,患者执意出院,医嘱要求患者隔 3 日复查。2 个

[①] 胡铭.鉴定人出庭与专家辅助人角色定位之实证研究[J].法学研究,2014(4):190—208.

月后,患者腿伤未愈,2个月后发现患肢副韧带损伤,马上入院治疗,半年后患者发生股骨坏死。此案中,患者首次入院检查时是否已经发生副韧带受伤的事实无法查明,以致医院是否存在漏诊也无法查明。医生没有告知患者及时复查的医疗目的以及不来复查的风险,诊疗行为存在过错。但是,患者副韧带损伤与股骨坏死之间是否相关无法查明。患者对首次医疗损害鉴定意见有异议,再申请医疗损害鉴定却因最初的病历资料不全而被拒,再启动司法鉴定只得到伤残鉴定意见,而对损害原因无法作鉴定。(4)病历记载错误或者不仔细。例如患者住院期间挂水过敏反应导致死亡,医方被诉抗辩护士巡房已尽到检查液体滴速和观察之职,抢救及时。然而,患者主张病历记载错误,护士实际只在挂水过程中患者发生不适时才来巡查,没有及时发现病患身体异常,抢救病历系补记,与事实不符。(5)注意义务判断标准不统一。比如高血压病患死亡病例争议中,对于降压控制标准的判断存在不同理解,产生多个鉴定。首次医疗损害鉴定认为医方按照《高血压诊疗指南》(2010年版)治疗,在24小时内降血压降至合理范围,市级医学会的鉴定意见认为诊疗行为符合规范。省级医学会的鉴定意见认为医方对患者实施的降压措施没有按照教科书关于高血压降低的控制标准在48小时内降压到合理范围,降压过快引起患者体内血液灌注不足,导致多脏器衰竭致死。

医疗损害鉴定仅能就医疗事实部分作出鉴定,原则上只能对诊疗活动中涉及的客观事实作出描述、认定与判断,不能作出法律价值判断。医疗损害鉴定要描述诊疗行为本身、诊疗行为应当符合哪些诊疗规范和要求,以及对诊疗行为是否符合诊疗规范作出认定,不能对医师行为是否存在过错、是否承担责任作出认定。

法官独立行使审判权,对鉴定意见的证据价值和证据效力进行审查,对医师是否应当预见到损害可能性与避免风险可能性作出判断,即对诊疗行为是否构成侵权法上的过错作出认定。法官审查鉴定意见时应考量如下事项:专家鉴定人是否公正与诚实、有无应回避的情形;鉴定项目与鉴定人的专业领域是否一致关联;鉴定程序是否合法正当;鉴定意见是否与委托鉴定的问题相符;作出鉴定所依据的循证医学证据、诊疗规范、临床规范是否可信与充分;鉴定意见的表述是否明确和符合逻辑。当前,最高人民法院民事诉讼证据规则有关重新鉴定的条件过于原则,立法需对鉴定结论明显依据不足的情形作出列举式的解释,对于专家辅助人意见与鉴定意见不一致的,是否需要重新鉴定作出规定;对当事人认为鉴定意见错误、需要提交的证据和标准作出说明。

(四)发挥专家辅助人与技术调查官的作用

《民事诉讼法》和《刑事诉讼法》都对于专家辅助人制度作出了原则规定,但是对专家辅助人的诉讼地位、专家意见性质、证据效力、证明力等缺乏细则规范,尤其是对专家辅助人的意见与鉴定结论不一致的情况下,程序上如何设计采信鉴定意见没有明确规定,导致该制度的作用有限。① 当事人聘请专家辅助人的法律地位是当事人的友好专家证人,服务于一方当事人。这项制度适用在医疗纠纷中,对医疗机构而言,自身几乎不需要外聘医师作为辅助人;对患者而言,专家辅助人制度可以补充患者在法庭上对专业问题的欠缺。但是,多数患者不能够聘请到专家,除了经济原因,更多地是法院没有专家库资源供患者选择,因而,专家辅助人制度的实际作用非常有限。

因此,我们认为借鉴知识产权案件审理实践做法,发挥技术调查官作用,弥补法官审理案件需要医学专业知识的不足。技术调查官作为法院的司法辅助人员,对于案件涉及的专业问题、证据和鉴定意见提出参考意见,由审理法官自主决定证据的采信与否。

二、发挥医疗纠纷人民调解机制作用

医疗纠纷人民调解机制规范化与合理化运行,是医疗损害风险社会化制度的得到有效运行的关键。多元化纠纷解决机制②作为社会管理创新的路径已经成为社会共识,医疗纠纷人民调解制度成为诉讼外纠纷解决机制中的主要管道,希望通过调解提供医患之间沟通平台,让双方理性对话。借此可避免医患双方长期杯葛,尽速赔偿患者损失。人民调解组织作为民间组织,在解决医疗纠纷中可以发挥作用。早在2008年,江苏南通市成立医患纠纷专业调处中心,在处理重大医疗纠纷案件中取得经验,构建的大调解体系和诉调对接机制有效地解决了医疗纠纷,被誉为"东方经验"③。2016年6月《最高人民法院关于人民法院进一步深化多元化纠纷解决机制改革的意见》再次提出,基层法院要对包括医疗纠纷在内的适宜调解的纠纷,在征求当事人意愿的基础上,引导当事人在立案前由特邀调解组织或者调解员先行调解,希望藉此给予当事人冷静思考、充分沟通,缓和医患之间紧张关系。案件进入审判程序,调解结案成为法官的工作目标之一,法官仍然会在司法场域中运用其资源和审判经验促成调解。

大调解机制存在功能上的局限性,主要表现为该机制对于人际关系趋于陌生环

---

① 胡铭.专家辅助人:模糊身份与短缺证据——以新《刑事诉讼法》司法解释为中心[J].法学论坛,2014(1):46—52.

② 多元化纠纷解决机制是指由各种性质、功能、程序和形式不同的纠纷解决机制(包括诉讼与非诉讼两大类型),共同构成的纠纷解决和社会治理系统。

③ 刘松汉,苗成斌,臧佩洪,等.东方经验:人民内部矛盾的"大调解"——江苏南通构建大调解体系的调查与思考[J].求是,2010(15):45—47.

境下的息诉平讼作用有限,在事实不清、规范模糊、责任不明的情形下,调解难以起到预期功效。① 人民调解机制实施过程中存在公信力较低、与司法制度衔接不够等问题。② 医疗纠纷中医患关系不具有熟人社会中乡约民俗的约束环境,案件争议涉及的专业知识要求高,患者损害发生的因果关系具有复合性,需要兼具调解能力和专业医学、法学知识的调解员担当中立角色。

完善医疗纠纷人民调解中的专家库的组织与建设机制。面对医疗纠纷,如果人民调解组织没有足够的专业人员从事医疗纠纷调解,对于具备专业优势的医方而言,理性的选择是:如果确信自己有过错,愿意接受调解,反之就不会接受调解方案。对于患方而言,多数情形下无能力判断医方是否有过错,即使接受调解方案,也有可能事后反悔。诉讼外解决纠纷可以没有真相,但是有真相更有助于解决纠纷。多数患者需要对医疗行为是否存在过错与损害原因作出专业判断,以利于保护处于医学专业知识欠缺的患方公平利益。调解过程中,对是否存在医疗过错与损害原因的证据要求,不能与诉讼中的证据要求和证明力标准相比,但是,调解的前提是需要医患双方对过错与因果关系有一定的结论并得到各方认可。因此,加强调解人才队伍建设与管理监督十分必要。《医疗纠纷预防与处理条例(送审稿)》中提出调解中可以向专家咨询,由其提供专项意见。③ 因此,建立专家库,提供有时间精力的专家名单,国家应当出台鼓励专家提供咨询并制定约束专家行为的行业自律规范。

解决司法实践中存在"诉讼外纠纷解决程序过度扩张,诉讼作为'最后一道防线'的地位被忽视"的问题。④ 一方面,民众需要高质量的调解工作,另一方面,应当确保"司法最终救济原则"不被所谓的"调解结案率"的统计数据需要而淹没,防止人民调解的司法化趋向。"司法确认程序应该作为通过人民调解化解民事纠纷过程中非常态性的程序,力争不予适用或减少适用。"⑤防止人民调解员成了"折中调解"的"和事老",反而不利于纠纷的公平解决。"各级政府应加大财政投入,确保工作经费,提高

---

① 林喜芬.社会矛盾调处与"大调解"解纷模式的完善——基于社会主义新时期的语境思考[J].上海交通大学学报(哲学社会科学版),2012(2):45—52.

② 朱晓卓,李国炜.宁波市医疗纠纷实施人民调解机制中存在的问题与对策[J].医学与社会,2013(6):23—25.

③ 《医疗纠纷预防与处理条例(送审稿)》第39条规定:"医疗纠纷人民调解委员会可以从医疗损害鉴定专家库中选取相关专家进行专业咨询。咨询专家应当根据独立、客观、公正的原则,就医疗纠纷人民调解的咨询事项提供专业意见,并在咨询意见书上签名或者盖章。专家出具的书面咨询意见应当明确医患双方的责任。"

④ 江伟,谢俊.诉讼与诉讼外纠纷解决机制关系新论[J].江苏行政学院学报,2009(1):115—120.

⑤ 刘加良.论人民调解制度的实效化[J].法商研究,2013(4):59—65.

医疗纠纷人民调解组织的人才专业水平,人民调解机制要与推行医疗责任保险制度相结合运行。"① 在具体理赔案件中,医疗责任保险理赔机构、责任风险基金管理机构应积极参与医患沟通,在医患双方没有异议时即给予理赔,如此能够解决大多数的医疗纠纷。

三、落实医疗过失信息报告制度与卫生行政处罚制度

医疗损害风险社会化分担的目标之一是提高患者安全,因此,对发生医疗过错的案件,不仅应给予责任者民事赔偿,还应当及时依据行政规范实施调查处理,发生医疗损害事故的报告制度是实施行政管理与行政处罚的基础信息工作。

我国的重大医疗过失行为与医疗事故报告制度的实施缺乏有效落实与监管。2002年8月卫生部、国家中医药管理局印发《重大医疗过失行为和医疗事故报告制度》的通知,要求各级卫生行政部门应当建立健全医疗事故报告制度,实施分级分类报告制度。② 《医疗纠纷预防与处理条例(送审稿)》也规定重大医疗纠纷的报告制度。③ 国家卫计委要求各省、区、直辖市卫生主管部门在每年3月31日前将情况汇总上报卫生部,违反报告制度的将被责令改正、行政处分,并予通报。各级医疗机构内部也规定了报告制度④,报告的主要内容包括:(1)医疗机构名称;(2)当事的医护人员的姓名、专业、职务职称等;(3)患者姓名、年龄、就诊入院时间、简要诊疗经过、目前状况等;(4)重大医疗过失行为发生时间、经过等。医疗损害事故经过法院判决、人民调解的,须向卫生主管部门报告裁判文书、执行情况、当事医护人员处理情况和行政处理建议。有的省市还发布了医疗事故形成处罚办法和裁量基准。⑤

医疗过错信息报告制度存在概念界定不明确、行政处罚履职界定模糊与操作性不强等问题。⑥ 世界上许多国家都建立和实施医疗错误报告制度,该制度建立的目

---

① 赖志杰,张瑞,徐芳芳,等.我国医疗纠纷第三方调解的实践考察与完善对策——基于海南省医疗纠纷人民调解与医疗责任保险结合为例模式[J].海南大学学报(人文社会科学版),2014,32(5):102—108.

② 发生重大医疗过失行为导致3名以上患者死亡、10名以上患者出现人身损害的,应立即上报县级医疗机构,并且逐级上报至国家卫计委、中医药管理局。

③ 《医疗纠纷预防与处理条例(送审稿)》第19条规定,"发生重大医疗纠纷的,医疗机构应当按照规定向所在地卫生计生行政部门报告"。

④ 医疗过失报告制度的名称使用上还有医疗安全不良事件报告制度、医疗质量安全事件报告制度、医疗事故与医疗差错登记报告制度等,主题内容一致。

⑤ 例如,《北京市医疗事故行政处罚暂行办法》《上海市医疗事故行政处罚的若干规定》《上海市医疗事故行政处罚裁量基准》。

⑥ 孙建.医疗事故行政处理与监督的法律对策研究[J].中国政法大学学报,2013(5):48—54.

的在于教育医疗服务从业者严谨执业,加强医院风险管理,提高患者安全。但是,对发生诊疗过错的医疗机构和医护人员而言,报告医疗过错事故意味着声誉受损、责任保险费率提高,甚至从此失去谋生之路。对医疗损害事故责任机构和人员的惩罚不力,将不利于实现提高患者安全的目的,甚至出现医疗纠纷案件处理过程中,患方在与医方达成和解协议后不再追究医方责任,医院"花钱买太平",部分患者在协商不成时,以要求医疗鉴定为要挟,医方担心被鉴定为医疗责任事故而受到行政处罚,被迫达成和解协议。"协商解决纠纷成了医院规避责任的后门",这不利于保护患者利益,使得有过错责任的医院、医护人员逃避了行政处罚。[①] 进一步,造成患者医疗损害的原因不仅有医疗事故,还有诸多其他违法行为,尤其是在患者病例被涂改导致无法作出事故鉴定、患者知情同意权被侵害的案件,医院采取对当事医护人员的内部处理替代卫生行政处罚,医院担心对事故报告可能导致这些在医院位高权重的主任、专家医师被暂停执业许可,吊销执业证,对医院带来声誉负面影响。课题组以省为划分标准,对中国裁判文书网中的医疗纠纷案件进行数据统计分析,以鉴定意见构成医疗事故的案件数与可查询到的对医疗机构行政处罚,医师、护士的执业处罚数据比对,发现有相当比例的医疗责任事故案件没有公开的行政处罚数据和文件可查。实际工作中,卫生行政执法机构对责任医院和责任人进行暂停或者吊销其执业资质、卫生许可等行政处罚信息数据极其少见。因此,针对医疗机构瞒报、迟报,不执行医疗事故报告制度的现象,急需行政监督。

美国被世人称为是法制疏密有度、执法公开的国家,实施医疗过错报告制度同样遭遇过争议和坎坷。1990年美国联邦政府建立了有关医疗过失赔付的执业者数据库(National Practitioner Data Bank,NPDB),该数据库记录执业医师的过失与惩戒数据,并实现了全国联网。数据库只允许医师个人查询,对公众不开放,对医疗服务机构提供信息服务,以便这些医疗机构对应聘医师作出选择,避免有不良记录的不合格医师从一个州到另外一个州执业,逃避惩戒。然而,NPDB数据库建立之初,被认为是医疗过失和解的障碍,许多医师为避免赔偿记录录入数据库中,宁愿与患者私下和解或者寻求其他解决方案,使得NPDB数据库存在一些漏洞。在建立NPDB数据库之前,负责对有责任的医师的监管工作是由各州负责,相关信息不与其他州的机构和雇主共享,发生医疗过失案件的事实和医师信息不会被其他州的雇主知悉,除非患者家属将案件公之于众。1994年《波士顿环球报》(*Boston Globe*)在提交的一份调查报告中指出,曾经有一名医师在马萨诸塞州执业时发生诊疗过失导致5名患者受到

[①] 沈慧,赖秀江.从医疗事故行政处理申请情况看医疗纠纷的解决[C].第16届中国医院管理学年会论文集,2010:110—112.

伤害,在案件处理结果没有出来之前,该医师即在马萨诸塞州消失了,该医师的职业过失责任保险无法覆盖5个患者的索赔,该医师转到佐治亚州继续执业,后因其在醉酒状态下在急诊室看诊被患者投诉,该医师再次离开佐治亚州转去宾夕法尼亚州获得一份执业医师工作。这个典型的案件证明了国会建立 NPDB 数据库的目的具有正当性,即要阻止这些不良记录的医师变换不同的州执业。NPDB 数据库是作为推进1986年的《提高患者医疗照护质量法案》(Health Care Quality Improvement Act, HCQIA)实施的组成部分,数据库内记录医师执业的医疗过失信息、惩戒信息、被诉信息,以及经过同行评议认定为免责的信息等。尽管 NPDB 数据库不提供医疗机构是否雇佣医师的建议,但是医师们担心自己的执业记录受到数据库记录的不利影响,认为即使在医疗纠纷案件中没有支付任何一份钱,也会对自己声誉造成损害,开始寻求各种躲避医疗过失记录在 NPDB 数据库的办法。

建立 NPDB 数据库用以保护患者免受不合格医师的诊疗过失损害的目的实现和制度作用大为削弱,如何改进和提高 NPDB 数据库作用成为研究议题,尤其是发生了一个案件,成为对 NPDB 数据库改革的契机。2009年5月16日一名62岁的患者(曾当过特种兵)因剧烈头痛去位于宾夕法尼亚的匹兹堡大学的医学中心(University of Pittsburgh Medica Center, UPMC)医院就医,最终死于头部蛛网膜下腔出血,该病人的状况原本是可治愈的。患者家属有证据表明医师和护士企图篡改病历以掩盖其错误,如果这些得到证实,医师和护士将面临的不仅仅是民事赔偿,还可能受到刑事责任调查。患者家属声称医师和护士在诊疗上有过失,在患者感到呼吸窘迫胸闷时,护士却为患者注射镇定剂而没有气管插管,后来插管却为之已晚,并且在气管插管操作存在错误。医生和护士声称患者自己拒绝气管插管,试图将损害责任归咎于患者及其家属。在医患之间达成和解协议过程中,医院的律师提出要求将4名医师和护士的名字在和解协议中隐去,只将医院作为部分责任的当事方,作为达成医患和解协议的先决条件。医院声称,事故的发生不能归责于任何一个医师,达成和解协议意味着只有医院成了医疗损害事故的责任人。患方的代理律师认为,如果不接受这个条件,患方要得到赔偿是非常困难的事情。这样的和解协议策略上可以避免医师和护士的诊疗过失成为记录并记载于 NPDB 数据库中。NPDB 数据库的管理规则规定,数据库管理人员将发生过失责任的医师信息通知医师执业许可证的颁发机构,以便行政机关启动事故调查,通知国家健康与民众服务组织(包括美国医疗补助计划组织和老年健康照护组织)和其他联邦项目机构。和解协议中隐去4名医师和护士的名字和责任,是想要这些医护人员在将来的求职中避免被调查其在患者死亡案件中的过失问题,该案件后来被曝光,人们将医院的这些做法称之为"合作机构防护罩"(corporate shielding)①。有学者估计约有50%的医疗过失和解案件中存在医疗机构与医师之间的不合法合作,由医疗机构代医师受过,甚至美国医师协会还将其指导会员如何避开 NPDB 数据库的建议文献置于其协会的网上主页中。绝大多数保险机构也认为,和解协议如果录入 NPDB 数据库中,不利于医患达成和解协议,而保险公司更愿意在医疗索赔案件中与患者达成和解,减少责任保险赔付。

NPDB 数据库报告制度开始正式实施之初,果然发生制度实施前人们预期的不良后果,诸如,医师开始拒绝所有索赔案件通过和解方式解决争议,而是坚持要求通过诉讼来明辨诊疗行为的对与错。同时,NPDB 数据库规则中的漏洞开始显现,抗辩律师在案件处理过程中,坚持采用口头方式替代书面记录,因为只有书面文件才作为必须提交数据库报告的依据。医院对于自聘的全职医师开始采取前面案件所述说的"合作机构防护罩"措施,即由医疗机构承担本应由医师个人承担的赔偿责任。于是美国卫生与公共服务部(United States Department of Health and Human Services,HHS)改革了有关医疗错误的报告制度,要求所有的医疗机构必须将其代医疗服务提供者支付给患者赔偿的案件进行报告,无论患方索赔是否将相关医师列为被告,不允许医疗机构为其医师提供责任庇护。在 2000 年,美国政府财政办公室(U.S.Goverment Accountability Office,GAO)提出,对 NPDB 数据库的监督管理是其运行的关键。美国卫生及公共服务部也已经认识到漏报数据存在的问题,但是却没有采取积极的解决问题的策略和行动,从而导致医疗机构代医师责任庇护的问题越来越严重。美国医师协会又提出反对实施数据库规则的观点。在 2005 年,美国卫生及公共服务部发现,自 1990 年至 2005 年的 15 年间,几乎有 1/3 的数据应当提交却未提交给 NPDB 数据库。在执业医师圈内,有人将 NPDB 数据库描述为"黑名单""医疗上的麦卡锡主义",既带来对医疗行业毁灭性打击,又没有对患者给予更多的保护,患者得到的赔付率在降低,诉前调解结案率也在降低。②

当然,有很多的医疗机构认可 NPDB 数据库为他们选聘医师起到了实际帮助,目前的关键举措是要对 NPDB 数据库管理运行实施改革。首先,要确保数据的完整性,杜绝医疗机构成为医师责任的庇护所的机制,要求医疗机构对任何赔付都要明确写明当事的医护人员的名字。数据库要改进措施,提高数据完整性,尤其是对于那些似是而非、具有强烈和解意愿的索赔案件,要更为准确全面的搜集全案的数据信息。

---

① Sean D.Hamill. Trial to Begin in Wrongful Death Claim, Pitt. Post-Gazette. http://www.post-gazette.com/stories/news/health/trial-to-begin-in-wrongful-death-claim315498, March 30,2012.

② Teninbaum G H.Reforming The National Practitioner Data Bank to Promote Fair Med-mal Outcomes[J].William & Mary Policy Review,Fall 2013,5:83—120.

提交的报告中要将对医师个人的索赔也放在全部案件材料中记载，无论是否实际给予患者赔偿，这一点也与医疗责任保险公司的理赔资料要求不谋而合。其次，对不遵守数据报告制度的医疗机构和医师的惩罚规则要落到实处。再次，改变人们对数据库提交报告的态度和认识。要让那些上了黑名单的医师认识到是因为自己犯错而不是数据库本身不好，才使得医师感觉到了不自在。最后，数据库应当对研究者开放，让研究者从资料库中分析研究如何提高和预防医疗损害事故的发生。如今，保险公司、医院以及其他实体代医师向患者支付赔偿，无论数额大小，都必须将信息报告给NPDB数据库管理中心，报告内容包括对患者病情的描述、患者的医疗条件、引起患方的索赔或者抱怨的诊疗行为及其过失、患者诉求以及法律费用。已经提交的报告内容允许更改，必须由当事医师自己提出请求、指明错误或者不足之处，如果数据库管理机构不予更改，医师可以提出要求修改的报告。根据NPDB数据库规则，医疗机构和医师没有按照要求将有关诊疗争议和赔偿信息提交给信息系统，将会受到1万美元处罚，但是NPDB的管理者似乎不愿意动用这个罚则，没有记录显示有谁受到过这样的处罚。

当前，我国的医疗诉讼案件中，患者胜诉率偏低，以和解形式结案的较多。医院自行检讨发现存在诊疗过失，会比较愿意在患方投诉或者人民调解阶段达成赔偿协议，以免诉讼赔偿更多。由此，在我国，每年真实发生的医疗损害纠纷案件，很难有准确的统计数据，即使是建立有强制责任保险制度、医疗责任风险基金制度，那些没有通过诉讼责任索赔的案件仍难以通过信息公开途径获得数据，其他医院、医护人员，尤其是患者很难获知赔偿情况。因此，严格执行《重大医疗过失行为和医疗事故报告制度》，有利于医护人员从而得到启发、思考如何避免类似案件发生，全面检讨现有的患者安全制度实施中的问题。

此外，医疗错误报告制度与患者个人信息保护之间不存在冲突。不论以何种方式获得患者个人信息（包括但不限于个人的病历、诊疗、遗传、保险、工作与家庭关系信息等），在搜集、利用和处理方面，都要依法保护其个人信息权，该权利基础源自个人隐私权和人格权，相对而言，有可能获得和控制患者个人信息的相关机构和个人，承担不得以任何形式泄密的义务。

四、发挥医师道歉的作用

医疗纠纷的常见原因之一是患方认为医护人员的服务态度差、收费高、隐瞒错误，患方索赔目的之一是要弄明白死伤原因，避免其他患者再受伤害。一旦得知诊疗行为有过错，患方最需要的就是听到医护人员的道歉。

"道歉"是否有助于处理医疗纠纷调解？有助于缓和医患矛盾？对于这些问题，

2012年5月《中国社区医师》杂志曾组织专题研讨,有医师认为"道歉只会使得纠纷变得更糟糕",也有医师认为"向患者道歉要选择时机,谨言慎行,道歉不等于免除赔偿责任"。有学者提出,我国应建立以患者安全为中心的医疗纠纷处理思维,倡导学习美国医疗过错披露制度,医师应当坦诚面对医疗错误,确保患者了解自己的病情和伤害事实的权益,以便采取积极措施减少和避免更多的医疗损害,医师要主动向患者道歉,取得患者谅解,实现医疗纠纷的成功调解或和解。[1]

在美国,自20世纪80年代开始,至今约有35个州和华盛顿特区陆续颁行道歉法案,鼓励医师和护理人员向患者道歉。道歉法分为部分道歉法与完全道歉法,前者主要通过表达遗憾、同情和慰问的话语实施道歉,后者是在部分道歉的基础上,将承认过失和责任也纳入保护范围,但是医师的道歉不能作为医疗诉讼的自认证据。反对道歉入法的学者认为,"希望医生主动道歉是不符合社会现实的,道歉在解决医疗纠纷中未起到预期效果"。[2] 多数学者和立法者认为发生医疗纠纷根本原因是医疗损害,解决医疗纠纷的正本清源之道是积极寻找减少医疗过失的方法,而不是增加患者索赔的障碍。道歉具有特别的功能,既满足医疗纠纷中医患各方的感情慰藉需要、修复良好的社会关系,还有助于减少组织系统的医疗过错,有助于达成医疗纠纷和解。[3] 尽管美国各州道歉法的内容、形式、时间、对象等存在不同,实践中也出现医师担心法律责任风险而拒绝道歉的问题,但是,理论与实证研究都表明:道歉可以减少诉讼数量、降低赔偿额、缓和医患关系。[4] 加拿大、澳大利亚和英国也都制定了道歉法,并且取得较好的实施效果。

道歉是人们应对困境主动通过语言表达歉意,希望取得别人的谅解。尤其是在医疗纠纷调解过程中,为平复患方的情绪,表达对患方遭遇不幸的同情之心,医师主动说声"对不起",这种道歉不具有强制性,不同于民事责任承担中的赔礼道歉。"赔礼道歉"作为一种民事责任方式,集话语性、强制性、人身性和惩罚性于一体,主要用于抚慰受害人精神损害,医疗侵权案件不排除赔礼道歉责任方式的使用,尤其要在医师未履行告知义务、诊疗行为发生错误造成患者严重人身损害的,患方要求医方赔礼

---

[1] 吴英旗.坦诚对待医疗差错与医患纠纷的处置——以患者安全为视角[J].医学与哲学,2016(3):51—52.

[2] Saitta S M, Hodge S D, Jr. Is It Unrealistic to Expect A Doctor to Apologize for An Unforeseen Medical Complication? ——A Primer on Apologies Laws[J]. Pennsylvania Bar Association Quarterly, 2011, 82: 93—102.

[3] 晏英.域外道歉制度对我国医疗纠纷解决的启示及立法构造[C].东南大学法学院.医疗纠纷预防与处理法律机制研讨会会议论文集,2016:84—85.

[4] 王丽莎.美国医师道歉制度及其对证据法的影响[J].证据科学,2014(6):750—759.

道歉,法院通常裁判予以支持,责令医院医师公开道歉。然而,良心自由具有绝对保护的属性,如果医师不愿意道歉,法院也可能违背医师心意,责令其公开道歉。总之,建立医师主动道歉、披露自己诊疗行为之错误的制度,其意义在于改变当前的一种道德谴责的诉讼文化,提高患者安全。

第八章 医疗损害风险社会化分担之责任保险合同解释论

保险合同条款分为四种类型:由保险人拟定的格式条款、由保险人和投保人双方协商拟定的特约条款、由国家保险监管机构制定的法定条款和由国家保险监管机构审核的条款。医疗责任保险格式合同是经过保险监督管理委员会核准备案条款,属于第四种条款。备案的格式合同条款不是法定条款,保监会核准备案的目的在于核查保险条款内容基本合理性,防止保险人出于己方利益考量拟制的格式条款内容不利于投保人。

医疗责任保险合同是附和合同,医疗机构、医师在决定投保时,对于保险公司提供的医疗责任保险格式条款是"一揽子"认可。对比医疗责任保险格式合同的不同版本,注意到医疗责任保险格式合同条款(以下简称"格式条款"在不断适应发展需要的基础上,吸纳了一些学者和医疗机构的意见,已经做了一些修改,比如,增加了法律费用保险责任,采纳了根据理赔历史记录对费率调整的建议[①],在险种的设计上,在主险基础上增加一些附加险,一体作为医疗责任保险产品经营互补险种[②]。前文已论证在医疗责任保险实践中,需要将该险种作为强制险定位,下文将运用法理解释分析格式条款的内涵,以契合保险法保护被保险人、受害人利益的价值追求。对于格式条款的解释应当遵循以下原则:

首先,如果格式条款有两种以上解释时,方得适用《保险法》第 30 条不利解释原则。具体分两步:第一步按照通常的理解解释该格式条款,第二步有两种以上的解释的,应当作出有利于被保险人和受益人的解释。学者曹兴权、罗璨从实证角度研究发现,某些情形下不利解释原则成为法官在判决案件时缓冲矛盾的工具,为此提出应当细化不利解释原则的适用规则。就合同解释规则的体系而言,不利解释原则高于公

---

① 陈玉玲.海峡两岸医疗责任保险合同的比较研究[J].中国医院管理,2004(1):60—62.
② 南京市司法局,南京市卫生局.南京市医患纠纷人民调解工作和医疗责任保险工作经验材料汇编[C],2012:98.

平原则、诚信原则、公共政策等兜底条款,应当从微观转向宏观,从规则之间协调发挥作用的视角,从制度系统、规则体系的高度去认识其价值,在维系保险产品技术性与保护弱者之间达致平衡。①

其次,格式条款解释有争议的,须依据诚信、善意、公平及合理期待原则作解释。这是因为经济、社会条件的变迁和当事人之间实力对比的变化,在不同时代和不同社会背景下,保险人与被保险人之间利益平衡的内涵会发生变化。美国著名保险法学者基顿(keeton)在20世纪70年代提出保护"被保险人的合理期待"理论,即保险合同所提供的保障范围应以被保险人的合理期待为准,当被保险人的合理期待与保险合同条款的文字含义不符时,应注重保护被保险人的合理期待,而不是刻板地执行合同条款文字的表面含义。我国《保险法》没有确立合理期待原则,实际上是在倡导保护消费者权益的理念被普遍接受后,将该原则作为一项解释保险合同的原则对待,即从合同当事人缔约目的的合理期待为出发点对保险合同进行解释,其理论基础是保险交易中保险人不能获得任何不合理的利益,即使上述期待与保单的明示规定相违背。投保人和受益人的合理期待应当得到法律保护,"合理期待原则以保险合同的附和性为前提,传统法律救济方法不能对被保险人提供有效救济是其产生和存在的直接动因,合理期待原则应仅适用于格式保险合同,这是由保险合同为射幸合同的对价特征所决定,在本质上是公平原则的必然要求和延伸,法律价值目标是合同实质自由及公平正义,……适用合理期待适用原则须满足两个条件:一是投保人或者被保险人产生了合理期待,且主观上没有过错;二是保险人获得不正当利益"②。

下文将依据前述解释原则分析格式条款中的若干条款。

第一节 医疗责任保险对象、期间与范围

一、保险对象

格式条款将被保险人范围限于有医疗机构执业许可证的医疗机构。实践中,有的医院要求医护人员承担一定比例的保险费用,那么,这些医护人员在医疗责任保险合同中的法律地位如何?是否为保险对象?

---

① 曹兴权,罗璨.保险不利解释原则适用的二维视域——弱者保护与技术维护之衡平[J].现代法学,2013(4):76.

② 李利,许崇苗.论在我国保险法上确立合理期待原则[J].保险研究,2011(4):108.

（一）区分被保险人与投保人的意义

被保险人是指其财产、利益或者生命、身体、健康等受保险合同保障的人，被保险人享有保险金请求权。投保人是指与保险人订立保险合同，并按照保险合同负有支付保险费义务的人。医疗机构将其在为患者提供医疗服务过程中因侵权或者违约造成患者损害赔偿责任向保险公司投保，保险公司依据保险合同予以保险理赔，所以医疗机构在保险合同中的地位是投保人与被保险人合二为一。

如果医院要求医护人员承担部分保费，医护人员不参与保险合同的缔结、形式上也不在保险合同上签字，医护人员作为医院的受雇人，其行为产生之法律后果应当由其雇主承担替代责任，即使是医护人员故意实施侵害行为，其个人承担刑事责任也不排除医疗机构承担民事赔偿责任。医疗机构医疗服务的行为主体与责任主体分离，所以，从医疗责任保险合同缔结目的、内容、医患法律关系的实质分析，医疗责任保险合同的被保险人应当是医疗机构，医疗责任保险合同所产生的权利义务应当与受雇于医疗机构的医护人员无关。换言之，医疗责任保险合同不具有对医护人员权利义务的约束力，即使医院从医护人员收入中扣除一定的对患者的赔偿金，这也只是医院对内部实施的管理制度。但是，我们认为医护人员工资中负担了部分保险费，或者从其个人风险金中扣除资金用以承担部分医疗侵权赔偿，此时，医护人员已经具有投保人和被保险人的实质，在责任保险合同中应当具有合同主体地位。

如果医师是以个人自由执业身份投保，他（她）既是投保人也是被保险人，与医疗机构作为投保人和被保险人的医疗责任保险合同相同，下文中如果没有特指，在论述中所用的被保险人一词意指医疗机构以及自由执业医师作为投保人的情形。

区分投保人范围是医疗机构、受聘医护人员，还是自由执业医师的意义在于：首先，责任保险合同主体范围涉及合同项下的权利义务承担者的范围。其次，个人自由执业医师到医疗机构提供有偿服务，事先与医疗机构签订有关服务收费和医疗责任风险分担合同，发生医疗损害赔偿时，涉及医疗机构责任保险与医师执业责任保险竞合与两个合同项下保险责任分担问题。

（二）医护人员的范围界定

格式条款中所使用的"医护人员"是指在医疗机构工作的医护人员，不论医护人员在人事管理中是否区分正式编制工作人员、劳动合同人员、临时工作人员，只要是作为医疗专业技术人员，都纳入医护人员的范围，但应排除后勤管理中不需要医疗专业技术背景支撑其工作的人员。

进一步，在医院工作学习的特殊人群，如进修医师和医学实习生，是否将他们纳入投保人医护人员范围？医院的进修医师是取得执业资格、按照卫计委关于继续教育管理规定到医院进修学习的专业人员，他们在医疗活动中经常独立从事诊疗服务，挂着医院的工作胸牌为患者看诊,患者到医院就医时一般无从知晓进修医生的身份,所以,进修医师的诊疗工作与医院的其他医师没有区别,患者是与医院达成医疗服务合同,因此,这些进修医师应当纳入被保险人的医护人员名单范围,险种设计上可以将进修医师的医疗责任保险作为扩展条款纳入投保条款。

医学实习生到医院实习是其接受教育的必要组成部分,护理专业学生、临床专业学生的培养计划中,都至少有一年在医院实习的课程内容。我们常见实习学生在教学医院门诊为患者挂水、病房护理的情形,以及实习医师为患者实施简单手术的情形。实习学生和实习医师不具有执业医师资格,不能独立操作,实习指导老师负有业务上的指导责任,带教老师不是医疗责任主体,实习学生和实习医师实施诊疗行为产生的法律后果,由接受其实习的医疗机构承担,故无需将实习学生和实习医师纳入投保医护人员范围。

(三)医疗服务提供者概念

医疗服务提供者的英文是 medical provider, physician,统称为医师。在美国,医疗服务提供者有广义的医疗服务提供者和狭义之分,广义的医疗服务提供者是指运用技术诊断疾病、保护健康,为病患、亚健康人开立处方的康复治疗的执业者,在美国是指"取得不可撤销,不受州、地域限制的职业资格证的提供治疗身体不适合以及所遭受病痛的体检医师"[1]。狭义的医师是指熟练运用医学或者内科学方法治疗病人的医师。

血库不是医疗服务提供者。在席尔瓦诉佛罗里达西南部血库(Silva v. Southwest Florida Blood Bank Inc.)[2]案中,佛罗里达州州法院认为血库不能以"医疗服务提供者"的身份而被提起医疗过失诉讼,法官认为,红十字、血库实际是给医疗机构提供血液制品的人,不直接对患者实施治疗。在我国,120 急救站、血站及红十字医学会等机构都不作为医疗服务提供者对待,尽管他们从事的是与医疗服务相关的工作。

医院的伦理委员会不是医疗服务提供者。医疗服务中,医院都建立有医院伦理委员会,针对诊疗活动中出现的生命伦理问题提供伦理决策咨询。伦理委员会是由医师、护士、药剂师、医学检验和技术人员、医院管理者、法律工作者、医学心理师、社会工作者组成,其职责是评价、论证涉及人体实验的科学研究课题的伦理难题,审查知情同意文件,提出伦理决策咨询意见。根据回避原则,涉及伦理论证项目的专家不

---

[1] Westlaw.Physicians, Surgeons, and Other Healers. Am Jur 2d (American Jurisprudence, Second Edition).

[2] Silva v. Southwest Fla.Blood Bank Inc., 601 So.2d 1184 (Fla.1992).

参与伦理表决,提供伦理意见的专家不负责对患者实施具体操作治疗。

受医院委托进行医学检验的机构不是医疗服务提供者。医疗服务中经常发生客观医疗设备限制无法在就诊医院检验的情况,由医院委托院外的其他医学实验室为患者抽检样本、检验、出具检验报告。该医学检验报告虽然作为医师诊疗判断的依据,但是这些医学实验室与患者之间不存在诊疗服务合同。

区分医疗服务提供者范围的意义在于,因提供血液制品、接受委托提供医学检验的医学检验中心,因其过失提供不合格的血制品、不合格的检验报告,导致患者发生医疗损害的,不纳入医疗责任保险的保险范围。

(四)"索赔者"概念

通常情况下,诊疗行为实施的对象是患者,也有可能服务对象不限于患者本人。但是,非患者本人也可能成为"索赔者",通常发生于两种情形下:一是患者本人死亡,其近亲属成为索赔者,二是比较特殊的情形。比如产科病房,孕妇生产的新生儿是健康的,不是前来就医的病人,但是,医院也要给新生儿提供服务的情形。在美国的医院责任保险保单中通常只提供给直接接受"诊疗服务"的人,但是保单所用的"treatment"这个词并不局限于疾病的治疗,比如,非治疗性的洗澡是为了治疗需要,也是包括在责任保险范围内的。在福特医院诉费德里泰事故公司(Ford Hospital v. Fidelity & Casualty Co.)①案中,产妇生产孩子之后因为精神抑郁入住医院,新生儿也被带到了医院,孩子不是医院治疗的患者,护士在给新生儿洗澡的时候造成了孩子严重烫伤,医院作为原告主张损害赔偿保险理赔,理由是给产妇治疗的房间和服务设施包括为了照护新生儿而必须的设施,虽然新生儿不是保险单上所约定的"医院治疗的"患者,甚至不是为了治疗来到医院,只是因为产妇住院,无助的新生儿不得已来到医院。保险公司拒绝理赔,其抗辩认为,新生儿是获得许可进入医院的人,但不是病人。该案件涉及的问题是:新生儿洗澡被烫伤,是否可以纳入医疗责任保险范围?法院认为,医院服务要避免对患者造成伤害,以及对妈妈有高度依赖新生儿所造成的损害,孩子和妈妈都是医院护士照护的对象,医院的房间、服务设施存在瑕疵缺陷,导致包括患者和基于需要不得不出现在病房的新生儿发生损害,对于责任保险条款来说,"居住人"这个词通常用于对应的房间居住者,而"病人"这个词汇通常对应地用在医疗责任保险单,应当包括母亲和孩子。因此,医患之间的关系也应适用于与产妇有密切关系的新生儿,保险范围应当覆盖孩子的损害赔偿责任。

现代诊疗服务衍生出许多内容,比如医院服务对象有时不仅是生病患者,还扩展到来医院体检的人,这些人在医院受到伤害也是在保险覆盖范围。当然对于类似情

---

① Ford Hosp. v. Fid. & Cas. Co., 106 Neb. 311, 183 N.W. 656 (Neb. 1921).

形下发生的与医疗活动有牵连的损害,是否成为合格的"索赔者",是否纳入保险范围,应当在格式条款中加以特别约定为宜。

二、诊疗活动与医疗行为之界定

(一)诊疗活动与医疗行为界定之意义

格式条款中保险责任表述用语是"……医护人员在诊疗护理活动中,因执业过失造成患者人身损害,……保险人根据本保险合同的约定负责赔偿"。由于受语言表达的限制和语境不同,对于出现在格式条款中的概念内涵、外延界定,需要结合诊疗活动实践作解释。比如,与医院签订协议,由家政服务公司聘用的护工为患者提供基础生活护理服务,比如搀扶患者如厕时患者摔伤骨折、喂服食物呛噎气管窒息、将病床推入电梯时不慎夹伤患者等,以及与医院签订了场地租用协议,从事按摩、理疗、养生康复训练或者医疗美容服务的机构,这些行为是否纳入格式条款中所界定的诊疗活动范围?

我国医院医护比例低、护士编制不够的情况普遍存在,常常可见患者由家属陪护、家政公司护工护理吃药洗护。依据《临床护理实践指南(2011版)》,一级护理内容除执行医嘱投药、注射、观察、量体温血压、采集病历样本等,还包括一些为患者进行清洁与舒适护理、营养与排泄护理、口腔护理、身体活动护理,轮椅和平车使用等内容。于是护士护理范围与家属、家政服务公司护工服务范围存在交叉,诸多本应由护士执行的事项转由家属、护工承担,如果在帮助患者进食、沐浴、擦浴、口腔护理、大小便、口服给药,以及搬运病人、移动体位等过程中患者受有损害,诸如家属护工陪伴时患者摔倒骨折、食物噎住气管导致大脑缺氧、术后被热水袋烫伤,如何确定医护人员"诊疗活动"的范围,影响到责任保险理赔范围。如果认定不是诊疗活动范围,医院不承担责任,如果划入诊疗活动范围,则护工所从事工作事项应由护士为之,因为护士的不作为构成诊疗过失,医疗机构应承担民事责任,对此护工行为过失产生的损害应纳入医疗责任保险范围。

(二)医疗行为与保险范围之间的关系

格式条款中使用"诊疗活动"一词,在法律规范用语中是指医疗行为。但是,医疗行为是一个极为不明确的概念。[①] 在法律用语中,不确定法律概念系指其内容特别抽象及不确定的法律概念,通常存在于法律构成要件中。由于对"诊疗行为"的解释直接与责任保险范围有关,下文详述之。

---

① 郑逸哲.医疗刑法[M].台北:自版书,2009:25.

关于诊疗活动的界定是取自《医疗机构管理条例实施细则》第88条[①]，该条文从行为内容、目的两个角度对诊疗活动作出规定。柳经纬、李茂年教授认为，判断医疗行为的标准有二：一是行为主体标准，二是行为目的标准。[②] 学者梁妍提出"医疗行为主体、医疗行为内容、医疗行为目的三者缺一不可"的判断标准。[③]

中国台湾地区卫生行政主管机构以医字第107880号函解释、第81656514号函修改，将医疗行为界定为"凡以治疗、矫正或预防人体疾病、伤害、残缺为目的所为的诊察、诊断及治疗，或基于诊察、诊断结果，以治疗为目的所为处方、用药、施术或处置等行为之全部或一部，总称为医疗行为"。此种界定是从行为目的、方式、时间上都作了要件上的广义解释，在中国台湾地区已经形成通用，尤为值得注意的是，从行为的时间和治疗的功用上，医疗行为还包括诊断后的辅助医疗行为，中国台湾地区卫生行政主管机构以医字第0900017655号函解释，下列行为是医疗辅助行为：(1)辅助施行侵入性检查；(2)辅助施行侵入性治疗、处置；(3)辅助各项手术；(4)辅助分娩；(5)辅助施行放射线检查、治疗；(6)辅助施行化学治疗；(7)辅助施行氧气疗法(含吸入疗法)、光线疗法；(8)辅助药物之投与；(9)辅助心理、行为相关治疗；(10)病人生命征象之监测与评估；(11)其他经台湾卫生主管机关认定之医疗辅助行为。如果以中国台湾地区卫生主管机构关于辅助医疗行为的界定，似乎中国大陆养老院里为老年人喂药、吸氧、心理疏导，甚至测血压、血糖，注射胰岛素等，都将被认定是辅助医疗行为。

从行为目的上分，随着生活方式、经济条件的改变，原本出于医疗目的的一些行为，已经转化为人们对保健的需求，平时服从医嘱和进行辅助老年人检测血压、血糖等行为，不纳入医疗行为范畴，所以单纯以行为目的为标准划分诊疗行为范围似有不妥。

中国台湾地区学者黄丁全先生在其《医事法》著书中专章论证医疗行为，并结合医政实务分析了21种常见行为中哪些不属于医疗行为，无医师资格、不在医师监督下，擅自为外伤患者擦药换药为医疗行为，美容院以红外线照射为医疗行为，针灸、拔火罐、指压、复健等行为，如果是以收取费用赚钱为常态的，都列入非法行医范围。黄先生又进一步分析日本医政实务上的医疗行为概念，比如用自己的掌心对着患者来察知生病与否、眼镜店配眼镜等对患者无身体损害的行为不是医疗行为，拨出倒插睫

---

① 《医疗机构管理条例实施细则》第88条规定，"诊疗活动：是指通过各种检查，使用药物、器械及手术等方法，对疾病作出判断和消除疾病、缓解病情、减轻痛苦、改善功能、延长生命、帮助患者恢复健康的活动"。
② 柳经纬，李茂年.医患关系法论[M].北京：中信出版社，2002：18.
③ 梁妍.医疗责任保险法律制度研究[D].长春：吉林大学，2010：15.

毛、接骨、针灸的营业者使用听诊器、温度计或其他工具为他人提供服务的均为医疗行为。① 黄先生还引据日本学者的观点，认为确认医疗行为范围的意义，应依当时之医学水准，人民的生活方式之推移及卫生思想普及等因素综合判断。

中国台湾地区学者吴志正认为，以"具有诊疗目的性且实质诊疗行为者，以及行为虽非具有诊疗目的，但含有处方药物，或者对于人体有侵袭性的给与，或者已达影响或改变人体结构及生理机能者"为诊疗行为范围。②

中国台湾地区学者曾淑瑜认为，所谓医疗行为，应系涉及下列三项要素：(1)医疗目的是以治疗、矫正或预防为目的；(2)医治行为是实施诊察、诊断及治疗行为；(3)用药行为，即有处方的用药行为。凡是不符合上述三要素者，应不是医疗行为。③

在美国法中有关"职业服务"概念的解释，引证率较高的案例是马克思诉哈特福德事故赔偿公司（Marx v. Hartford Accident & Indemnity Co.）④中对于"职业服务"（professional services）的解释。案件争议的焦点是被告办公室的火灾是否源于其雇佣的技术人员的职业过失。案件的基本事实是被告的雇员在对水灭菌器充水时，错误地将苯当作水倒入器皿中，引起火灾烧毁大楼。责任保险单约定专业人员的职业服务过失引起的损害赔偿责任为责任保险范围。法庭认为保险公司的保险责任限于行为人履行相关"职业行为"或"专业服务"，而不是仅仅纠结于受雇于投保人。行为或者服务必须是精密地使用经过特殊学习或者具有某种造诣的职业行为。"职业性的"（professional）在保单中要联系上下文解释，意思是在生产或者销售某个物件时能够熟练地完成任务和隐含的智力技能行为。"职业服务"是源于一种职业，该职业包含特殊的劳动、技能，这些劳动或者技能是大部分源于人的心智或者知识，而不是仅仅靠体力或者双手。法官进一步指出认定一个特定的行为是否为"职业服务"，不能仅仅看对外是否宣称是职业服务，而是要看其行为的内容本身。案件中，往器皿中添加水的行为单独看来不需要什么特殊技能和培训，只是一个普通重复性的行为，不需要特别的技能，如同对待任何一个病人都常规地、重复要做的清洁或者类似的操作程序。⑤

综上，医疗行为是职业服务的一种，广义的职业服务是指大部分行为是要具备心智技能的专门技术服务。如果所为的行为虽然是全部行为的一部分，但是在实施时

---

① 黄丁全.医事法[M].北京：中国政法大学出版社，2003：75—87.
② 吴志正.解读医病关系 I[M].台北：元照出版公司，2006：36.
③ 曾淑瑜.医疗过失与因果关系[M].台北：翰芦图书出版有限公司，2007：19.
④ Marx v. Hartford Accident & Indemnity Co., 183 Neb. 12, 157 N.W.2d 870 (1968).
⑤ Westlaw. Christopher Vaeth. Coverage of Professional Liability or Indemnity Policy for Sexual Contact with Patients by Physicians, Surgeons, and Other Healers. 60 A.L.R.5th 239.

不需要专门的技能,就不是职业服务。医疗服务既包括专业技能服务,也包括一些非专业服务行为,即使这些行为需要专业人士指导和最终负责人,诸如测体温、喂药、洗浴、帮助入厕等行为,只要不需要特殊的技能,就不是职业服务的范围。如此,医院护工喂饭噎死患者、护工用车推患者不慎致患者跌倒受伤,均不是医疗行为。但是手术前用车推患者进入电梯时导致患者滑倒摔伤,不纳入医疗行为范畴似有不妥,从行为目的看,后者应当视为医疗行为。再比如,护工为患者擦洗身体还要具体细分不同目的,患者擦洗后紧接着为防治褥疮帮助患者涂抹外用药,发生失误,绝对的区分哪个阶段是医疗行为,似又陷入僵化。如果在时间、场所目的上将诊疗行为的范畴作扩张解释,可以将应由护士实施的擦药行为纳入医护人员的作为义务范畴,如果有不作为且造成患者损害,应作扩大解释纳入保险理赔范围。

(三)特殊的行为可否纳入医疗行为之判断

医疗责任保险合同中列有不保事项,"不以诊疗为目的的诊疗护理活动造成的患者人身损害",不属于保险范围,这是对医疗责任保险中的"诊疗活动"做了限缩界定。特殊的与诊疗相关的行为,是否纳入责任保险范围,下文论证之。

1. 不是所有的基因检测行为都是医疗行为,不能一概纳入责任保险范围。近年来一滴血就能提前诊断身体疾病,筛查出家族"基因地雷",基因检测项目被广泛宣传,包括医院在内的各类检测机构很多也在从事此类检测,收费少则上千,多则几千上万,虽然无法评估这些检测的准确性,但基因检测仍有很大市场空间。根据国家卫生部《医疗机构临床检验项目目录(2007年版)》,基因检测被明确列入临床检验项目目录,但是基因检测适用范围被限制在包括大肠癌易感基因的基因检测、家族性乳腺癌基因的基因突变检查、血友病A,B基因突变检查等在内的20多项。超出2007年检验项目目录的检测项目不能纳入医疗行为,主要理由是这些项目的有效性、安全性、可靠性并未被得到广泛认可,仅仅作为临床试验阶段的项目供医师参考。

2. 不以医疗为目的的人工流产应纳入保险范围。育龄妇女意外怀孕本身不是疾病,除非属于不适合妊娠的情况,孕妇要求流产虽然具有相当的侵入性,但多数是不具备医疗为目的的行为。但是,医院每天都在为意外怀孕不想生育者实施流产人工手术,如果一定要以治疗目的为判断标准,似乎与人们通常的理解不同,所以不能将之排除于医疗责任保险的诊疗活动范围之外。

3. 以医学研究为目的的医学人体试验不纳入责任保险范围。医疗机构实施新医疗技术、新药品、新医疗器材及药物验证等试验,不单纯是以诊断治疗为目的,不纳入医疗行为范围。值得考问的是,医学人体实验往往是患者有疾病需要治疗,在医院接受门诊或者住院治疗过程中实施医学实验,与正常的医疗行为形成密不可分的整体。

4. 不具有治疗目的的医疗美容不纳入医疗责任保险范围。美容院美容不具有治疗的目的,一般被排除在医疗责任保险范围之外。但是,从行为主体上看,医院皮肤科为患者实施光照射、治疗痤疮等医疗美容,是否可以一概纳入医疗行为范畴或者将之排除?我们认为,应当区分不同情形来分析:如果因医疗美容的毁容导致的精神压抑疾病需要治疗,此后的医疗行为目的发生转化,属于医疗责任保险范围;如果是因为天生缺陷、肿瘤、受伤、影响面部功能的,实施外科整容手术所产生的责任,则应当纳入医疗责任保险理赔。反之,单纯以美容化面容为目的的健康人士在医院实施整容手术,不能纳入医疗责任保险范围意义上的诊疗服务。兼具医师和法学教育背景的我国台湾地区学者王皇玉认为,所谓医疗行为,被认为是对人体所进行的预防、诊断、医治疾病、疼痛,身体受伤、残缺或精神障碍所导致的侵害(Eingriff)或处置(Behandlung)。如果不是出于医疗目的的行为,常被认为是欠缺"医疗适应性"。医疗立法目的旨在保障医疗质量、病人权益,以增进国民健康,因此即使是无医疗目的的美容医疗行为,只要是具有侵入性的美容医疗行为,仍然应该作为整形外科医疗行为对待。[1] 我们认为,医疗行为除了包括诊疗为目的的传统核心医疗行为外,还应当包括不是以诊疗为目的的美容、变性以及人体试验等行为,但是,从医疗责任保险的目的和范围看,当前的医疗责任保险范围宜采取限缩解释,不纳入医疗责任保险范围。至于医疗美容行为风险,可以单独设计保险产品来分担。

5. 民间民俗疗法须依不同情况决定是否纳入医疗责任保险范围。例如,起源于美国的手治疗法(Chiropractic),其创始人是帕尔默(D.D.Palmer),是美国本土民俗疗法中的一种,在美国是可以作为执业种类,但限制在没有医师的处方下接受手疗师的手疗。我国香港地区将手疗师(chiropractor)以"脊医"的头衔注册,脊医师的业务与治疗范围是"骨骼、肌肉、神经系统的诊断、检测与治疗",这与骨科医师、神经科医师、神经外科医师、复健科医师、家庭医学科医师、中医外科医师的业务有一定的重叠和交叉。脊医师应用冷敷、热敷、电刺激、超音波、牵引及其他治疗措施,与物理治疗师、营养师、临床心理师的业务有重叠。脊医师应用 X 光、计算机断层、核磁共振、验血及验尿等必要检查以协助诊断与治疗,此与放射师、检验师的业务有一定重叠。在中国台湾地区,根据台湾卫生主管机构的相关法令,"整脊"仅限物理治疗师依医嘱进行或中西医为之。在我国大陆,中医师经常使用西医方法治疗,但是在中国台湾地区的"中医师"专业,该中医专业专业人士在美国仅能考"针灸师(acupuncturist)"的执照,不具有医师的身份。在我国大陆,中医外科医师脊椎推拿疗法、冷敷、热敷、电刺

---

[1] 王皇玉.整形美容、病人同意与医疗过失中之信赖原则——评台北地院 2002 年诉字第 703 号判决[J].月旦法学杂志,2005,127:54.

激、牵引及其他治疗措施，均为常用的治疗手段，纳入执业医师诊疗行为范围，其行为损害后果纳入执业医师责任保险范围。

6. 验光等行为内容需视行为人的身份和有关法律来决定其是否为医疗行为。在中国大陆，医院眼科服务中的验光纳入"医疗行为"范围，而眼镜店里的验光师眼光行为不被认定为医疗行为。在美国，验光行为必须由执业医师为之。在我国台湾地区，由于患近视眼的人数不断增加，为保护广大民众安全，已经通过法律将验光和隐形眼镜佩戴纳入医疗行为范围，非得许可一般民众不得为之。再比如在美国，手足医术是作为外科的一个分支，包括外科手术治疗鸡眼、皮肤老茧、手足畸形等。在美国保单持有人保险公司诉麦乔塔（American Policyholders Ins.Co.v.Michota）[1]案中，医师为患者提供手足医术服务的时候，由于转椅没有固定导致患者受伤索赔，是纳入医疗责任保险理赔范围的。在中国大陆的足疗店里挖鸡眼、削皮肤老茧等服务，并不是医疗服务，假如这些行为是由医院护士所为，是否将其纳入医疗行为范畴，值得商榷。

7. 以医师资格身份出具医学证明、法律文件等行为不是医疗行为。在普罗诉圣•保罗火灾与海上保险公司（Preau v.St.Paul Fire & Marine Ins.Co.）案件[2]中，威廉•普罗（William Preau）是路易斯安那州的麻醉医师，也是麻醉医师协会（Louisiana Anesthesia Associates,LAA）的股东，该协会为路易斯安那州的医疗中心提供麻醉服务。在普罗（Preau）发现罗伯特•李•贝里（Robert Lee Berry）滥用哌替啶和其他麻醉药物后，就解雇了贝里医师。随后贝里申请卡德莱茨医学中心（Kadlec Medical Center）麻醉师工作时，普罗出具贝里医师执业经历的推荐信，陈述中没有提及贝里医师滥用药物和被解雇的事情。2002年11月2日，贝里医师在卡德莱茨医学中心为患者金佰利•琼斯（Kimberly Jones）实施麻醉发生错误，导致患者变成永久性植物人，患者家属琼斯将麻醉师贝里、卡德莱茨医学中心和路易斯安那麻醉医师协会LAA作共同被告诉诸法院，受理案件的法院因对后面的两个被告缺乏司法管辖权，驳回原告起诉。麻醉师贝里与患者家属达成赔偿750万美元以及律师费74.4万美元的和解协议。随后，患者家属琼斯又在纽奥尔良市的巡回区法院起诉LAA、股东普罗和其他股东，声称被告们故意和过失地出具错误陈述信件，在推荐信中没有提及贝里医师滥用药物和遭解雇的事情。普罗将案件报告给自己投保的责任保险公司，要求提供抗辩，圣•保罗保险公司在保留权利的前提下提供了抗辩。然而，陪审团裁定被告应当向原告赔偿824万美元，圣•保罗保险公司拒绝保险理赔。

---

[1] American Policyholder's Ins.Co.v.Michota,156 Ohio St.578,103 N.E.2d 817 (1952).
[2] Preau v.St.Paul Fire & Marine Ins. Co., (No.10-30816,5th Cir. June 23,2011). http://www.ca5.uscourts.gov/opinions/pub/10/10-30816-CV0.wpd.pdf,2012-07-09 visited.

接着发生保险赔偿诉讼,路易斯安那州的联邦分区法院审理该案件,圣·保罗保险公司主张普罗的行为是"故意"的,因而拒绝理赔,但是法院认为保险公司却未能证明普罗是故意要引起患者身体损害,因此判令普罗赔偿50万美元,保险公司代表卡德莱茨医学中心与普罗达成和解。

被告圣·保罗保险公司认为法院误解了"保险条款关于故意行为的范围",并且错误理解"保险范围条款中身体伤害"中"伤害"的概念。圣·保罗保险公司的保单中关于保险范围的表述是"任何受到法律保护的人依法可获得赔偿的身体伤害或者财产损害,并且是在本协议有效且引起的保险事故"。

第五巡回法院威廉姆(William J.Preau)法官认为,普罗所承担的不是"法律要求的"因其医疗执业行为直接导致的"患者金佰利·琼斯身体受伤害"的赔偿责任,而是因普罗在推荐信中错误陈述、依法应当赔偿给卡德莱茨医学中心的经济损失。卡德莱茨医学中心可得寻求的赔偿是其应对患者家属琼斯索赔而发生的抗辩费用,卡德莱茨医学中心承担对患者身体伤害的索赔案件不具有共同过失责任,其要承担的是其作为一个组织机构违背"独立责任"(医学中心作为出具推荐信的主体,负有独立、客观、真实出具文件的法律责任)的过失行为引起的责任。普罗所承担的责任不是其个人行医行为引起患者损害,而是因其作为卡德莱茨医学中心的股东,在代表卡德莱茨所写的推荐信中做了错误陈述,使得真正的事主——贝里医师在随后的执业活动中有机会去伤害其他患者。而圣·保罗保险公司对金佰利·琼斯不承担理赔责任。

综上所述,我们认为判断某个行为是否为医疗行为,并不是医疗行为主体、内容、目的三要件缺一不可,而是要将医疗目的、医治行为、用药行为和实施行为的人的专业资格等要素相结合作综合判断,在时序上进一步区分为诊断、治疗、预后及疗养等阶段,医疗行为应当具有医疗适应性、医疗技术正当性,以具体内容来综合判断诊疗行为为原则。至于医疗行为是否纳入医疗责任保险范围,当由医疗责任保险合同约定之。

三、追溯期、首次索赔与延展报告期

格式条款约定,"在本保险单明细表中列明的保险期限或追溯期及承保区域范围内,被保险人的投保医护人员在诊疗护理活动中,因执业过失造成患者人身损害,在本保险期限内,由患者或其近亲属首次向被保险人提出索赔申请,依法应由被保险人承担民事赔偿责任时,保险人根据本保险合同的约定负责赔偿"。

依据文义解释,该条款限缩了保险赔偿范围,规定获得赔偿必须同时满足五个要件:(1)民事责任;(2)执业地点必须在承保区域范围,排除医师多点执业或者对多点执业另行约定;(3)列入投保告知的医护人员名单所为之行为;(4)期内索赔,即患者向医疗机构提出索赔的时间要在保险合同期内;(5)诊疗行为发生在保险期限和追溯期内。保险公司与医疗机构签订的保险期限一般是一年,同时约定签订的医疗责任保险合同追溯期为一年,连续投保累计达五年及以上者,追溯期最长为五年。对于要件(1)、(2)、(3)规定没有歧义,但是(4)和(5)之要件如何解释却对被保险人和患者的利益影响较大。

(一)追溯期

1. 约定医疗责任保险追溯期之合法性基础

责任保险所承保的必须是不确定之风险,如果确知事故已经发生仍然签订保险合同并理赔,势必损及危险共同体的利益。但某些情形下,客观上的危险已经发生,但是投保人在主观上并不知道,仍然在假设保险事故尚未发生的情形下签订保险合同,而不论事故是否已经发生或者不发生,此种危险事故的不确定性指向的是主观的不确定性,签订保险契约不至于影响保险共同体的利益。

期内发生制(Occurrence Coverage)是保险人对保险期限内发生的保险责任事故负责,不考虑何时索赔以及索赔时是否继续投保,故期内发生制保单又称长尾保单。长尾保单通常昂贵,因其覆盖的保险事故是以保单有效期间内发生的事件,有可能具体医疗行为发生在保险单有效期内而损害后果是出现在很多年之后,这样的长尾条款对于保险公司来说,要认真预测未来赔偿金,从而准确地预测目前的保险费率,才能有足够的储备资金应对未来支出。由于未来很长时间都存在赔偿的可能性,保险公司很难确定事故风险以及通货膨胀、法律变革等因素导致各项计算标准的提高,保险理赔成本越来越高,抗辩费用也在不断提高,于是,保险公司都改用索赔发生制保单。

期内索赔制(Claim-made Coverage)是保险人对保险期限内受害人向被保险人提出的有效索赔负责,不考虑导致该索赔的事故何时发生以及发生时是否投保。如此设计,保险公司调整费率和资金储备应对保险市场发生变化,可以避免长尾条款带来的不确定。

追溯期的设计是与保险的始点有关的制度。通常情况下,保险始点与保险合同期间相同,这符合未来风险保险的特性,但是这种保险风险分担工具在设计之初,是从海上保险发展而来,昔日的海上保险发展中,因通讯困难之故,船舶开航后,与航行途中是否已安然抵达目的地或者已发生危险事故而沉没,保险人和投保人均不易确知,为满足要保人与被保险人之需要,保险人将保险保护提前到"订约前的适当始点",即将"实质保险始点"移到"形式保险始点"之前,方属"追溯保险"[①]。

---

① 叶启洲.保险法专题研究[M].台北:元照出版社,2007:23-25.

医疗损害风险发生特点不同于海上保险设立追溯期制度的境况。医疗损害风险发生特点是"除非是发生患者手术失败马上可预测到损害发生的原因,多数情形是诊疗行为与损害后果发生之间仍有一定的间隔时间",医院与保险公司订约时主观上不知道保险事故已经发生,有可能患者已经遭受到损害,具备了客观上的风险确定性,只是还不知道是由医疗行为过失造成,患者没有去医院主张权利,医院对此全然不知,具备主观上的不确定性。如果医院在签约之前已经发生患者索赔,假作不知并且不在投保告知义务中明示,因为不符合"投保之时发生与否或者发生时期不确定的事故"的前提,而不得援引追溯期条款索赔,且因违反保险告知义务而有导致保险合同无效的可能性。

在美国,医疗责任保险保单设计中,更进一步地发展到索赔发生式保单中约定,在前一个保单生效日发生的任何因为过失或者疏忽行为,如被保险人知道或者合理预见到有被索赔的可能性,如果保单到期后续约或者签发新保单,被保险人希望新保单对于前一个保单失效后的索赔能够被新保单的保险范围覆盖,被保险人对于预期的索赔可以不通知保险公司,但是在新保单生效后大约六周之内的合理时间,要通知保险人。①

2. 格式条款追溯期约定导致潜伏期较长的索赔得不到保险保障

当前的格式条款采用"期内发生+期内索赔+追溯期"的约定条件,须同时满足这些条件,既限制了长尾条款带来未来赔偿风险的不确定性,又将保险期间起算点前的一段时间的诊疗行为索赔纳入保险责任范围。多数情形下,医疗损害结果与诊疗行为相隔的期间较短,患者很快知道自己的权益遭受侵害并提出索赔。但是,也有可能医疗行为发生在两三年之前,等到身体发生明显的身体病理反应,患者感觉身体不适再到医院检查,患者从怀疑诊疗行为有过错、再到发起索赔行动,往往经历几年甚至十几年,已经超出格式条款约定的6个月至12个月的追溯期,此类潜伏期较长的医疗过失损害赔偿责任都被排除于保险责任范围之外。

在享特诉健康与人力资源部医疗服务与环境安全质量办公室(Hunter v. Office of Health Services & Environmental Quality of Dept. of Health & Human Resources)②案件中,患者皮肤上长了一个黑色素痣,病理医师对采样判断错误,出具病

---

① Scurria S, Asmundo A, Crinò A, et al. Professional Liability Insurance in Obstetrics and Gynaecology: Estimate of The Level of Knowledge About Malpractice Insurance Policies and Definition of An Informative Tool for The Management of The Professional Activity[J/OL]. BMC Research Notes 2011, 4(1):544[2012-12-21]. http://www.biomedcentral.com/1756-0500/4/544 visited.

② Hunter v. Office of Health Services & Environmental Quality of Dept. of Health & Human Resources, 385 So.2d 928 (La. App. 2d Cir. 1980).

理报告的结论为"良性色素沉着",后来事实证明这块黑色皮肤病变是良性色素沉着与恶性皮肤病变的混合情形。患者在当时接受手术去除治疗后没有再接受任何其他治疗。3年后,患者身上长出了一个淋巴结,诊断为恶性黑色素瘤,不久患者去世。患者家属起诉,法院认定,距离病理医师错误诊断的那个时候(由另外一家保险公司承保)的承保期间相隔了两个保险单期间,当前的这家保险公司不予理赔,而前面的那家保险公司的保险合同期已届满。患者无法从保险公司获得理赔。

人身损害赔偿的特别诉讼时效为1年,并且"自权利人知道或应当知道自己的权利遭到损害时起算",实践操作中完全可以使得患者几乎不受诉讼时效的限制,因为患者可以主张"知道"的内容是指"医疗侵权"而不是"医疗行为",所以即使先前的医疗行为在10年之前实施,患者10年之后才知道自己的权利遭受侵害的,仍然可以提起索赔,只要自知道或者应当知道权利遭受侵害之日起不超过1年。于是,存在两个时间之差,一个是患者陆续接受诊疗的时间,另一个是患者知道自己的人身权利遭受侵害的时间,后者的时间甚至是推延到患者得知鉴定意见或者医疗机构自认医疗行为有过错的时间,这两个日期之间有时相隔几年,导致医疗机构的过失赔偿责任无法获得责任保险理赔。

南京市医疗机构投保的中国人民财产保险股份有限公司医疗责任保险条款约定:保险公司对于连续投保的医疗机构约定追溯期,对首次投保的医疗机构给予1年的追溯期,连续投保的追溯期最长为5年。如此约定之下,一旦医疗机构不连续投保或者更换保险公司,就会产生追溯期中断、追溯期太短的问题。如果患者是在保险期限(含追溯期)之外发现自身受到了医疗机构执业过失的损害,其损失仍然不能通过保险理赔。如此,医疗责任保险对患者和医疗机构的保险保障将会大打折扣。

(二)首次索赔

按照格式条款字面理解"首次索赔"有两层意思:一是首次提出索赔申请必须是在保险有效期内提出,如果是第二次或第三次提出索赔申请,即使都是在保险有效期内,也不予理赔,并且不论患方第一次理赔申请是否得到了保险理赔。二是首次提出索赔申请的时间必须是在保险合同期内,如果在保险有效期内未得到理赔,那么患方再次索赔申请的时间并不限定在保险有效期内,显然,第二种解释有利于被保险人和患者。

1. 何为"索赔"

保单中的"索赔"认定标准影响到索赔是否落入保险期间的判断。格式条款没有对索赔作定义。实务中,患者可能是口头向管床医师、科室主任、医院医务处等反映对诊疗行为的不满,如果得不到答复或者答复不满意才向卫生主管机关投诉,或者向法院起诉。按照格式条款约定,医疗机构应当将"患者索赔"的事实及时通知保险公司,其间,保险公司应当派人参与调查。但是,因为保险中介和保险公司一般不会派人实际全程参与理赔工作,所以,何为"索赔"涉及"首次索赔"的认定,如以医院的登记为准,由于医院每天都会接到投诉,有时一天多起投诉,如果要求医院每件都向保险公司通知,方为履行通知义务,无疑对医院造成巨大负担,如果不向保险公司报告,保险公司无从获知"患者索赔"何时发生,结果使得本条款约定的"期内+首次索赔"形同虚设。

在美国,医院购买的索赔式保单条款规定的一般用语是:保险公司收到书面的"声称个人伤害"的索赔通知。在协和医院诉新罕布什尔州医疗损害联合承保协会(Concord Hosp. v. New Hampshire Medical Malpractice Joint Underwriting Ass'n)[①]案件中,在保单期间届满前的3天,医院向保险公司发出了有36个"患者事件"("patient events")的书面通知。医院拒绝购买"延长报告期保险",理由是如果被索赔,将由下一个保单中的保险范围覆盖。这些"患者事件"在保单到期后转化为针对医院的过失诉讼,保险公司拒绝理赔,声称保单生效后只覆盖侵权之诉赔偿,于是医院诉保险公司。法院认为,保单覆盖所有事件不仅仅是限于对医院的诉讼,保单标题所用的"索赔"用语的真实定义是保险人收到书面通知,包括"索赔或者事故发生"。既然保险公司承认收到"患者事件"通知,就是符合"发生"要件,法官在裁决理由中写道,保单应当覆盖保单到期之前的所有已经书面通知了保险公司的"患者事件"。

2. 诊疗行为时间跨度在追溯期内与外的认定

以例证说明之。患者自2008年1月开始定期地多次到某医院接受脊骨推拿和理疗,医师没有恰当实施治疗并且疏于治疗效果的监控和医学检查,患者病情不断加重并最终导致瘫痪。医院购买医疗责任保险的保险期间为2009年1月10日至2010年1月9日,按照格式条款约定了6个月追溯期,即2008年7月10日至2009年1月9日为追溯期,患者自2009年1月10日起向法院提起索赔,是否属于保险合同约定的追溯期情形?经查实,患者在2008年6月已经提出投诉,医院拿出的解决方案是再给患者免费治疗3个月,患者在接受1个多月的治疗后就没有再到医院治疗,直到患者2009年1月底向法院提交起诉书,如何判断该案是否可适用追溯期?案件的争议是有过失的治疗行为持续到追溯期,保险公司是否对于整个治疗期间的医疗损害行为负赔偿责任?如何认定患者2008年6月对医师抱怨和2009年1月向法院起诉的行为性质,二者何为保险合同所指的"索赔"行为?

从保险的本质和有利于被保险人解释,"索赔"的认定标准应当放宽,患者向医护

---

① Concord Hosp. v. New Hampshire Med. Malpractice Joint Underwriting Ass'n, 694 A. 2d 996,998 (N.H.1997).

人员反应不满,到医院医务处投诉、再到卫生主管部门投诉,也可能直接诉诸法院。患者感觉身体不适或认识到受有侵权损害,只是"触发赔偿义务"的动因,保险公司应援用"求偿权风险理论",即患者无论向谁主张,都应当作为提出索赔的标志。只要被保险人有证据证明患者有上述行为,即可认定是"索赔"。

3. 诊疗行为时间跨度介于保险合同追溯期内与保险期间的关系认定

以例证说明之。在火灾、海上和内陆相互保险公司诉沃尔默(Mutual Fire, Marine & Inland Ins.Co.v. Vollmer)[①]案件中,患者在保险单有效期间提起医疗过失诉讼,声称他感到身体不适向医师咨询时,医师错误地告诉他保持正常的、积极的生活,医师为其提供的建议存在过失,理由是,事实上他在此期间已经患有恶性肿瘤,原本应当及时接受治疗、照射,或者接受医院的治疗监护,以阻止恶性肿瘤扩散。患者主张医师的过失起始于当初向医师的专业咨询服务,在保单追溯期起算日一直到追溯期的起算日之后4个月,在这期间医师一直为患者提供专业咨询服务。法官认为,保险合同特别规定了决定医疗过失诉讼是否属于保险期间或追溯期间的办法:(1)过失指控在追溯期起算日之后;(2)以充分的法律依据提出过失之索赔,却被保险公司拒绝,随后即提出过失诉讼。至于何为充分的法律依据,法院并没有解释。法官认为保险公司的条款隐含对索赔加以限制的内容,这与保险公司和投保医师达成的"期内索赔式"保单不符,期内索赔式保单对决定是否属于保险范围具有便利性,如果索赔是在追溯期起算日之后提出,法院有理由认为属于保险单覆盖范围。

4. 利用互联网技术解决首次索赔日的证据固定与取证

医疗责任保险在全国全面得到行政助力下的全面推广,至今已经有六年多,建议建立医疗机构和保险公司之间的互联网登记制度,确立精简的登记事项,所谓的"首次索赔"的界定和操作即可达到被保险人和保险人信息共享,在系统完善的基础上,保险理赔手续也可以做到信息共享,便于保险的抗辩与和解的控制与理赔管理。此外,有学者提出,将追溯期延长至5年,并对追溯期条款费率作出相应调整[②],这样既满足患者理赔的保险保障要求,又可在技术上实现通过互联网登记、控制"首次索赔"的日期,是为今后完善该险种的方向。

(三)延展报告期

有时患者遭受医疗过失损害的时间是发生在医疗责任保险合同有效期即将届满时,但等到患者起诉的时候,保单已经期间届满。如果医疗机构没有连续投保或者发

---

① Mutual Fire, Marine & Inland Ins. Co. v. Vollmer, 306 Md. 243, 251, 508 A. 2d 130, 134 (1986).

② 徐春红,谭中明.试论我国医疗责任保险责任触发机制的完善[J].金融与经济,2010(3): 68.

生保险公司更换的情况下,就会导致这些损害赔偿没有保险单覆盖,延展报告期制度可以解决这个问题。

延展报告期是指被保险人有权交付额外的保费以获得延展索赔时效的批单(reporting endorsement)。延展时效届满之前提出索赔,保险公司仍然负责。如果保单因某些原因没有更新或者不是因为不支付保费被取消,被保险人有权以同样的费率水平购买一个额外的延长期间的保险,对先前保单有效期内发生的损害行为,在保险期间届满后提出的索赔予以投保,延展期的保险费用必须在先前保险合同到期后的30 天内支付。① 美国新泽西州法要求医师必须购买最少保额为单笔赔偿 100 万美元、累计限额 300 万美元的保险,并且还要购买一个延展报告期的保险,如果没有购买延展报告期保险,则必须提供 50 万美元的信用担保,并且将保险公司名称、地址等情况通知州医疗监督委员会,否则医师将被依法施加民事责任处罚。②

在我国大陆,绝大多数医师在医疗机构工作,有少数独立自由职业的医师,这些自由职业、个人开业的诊所医师,在诊所关闭后进入医疗机构执业,对前期他们自由执业期间发生的医疗损害赔偿,从独立责任主体角度看,与该医师后来执业的医疗机构无关,而先前的责任主体又不存在了,因此,在对诊所、自由职业医师投保医疗责任保险的保险单设计上,要考量先前行为致害的医疗损害风险社会化分担,可以设计购买一个延期保险计划,确保患者医疗损害赔偿有保险可予以负担。

(四)"每人每次"与责任限额、免赔额之间的关系

医疗责任保险中约定了保险公司承担保险责任的最高限额,超过限额不予理赔。限额约定采用分离限制法,即在保单所约定之保险金额内再设有数个限额。格式条款对保险限额约定有"每人每次限额"(分 7 档和不同调整系数)"年度保险限额"(分 12 档和不同调整系数)"法律费用限额"约定为每人每次赔偿限额的 30%。保险事故的次数对于赔偿责任限额的影响表现在两方面:首先,每一次保险事故都会有单次的赔偿限额的约定;其次,每一次保险事故的赔偿金额中也都需要单独扣除每次事故免赔额,这些免赔额都需要在总的赔偿金额中扣除。因此,保险事故次数的认定,对于保险赔偿金额有重大的影响。一般的规律是,在总的累计赔偿限额之内,保险事故次

---

① New Jersey State Board of Medical Examiners,45:9-19.17 Medical Malpractice Liability Insurance,Letter of Credit Required for Physician,Regulations. 美国新泽西州医疗检查委员会网站,State Board of Medical Examiners Laws. www. njconsumeraffairs. gov/laws/BME_Laws. pdf. 2013-04-03.

② American Medical Association. State Laws Mandating Minimum Levels of Professional Liability insurance. 美国医师协会网站。http://www. ama-assn. org//resources/doc/arc/state-laws-mandating-minimum-insurance.pdf,2012-08-09 visited.

数越多,累加的免赔额就越高,被保险人最终得到的赔偿就越少。格式条款采用分离限制法,看似保费负担较低,但极易误导被保险人,造成保额不符合实际需要,致使保险无法获得充分保障。保单中所使用的"每次"概念,是指保险理赔的"次"的概念,与患者治疗发生多次含义不同,责任限额中年度累计限额,有可能与患者多次索赔跨越不同保险年度有关,下文分别论证:

问题一:多次医疗服务时间跨越二个保险合同期间,医疗服务带来累积性身体损害,如何理解和认定格式条款中的"每人每次"?

以例证说明之。患者服用医师开立的降脂药物,这类药物服用的禁忌症之一是肝功能不全,医师连续13个月(跨越2个保险年度)多次给患者开立降脂药物,但一直没有检查患者的肝功能,也从来没有建议患者做肝功能检查。开始服药后的第15个月,患者感觉身体不适,经检查发现造血机能损害、肝脏损害。实证医学的数据报告证明,长期服用降脂药物,对服药者肝脏等有累积性损害。此例涉及医疗机构多次实施医疗行为的日期、患者向医疗机构主张索赔的日期、患者提起人身损害的诉讼时效起算之日,3个日期时间跨越2个保险年度,如何计算每人每次赔偿与责任限额之间的关系?我们认为,患者的治疗过程是连续的,损害后果具有累积性,如果排除第1个保险合同期间诊疗行为过失带来的损害,操作上也不可行。从有利于被保险人和患者的角度考虑,只要是最后的诊疗行为发生之日在最近的保险合同期间内,就应当对医师的全部诊疗行为所导致的损害赔偿责任进行理赔。当然,前提是保险合同的承保人在这些期间内未更换。

在迪欧诉伊利诺伊州医疗相互保险公司(Doe v. Illinois State Medical Inter-Insurance Exchange)[①]案件中,迪欧医师未能给患者恰当治疗和检查持续几年,在迪欧诊疗最初的投保之后和次年更新保单时可能要被动上调费率期间,患者在此期间一直都在接受该医师的错误诊断治疗。患者提起医疗过失诉讼,法院判决依据第1个保单和再次更新保单的情况,判令保险赔付患者100万美元。依据伊利诺伊州法,前后两个保单分属两个合同,有不同的生效日期,尤其是在第2个保单提高了保险费率,这是根据医师的新的执业情况计算的费率。患者最初是因为血糖高出正常值很多被当作糖尿病患者接受治疗,虽然医师给患者做了几次血糖检查,之后就没有检查了,4个月之后,医师给患者开了利尿药物但是没有检查患者血糖,患者服药后得了急性胰腺炎。在医师的第2个保险单生效后的期间,患者主诉腹痛,医师未给患者做血糖检查和任何其他检查,又再次给患者开强力利尿药物服用。当患者被送到医院

---

① Doe v. Illinois State Medical Inter-Insurance Exchange,234 Ill. App. 3d 129,134,599 N.E.2d 983,987 (1st Dist. 1992).

时被诊断为严重脱水、胰腺炎和酮症酸中毒。医师对胰腺炎误诊导致患者因明显的脱水、胰腺坏死,被送到另外1家医院接受外科手术,医师将胰脏、脾脏和被感染的网膜切除,随后,患者被查出肝炎和HIV阳性,可能是源于输血感染。法院驳回了保险公司要按照医师的过失是建立在一系列的相关行为过失而引起的一个保险事故赔偿的主张,法院认为"一些相关行为"是模糊的,第2个保险单生效后,医师被指控的那些行为成为一个新的医疗行为,并且与第1个合同期间的医疗行为隔开了,不仅仅是因为这些医疗行为发生在第1个保险合同期间,而是因为第2个合同期间也发生了。医师在第2个保险合同期间实施的违反诊疗规范的行为与先前的诊疗行为之间是不连续行为,案件还要适用第2个保单的有关最高额限制赔偿。

可以发现,本案法官对于"诊疗行为相关不连续"的判断是从实施诊疗行为的内容上作出区隔,仅仅对最后一个可以确认的诊疗行为来界定损害赔偿,并不累加责任限额,尽管医师之前的连续错误治疗是导致患者后续损害发生的原因。

问题二:同一保险期间,因为诊疗过失发生漏诊,患者得到一次保险理赔之后,可否再次主张索赔,第2次的索赔是计入第1次理赔合并适用"每人每次"赔偿限额?还是另外再计入一次索赔,分两次计算"每人每次"赔偿限额?

患者李某2011年1月10日因被摩托车撞伤摔倒,身体右侧多处肌肉组织拉伤、表皮组织擦伤,2011年1月10日至1月18日住院治疗期间因医疗处置不当发生严重感染,经治疗后出院(当时腿部不能正常下地行走,误以为是肌肉损伤),索赔2万元并保险理赔。2月20日患者右腿膝盖疼痛难忍,仍然无法着地行走,又去医院复诊,医师未作X光检查,只是开立膏药给患者敷贴。3月底,患者去省城某医院检查发现右腿膝盖骨外角裂开(排除二次受伤可能),需手术治疗,因错过最佳手术治疗期,手术效果不好,患者仍需拄拐杖走路。患者第2次提起索赔,经医疗损害鉴定不排除医院漏诊与患者右膝损伤致残之间有因果关系。患者索赔手术费用、残疾赔偿金、误工费等各项合计12万。此案中,如何理解"同一损害"和"每人每次索赔"与赔偿限额之间的关系?该案如果作为"同一损害",即后来发现的损害作为前次损害遗留未予理赔的案件,依据保险合同约定——"每人每次"赔偿限额为10万元,则患者可从保险公司那里还可获得8万元赔偿。如果认定为两次索赔案件,患者在第2次索赔中,可获最高限额10万元保险理赔。

该案涉及的问题是——如何理解"每人每次"赔偿限额中的"每次"的判断。在美国,不同法院在确认保险事故次数时采用了三种标准。第一种是以损害原因标准(cause test)决定保险事故次数;第二种是以意外事故的效果确定保险事故的次数;

第三种是以导致被保险人承担法律责任的事件来确定保险事故次数"①。但是,由于医疗活动经常是连续治疗,比如,患者半年来一直找同一个医院医师诊治,医师的过失误诊不止一次发生,对患者的损害形成了累积性损害后果,如果从原因标准考量确定保险事故的次数,患者可以获得多次保险事故赔偿,原因标准就会转化为"橡皮图章",使得患者获得最大的赔付。原因?效果?还是导致责任的事件?在确定责任保险的保险事故的次数时,必须同时解决定义以及定义的适用问题。尽管如此,前述三种标准中,居于主导地位的是原因标准,并且保险事故的次数应当从有利于被保险人而非事故受害人角度进行判断。② 由此,判定保险事故的次数时,不应只考虑直接导致患者受到伤害的事件与行为,还应当考虑原因链中更早期的事件与行为。

保险合同条款解释有歧义的,应当坚持疑义利益归属被保险人的原则。"每人每次"的一种解释为每一次医疗行为导致的医疗损害都可以触发赔付义务,另一种解释为是有损害被确诊或者产生的损害足以使患者注意到身体不适症状,才触发赔偿义务。如果解释赔付义务的触发时间为从接触到医疗服务到损害确诊的任一时间点,即"人身损害、生理不适或者疾病"被解释为保险期间发生的、在将来任何时候引发损害赔偿潜在性的有害于人体的医疗行为,是对被保险人的最有利的解释。适用"接触理论",只要任一个有害的医疗行为施加患者身上,行为发生在保险期间的,保险公司就予以理赔。前述案件中的患者李某在医院住院期间因医院过失导致感染和漏诊,出院后复诊还是被误诊,患者分二次索赔,从保护被保险人角度看,应当是作为二次事故对待。

四、除外范围

保险适用范围,是指可保危险之界限并非漫无限制。一方面在技术上存在各种困难,使保险成立之可能大受约束,另一方面,保险范围受到经济上的各种限制。危险要具有可保性,技术上将巨大灾害、故意导致的危险、无法测定的危险予以除外,经济上要考量保费负担的合理性、损失概率不高、发生较大损失等因素。③ 医疗责任保险的除外责任,也是基于前述考量,并予以具体化。医疗责任保险条款以概括式加列举的方式,约定责任免除的情形,并且设计了一个兜底条款"其他不属于本保险责任范围的损失、费用和责任,保险人不负责赔偿",构成责任免除范围。结合医疗活动实

---

① 肯尼斯·S.亚伯拉罕.美国保险法原理与实务[M].韩长印,等译.北京:中国政法大学出版社,2012:486.

② 肯尼斯·S.亚伯拉罕.美国保险法原理与实务[M].韩长印,等译.北京:中国政法大学出版社,2012:489.

③ [中国台湾]袁宗蔚.保险学——危险与保险[M].北京:首都经贸大学出版社,2000:117—125.

际情况,下文将择其重要条款内容论证。

(一) 药品、器械等缺陷致害

在格式条款责任免除中约定,被保险人使用未经国家有关部门批准的药物,以及因药品缺陷造成患者损害的,保险人不负责赔偿。这里要讨论的问题有:

第一,如何理解"未经国家有关部门批准"的药物?

医院明知药物未经过国家有关部门批准,仍然使用该药物的情况在医疗机构是存在的。主要表现为,医师建议患者自购药物用于治疗,这些自购药物是医师提供自购药物的信息,由患者自己从国外采购,至于医师是否从提供信息过程中获益、非法销售等问题超出本书的讨论范畴。我国实施进口药物许可制度,药物在国外获得上市许可,没有获得进口销售注册许可,由个人私自带入或邮购、网购。医师出于患者治疗需要,使用该药品,如果发生医疗损害,即使与使用该药物无关,因其行为属于主观明知的违法行为,自是保险责任的除外范围。

医院根据《医疗机构制剂注册管理办法(试行)》第3条的规定,医疗机构根据本单位临床需要经批准而配制、自用的固定处方制剂。自2005年起国家食品药品监管局对自制药剂严格管理,自制药剂不得在市场上销售,不能发布广告。[①] 现今在公立医院里的制剂绝大部分是物美价廉、疗效确切、市场上无法购买得到的品种,如协和硅霜、中医院的红纱条、北医三院的鼻炎三号等。传统中华医药在中医里用途广泛,许多中医院用很多传统验方制剂,经过几十年的临床实践,效果是确切的。现今已经取得国家正式批准文号的药品,如复方丹参滴丸、养血清脑颗粒、三九胃泰、正天丸等这些内服药物,之前都是医院的自制药。医院销售自制药,法律地位是作为生产者和销售者合二为一,对因自制药存在质量问题引起的医疗损害,医院承担无过错责任,并且不属于保险范围。

我国素有药食同源的传统文化,医师也会使用民间验方治疗疾病,但是这些验方不属于医院自制药的范围,虽然有时收效显著,但是由此导致的医疗损害赔偿责任不属于保险范围。

在美国也曾发生过类似的案件。"顺势疗法"在美国民众中得到一些认可。在梅萨诉南加州医师相互保险公司(Meza v. Southern California Physicians)[②]案中,患者凯瑟琳·梅萨(Katherine Meza)因手指上长了瘊子(肉疣)到医师勒卡(Lakha)诊治,医师采用顺势疗法在其手指上注射了茶树精油。后来由于注射部位组织坏死和感染,导致凯瑟琳·梅萨不得不截去了手指。患者起诉医师承担医疗过错责任。医师

---

① 文雯. 去大医院里淘宝[N]. 健康时报,2013-01-14(3).
② Meza v. S. Cal. Physicians Ins. Exch., 73 Cal. Rptr. 2d 91,93 (Cal. Ct. App. 1998).

向其投保的保险公司南加州医师相互保险公司(Southern California Physicians Insurance Exchange,SCPIE)申请理赔被拒,保险公司抗辩理由是医师的责任不属于保险覆盖范围,虽然在一般人看来,茶树精油经常被用来治疗伤口,但是医师使用的茶树油不是美国食品与药品监督管理局(FDA)批准的药品,违背了保单要求医师合法使用药物的约定。患者梅萨作为保单的第三人直接起诉保险公司SCPIE,法院认定使用茶树油是一种传统的顺势疗法,局部使用在皮肤上是常用的消炎办法。但是,保单上明确要求医师使用的药物必须是经过FDA批准的药物,而茶树油不是FDA批准的药物,故排除在保单保险范围之外。梅萨上诉,被法院驳回。上诉法院在查询了字典里关于"药物"的解释,"药物"的定义是指作为医疗所用使的物质,是用于医疗目的,而不是一般意义上理解的财产物质。勒卡医师所使用的茶树油是基于医疗目的,在普通意义上理解就是药物,而这个药物没有获得FDA的批准。根据《美国食品药品化妆品法案》美国法典第21编第321节第g条第1款(21 USCA §321(g)(1)),茶树油不是药品。该法案规定,"药物"是指:(A)美国药典(USP)、美国法定顺势疗法药物药典(US Official Homeopathic Pharmacopoeia)、《国家药典处方集》(NF)收集的药品及后来被认可为药物的药品;(B)用以诊断、治疗(治愈或缓解)和预防人类及动物疾病的物品;(C)用来影响人类与动物身体结构和功能的物品(食物除外);(D)作为第(A)、(B)、(C)项中所指明的物品中的组分,但不包括药用器械及其组合件或部件。毫无疑问,美国药典任何版本目录里都不包含茶树油。勒卡医师争辩道,给患者使用茶树油是基于治疗目的,但是法院认为,按照《美国联邦食品、药品及化妆品法案》对于药物的定义,茶树油是一种药物,这是没有歧义的,但又确实是没有获得FDA批准,这样的两种状况并不会产生保单目的解释上的含混不清,保险单明确排除使用未获FDA批准的药物所产生的损害赔偿责任。保险公司拒绝理赔,法院支持了保险公司的主张。

第二,医院使用合法途径外购的药物、器械给患者造成损害,能否一概作为保险的责任免除范围。

《侵权责任法》第59条与《中华人民共和国产品质量法》的相关规定之间属于特别法与一般法的关系。药品、器械被作为特殊产品,在能够实际区分损害原因是药品缺陷、器械产品缺陷导致的损害赔偿责任,医疗机构被作为销售者对待(无论是否从中有营利),承担不真正连带责任。医疗责任保险合同将医疗机构承担的这类赔偿责任置于保险理赔范围之外,但是不加区分一概不予保险理赔是存在问题的。

首先,医疗机构提供药品给患者,是否可以作为销售者对待,至今学界还存有争议。曾经在国内引起社会高度关注的齐齐哈尔第二制药有限公司生产的"亮菌甲素注射液"假药事件中的11名受害人将"中山三院"、销售商"金蘅源""省医保",生产商

"齐二药"告上法院,索赔总额达2 000万元左右。① 2008年7月15日,广州市天河区人民法院判决赔偿金额为350万元,四被告承担连带责任。2008年12月10日,广州市中级人民法院作出维持原判的终审判决。② 法院判决中反复强调医院是药品的销售者,与其他两家药品销售商承担连带赔偿责任。医疗机构之所以被判赔偿,当时的主要原因之一是医院在药品流通中加价,此案由于药厂破产,医疗机构无从向药品的制造者追偿,导致医疗机构实际承担了生产者的无过错责任。然而,我国医疗服务中药品和器械的加价销售有其历史原因,当前药品、耗材、医疗器械已经逐步取消加价制度,回归医疗服务本来应当的非营利性状态。医院服务合同标的指向的是医疗服务行为,而不是产品销售,医疗服务过程中必然要使用药品和医疗器械。美国卡迈克乐尔诉亚历克修斯兄弟医院(Carmichael v. Alexian Brothers Hops.)一案中,法院认为医师所提供的是疾病治疗服务,而该服务系基于专业知识、技术与经验,与一般产品出售所提供的内容迥然有别。③ 1998年的《美国侵权责任法重述第三版:产品责任》第19条"产品"的定义(b)规定,"服务,即使是通过商业方式提供的服务,也不是产品";在第20条(d)款规定,绝大多数州无论在何种情况下,医院都不因其提供了与医疗护理有关的产品而被当作该产品的销售者。法官的立足点在于,专业性服务重要功能是观点与服务的提供,因此医师等专业人员即使使用或出售药物、器械等产品,也只是作为依需要辅助使用的手段或方法。判断服务提供者是否构成广义的销售者的标准,依据的是产品的使用与出售是否"构成服务的主要部分",以使交易事实上超越了单纯地提供"诊断、技术或劳务"等服务范畴。

其次,医疗机构对有缺陷的药品、器械导致患者损害,对生产者适用无过错责任,而医疗机构承担的是过错责任原则。"齐二药"案引起学界争议,有学者提出医疗机构外购药品导致人身损害之民事责任归责原则,应当坚持过错责任原则,医疗机构不能承受如此"生命之重"。④ 参与案件代理的蔡彦敏指出了案件审判过程中的民事实体和程序法问题。⑤ 学者廖焕国对《侵权责任法》第59条"医疗机构连带承担药品缺陷责任"之规定提出质疑,认为"医疗损害案件中若医疗机构存在相应的过错,则对损害承担过错责任;若医疗机构可证明它在管理、使用药品方面无过错的,无需承担责

---

① 经济半小时:聚焦齐二药假药害人背后[EB/OL].[2007-09-09].新华网,http://www.xinhuanet.com.
② 见(2008)穗中法民一终字第3082号民事判决书.
③ 潘维大.英美侵权行为法案例解析[M].北京:高等教育出版社,2005:390.
④ 陈玉玲.医疗机构不能承受的"生命之重"——论医疗机构提供假药劣药的民事责任归责原则[J].中国卫生质量管理,2008(2):69-71.
⑤ 蔡彦敏."齐二药"假药案民事审判之反思[J].法学评论,2010(4):12—137.

任,若医疗机构保管药品存在过错而造成药品缺陷,且与生产者的药品缺陷造成同一损害的,构成无意思联络的数人侵权行为,可以依据《侵权责任法》第11、12条的规定处理,而非一般性地与缺陷药品的生产者连带担责"[①]。杨立新教授在对《侵权责任法》的论证中也转引了美国法作为论据,"医疗服务难以避免地体现出了'服务与销售'的复合形态,在美国绝大多数州,无论在何种情况下,医院都不因其提供了医疗护理有关的产品而被当作该产品的销售者,医院和医师提供的是医疗服务,进而免除他们就医疗过程中使用的缺陷产品所导致的伤害承担严格责任,无论该产品是被移植到病人身上、借给病人使用,抑或只是作为一项工具。因为考虑到医疗服务的性质、效用及人们对医疗的需要,事实上牵涉到许多人的健康甚至生存,这对总体福利而言是如此重要,以致超过了任何需要对医师课以严格责任的政策尺度"[②]。

在医疗侵权案件中,如果发生与医疗器械相关的医疗损害案件,法院在认定医疗机构侵权责任的时候,没有作明确区分,只要被告医院存在告知义务履行不足或者诊疗行为存在欠缺,即判令医疗机构承担大部分责任,而不论医疗器械是否存在瑕疵、该瑕疵产品是否对患者之损害有原因力。比如患者20岁,因交通事故胫骨骨折,实施钢板内固定手术,术后3个月复查发现钢板断裂,不得不取出钢板、二次手术后效果差,最后患者伤残鉴定等级为10级。内固定断裂的医疗损害案件,损害发生的可能原因有多个,甚至兼而有之:(1)医生实施手术方案存在缺陷或者康复训练指导存在缺陷。(2)患者手术之后迫于经济压力要求提前出院以及出院后未能按时复诊,医生在未详细告知提前出院的风险、按时复诊的重要性,让患者签字"提前出院风险自担"准其出院,植入体内钢板与骨骼愈合不好。(3)钢板可能存在质量缺陷,钢板的合格证条码信息丢失,难以证明钢板为合格品;或者是钢板质量鉴定因客观原因无法实施。(4)患者不遵守医嘱,过早下地、负重行走或者自己摔倒,导致钢板断裂。

法院认定,医生未履行告知义务,判令医疗机构承担侵权责任,但是未就器械是否合格或者不合格导致的损失比例作出认定,医疗机构作为医疗器械销售者责任与诊疗行为过失责任合二为一考虑,一并判决医疗机构承担责任。

依据医疗侵权责任保险合同约定,保险公司对于因使用不合格医疗器械导致的医疗损害不承担保险理赔责任,这涉及被保险人(医院)与保险人之间的责任保险理赔的划分。即使照搬侵权法上因果关系比例的划分,也应当将侵权法上因果关系与保险法上因果关系作区分。在保险理赔责任成立与理赔范围上,医疗机构所承担的

---

① 廖焕国.医疗机构连带承担药品缺陷责任之质疑[J].法学评论,2011(4):60.
② 杨立新,岳业鹏.医疗产品损害责任的法律适用规则及缺陷克服——"齐二药"案的再思考及《侵权责任法》第59条的解释论[J].政治与法律,2012(9):118.

侵权责任并不一定能构成保险人的理赔责任。首先，从主观方面，保险法上的理赔不考虑行为人的主观过错，不像侵权法上的因果关系要考虑主观因素，基于公共政策，保险合同将故意行为以及违法行为所引起的侵权损害赔偿责任列入不赔偿范围。其次，从因果关系要件上，存在多个原因引起的损害，保险法上需要再行认定因果关系，要界定保险人是否应对被保险人所遭受的损失承担赔偿责任。

最高人民法院2003年12月公布的《最高人民法院关于审理保险纠纷案件若干问题的解释（征求意见稿）》第19条对"近因"作出规定："人民法院对保险人提出的其赔偿责任限于以承保风险为近因造成的损失的主张应当支持。近因是指造成承保损失起决定性、有效性的原因。"但是，该司法解释仅仅是征求意见稿，并未颁布产生法律效力。现行的《保险法》没有对"近因"作出规定，保险实践中，对涉及因果关系的保险赔案均采用近因原则处理，审判中在判定何谓"近因"时无法定出一个客观标准。传统保险法上因果关系的认定适用近因规则，也就是说事实上的原因存在多个，只有那些促成保险事故发生的原因才是保险法上需要考量的原因，理赔责任的成立与范围以承保风险近因造成的损失为限。但是，如何在诸多原因中筛选出哪个是近因，或者有两个以上的近因，存在多项近因的处理规则指引是：(1)当这些原因都属于保险合同所规定的保险人承保风险范围内的原因时，保险人应对被保险人或受益人负赔付责任；当这些原因都不属于保险人的承保风险范围或属于保险合同中列明的除外责任事项时，保险人不负赔付责任。(2)当这些原因中至少有一个原因属于保险人的承保风险范围，而其他原因既不属于承保风险范围也不属于除外责任事项时，保险人仍应承担赔付责任。这是因为，法院在原因认定时，只需考虑保险合同所约定的事项，而对保险合同未提及的事项法院不必考虑。(3)当这些原因中有一个原因属于保险人的承保风险范围，而其他原因属于保险人的除外责任范围时，保险人不负赔付责任。[①] 涉及内固定断裂的医疗纠纷案件，发生损害的可能原因有多个：医师诊疗行为过失（手术方案存在缺陷、未履行提前出院的风险告知义务）引起的损失属于承保风险；但是植入体内的器械因无法提供合格证明被认定产品瑕疵，则不属于承保风险原因引起的损失，即属于医疗责任保险合同内规定的保险人不负责赔偿的情形之一，因此，如果保险人不负责赔偿，对被保险人医疗机构是不利的。医疗责任保险合同中规定了诸多除外原因和不保事项，只要符合多因一果且有一个原因属于除外情形，保险公司一概不理赔，这与保护被保险人利益的价值取向不符合。

学者周雪峰在其《论保险法上的因果关系——从近因规则到新兴规则》一文中进

---

① 周学峰.论保险法上的因果关系——从近因规则到新兴规则[J].法商研究,2011(1):101—109.

一步介绍美国保险法在因果关系认定上的规则:(1)有效近因规则,事故的发生是由多个原因所导致的,这些原因彼此间存在依赖性并呈链状发展,即其中一个原因引发了另一原因并最终导致损失的发生,在这种情况下,能够触动其他事件发挥作用的启动性事件为有效近因。(2)并存原因规则,当事故的发生是由两个以上原因共同作用所导致,并且这些原因相互独立,既非相互依存,亦非相互引发时,只要其中一项原因属于保险合同的承保范围事项,且足以单独致使事故的发生,保险人就应对事故损失承担赔付责任。此外,法院还对有关原因排除条款的效力进行严格审查。美国一些州的法官认为,传统保险法上认定因果关系的规则是建立在契约自由思想之上,强调保险合同当事人有权按照自己的意志自由约定保险人的承保范围和除外责任范围,并以此来确定保险费率。如果当事人在合同中明确约定将某一事项列入除外责任范围,那么当该事项成为导致被保险人损失发生的原因之一时,保险人有权依照保险合同的约定拒绝承担赔付责任,对此法院应尊重合同当事人的意志,不得随意更改合同内容。但是保险业发展至今,保险人利用自己知识、经验、经济力量和谈判能力等方面优势和格式合同,把保险人不想对某些事项引发的损失负赔付责任,在保险合同中将其列为除外责任事项,被保险人对这些事项要么全盘接受、要么全盘拒绝,对复杂的除外条款并不是真正意义上的理解和同意,一旦发生事故保险公司拒赔,被保险人利益得不到保护,法官开始以因果关系规则为突破点对保险合同格式条款进行规制,发展出了因果关系判断的新规则。前述内固定断裂引起医疗损害的案件,医师手术方案存在缺陷,是引发后续损害的原因,如果适用有效近因规则、并存原因规则,被保险人医院都可以获得保险理赔。

申言之,保险法上的因果关系规则同样要维护保险人与被保险人之间的利益平衡,探求保险合同当事人意思自由的尊重和控制问题,而这是法律政策判断的核心问题。医疗损害中既有药品缺陷责任,又有医疗服务的过错责任,即属于混合索赔的情形,在能够实际区分损害原因是药品缺陷、器械产品缺陷导致的损害赔偿责任,后者应当纳入保险责任范围。保险公司为应对《侵权责任法》第59条之立法,在格式条款有关"医疗责任保险赔偿处理程序介绍"中增加规定,"对因药品、消毒药剂、医疗器械的缺陷,或者输入不合格的血液造成患者损害的,保险公司在保障限额内承担医疗机构的赔偿责任。医疗机构必须向保险公司转移向生产者或血液提供机构在赔偿限额内的追偿权益。"此条解释与格式条款的相关条款[①]有矛盾。

---

① 中国人民财产保险股份有限公司医疗责任保险条款在2009年版本和2012年版本中均有相关文字规定,即"下列情形造成的损失、费用和责任,保险人不负责赔偿:……(六)因药品、消毒剂、医疗器械的缺陷,或者输入不合格的血液,或药品不良反应造成患者损害"。

(二) 医护人员超范围执业导致的损害赔偿责任的除外

1. 目前的执业医师分类规定下执业范围和专业划分模糊笼统,与临床实际脱节,缺乏可操作性。自《中华人民共和国执业医师法》实施以来,国家实行医师资格考试制度和聘用制度,对执业医师分为临床、中医、口腔和公共卫生四类。原卫生部《关于医师执业注册中执业范围的暂行规定》(卫医发〔2001〕169号)规定了医师进行执业注册的类别及执业范围,中医类别专业的毕业生不能报考临床、口腔、公共卫生类别的医师资格考试。但是,这样的分类对中医类(包括规定学历类和师承类)执业范围和专业而言过于简单,目前综合性中医院以及规模较大的中医科都按照现代医学临床科目设置方式进行了二级分科,如内科、外科、妇科、儿科及骨科等,与西医临床类的专业划分是一致的,卫生管理机关在中医类医师资格证书的"专业"一栏上都是按照执业者所实际从事的内、外、妇、儿等专业填写,在中国台湾地区,严禁中医开立西药、实施西医治疗。换言之,大陆地区的中医师的执业范围缺乏法律法规依据。这有待国家立法机关修改完善。

2. 执业医师超范围执业情形时有发生。《中华人民共和国执业医师法》第2章第14条规定,医师经注册后,可以在医疗、预防、保健机构中按照注册的执业地点、执业类别、执业范围执业,从事相应的医疗、预防、保健业务。未经医师注册取得执业证书的医师,不得从事医师执业活动。医师应当严格按照执业许可证上注明的执业类别和范围行医。如果一个医师的执业证上注明的执业范围是外科,其执业范围就不能涉及妇产科的剖宫产手术,因此发生的医疗损害不在保单约定的覆盖范围。

(三) 故意行为致害的赔偿责任除外

保险合同一般都将故意行为、犯罪行为和非执业行为列入保险责任免除范围。如此规定是基于公共政策考量和"做坏事的人不能从保险中受益"的基本理念。

故意行为是指行为人的内心状态。在医疗责任保险中,医护人员的故意行为视为被保险人的故意行为。如果医护人员行为时对行为内容是主观故意的,但不希望发生损害后果、损害后果与故意行为之间没有因果关系的,由此损害患者的利益者应当纳入保险范围。下文分不同情形述之。

第一,如果只是医护人员的言语伤害行为,比如恶意中伤、诋毁等行为,并且引起患者精神损害,应当纳入保险范围。因为行为人出口伤人主观上是故意,但是言语之人对于伤害的后果是不希望发生的,这应当与故意行为且希望发生损害的情形加以区分,毕竟医疗服务过程中的语言行为是纳入职业行为范围。保单应当区分"故意行为但不是有意希望发生损害后果"与"有意行为并且有意希望引起损害",前者应被保险范围覆盖,后者则否。其次,医护人员在履行医疗告知同意义务时有欠缺,非紧急治疗下未得到患者同意就实施手术,表面看来,这些都是故意行为,但是医护人员并不希望损害结果发生,这类医疗纠纷案件都被纳入医疗过失侵权范畴,但是有保单将之纳入除外范围。

第二,医护人员修改病历的行为,是否为故意行为而予以保险范围除外?

病历是患者就医的重要文件,也是诉讼证据,病历书写过程中有更改是正常的,卫生部《病历书写基本规范》对于病历制作和修改有明确的规定,上级医师对下级医师的病历书写具有检查和改正的监督责任。但是,如果发生医疗纠纷后医师在再更改病历,显然是故意违法行为。为此《侵权责任法》第58条第(2)和(3)款专门就医疗机构与病历有关的行为之后果作出规定——推定诊疗行为有过错[1]。从保险理赔角度看,第58条第(2)和(3)款列举的隐匿、伪造、篡改、拒不交出病历的行为,都是故意行为。从妨碍司法的视角,在国外故意毁损证据有被作为刑事犯罪处罚,在我国的民事诉讼法中,毁损病历导致事实无法查清的法律后果是医疗机构承担不利后果,所以,依据《侵权责任法》,修改病历会导致推定医疗机构有过错,又构成医疗侵权责任的,不宜将之纳入医疗责任保险范围。

在通用星公司诉奥德赫等被告(General Star Indemnity Co.v.Odeh et al.)[2]案中,美国伊利诺伊州联邦法院作出裁定,在医师承认其在患者死亡之后,在病历上添加细致地说明患者生前的医疗问题、治疗计划方案,以及打算将患者转院的内容等修改变病历的行为,保险公司仍然负有抗辩义务,因为保险单中的除外条款存在模棱两可的解释。条款约定了保险范围除外情形,即"任何被保险人卷入任何有关医疗记录的改变、修改,并因此不符合医疗诊疗标准的行为,进而所要承担的法律责任"。医师反驳道"过失诉讼并不涉及病历的修改问题,而是有关医疗过失争议,诉讼并没有涉及病历的添加引起或者促就了患者的死亡"[3]。安德森(Andersen)法官认为除外条款中所用的"involing"这个词的确存在含糊不清,是"包括在内的一部分",另外的词典含义是"被要求作为一个必要的伴随物",也就是说,排除条款只包括因为改动病历构成侵权责任之索赔。如果保险条款存在歧义,从有利于被保险人的解释,本案件中患者并不是因改动病历行为而提起的索赔,因此,保险公司保险范围覆盖患者对医师的过失赔偿诉请。

---

[1] 陈玉玲.实体与程序的链接——侵权责任法第58条医疗过错推定之检讨[J].南京大学法律评论,2012,秋季:145.

[2] General Star Indemnity Co.v.Odeh et al., No.08-cv-5760,2010 WL 2925873 (N.D.Ill.July 23,2010).

[3] Insure Must Defend Doctor Who Altered Records, Court Says Gen.Star Indem.Co.V.Odeh. Westlaw Journal Medical Malpractice,September 10,2010.

（四）犯罪行为导致的赔偿责任除外

这里的犯罪行为是指被保险人犯罪，自由执业医师作为被保险人的保险合同，医师的犯罪行为导致患者损害的，属于保险理赔之除外情形。但是，医疗机构作为被保险人的保险合同，由于存在行为主体与责任主体相分离的情形，那么医疗责任保险对犯罪行为的除外是指医疗机构的犯罪行为还是医护人员的犯罪行为未予以明确。依据中国人民财产保险股份有限公司医疗责任保险条款（2012年版）关于"医疗责任保险处理程序介绍"中第G项规定，"经约定，南京地区医疗责任保险中所指的被保险人或其投保医护人员的犯罪行为，主观故意犯罪行为"，此解释可以理解为医护人员之行为构成医疗事故罪，因而对患者造成损害的，保险公司予以理赔。但医护人员借助医疗行为实施加害行为，构成故意伤害罪，因其行为并不构成诊疗活动，非以诊疗为目的，且构成犯罪，不属于保险理赔范围。[①]

在美国，医疗责任保险中，特殊情形下的刑事犯罪，也是纳入保险范围，但是也有不纳入保险范围的情形。在索默尔诉新阿姆斯特丹意外保险公司（Sommer v New Amsterdam Casualty Co.）案件[②]中，被保险人是心理医生，保险公司拒绝为医师抗辩，法院认为，心理医师被安排在为精神疾患开设的疗养院执业，发生医师打患者的事件，无论是接触、打击、或者企图伤害，是否构成犯罪要看具体情形。被保险人的伤害行为包括发生在诊疗服务中的过失、错误或者不恰当地提供医疗服务，那么就包括了所谓的"袭击"。从完全中立的角度解释保单，如果合同对其中一方明显不利，这个合同条款是无效的。保险公司拒绝为医师抗辩，与其保险合同约定的保险范围是不一致的，法院认为，保险是为了分担被保险人的过失而承担的赔偿责任，就应当包含所谓的"袭击"行为。

（五）承诺医疗结果的诊疗行为

医疗责任保险是保护执业医师在免于因执业过程中的过错和错误而承担法律责任的风险，医患达成医疗服务协议的标的指向的是医疗服务行为，只要医疗服务行为符合诊疗规范，即使发生医疗损害后果，医疗机构也不承担赔偿责任。医疗服务为"手段债务"而非"结果债务"，如果医院医师与患者之间达成确保治疗结果的协议，比如"皮肤移植手术"中，医师对患者承诺100%的完美（a perfect hand 100 percent good），这已经将诊疗行为后果纳入合同约定，完美与否不属于执业行为是否有过失

---

① 参见（2006）通中刑一终字第0068号判决书。南通市某医院医护人员应儿童福利院工作人员要求，为防止两名精神发育迟滞（重度）女孩怀孕不能自理造成护理困难，要求医护人员为两被害人切除子宫，此行为并非出于正当医疗目的，主观上故意切除他人正常器官的行为，构成故意伤害罪。

② Sommer v.New Amsterdam Casualty Co.(1959,DC Mo) 171 F Supp 84.

的认定问题,而是医院医师与患者之间达成的包疗效的医疗服务,这已经超出风险责任保险的基本前提,不能纳入保险范围。

(六)"非执业行为"致害

医疗责任保险是诊疗活动过失责任之理赔,如果医师是以执业医师名义从事非诊疗行为,应排除在保险范围之外。常见的如医师参加电视专题节目,现场为患者答疑解惑,这类行为通常不是为了治病,而是为了科普宣传,不被认定为具有诊疗目的,不属于保险范围。人寿保险中,经常要为投保人进行身体检查,目的是为了投保,医师为这些投保人进行医学检查,如果出具的医学报告有错误,不属于医疗责任保险的覆盖范围。因为医师和商业健康保险公司之间的服务,不属于医疗服务范畴。

在克伦肖诉美国联邦费尔德担保公司(Crenshaw v. United States Fidelity & Guaranty Co.)[1]案件中,死亡患者的妻子起诉医师,声称医师未经其允许让医学生对尸体进行解剖,法院认为此案件不属于医疗过失保险的范围,而是属于医师以法医身份所为的行为,作为医师的医疗服务行为与作为法医的职业行为应当区分。所以,医师的涉案行为不为医疗责任保险覆盖。

此外,在医疗服务行为中有掺杂了非医疗服务行为,由此产生的损害赔偿责任,是否为保险范围要视行为的目的和主要内容来分析,并且从保护患者利益的角度,宜认定为医疗责任保险范围。2003年的SARS传染病流行期间,北京某医院医师为了救治病人,在自己的血液里提取SARS的抗体,注入患者体内,为世人颂扬。但是在圣·保罗火灾与海上保险公司诉雅各布森(St. Paul Fire and Marine Ins. Co. v. Jacobson)[2]案中,医师提取自己的精子帮助患者受孕,因为存在伦理问题而被诉。保险公司认为医师用自己的精子为患者做人工生殖产生的潜在责任,保险公司不予承保。法院认为,医疗责任保险的保险范围是:(1)保单保护医师免于"提供或者撤销医疗服务"而产生的责任;(2)医师声称其错误在于提供自己的精子给患者用于辅助生殖,他的主要行为是医疗服务而不是产生精子,后者不是医疗服务。法院认为,基于公共政策,保单不能排除对该医师的责任风险,这是因为:(1)保险范围排除的是故意行为;(2)医师不是基于有保险诱导才提供精子,产生道德风险;(3)其他的医疗照护服务提供者不会效仿;(4)决定是否纳入保险范围主要考量的是患者利益,而不是医师的利益。

---

[1] Crenshaw v. United States Fidelity & Guaranty Co. 193 SW2d 343. (Mo. App. 1946).
[2] St. Paul Fire & Marine Ins. Co. v. Jacobson, 826 F. Supp. 155, 164—65 (E.D. Va. 1993).

第二节 医疗责任保险合同的抗辩与和解条款

一、医疗责任保险合同中的抗辩

（一）抗辩应当定性为保险人之义务

1. 抗辩义务概念

抗辩是指依据法律规定或者合同约定，主张责任不成立、免责或者减轻责任的行为。和解是指抗辩过程中诉前或者诉中、被保险人、保险人与患方人相互合意让步达成协议，无论被保险人事实上有没有责任或者责任大小，以双方谈判达成的数额作为赔偿额。广义的抗辩包括通过抗辩达成的过程和解，本课题中如果不特别指出和解一词，则抗辩包含了和解之意。依据索赔与抗辩主体不同，责任保险中的抗辩可以是指保险人对被保险人索赔的抗辩，也可以指被保险人对第三人索赔的抗辩，还可以指保险人代替被保险人对第三人之索赔的抗辩。本课题所指抗辩限于讨论患方索赔，被保险人或者保险人对患者索赔进行的抗辩。

抗辩义务，是指第三人向被保险人索赔，保险人负有对抗第三人索赔的抗辩义务。和解义务是指抗辩中为了被保险人的利益，保险人负有促成和解的义务。保险人抗辩究竟是一种权利还是一种义务？《保险法》及其相关法律法规并未对此问题作规定。

医疗责任保险索赔中，保险人、被保险人和患方之间的法律关系，可以从图 2 列示。

被保险人与患方之间是侵权责任法律关系，保险人与被保险人之间是保险法律关系，在患方索赔时，被保险人自己抗辩，也可以依据保险合同约定，由保险人代为抗辩。保险人、被保险人可以共同委托律师抗辩，在保险人与被保险人就患方索赔存在利益冲突时，被保险人委托独立律师抗辩。

契约自由深植于民商事法律中，当事人之间的权利义务内容即使在法律中有规定，只要不是强制性规范，当事人都可以自由变更约定。责任保险格式合同一般都约定，保险人享有抗辩控制权以及保险人有代替被保险人实施抗辩的权利。如医疗责任保险中国人民财产保险股份有限公司医疗责任保险的格式条款中约定"未经保险人书面同意，被保险人对患者或其近亲属作出的任何承诺、拒绝、出价、约定、付款或赔偿，保险人不受其约束。对于被保险人自行承诺或支付的赔偿金额，保险人有权重新核定，不属于本保险责任范围或超出应赔偿限额的，保险人不承担赔偿责任。在处

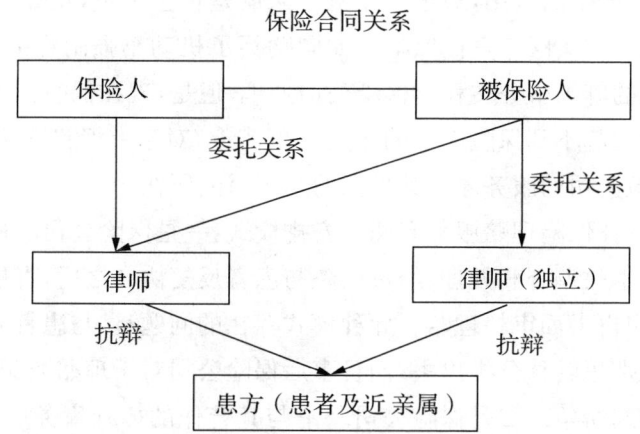

图 2　保险人、被保险人和患者之间法律关系构图

理索赔过程中,保险人有权自行处理由其承担最终赔偿责任的任何索赔案件,被保险人有义务向保险人提供其所能提供的资料和协助"。

中国人民财产保险股份有限公司医疗责任保险合同条款(2009 年版和 2012 年版)对于抗辩控制权的约定条款没有经过与被保险人协商,对这种一体化的格式合同,投保人要么全盘接受,要么全盘否定,不能体现投保人的真实意愿。医疗责任保险理赔中,被保险人在同意保险人有抗辩权的同时,更希望保险人负担抗辩义务。这是因为"义务必须是当事人双方协商一致的结果,或者是经过主体的价值判断而由法律予以固定的制度中加以体现"[①],既然在医疗责任保险合同中约定保险人有参与抗辩的权利,对应的是被保险人需要遵守格式条款约定的义务,那么从权利义务对等角度看,保险人控制抗辩权就必须负担适当行使权利的法律义务,法律应当赋予保险人本着诚信和善意、基于被保险人的最大利益履行抗辩义务。

2. 抗辩为实现责任保险功能之需要

现代保险理念中,责任保险不仅有消极地填补因法律责任所导致的损失功能,还应当有积极地协助被保险人抗辩、和解等防御功能。格式条款约定保险人对第三人索赔进行抗辩享有控制权,但未约定抗辩义务,并且明确约定"保险人参与抗辩不构成对理赔案件的任何承诺"。从医疗责任保险的功能来看,作为责任保险险种,其基本功能是移转被保险人的危险,在事故发生后依据保险合同填补被保险人的损失。但是,在患方提出索赔至被保险人的责任确定之前,在处理患方赔偿请求的过程中耗

---

① 彭诚信.主体性与私权制度研究——以财产、契约的历史考察为基础[M].北京:中国人民大学出版社,2005:249.

费的时间、精力及产生的费用，对于医疗机构来说是负担沉重，正如许多医疗机构负责人所言，"本以为购买医疗责任保险就如同购买了机动车强制险一样，可以将与受害人直接打交道的麻烦事务转移给保险公司处理，但是，现在保险公司却只管年头收钱、年尾算账，实在起不到保险应有的作用。"事实上，对于有经济实力的医疗机构来说，花钱购买保险公司的服务才是其投保的真正目的所在。

当前，医疗责任保险理赔服务有两种安排模式：一是保险公司的核保人员不参与或者不全程参与事故调查和处理，经过医院与患者反复协商之后，直接到人民调解委员盖章，保险公司再书面审核理赔。此种模式存在的问题是，与患者商谈赔偿的事务无法从被保险人那里转移分担出去，而且事后保险公司对于理赔数额不予认可，保险人与被保险人易起纷争。二是保险公司聘请与其合作的律师事务所，将抗辩与防御事务打包给律师事务所，律师服务只参与案件开庭审理，不全程参与与患者沟通，在民事诉讼程序上，律师服务仅限于作为被保险人的特别授权代理人，享有承认、放弃、变更诉讼请求，进行和解，提起反诉或者上诉等权利，保险公司根据法院判决或者调解书核保。现行的医疗责任保险理赔模式存在的问题表现为三个方面：(1)保险人不提供投保人所希望的抗辩服务，导致保险人对"抗辩与和解的控制权"事实上的旁落；(2)保险公司在最后核保时，只简单地对医患之间达成的和解协议的赔偿数额进行削减，却不作出对减少理由的合理解释，导致被保险人与保险人之间的利益冲突升级；(3)保险公司聘请的律师参与医疗侵权索赔诉讼和保险理赔，律师以维护保险人利益为首要，涉及保险人与被保险人利益冲突时，未必能对被保险人的利益保护周全。尤其是因为采用第二种安排模式的情形下，律师同时代理被保险人和保险公司。这种保险人—律师—被保险人的三角关系具有以下特征：首先，在保险人与被保险人之间，律师是保险人特意聘请来为被保险人进行抗辩的专业人士。保险人和被保险人在共同应对患方索赔的抗辩中拥有共同的利益。律师将按照被保险人的指示行事。保险人和被保险人都是律师的委托人，这两个委托人共同的利益是迅速获得成功的抗辩。其次，律师同时还受律师职业伦理规范的约束，律师、被保险人、保险人三方当事人形成一个开放性的临时合伙，为共同目标联合在一起，被保险人与律师之间是代理人与委托人的关系，律师就像直接受聘于被保险人一样，要对被保险人承担相同的专业责任，即道德责任、信托义务以及在为被保险人进行抗辩的时候尽到适当的谨慎义务。如果患方起诉被保险人，而保险人与被保险人之间存在利益冲突可能性的情况下，解决潜在冲突的做法应当是保险公司的律师必须告知被保险人，被保险人另外聘请律师独立为自己抗辩，而该另聘律师费用将作为法律费用计算在保险理赔中。

3. 抗辩定性为保险人之义务的理论依据

首先，基于诚实信用原则，保险人对第三人索赔的抗辩义务是不依赖于保险给付的基本义务。① 从责任保险发展历史分析,责任保险发展初期是以保护加害人为中心,传统保险理论认为,源于合同对价理论,保险人为了被保险人的利益,应当承担对第三人索赔的抗辩义务。依据现代责任保险理念和原则,仅以合同对价理论解释保险人的抗辩义务,未免过于牵强,应当从契约履行的诚实信用原则中寻找理论依据。首先,保险人在被保险人与第三人之间的赔偿争议解决中,保险人始终处于有能力控制争议抗辩与和解权的地位,即使保险人不实际参与抗辩,在最后付款理赔时同样可以决定是否付款;其次,保险人依据合同享有抗辩控制权,但其不得滥用该控制权,不能仅考虑自己的利益而不顾及被保险人的利益,保险人对被保险人所承担的抗辩义务是基于诚信原则而产生的默示契约义务或者法定义务。②

其次,基于信赖利益维持原则,保险人要得到续保合同,就应当提供保险抗辩服务。信赖利益维持原则,是指在民事活动中,一方当事人基于自己对另一方当事人的某种信赖,而承认对方的某种权利或将自身的某种权利让与对方当事人,这是基于对信赖利益的充分尊重与保护。责任保险中,被保险人承认保险人的索赔参与权,并将其抗辩权利交给保险人控制,是基于被保险人对保险人行为的一种合理信赖,被保险人相信保险人在对抗患方索赔的过程中,会对被保险人的利益作出妥当安排。因此,保险人在依照保险条款约定自己享有抗辩控制权的同时,应当格外尊重和保护被保险人利益。被保险人在和解与抗辩中的"失权"是赋予了保险人积极的抗辩义务,促使保险人尽责调查事实,基于合理考量未决案件而作出抗辩。

再次,基于保险理念发展,既要强调保护受害者第三人利益,也要回归对加害人合法利益的保护,形成保险人对于被保险人负有使其在第三人提出请求权中豁免责任的义务。③ 美国保险法发展至今,越来越多的法院认为,纵使保险契约对于有无抗辩义务是未作规定,因保险人未于保单中明文排除其具有抗辩义务,即可推论保险人有抗辩之义务,法院进而认为,抗辩义务的形成乃是从公共政策发展出来的法律准则,基于公共政策支持抗辩义务的存在及其范围,在某种程度上抗辩义务乃是源于普通法上公共政策的法定义务,而非仅由私人间基于契约自由所形成。④ 抗辩过程中转向和解,最大的收益是双方节省诉讼时间和法律费用,和解义务作为保险人广义的抗辩义务的一部分,也是源于普通法上的公共政策。

最后,伴随着责任保险的发展进步,责任保险人抗辩义务由最初基于合同对价理

---

① 邹海林.责任保险论[M].北京:法律出版社,1999:289.
② 邹海林.责任保险论[M].北京:法律出版社,1999:293—294.
③ 叶启洲.保险法实例研习[M].台北:元照出版社,2009:234.
④ 林建智.从保护被保险人之观点论责任保险人之防御义务研究成果报告.中国台湾政治大学网站. http://nccuir.lib.nccu.edu.tw/retrieve/81591/report.pdf,2012-06-20.

论自由约定抗辩和解控制权,转为依据诚实信用原则和禁止保险人滥用抗辩和解控制权,对保险人权利义务加以限制,再提升到基于对被保险人信赖利益的保护、约定保险人负有抗辩义务,直至将抗辩义务作为公共政策需要,进而将之界定为法定义务,体现出对被保险人利益保护的价值取向。

(二)抗辩义务的性质

抗辩义务的性质取决于对责任保险功能的定位。其一,"防止损害义务说"。保险法发展初期,针对第三人索赔之抗辩的主要功能在于防止损害、减少支出。其二,"契约义务说",保险人为吸引投保人投保,经常在保单中约定保险人负有抗辩义务,甚至有的保单中还约定了"资深律师条款"(QC clause),规定"承保人必须支付可能的索赔,而不要求被保险人抗辩,除非经承保人和被保险人协商选定的资深律师认为,该索赔可成功地被被保险人抗辩,而且被保险人也同意进行抗辩。在美国的大多数州,一般情形下保险人都负有为被保险人进行抗辩的义务,除非保险合同特别约定抗辩义务。[①] 其三,法定义务说。越来越多的法院认为,被保险人购买保险,是期待保险人能够在其被索赔时为其抗辩,即使保险合同中未作约定,只要保险人未在合同中予以明确排除,即可推定保险人有此义务。德国的保险合同法立法将实务中"保险应当具有权利保护功能"的见解和有关的理论通说,转为保险人的抗辩义务法律规定。2008年《德国保险契约法》修正,增加订入《德国保险契约法》第100条规定,即"责任保险中,保险人有义务使要保人自第三人于保险期间内发生之事实,基于要保人之责任所行使之请求权免责,及防御无理由之请求权"。[②]

---

① 如佛罗里达州医疗责任保险合同约定:"我们有权不经过您的同意,在法律允许的范围内并在您的保单范围内,判断、作出、决定任何处理方式。对您提起的损害赔偿金在保险覆盖范围内,我们都会提出抗辩。如果索赔不存在或欺诈,我们亦会如此做。"

② 德国保险合同法§100 VVG 2008,其条文全文为:§ 100 Leistung des Versicherers: Bei der Haftpflicht versicherung ist der Versicherer verpflichtet, den Versicherungsnehmer von Ansprüchen freizustellen, die von einem Dritten auf Grund der Verantwortlichkeit des Versicherungsnehmers für eine während der Versicherungszeit eintretende Tatsache geltend gemacht werden, und unbegründete Ansprüche abzuwehren[EB/OL].[2012-06-20]. http://bundesrecht.juris.de/vvg_2008/__100.html.转引自林建智.从保护被保险人之观点论责任保险人之防御义务研究成果报告[EB/OL].[2012-06-20].中国台湾政治大学网站. http://nccuir.lib.nccu.edu.tw/retrieve/81591/report.pdf.大陆学者孙宏涛的译文是:德国保险合同法第100条(保险人责任)规定,"在责任保险中,对于保险期间内发生事故导致第三人向投保人提出索赔请求或第三人向投保人恶意诉讼的,保险人都有义务代替投保人应诉"。见:孙宏涛.德国保险合同法[M].北京:中国法制出版社,2012:83.

二、抗辩义务期限与范围

（一）抗辩义务期限

保险人抗辩义务的期限，理论上有危险事故说和请求说。我国中国台湾地区学者林建智教授认为，索赔发生式保单的抗辩义务起始时间于为受害人提出索赔的时间。也有大陆学者提出，保险人抗辩义务存续期间，应始于被保险人就第三人索赔的事实向保险人发出通知并送达保险人之时，止于该索赔纠纷终结之时，索赔纠纷终结可能是各方达成协议并自愿履行之时，可能是调解书送达之时，还可能是协议或调解未果而进入诉讼法院作出裁判并生效之时。[1] 换言之，抗辩义务的期限是根据抗辩进程、程序和内容加以区分，既取决于双方的约定，也取决于抗辩与和解义务的本质要求。

（二）抗辩义务范围

应当依据索赔内容的文字内容对抗辩义务范围作出判断，抗辩义务的范围应当比承保范围宽泛。首先，索赔落入承保范围的，构成保险人抗辩义务的主要范围，即使诉请内容文字上未提出医疗过失之责，保险人稍加分析可以发现有落入保险范围可能的，保险人就负有抗辩义务。

其次，对于索赔部分落入保险范围、部分不在保险范围的混合索赔，保险人应当就全部索赔进行抗辩。如美国《宾夕法尼亚州保险法》规定，保险人有为被保险人进行抗辩的合同义务，这是被保险人缴纳保险费的对价，只要针对被保险人的诉讼请求可能属于保单的承保范围之内，该义务便产生，即便这些诉讼是"无根据的、错误的或者欺诈性的"，也不例外。[2] 例如患者诉称医院安排的为其实施手术的医师不具备相应执业资格，导致其手术失败、身体遭受损伤。虽然不具备手术资质进行手术的行为是违法行为，属保险范围除外情形，但是该执业医师的行为不一定就是导致患者损害发生的原因，此时保险人与被保险人存在利益冲突可能性，保险人仍应就诉讼请求提起抗辩。一旦启动抗辩程序，操作中保险人无法将两部分索赔的保险利益清晰分开，在确立赔偿责任的过程中，只要保险人进入抗辩程序，就应当对被保险人的全部诉请进行抗辩，如果保险人经过初步调查认为患方的主张不在保险范围内，保险人仍然应当继续抗辩，因为一旦将被保险人列为被告，诉讼程序必须马上启动抗辩，抗辩义务履行过程中时间性要求很强，从熟悉案情到掌控抗辩策略和进度，保险人应当自始至终代被保险人抗辩。

---

[1] 陈玉玲,李国炜.论医疗责任保险合同应当约定保险人的抗辩义务[J].医学与社会,2003(6):34—36.

[2] [美]肯尼斯·S.亚伯拉罕.美国保险法原理与实务[M].韩长印,等译.北京:中国政法大学出版社,2012:566.

再次,患方的索赔未落入保险范围的,在法院确认该事实是否存在之前,保险人仍然负有抗辩义务。"对于保险范围之外的索赔,保险人是否负有抗辩义务",美国法院曾经有不同观点,现今已形成一致观点,即保险人负有抗辩义务。美国宾夕法尼亚州在1979年的C.雷蒙德·戴维斯与桑斯股份有限公司诉雷伯特瑞互助保险公司(C.Raymond Davis & Sons,Inc.v.L Liberty Mutual Insurance Co.)案中,法官认为"当被保险人的诉讼是基于承保范围之外的诉请理由时,保险公司没有抗辩义务,然而,如果对承保范围的判断有赖于诉讼之外的未决事实是否存在时,则保险人在法院确定该事实之存在与否之前必须提供抗辩,并且只有在请求明显属于承保范围之外时才可以拒绝抗辩"[1]。比如,患者声称医师在作医学检查时有性侵行为,但在案件没有最后认定成立故意侵权甚至犯罪之前,都存在患方主张不成立或成立过失侵权的可能性,如果保险人不实施抗辩,被保险人将落入无助之地。在格雷斯诉苏黎世保险公司(Gray v.Zurich Insurance Company)[2]案件中,格雷医师被患者诉至法院,声称医师"故意实施了伤害行为",索赔包括惩罚性赔偿数额在内共计5万美元。医师通知其保险公司,保险公司拒绝抗辩,理由是患者的索赔不在保险范围内。经法院判决医师败诉被判赔偿6000美元。随后医师起诉保险公司,声称依据保险条款,保险人承诺:(1)保险人代表被保险人偿付致人损害的赔偿责任;(2)对任何提起身体伤害索赔案件进行抗辩,即使索赔是无根据的、错误的或者欺诈性的;(3)采取权宜的方法调查、和解应诉。但是,在保单的不显眼之处还明示规定"身体损伤或者财产损失是源于被保险人故意行为的除外"。洛杉矶郡高等上诉法院判决保险公司胜诉,案件上诉至加利福尼亚州高等法院,法院改判保险公司败诉。法院认为保单中使用的语言在解释上具有不确定性,使得被保险人对于保险抗辩和保险范围有合理的期待,被保险人的合理期待应当获得保护。

复次,医师违背对患者的告知同意义务被索赔,保险公司是否有抗辩义务?在足部医疗保险公司诉艾沙姆(Podiatry Insurance Co.of America v.Isham)[3]案件中,华盛顿上诉法院支持了保险公司不存在抗辩义务的主张。被告医师因为没有得到患者同意就实施了手术,违反了《消费者保护法》,符合责任保险合同中除外条款有关"违反法律或者法令的行为"除外的规定。此判决与同时期的纽约州法院法官的观点不同,在美国联邦费德里特担保公司诉美国承保保险公司(United States Fidelity &

---

[1] [美]肯尼斯·S.亚伯拉罕.美国保险法原理与实务[M].韩长印,等译.北京:中国政法大学出版社,2012:566.

[2] Gray v.Zurich Insurance Co.,419 P.2d 168 (Cal.1966).

[3] Podiatry Ins.Co.of America v.Isham,65 Wash.App.266,828 P.2d 59(Wash.App.1992.).

Guaranty Company v. U. S. Underwriters Insurance Company)①案件中，纽约州上诉法院认定，被告医师被索赔，即使患者提起医疗照护损害索赔表面上不在保险范围，保险人也负有抗辩义务，只要保险人意识到医疗过失案件可能会落入责任保险范围。我们认为，对于医师没有得到患者签署手术同意书而实施手术的情况，要区分该违反知情同意原则的行为，是否是造成患者损害的原因，如果患者损害与未履行告知同意义务没有关系，是与医师故意行为有关，则患者自我决定权的人格权益遭受侵害，获得精神损害赔偿，而该精神损害赔偿不为保险理赔范围，但是，医疗侵权案件要审查侵权构成要件，才能获知行为与损害是否存在因果关系，故在未获得生效判决前，保险公司应当履行抗辩义务。

综上，保险人抗辩义务范围要比保险填补被保险人的损失范围更广。美国保险法对于抗辩义务范围的判断，已经形成"可能性"或者"潜在性"标准，即使保险人有外部信息表明诉讼可能属于承保范围，而患方诉请没有主张承保范围的事实，保险人也要抗辩。第三人在诉状中无理由、虚伪或者造假之赔偿请求，使用最为宽泛的语言表达自己的不满，甚至可能言过其实，现代诉讼中诉请的语言表达和诉讼策略有很大的弹性，程序规则注重的是事实而非诉请的救济理论，确定抗辩范围要从索赔的文字和事实多方面判断，只要有落入保险范围可能性的，都应当纳入抗辩义务范围。如此扩展抗辩义务范围，是基于保护被保险人利益的需要。至于最终法院认定被保险人责任成立，但该责任不在保险范围，由此已经发生的抗辩费用如何由被保险人承担，则是另外一个问题。

三、抗辩中的利益冲突与权利配置

（一）和解必须基于被保险人之最佳利益

抗辩转为和解可以尽早结束争议，减轻被保险人的紧张与不安，避免案件进入诉讼后结果的不确定性，节省法律费用，但是，和解必须是基于保险人的认真调查与合理评估，以保护被保险人的最佳利益。在罗杰斯诉芝加哥保险公司（Rogers v. Chicago Insurance Co.）②案中，原告罗杰斯（Rogers）是一名疼痛医疗专科医师，2002年2月他收到患者的起诉通知，罗杰斯立即将此事通知了他的责任保险公司——芝加哥保险公司，但是在医疗侵权法律规定的90天诉前等待期间内，保险公司没有派人与罗杰斯联系进行有关调查、组织律师和医学同行专家对案件进行评估和内部审

---

① U. S. Fid. & Guar. Co. v. U. S. Underwriters Ins. Co. , 194 A. D. 2d 1028, 599 N. Y. S. 2d 654 (N. Y. App. 1993).

② Rogers v. Chicago Insurance Company, 964 So. 2d 280 (Fla. 4th DCA 2007).

查、出具书面评估报告、估算法律费用和评估胜诉可能性等工作,案件最后以罗杰斯全额赔偿结案。这个赔偿案件构成罗杰斯执业的不良记录,导致罗杰斯医师被芝加哥保险公司拒绝更新保单,罗杰斯不得不以更高的保险费代价向其他保险公司投保。于是罗杰斯医师起诉芝加哥保险公司,声称芝加哥保险公司违反了佛罗里达州成文法第 766.106 条(Fla.Stat.§766.106)之规定,没有基于善意在诉前进行调查,未在诉讼中与患者达成和解,保险公司违反佛罗里达州成文法第 327.4147 条(Fla.Stat.§627.4147)"关于维护被保险人最佳利益的行为"的规定,构成违约。佛罗里达州帕姆郡巡回法院驳回了罗杰斯的请求。罗杰斯上诉,联邦第四巡回法院合议庭法官玛莎·华纳(Martha Warner)认为,依据佛罗里达州成文法 Fla.Stat.§627.4147(1)之规定,保险公司在过失责任保单限额内有权单方决定是否和解,保险公司在适宜的情形下,可以出于经济利益之考量在保险限额内与索赔者达成和解协议,但是该法也明确规定和解必须是基于被保险人的最佳利益之考量,最终合议庭驳回佛罗里达州帕姆郡法院的判决,将案件发回重审,理由是保险人在诉讼中未能保护被保险人的最佳利益。

(二)抗辩中"恶意"拒绝和解的不利后果

如果合同约定保险人拥有抗辩与和解控制权,作为排他性权利,则要求保险人在行使基于合同约定享有的权利的时候,应当进行仔细调查、慎重考虑被保险人的愿望或指示,以便使正在进行的抗辩和解不违背诚实信用原则。换句话说,保险合同赋予保险人抗辩与和解控制权,相应地保险人就有一项法定的义务,即保险人在进行和解时应当尽到一般普通人的谨慎注意义务,否则可能会导致保险人对被保险人的侵权责任。理论依据有二:一是"合理期待理论"。合同条款的解释必须是基于缔约时双方的目的,对被保险人而言,法院可依据合理期待学说,来否定保险人利用其过度的优势控制和解;二是"致人损害的信赖理论"或者又称"不利益的信赖"。即保险人代表被保险人的承诺或者所为之行为,被保险人因为信赖保险人而放弃某种抗辩控制,从而影响被保险人本来在没有这种信赖的条件下将会可能做出对己有利的选择,进而产生了投保人或被保险人的信赖利益损害,保险人必须基于善意谨慎调查事实、基于合理考虑未决案件,并且在有可能要超出保险范围时,基于被保险人的最大利益决定是否在保险范围内和解,但是无论如何,赔偿的数额不是保险人考虑的首要因素。

对于落入保险范围与没有落入保险范围的索赔,保险人履行抗辩义务时应当同等对待。如果在抗辩过程中,有达成和解协议意向的,因保险人的重大过失或恶意(bad faith)而未达成协议,最后导致法院判决的赔偿金额高出保险限额的,保险人应承担赔偿责任。当然,如果是因保险人一般过失未能达成和解协议,保险人不承担责任。保险人对投保人负有信义义务(fiduciary duty),避免暴露委托人个人资产状况和保险状况,这意味着保险人有责任去尽力促成和解,否则,保险人就可能被被保险人提起"恶意"之诉讼。在科穆纳莱诉贸易商与通用保险公司(Comunale v. Traders & General Ins.Co.)案件中,法官认为,包括保险合同在内的任何合同中都存在默示的诚信与公平交易条款,即任何一方不得损害对方获得约定利益的权利。被保险人获得保险保护的一种常见方法是对受害人的诉讼请求不经诉讼程序而以和解方式结案,这是个常识。默示的诚信与公平交易义务要求保险人对案件进行适当的和解,即使保单条款并未明示规定此种义务时也是如此。在考虑是否进行和解时,保险人必须至少本着如同考量自己的利益那样考虑被保险人的利益,如果被保险人对第三人的赔偿额很可能超过保险金额,则保险人必须基于保护被保险人利益进行善意考虑,对第三人要求在保险金额内进行和解。[①] 虽然对"恶意"的认定存在主观判断,但是对于原告患者提出的和解要约,已经"具有在保单限额内达成和解可能性",却因为保险人的缘故没有达成,可以认定保险公司存在恶意。例如,被保险人的保险限额为100万元,原告获知这个保险限额后,提出100万元和解要约,尽管有合理的证据表明该医师负有过失赔偿责任,保险公司还是拒绝和解,最后,法院判决被保险人赔偿150万元。对患者来说,从保险公司的资金"深口袋"里获得赔偿与和解协议的最高限额赔偿之间相差50万元。对被保险人来说,得自己拿钱赔付患者50万元。于是,医师起诉保险公司"恶意"违约,没有维护自己权益。

(三) 对"无意义索赔"抗辩的控制权

无论在美国还是中国,有诸多的统计数据证明,患方起诉的案件多数情形下是得不到法院支持的[②]。患方败诉原因是多方面的,其中不乏滥诉案件,又称之为"无意义索赔"。保险公司作为理性经济人,发现患方的无意义索赔,在比较患方索赔数额与继续抗辩所要花费的成本之后,认为不值得继续诉讼的,可能会选择与患方和解,此时,保险公司更在意的是医疗责任保险售后诉讼和赔付情况,更愿意在没有赔付或者没有诉讼记录等方面保持良好业绩。然而,被保险人认为自己的医疗行为没有违反诊疗规范,依据病历和检查记录也可以证明医师的说法是有依据的,但是案件一旦进入诉讼阶段,在同情患方的法官面前,要想证明医师的行为毫无疏失是非常困难的。于是,保险公司对"无意义索赔"会尽力在保单限额范围内与患方达成和解,如此,被保险人的执业记录上就增添了一个"坏"的信息。事实上作为一个理性的被保险人,面对潜在的诉讼,自认为有过错时,往往乐于接受和解以避免后续诉讼带来的

[①] [美]肯尼斯·S.亚伯拉罕.美国保险法原理与实务[M].韩长印,等译.北京:中国政法大学出版社,2012:598.

[②] 金陵法苑.医患纠纷及医疗损害赔偿案件呈逐年上升的趋势,但是患者告医院缘何败诉多[EB/OL].[2012-02-20].南京市中级人民法院网站. http://www.njfy.gov.cn/site/bak/index.htm.

情绪不良、时间消耗和将来审判对赔偿数额的不确定。然而，面对"无意义索赔"，被保险人一般不同意和解，认为和解只对保险公司有益，对被保险人而言，下个年度的保险费会因此而增加，更重要的是不良执业记录会损其声誉。

在克瑞特诉圣·保罗火灾与海上保险公司（Kreit v. St. Paul Fire & Marine Ins. Co.）①案件中，克瑞特医师1995年向肯塔基州的圣·保罗火灾与海上保险公司（St. Paul Fire & Marine Insurance Co.）投保医疗责任保险，保险合同约定保险公司在有关针对克瑞特医师的过失索赔案件中负有抗辩义务，并享有和解的权利。在一起针对克瑞特医师索赔的案件中，克瑞特医师认为患者索赔"完全是轻佻"和可以"完全抗辩"的，于是两次拒绝保险公司的和解提议。最终2002年保险公司以7万美元与患方达成和解，并且将该案的理赔数据报告给"国家执业医师数据库"（National Practitioner Data Bank）。美国各州建立该数据库的目的是想要利用数据库对健康照护执业证书进行综合性的审查，根据州执业许可授权机制来警示那些在执业能力和行为上出现问题的医师。2005年克瑞特医师在得克萨斯南分区法院起诉圣·保罗火灾与海上保险公司，声称保险公司违约，恶意未实施真正的抗辩，不顾其反对意见与患方和解，导致其职业声誉受损且由此引起保险费率之提高。保险公司辩称，原告克瑞特医师的诉请缺乏理由。尤因·韦莱因（Ewing Werlein）法官驳回原告克瑞特医师的诉求，认为克瑞特医师诉请超过诉讼时效，并且保险公司在和解中并非一定要得到原告的同意，因为保险合同条款中没有"和解必须事先得到被保险人同意"的约定，医师两次拒绝在保险限额内达成和解协议，由此虽然达成7万美元之和解协议，但保险人有理由对超出保险限额之外的那些赔偿拒绝理赔。分析此案可知，"无意义索赔"给医生带来无尽的烦扰，如果医师接受保险公司作出的声明，也会带来诉讼风险，对超过保险限额的赔偿责任得由被保险人自己承担。所以，赋予保险人抗辩义务以及如何避免实际的或者潜在的利益冲突对被保险人造成损害，是医疗责任保险合同设计中应予以注意的问题。我们认为，保险公司依约定履行抗辩义务、行使抗辩控制权，对"无意义索赔"可能会决定赔偿，因此，医师在遭遇索赔时要在声誉维护与是否接受"无意义索赔"和解，以及不接受和解所带来的责任风险与后果之间慎重权衡。

（四）"保险限额内"抗辩中的利益冲突

医疗责任保险公司格式条款约定"在保险限额内，与第三人就有关被保险人的任何侵权索赔进行和解，保险人可自行决定，不需要征得被保险人的同意"，此约定赋予保险人享有此项排他性的权利，因此被保险人无权强迫保险人进行诉讼，也无权阻止

---

① Kreit v. St. Paul Fire & Marine Ins. Company, No. Civ. A. H-04-1600 (S. D. Tex. Feb. 10, 2006).

保险人进行和解。在波普德苏诉罗德岛医疗损害联合承保协会(Papudesu v.Medical Malpractice Joint Underwriting Association of Rhode Island)[①]案件中,莫汉·波普德苏(Mohan Papudesu)医师因一孕妇生了个死胎而被提起医疗过失诉讼,莫汉·波普德苏医师是被告人之一,其与患者就"孕妇产程中医师是否收到出诊召请以及是否及时回应"的事实主张相互矛盾,在陪审团开始着手调查之后,保险公司与患者以50万美元达成保险赔偿和解意向。莫汉·波普德苏医师表示反对和解,认为其在诉讼证据上占据优势,和解会对其职业声誉和保费费率产生不利影响,但保险公司仍然坚持与患者达成和解。莫汉·波普德苏于2007年7月向普洛威顿斯高等法院起诉,诉称保险公司不顾其反对意见擅自与患者达成和解之行为违反了合同诚信义务,构成与商业有关之过失、恶意、共谋、商业诽谤,应当承担赔偿责任。法院查明,医疗责任保险合同约定"在过失责任保险保单中,尽管被保险人医师反对,保险人有权就索赔进行和解",并且还约定,"保险人在患方向被保险人主张索赔时,保险人负有抗辩义务,并享有充分调查、决定在保单限额范围内以方便适宜的方式达成和解的权利。"保险公司认为其抗辩行为符合合同约定,法院没有支持原告主张。莫汉·波普德苏医师上诉,主张保险公司在打算和解之前应当进一步确认和解对被保险人可能造成的伤害。上诉法院审查保险合同发现,有关保险公司的权利范围清楚地写明保险公司在诉讼的控制权上享有完全的判断权利,最高法院维持了原审法院的判决。

由此案可知,在保险公司与被保险人意见不一、存在利益冲突可能性时,合同中约定谁享有抗辩控制权意义重大。医疗责任保险合同的格式条款约定保险公司享有抗辩与和解的控制权,在我国,近几年内医院具有人力和信息资源优势,可以实际控制抗辩权,但是随着保险公司逐渐具备人力资源,医院和保险公司意见不一时,保险公司履行抗辩义务、行使抗辩控制权,双方利益冲突在所难免,抗辩控制权如何约定不仅是合同上的技术处理,更是关乎被保险人切身利益保护的问题。

(五)被保险人自行和解的效果

被保险人自行和解发生于两种情形。第一种情形是被保险人未向保险公司发出险通知书。中国人民财产保险股份有限公司公司的医疗责任保险合同格式条款约定,"未经保险人书面同意,被保险人对患者或其近亲属作出的任何承诺、拒绝、出价、约定或赔偿,保险人不受拘束",如此约款旨在避免被保险人滥用责任保险,进而危及全体投保人的利益。如果被保险人没有依合同约定通知保险人参与抗辩,使得保险人错过表达自己意见的时机,产生保险人"不受拘束"的法律效果要比保险人"免责效

[①] Papudesu v.Medical Malpractice Joint Underwriting Association of Rhode Island,No.2009-364,2011 WL 1491463 (R.I.Apr.18,2011).

果"更为妥当。这是因为,被保险人自行和解并不一定产生不利于保险人的效果。医疗损害事故发生之后,医患双方各自退让半步,达成和解要比进入诉讼、劳神费时甚至换来更高额的法院判决来得经济。保险人只要保留对医患双方协议内容的确认权,就有表达保险人的真实意思的机会与程序构造,只不过当前环境下保险公司在理赔工作中成了"橡皮图章",毫无实质审查的权利和义务或者一概否决理赔。医疗责任保险的实证研究数据(参见本书第九章)显示:有相当多数量的保险争议案件是医疗机构与患者达成和解协议,保险公司不予理赔或者减少理赔数额,医疗机构进而诉诸法院。审理此类案件应当审查和解协议是否有利于保险人与被保险人的共同利益,而不能仅以"被保险人未发出事故发生通知"为由而否认被保险人的合同权利。

第二种情形是被保险人已经向保险公司发出出险通知,但保险公司不作任何回应,事后主张不予理赔。在我国,医疗责任保险实证研究数据表明,这种情况是存在的,具体可见本书第九章的相关论述。类似的情况在美国也存在。在新泽西州眼科中心诉普林斯顿保险公司(New Jersey Eye Center, P. A. v. Princeton Ins. Co.)[①]案件中,被保险人是眼科治疗中心,作为原告起诉医疗责任保险公司,声称保险人有义务为被保险人进行抗辩和赔偿。约瑟夫·戴络拉索理事(Joseph Dello Russo, M.D.)是美国新泽西州的一名眼科医师,专治眼科疾病。约瑟夫在州际保险公司(Interstate Insurance Co.)购买了最高限额 300 万美元的医疗责任保险,同时约瑟夫作为眼科中心的主要成员,眼科中心向普林斯顿保险公司(Princeton Ins. Co.)投保每件赔偿限额 600 万美元、累计限额 800 万美元的责任保险。患者声称约瑟夫医师为其实施激光原位角膜磨镶术时存在医疗过失,约瑟夫医师成为主要被告,眼科中心作为共同被告。约瑟夫医师通知了其保险公司,但是保险公司没有抗辩,约瑟夫医师作为眼科治疗中心的主要成员,在未经保险人同意的情况下与患者达成和解,后来保险公司拒赔。2004 年 1 月,眼科中心起诉普林斯顿保险公司,要求法院判决普林斯顿保险公司有义务为眼科医师在相关医疗侵权索赔中进行抗辩,并且支付和解协议款项。保险公司辩称约瑟夫违反了被保险人对医疗责任保险公司的义务,未经其同意私自与患者达成和解协议。法院认为,一方面,约瑟夫医师作为眼科治疗中心的主要成员,在未经保险人同意的情况下进行和解,违反了他对医疗责任保险人的义务。另一方面,保险人有义务为被保险人就潜在的侵权索赔进行抗辩,在保险人不当地拒绝为被保险人进行抗辩和赔偿之后,只有在被保险人是善意的并且和解协议约定的赔偿总额是合理的情况下,才能强制保险人执行被保险人签署的和解协议。

---

① New Jersey Eye Center, P. A. v. Princeton Ins. Co., 394 N. J. Super. 557, 928 A. 2d 25 N. J. Super. A. D., 2007.

因此，责任保险中被保险人必须避免进行单独行动，否则就违背了保险合同条款，遵守包括抗辩与和解在内的广义的合作义务是根据保险合同进行赔偿的前提条件，违反合作义务将会导致保险理赔权的丧失。事实上，无论保险人与被保险人在立场上存在多大的分歧，保险人都不可能完全诚实地去为被保险人的利益进行抗辩。因此，在保险人与被保险人之间必须存在这样一个程序，即双方各自选择律师参加到对患者索赔的抗辩之中。和解是一个合理的、决定公平交易、利用程序表达自己意见的过程，并且以此决定每个索赔者有权获得的赔款额。

（六）保险人抗辩与被保险人的和解同意权之协调

医疗责任保险区别于一般责任保险，医疗责任保险涉及被保险人的职业声誉。当医师成为被告，为保护声誉，被保险人更愿意进入诉讼，于是在医疗责任保险条款中一般都有"声誉条款"（Pride Clauses）的设计，又称被保险人的和解同意权条款（Consent-to-Settle Clauses），即无论患者的索赔数额是否在保险范围之内，和解必须事先征得被保险人的书面同意，为此，被保险人需要付出额外的保险费用。被保险人为声誉而战，只要被告医师或其律师认为和解不是为了被保险人的最佳利益，可以直接起诉保险人。在美国的佛罗里达州，公众可以通过公共网站查询医师被索赔的信息，对医师来说保持良好的执业记录尤其重要。但是，出于控制医疗过失诉讼成本、降低医疗过失保险费率的公共政策考虑，佛罗里达州和马里兰州立法禁止被保险人援引"声誉条款"再行起诉保险公司。[①]

实践中，想要保险人真正基于被保险人的最佳利益考虑达成和解是过于理想化的幻想，实际上被保险人无法阻止保险人草率达成和解协议。前文引证的罗杰斯诉芝加哥保险公司（Rogers v.Chicago Insurance Co.）案件中，保险人有90天调查案件事实的时间，但直到最后一个星期保险人雇佣的一名医师才开始对案件材料进行审查，并且从来都没有与被保险人进行过有关如何抗辩的内容的沟通，更没有证据证明保险公司在医师提供的证据材料之外进行过额外的调查。罗杰斯医师起诉保险公司时声称是保险公司拖延调查并且没有实施有效抗辩，导致他不得不接受现在的和解协议，可是佛罗里达州上诉法院认为，保险公司没有及时调查并不意味着达成和解协议是基于恶意、违背被保险人的最佳利益。于是罗杰斯医师变更诉由，案件得到重新审理，法院还是认为即使达成的是一份草率的和解协议，如果保险公司有足够的财力愿意负担和解费用，那么保险人就没有违背其抗辩义务。我们认为，和解对医师声誉

---

① 1985年佛罗里达州通过了有关医疗侵权法改革，规定禁止医生援引"声誉条款"起诉保险公司，见FLA.STAT. § 627.4147；马里兰州也有类似规定，见MD.INSURANCE CODE § 19-104 (a)(2)。

有负面影响，互联网时代执业医师医疗过失的案件信息，甚至被诉案件数目、详细的理赔数据，都可以在网上查到，很大程度上影响患者的就医选择。从保护患者选择权角度看，公布理赔数据信息具有积极意义，但是这些数据信息没有显示有多少和解案件是医生不同意的，事实真相细节不能被人们全部查到，人们很容易将网上不完整的信息与医师的服务水平质量挂钩。

赋予被保险人和解同意权符合公共政策。责任保险是对未来可能的责任予以风险社会化分担的财务安排，绝大多数的责任保险合同都有"允许保险人在负担抗辩费用时，有权在保单范围内直接达成和解的权利，而不需要被保险人同意"的条款。因为诉前原告患方往往会在保单限额内提出一个和解方案，保险人拒绝之后才会进入诉讼，如果和解中患方索赔提议的数额接近保单限额，对保险人来说风险较小，尤其是案情简单清楚、不需要专家证人来判断的时候。但是对于被保险人来说，超出保单限额之外的费用是要自己承担的，假设索赔要价接近保单限额的案件进入诉讼，并且法院认定被保险人不承担责任，对于被保险人来说并没有从中获得经济上的好处，所以在诉前被保险人对超过保单限额的方案是宁愿选择和解，以免案件一旦进入诉讼，结果具有不确定性，这就如同被保险人与自己赌博，用医师个人财产对超过保单限额的赔偿承担风险。对于在保单限额之内的索赔要价，如果保险人拒绝和解，被保险人可以诉诸法院判决保险人承担，请求权基础是保险人拒绝和解构成违约——"以被保险人的资产作为进入诉讼可能败诉的赌博筹码，不是出于保护被保险人的最佳利益"。所以，和解同意权条款的设计是出于经济利益的考虑，对于和解要约数额较低、接近理赔限额与超过理赔限额的不同情况，被保险人承担的诉讼风险不一样，进而决定其是否愿意和解。

医疗责任保险的抗辩和解条款是公共政策竞争的产物。如果允许被保险人出于保护名誉、不考虑经济代价行使否决和解要约的权利，那么被保险人就会在支撑医疗过失成立的证据很少的情况下否决和解，即使和解提议要求的赔偿数额很小或在保单限额内，医生也会寻求进入诉讼程序而力图避免责任，过度利用审判公共资源。反过来，如果把和解控制权完全交给保险人，保险人会出于经济利益、不考虑在认可责任之后还会对医生带来的损害。立法上，出于平衡保险人与被保险人利益之目的，如果允许被保险人以声誉受损提起诉讼占用司法资源，保险人将要提高医疗责任保险承保费率，由此引来更多诉讼，而这与侵权法和保险法之价值追求相悖。如果被保险人在责任保险合同中将和解控制权让与保险人，立法上就要鼓励通过和解解决案件争议。在美国，没有实证数据证明禁止在医疗责任保险中约定"声誉条款"这一具体措施对于降低保险费率、减少诉讼的贡献，但是在类似佛罗里达州这样禁止"声誉条款"之立法政策下，医师就会逐步选择去那些有利于保护自己利益的州去执业，留下来执业的医师就会因此而逐步减少，尤其是那些从事高风险妇产科、神经外科医生的离开，会对这个州人们就医选择造成影响。对保险公司来说，并不会因为禁止"声誉条款"就减少抗辩费用，因为对于患方的代理律师而言，对于高额索赔也不会轻易放弃诉讼而选择和解。如果医疗责任保险合同中没有"声誉条款"，保险人会只出于经济利益考虑让医生放弃损失声誉的考虑，再利用除外条款保护自己的利益。面对保险人与被保险人之间的利益冲突选择，没有一劳永逸的决策，如何在责任保险合同中约定抗辩与和解控制权，实际上是利益平衡的结果。一方面，为促使被保险人理性行使"和解同意权"，可以约定如果被保险人不同意和解、并且事后证明该不同意的决定是错误的，由此产生的损失由被保险人负担，这实际上就起到约束被保险人理性行使其拒绝和解的权利的效果；另一方面，在保险人控制抗辩与和解权的约定中，还应赋予被保险人一些权利，比如约定被保险人有权获得保险理赔信息的权利，包括以往理赔数据、本次索赔和解要约、保险人的权利限制以及是否需要雇请独立律师的信息，以保护被保险人聘请自己的利益代表者参与到索赔。

四、抗辩义务的权利保留

医疗活动是由整体连续的多个具体医疗行为组成，医生用药或者使用医疗器械给患者治疗时发生损害，患者所列举的事实往往有多项，诸如参与剖宫术的医师中有一人是外科医师，不具有实施剖宫手术的资质，孕妇待产期间胎心监护仪图像显示不稳定，助产士没有按时巡视病房，未及时发现胎儿存在宫内窘迫情况，这些索赔时主张的事实表面看起来有的是诊疗过失责任而落入保险范围，而有的是超范围执业的主观违法行为责任未落入保险范围，在第三人的赔偿请求是否落入承保范围有疑义时，保险合同双方当事人意见不一致时，可能会产生利益冲突，保险人担心在法院判决的赔偿责任不在保险范围，意味着保险人已经为被保险人付出了费用，如果保险人拒绝抗辩，有可能构成抗辩义务的违反，尤其是在恶意不履行抗辩义务时，一旦法院对医疗损害赔偿数额的判决超出保险最高限额，被保险人有权要求保险人承担。在预估保险人与被保险人之间有利益冲突的情况下，为鼓励保险人约定抗辩义务，真正愿意继续为被保险人提供抗辩或参与和解，保险公司要履行抗辩义务，可以通过非弃权协议书和权利保留通知，对保险人和被保险人之间的权利义务作出预先安排。

（一）非弃权协议书和权利保留通知

非弃权协议书（Non-Waiver Agreement）是指保险人对第三人索赔提供抗辩，但是对索赔是否落入承保范围在事后仍然可以再争执，由此双方达成的预先安排有关保险抗辩的协议。非弃权协议书是"双方同意"才生效的协议，所以，在被保险人不同意签署此协议书时，保险人也无法达到保护自己的目的。

权利保留通知（Reservation of Rights Notice）①是保险人作出的单方陈述,通知被保险人其保险范围存在问题的书面文件,旨在保护保险人免于承担抗辩的不利后果或者禁反言,以保障自己嗣后对于承保范围争议的再处理的权利。通知内容通常包括:损失日期,保单号、索赔号、保单特殊条款中有关保险范围、除外条款、除外条件,尤其是要通知被保险人对于保险范围本信函有争议以及涉及保险人与被保险人利益冲突的,告知被保险人有权自己聘请法律顾问。根据宾夕法尼亚州法律,"权利保留通知并不要求被保险人同意,并且与非弃权协议具有同等效力"②。

如果保险人没有发出保留权利书,并不意味着发生事故后保险公司不予理赔就违反的"权利放弃与禁反言"规则,还是要看发生的事故是否落入保单所约定的保险范围。如果保险人相信事故不在保险范围,按照保留权利通知,保险人从事抗辩仍然是保险人应尽的义务,反之,如果保险人可以确信无疑毫无争辩地确认事故不在保险范围,则保险人可以不去抗辩。因为通常情况下保险人没有责任为针对被保险人非保险事故范围内的索赔提供抗辩,但是保险公司必须将此决定及早通知被保险人。如果保险人认为患方索赔是否落入保险范围存疑时,基于保险人与被保险人之间的信任关系,解释自己所处的情形,对作出的抗辩、调查有可能与被保险人的利益存在冲突的事项作出说明,这是基于诚信原则对保险人的要求,也是为了保护被保险人的利益。保险公司仅仅作出声明保留权利通知,不足以保护被保险人利益,还应就保险范围除外和保险限额等内容作出解释。

保险人发出权利保留通知即产生对第三人全部索赔负有抗辩的义务,即使患方索赔是"混合索赔"。例如在实施医疗行为的过程中使用了瑕疵药品,该药品的瑕疵可能是制造缺陷,也可能是医院药房保管不当所致。这是因为保险人对于索赔有整体上的防御义务,如果保险人开始抗辩后,又决定不继续抗辩,被保险人不得不自己从头再来着手准备抗辩,那么由此产生的费用和损失应当由保险公司承担,理由是基于合同保险人应当诚实履行合同义务。如果索赔明显可以认定是超出了保险范围,保险公司将按照否定理赔的方案行事,在必须抗辩时只是需要发出权利保留通知,声明对于除外范围和被保险人自己聘请的独立的合作律师费用不予负担。

（二）权利保留通知中的利益协调

对于索赔,除非已明确可以断定不在保险范围,否则出于谨慎,保险公司是否一定要进入抗辩,对此不无疑问,美国法院曾经存在不同意见:第一种观点认为,允许保

---

① ［美］肯尼斯·S.亚伯拉罕.美国保险法原理与实务[M].韩长印,等译.北京:中国政法大学出版社,2012:567.

② ［美］肯尼斯·S.亚伯拉罕.美国保险法原理与实务[M].韩长印,等译.北京:中国政法大学出版社,2012:568.

险公司拒绝抗辩,并且对随后由被保险人自己抗辩的权利保留。第二种观点认为,被保险人和保险人之间有利益冲突的情况下,保险人必须抗辩,但是双方都不被随后的保险范围争议所限制,如果最终法院认定事故不在保险范围,保险人付出的抗辩费用几乎最后无法从被保险人那里获得偿付,此时,与其说保险人负担的是抗辩义务,不如说是保险人履行了伦理道义上的义务。第三种观点认为,如果有利益冲突,可以不强制保险人抗辩,但是保险人得支付抗辩费用,为被保险人提供独立的法律顾问。《加利福尼亚州民法规则》第 2860 条(Cal. Civ. Code §2860)就作出如此规定。一些医疗责任保险保单设计了"耗尽限额"(Wasting Limits Provisions)保单条款,即当抗辩费用超过保险单限额的时候,保险公司认为继续抗辩在"浪费"钱财,于是在保险合同中约定如此情形下,整体的责任保险合同终止。然而对于什么叫做"浪费"及其与聘请律师的花费之间是什么关系,存在含糊不清的问题。有的保险合同条款以"抗辩在保单限额范围内"(Defense Within Limits)这样的条款来作界定,尽管美国各州法律对这样的限制条款是否违反公共政策没有定论,但是建立这样的条款存在潜在的恶意违背诚信和伦理问题,被保险人担心如果不尽早接受保险人提出的和解方案的话,一旦自己的医疗责任保险合同终止,就被置于有可能使自己得不到保险理赔的境地,甚至执业活动都要受到影响。为此,有的州法院认定这样的"耗尽限额"条款不具有强制力或者是无效的;也有的州对这样的条款作出限制,比如《纽约州保险法》规定,抗辩费用不超过保单限额的 50%的情形下,权利保留通知条款有效;也有的州要求合同中这类条款必须得到当地消费者保护组织的同意,从程序法上保障被保险人的利益。

　　承认保险人抗辩费用偿付请求权是解决利益冲突的路径。前文已有论证是否负有抗辩义务与由谁负担抗辩费用是两个问题,保险人负有为被保险人对抗第三人索赔的抗辩义务,是为了平衡保险人和被保险人的共同利益,保险公司先行负担抗辩费用,以确保被保险人获得抗辩机会,如果最后证明所争议的事故不在保险范围之内,并不要求保险人负担抗辩费用。在美国,从承担抗辩义务到将承担此义务所花费的费用加以区分,是经历了历史变化过程的。在肖肖尼第一银行诉太平洋雇主保险公司(Shoshone First Bank v. Pacific Emplers. Ins. Co.)[①]案件中,怀俄明州最高法院认为保险人负有抗辩义务就应当负担抗辩费用,除非双方在合同中另有约定,如果合同未对抗辩费用约定清楚,基于疑义利益归属被保险人原则,保险人不得向被保险人请求偿还抗辩费用。但是在巴斯诉洛杉矶高等法院(Buss v. Superior Court)[②]一案中,

---

[①] Shoshone First Bank v. Pacific Emp'rs Ins. Co., 2 P.3d 510, 516-17 (Wyo. 2000).
[②] Buss v. Superior Court of Los Angeles County, 939 P.2d 766 (1997).

加州最高法院支持保险人有权要求被保险人偿付其已经支出的抗辩费用的请求权。该案中被保险人被提起27项控诉，其中仅有一项涉及恶意中伤的请求可能落入保险范围，保险人基于索赔有落入保险范围的可能性而实施了抗辩，保险人在抗辩之前发出权利保留通知，通知上明确保险人愿意为被保险人聘请独立律师支付律师费，并且约定如果法院判决巴斯公司应与保险人比例分担抗辩费用，巴斯公司愿意负担其应分担的数额。案件以巴斯公司与原告达成和解结案，但是保险公司花费的律师费用达上百万美元，其中真正用于诽谤索赔的抗辩费用只有2万至5万美元，巴斯公司拒绝支付其应分担的抗辩费用，法院判决认为虽然保险人的抗辩义务范围较保险范围要广，但是也不可能无限延伸，当第三人请求根本没有落入保险范围的可能性，保险人不负有抗辩义务，这也是保险合同的默示规定。目前美国有些州也采纳了加州法院在巴斯诉洛杉矶高等法院案件中的观点。有的州还有相关立法，如美国科罗拉多州法律规定，保险公司负担保险费，但同时给予保险公司一个保障，即如果根据权利保留通知中的约定，保险公司负担抗辩费用，事后有事实证明对被保险人提起的索赔不在保单范围，保险公司随后可以同被保险人要求偿付其已经支出的费用，俄亥俄州也有类似的规定。①

综上，混合索赔中，抗辩义务是基于合同约定产生，保险人仅根据一个不太明确的除外条款来规避抗辩义务索赔范围，有悖于被保险人的合理期待，现代理赔规则注重的是案件事实，而非诉状中文字表述的救济理论。保险人打算实施抗辩，应当先告知被保险人自己的态度，以便被保险人可以及时保护自己的利益，避免在法律费用偿付问题上产生信赖利益损害。被保险人在收到保险人"非弃权通知""权利保留通知"之后，既给被保险人一份安心，又促使保险人为其抗辩，此为解决利益冲突可选路径。

抗辩义务和抗辩控制权设计，是允许被保险人和保险人在缔结合同之时约定清楚，而不是任由保险人单方作出规定，独立执业医师更要对自己的医疗责任保险条款仔细考虑，是否要将抗辩和解控制权交给保险人行使。被保险人将抗辩和解控制权交给保险人行使，保险人基于自己的利益，在保险范围内有权决定和解而不必考虑由此带来的被保险人的名誉损失或者来年保险费的上调影响。那么，对处于不利地位的被保险人而言，可得因保险人"恶意"而主张赔偿。

抗辩中，保险人有责任通知被保险人对保险范围和抗辩的处境，这是基于对被保险人利益保护的基本要求。如果保险人选择抗辩且没有做任何权利保留或者排除权利的声明，那么，判决赔偿责任未落入保险范围的抗辩花费也是由保险人负担。如果保险人与被保险人之间在有关是否落入保险范围的意见不一，在保险人出具权利保

---

① United Nat'l Ins. Co. v. SST Fitness Corp., 309 F.3d 914 (6th Cir.2002).

留通知的情况下,涉及利益冲突的时候,攸关被保险人的利益,应当谨慎处理,保险人是否有抗辩责任、抗辩费用分担、雇请独立律师的相关权利义务,都必须仔细考虑。

对保险人而言,保险人抗辩和解控制权比其所负担的抗辩义务要宽泛,保险人基于自己的利益,在保险范围内有权决定和解而不必考虑由此给被保险人带来的损失,比如声誉降低、费率上调等,但是保险人也必须基于善意和被保险人的最大利益出发,来决定是否接受和解。在部分索赔落入保险范围、部分索赔不在的混合索赔中,与作出善意和解决定相比,保险人拒绝和解所负担的谨慎义务要低一些,判断保险人是否考虑被保险人利益的标准是看一个审慎的保险人在没有保险限额的情况下,是否会接受和解。如果一个普通谨慎的人都会接受和解要约,而保险人轻率地加以拒绝,那么保险人就应该为被保险人因此造成的损失承担赔偿责任。

第三节 医疗责任保险合同中的告知与合作义务

一、医疗责任保险合同缔结时的告知义务

《保险法》第16条的立法是采用了询问告知主义,只有在故意或者重大过失未履行告知义务,足以影响保险人作出是否同意承保的决定或者提高保险费率,保险人有权解除合同。实践中,医疗机构在提交投保单与签订保险合同,必须将其医护人员名单作为附件,但是经常发生医院少报或者不报人员名单、名单制作不准确、名单发生变化不作变更,抑或只有各个科室人员数目却没有名单等情况,保险公司在签订保险合同、收取保费之后不再过问医院科室人员名单之事,也不再行索要,随后发生没有在被保险人提交的名单之内的某医师过失行为导致被保险人要承担医疗侵权的案件,如此情况下,保险公司是否拒绝理赔?对此,将在下文第九章结合案例再行讨论。

对于医院少报的病床数和医护人员数据严重失实,足以影响保险公司对医院风险级别的评估、费率标准,如何处理则需要进一步考量如下问题:

首先,应考察当事医师未在投保单中医护人员名单之列的原因,是投保人故意、重大过失还是一般过失?事实上保险公司比较容易证明医院漏报名单是故意、重大过失、一般过失,只需将医院投保时所递交的名单与卫生局人事部门和财务管理部门的名单核对,就可核查医院是否存在漏报情况,如果漏报人数较多,且各家医院普遍存在同样情况的,可以推定医院漏报是存在主观故意或者重大过失,保险公司可以拒绝理赔。如仅漏报个别医护人员名单,则为一般过失,依保险法保险公司应承担理赔责任。

其次,保险公司知道或者应当知道医院存在漏报、少报病床数、医护人员数的情况,仍然予以承保的,构成弃权。保险人"已经知道投保人未如实告知的情况",根据知晓程度不同,分为"实际知晓"(actual knowledge)和"推定知晓"(constructive knowledge),推定知晓视为知情。医疗责任保险中,既然保险公司可以核查医院的病床数和医护人员数据,根据经济学理性人理论,"信赖者的知识也应纳入理性人的知识库,在具体应用该理论时,如果作为一个谨慎的保险人在该情况下会进行并不复杂的调查就可以获得实际情况,那么保险人就有义务进行调查,不调查就可以被视为弃权"①。《保险法》第16条对于"保险人在合同订立时已经知道投保人未如实告知的情况的,保险人不得解除合同;发生保险事故的,保险人应当承担赔偿或者给付保险金的责任",藉此,发生未在投保名单上的医护人员的行为导致的医疗损害赔偿责任,保险公司知道或应当知道投保人告知不实仍不向投保人主张权利,构成弃权,对因少报漏报之医护人员过失所发生的医疗损害赔偿责任,保险公司应予理赔。

再次,保险人对于投保人告知内容有疑问的,有义务进行调查核实。施文森教授认为,"保险人不能仅依要保人之声明为估定危险之唯一依据,尚须进一步就订约有关事项为适当之查询。根据美国保险法专家基顿(Keeton)法官的观点,保险人如就其所获得资料,认为有调查必要者,应有调查义务(duty to investigate)"②。学者潘红艳、刘文宇认为,保险人的调查义务是先合同义务,同时也是其权利。《保险法》应当增加保险人的调查义务的规定,用以平衡保险合同双方当事人的权利义务关系,调查义务内容限于与保险标的、保险合同内容有关的重要事实,是以一定的经济成本、时间成本、能力权限成本为限。③ 诚如前述案件争议,保险公司对于投保人的医护人员人数等数据完全可以自己到卫生局的相关部门调查获知,并且应及时要求投保人更正和补缴保险费,如果投保人不予理睬,由此对于任何在计算缴交保险费名单上的医护人员的诊疗行为发生的医疗损害事故,保险公司有权不予理赔,反之则视为保险公司弃权。当然,保险公司负有调查义务,对于医疗机构开展的诊疗业务种类、附属科室和联合诊疗机构,都有权利和义务尽责调查,对于医疗机构内部某科室或者业务的风险情况,非一般调查所能尽知者信息,不属调查义务范围。

最后,采用强制责任保险模式,基于强制保险合同效力维持原则,保险公司拒绝承保和解除合同的权利应当受到限制,发生上例医疗机构故意漏报基本数据的情况,

---

① 马更新.我国保险法上的如实告知义务——兼论保险法第16条立法的优点与不足[M]//谢宪.保险法评论.北京:法律出版社,2012:24—25.
② 施文森.保险法判决之研究:上册[M].台北:五南图书出版公司,1975:349.
③ 潘红艳,刘文宇.论保险人调查义务[J/OL].当代法学,2017,21(4):88—93.[2010-02-09]. http://www.civillaw.com.cn/article/default.asp?id=42788.

保险公司应当通知其补缴保险费,医疗机构不予补缴的,保险人可以主张解除保险合同。

因此,我们认为,保险告知义务不是一个事实问题,而是一个价值判断问题,尽管保险告知义务理论基础的学说众多,有诚实信用原则、最大善意说、危险测定说、交易注意配置理论等等。[①] 正如林海权法官所言,"告知义务的理论基础主要是由保险制度的运行特征以及保险告知义务的立法目的所决定的"[②]。保险行业发展初期告知义务制度的主要目的是弥补保险人信息劣势,矫正保险人与投保人在信息控制方面的不平等,规范告知义务的理论依据是最大善意和诚实信用原则,在告知范围上采无限告知原则,在告知义务的违反上不考虑主观要件,不再考虑未告知内容与保险合同订立和事故发生之间的因果关系是否存在,在违反告知义务的法律后果上,保险人享有解除权。保险业发展至现代规模交易的社会现实下,保险公司具备相当实力,并建立比较完善的风险防范规则。保险制度之立法目的转向维护公共利益和善良风俗、保护弱势当事人的利益。将投保人告知义务定性为不真正义务,在告知义务制度设计上主要是防止保险人给投保人过重的告知义务负担,对告知义务所依据的最大善意和诚信原则理论作适当修正,引入危险测定说和对价平衡说作为对诚信原则的补充,在告知义务的范围上突出对投保人主观状态的考虑,在告知方式上采询问告知、有限告知,违反告知义务的违反构成要件上要求投保人主观上存在可归责性,并区分为故意或者重大过失、未告知的内容是否影响合同订立,界定不同的法律后果。保险人解除权也受到条件限制。对于投保人告知义务制度的改善,是保险法对价平衡原则对消费者保护价值取向上的退让,是出于对消费者保护的目的。在规则设计上尽量求取重要事项的极大化,将对价平衡原则转化到违反告知义务的法律效果之中考量,与消费者保护共同成为平行的权衡因素。前文所述的医院投保单中少报人员名单和病床数的争议案件,依据保险对价平衡原则,保险公司承担医院责任风险,就有权利要求医疗机构补足少缴的保险费。但是,保险人在订立合同时已经知道投保人未如实履行告知义务,仍予承保则保险人应承担保险理赔责任。

二、医疗责任保险合同履行期间的危险增加告知义务

以实例说明之。南京市某医院 2011 年 3 月 25 日至 2012 年 3 月 24 日投保医疗

---

① 樊启荣.保险契约告知义务制度论[M].北京:中国政法大学出版社,2003:48—79;曹兴权.保险缔约信息义务制度研究[M].北京:中国检察出版社,2004:116—139;肖保和.保险法诚实信用原则研究[M].北京:法律出版社,2007:107—111.

② 林海权.保险告知义务研究——兼评保险法第 16 条[M]//谢宪.保险法评论.北京:法律出版社,2012:5.

责任保险,医院2011年9月获准新增加内科胸腔镜诊疗技术、体外冲击波碎石治疗两种第二类医疗技术诊疗项目,2011年6月医院已经引进2名有技术资质的张某某和李某某医师,培训其他医师,分别带领团队开展这两种技术服务。① 2011年12月2日,张医师为一名52岁男性患者实施内科胸腔镜下的"胸膜固定术",术中患者呼吸困难、低氧血症,术后高烧、昏迷,合并发生急性心肌梗,虽经抢救未能幸存,病历记载术前询问既往病史,患者否认有心脏病。患者索赔,经人民调解委员会调解,医院表示愿意赔付5万元。医院与保险公司协商理赔遭拒赔,理由是被保险人医疗许可的诊疗风险增加未予向保险公司通知、与患者协商达成意向之前未与保险公司协商,并且该张医师不在医院投保的医护人员名单上。

该案涉及的问题是保险期间发生危险增加时的持续告知义务,中国人民财产保险股份有限公司医疗责任保险条款(2012年版)第20条约定"在保险期间内,如发生足以影响保险人决定是否继续承保或是否增加保险费的保险合同重要事项变更,被保险人应及时书面通知保险人,保险人有权要求增加保险费或者解除合同"。本案中,被保险人新增加两种第二类技术诊疗项目,是否构成危险的显著增加?基于诚实信用原则、对价平衡原则,投保人在投保时要据实告知重要事项,保险人依据当时的情势作出危险评估,保险合同是继续性契约,合同成立后,如果其间发生重要事项足以影响原对价平衡之情势,必须依据合同内容加以调整,以符合对价原则与公平正义。投保人、被保险人最熟悉可能发生危险的情势变化,基于"情势变更原则",被保险人必须将危险增加信息通知保险人,保险人据此决定是否要调整保费或继续承保,以维持保险团体的收支平衡。至于何种危险增加足以影响保险人风险评估,应当有重要性、持续性以及不可预见性三个要件,不得作漫无边际的扩张解释。

何谓"合同重要事项变更"?学理上的判断标准有二:一是风险增加标准,即该事项是否对风险评估有影响力。在英美法系判例中,有决定性影响标准和非决定性影响标准之分。二是实际致损标准,即该事项与实际损失是否具有关系。在判断重要事项是否对风险评估有影响,有主观与客观之分。主观上,理论上,主体划分理论又

---

① 2009年5月1日起,《医疗技术临床应用管理办法》开始实施,国家对于医疗技术实施分级管理。虽然新的诊疗技术已经比较成熟,但还需要对应用技术的医疗机构和医护人员资质作出审核,对不具备相应人员、设备、设施、技术条件的医疗机构,不予审核通过,即使该医院已经开展该技术服务。医疗机构拟开展各级医疗技术项目临床应用的,应按照规定向有审核资格的医学会申请医疗技术临床应用能力技术审核。技术审核同意后,经卫生局审定,在核发"医疗机构执业许可证"的卫生行政部门办理诊疗科目项下医疗技术登记,方可在临床应用。比如有体外冲击波碎石治疗、经输尿管镜碎石取石术、人工椎间盘置换术、经尿道前列腺汽化消融术、内科胸腔镜诊疗技术等都属于第二类技术,需要审核才可以开展技术服务。第三类技术为临床试验技术,不属于医疗责任保险范围。

有特定被保险人标准、特定保险人标准、理性保险人标准[①]、合理被保险人标准[②]。本案涉及的医院是三级甲等专科医院,年收入3亿元,医院新增两个项目,对于医院整体收入的贡献几乎可以忽略不计,在风险增加标准上,对于医院风险评估并不产生决定性影响。从风险评估的主体标准看,医院管理人员对增加两个二级诊疗项目所可能产生的风险变化,其风险评估能力要比保险公司的人员强。医护人员发生变动、增加技术服务项目,被保险人应当书面通知保险人,被保险人未履行持续告知义务,只有在保险人对合同所订立时依赖的情势发生重要事项变更而导致保险事故发生的,保险人不承担赔偿责任。显然此案不属于重大事项的变更。进一步,现行医疗责任保险费率计算只依据医院病床数、医护人员人数为基准计算,医院内部科室调整、增加诊疗项目,对医院年度诊疗人次、手术种类风险等并没有大的影响变化,未有足以引起保险人有调整费率的必要性,即使被保险人未为通知,也不构成故意、重大过失的违反通知义务。所以,我们认为上例所述争议,保险公司可以主张增加保险费,就争议案件应给予被保险人理赔。

三、合作义务与抗辩控制权的利益冲突

维护信赖利益是合作义务产生的基础。与一般合同相比,保险合同缔结与履行过程,保持双方之间的信赖关系尤为重要,任何一方不得为了自己的利益,做出损害他方利益的行为,并且在合同履行的过程中,应当提供必要的协助或为特定之行为。责任保险格式合同中的合作义务主要是被保险人对保险人的配合协作义务。一方面,根据条款,保险人要求被保险人有义务在理赔过程合作,从而防止被保险人与第三人共谋。另一方面,赋予被保险人在事故调查与理赔过程的合作义务,作为其获得责任保险保单的先决条件,有利于防止事故发生后被保险人不合作,导致事故受害人根据保单获得赔偿的利益大幅降低的不利后果。反过来,这又对保险人和被保险人合作的激励会大幅降低。[③]

医疗责任保险中被保险人的合作义务内容广泛。中国人民财产保险股份有限公司医疗责任保险条款(2012年版)规定了被保险人合作义务包括事故发生之后提交书面说明(危险通知义务),保管医疗记录原始资料,封存有关药品器械(证据保存义务),提供必要文件、证明,协助调查事故等内容,医疗责任保险中,被保险人的合作义

---

① 樊启荣.保险契约告知义务制度论[M].北京:中国政法大学出版社,2003:181.
② 肖保和.保险法诚实信用原则研究[M].北京:法律出版社,2007:157.
③ Giles N J.Rethinking The Cooperation Clause in Standard Liability Insurance Contracts.[J].University of Pennsylvania Law Review.2013,161(2):585—621.

务不限于提供相关确认保险事故性质、原因、损失程度的有关证明资料,保险人对事故调查方面仍然需要医疗机构和医护人员的协助,以确定已经发生的事故是否有可能落入承保范围以及损害赔偿数额的多少。对于与患方的抗辩和解同样需要医疗机构医护人员之合作。实践中,被保险人的合作义务内容还将延伸到抗辩中,比如出席相关医学专业鉴定、开庭、如实提供证言、签署赔偿和解协议等。

合作义务与保险抗辩控制权冲突是医疗责任保险中存在的现实法律问题。医疗责任保险裁判文书的实证研究(参见本书第九章)发现,争议焦点最多的是有关出险后被保险人及时通知保险人、保险人介入案件调查与抗辩的合作问题[①]。案件主要事实基本上都是被保险人通知了保险公司,但是保险公司没有人员到场参加调查、谈判与和解,被保险人在卫生局或者人民调解委员会的主持下达成和解协议,并对患者先行赔付,事后向保险公司申请理赔时遭拒赔,所有的法院判决都判保险公司败诉,应依据保险合同承担理赔责任。这些案件基本反映出医疗责任保险运行中的现实情况,一方面保险公司约定被保险人有通知义务,保险人对抗辩和解有控制权,另一方面又不派人员参加与患者之间的协商调解,事后声称未有机会行使调查权,和解协议对其无拘束力。中国人民财产保险股份有限公司医疗责任保险条款(2012年版)已经明确保险公司理赔将依据人民调解委员会调解书、法院判决或者仲裁裁决理赔,至于理赔中的数额、项目争议最后还是保险公司说了算,长此以往,将产生被保险人与保险人的矛盾激化,一方面是与患者达成协议的被保险人不可单方反悔,另一方面保险公司对达成的协议不予认可或者不完全认可,保险公司如此行使抗辩和解控制权,被保险人认为不公平。强制医疗责任保险之下,对保险人之抗辩义务约定,得以解决此情形下的争议。

四、出险通知之合作义务

1. 出险通知义务性质

学界对出险通知义务的性质有不同见解。施文森先生主张出险通知为法律义务说,"盖被称为义务者,必其履行依法或依约有其强制性,被违反者若因而受有损害,当然得向违反之一方求偿。至危险发生通知,仅在启动向保险人请求履行赔付义务之机制,被保险人或受益人明知承保事故发生所致于标的损害而不启动此项机制,视为给付请求权之抛弃,保险人于此情况下,依笔者所见,似不必如再保险人于自行获知事故发生后主动对再保险人(即分出人)为摊赔,但保险合同就其性质言,有第一人

[①] 见(2007)蚌民二终字第132号、(2009)济民二初字第294号、(2009)阆民初字第2512号、(2009)济民二初字第292号、(2009)济民二初字第293号,(2010)周民终字第1050号案件判决书。

及第三人合同之分,于后一情形,投保人之不为通知必然影响第三人之利益,投保人有为之遵循之必要"①。叶启洲教授认为,从保险事故发生后通知义务的立法目的看,通知义务似以"不真正义务说"较为可采,义务人对自己负有的义务,如果不履行,仅产生对自己权利减损而已,不生损害赔偿责任。②

《保险法》第21条规定被保险人未履行事故发生后的通知义务,保险公司在一定条件下的不予理赔或者减少保险金,对应的是负有通知义务的人放弃了对保险金的给付请求权。如果保险人事后证明接到事故发生的通知已经迟延,但是保险公司介入调查事故已经发生了费用,保险法并未规定保险人可以向被保险人主张赔偿的权利,所以我们认为通知义务是不真正义务。

2. 出险通知时限、内容的适当性判断

中国人民财产保险股份有限公司医疗责任保险条款(2012年版)第21条规定,被保险人一旦知道或应当知道保险责任范围内的患者人身损害事故发生,负有止损义务,报告主管部门的义务、保存事故证据资料义务、通知保险人发生出现事故义务,以及与保险人对事故调查的合作义务。第22条是对出险通知义务之约定以及保险人对于抗辩与和解的控制权约定,第23条约定被索赔的信息通知义务以及合作义务。"被保险人获悉可能引起诉讼、行政处罚或者仲裁或者接到法院传票或其他法律文书,应当立即以书面形式通知保险人",在此,出险通知义务的履行时限标准是接到书面通知,实践中常有患者口头提出索赔的情形,这里的"获悉可能……"是主观判断,"足以导致被保险人对第三人负赔偿责任之事实"与"第三人向被保险人行使请求权之事实"之间存有时间上的间隔,有时患者只是对医疗服务态度不满意,声称要起诉医院,实则未有后续举动,也有时是医护人员认为是医疗上的严重事件可能要被起诉,但是过一段时间患者也没有起诉的情形,比如对患者行结肠镜检查过程中,发生穿孔是严重事件,医师认为自己的医疗行为没有错误,通常经过一段时间患者可以自身修复,实施检查之前已经向病患告知风险、签署知情同意书,发生肠壁穿孔是在知情同意书上列示的风险,医师将肠壁穿孔之病情告知患者,患者家属声称要求索赔,医师认为如果再向病人解释,预估会得到患方理解,不会发生索赔,向医院医务处报告时也将自己的观点陈述清楚,此时医务处是否要向保险公司报告? 此例充分说明条款所用的条款中"获悉可能"是主观判断问题,进而影响到被保险人是否有"通知义务"的判断标准。

履行通知义务内容适当性判断是以保险人得以了解基本案情为标准。在奥瓦通

---

① 施文森先生2012年在南京高校保险法专题讲学讲稿,内部资料。
② 叶启洲.保险法专题研究:第一册[M].台北:元照出版公司,2007:91—95.

纳健保体系梅奥诊所诉福特韦恩堡医疗保险公司（Owatonna Health Clinic Mayo Health System v.Medical Protective Company of Fort Wayne）案[①]中，原告奥瓦通纳诊所是梅奥健保体系中的一个诊疗机构，购买被告福特韦恩堡医疗保险公司的"索赔发生式"医疗责任保险，保险合同到期前的6个月，发生一起有关孩子出生医疗服务中的过失案件。原告收到明尼苏达州医疗执行委员会（Minnesota Board of Medical Practice）的通知，通知中提到原告所雇佣的医师在为一名临盆产妇提供的生育诊疗服务时，产前超声检查没有达到诊疗规范要求。通知内容包括医师名字钱佰斯（Chambers）以及该医师同时受雇于包括被告在内的几家诊所的名单。通知中明确告知原告有关医学会将要对钱佰斯医师的执业资格、外科合理的技能进行调查，还提到钱佰斯医师有多个案件被调查，其中第5个患者在超声引导下生孩子的时候，膈肌被划伤，孩子长时间呼吸窘迫并得了横膈疝气疾病，医师操作不符合诊疗规范要求。但是，通知中没有具体写明与原告报告中相关的具体患者的姓名、地址和伤害的细节。原告认为明尼苏达医疗委员会已经开始调查，就立即通知钱佰斯医师，并且把这些信息书面通知本案被告保险公司，原告以为这样就是履行了事故发生后的通知义务。然而，保单关于事故发生后的通知义务约定"保险期内发生被保险人合理相信有可能负有责任的医疗事故，被保险人须发出书面通知，通知内容包括所有可以合理得到的信息，包括时间、地点、可能引起责任的医疗服务的情形、损害的情况和程度，以及受害人和证人姓名、地址"。2年后，那名由钱佰斯医师在原告诊所接生的孩子在明尼苏达州法院起诉医疗责任保险纠纷案件的原告奥瓦通纳和钱佰斯医师，声称其在出生过程中因钱佰斯医师医疗过失引起了损害，要求由钱佰斯医师和奥瓦通纳诊所赔偿。奥瓦通纳诊所随即通知本案被告，然而被告只接受钱佰斯医师在保单范围内的保险赔偿，但拒绝给原告奥瓦通纳诊所保险理赔，理由是原告奥瓦通纳诊所未能及时有效履行事故发生后的通知义务。法院调查发现，在提起本案诉讼之前，原告奥瓦通纳诊所和钱佰斯医师一起与患者达成了425万美元的和解，原告奥瓦通纳诊所须赔偿患者325万美元，医师须赔偿患者100万美元。原告奥瓦通纳诊所随后在联邦巡回法院明尼苏达州分区法院起诉被告，要求保险理赔。被告抗辩称医疗执行委员会虽然在2年前发了通知，但是通知内容存在实质上的不充分，通知中有关受雇钱佰斯医师服务的时间、地点，似乎可以确认医师的服务未达到诊疗规范标准，导致婴孩出生过程时持续发生呼吸窘迫和横膈疝，然而通知中没有写明婴孩或者产妇的名字、可能的证人或者孩子受伤害的实质程度。法院认为原告的通知虽然没有严格遵

[①] Owatonna Health Clinic-Mayo Health System v. Medical Protective Company of Fort Wayne, Indiana 639 F.3d 806 (8th Cir.2011).

守保单要求,但是实质上是适当履行了通知义务,保险公司完全可以再行向奥瓦通纳诊所询问不清楚的信息,但是被告却没有这么做。一审法院支持了原告的请求,判令被告赔偿原告包括律师费、诉讼费、利息和保险理赔共计 200 万美元。二审法院维持原判。

总之,被保险人履行出险通知义务,被保险人提交材料和通知的方式可能与保险公司的要求不完全相符,如(2010)遂民二初字第 18 号中被保险人采用电话通知具体保险公司业务员、留有电话记录等方式履行通知义务,这并不影响到保险公司获知事故发生通知的认定,或者保险公司稍加进一步询问,就能够了解事故发生的主要情况,即应当认定被保险人适当履行了出险通知义务。

3. 迟延通知不利后果之择定

《保险法》第 21 条对于违反通知义务后果,保险人援引该条款不承担赔偿责任是有前置条件的,即被保险人或者受益人,故意或者重大过失未及时通知者,致使事故原因、性质、程度等难以确定者,保险公司对无法确定的部分不承担赔偿。依《保险法》字面意思"应当及时"通知为强制性规定,换言之,未予及时通知会产生失权效果。但是,保险人要证明被保险人迟于通知或者未通知,是出于被保险人主观故意或者重大过失,并且导致损失发生以及损失程度,实际操作中,保险人很难完成这些举证内容。

美国判例法中,在认定迟延通知之法律后果上,还考虑到不予以保险理赔可能给受害者产生的影响纳入考量因素。在布雷克曼诉波托马克保险公司(Brakeman v. Potomac Ins.Co.)案件中[①],法官要求保险人必须证明被保险人迟延通知造成损害,且将之作为判断被保险人获得理赔的要素之一。法官认为,允许保险人基于被保险人对事故迟延通知拒绝赔偿,不是将保险人置于一个更为有利的位置,那样做不符合被保险人的合理期待,保险人要证明被保险人违约事实以及该违约造成保险人损害,这对保险人而言,要完成举证是比较困难的。在第三人为受益人的责任保险中,这类保险通常是为了保护第三人利益而设计,如果因为被保险人迟于通知导致受害人得不到赔偿,有悖于现今责任保险保护受害人的理念,保险人完全可以对第三人进行理赔,然后向被保险人追偿,不得因被保险人之迟延通知而据以拒绝赔付。

我国医疗责任保险制度的目的是为保护受害患方得到基本赔偿的保障,如果因被保险人迟于通知而使患方丧失获得赔偿金的保障,有悖于医疗责任保险制度目的。事实上,由于保险公司与被保险人有着长年的业务往来,在患方直接诉诸保险公司和医院的条件下,法院确立赔偿责任成立时,保险公司完全可以审查该保险事故事故是

---

① Brakeman v.Potomac Ins.Co,(1977) 472 Pa 66,371 A2d 193.

否属于保险理赔范围,如是,则可以先行赔付患方,再行向医疗机构求偿,这是与现代保险法发展的理念相一致。

五、保险理赔中的合作义务

1. 提交与事故认定理赔相关证据的义务

医疗纠纷中,常见发生医疗损害之后,医院医护人员私自修改病历,甚至制作虚假病历,严重违反病历管理规范。医疗纠纷争议诉诸法院时,法院调查发现被保险人有隐匿、伪造、篡改病历等行为,依据《侵权责任法》第58条推定医疗机构有行为过错,进而可能认定承担医疗侵权责任。依据中国人民财产保险股份有限公司医疗责任保险条款(2012年版)第21条之(四)被保险人应当"允许并且协助保险人进行事故调查;对于拒绝或者妨碍保险人进行事故调查导致无法认定事故原因或者核实损失情况的,保险人对无法确定或核实的部分不承担赔偿责任"。该条款只是对被保险人不配合保险人而导致事故查不清楚的情形作出约定,但是对医疗机构不配合法院调查事实,进而被认定侵权责任成立,是否适用?不无疑问。

首先,医疗责任保险是第三人保险,既然被保险人已经被法院认定侵权责任成立,就已经具备保险事故成立的前提;其次,依据中国人民财产保险股份有限公司医疗责任保险合同格式条款(2012年版)关于"故意行为、非医疗行为"予以除外范围的约定,被保险人对于诊疗行为导致患者损害事故发生并非故意,但其隐匿、伪造病历的行为是出于主观故意的非诊疗行为;再次,被保险人隐匿伪造病历的行为是否实际加重或者没有加重其本应承担的过失侵权责任,经常无法查清该事实。所以,依据中国人民财产保险股份有限公司医疗责任保险条款(2012年版)第21条之(四)减少对被保险人的保险理赔实际很难操作,甚至被保险人得不到保险理赔。最后,强制医疗责任保险立法中,应当对此情形作出特别规定,由医疗机构自行承担篡改病历违法行为的后果,符合保险公共政策。

2. 被保险人律师不负有提交不利委托人证据的义务

医院自己聘请的律师在事故调查过程中,发现不利于被保险人的证据如何处理?未将此情况告诉保险人是否构成合作义务之违反?合作义务制度设计目的是为了抗辩索赔而进行的案件调查,以保护保险人和被保险人的共同利益。医疗活动是团队协作,多个医师参与的治疗,有个别医师不具有相应的执业资格,保险人对此并不知情,如果律师将这些不利于被保险人的证据提供给保险人,有可能导致保险人拒赔,基于保险合同双方当事人互相负有诚信善意的义务,被保险人自己应当和盘托出该证据,否则违反被保险人的合作义务。但是,如果医疗机构全权委托律师处理案件,律师在此过程中获知对自己委托人不利的相关信息,基于"律师—客户"保密特权,律师可以不提供给保险人这些证据。换言之,律师的忠实义务高于被保险人对保险人所负担的合作义务。

3. 违反合作义务之后果

对于违反合作义务之法律后果,有两种处理原则:一是采取"全有全无原则",即只要被保险人违反合作义务,保险人即可免除全部保险责任;[①]二是采取"或多或少原则",即根据被保险人违反合作义务对保险人的影响程度,判定保险人可以相应减少部分保险责任。[②] 我们认为,保险合同是定型化契约,基于诚实信用原则和权利义务对等原则,从保险的公益性和保险政策来说,不得以技术性条款来规避契约责任。保险人也不得以技术性条款来免除自己的契约责任,对其中任何有关剥夺被保险人权利的条款,应予严格解释,应当要区分被保险人违反合作义务的主观方面的不同以及造成的损害后果,更加精细地区分不同的法律后果:(1)对于主观存在恶意甚至编造虚假证据骗取保险理赔的,当全然支持保险人主张,不仅不予以保险理赔,还应当承担保险人由此支出的费用和损失。对此,《保险法》第27条第3.4项已经有明确规定。(2)造成损害要件。被保险人合作或者不合作都没有对保险人造成损害的,从公平性而言,并无减免保险人责任的法律基础。(3)对于被保险人、投保人因过失而未履行合作义务或者履行该义务不符合约定,应当通过合同约定保险人,可以根据投保人、被保险人的过错程度减少保险金赔偿数额。如此方为符合现代保险发展更加注重保护被保险人与受益人合法利益之发展趋势。

中国人民财产保险股份有限公司医疗责任保险合同条款(2012年版)依据《保险法》作出调整,"保险人对于被保险人违反合作义务导致无法确定事故原因或核实损失情况的,保险人不予理赔"。如此约定是增加保险人免责的前提条件,可以适当补救被保险人在格式合同订立时所处的弱势,但还可以细化增加一些合作义务内容的合理性考量的内容,比如基本事实和程序要件,保险人应当尽到合理努力,提醒被保险人履行合作义务,调查工作的时间地点安排要考虑双方的客观情况,在一方不合作时书面发出提醒通知,明确告知不合作的法律后果。

(三)对患方告知同意义务与对保险人合作义务的冲突解决

中国人民财产保险股份有限公司医疗责任保险合同条款(2012年版)第22条规定"未经保险人书面同意,被保险人对患者或其近亲属作出的任何承诺、拒绝、出价、约定、付款或赔偿,保险人不受其约束",此约定隐含的要求是被保险人不得做任何自

---

① 叶启洲.从"过失相抵"抗辩论故意、过失概念在保险法上之功能——相关实务见解评析及德国2008年保险契约法相关修正简介[J].财产法暨经济法,2009(18):37—85.

② 李志峰.论被保险人之合作协助义务——兼析两岸保险法与保险契约条款[J].核保学报,2012(3):29—50.

认行为。那么,诊疗活动中,医师发现自己的医疗行为有过失,损害已经发生,患者在医院继续接受治疗时,医师是否要将自己的过失导致的损害后果告诉患者?如果告诉患者是否违反了保险合同中的合作义务?

正如前文所述案件,医师在为患者实施肠镜检查时发生肠穿孔,如果不告诉患者实情,则医师违反告知同意义务,在患者不知情的情况下,医师也无从实施进一步治疗。如果医师告知实情,医师履行对患者负有的告知义务与对保险公司承担的合作义务之间产生冲突。对医师而言,真诚公开地对待每一位患者是对医师最基本的道德要求。患者有权知晓自己过去、现在的医疗状况,并且有权避免任何攸关其身体健康的错误判断。当医师因为错误判断而导致患者遭受重大的医疗并发症时,医师必须告知患者所有的相关事实,这些事实对患者了解已经发生的事情很有必要,只有向患者完全告知,患者才能对后续治疗方案作出明智决定。我们无从知道国内医师如何将自己的错误告知患者,美国学者曾经做过一项针对200所医院医师告知义务履行情况的研究,报告表明,有超过一半的调查对象坦承他们面对死亡或严重损害结果时,往往会选择告知患者,但是在实际的临床情况下,受访者说与其将那些完全可预防控制的损害告知患者,还不如将那些具有同等危害性且完全无计可施的损害告知患者。医院里拒绝将可预防控制的损害告知患者的医师人数是那些关注因未履行告知义务而产生负面影响的医师的两倍。[①] 也就是说,如果因为医师认知不足、能力有限而导致的医疗过失行为让医师产生巨大焦虑,当他们面对过失导致的损害时,会采取多种多样的防御手段,比如将事故作合理化解释、曲解事实、推卸责任或者干脆对实施在患者身上的错误行为只字不提,医师担心向受害方如实告知会招致诉讼。如果因为医师主动向患者承认自己的过失,在后来的患者索赔中,正是因为医师的主动承认,导致被保险人败诉,保险公司以被保险人违反合作义务拒绝赔偿,如此判决是否存在有悖公共政策的问题,应当为这些主动认错的医师建立"安全港",即医师主动认错的内容不能作为其后在诉讼中的不利于己的证据。美国的法官在审理类似案件中,已经认识到传统医疗差错处理中"责备的文化",不利于患者安全利益,马萨诸塞州诉讼法建立的"安全港"制度已经被许多国家和地区的立法所采纳。2006年加拿大不列颠哥伦比亚省通过了一部目前普通法视阈中规定最为全面的道歉法律。该法第2条对道歉与自认的问题作了详细的规定:"由涉案被告或其代理(表)人作出的道歉:(a)不构成被告在相关案件中之过错或承担责任的明示或默示的自认;(b)不会因时效法第5条之目的而构成对有关案件之诉因的承认;(c)不管保险合同有无任何相

[①] Lamb,Studdert,Bohmer.et al.Hospital Disclosure Practices:Results of A National Survey. Health Aff.2003,22(2):73.

反之言辞,也不管其他任何法令之规定,都不会致使当事人原本可以获得的或仅因道歉而拒绝提供给本案当事人的保险项目无效、减少或受到其他影响;(d)在任何与本案有关的过错或责任之认定上也不得予以考虑。不管其他任何法令,由涉案被告或其代理(表)人作出道歉的证据在任何程序中都不得被采信,并且也不得在任何程序中,作为涉案被告之过错或责任的证据而提交或公开于法庭。"①

总之,从个案上讲,因为医师自认导致患者索赔,医师是违背了合作义务,保险公司有理由拒赔,但是从保护患者安全利益来讲,保险公司拒赔的后果是医师今后不对患者说实话,医师负有伦理和法律上的义务向患者告知信息,因为担心授人以柄而不履行告知义务,更多患者知情权利得不到保障。从法律政策分析,判决保险公司有权拒绝赔偿有悖公共利益,不利于医患关系信任与和谐。从案件事实分析,医师向患者道歉告知事实情况,往往会使用一些婉转的语言来进行责任暗示或者意见表达,这些语言如果被患者后来用于诉讼证据,保险公司还应当审查医师的这些语言是否实质性地损害或者不利于被保险人、保险人在法庭上针对患者索赔的抗辩。从判断违反合作义务的要件上分析,即便是医师直接违反合作义务,也还应当考虑医师未能遵照"合作义务"行事是出于故意还是过失,以及是否存在恶意,包括医师同行之间对于某个治疗的不同意见,这些共同构成保险公司主张免责的考量因素。医疗活动中,患者的安全利益高于一切,这是医疗法律制度和医疗责任保险所应当追求共同价值。

---

① 黄忠.引入"安全港"规则来化解后"彭宇案"道德危机[EB/OL].[2011-12-10].中国社会科学在线,http://www.csstoday.net/Item.aspx? id=7215.

第九章 医疗损害风险社会化分担之责任保险裁判实证分析

现代契约法关注的"不是如何去刻画和注解有关契约的公式,而是去发现和衡量契约法在一个不断变化着的社会中所要保护的权利义务"[①]。在缔约经济实力、信息知识都无法对抗权衡的领域,追求实质公平、保护投保人利益和事故受害人利益已经成为保险立法和司法的价值目标。2009年《保险法》修改后,保险公司对医疗责任保险条款作了相应调整,中国人民财产保险股份有限公司医疗责任保险条款(2012年版)新增了有关保险人义务的内容,对保险人解除合同权利增加限制、履行保险赔付义务的期间等作出规定,强化对被保险人权利保护。自2008年全国各地陆续推广医疗责任保险集体签单以来,涉及医疗责任保险的争议数量迅速上升,可供实证研究的案件素材增加。医疗责任保险作为医疗损害风险社会化分担的主要途径,实践中出现的保险纠纷案件,是医疗责任保险制度具体化的缩影,分析医疗责任保险纠纷的案件主要争议焦点与司法裁判中存在的问题,利于完善医疗责任保险制度。课题组选择中国法院裁判文书数据库、北大法意数据库、北大法宝数据库以及无讼裁判文书数据库为检索范围,通过分类与确定检索关键词的方法,对初步得到判决文书334个逐一阅读,剔除民事诉讼程序的裁定书、重复和不具有关联性的检索结果,得到可供研究的判决书样本269个,见附录4。

第一节 医疗责任保险裁判案件数据采集与简析

一、检索结果的全样本数据

以"医疗责任保险"为关键词,在数据库中以全文为检索范围,得到结果269个构

[①] 曹兴权,罗璨.保险不利原则适用的二维视域——弱者保护与技术维护之衡平[J].现代法学,2013(4):73—81.

成符合"医疗责任保险纠纷案件"的全样本。①

检索时间设定依据判决日期为线索,自2010年7月1日至2015年12月31日。这是因为《侵权责任法》是2010年7月1日起开始实施。研究的样本中有2010年7月1日之前发生的医疗损害纠纷案件,根据《侵权责任法》实施中的法律适用解释,对诊疗行为发生在2010年7月1日之前,损害后果发生在《侵权责任法》实施之后、裁判发生在《侵权责任法》实施之后的案件,也纳入研究样本范围。

剔除标准是判决书中出现"医疗损害责任纠纷",但是案件争议与医疗责任保险纠纷无关的判决书。

二、案件地域和时间分布

(一)地域分布

由表16可见,案件分布于25个省区,具有一定的广泛代表性,河南、四川、陕西三省数据较多,可能与该省裁判文书上网数据量有关,并不表明这些省份的医疗责任保险纠纷案件比其他省份多。案件争议内容,呈现以省地域的相同性,说明以省为单位推广医疗责任保险方案,在案件争议焦点出现同质化,与该省有关医疗纠纷裁判所依据的司法性文件有关。

表16 医疗责任保险案件地区分布

省份	案件数	百分比	省份	案件数	百分比
河北	5	1.9	湖南	14	5.2
山西	3	1.1	广东	13	4.8
内蒙	8	3.0	广西	3	1.1
辽宁	14	5.2	海南	2	0.7
吉林	13	4.8	重庆	13	4.8
黑龙江	2	0.7	四川	23	8.6
江苏	11	4.1	贵州	4	1.5
浙江	6	2.2	云南	5	1.9
安徽	9	3.3	陕西	19	7.1
江西	5	1.9	甘肃	11	4.1
山东	8	3	宁夏	1	0.4
河南	62	23	新疆	2	0.7
湖北	13	4.8	合计	269	100.0

---

① 见附录4"269个医疗责任保险案例索引"。

(二) 时间分布

由表 17 可见,2006 年案件很少、2011 年案件激增,这与医疗责任保险在我国的发展历史有关。2006 年全国范围内很少有地区开展医疗责任保险业务,2010 年是我国全面推广医疗责任保险的年份,保险期间为一年,进而在 2011 年出现案件争议剧增的情况。

表 17 医疗责任保险案件年份分布

年代	案件数	百分比
2006	1	0.4
2008	3	1.2
2009	15	5.6
2010	14	5.2
2011	27	10.0
2012	9	3.3
2013	31	11.5
2014	113	42.0
2015	56	20.8
合计	269	100

三、案由与当事人的分布

(一) 案由

表 18 显示,医疗损害赔偿纠纷案件和医疗服务合同纠纷案件,涉及医疗损害责任纠纷的案件有 42 件(42/269,占比 15.6%)。(2013)富民一初字第 282 案件与(2014)甘民申字第 109 号案件均因法院认定医疗侵权纠纷案件与保险纠纷案件分属不同的法律关系,保险纠纷案件另案处理,其余 39 个案件均判令保险公司承担保险理赔责任。

在有关医疗责任保险争议的案件中,由表 19 可见:案件当事人的分布显现特点,原告是患者则与医疗损害赔偿责任相关联,患者将医疗机构与保险公司作为共同被告的案件有 34 个,229 个(占 85.1%)案件是医方在赔付患者之后未得到保险公司理赔,以保险合同纠纷为案由的,保险公司成为单独被告。

表 18　医疗责任保险案例案由

案由	案件数	频率(%)
保险合同纠纷	225	83.6
医疗损害责任(赔偿)纠纷	42	15.6
医疗服务合同纠纷	2	0.7
合计	269	100.0

表 19　医疗责任保险案件当事人分布

原告(上诉人)	案件数	百分比	被告(被上诉人)	案件数	百分比
患方	39	14.5	医方	2	0.7
医方	229	85.1	保险公司	233	86.6
患方+医方	1	0.4	医方+保险公司	34	12.6
合计	269	100.0	合计	269	100.0

在保险公司作为上诉人的 11 个案件中,仅有 1 个案件支持了保险公司,理由是患者提出索赔的时间超过保险期间;有 1 个案件是医疗机构未缴纳保险费用,法院认定保险合同无效。其余的 9 个案件原告都是医院,保险公司不服法院一审判决上诉,法院最终判令保险公司支付保险金,主要理由是法院认定保险合同"期内索赔与免赔条款"不合法[①],或者认定保险公司未尽到告知说明义务,不支持保险公司抗辩。[②]

赋予患者向保险公司直接主张损害赔偿的权利,在医疗纠纷案件中将保险公司直接列为被告,可以尽速解决患者的求偿,也可以通过诉讼程序解决"保险公司在医疗纠纷案件处理过程中不参与抗辩过程却直接控制医患之间达成和解结果"的问题。反之,在(2013)富民一初字第 282 号医疗纠纷案件中,法院认定,"被告主张富宁现代医院在中国人民财产保险股份有限公司投保医疗保险,该案审理结果与保险公司存在利害关系,应追加保险公司为被告参加诉讼的问题,因本案审理的是原告黄炳先、黄炳高与被告唐清廉医疗损害责任纠纷,其与富宁现代医院与保险公司的保险合同是另一个法律关系,故不予采信。"结果导致保险公司不参与案件审理过程、医疗机构赔偿患者之后,还要向保险公司主张理赔。269 个研究样本中,案由为保险合同纠纷的占据 225 个(占 83.6%),其中 27 个案件保险公司不承担理赔责任(27/225,占比 12%),换言之,88% 的案件是要保险公司承担保险理赔责任的,进一步推知,在程序上,在医疗侵权纠纷案件中,直接将保险公司列为共同被告,在医疗机构应当承担侵

---

① 见(2015)阜民二终字第 00076 号判决书。
② 见(2015)巴商终字第 3 号判决书。

权责任的情形下,这种实施强制医疗责任保险制度、赋予患者向保险公司直接主张理赔的制度,具有节约司法资源、提高诉讼效率的价值。

第二节 医疗责任保险裁判案件主要争点评价

一、诊疗护理活动与保险范围

医疗责任保险格式合同条款约定的保险责任限于"被保险人的投保医护人员在诊疗护理活动中,因执业过失造成患者人身损害的民事赔偿责任"。何谓"诊疗护理活动"经常成为案件争议焦点,现有的法律规范中没有对此用语的明确定义,医疗责任保险合同及相应条款也没有作出约定。最接近的用语"诊疗活动"的规范表述可见于卫生部《医疗机构管理条例实施细则》第88条规定[①],医师为患者看病、检查,护士给患者打针吃药,这些无疑是诊疗护理活动。然而,患者住院期间既有明确公认的诊疗护理范围,也有洗漱、吃喝、大小便等事项需要护理,这些是否纳入诊疗护理范围存在争议。

护工护理与护士护理存在交叉时,如何划分"诊疗护理"与"劳务服务"的界限?在(2014)西民初字第3620号案中,患者年高体弱、发热咳嗽入院,医嘱为一级护理(包括饮食护理)。患者家属雇请康润洁公司护工照顾患者饮食起居,入院后第5天,患者进食时突然发生窒息,经紧急抢救后转入重症监护病房,经ICU行纤维支气管镜检查发现患者左右支气管内存在大量食物残渣,诊断为"误吸"引起的"吸入性肺炎",诊断结果:吸入性肺炎、急性呼吸窘迫综合症、感染性休克。患者住ICU病房后2个月死亡。法院认定患者出现误吸是导致病情加重以及后续出现感染性休克的直接原因。康润杰公司替代院方医护人员进行日常护理,并收取护理费,对于因误吸发生的医源性损害,应承担相应责任。但是,作为医疗机构也应当承担损害赔偿责任。该案件反映出的问题是:医护人员的护理工作与护工工作出现交叉时,哪些护理内容是应当由医院承担责任、进而纳入医疗责任范围?医护人员的专业服务与医院护工的劳务行为如何清晰划界?我国多数医院都存在医护比低、护士人数不足的情况,患方花钱自己请的护工做了本该由护士做的护理工作的现象是普遍存在的事实。受语

---

① 《医疗机构管理条例实施细则》第88条,"诊疗活动是指通过各种检查,使用药物、器械及手术等方法,对疾病作出判断和消除疾病、缓解病情、减轻痛苦、改善功能、延长生命、帮助患者恢复健康的活动"。

言表达和语境限制,对诊疗护理的概念内涵和外延的界定,需要根据医疗活动实践作解释。尽管《临床护理实践指南(2011年版)》规定了各级护理规范的主要内容,一级护理除了要执行医嘱、投药、注射、观察、量体温血压、采集病历样本外,还要为患者做清洁、营养与排泄、身体活动等护理,行动不便的患者使用轮椅和平车等也是护理内容。但是,常见护工搀扶患者如厕时患者摔伤骨折、喂服食物呛噎气管窒息、为患者洗浴时烫伤、伺候患者大小便、观察挂水时打瞌睡、搬运和推送患者检查和手术被电梯夹伤、夜间呼叫不应患者从病床摔倒骨折、麻醉病人被烫伤等,以及非本医疗机构人员租用医院场地从事口腔、皮肤诊疗、按摩、理疗、养生康复训练等出现患者损伤,如何确定医护人员"诊疗活动"的范围,直接影响到保险理赔范围。如果认定不是诊疗活动范围,医院不承担责任,如果划入诊疗护理范围,则护工所从事工作事项应由护士为之者,因护士不作为构成诊疗过失,医疗机构应承担民事责任,相应的赔偿责任可能将纳入医疗责任保险范围。

诊疗护理行为与护工劳务服务的划分标准,应当以行为人身份、行为目的与行为方式等要素共同作为判断要素。就行为人身份而言,诊疗护理活动应当由专业人员为之,包含智力技能,目的是为了治疗、矫正和预防疾病,行为方式上存在诊断、治疗和用药。护工劳务服务往往是普通重复性的动作,不需要特别技术和知识。就行为目的而言,诊疗护理活动需要有诊疗目的,后者则为普通性需求。比如同样是饮食调理,对于糖尿病患者要求医护人员根据食物营养成分与血糖控制原理实施诊疗,而护工对饮食限制、普食患者饮食调理则为普通生活照护。同样是测体温、量血压,护士为之是护理活动,而由家属和护工为之,则是普通生活照护。

与主要诊疗护理目的相关联的其他服务,是否纳入诊疗护理范围与责任保险范围,要根据关联的必要性和紧密程度确定。在(2015)足法民初字第02271号保险纠纷案件中,产妇在医院分娩,护理人员给新生儿洗澡时,因为戴着手套,未能发现洗澡水温过高,导致新生儿洗澡时后腰、臀部、左下肢等部位皮肤烫伤,花去医药费33892.79元。重庆市大足区邮亭中心卫生院在给患者赔付后向保险公司理赔时遭拒,抗辩理由是"不以治疗为目的的诊疗护理活动造成患者的人身损害"不属于保险理赔范围。法院认为,分娩后医护人员对新生儿的护理,是诊疗活动中的必要过程,与产妇分娩是不可分割的同一诊疗活动,其中给新生儿洗澡,是新生儿护理活动中不可缺少的一个环节,卫生院护士过失导致新生儿伤害应予理赔。在(2013)长民初字第91号、(2013)宜民终字第768号二审案件中,因护士发现保温箱故障、新生儿未能有效保暖受凉引发肺炎,后转入儿科治疗未愈3日后死亡。医院赔偿患者后提出理赔申请,遭保险公司拒绝,理由是给新生儿保暖不是诊疗护理行为、保温箱劣质属于保险不予理赔范围。法院认为产妇生育后对新生儿的护理理当属于诊疗护理范围,非治疗性的给新生儿保温、洗澡、喂养，都属于为产妇接生服务中必然关联的内容，即使对新生儿服务没有疾病治疗的目的。解决该类案件争议的思路是，对"诊疗护理"概念的理解应当将其内容和目的都作为认定保险范围构成要素。

　　医疗责任保险合同没有明确约定"诊疗护理活动"的解释和范畴。对"诊疗护理活动"的狭义和广义理解直接影响到保险理赔范围。广义的"诊疗护理活动"不单纯指诊疗疾病活动，还应包括对患者住院期间的巡查问诊及安全保障义务，患者与医院之间的医疗服务应包括患者住院治疗的全过程，于是，诊疗护理中的注意义务与医院的安全保障义务之间存在交叉关系。但是二者又存在不同：前者为专家责任，如医院电梯故障导致急诊病人不能及时转送救治导致损伤，是属于诊疗护理中的过失导致医疗损害，构成医疗侵权范畴；后者为普通侵权。如患者在医院就诊时被电梯夹伤，属于医院提供的诊疗环境不安全导致人身损害，构成违反安全保障义务的侵权。医疗侵权与违反安全保障义务之侵权，二者的请求权基础不同。虽然安全保障义务与诊疗服务有关，但是能否纳入诊疗护理活动范畴？进而纳入医疗责任保险范畴？相似案件的判决结果截然不同，值得研究。在（2014）安中民三终字第00042号中，患者在旬阳县红军镇卫生院住院期间，自带火盆烤火，发生急性一氧化碳中毒，导致迟发性脑病。经医疗纠纷人民调解委员会调解，旬阳县红军镇卫生院赔偿患者4万元，此后，向保险公司申请责任保险理赔。保险公司抗辩认为"患者在病房放置蜂窝煤炉子导致煤气中毒，不属于被保险人从事与其资格相符的诊疗护理工作时，因过失导致意外事故，不属于平安医疗责任险的保险责任，本次事故保险责任不成立，不予赔付"。法院认定，患者病房取暖过程中发生一氧化碳中毒，患者中毒不属诊疗护理活动范畴，但在中毒后的治疗行为是诊疗护理行为，卫生院没有及时将患者送往具有高压氧仓的医疗机构进行救治，却给予普通吸氧，存在治疗缺陷，应当对患者张文珍的损害承担赔偿责任。（2014）安中民三终字第00042号案件中护士未及时查房、发现并制止患者张文珍在病房以炭火取暖的行为，未尽到对患者人身安全保障义务，医院对张文珍一氧化碳中毒的诊疗存在过错，不及时将患者送往具有高压氧仓的医院进行有效治疗，违反医疗技术规范，对张文珍患迟发性脑病的损害后果上具有过错原因力。因此，保险公司应按照合同约定进行理赔。

　　判断住院期间患者自杀是否纳入诊疗护理行为过失与责任保险范围，要与诊疗护理行为目的相关联。患者自杀可分两种情形，一是入院时精神正常的患者住院期间无法接受患病实情或者不能忍受病痛，精神强烈刺激后自杀；二是精神病患者住院期间自杀。对于第一种情形，常因医师对患者履行告知同意后，未能避免患者精神刺激而造成，可纳入诊疗护理过失和医疗责任保险范畴。但是，也有患者因不堪疾病痛苦和压力，自寻解脱的情形，若归责于医疗机构过失责任，似乎只要发生患者自杀，医院就不可脱责,显然对医院不公。如(2013)浔民初字第 2217 号案,医疗服务合同纠纷中医院和保险公司为共同被告。患者精神正常,因身体不适住重症监护室,住院期间,突然挣脱约束带,拔除深静脉导管、动脉置管,医护人员多人劝阻和控制,但仍然未能有效制止患者跳楼身亡。被告医院认为,"患者死亡直接原因是跳楼自杀,是其对自己生命健康权的放弃,并非医院诊疗护理的过错所致,医院无违约责任。即使医院的日常护理中存在某些瑕疵,也不是患者自杀身亡的构成条件,与患者死亡之间不存在必然因果关系。"法院认定,"医院不仅应当严格按照医疗操作规范治疗患者,还应负有谨慎、充分注意保障患者在医疗行为以外的人身安全之义务,尽最大限度避免损害的发生,保护患者人身安全的责任。判令医院应承担 30%的责任。对于患者家属向保险公司主张承担保险责任的主张无法律依据,医院在承担赔偿责任后,是否有权向保险公司索赔,另案处理。"我们认为,患者主动积极行为引致死亡,医院承担的是与诊疗护理活动有关的安全保障义务,应适用过错责任原则,判断适当履行安全保障义务的标准,不是无限度地要求医院采取一切措施以确保患者不自杀。该案的被告医院是基于公平责任给予患方的适当补偿责任,自无"诊疗护理过失"和"安全保障义务过失"可言,不具有适用"医疗责任保险"范围的"诊疗护理活动"过失判断的基础。对于第二种情形,精神病医院对患者在精神病发作期间具有监护之责,该监护之责构成诊疗护理活动的内容。在(2012)浙温民再字第 97 号保险合同纠纷案中,患者何必霞患有偏执型精神分裂症,晚上 11 点护理人员嘱其睡觉休息,护士查房时听到患者应答后的五分钟,患者却从窗户跳楼自杀。经医疗纠纷人民调解委员会调解,医院向患者一次性补偿 142 000 元。保险公司认为"医院无证据证明患者自杀身亡是由于医护人员执业过失造成,且案件未经鉴定机构鉴定,不能确定为医疗责任事故"。法院认定,原审法院对诊疗护理活动的理解过窄,忽视了以治疗为目的的护理活动,遗漏医院对特殊病人采取特殊保护之责。精神病人的治疗手段存在特殊性,应当实施全天 24 小时护理,治疗手段包括组织精神病人听音乐、读报纸、参加各种文体活动以及按医嘱卧床休息等,精心护理、严格看护和心理疏导,以达到病人逐渐康复的目的,故患者住院期间均处于以治疗为目的诊疗护理活动中。精神病患者属于丧失行为能力人,有自杀倾向,诊疗护理活动要达到纠正病人自杀倾向的治疗目的,照护饮食起居属于以治疗为目的的诊疗护理活动范围。故患者自杀认定诊疗护理存在过失,保险公司应予理赔。

综上,诊疗护理行为与保险范围密切关联,判断其是否为诊疗护理行为,行为内容具有专业性是常态,特殊情形下还需要根据行为主体、目的、行为与主要诊疗护理行为的密切程度综合判断,进而决定诊疗护理行为是否纳入保险责任范围。

二、保险期间与追溯期

医疗责任保险格式合同条款都规定有保险合同期间、追溯期、首次索赔的内容。医疗责任保险合同通常要求投保人应在保险期间内提出索赔,保险合同期间通常为一年。对发生在追溯期(通常约定为1年到2年不等,具体时间取决于合同双方的约定)内的诊疗行为且在保险期内提出保险索赔的,患者首次索赔的投保人应当及时通知保险公司。

通过比对判决书中有关保险期间、患者诊疗时间和提出索赔的时间,在269个研究样本中,统计结果见表20:剔除涉及多个医疗责任保险理赔的案件6个样本,患者在期内索赔的案件数为124个、推测期内索赔的案件数30个,二者合计154个(占比57.25%),患者在期外索赔的案件数为58个、推测期外索赔的案件数14个,二者合计72个(占比26.77%),因判决书中没有对首次索赔时间或保险期间表述而无法推测的案件数为37个(占比13.75%)。由医疗责任保险合同约定条款可知,未在保险期间内提出索赔的,不予理赔。进一步,凡在期外索赔以及根据保险期间和患者索赔日期可推测为期外索赔的72个案件,应当不予理赔。然而,统计数据显示:这72个案件中有61个案件都判令保险公司承担理赔责任,只有9个案件是判令保险公司不承担保险责任,其中有4个案件[①]的裁判理由明确指出:非期内索赔的,保险公司不承担理赔责任,这是正确理解适用了保险条款关于期内索赔的约定;另外的5个不承担保险责任的案件分别存在其他理由。[②] 这61个期外索赔或者推测为期外索赔却判令保险公司承担理赔责任的案件,存在的主要问题如下:多数案件不审查首次索赔是否发生在期内;有的案件是明显属于期外索赔,而被告保险公司却未提出抗辩;[③]有的案件是法院错误地认定期内索赔是保险公司的免责条款,由保险公司未告知说明者不适用;[④]有的是法院错误认定首次索赔的合同约定违法、无法律依据,不支持首次索赔的抗辩理由;[⑤]有的案件即使保险公司提出期外索赔不予理赔的抗辩理由,

---

① 见(2011)益法民二终字第22号案件、(2014)银民商终字第221号案件、(2014)抚民二终字第39号案件、(2013)太商初字第1355号的判决书。

② 见(2014)柘民金初字第50号案件为新农合理赔后保险不予重复赔偿,(2014)长民初字第3038号案件为诊疗行为未发生在保险期间、(2013)镇民初字第00592号案件为侵权诉讼超过诉讼时效,(2013)浔民初字第2217号案件与(2013)鄂夷陵民初字第01046号案件为侵权之诉案件,不能一并处理保险法律关系。

③ 见(2013)镇民初字第00507号、(2013)镇民初字第00508号的案件判决书。

④ 见(2014)鄂咸宁中民三终字第63号案件判决书。

⑤ 见(2014)南民初字第179号、(2014)滁民二终字第00055号、(2012)江宁商初字第820号的案件判决书。

法院审理案件时却还是混淆了诉讼时效与期内索赔的概念,判令保险公司承担责任。[①]

表 20 是否期内索赔

选项	案件数	百分比
期内索赔	124	46.10%
期外索赔	58	21.56%
推测期内索赔	30	11.15%
推测期外索赔	14	5.20%
不明	37	13.75%
多案不同索赔时间	6	2.23%
合计	269	100.00%

少数案件的法官在裁判案件中正确理解和适用期内索赔条款,判决书都是一审法院认定期内索赔约定条款是违法的,二审法院审查了案件事实,认定患者索赔与医疗机构通知均发生在保险合同期满之后,保险公司不承担保险责任。[②]

保险期间一般是按年度计算,受到事故损害的患方向被保险人提出索赔的时点要在保险期间内,这是责任保险合同的期间约定,也是被保险人向保险人索赔时效。采用期内索赔方式的保单,可以使得保险人估算索赔情况和风险责任。进一步地,如果允许被保险人将保险期间起算时点之前的很长时间的行为导致的损害赔偿责任置入当前保险期间的保险合同中理赔,就可能放大保险人的风险和被保险人的道德风险,所以,在责任保险业界存在对保险期间之前的行为时间作出限制,即保险合同追溯期,保险人仅对保险期间以及追溯期的诊疗行为导致的责任、在保单有效期内提出的索赔予以理赔。诊疗行为发生之时、医疗损害发生之时、患者提出索赔之时与责任保险合同期间存在时间上的交叉,才可能符合期内索赔式保单的要求。许多医疗损害风险具有潜伏期和滞后性,对保险人而言,不可能将所有发生在保险期间之前的诊疗行为而损害发生在保险期间的事故予以理赔,也不可能对所有诊疗行为发生在保险期间而损害发生在保险期间届满之后的损害给予理赔。所以,期内索赔与诉讼时效是两个完全不同的概念。诉讼时效是法定期间,而保险期间和追溯期长短是保险

---

① 见(2015)锦民终字第 00439 号、(2015)通中商终字第 00144 号、(2015)铁民二终字第 00098 号、(2013)楼民三初字第 673 号、(2014)沈河民四初字第 1171 号、(2012)东中法民二终字第 1131 号、(2015)锦民终字第 00425 号案件的判决书。

② 见(2014)兴民商初字第 369 号、(2014)银民商终字第 221 号、(2014)崇民初字第 17 号、(2014)抚民二终字第 39 号判决书。

人与投保人协商约定的,保险业界通常做法是保险期间为一年,追溯期一年至两年,为鼓励投保人连续稳定地在一家保险公司投保,有的保单还涉及连续投保满五年的,追溯期可以延长至五年,从而解决大多数的疾病治疗时间与医疗损害风险发生时间间隔较长的问题。保险人与投保人约定的保险期间、首次期内索赔和追溯期,是在遵循保险费对价与保险风险理赔平衡原则下采取的协商结果,也应当是医疗责任保险纠纷案件审理中的要素之一,269个裁判案件中存在较多不审查期内索赔的问题,应当予以纠正。

三、保险限额赔偿条款与特别约定条款

医疗责任保险格式合同条款约定保险理赔累计总额、单次事故总额、免赔额或者免赔率,还将精神损害赔偿限额和法律费用适用限额赔偿条款。269个研究样本中,理赔总额限额最高的为540万元,是三甲医院胜利油田中心医院于2004年至2005年的责任保单。多数二级医院的最高累计限额是200万元,免赔率5%—10%。我国有的省医疗责任保险方案中采取统一的特别约定条款和限额赔偿条款。

对于特别约定条款,由表21可见,269个裁判案件中有64个案件的判决书中未涉及该特别约定条款。有164个案件(占比61.0%)的案件理解和使用了特别约定条款,有18个案件(占比6.69%)认为对于减轻或者免责条款,保险人应当向投保人说明,没有说明的,该条款不能用于约束投保人。但是,有13个案件(占比4.83%)认为特别约定条款限制了投保人权利,格式条款应当作有利于投保人的解释,格式条款中免除其责任、加重对方责任的条款,属于无效条款。有8个(占比2.97%)案件显示裁判法官不能理解特别约定条款的含义。

表21 特别约定条款

选项	案件数	百分比
未涉及	64	23.79%
审查、适用	164	60.97%
未说明不适用	18	6.69%
认定违法,不适用	13	4.83%
理解错误	8	2.97%
失效数据	1	0.37%
合计	268	99.63%
缺失数据	1	0.37%
合计	269	100.00%

四、抗辩与和解控制权行使与通知义务履行

保险公司为控制保险理赔业务风险,在格式合同中约定了抗辩与和解的控制权[①],与之匹配的还约定了投保人对发生事故的通知义务。案件争议的常见情形是投保人声称已通知保险公司,但保险公司没有派人参与到对患者索赔的争议处理中,而保险公司则声称投保人医疗机构没有履行通知义务。这些争议情形看似是事实争议问题,实则是医疗责任保险发展中面临的重要制度问题。是否通知的事实是可以查明,甚至在将来患者投诉、医疗机构等级、保险公司查询都可以在现代电子通讯网络环境下做到实时更新与查阅,而保险公司是否承担应当承担抗辩义务,的确是医疗责任保险制度建设中必须解决的问题。根据权利义务对等原则,保险公司既然控制抗辩和解的权利,就应当履行抗辩义务,在抗辩过程中,平衡自己与投保人利益。现有的研究样本显示,保险争议中有关保险公司不参与抗辩过程、宣称没有接到投保人通知的争议较多,对此通知义务之履行应当成为案件审理的要点之一。然而,由表22可见,269个研究样本中,有226个(占比84.01%)案件裁判文书中没有提到通知义务,认定通知义务条款无效的有4个案件,明确投保人未通知的有5个案件,只有29个(占比1.86%)案件涉及通知义务审查。

表22 通知条款

选项	案件数	百分比
未涉及	226	84.01%
通知	29	10.78%
没有通知	5	1.86%
认定通知条款无效	4	1.49%
失效数据	4	1.49%
合计	268	99.63%
缺失数据	1	0.37%
合计	269	100.00%

五、投保人资质、医护人员资质

诊疗行为应当符合卫生部有关《医疗技术临床应用管理办法》等规范要求,实施

[①] 未经保险人书面同意,被保险人对患者或其近亲属作出的任何承诺、拒绝、出价、约定、付款或赔偿,保险人不受其约束。

诊疗的人员、医疗设备与环境均应当符合规范资质与条件,根据诊疗风险和难易程度以及医疗机构的管理情况,特许医疗机构和人员从事相应的诊疗活动。医疗责任保险合同要求投保人应当依法开展诊疗活动,对于医疗机构和人员从事未经批准的诊疗行为带来的损害,保险不予理赔。(2014)徐商终字第00306号案件[①]被告医师因为不具有手术资质,造成患者损害的侵权赔偿为313 245.2元,法院判定因医护人员不具有资质所为之诊疗行为造成的损害,保险公司不予理赔。(2011)株中法民二终字第30号案件[②]中,原被告双方对医院是否"具有经腹子宫次全或全子宫切除术的手术资质"辩论,法官审查认定医院具有资质且依据保险合同特别约定条款,判令保险公司理赔185 220.3元。然而,在(2013)焦民二金终字第31号案件[③]中,尽管保险公司明确提出医护人员不符合资质,然而法官在裁判说理中只字不提,判令保险公司担责,明显构成错误判决。

六、投保人的医护人员名单

医疗责任保险运行中存在的主要问题之一是医院普遍少报病床数、医护人员名单数据,医院少报人员名单分为几种情况:直接少报医护人员人数或者不按合同约定作告知内容变更,如更新人员名单;不报告合同制医护人员及与医院有合作关系的定期来院诊疗的外聘医师名单;少报医院的病床数、不报告医院病床加床数据。

对于未在投保单人员名单上的医护人员之过失责任,依据中国人民财产保险股份有限公司医疗责任保险条款(2012年版)之保险责任约定,不属于保险责任范围,而法院在作出判决时,不考虑医师名字是否在名单上,直接认定医疗机构是侵权责任主体,投保单上医师名单多几个少几名都不影响医疗机构责任承担,保险公司应当承担保险理赔责任。[④] 我们认为,如此判决是存在问题的。

保险公司根据投保医院的医护人员名单、执业类型区分保险费率和计收保费,医护人员名单与执业科室类别是投保人告知保险公司的必备资料。然而,医院不提供医护人员名单、未区分手术与非手术人员,甚至有意减少投保单中的医护人员人数,如此做法在实务处理上有不同后果:一是不在名单里面的医护人员之过失责任,不予以理赔;二是按照医护名单的人数比例,在理赔数额上予以比例折扣。

表23显示,尽管多数案件不涉及人员名单问题,但是,案件审查医护人员不在名

---

① 见(2014)徐商终字第00306号判决书。
② 见(2010)攸法民二初字第221号、(2011)株中法民二终字第30号判决书。
③ 见(2013)焦民二金终字第31号(2013)武民二初字第00068号判决书。
④ 见(2011)焦民二终字第397号、(2009)济中民三终字第138号、(2009)徐民二终字第0498号、(2011)焦民一终字第597号等案判决书。

单,按比例都给予理赔的案例有 3 个,占比 1.12%。在现今医疗市场竞争情况下,下级医院通过与上级医院的医护人员个人联系,于周末或者调休时到下级医院手术,积极层面实则是让好的医护人员发挥专业技能服务于患者,但也存在患者安全隐患。医护人员利用周末的手术往往是私下与下级医疗机构的合作,手术前的准备和手术后的护理完全依靠下级医疗机构,如果下级医疗机构人员技术和设备不足,容易引发患者损害和医疗纠纷,就下级医疗机构与患者而言,存在医疗侵权是为保险责任范围,但是因为发生医疗损害行为的手术人员不在医护人员保险名单中,保险公司有权不予以理赔。如果是医院有意将本院医护人员有选择性地排除在投保医护人员名单外,既不利于风险控制,也不符合保险对价平衡原则,医疗行为是医院内部的多人合作完成,如果发生不在名单的医护人员过失,保险公司按比例赔偿实际也是不符合保险对价原理。保险公司按照比例理赔的做法,不符合国家对于患者安全医疗管理制度要求,在今后执业医师多点执业制度、自由执业制度的完善中,根据医护人员执业服务场所和业务量购买责任保险,将有望解决现有制度中存在的问题,保险公司对不在名单的医护人员之过失应当不予理赔。

表 23 投保医护人员名单

选项	案件数	百分比
不涉及	247	91.82%
异议,审查在名单内,理赔	14	5.20%
异议,未审查名单	3	1.12%
异议,审查不在名单,按比例理赔	3	1.12%
合计	267	99.26%
缺失	2	0.74%
合计	269	100.00%

七、保险公司不予理赔案件

269 个研究样本中,原告是医疗机构、被告是保险公司的案件有 229 个,去除(2011)湘高法民再终字第 73 号[①]的案件涉及多案件集中处理的样本,判决保险公司不予以理赔案件的有 20 个,主要原因是:(1)医疗机构无法举证自己存在侵权过错、患者损害事实与过错之间存在因果关系,即使医院给予患者补偿,也非责任赔偿,因

---

① 见(2011)湘高法民再终字第 73 号、(2009)永中民二终字第 210 号判决书。

此保险公司不予以理赔;①(2)对于已经得到医疗保险理赔的部分,责任保险公司不予以理赔;②(3)保险合同明确约定医护人员不具有资质而实施的医疗行为造成医疗损害的,不予以理赔;③(4)实施诊疗行为的医护人员不在保险名单中的,保险公司免赔;④(5)保险公司已按照约定的最高限额赔付,对于超出部分不予以理赔;⑤(6)诊疗行为不是发生在保险期间;⑥(7)索赔不在保险期间;⑦(8)被保险人提出保险索赔的时间超过2年诉讼时效,且保险公司此前已经做了部分理赔;⑧(9)狭义理解医疗责任保险格式合同条款中的"医疗事故"概念,即使医疗鉴定机构作出医疗机构有责任的鉴定意见。⑨

第三节　司法裁判实证数据维度评价医疗责任保险制度

一、医疗责任保险在分散侵权赔偿责任中的作用

保险理赔数与构成侵权责任赔偿数之比,可作为医疗责任保险用于分散医疗损害责任风险的作用的评价数据基础。在269个研究样本中剔除27个样本(分别是因为保险争议案件涉及多个侵权责任理赔无法统计的有2个案件、侵权责任不成立而不成立保险理赔责任、诉讼程序上仅处理侵权案件而不处理保险理赔的案件),形成表24,由表24可见,242个判决保险公司承担理赔责任的样本中,保险理赔占据侵权

---

① 见(2010)南法民二初字第219号与(2011)益法民二终字第22号判决书、(2014)惠东法民二初字第367号判决书、(2014)惠东法民二初字第363号判决书、(2014)东商初字第549号判决书、(2013)穗荔法民二初字第189号判决书、(2013)镇民初字第00590号判决书、(2013)鄂夷陵民初字第01046号判决书。
② 见(2014)柘民金初字第50号判决书。
③ 见(2014)徐商终字第00306号、(2015)简阳民初字第2653号判决书。
④ 见(2011)焦民一终字第597号判决书和(2014)泌民初字第01912号判决书。
⑤ 见(2014)衢江商初字第2251号判决书。
⑥ 见(2014)长民初字第3038号判决书。
⑦ 见(2014)银民商终字第221号判决书、(2014)山法民初字第01756号判决书、(2014)抚民二终字第39号判决书、(2013)镇民初字第00067号判决书。
⑧ 见(2013)镇民初字第00481号案件判决书、(2013)镇民初字第00592号案件判决书。
⑨ 见(2011)南民二终字第724号案件判决书。

责任赔偿比例最高数值为1.73,大于等于1的案件数有54个①,大于或者等于0.90的有120个,小于1大于0.50的案件有141个,小于0.49的有74个。242个保险理赔的案件平均理赔率达到0.77,理赔比例中值为0.81,代表全额赔偿的案件有28个。

表24 保险理赔与侵权赔偿之比

比值	案件数	百分比	比值	案件数	百分比
0.00	27	10	0.67	2	0.7
0.05	1	0.4	0.68	2	0.7
0.07	2	0.7	0.69	2	0.7
0.08	2	0.7	0.70	2	0.7
0.09	1	0.4	0.71	6	2.2
0.15	1	0.4	0.74	2	0.7
0.16	1	0.4	0.75	3	1.1
0.18	1	0.4	0.76	1	0.4
0.2	1	0.4	0.77	2	0.7
0.21	1	0.4	0.78	1	0.4
0.24	1	0.4	0.79	2	0.7
0.25	1	0.4	0.80	3	1.1
0.26	2	0.7	0.81	4	1.5
0.27	1	0.4	0.82	2	0.7
0.3	2	0.7	0.83	2	0.7
0.31	1	0.4	0.84	3	1.1
0.32	2	0.7	0.85	1	0.4
0.33	3	1.1	0.87	3	1.1
0.33	1	0.4	0.88	1	0.4
0.33	1	0.4	0.89	2	0.7
0.34	1	0.4	0.90	17	6.3
0.35	2	0.7	0.91	2	0.7

① 比值大于1说明保险理赔数据超过医疗机构对患者的理赔数额,参见(2011)临民初字第368号判决书、(2014)辉民初字第156号等多个案件,保险公司除了承担被保险人的侵权赔偿责任,还要承担相关诉讼费用、律师费用和鉴定费用,导致保险理赔数额高于侵权赔偿数额。

续表 24

比值	案件数	百分比	比值	案件数	百分比
0.37	2	0.7	0.92	2	0.7
0.39	2	0.7	0.93	2	0.7
0.4	2	0.7	0.94	5	1.9
0.42	1	0.4	0.95	21	7.8
0.43	1	0.4	0.96	4	1.5
0.44	1	0.4	0.97	4	1.5
0.45	3	1.1	0.98	5	1.9
0.46	2	0.7	0.99	4	1.5
0.48	1	0.4	1	28	10.4
0.49	3	1.1	1.01	5	1.9
0.5	1	0.4	1.02	2	0.7
0.53	2	0.7	1.03	1	0.4
0.54	2	0.7	1.04	2	0.7
0.55	1	0.4	1.05	1	0.4
0.56	2	0.7	1.06	2	0.7
0.57	1	0.4	1.07	3	1.1
0.58	3	1.1	1.08	2	0.7
0.59	3	1.1	1.11	2	0.7
0.6	2	0.7	1.12	1	0.4
0.61	1	0.4	1.14	1	0.4
0.62	2	0.7	1.24	1	0.4
0.63	2	0.7	1.29	1	0.4
0.64	4	1.5	1.32	1	0.4
0.65	1	0.4	1.73	1	0.4
0.66	2	0.7	合计	269	100

保险理赔数在侵权损害赔偿责任中的占比，反映出责任保险在分散医疗损害赔偿责任风险中的功效，该比值越高，说明在个案中，医疗责任保险分散侵权责任风险的程度越高、作用越明显。当然，从有效预防事故目的看，足额保险也不利于防范被保险人的道德风险，反之，保险总额与单个案件理赔额的额度过低，亦不能有效分散

责任风险,医疗责任保险的功效会打折扣,自愿加入保险人数少、不能形成足够的大数资金池来分担风险。在调查医疗责任保险存在的问题的过程中,有的医疗机构认为医疗责任保险在分散医疗损害风险方面的作用有限,保险合同约定的保险理赔总额与本院每年度向患者的赔付相比,不能满足医疗机构分散责任风险的需要。然而,由242个保险理赔样本统计数据可见,医疗责任保险在个案中转移、分担医疗损害风险的作用是明显的,出现医疗机构对医疗责任保险制度作用的评价较低的原因,是与医疗责任保险方案设计的资金池建设规模有关。各省市地区卫生局制定的医疗责任保险方案对保险规模和费率计付方式作了统一规定,愿意参加医疗责任保险的医疗机构希望通过足额保险、尽最大可能性转移责任风险的愿望难以实现。续保时通过医疗责任事故历史数据实现费率合理调整只能有限影响责任保险制度的作用效果。

二、医疗过错侵权认定机制与医疗责任保险制度的关联性

诊疗行为是否构成侵权责任以及是否属于保险理赔范围,关键是要查明诊疗行为是否存在过错。269个研究样本中,患者索赔、医疗机构先行赔付的案件有232个、没有先行赔付的只有2个、侵权纠纷与保险理赔同案审理的案件有34个,可见,86%的案件是医院已经赔付患者,这是否影响到后期法院对于保险理赔纠纷案件审理的倾向,不得而知。理论上,侵权案件审理结果与保险具有相互影响作用,不排除法官在审理案件时考量到保险分散风险的积极作用,而倾向于成立侵权责任和保险理赔责任。

医疗侵权案件和医疗责任保险案件中,专业鉴定意见极大地影响到案件审理结果。269个研究样本中,由表25可见,涉及医学会鉴定、司法鉴定所过错鉴定、伤残鉴定的情况如下:在医学会鉴定构成医疗过错以及等级医疗事故的83个案件中,77个案件予以保险理赔,6个案件因超过保险期间索赔、人员资质不符、已经足额理赔等原因而导致不予理赔或者保险公司免责等情形。侵权赔偿数额最高的为126万元、最低的7 882.32元,其中低于2万元的案件仅2例。在医疗过错鉴定中,由表26可见,案件启动司法鉴定的有99个案件,占比达36.80%(99/269),进一步鉴定构成医疗过错的有93个案件,占全部争议案件之比34.57%(93/269),占启动司法鉴定之比例94.89%(93/98)。可见司法鉴定在医疗纠纷案件与医疗责任保险案件中的重要性,尤其是启动司法鉴定,医疗机构被认定构成医疗过错的高达94.89%。在鉴定构成医疗过错并实际支付赔偿的案件中,而保险理赔为零的案件是:(2014)柘民金初字第50号是患者的医药费已由农村合作医疗保险机构垫付或者报销,医疗机构在赔偿患者时未尽善良注意义务,没有将这部分费用剔除,发生重复赔偿,明显违反侵权赔偿的"损失填平"原则,加重保险公司的承保责任。(2014)山法民初字第01756号是

投保人没有证据证明在保险期间内提出索赔申请以及随后的2年诉讼时效内向保险公司提出索赔,因此丧失保险理赔的实体权利。(2015)简阳民初字第2653号案件属于医疗机构的医护人员没有手术资质、实施手术造成患者医疗损害,属于责任保险合同约定的免责情形。

表25 医学会鉴定意见

分类	案件数	百分比
构成医疗过错	20	7.43%
一级医疗事故	27	10.04%
二级医疗事故	5	1.86%
三级医疗事故	29	10.78%
四级医疗事故	2	0.74%
小计	83	30.86%
不构成医疗责任事故	15	5.58%
不涉及	168	62.45%
不明确	1	0.37%
退件(病历不全)	1	0.37%
无效数据	1	0.37%
合计	269	100.00%

表26 司法鉴定意见

分类	案件数	百分比
不涉及	168	62.45%
不具有因果关系	2	0.74%
不构成医疗过错	3	1.12%
构成医疗过错	93	34.57%
因果关系不确定	1	0.37%
无效数据	2	0.74%
合计	269	100.00%

在医学会鉴定不构成医疗事故的15个案件中,由表27可见,保险理赔为零的案件中,(2013)鄂夷陵民初字第01046号案件[①]涉及医护人员资质问题,(2013)富民一

---

① 见(2013)鄂夷陵民初字第01046号判决书。

初字第 282 号案件[1]涉及保险关系另案处理,(2011)孟民初字第 1360 号案件[2]法院认定"保险合同约定只赔偿构成医疗事故的案件,在医学会鉴定意见不构成医疗事故时,即使医疗机构赔付患者 72 970.31 元,保险公司不予理赔"。

表 27 不构成医疗事故责任案件保险理赔分析

编号	案号	案由	医学会鉴定意见	司法鉴定意见	伤残鉴定意见	侵权赔偿数额(元)	认定保险事故的依据	判保险公司理赔数额(元)	保险理赔与赔偿总额占比
8	(2011)临民初字第368号	保险合同纠纷	不构成	不构成	构成残等	6 467.17	调解书	36 000.00	5.57
12	(2015)南中法民终字第103号	保险合同纠纷	不构成	构成	不涉及	25 583.1	判决书	90 000.00	3.52
128	(2014)陇民二初字第159号	保险合同纠纷	不构成	构成	不涉及	25 828.36	判决书	80 000.00	3.10
154	(2013)镇民初字第00507号	保险合同纠纷	不构成	构成	不涉及	28 000	调解书	31 350.00	1.12
163	(2013)镇民初字第00510号	保险合同纠纷	不构成	构成	不涉及	31 323	人民调解	69 321.79	2.21
167	(2013)镇民初字第00587号	保险合同纠纷	不构成	构成	构成残等	33 000	判决书	33 365.00	1.01
180	(2013)鄂夷陵民初字第01046号	保险合同纠纷	不构成	构成	构成残等	37 072	调解书	0.00	0.00
193	(2013)富民一初字第282号	侵权纠纷	不构成	构成	不涉及	55 000	判决书	0.00	0.00
199	(2011)漯民二终字第121号 (2011)临民初字第320号	保险合同纠纷	不构成	构成	不涉及	60 000	调解书	57 450.00	0.96
206	(2011)孟民初字第1360号	保险合同纠纷	不构成	构成	不涉及	72 970.31	判决书	0.00	0.00
229	(2009)枣商再终字第18号 (2008)市中民初字第85号	保险合同纠纷	不构成	构成	不涉及	83 010	判决书	173 568.39	2.09

---

[1] 见(2013)富民一初字第282号判决书。
[2] 见(2011)孟民初字第1360号判决书。

续表 27

编号	案号	案由	医学会鉴定意见	司法鉴定意见	伤残鉴定意见	侵权赔偿数额(元)	认定保险事故的依据	判保险公司理赔数额(元)	保险理赔与赔偿总额占比
240	(2014)宣中民二终字第00038号 (2013)泾民二初字第00444号	保险合同纠纷	不构成	构成	不涉及	117 300.00	调解书	102 544.90	0.87
251	(2012)梧民二终字第8号 (2011)藤民初字第811号	保险合同纠纷	不构成	不构成	不涉及	166 218.39	判决书	19 000.00	0.11
257	(2014)阆民初字第4129号 (2015)南中法民终字第103号	保险合同纠纷	不构成	因果关系不确定	构成残等	257 410.29	判决书	90 000.00	0.35
260	(2015)松民初字第5688号	侵权纠纷	不构成	不涉及	构成残等	257 410.29	判决书	20 058.40	0.08

(2015)周民终字第 93 号案件因新生儿产程记录不全、无出生后病历记录，医学会拒绝作鉴定，法院依据《侵权责任法》第 58 条之规定，推定医疗机构存在行为过错，构成医疗侵权并判令医院承担责任、保险公司承担理赔责任。

在不涉及医学会鉴定的 168 个案件中，有 91 个案件不涉及司法鉴定、2 个认定不具有因果关系、通过司法鉴定认定构成医疗过错侵权案件的有 75 个，并且其中 72 个案件判令保险公司承担理赔责任。通过医学会鉴定认定构成侵权责任并保险理赔的 77 个案件与通过司法鉴定构成过错并保险理赔的 72 个案件，合计 149 个案件，占样本 269 个中 242 个保险理赔案件数之比为 61.6%(149/242)，可见在涉及医疗责任保险争议的案件中，专业鉴定机构的鉴定意见对于保险理赔认定的决定性作用。

三、保险理赔应当与调解机制相互协调

调解是争议各方在调解组织主导下，通过协商迅速解决争议的非诉方式，因此，医患双方都可能对自己的权利作出让步，间接对责任保险理赔产生影响。在随后的保险合同争议中，法官是否对已确立侵权案件以及赔付情况进行审查，由表 28 可见，对侵权要件和赔偿理由审查的情况是：有 134 个占比 49.81%(134/269)的案件是审查，有 100 个案件占比 37.17%(100/269)不审查，同案审查的有 34 个案件占比 12.64%(34/269)。在 269 个研究样本中，案由分布为保险合同纠纷 225 个、医疗侵权纠纷 42 个、医疗合同纠纷 2 个。168 个做了审查的案件中减除 44 个医疗侵权案件与医疗合同纠纷案件，仍然有 124 个案件是医疗责任保险合同纠纷进行了侵权要件和赔偿的实质审查。

表28 是否实质审查侵权案件

分类	选项	案件数	百分比
	审查	134	49.81%
	不审查	100	37.17%
	同案审理	34	12.64%
	小计	268	99.63%
缺失		1	0.37%
合计		269	100.00%

进一步,根据对269个研究样本医疗责任保险纠纷的认定依据分类,由表29数据计算可得:

表29 判断保险事故的依据分类

类型	案件数	百分比
判决书	107	39.78%
调解书	40	14.87%
判决书+调解书	3	1.12%
调解书+司法鉴定意见	1	0.37%
人民调解协议+判决书	1	0.37%
医学会鉴定意见	6	2.23%
司法鉴定意见	4	1.49%
人民调解协议	79	29.37%
医患协商	18	6.69%
调解书+司法确认	7	2.60%
不明	1	0.37%
缺失数据	2	0.74%
合计	269	100.00%

(1)以法院判决作为保险理赔依据的有111个案件(占比41.26%)。说明在涉及保险理赔时还是进入诉讼程序,医疗责任保险在缓和医患激烈矛盾中实际发挥的作用有限,即使对医疗机构侵权行为已经作出判决,医疗机构还需要通过诉讼才能拿到已经垫付给患者的赔偿款,佐证保险公司没有介入医疗纠纷的谈判与和解工作中,负面影响到责任保险的制度效用。(2)有119个(占比44.24%)通过调解达成的医疗侵权赔偿案件走向保险理赔纠纷,说明调解协议不能得到保险公司认可,医患双方与

调解组织达成调解协议后不得已要进行司法确认的案件有7个(占比2.60%)。从医疗责任保险纠纷案件中保险公司的败诉比例看,医疗责任保险纠纷中保险公司做的是无效抗辩,只会客观上推迟医疗机构投保人获得保险理赔的时间,主观上影响到责任保险被医疗机构所接受的程度。建立保险人在医疗纠纷案件中的参与抗辩与和解工作的制度,科加保险人参加医疗纠纷诉讼与调解中的抗辩义务十分必要。(3)通过医学会或者司法鉴定所作出鉴定意见并且做出了侵权赔偿的案件有10个(占比3.72%),保险理赔遭拒,不得已起诉保险公司。

通过医疗纠纷人民调解委员会调解结案,实现快速解决医患争议的目标,但是保险公司对于人民调解组织的调解协议的效力认同性较差。进一步地,对242个判令保险公司理赔的案件,有70个是原本通过调解确定侵权赔偿数额的,其中个案赔偿最高的达到633 593.82元,最低6 000元,赔偿额在2万元以下的仅有5个,平均13.2万元。超过2万元以上且通过调解协议达成侵权赔偿的案件仍然可能在保险理赔期间产生合同纠纷,占比92.86%(65/70)的案件在侵权赔偿超过2万元的,非经诉讼程序保险公司不予理赔。

2015年国务院《医疗纠纷预防与处理条例(送审稿)》提出要建立医疗纠纷处理中诉调对接机制,可以有效地减少调解协议的司法确认和保险纠纷诉讼,这是医疗损害风险社会化分担机制的重要内容。由于医疗纠纷涉及较强的医学专业性,要对医疗服务过程中是否存在过错、患者损害形成原因进行分析,争议各方在调解过程中才能形成合理的心理预期。因此在人民调解阶段引入专业鉴定机构,简化程序、尽快速责,有利于节省患者维权的时间成本。

在7个对调解协议以及医患协商达到的协议进行司法确认、法院判令保险公司承担理赔责任的样本,其中保险公司提出的抗辩理由是医院没有提出证明存在医疗过错的证据[1]、患者死因没有经过医疗事故鉴定[2]、医患之间达成的协议不具有法律约束力[3]等。案件争议体现出调解协议后当事人反悔或当事人之间的协议条例对利益关系第三人的效力的争议,侧面反映了人民调解协议在司法确认程序中遭遇的难题。[4] 对于医疗纠纷人民调解委员会作出的调解协议性质,多数学者理解为民事合同。因此,任何一方不履约或者不愿意守约,该调解协议不具有强制执行力。医患双方为避免潜在的纠纷,向法院提出司法确认申请,由法院根据特别程序对调解协议内

---

[1] 见(2014)东商初字第548号判决书。
[2] 见(2014)清中法民三终字第197号判决书。
[3] 见(2014)清中法民三终字第197号判决书。
[4] 胡晓霞.人民调解协议司法确认程序疑难问题研究——以人民调解协议变更、撤销及无效认定为视角[J].政治与法律,2013(3):148—154.

容的可执行性、调解协议是否存在实体瑕疵进行审查。《最高人民法院关于人民调解协议司法确认程序的若干规定》对于审查受理期限、审查组织主体、审查程序等作出规定。2012年8月31日《全国人民代表大会常务委员会关于修改〈中华人民共和国民事诉讼的决定〉》的《民事诉讼法》修正案进一步对人民调解协议的变更、撤销与无效等特别程序作出规定。有学者认为,"2012年修订民事诉讼法的修改要求在确认主体、审查程序规则、审查方式和范围上均有需要完善之处"[①]。该修订的民事诉讼法规定由双方当事人共同提出对调解协议的确认申请是增加了司法确认的难度。向法院提出司法确认申请与受理后的法院审查是两个不同的工作环节,应当加以区分,允许当事人任何一方、医疗纠纷人民调解委员会提出司法确认申请不会影响到当事人的实体权利。正如学者潘剑锋指出,"司法确认是诉调对接的关键环节,是中国司法实践中的制度创新。该制度的目的在于保障人民调解协议效力的保障,而不是以司法代替人民调解"[②]。司法确认过程是司法审查过程,其性质归属于"交错适用论"[③],既要将其作为特殊的非诉讼程序,发挥其快捷、迅速、经济、弹性的特点,还要区分适用非诉讼和诉讼法理的民事案件类型,兼顾司法确认制度设计目的,以一次性解决纠纷为其程序目的,以自愿、真实、合法为审查基础,赋予当事人对争议事实发表意见和主张的机会,法官在审查方式上应当开庭以双方当事人到场说明情况、让医院说明诊疗适用临床路径和不适用临床路径的理由,让患者也能够通俗易懂了解病情和原因,在此基础上了解当事人的真实意愿。法院完全可以将专家辅助人制度适用于司法确认制度之中,补足法官在医学和卫生管理知识方面的需求。

四、医疗机构等级与医疗过错理赔之间的关系

在269个研究样本中,由表30可见,医学会对争议案件作出医疗过错、医疗事故等级鉴定意见的案件有84个,数据显示二级医疗机构明显是最容易发生医疗过错和医疗事故的,占比高达42.86%,一级医疗机构的医疗过错与医疗事故占比19.05%,低于二级医疗机构。

在司法鉴定医疗机构存在过错的93个案件中,由表31可见,二级医疗机构仍然是发生医疗过错案件比例最高的等级医疗机构,占比48.39%;三级医疗机构占比22.58%;一级医疗机构占比13.98%。

---

① 李梦涤,罗伟瑞,王萍.医疗纠纷人民调解协议司法确认存在的问题与对策[J].医学与社会,2015(4):29—31.
② 潘剑锋.论司法确认[J].中国法学,2011(3):41—49.
③ 白彦,杨兵.论司法确认程序的性质[J].北京大学学报(哲学社会科学版),2015(2):138—145.

表30 医疗机构等级—医学会鉴定过错与事故

医疗机构等级	医疗过错	一级医疗事故	二级医疗事故	三级医疗事故	四级医疗事故	合计	百分比
一级医疗机构	4	4	2	6	0	16	19.05%
二级医疗机构	9	9	2	14	2	36	42.86%
三级医疗机构	4	4	1	4	0	13	15.48%
个人诊所	0	1	0	0	0	1	1.19%
不明	1	7	0	4	0	12	14.29%
无等级	2	1	0	3	0	6	7.14%
合计	20	26	5	31	2	84	100.00%

表31 医疗机构等级—医疗过错鉴定

医疗机构等级	医疗过错	百分比
医疗机构等级	医疗过错	百分比
一级医疗机构	13	13.98%
二级医疗机构	45	48.39%
三级医疗机构	21	22.58%
个人诊所	0	0.00%
不明	8	8.60%
无等级	6	6.45%
合计	93	100.00%

出现二级医疗机构的医疗过错鉴定、医疗事故鉴定的占比高，不能简单说明二级医疗机构的医疗损害的责任风险高、个人诊所的医疗损害责任风险低，而是与选择案件研究样本有关，全国各地的医疗责任保险方案中明确要求二级以上医疗机构参加医疗责任保险，一级和个人诊所自愿参加责任保险，因而研究数据结果与医疗责任保险投保人群体的类型相联。

五、医疗侵权赔偿与保险理赔的平行来源关系调整

人身损害赔偿存在多个平行来源，其中涉及的理论问题已经在前文中探讨过。患者的医疗损害风险社会化分担途径可能存在多个，如患者自己有医疗保险、人身意外伤害保险等，因此，对于已经发生的医药费、将来后续治疗费用而言，存在多个平行来源。保险公司在保险纠纷中抗辩"加害人医疗机构的侵权责任数额计算时应当扣

除患者已经从其参加的医疗保险中获得偿付的部分医药费",该抗辩护成立与否直接关涉保险责任理赔数额。在269个案件中,由表32可见,有14个案件涉及平行来源医疗保险问题,其中,有11个案件[①]扣除了医疗保险已偿付给患者的医药费用,保险纠纷判决书中也未对医疗保险承担的医药费部分予以说理和裁判;有3个案件[②]只赔付患者自己承担的医药费,对于由医疗保险负担的医药费,法院裁判案件时,有法官对于已经由医疗保险偿付的医药费不再重复计算赔偿数额以及保险理赔,裁判书中的说理是"完全赔偿原则下不支持患者获得超过其损失的赔付"。也有法官认为,医患在达成和解协议时,对于自愿免除患者住院期间欠缴的医药费,属于医院没有支付给患者的赔偿金,因此不能获得责任保险理赔。[③] 医院免除患者欠缴的住院费用的行为实为医患双方的互为债务之抵消行为,一是患者欠医院的医药费,另一是医院应当赔偿患者侵权责任。医患之间的债务抵消并不等于医院没有支付赔偿,因此,法院应当审查医患之间协议内容是否合法,据此决定保险公司是否应当给予医疗机构理赔。涉及多个赔偿平行来源的案件如何处理,有待国家作出立法政策选择与具体实施法案,以此指导审判实践。医疗保险经办机构应当行使保险代位追偿权是平行来源中重复赔偿的制度关键,有关医疗侵权赔偿的判决、调解、保险理赔的信息联网,是处理医疗损害赔偿中平行来源关系的技术支撑。

表32 侵权赔偿与医疗保险偿付平行来源关系

分类	案件数	百分比
缺失数据	1	0.37%
不涉及	254	94.42%
扣减医保报销费用	11	4.09%
有医保,不扣减	3	1.12%
合计	269	100.00%

---

① 见(2014)四民三终字第170号、(2015)威民初字第29号、(2014)柘民金初字第50号、(2014)雁江民初字第1512号、(2013)隆民初字第1442号、(2014)鄂枣阳北民初字第00079号、(2013)雁江民初字第03092号、(2013)雁江民初字第02048号、(2011)温瑞陶民初字第163号、(2012)许民三终字第100号、(2015)四民一终字第80号判决书。

② 见(2014)简阳民初字第2152号、(2014)罗民初字第623号、(2014)中民初字第13号判决书。

③ 见(2013)城民二初字第17号判决书,该案的保险理赔率为54.5%。

结 论

医学特性充分体现出医疗损害风险的不确定性与判断医疗过失的难度。循证医学证据建立的适用于所有病人的标准化治疗规范,不一定适用于具体病人,医师对具体病患诊疗是对循证医学证进行的解释性实践,因此,发生医疗损害之后,检讨医师决策与实施中的过失实属不易。医疗损害风险是患者单独遭遇的医疗技术应用和主观认识偏差带来的损害可能性,不具有社会风险的特征。有关社会风险的预防治理理念与法律规范,不能简单用来规制医疗损害风险。对于具体医疗损害风险,依靠传统的侵权法救济患者尚显不足,还需要借助其他的医疗损害风险社会化途径予以分担。

医疗损害风险社会化分担机制是指基于法律、相关制度与合同安排,将医疗损害风险在患方之外的其他不特定人之间进行分担,形成由医疗机构、医师、社会群体共担风险。医疗损害风险社会化分担的途径可用图3"医疗损害风险社会化分担途径"表示,发生医疗损害风险之后,如果是患者自己承担,则由其家人、亲友互助,没有实现社会化分担。要实现医疗损害风险社会化分担,可选择的途径有:①第一人保险,即患者通过购买人身意外保险实现损害风险社会化分担。②基于加害人过失责任,继而由责任保险和责任风险基金分担,二者必选其一。③对于特殊医疗损害通过建立相应基金予以补偿,如与出生有关的医疗损害补偿基金、超额补偿基金,不再区分诊疗行为是否有过失。这是国家政府实施特殊医疗损害风险救济的社会政策。④由私法领域之外的社会保障体系下的医疗保险制度分担医疗损害。⑤建立全面的无过失之患者补偿基金,分担医疗损害风险。⑥社会救助体系少量分担重度残疾患者、重大疾病患者的医药费用,提供医疗补助或者社会服务费用补助。其中,第③⑤种途径是国家社会政策选择之结果,第④种途径是对于患者原有疾病通过社会保障中的医疗保险实现社会化分担。国家选择医疗损害风险社会化分担途径,在资金来源、触发因素和赔偿范围等方面存在很大的不同,这与该国的医疗侵权损害赔偿制度、责任保险运行模式、国家政府对遭遇损害的受害人的社会保险保障制度密切相关。至今为止,没有一种医疗损害风险社会化分担途径是万全之策,只能是在可供选择的途径中作出权衡。

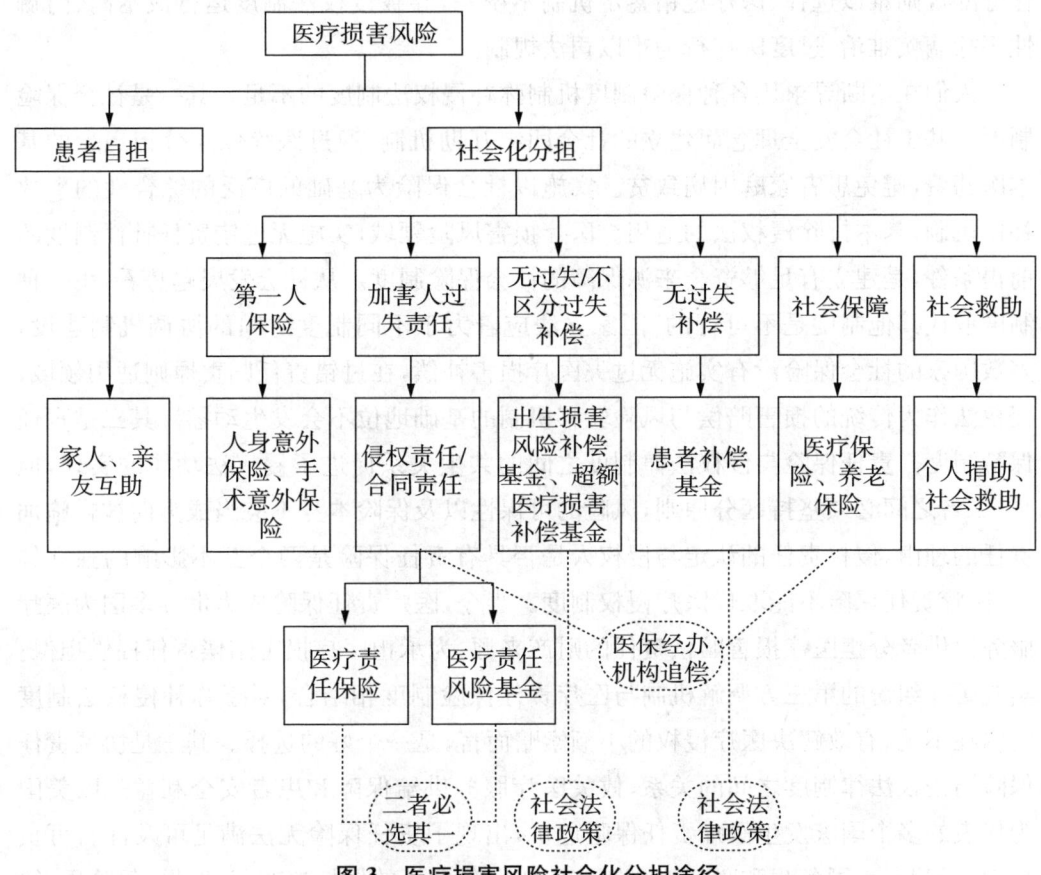

图 3　医疗损害风险社会化分担途径

医疗损害风险社会化分担机制的法律制度具有正义价值。分配正义是社会保险法律制度的哲学基础，是对公共医疗资源合理分配的医疗保险制度，实现在全社会或者特定人群中对患者医疗损害风险的合理分担，遵循效益最大化、平均分配和弱者优先的原则。矫正正义是医疗侵权法律制度是的哲学基础，通过侵权法律制度追究医疗服务提供者的过错赔偿责任，实现医疗损害风险由患者转移到医疗服务提供者承担。矫正正义与分配正义应当有各自适用的制度边界，前者是在加害人与受害人之间进行资源调整，后者是在社会范围内进行资源配置。医疗侵权法律制度不能承担社会保险制度应有的功能，医疗固有风险和医学事业发展风险应当由全社会分担。

医疗侵权法律制度构造上的有限性影响制度功能的实施效果。过错侵权责任建构在理性主义之上的概念法学，表达侵权构成要件术语和规则是容易的，司法实践中辨别满足特定规则的事实和证据却是困难的，尤其是在医疗过错侵权的认定中常常发生医学思维与法律思维无法协调、过错判断难以琢磨、知情同意规则虚化、举证责任分配规则难以选择、医疗过错鉴定机制不统一，导致侵权法制度运行成本高、防御性医疗痼疾难治、过度医疗行为难以司法规制。

人们在不断寻求用各种保险制度机制弥补侵权法制度的不足。其一是社会保险制度。基于社会安全理念而建立的社会团结互助机制，通过医疗保险分担患者的基本医药费，避免患者家庭因病致贫。实施以社会保险为基础的广泛的综合性的事故补偿机制，基本排除侵权法的适用。医疗损害风险领域，实施无过错责任补偿制度的前提条件，是建立有足够资金来源保障的社会保险制度。从社会发展趋势看，用一种制度取代其他制度是不可行的，国家立法应着力于不同制度之间的协调机制建设。多数国家的社会保险没有实施无过失医疗损害补偿，在过错责任归责原则适用领域，侵权法作为传统的损害赔偿与风险转移机制的基础地位不会发生动摇。其二是责任保险制度。责任保险与侵权法律制度之间的共生关系促进了侵权法功能的实现，但是，二者之间必须坚持区分原则，风险的可保性以及保险本身不应当成为向被告施加责任的理由，侵权责任的认定与侵权人是否具有责任保险是两个互不影响的独立领域，医疗责任保险不能取代医疗侵权制度。当今，医疗责任保险成为世界多国为医疗服务提供者分担医疗损害赔偿责任的财产来源，为承担医疗损害赔偿责任提供担保。实施医疗纠纷的第三方调解机制与医疗责任保险制度相结合，对于弥补侵权法制度的内在不足、有效解决医疗侵权的小额索赔而言，是一个好的选择。其三是协调责任保险与侵权法律制度之间的关系，攸关医疗服务供给保障和患者安全利益。以美国为代表的多个国家发生医疗责任保险危机，出现了责任保险无法满足可及性与可负担性的问题，美国各州和联邦议会实施应对保险危机的侵权法改革，医界、保险界、律师界和政府管理领域的专家学者是站在各自立场发表论文和研究报告，分析责任保险危机的发生原因、评价侵权法改革措施以及对限制赔偿制度进行违宪审查判例，充分反映出商业责任保险必须在保险理赔与运营之间达成平衡、避免保险周期不利影响，再次诠释通过侵权法律调整不同主体的利益关系具有积极与消极的两面性，法律制度改革与政治选举密切关系。美国医疗责任保险危机与侵权法改革的争议，揭示商业性医疗责任保险追逐营利的本质，保险周期性变化必然波及医疗服务提供者的群体利益，出现高风险医疗服务供给不足的问题。

医疗损害风险社会化分担分为三种模式，不同模式的运行有深刻的社会制度背景，不能简单照搬。其一是社会保险分担医疗损害风险模式。这种模式的优势是制度运行的行政成本低，补偿及时。新西兰和瑞典是采用社会保险模式实施医疗损害无过失补偿的代表国家。《新西兰意外事故补偿法》运行20年的历史表明：采用无过失医疗损害补偿制度未必比过失责任制度对病人有利。患者要证明存在医疗错误和因果关系是十分困难的。在"疾病"与"医疗损害"之间存在灰色模糊地带，只给"严重"和"罕见"的医疗损害补偿,备受社会批评,2005年的《新西兰意外事故补偿法》实施改革将轻微伤害纳入补偿范围,更加重了实施该补偿法案的财务负担。瑞典的《患者损害保险》法案是强制社会保险中的一环,在适用补偿上具有"候补性",实行限额补偿,诊疗中的必然伤害、精神损害、美容手术损害都不属于补偿范围。瑞典的患者医疗损害补偿制度有效运行的主要因素是低理赔额,因疾病或伤害所导致收入损失的百分之九十是通过瑞典优厚的社会福利制度获得补偿。新西兰和瑞典等国家的立法实践和改革表明,采用社会保险模式分担医疗损害风险,是与这些国家有着为世人称道的社会保险传统和社会保障体制密切相关,财源保障是选择社会保险模式实现医疗损害风险社会化分担的物质前提。

其二医疗责任保险模式。这种模式是被多数国家作为医疗损害风险社会化分担的主要途径。首先,股东型或会员制的医疗责任保险组织模式更适合于医疗损害风险社会化分担。医师协会团体或者医师会员制组成的专属医疗责任保险公司,在专业服务与风险管理上具有优势,在资金运行与保险保障能力上劣于一般商业保险公司。其次,强制医疗责任保险比任意保险更适合医疗损害风险社会化分担。强制医疗责任保险可以采取立法明确规定,也可以法律不作明确规定,但是将颁发医师执业资格许可证与该医师必须持有有效的责任保险单或者医疗损害责任赔偿的担保相互关联,间接实施强制医疗责任保险。再次,发挥医疗专业组织优势在医疗责任保险理赔中的作用十分重要。医师协会组织提供互助保险与理赔服务,对医疗服务提供者的保险需求与风险管理非常重要。最后,各国普遍建立和实施对医疗责任保险的特别监管制度,监管范围包括费率、公司偿付能力以及风险池管理等,这是医疗责任保险模式运行的制度保障。

其三是患者补偿基金模式。这种模式是国家社会法律政策选择的结果。患者补偿基金划分为两类,一是超额补偿基金,通过基金立法定位于基本医疗责任保险的补充保险;二是对遭受严重医疗损害的患者给予补偿的基金。其中:①法国的《患者权利和卫生系统质量法》,是以民事责任为核心、以责任保险为保障、以国家救济为补充的医疗事故损害赔偿制度体系,对医源性疾病和绝大多数严重的院内感染导致的医疗损害提供补偿,体现"社会团结一致"的价值观念与国家政府在处理公共健康卫生方面的担当。采用与出生有关的医疗损害补偿基金模式。美国弗吉尼亚州与佛罗里达州的与出生有关的神经损害补偿法案、日本的产科医疗补偿方案、中国台湾地区的生育风险补偿计划,立法目的都是为了应对严重医疗损害、实现国家人口政策、保障妇产科医疗服务供给、履行政府保障人权与扶弱济困的义务,并且与出生有关的患儿神经损害原因复杂,难以在产科医疗固有风险与诊疗过失之间作出恰当的区分评估。对基金运行的研究报告指出,基金在实现避免医疗纠纷诉讼、缓和医师职业压力、稳定产科医疗服务运行环境、降低保险费率等方面得到一致肯定,日本和中国台湾地区还可能延展到其他严重医疗损害领域,这类基金动用社会公共资源解决特殊医疗损害补偿问题,实质是一种逐步向无过失补偿制度发展的过渡机制,具有准社会保障福利性质,这类基金的立法和实践为我国应对人口政策改革、妇产科医师执业风险大、医师人力资源短缺等问题,提供了借鉴。

基于上述论证,我国应当采用多途径并用的医疗损害风险社会化分担模式。首先,强制责任保险模式作为医疗损害风险社会化分担主要途径。根据国家卫生统计数据和医疗损害纠纷案件的实证数据,我们分析认为:①纳入强制投保对象的划分标准,不是以是否公立医院为标准,而是应当以医疗服务提供者的赔偿责任能力及其在地区医疗卫生资源规划布局中的地位为标准,尤其是个人独立执业医师、诊所、小型医疗机构承担医疗赔偿责任的能力低,应当纳入强制投保范围。②对于农村和基层居民的医疗服务提供者的医疗责任保险费用给予补贴。这些医疗服务提供者是农村人口和基层居民医疗服务、卫生保健服务的主要承担者,目前基层医护人员的人力紧缺、收入低,确保卫生医疗服务人力和医疗服务供给,是国家实现维护公民健康权的责任所在,国家应当对这些医疗服务提供者参加医疗责任保险提供资金支持。③二级及二级以上医疗机构,无论是否为公立医院,应当根据风险责任能力认定其是否应当纳入强制投保范围。二级及二级以上医疗机构的收入水平明显高于一级医疗机构,三级医疗机构医疗风险高,发生院内感染引起多人索赔的案件,同样可能影响医疗机构正常运行。进一步而论,强制医疗责任保险具有坚实的理论基础。民法社会化是强制医疗责任保险的思想基础;保护患者人权是强制医疗责任保险的人文基础;强制医疗责任保险有益于医疗事业发展与医疗秩序稳定,使其具有正当性基础;医疗责任保险作为商业险,表现出的调控市场失灵,需要公法介入;强制医疗责任保险是准公共产品,能增进社会福利,使其具有经济学理论基础;根据医疗责任保险问卷调查数据分析,强制医疗责任保险具有医护人员的认同度和社会需求性。

其次,医疗责任风险基金作为医疗损害风险社会化分担备选途径。以省市县为地域范围建立的医疗责任风险基金,区别于医疗机构自建的院内风险金。医疗责任风险金的成员之间实现互助与风险分担,为医疗损害赔偿金提供了资金担保。目前我国部分省市县试点实施的医疗责任风险金,功能仅限于作为支付赔偿金平台,需要立法构建医疗责任风险基金,规范基金运行规则。

再次,建立超额补偿基金实施对严重医疗损害风险社会化分担。与出生有关的脑瘫损害实证案例与国家卫生统计数据的比较研究显示:新生儿脑瘫原因复杂难以鉴定、致残率高、重度率高,后期康复治疗与护理费用在赔偿总额中的比重大,会发生医院赔不起的情形。国家实施二胎计划生育政策,产科医疗服务风险高、服务需求迅速扩大,儿科、产科医护人员人才紧缺,需要国家建立执业风险分担机制。出生过程中的脑瘫医疗损害不能满足可保险性要求,也不能通过一般的保险机制分担风险。建议我国仿照域外立法与实践经验,开展与出生有关的严重医疗损害补偿机制的试点。此外,患者人身意外伤害保险、手术意外保险可以作为诊疗固有损害风险社会化分担的有益补充。

医疗损害风险社会化分担机制的主要法律制度,包括:其一,医疗责任保险法律制度。医疗责任保险的立法目的,是确保医疗服务提供者具有赔偿责任能力,分担医疗损害责任风险,及时救济患者,促进医疗事业发展,减少防御性医疗。医疗责任保险立法的基本原则包括强制保险法定原则、费率定价非营利原则、保险可得性与可及性原则与方便患方理赔原则。医疗责任保险制度的主体规范包括对医疗服务提供者与保险人的规范。医疗服务提供者必须提供独立承担医疗责任的风险担保,责任保险是较为经济合理的担保途径,强制投保主体范围与其承担风险责任的能力相关联,与其是否为公立医院无关。保险公司作为保险人要体现其经济能力与社会责任担当。为方便患者理赔,应当赋予患方直接向保险人索赔的权利。医疗责任保险合同主体负有维持合同效力的义务。建立费率价格商谈机制,构建以对价平衡为原则、坚持非营利原则确定费率调整的具体办法。小幅提高医护人员分担费用,可以实现提高医疗责任保险总体规模的目标。

其二,医疗责任风险基金法律制度。医疗责任风险基金立法目的是为规范医疗损害责任赔付,降低与分担医疗服务提供者的医疗责任风险,保障遭受医疗损害的患方及时获得赔偿。未能持有有效的医疗责任保险保单的医疗服务提供者,必须加入医疗责任风险基金。互助互济与风险共担是医疗责任风险基金成立、运行与监管中应当坚持的原则。应当确立医疗责任风险基金的社团法人地位,依法自主管理,加入医疗责任风险基金的成员拥有成员权。通过基金章程建立组织机构及其权限、基金资金筹集与缴存份额,依据"统一管理、统筹使用"和"账户资金所有权与使用权分离"原则制定资金使用制度。基金资金来源于成员缴存,建立监管机构对基金运行实施监管,确立资金筹集和使用信息公开的规则。

医疗损害风险社会化分担机制要协调处理好损害赔偿/补偿的平行来源关系。医疗保险给付与医疗机构侵权损害赔偿之间存在典型的平行来源关系,影响后续医疗责任保险理赔。解决医疗侵权赔偿与医疗保险给付的平行来源关系,是要区分各自不同的制度功能,结合赔偿项目进行类型化处理。医疗保险经办机构应当履行代位追偿权,建立法机构、医院和医疗保险经办机构的信息联网共享制度,为医保经办机构行使代位追偿权提供条件。

实现医疗损害风险社会化分担机制,需要完善和有效实施相关法律制度。医疗损害风险社会化分担机制的法律制度建构与运行，要以患者安全利益为最高价值追求，实现各相关法律制度之间的协同运行。统一医疗损害鉴定机制，完善鉴定专家选任机制和奖惩制度，是实现医疗损害风险社会化分担的前提；发挥医疗纠纷人民调解制度作用，建立诉调对接、调赔对接机制；落实医疗过失信息报告制度与卫生行政处罚制度，发挥声誉机制在防范道德风险中的作用；发挥医师道歉在争议解决中的作用，立法鼓励医师择机道歉，增进医患信任，改变道德谴责的诉讼文化。

医疗损害社会化分担机制中的责任保险纠纷案件是实践缩影，集中反映了医疗责任保险制度中存在的不足与实施效果。269个医疗责任保险裁判书全样本数据分析得出的结论是：①亟须制定医疗责任保险纠纷裁判规则，明确审判要素，提高裁判说理要求。界定诊疗护理概念和范围与保险范围密切相关，应当结合行为人身份、行为目的与方式等要素综合判断；保险期间和追溯期是责任保险合同的基本要素，法官混淆保险期间、追溯期与诉讼时效的概念、发生误解误判的案件比例较高；保险限额、免赔额等条款是保险人控制险种风险、与投保人之间的特别约款，法官误解误判同样存在；发生投保人的医护人员资质不符合规范要求、事故责任人的名字不在投保人医护人员名单内，法官却判决按比例赔付，这有悖于保险的基本原理。绝大多数责任保险案件起因于医疗机构已对患者赔偿、未得到保险公司理赔，案件审判多数是保险公司败诉，佐证医疗责任保险法律制度应当根据权利义务对等原则，立法对抗辩与和解控制权的性质与行使规则作出明确规范。②269个研究样本中的保险理赔数与侵权赔偿数之比数据，显示医疗责任保险在分担医疗损害赔偿责任风险的个案中的作用明显，现行医疗责任保险方案设计的保险规模较低，保险资金池规模小，不能满足投保人需要。③医疗侵权案件审理结果与责任保险相互作用，不排除法官审理案件受到被告有责任保险的因素影响。医疗专业鉴定意见对保险事故认定起决定性作用，保险公司对医疗纠纷人民调解协议的效力的认同性较低，建立医疗纠纷处理中诉调对接、调赔对接机制，是医疗损害风险社会化分担机制的重要环节。

课题尚有需要进一步研究的问题。首先，课题以实证数据和经济分析方法，从国家对国民生存照护、健康权保护之责任和确保医疗服务可及性的理论，阐述论证农村和基层医疗服务提供者必须加入医疗责任保险、国家给予保险费用资金补助的必要性，这类补助是一种行政给付，涉及国家地方财政资源的取用与分配，给予补助是属于政府行政权力范畴？还是属于法律保留的适用范围？如何定位给付主体、实施主体和接受给付主体之间的关系？回答这些问题需要从行政法学领域深入研究。其次，课题需要对医疗责任风险基金继续调研，研究其与已有的医疗责任保险制度在实践效果上的差别，为完善立法提供建议。再次，课题提出建立与出生有关的医疗损害特别补偿基金，尽管域外已有可资借鉴的制度和实践经验，但是如何构筑相关具体制度和处理相关利益主体之间的法律关系准则,留待课题进一步研究。今后,可能的研究思路是:前述待研究的问题涉及公益与私益的交叉关系,需要协调社会保障给付、加害人责任与自己责任之间的法律关系,制定调整这些法律关系的程序法;补偿基金作为损害补偿主要来源,社会保障给付作为协助与补充来源;医疗服务提供者与患儿父母之间事先达成有关生育医疗损害风险分担与救济协议,形成社会保障助残的公共服务与民间私人、基金组织协作的法律机制形态。

附录 1

155 个内固定断裂医疗损害赔偿案件索引

编号	案 号	编号	案号
1	(2013)宛民初字第 1446 号	79	(2014)淮民一终字第 00188 号
2	(2015)乐民终字第 341 号	80	(2014)天民一终字第 51 号
3	(2015)浙甬民一二终字第 521 号	81	(2014)石民终字第 262 号
4	(2015)怀中民一终字第 261 号	82	(2012)南民初字第 40406 号
5	(2013)解民一初字第 291 号	83	(2013)新民初字第 1263 号、(2014)平民三终字第 539 号
6	(2013)解民一初字第 671	84	(2014)三中民终字第 06407 号
7	(2014)鄂江夏民一初字第 00489 号	85	(2014)青民五终字第 272 号
8	(2014)罗民初字第 896 号	86	(2013)德城民初字第 2011 号
9	(2015)浦民一(民)初字第 6470 号	87	(2013)沭民一初字第 1686 号
10	(2015)鄂汉江中民一终字第 00086 号	88	(2012)山民初字第 1278 号
11	(2015)固民再终字第 5 号	89	(2014)岩民终字第 164 号
12	(2015)青民五终字第 859 号	90	(2014)沈和民一初字第 00608 号
13	(2014)甬东民初字第 1635 号	91	(2013)城民初字第 2395 号
14	(2015)东民初字第 03880 号	92	2014)锦民二终字第 00370 号
15	(2014)虹民四(民)初字第 2354 号	93	(2014)龙民初字第 5 号
16	(2015)保民二终字第 498 号	94	(2013)朝民初字第 16828 号
17	(2014)鄂东西湖民初字第 00084 号	95	(2013)荔民初字第 01599 号
18	(2015)菏民终字第 56 号	96	(2014)灵民初字第 00132 号
19	(2015)高民申字第 00538 号	97	(2013)明民一初字第 02326 号
20	(2013)平民初字第 421 号	98	(2014)防市民一终字第 84 号
21	(2014)永河民初字第 118 号	99	(2014)渭中民三终字第 00109 号
22	(2015)本民三终字第 00057 号	100	(2013)浦民一(民)初字第 43844 号
23	(2014)宛民初字第 1957 号	101	(2012)昌民初字第 5533 号
24	(2015)高民初字第 790 号	102	(2014)大洼民一初字第 00278 号
25	(2015)衡中法民四终字第 1 号	103	(2014)赵民一初字第 19 号

续表

编号	案号	编号	案号
26	(2014)德中民终字第1167号	104	(2013)新民初字第890号
27	(2015)焦民二终字第00038号	105	(2014)海中法民三终字第79号
28	(2014)宽民初字第2088号	106	(2013)薛民初字第1982号
29	(2014)西中民二终字第02215号	107	(2013)鄂襄阳中民二终字第00637号
30	(2014)万法民初字第08490号	108	(2014)桃民一初字第51号
31	(2014)彭法民初字第02922号	109	(2013)宜宾民初字第178号
32	(2014)浦民初字第3487号	110	(2014)兵八民一终字第77号
33	(2014)绵民终字第1231号	111	(2013)宜珙民初字第1634号
34	(2014)沈中民再终字第135号	112	(2014)济民四终字第42号
35	(2015)固民终字第72号	113	(2014)宿中民三终字第00115号
36	(2014)鄂黄石中民三终字第00150号	114	(2013)成民初字第1255号
37	(2013)石大民初字第1136号	115	(2012)凌河民一初字第00236号
38	(2014)吴堡民初字第00042号	116	(2014)营民一终字第21号
39	(2014)洛民初字第00094号	117	(2013)泗民初字第2002号
40	(2014)泰海民初字第2368号	118	(2013)厦民终字第3165号
41	(2014)昌中民一终字第780号	119	(2013)榕民终字第4009号
42	(2013)射民初字第0462号	120	(2013)荔民初字第01454号
43	(2014)石民初字第1314号	121	(2013)海民初字第2428号
44	(2014)新都民初字第1188号	122	(2013)长民二终字第797号
45	(2014)来民一初字第00908号	123	(2013)浙杭民终字第1666号
46	(2014)渝二中法民字第01722号	124	(2013)泰中民终字第0964号
47	(2014)来民一初字第00890号	125	(2014)穗中法民一终字第553号
48	(2014)梅民初字第813号	126	(2013)鼓民初字第2777号
49	(2014)济民四终字第606号	127	(2013)眉东民初字第1139号
50	(2014)鹤民终字第482号	128	(2012)东民初字第1028号
51	(2014)青民五终字第428号	129	(2013)驿民初字第570号
52	(2014)长经开民初字第00465号	130	(2013)长民一(民)初字第5925号
53	(2014)翠屏民初字第2343号	131	(2012)济民一初字第941号
54	(2014)庆民一民终字第467号	132	(2013)海民初字第16196号

续表

编号	案号	编号	案号
55	(2014)烟民四终字第1361号	133	(2013)同民终字第678号
56	(2014)平民城一初字第9号	134	(2013)安民初字第1742号
57	(2014)平民三终字第539号	135	(2013)明民一初字第01964号
58	(2014)阎民初字第00107号	136	(2013)太民初字第0464号
59	(2014)呼民一终字第00399号	137	(2012)义民初字第532号
60	(2013)梓民初字第1015号	138	(2013)费民初字第776号
61	(2013)山法民初字第01823号	139	(2013)江阳民初字第2835号
62	(2013)山民初字第2185号	140	(2013)郓民初字第206号
63	(2014)运中民终字第1147号	141	(2013)甬镇民初字第708号
64	(2013)象民初字第194号	142	(2010)福民一初字第1089号
65	(2014)彝民初字第638号	143	(2013)翠屏民初字第2719号
66	(2014)邻水民初字第3898号	144	(2010)西充民初字第1116号
67	(2014)滨民一初字第74号	145	(2012)城法民白初字第335号
68	(2014)徐民一(民)初字第3418号	146	(2013)千民初字第00217号
69	(2014)济中民二终字第163号	147	(2012)魏七民初字第132号
70	(2013)大洼民一初字第01296号	148	(2013)沪二中民一(民)终字第646号
71	(2014)梧民一终字第202号	149	(2012)杭拱民初字第62号
72	(2014)徐民一(民)初字第3280号	150	(2013)徐民一(民)初字第1024号
73	(2013)巩民初字第1415号	151	(2013)黄浦民一(民)初字第316号
74	(2012)鄂通城民初字第02599号	152	(2012)贺民一终字第122号
75	(2013)石民再终字第00258号	153	(2009)樊民二初字第33号
76	(2013)西民初字第382号	154	(2011)饶民初字第770号
77	(2013)琅民一初字第01043号	155	(2011)浦民一(民)初字第13724号
78	(2014)鸡民终字第199号		

附录 2

102 个与出生有关的脑瘫医疗纠纷案件索引简表

编号	案号	医疗机构	医院等级	医院类型	总数额(元)	判决日期	分娩时间	天数*
1	(2012)穗中法少民终字第78号	广州医学院第二附属医院	三级甲等	综合性医院	609 911.00	2012-12-14	2008-8-5	1 592
2	(2012)沪一中民一(民)终字第1831号	某卫生中心	不详	不详	59 473.43	2012-9-20	2008-10-12	1 439
3	(2010)雨民初字第382号	双牌县江村镇中心卫生院、湖南省儿童医院	基层、三级甲等	乡镇卫生院、儿童专科医院	1 074 224.00	2012-5-29	2009-4-7	1 148
4	(2011)汉民初字第1119号	汉中市人民医院	二级甲等	综合性医院	611 943.77	2012-9-17	2008-10-6	1 442
5	(2011)常民一初字第212号	常宁市妇幼保健院	二级甲等	妇幼保健院	95 435.75	2012-8-30	2011-2-19	558
6	(2011)桃民初字第845号 (2012)桃民重初字第8号	桃源县妇幼保健院	二级甲等	妇幼保健院	276 243.80	2012-7-11	2008-10-29	1 351
7	(2012)鄂襄阳中民二终字第00005号	宜城市妇幼保健院	三级	妇幼保健院	62 718.76	2012-3-5	2003-11-16	3 032
8	(2012)常鼎民初字第170号	常德市鼎城区钱家坪乡卫生院	基层	乡卫生院	140 000.00	2012-6-28	2007-9-30	1 733
9	(2011)商中民一终字第00085号	洛南县灵口中心卫生院	基层	乡中心卫生院	118 339.38	2011-7-14	2008-9-30	1 017
10	(2011)沪一中民一(民)终字第1287号	某上海的医院	不详	不详	541 731.79	2011-10-20	2007-3-9	1 686
11	(2011)平民再终字第46号	平顶山市第二人民医院	三级	综合性医院	376 078.60	2011-12-1	2004-2-1	2 860
12	(2011)湘高法民再终字第82号	娄底市第一人民医院(原涟钢医院)	二级	综合性医院	205 238.65	2011-6-3	2005-6-11	2 183
13	(2010)醴民一初字第598号	湖南醴陵市泗汾中心卫生院	基层	乡中心卫生院	50 854.70	2011-1-7	2007-12-18	1 116
14	(2011)乌中少民终字第57号	乌鲁木齐雅蓝妇幼医院	私立	妇幼医院	266 876.20	2011-6-23	2006-11-12	1 684
15	(2011)浦民一(民)初字第6853号	XX中心	不详	不详	1 175 803.62	2011-4-28	2008-10-22	918
16	(2010)杨民一(民)初字第1081号	上海长海医院	三级甲等	综合性医院	481 332.18	2010-2-23	2006-10-4	1 238
17	(2009)娄星民一初字第370号	娄底市娄星区茶园镇卫生院	基层	乡镇卫生院	200 000.00	2010-7-29	2007-5-27	1 159
18	(2004)源民二初字第138号	漯河市中心医院	综合性医院	三级甲等	355 480.81	2010-9-27	2000-10-28	3 621
19	(2009)永冷民初字第1063号	永州市某某医院	不详	不详	900 000.00	2010-11-30	2008-6-29	884

续表

编号	案号	医疗机构	医院等级	医院类型	总数额(元)	判决日期	分娩时间	天数*
20	(2010)太民初字第0230号	淮阳县人民医院	二级甲等	综合性医院	409 762.90	2010-9-28	2008-1-12	990
21	(2007)日民一初字第33号、(2014)岚民一初字第259号	山东省日照市第二人民医院	二级甲等	综合性医院	256 321.00	2014-3-28	2006-12-29	2 646
22	(2009)岳民中民三终字第14号	华容县塔市驿镇卫生院	基层	乡镇卫生院	36 517.33	2009-3-5	2006-6-16	993
23	(2009)徐民一终字第1436号	铜山县利国中心卫生院	基层	乡镇中心医院	140 205.44	2009-11-4	2007-3-23	957
24	(2008)洞民初字第337号	洞口县毓兰镇中心卫生院	基层	乡镇中心医院	56 113.50	2009-10-14	2006-8-8	1 163
25	(2008)常民再字第79号	澧县人民医院	二级甲等	综合性医院	293 259.06	2009-3-9	1992-8-10	6 055
26	(2008)宁民初字第67号	洛宁县红十字医院	基层	一级甲等	210 824.91	2009-11-9	2007-3-25	960
27	(2008)尉民初字第1552号	尉氏县朱曲卫生院	基层	乡镇卫生院	112 999.20	2009-9-30	2006-4-1	1 278
28	(2007)临民一初字第59号	临醴县修梅镇卫生院	基层	乡镇卫生院	250 000.00	2008-12-22	2005-12-13	1 105
29	(2005)油中民一终字第11号	辽河石油勘探局妇婴医院	一级甲等	妇幼医院	239 216.00	2005-6-24	2001-12-20	1 282
30	(2004)佛中法民一终字第732号	佛山市南海区松岗镇医院	基层	乡镇医院	494 680.88	2004-7-13	2002-8-29	684
31	(2000)晋民二终字第102号	汾西矿务局高阳煤矿职工医院	二级甲等	综合性医院	302 296.79	2001-6-28	1996-4-3	1 912
32	(2001)新民终字第35号	乌鲁木齐市铁路中心医院	三级甲等	综合性医院	194 430.00	2001-6-27	1997-7-26	1 432
33	(2013)包民一初字第02671号	安徽省立儿童医院、舒城县中医院、舒城县人民医院	二级甲等、二级甲等、三级甲等	综合性医院	21 295.27	2014-9-1	2013-6-25	433
34	(2013)东民初字第1808号	东平保法综合医院	不详	私立医院	27 753.20	2015-1-19	2012-7-27	906
35	(2013)鄂沙市民初字第00903号	石首市大垸镇卫生院、荆州市第一人民医院	基层、三级甲等	乡镇卫生院、综合性医院	91 697.27	2014-4-3	2006-9-16	2 756
36	(2013)钢民初字第627号	新汶矿业集团莱芜中心医院	二级甲等	综合性医院	113 194.60	2015-1-16	不详	不详
37	(2013)杭萧民初字第3814号	杭州市萧山区第一人民医院	二级乙等	综合性医院	126 086.59	2014-1-26	2012-8-31	513
38	(2013)淮民初字第1446号	淮安市第一人民医院	三级甲等	综合性医院	891 894.47	2014-5-28	2009-11-28	1 642
39	(2013)靖民初字第215号	南靖县中医院	二级甲等	综合性医院	324 989.86	2014-6-18	2012-7-11	707
40	(2013)历城民初字第2114号	济南森特医院	不详	私立医院	346 497.79	2014-10-8	2012-10-6	732
41	(2013)那民一初字第671号	那坡县人民医院	一级甲等	综合性医院	318 602.06	2014-4-24	2005-11-29	3 068

续表

编号	案号	医疗机构	医院等级	医院类型	总数额(元)	判决日期	分娩时间	天数*
42	(2013)濮中法民二终字第395号	濮阳县人民医院	二级甲等	综合性医院	576 523.47	2014-3-16	2007-11-24	2 304
43	(2013)那民一初字第672号	那坡县人民医院	一级甲等	综合性医院	124 516.71	2014-4-24	2005-11-29	3 068
44	(2013)鄂沙市民初字第00903号	石首市大垸镇卫生院、荆州市第一人民医院	基层、三级甲等	乡镇卫生院、综合性医院	71 697.27	2014-4-3	2006-9-16	2 756
45	(2013)那民一初字第671号	那坡县人民医院	一级甲等	综合性医院	288 602.06	2014-4-24	2005-11-29	3 068
46	(2013)顺庆民初字第998号	南充市第四人民医院	二级甲等	专科医院	912 070.00	2014-2-28	2012-8-26	551
47	(2013)靖民初字第215号	南靖县中医院	二级甲等	综合性医院	364 989.86	2014-6-18	2012-7-11	707
48	(2014)阜民一终字第01607号、(2015)界民一初字第01451号	界首市妇幼保健院	三级甲等	妇幼保健院	113 372.00	2014-12-17	2010-9-1	1 568
49	(2014)大民一终字第1631号、(2015)辽审四民申字第00629号	大连市沙口区妇幼保健院、大连市妇产医院	一级甲等、三级甲等	妇幼保健院	52 469.03	2014-11-7	2010-9-27	1 502
50	(2014)二中少民终字第03293号	北京大学人民医院	三级甲等	综合性医院	98 550.40	2014-3-20	2000-2-16	5 146
51	(2014)鄂咸宁中民二终字第167号	通城县人民医院	二级	综合性医院	908 891.63	2014-11-20	2012-1-15	1 040
52	(2014)鄂荆州中民二终字第00227号	石首市大垸镇卫生院	基层	乡镇卫生院	71 967.27	2014-8-15	2006-9-16	2 890
53	(2014)海中法民一终字第2106号	海南现代妇婴医院	三级	妇幼保健院	224 305.00	2014-12-22	2012-11-1	781
54	(2014)杭富民初字第2333号	富阳市妇幼保健院	二级甲等	妇幼保健院	120 000.00	2015-1-1	2014-9-5	130
55	(2014)沪二中少民终字第31号	复旦大学附属中山医院青浦分院	三级	综合性医院	500 000.00	2014-10-13	2005-6-13	3 409
56	(2014)济民四终字第308号	济南市中心医院	三级甲等	综合性医院	362 454.20	2014-6-17	2006-5-12	2 958
57	(2014)江油民初字第5122号	江油市人民医院	三级	综合性医院	53 771.38	2014-10-31	2014-6-5	148
58	(2014)金武民初字第833号	武义县妇幼保健院	二级	妇幼医院	944 512.19	2015-1-26	2013-4-9	657
59	(2014)晋中中法民终字第751号	平遥县第二人民医院	二级甲等	综合性医院	374 675.59	2014-10-9	2010-5-7	1 616
60	(2014)岚民一初字第259号	日照市岚山区人民医院	二级甲等	综合性医院	411 958.33	2014-3-28	2006-12-29	2 646
61	(2014)连民一初字第00445号	葫芦岛市中心医院	三级	综合性医院	347 970.00	2014-12-2	2004-6-11	3 826
62	(2014)莲民一初字第277号	五莲县妇幼保健院	一级甲等	妇幼医院	26 260.00	2014-6-22	2005-12-25	3 101

续表

编号	案号	医疗机构	医院等级	医院类型	总数额（元）	判决日期	分娩时间	天数*
63	（2014）辽民一终字第188号	辽源市妇婴医院	二级甲等	妇幼保健院	463 254.17	2014-7-7	2012-6-5	762
64	（2014）汝民初字第00166号	河南省汝南县人民医院	二级甲等	综合性医院	211 539.34	2014-10-15	2013-11-2	347
65	（2014）沙民初字1270号	大连医科大学附属医院	三级甲等	综合性医院	156 695.72	2014-5-16	2002-12-10	4 175
66	（2014）麒民初字第2482号	曲靖市妇幼保健院	二级甲等	妇幼保健院	549 510.16	2014-11-21	2009-10-12	1 866
67	（2014）濮民初字第113号	濮阳县王称堌乡卫生院	基层	乡镇卫生院	205 061.50	2014-10-8	2011-10-14	1 090
68	（2014）平民三终字第77号	河南省鲁山县人民医院	二级甲等	综合性医院	525 952.90	2014-3-5	2011-8-14	934
69	（2014）南市少民终字第8号	南宁市上林县人民医院	二级甲等	综合性医院	192 078.13	2014-6-3	2008-10-20	2 052
70	（2014）邵中民一终字第463号	湖南省邵东县人民医院	二级甲等	综合性医院	1 912 445.92	2014-8-26	1993-7-5	7 722
71	（2014）沈中少民终字第00053号	中国人民警察武装部队辽宁省总队医院	三级甲等	综合性医院	1 138 344.70	2014-4-28	2008-11-25	1 980
72	（2014）湘高民再终字第108号	邵东县人民医院	二级甲等	综合性医院	427 415.90	2014-6-30	2000-3-19	5 216
73	（2014）兴民初字第1399号	银川市妇幼保健院	三级甲等	妇幼保健院	1 112 984.05	2014-5-7	2005-11-7	3 103
74	（2014）石民一终字第00135号	平山县南甸中心卫生院	基层	乡镇卫生院	49 747.73	2014-4-1	2011-9-1	943
75	（2014）石民一终字第00151号	石家庄市第四医院	三级甲等	妇幼医院	730 280.67	2014-4-1	2006-7-26	2 806
76	（2014）田民一初字第00099号	淮南新康医院	二级甲等	私立	252 711.90	2014-4-11	2012-4-29	712
77	（2014）邢民一终字第359号	隆尧友谊医院	不详	私立	1 715 255.54	2014-10-30	2008-9-7	2 244
78	（2014）徐少民终字第43号	沛县鹿楼镇鹿楼卫生院	基层	乡镇卫生院	92 571.00	2014-9-24	2007-9-20	2 561
79	（2014）烟民四中字第661号	中国人民解放军联勤第九分部	三级甲等	综合性医院	624 823.78	2014-8-25	2002-10-30	4 317
80	（2014）杨民一（民）初字第7224号	复旦某某妇科医院	不详	妇幼医院	657 681.00	2014-11-25	2013-9-18	433
81	（2014）一中少民终字第9936号	北京市昌平区妇幼保健院	二级甲等	专科医院	434 535.00	2014-12-19	2006-3-20	3 196
82	（2014）禹民一初字第00581号	蚌埠市华夏医院	不详	私立	150 891.90	2014-8-22	2008-10-9	2 143
83	（2014）张中民三终字第41号	慈利县中医院	二级甲等	综合性医院	654 373.20	2014-12-8	2008-10-28	2 232
84	（2014）镇民初字第0469号	镇平县人民医院	二级甲等	综合性医院	328 564.37	2014-9-24	2012-2-18	949

续表

编号	案号	医疗机构	医院等级	医院类型	总数额(元)	判决日期	分娩时间	天数*
85	(2014)郑民一终字第443号、(2012)二七民一初字第1627号民事判决	郑州大学第五附属医院	三级甲等	综合性医院	8 423.42	2014-6-5	2002-1-24	4 515
86	(2014)州民终字第18号	保靖县人民医院	二级甲等	综合性医院	97 998.05	2014-5-12	2010-9-2	1 348
87	(2009)闵民一(民)初字第333号	复旦大学附属儿科医院	三级甲等	儿科医院	164 235.01	2009-10-14	2006-11-28	1 051
88	(2014)穗海法少民初字第136号	中国人民解放军第四二一医院	三级甲等	综合性医院	12 105.60	2014-10-8	2007-4-4	2 744
89	(2014)穗海法少民初字第123号	广州医科大学附属第二医院	三级甲等	综合性医院	75 811.80	2014-10-8	2007-10-25	2 540
90	(2014)焦民一中字第423号	焦作市第二人民医院	三级甲等	综合性医院	335 966.45	2015-1-8	1993-7-28	7 834
91	(2007)徐民一(民)初字1177号、(2014)徐民一(民)初字第2661号	上海市第六人民医院	三级甲等	综合性医院	35 000.00	2014-5-5	2004-12-2	3441
92	(2014)徐民一(民)初字第8567号	上海市第六人民医院	三级甲等	综合性医院	34 512.29	2014-12-19	2004-12-2	3669
93	(2014)单民初字第225号、(2011)单民初字第2037号	单县东大医院	二级甲等	综合性医院	36 031.45	2014-10-16	2010-12-19	1 397
94	(2014)安市民终字第90号、(2014)黔高民申字第533号	普定县马场镇卫生院	基层	乡镇卫生院	325 984.97	2014-3-19	2010-9-1	1 295
95	(2013)钢民初字第627号	新汶矿业集团莱芜中心医院	二级甲等	综合性医院	113 194.60	2015-1-16	不详	不详
96	(2004)穗中法民一终字第3946号、(2013)穗番法民一初字第749号	广州市番禺区何贤纪念医院	二级甲等	妇幼医院	387 494.80	2004-6-18	2000-3-14	1 557
97	(2014)浙金民终字第583号	金华市中心医院	三级甲等	综合性医院	0.00	2014-7-7	2010-6-9	1 489
98	(2013)金鹜民初字第2060号	金华市中心医院	三级甲等	综合性医院	0.00	2014-3-13	2010-6-9	1 373
99	(2013)金婺民初字第2060号	金华市中心医院	三级甲等	综合性医院	0.00	2014-3-13	2010-6-9	1 373
100	(2014)东一法民一初字第130号	东莞市南城医院	二级	综合性医院	0.00	2014-10-21	2013-9-11	405
101	(2013)田民一初字第01748号	淮南市新康医院	二级甲等	私立医院	0.00	2014-10-24	2012-4-29	908
102	(2013)青羊民初字第2251号、(2014)成少民终字第51号、(2014)川民申字第2013号	成都市温江区妇幼保健院、成都市妇幼儿童中心医院	一级甲等、三级甲等	妇幼医院	0.00	2014-3-14	2010-7-17	1 336

*天数,是指患儿出生至医疗纠纷法院作出判决之日相间隔的天数,以此数据作证患方等待裁判的期限较长。

附录 3

医疗责任保险调查问卷

问卷说明:

医疗责任保险又称医生职业保险,是指由保险公司向医院和医护人员收取一定的保险费,同时承担因医院和医护人员过失行为导致的医疗事故而向患者或其家属给付赔偿金的责任。保险的投保人可以是医生和医院共为投保人,也可以是医生、医院分别为各自投保人。现行推广的中国人民保险监督管理委员会审核备案的《医疗责任保险条款》是商业保险,是以投保人自愿投保为前提,国家有关部门官员和专家提出建立强制医疗责任保险,深圳于 2004 年 1 月起实施《深圳市医疗执业风险保险管理办法》,上海、青岛等多省市出台有关强制医疗责任保险的地方性法规。为给相关部门提供一些立法依据,我们进行此次问卷调查,希望得到您的支持和协作,谢谢!

答卷说明:

1. 题干注明"可以多选"是指选择一个或一个以上选项,若没有注明请只选择一个选项。

2. "跳答"是指忽略两题之间的问题,如"第 6 题跳答第 9 题",是指回答完第 6 题以后直接回答第 9 题,不答第 7 题和第 8 题。

3. "请您自填"是指当选项的表述均与您的意见不符或不完全相符时,请在横线上用文字添加您的其他意见。

4. 请在你认为适合的选项的文字上画"○"或"√"。

一、背景资料

1. 您的科别是:内科/外科/妇产科/儿科/ICU/麻醉科/急诊科/其他

2. 您的职称(职务)是:主任医师/副主任医师/主治医师/医师/医士/主任护师/副主任护师/主管护师/护师/护士

3. 您所在医院的级别是:三级甲等/三级乙等/二级甲等/二级乙等/一级甲等/一级乙等

4. 您所在医院的类别是:综合医院/专科医院　　公立医院/私立医院

二、基本观点

5. 您是否愿意参加医疗责任保险:A.愿意　　　B.不愿意　　　C.随便

6. 您是否希望所在的医院参加商业医疗责任保险:

　　A.希望(继续回答第 7 题,不回答第 8 题)

　　B.不希望(跳答第 8 题)

C.随便(跳答第9题)

7.您希望所在的医院参加商业医疗责任保险的理由是(可以多选):

　　A.减轻个人工作思想压力

　　B.减轻医院处理医患纠纷的经济压力

　　C.利于医院和医护人员开展风险较大的医疗服务项目

　　D.医学本身的高风险特点需要医疗责任保险分散执业风险

　　E.医患双方都需要医疗责任保险

　　F.请您自填:＿＿＿＿＿＿＿＿＿＿＿＿＿＿＿＿＿＿＿＿＿＿＿＿＿＿＿＿＿＿

8.您不希望所在的医院参加商业医疗责任保险的理由是(可以多选):

　　A.会直接增加医院的经济负担

　　B.会减少您的收入

　　C.会降低医院医疗服务的声誉

　　D.会降低医生的技术声誉

　　E.会降低医护人员的医疗风险意识,导致医疗事故、医疗差错的发生率上升

　　F.买保险,也不能减少医患纠纷

　　G.请您自填:＿＿＿＿＿＿＿＿＿＿＿＿＿＿＿＿＿＿＿＿＿＿＿＿＿＿＿＿＿＿

三、强制保险

9.您是否赞成国家通过立法,规定医疗责任保险为强制保险:

　　A.反对　　　　　　　B.赞成　　　　　　　C.随便

　　您的观点是基于下列哪些理由(可以多选):

　　A.医疗责任风险问题应通过市场经济手段解决,不能通过立法强制实施保险

　　B.强制保险虽保护了医护人员,但医院和医护人员失去了选择自由

　　C.通过强制保险可以更好地转移医疗责任风险

　　D.强制医疗责任保险可以扩大投保面,降低保险费,实现转移医疗执业责任风险的目的

　　E.只有适当提高医院、医护人员医疗服务价格前提下,才能强制医院、医护人员投保

　　F.请您自填:＿＿＿＿＿＿＿＿＿＿＿＿＿＿＿＿＿＿＿＿＿＿＿＿＿＿＿＿＿＿

10.如果医院投保强制医疗责任保险,您的设想是:

　　A.虽然是强制买保险,但保险费不能绝对统一化,保险公司应对每个保险年度发生保险事故少和没有发生保险事故的医院大幅度降低保险费率,反之,则提高保险费率

　　B.希望全国统一保险费,并且费率很低,只提供最低执业风险基本保障

　　C.请您自填:＿＿＿＿＿＿＿＿＿＿＿＿＿＿＿＿＿＿＿＿＿＿＿＿＿＿＿＿＿＿

11.如果医院投保强制医疗保险,您认为保险费应该:

　　A.全部医院承担(继续回答第12题,不回答第13、14题)

　　B.医院和医护人员按比例合理分担(跳答第13题,不回答第14题)

　　C.全部由医护人员承担(跳答第14题)

12. 您认为保险费全部由医院承担的原因是(可以多选)：

  A.本人隶属于医院

  B.医护人员收入低

  C.医院的支出中应将该保险费纳入成本中

  D.请您自填：_____

13. 您认为保险费由医院和医护人员合理分担的比例应为：

  A.5：5 B.6：4 C.7：3 D.8：2 E.9：1 F.95：5 G.99：1

  H.请您自填：_____

14. 您认为保险费全部由医护人员承担的理由是

  请您自填：_____

四、附加医疗责任保险

15. 您认为执业风险较大的科室或医疗服务项目有(可以多选，但此题如果选了A，就不可以同时选择其他选项)：

  A.各科室、服务项目风险都大(注意：若选A，则第16题必须选B)

  B.外科 C.儿科 D.妇产科 E.麻醉科 F.急诊科 G.临床科室 H.请您自填

16. 医院为各科室购买了相同的基本责任保险，再为风险较大的科室人员购买附加责任保险，您认为：A.有必要(回答理由后继续第17题) B.没必要(回答理由后跳答第20题)

  您的理由是：_____

  A.适当分层次多投保，增加赔偿金额，降低医疗责任风险

  B.医疗服务行业的特点需要最细化、最大程度地分担责任风险

  C.医疗责任风险不能划分过细

  D.工作认真负责可以避免医疗责任风险

  E.有基本责任保险已经足够

  F.个人所承担的执业风险与获得的报酬不对等，医院应在全院范围平摊医疗责任风险成本

  G.请您自填：_____

17. 医院为风险较大的科室人员购买附加责任保险，您个人是否愿意分担保险费：

  A.愿意(继续第18题，不答第19题) B.不愿意(跳答第19题)

18. 您愿意分担的保险费额是：

  A.100元/月 B.50元/月 C.30元/月 D.20元/月 E.0元/月

19. 您不愿意个人分担保险费的原因是：

  A.个人收入有限

  B.风险大的岗位不能任由个人选择，因此，应由医院承担增加的保险费

  C.即使岗位可由个人适当选择，也应由医院承担增加的保险费

  D.请您自填：_____

五、其他

20. 您认为患者知道自己所就医的医院购买医疗责任保险,患者将会(可以多选):

    A.担心医护人员会降低责任心

    B.认为医护人员不会降低责任心

    C.担心向保险公司理赔将更困难

    D.直接向保险公司理赔更简便

    E.得到保险公司理赔后,仍会向医院索赔

    F.患者的态度取决于他们对于保险知识、保险功能的认识和理解

    G.请您自填:＿＿＿＿＿＿＿＿

21. 如果保险范围扩大到医疗意外,您认为:

    A.可行(继续回答第22题)　　　　B.不可行(问卷结束)

22. 将保险范围扩大到医疗意外,您个人能承受的年度保险费支出是:

    A.3 000 元以上　　　B.3 000—2 000 元　　　C.2 000—1 000 元　　　D.1 000—500 元

    E.500—300 元　　　F.300—200 元　　　G.200—100 元　　　H.100 元以下

医疗责任保险调查问卷统计数据

是否希望所在的医院参加商业医疗责任保险

年份	小计	希望	不希望	随便
2001.12	100.00%	83.37%	5.46%	11.16%
2013.05	100.00%	69.51%	14.63%	15.85%
提高或下降百分点	−0.00%	13.86%	9.17%	4.69%

希望所在的医院参加商业医疗责任保险的理由(多选)

项目	小计	减轻个人工作思想压力	减轻医院处理医患纠纷的经济压力	利于医院和医护人员开展风险较大的医疗服务项目	医学本身的高风险特点需要医疗责任保险分散执业风险	医患双方都需要医疗责任保险	请您自填
2001.12	251.57%	43.59%	46.15%	51.57%	66.10%	43.02%	1.14%
理由排序	—	4	3	2	1	5	6
2013.05	107.02%	35.09%	22.81%	19.30%	17.54%	12.28%	0.00%
理由排序	—	3	4	5	6	5	6

不希望所在的医院参加商业医疗责任保险的理由（多选）

项目	小计	会直接增加医院的经济负担	会减少您的收入	会降低医院医疗服务的声誉	会降低医生的技术声誉	会降低医护人员的医疗风险意识，导致医疗事故、医疗差错的发生率上升	买保险，也不能减少医患纠纷	请您自填
2001.12	100.00%	13.51%	18.92%	13.51%	10.81%	16.22%	27.03%	0.00%
理由排序	—	4	2	4	5	3	1	6
2013.05	100.00%	0.00%	75.00%	0.00%	0.00%	25.00%	0.00%	0.00%
理由排序	—		1		3	2		6

对国家立法规定医疗责任保险为强制保险的态度

年份	项目	小计	反对	赞成	随便
2001.12	人数	421	93	237	91
	百分比	100.00	22.09	56.29	21.62
2013.05	人数	246	66	126	54
	百分比	100.00	26.83	51.22	21.95
增减百分点		0.00	4.74	−5.07	0.33

是否愿意参加医疗责任保险

年份	项目	小计	愿意	不愿意	随便
2001.12	人数	421	282	28	111
	百分比	100	66.98	6.65	26.37
2013.05	人数	82	61	11	10
	百分比	100	74.39	13.41	12.2
百分比增减变化		0.00	7.41	6.76	114.17

如果医院投保强制医疗责任保险,您的设想是

年份	小计	虽然是强制买保险,但保险费不能绝对统一化,保险公司应对每个保险年度发生保险事故少和没有发生保险事故的医院大幅度降低保险费率,反之,则提高保险费率	希望全国统一保险费,并且费率很低,提供最低执业风险基本保障	请您自填
2001.12	100.00%	42.76%	45.61%	11.64%
2013.05	100.00%	54.88%	40.24%	4.88%
提高或下降百分点		12.12%	-5.37%	-6.76%

是否愿意参加医疗责任保险

年份	项目	小计	愿意	不愿意	随便
2001.12	人数	421	282	28	111
	百分比	100.00	66.98	6.65	26.37
2013.05	人数	82.00	61	11	10
	百分比	100.00	74.39	13.41	12.20
增减百分点		0.00	7.41	6.76	-14.17

医院投保强制医疗保险,您认为保险费应该

年份	项目	小计	全部医院承担	医院和医护人员比例承担	医护人员承担
2001.12	人数	425	296	127	2
	百分比	100.00	69.65	29.88	0.47
2013.05	人数	246	126	120	0
	百分比	100.00	51.22	48.78	0.00
增减百分点		0.00	-18.43	18.90	-0.47

认为保险费全部由医院承担的主要理由

年份	项目	小计	本人隶属于医院	医护人员收入低	支出中开支保费
2001.12	人数	484	149	167	168
	百分比	100.00	30.79	34.50	34.71
2013.05	人数	126	78	21	27
	百分比	100.00	61.90	16.67	21.43
增减百分点		0.00	31.11	-17.83	-13.28

认为保险费由医院和医护人员合理分担的比例

年份	项目	小计	5∶5	6∶4	7∶3	8∶2	9∶1	95∶5	99∶1
2001.12	人数	125	3	1	11	33	31	16	30
	百分比	100.00	2.40	0.80	8.80	26.40	24.80	12.80	24.00
2013.5	人数	120	6	15	18	24	24	24	9
	百分比	100.00	5.00	12.50	15.00	20.00	20.00	20.00	7.50
增减百分点		0.00	2.60	11.70	6.20	−6.40	−4.80	7.20	−16.50

愿意分担的保险费额

项目	小计	100元/月	50元/月	30元/月	20元/月	10元/月
2001.12	100.00%	0.00%	8.33%	16.67%	16.67%	58.33%
2013.05	100.00%	24.14%	27.59%	17.24%	17.24%	13.79%
百分比增减	0.00%	24.14%	19.26%	0.57%	0.57%	−44.54%

不愿意个人分担保险费的原因

年份	小计	个人收入有限	风险大的岗位不能任由个人选择，因此，应由医院承担增加的保险费	即使岗位可由个人适当选择，也应由医院承担增加的保险费	请您自填
2001.12	100.00%	36.54%	41.21%	17.31%	4.95%
2013.05	100.00%	46.15%	46.15%	0.00%	7.69%
百分比增减	0.00%	9.61%	4.94%	−17.31%	2.74%

基本责任保险之外，风险较大的科室购买附加责任保险

年份	小计	适当分层次多投保，增加赔偿金额，降低医疗责任风险	医疗服务行业的特点需要最细化、最大程度地分担责任风险	医疗责任风险不能划分过细	工作认真负责可以避免医疗责任风险	有基本责任保险已经足够	个人所承担的执业风险与获得的报酬不对等，医院应在全院范围平摊医疗责任风险成本	请您自填
2001.12	100.00%	32.11%	22.02%	5.14%	6.97%	5.87%	15.23%	12.66%
2013.05	100.00%	25.88%	16.47%	7.06%	3.53%	28.24%	16.47%	2.35%

执业风险较大的科室或医疗服务项目有(多选)

年份	小计	各科室、服务项目风险都大	外科	儿科	妇产科	麻醉科	急诊科	临床科室	自填
2001.12	228.03%	21.62%	52.02%	25.42%	36.10%	30.64%	32.30%	23.75%	6.18%
科室风险排序	—	7	1	5	2	4	3	6	8
2013.05	124.39%	25.61%	12.20%	10.98%	20.73%	8.54%	23.17%	15.85%	7.32%
科室风险排序	—	1	5	6	3	7	2	4	8
风险观排序变化	—	+6	−4	−1	−1	−4	+1	+2	0

保险范围扩大到医疗意外是否可行

年份	小计	可行	不可行	随便	自填
2001.12	100.00%	68.24%	27.53%	0.00%	4.24%
2013.05	100.00%	67.07%	20.73%	0.00%	12.20%
百分比增减	0.00%	−1.16%	−6.80%	0.00%	7.96%

个人能承受的年度保险费支出

单位:元

年份	小计	3 000 以上	3 000—2 001	2 000—1 001	1 000—501	500 以下	自填
2001.12	100.00%	0.00%	0.00%	0.48%	3.80%	25.42%	70.31%
2013.05	100.00%	0.00%	7.32%	9.76%	29.27%	35.37%	18.29%
百分比增减	0.00%	0.00%	7.32%	9.28%	25.47%	9.95%	−52.02%

附录 4

269 个医疗责任保险案例索引

编号	案 号	编号	案 号
1	(2011)桐民商初字第 149 号	136	(2013)穗荔法民二初字第 189 号
2	(2011)焦民一终字第 597 号	137	(2014)铁审民提字第 00004 号
3	(2010)襄民初字第 1742 号 (2011)许民二终字第 168 号	138	(2014)明民一初字第 01097 号
4	(2011)醴法民二初字第 56 号	139	(2014)渝一中法民终字第 04142 号 (2014)足法民初字第 02057 号
5	(2011)济民一初字第 1609 号 (2012)济中民一终字第 74 号 (2013)济中民再字第 9 号	140	(2013)镇民初字第 00481 号
6	(2011)湘高法民再终字第 73 号 (2009)永中民二终字第 210 号	141	(2013)镇民初字第 00504 号
7	(2010)南法民二初字第 219 号 (2011)益法民二初字第 22 号	142	(2013)雁江民初字第 03720 号
8	(2011)临民初字第 368 号	143	(2013)焦民二金终字第 31 号 (2013)武民二初字第 00068 号
9	(2014)简阳民初字第 2152 号	144	(2013)宜民终字第 768 号 (2013)长民初字第 91 号
10	(2014)简阳民初字第 2153 号	145	(2013)祁民初字第 653 号
11	(2014)辉民初字第 156 号	146	(2013)旌民二初字第 00153 号
12	(2015)南中法民终字第 103 号	147	(2014)南民二初字第 00222 号
13	(2015)锦民终字第 00439 号	148	(2014)黔盘民商初字第 3 号
14	(2015)凌河民二初字第 00147 号	149	(2014)黔盘民商初字第 9 号
15	(2014)邓法民一初字第 147 号	150	(2013)靖民二初字第 102 号
16	(2015)阜民二终字第 00076 号	151	(2013)武侯民初字第 5173 号
17	(2015)通中商终字第 00144 号	152	(2014)滑城民初字第 04 号
18	(2015)南民三金终字第 00018 号 (2014)南召民商金初字第 81 号	153	(2013)华民初字第 1063 号
19	(2014)洪商初字第 00571 号	154	(2013)镇民初字第 00507 号
20	(2013)安岳民初字第 2425 号	155	(2013)镇民初字第 00508 号
21	(2014)安岳民初字第 2689 号	156	(2013)镇民初字第 00509 号

续表

编号	案 号	编号	案 号
22	(2015)鄂广水民初字第00430号	157	(2013)镇民初字第00589号
23	(2015)鄂广水民初字第00431号	158	(2013)镇民初字第00590号
24	(2014)鄂枣阳北民初字第00077号	159	(2013)镇民初字第00591号
25	(2015)巴商终字第3号	160	(2013)镇民初字第00595号
26	(2015)科商初字第9号	161	(2013)镇民初字第00067号
27	(2014)邓法民一初字第146号	162	(2013)太商初字第1355号
28	(2015)周民终字第93号	163	(2013)镇民初字第00510号
29	(2014)宜民终字第1045号 (2014)宜高民初字第660号	164	(2013)镇民初字第00588号
30	(2014)四民三终字第170号 (2013)梨民一初字第449号	165	(2013)镇民初字第00592号
31	(2014)杭商初字第40号	166	(2013)镇民初字第00593号
32	(2015)威民初字第29号	167	(2013)镇民初字第00587号
33	(2014)新中民二终字第427号 (2013)原民初字第919号	168	(2013)乐民初字第2561号
34	(2014)井少民初字第00020号	169	(2013)雁江民初字第02048号
35	(2015)长民四终字第93号	170	(2013)宜民终字第146号
36	(2014)长民四终字第661号 (2014)南民初字第179号	171	(2013)运盐民初字第1990号
37	(2014)惠东法民二初字第365号	172	(2013)浔民初字第2217号
38	(2014)惠东法民二初字第366号	173	(2013)义民初字第310号
39	(2014)惠东法民二初字第367号	174	(2013)徐商终字第0401号 (2013)云商初字第0536号
40	(2014)西中民四终字第00493号	175	(2012)浙温民再字第97号 (2007)温鹿民初字第3263号 (2008)温民二终字第244号
41	(2014)益法民二终字第38号 (2013)益赫民二初字第688号	176	(2013)涪民初字第3745号
42	(2014)徐商终字第0350号	177	(2013)菏牡商初字第561号
43	(2014)铁民一终字第00005号	178	(2013)镇民初字第00505号
44	(2014)开法民初字第03127号	179	(2013)威商终字第177号 (2013)文商初字第53号
45	(2014)柘民金初字第50号	180	(2013)鄂夷陵民初字第01046号
46	(2014)柘民金初字第51号	181	(2012)江宁商初字第820号

续表

编号	案　号	编号	案　号
47	(2014)济民一初字第 1442 号	182	(2011)兰法民二终字第 00373 号 (2011)城法民二初字第 113 号
48	(2014)四民三终字第 117 号 (2013)伊民二初字第 34 号	183	(2011)焦民二终字第 397 号 (2011)山民初字第 454 号
49	(2014)鹰民一终字第 259 号 (2013)贵民一初字第 1377 号	184	(2011)温瑞陶民初字第 163 号
50	(2014)安商初字第 0073 号 (2014)通中商终字第 0416 号	185	(2010)济民二初字第 507 号
51	(2014)雁江民初字第 1512 号	186	(2015)足法民初字第 02271 号
52	(2014)滁民二终字第 00055 号 (2013)南民二初字第 00425 号	187	(2015)足法民初字第 02300 号
53	(2014)阆民初字第 4130 号	188	(2015)临商终字第 791 号 (2014)临兰商初字第 2586 号
54	(2014)东民初字第 5384 号	189	(2013)靖乌民初字第 164 号
55	(2014)渝二中法民终字第 00842 号 (2014)梁法民初字第 00836 号	190	(2013)开民二初字第 00118 号
56	(2014)长民初字第 3038 号	191	(2012)孟民初字第 84 号
57	(2014)鄂民二金初字第 135 号	192	(2012)济民初字第 669 号
58	(2014)铁银民二初字第 00084 号	193	(2013)富民一初字第 282 号
59	(2014)山法民初字第 02520 号	194	(2011)甘民初字第 1138 号
60	(2014)黔盘民商初字第 2 号	195	(2011)濮民初字第 352 号
61	(2014)东商初字第 548 号	196	(2011)漯民二终字第 187 号 (2011)临民初字第 364 号
62	(2014)鄂罗田民二初字第 00051 号	197	(2011)漯民二终字第 192 号 (2011)临民初字第 352 号
63	(2014)银民商终字第 221 号 (2014)兴民商初字第 369 号	198	(2011)漯民二终字第 138 号 (2011)临民初字第 346 号
64	(2014)清中法民三终字第 197 号 (2013)清连法民二初字第 100 号	199	(2011)漯民二终字第 121 号 (2011)临民初字第 320 号
65	(2014)山法民初字第 01756 号	200	(2011)济民二初字第 19 号
66	(2014)济民一初字第 1441 号	201	(2011)永中法民三终字第 4 号 (2010)永冷民初字第 859 号
67	(2014)焦民三终字第 00217 号	202	(2011)株中法民二终字第 30 号 (2010)攸法民二初字第 221 号
68	(2014)大汤民初字第 00119 号	203	(2011)方城民初字第 133 号
69	(2014)山法民初字第 01757 号	204	(2011)扶民初字第 17

续表

编号	案　号	编号	案　号
70	(2014)阎民初字第 4131 号	205	(2011)南民二终字第 724 号 (2011)方城民初字第 133 号
71	(2014)从民初字第 442 号	206	(2011)孟民初字第 1360 号
72	(2014)山法民初字第 01755 号	207	(2010)浙金民终字第 1923 号 (2009)金兰商初字第 584 号
73	(2014)邓法民一初字第 145 号	208	(2010)酉法民初字第 01932 号
74	(2014)邓法民一初字第 144 号	209	(2010)驿民初字第 1375 号
75	(2014)邓法民一初字第 143 号	210	(2010)遂民二初字第 18 号
76	(2014)惠东法民二初字第 363 号	211	(2010)融民二初字第 48 号
77	(2014)惠东法民二初字第 364 号	212	(2010)济民二初字第 752 号
78	(2013)城民二初字第 17 号	213	(2010)济民二初字第 17 号
79	(2014)金商初字第 74 号	214	(2010)崇民二初字第 95 号
80	(2014)泌民初字第 01912 号	215	(2010)周民终字第 1050 号 (2010)沈民初字第 36 号
81	(2014)新中民金终字第 365 号 (2014)辉民初字第 1432 号	216	(2010)临民初字第 310 号
82	(2013)城民二初字第 18 号	217	(2010)临民初字第 490 号
83	(2014)安中民三终字第 00042 号 (2013)旬民初字第 00912 号	218	(2010)东商终字第 20 号 (2009)东商初字第 41 号
84	(2014)阳中法民二终字第 12 号 (2013)阳城法民二初字第 271 号	219	(2009)徐民二终字第 0498 号 (2009)云民二初字第 321 号
85	(2014)东民初字第 934 号	220	(2009)黔毕民初字第 1766 号
86	(2014)南民二初字第 00039 号	221	(2009)阎民初字第 2512 号
87	(2014)四民三终字第 118 号 (2013)伊民二初字第 33 号	222	(2009)甬慈商初字第 1022 号
88	(2013)隆民初字第 1442 号	223	(2009)济民二初字第 434 号
89	(2014)绥民初字第 94 号	224	(2009)济民二初字第 294 号
90	(2013)吴民初字第 947 号	225	(2009)济民二初字第 293 号
91	(2014)徐商终字第 00306 号	226	(2009)济中民三终字第 138 号 (2009)济民二初字第 14 号
92	(2015)铁民二终字第 00098 号	227	(2009)济民二初字第 292 号
93	(2014)罗民初字第 623 号	228	(2009)株中法民二终字第 62 号 (2009)株天法民二初字第 125 号

续表

编号	案　号	编号	案　号
94	(2014)龙民一初字第1164号	229	(2009)枣商再终字第18号 (2008)市中民初字第85号
95	(2014)中民初字第13号	230	(2009)株中法民二终字第52号 (2009)株荷民二初字第53号
96	(2014)东商初字第549号	231	(2009)徐民二终字第0499号 (2009)云民二初字第320号
97	(2014)武侯民初字第1484号	232	(2009)安市民二终字第19号 (2009)西民初字第995号
98	(2014)鄂咸宁中民三终字第63号 (2013)鄂咸安民初字第02723号	233	(2009)岳中民二终字第91号 (2009)岳民初字第639号
99	(2014)太商初字第2号	234	(2009)九中民一终字第70号 (2008)湖民一初字第221号
100	(2014)南中法民终字第1521号 (2014)阆民初字第676号	235	(2008)赣中民四终字第212号 (2008)余民二初字第58号
101	(2014)烟商二终字第411号 (2014)招商初字第175号	236	(2008)徒民二再字第00001号
102	(2014)长民四终字第00096号 (2013)榆民初字第3479号	237	(2008)宁民初字第2502号
103	(2014)雁江民初字第561号	238	(2007)蚌民二终字第132号
104	(2014)鄂樊城民三初字第00454号	239	(2006)渝三中民终字第316号 (2006)丰民初字第190号
105	(2014)唐民四终字第279号	240	(2014)宣中民二终字第00038号 (2013)泾民二初字第00444号
106	(2014)铁银民二初字第00085号	241	(2014)中中法民一终字第238号 (2011)中一法坦民一初字第418号
107	(2014)铁银民二初字第00086号	242	(2014)甘中申字第109号 (2013)定中民一终字第43号
109	(2014)塔民一初字第441号	244	(2013)岳中民二终字第123号 (2012)楼民三初字第537号
110	(2014)望民二初字第00089号	245	(2013)泾民二初字第00225号
111	(2014)南召民商金初字第38号	246	(2012)东中法民二终字第1131号 (2012)东一法民二终字第1114号
112	(2013)雁江民初字第1267号	247	(2012)南民商终字第235号 (2012)宛龙民三初字第13号
113	(2013)楼民三初字第673号	248	(2012)南民商终字第173号 (2011)西民商初字第219号
114	(2014)鄂樊城民三初字第00194号	249	(2012)南民三终字第00172号 (2011)西民商初字第222号

续表

编号	案 号	编号	案 号
115	(2014)绥阳林商初字第 6 号	250	(2012)许民三终字第 100 号 (2011)襄民初字第 565 号
116	(2014)鄂枣阳北民初字第 00078 号	251	(2012)梧民二终字第 8 号 (2011)藤民初字第 811 号
117	(2014)鄂枣阳北民初字第 00079 号	252	(2011)玄商初字第 859 号
118	(2014)鄂枣阳北民初字第 00080 号	253	(2011)焦民三终字第 311 号 (2011)沁民商初字第 95 号
119	(2014)衢江商初字第 2251 号	254	(2011)漯民二终字第 182 号 (2011)临民初字第 351 号
120	(2014)伊民二初字第 25 号	255	(2011)乌中民二终字第 25 号 (2010)天民二初字第 611 号
121	(2013)焦民二终字第 106 号 (2012)博商初字第 137 号	256	(2011)漯民二终字第 120 号 (2011)临民初字第 323 号
122	(2012)金堂民初字第 1030 号	257	(2014)闽民初字第 4129 号 (2015)南中法民终字第 103 号
123	(2014)抚民二终字第 39 号 (2014)崇民初字第 17 号	258	(2015)长民四终字第 93 号 (2014)南民初字第 178 号
124	(2014)楚中民二终字第 115 号 (2013)元民初字第 334 号	259	(2014)新法民一初字第 506 号
125	(2014)阳中法民一终字第 89 号	260	(2015)松民初字第 5688 号
126	(2014)四民一终字第 34 号	261	(2015)锦民终字第 00425 号
127	(2013)雁江民初字第 03092 号	262	(2014)简阳民初字第 3033 号
128	(2014)陇民二初字第 159 号	263	(2014)惠东法民二初字第 360 号
129	(2014)沈河民四初字第 1171 号	264	(2015)简阳民初字第 2653 号
130	(2014)扎商初字第 14 号	265	(2015)淇民初字第 276 号
131	(2014)呼商终字第 29 号 (2014)莫民初字第 78 号	266	(2015)后民初字第 2715 号
108	(2014)黔盘民商初字第 13 号	243	(2014)南民一终字第 00237 号 (2013)宛民初字第 516 号
132	(2014)金民二初字第 29 号	267	(2015)沈中民四终字第 194 号 (2014)皇民三初字第 998 号
133	(2014)足法民初字第 02056 号	268	(2015)四民一终字第 80 号
134	(2013)宛民初字第 516 号 (2014)南民一终字第 00237 号	269	(2011)浙杭民终字第 556 号
135	(2014)鄂咸宁中民三终字第 63 号 (2013)鄂咸安民初字第 02723 号		

附录 5

中国人民财产保险股份有限公司医疗责任保险条款
(2012 年版)

总　则

第一条　本保险合同由保险条款、投保单、保险单以及批单组成。凡涉及本保险合同的约定，均应采用书面形式。

第二条　凡依照中华人民共和国法律（以下简称"依法"）设立、有固定场所并取得《医疗机构执业许可证》的医疗机构，可作为本保险的被保险人。

保险责任

第三条　在本保险单明细表中列明的保险期限或追溯期及承保区域范围内，在保险单中载明的被保险人的医务人员（以下简称投保医务人员）在诊疗活动中，因执业过失造成患者人身损害，在本保险期限内，由患者或其近亲属首次向被保险人提出索赔申请，依法应由被保险人承担民事赔偿责任时，保险人根据本保险合同的约定负责赔偿。

本保险合同所指的追诉期是指从保险期间开始之时起向前追溯的约定的期间。追溯期的具体起止时间以保险单载明的时间为准。

本保险合同所指的诊疗活动是指通过各种检查，使用药物、器械及手术等方法，对疾病作出判断和消除疾病、缓解病情、减轻痛苦、改善功能、延长生命、帮助患者恢复健康的活动，包括诊断、治疗、护理环节。

第四条　保险责任范围内的事故发生后，事先经保险人书面同意的法律费用，包括事故鉴定费、查勘费、取证费、仲裁或诉讼费、案件受理费、律师费等，保险人在约定的限额内也负责赔偿。

责任免除

第五条　下列原因造成的损失、费用和责任，保险人不负责赔偿：

（一）被保险人或其医务人员的故意行为、犯罪行为和非执业行为；

（二）战争、敌对行为、军事行动、武装冲突、恐怖活动、罢工、骚乱、暴动、盗窃、抢劫；

（三）核反应、核子辐射和放射性污染。但使用放射器材治疗发生的赔偿责任，不在此限；

（四）地震、雷击、暴雨、洪水等自然灾害及火灾、爆炸等意外事故。

第六条　下列情形造成的损失、费用和责任，保险人不负责赔偿：

（一）未经国家有关部门认定合格的医务人员进行的诊疗工作；

（二）临床试验性检查、治疗以及其他不以治疗为目的诊疗活动造成的人身损害，包括但不限于整形美容、体检；

（三）被保险人或其投保医务人员从事未经国家有关部门许可的诊疗工作；

（四）被保险人或其投保医务人员被吊销执业许可或被取消执业资格以及受停业停职处分后仍继续进行诊疗工作；

（五）被保险人的投保医务人员在饮酒、吸毒或药剂麻醉状态下进行诊疗工作；

（六）因药品、消毒剂、医疗器械的缺陷，或者输入不合格的血液，或药品不良反应造成患者损害；

（七）被保险人或其投保医务人员使用未经国家有关部门批准使用的药品、消毒药剂和医疗器械，但经国家有关部门批准进行临床实验所使用的药品、消毒药剂、医疗器械不在此限；

（八）被保险人或其投保医务人员在正当的诊断、治疗范围外使用麻醉药品、医疗用毒性药品、精神药品和放射性药品；

（九）被保险人医务人员在抢救生命垂危的患者等紧急情况下已经尽到合理诊疗义务；

（十）被保险医务人员限于当时的医疗水平难以诊疗；

（十一）患者或其近亲属不配合医疗机构进行符合诊疗规范的诊疗，被保险人及其医务人员没有过错的。

第七条 下列损失、费用和责任，保险人不负责赔偿：

（一）被保险人医务人员或其代表的人身伤亡；

（二）直接或间接由于计算机2000年问题引起的损失；

（三）罚款、罚金或惩罚性赔款；

（四）本保险合同载明的免赔额；

（五）被保险人根据与患者、近亲属或他人签订的协议应承担的责任，但即使没有这种协议，被保险人依法仍应承担的责任不在此限；

（六）投保医务人员自终止在被保险人的营业处所内工作之日后所发生的任何损失、费用和责任。

第八条 其他不属于本保险责任范围的损失、费用和责任，保险人不负责赔偿。

责任限额与免赔额

第九条 除另有约定外，责任限额包括医疗责任每人责任限额、精神损害每人责任限额、医疗责任累计责任限额、法律费用、每次事故责任限额、法律费用累计责任限额。除另有约定外，精神损害每人责任限额为医疗责任每人责任限额的30%，并包含在医疗责任每人责任限额之内。各项责任限额由投保人和保险人协商确定，并在保险合同中载明。

第十条 每次事故免赔额（率）由投保人与保险人在签订保险合同时协商确定，并在保险合同中载明。

保险期间

第十一条 除另有约定外，保险期间为一年，以保险单载明的起讫时间为准。

第十二条 本保险合同成立后,保险人应当及时向投保人签发保险单或其他保险凭证。

第十三条 保险人依本保险条款第十七条取得的合同解除权,自保险人知道有解除事由之日起,超过三十日不行使而消灭。

保险人在保险合同订立时已经知道投保人未如实告知的情况的,保险人不得解除合同;发生保险事故的,保险人应当承担赔偿责任。

第十四条 保险事故发生后,投保人、被保险人提供的有关索赔的证明和资料不完整的,保险人应当及时一次性通知投保人、被保险人补充提供。

第十五条 保险人收到被保险人的赔偿请求后,应当及时就是否属于保险责任作出核定,并将核定结果通知被保险人。情形复杂的,保险人在收到被保险人的赔偿请求后三十日内未能核定保险责任的,保险人与被保险人根据实际情形商议合理期间,保险人在商定的期间内作出核定结果并通知被保险人。对属于保险责任的,在与被保险人达成有关赔偿金额的协议后十日内,履行赔偿义务。

保险人依照前款的规定作出核定后,对不属于保险责任的,应当自作出核定之日起三日内向被保险人发出拒绝赔偿保险金通知书,并说明理由。

第十六条 保险人自收到赔偿保险金的请求和有关证明、资料之日起六十日内,对其赔偿保险金的数额不能确定的,应当根据已有证明和资料可以确定的数额先予支付;保险人最终确定赔偿的数额后,应当支付相应的差额。

投保人、被保险人义务

第十七条 投保人应履行如实告知义务,如实回答保险人就有关情况提出的询问,并如实填写投保单。

投保人故意或者因重大过失未履行前款规定的如实告知义务,足以影响保险人决定是否同意承保或者提高保险费率的,保险人有权解除合同。

投保人故意不履行如实告知义务的,保险人对于合同解除前发生的保险事故,不承担赔偿责任,并不退还保险费。

投保人因重大过失未履行如实告知义务,对保险事故的发生有严重影响的,保险人对于合同解除前发生的保险事故,不承担赔偿责任,但应当退还保险费。

第十八条 除另有约定外,投保人应在保险合同成立时交清保险费。保险费交清前发生的保险事故,保险人不承担赔偿责任。

第十九条 被保险人及其医务人员在诊疗护理活动中,应该遵守医疗卫生管理法律、行政法规、部门规章和诊疗护理规范、常规,恪守医疗服务职业道德,采取合理的预防措施,尽力避免或减少责任事故的发生。保险人对被保险人及其医务人员的专业资格、使用药品和医疗器械及其他各项医疗条件进行查验时,被保险人应积极协助并提供保险人需要的用以评估有关风险的详情和资料。但上述查验并不构成保险人对被保险人的任何承诺。保险人对发现的任何缺陷或危险书面通知被保险人后,被保险人应及时采取整改措施。

投保人、被保险人未遵守上述约定而导致保险事故的,保险人不承担赔偿责任;投保人、被保险人未遵守上述约定而导致损失扩大的,保险人对扩大部分的损失不承担赔偿责任。

第二十条 在保险期间内,如发生足以影响保险人决定是否继续承保或是否增加保险费的保险合同重要事项变更,被保险人应及时书面通知保险人,保险人有权要求增加保险费或者解除合同。在保险期限内,由于医务人员发生变动,需要加保或退保,被保险人应当书面通知保险人。

被保险人未履行通知义务,因上述保险合同重要事项变更而导致保险事故发生的,保险人不承担赔偿责任。

第二十一条 被保险人一旦知道或应当知道保险责任范围内的患者人身损害事故发生,应该:

(一)尽力采取必要、合理的措施,防止或减少损失,否则,对因此扩大的损失,保险人不承担赔偿责任。

(二)按照规定向有关部门报告,并按照规定的程序申请或进行调查、分析、鉴定。被保险人应妥善保管有关的原始资料,并对引起不良后果的药品、医疗器械等现场实物按照有关规定进行封存并妥善保管,以备查验。

(三)立即通知保险人,并书面说明事故发生的原因、经过和损失情况;故意或者因重大过失未及时通知,致使保险事故的性质、原因、损失程度等难以确定的,保险人对无法确定的部分,不承担赔偿责任,但保险人通过其他途径已经及时知道或者应当及时知道保险事故发生的除外。

(四)允许并且协助保险人进行事故调查;对于拒绝或者妨碍保险人进行事故调查导致无法确定事故原因或核实损失情况的,保险人不对无法确定或核实的部分承担赔偿责任。

第二十二条 被保险人收到患者或其近亲属的损害赔偿请求时,应立即通知保险人。未经保险人书面同意,被保险人对患者或其近亲属作出的任何承诺、拒绝、出价、约定、付款或赔偿,保险人不受其约束。对于被保险人自行承诺或支付的赔偿金额,保险人有权重新核定,不属于本保险责任范围或超出应赔偿限额的,保险人不承担赔偿责任。在处理索赔过程中,保险人有权自行处理由其承担最终赔偿责任的任何索赔案件中,被保险人有义务向保险人提供其所能提供的资料和协助。

第二十三条 被保险人获悉可能发生诉讼、仲裁时,应立即以书面形式通知保险人;接到法院传票或其他法律文书后,应将其副本及时送交保险人。保险人有权以被保险人的名义处理有关诉讼或仲裁事宜,被保险人应提供有关文件,并给予必要的协助。

对因未及时提供上述通知或必要协助引起或扩大的损失,保险人不承担赔偿责任。

第二十四条 被保险人向保险人请求赔偿时,应提交下列单证材料:

(一)保险单正本和被保险人已经向第三者支付赔偿金的书面证明材料。

(二)有关责任人的资格和执业证明、医疗机构与责任人的劳动关系证明。

(三)患者完整的病例资料。

(四)患者伤残的,应当提供权威部门出具的伤残程度证明;患者死亡的,应当提供死亡证明书。

(五)患者或近亲属的书面索赔申请。

(六)事故情况说明、赔偿项目清单。

（七）经法院、仲裁机构或卫生行政部门依法判决、裁决、裁定或调解的，应当提供判决、裁定文件或调解书。

（八）投保人、被保险人所能提供的其他与确认保险事故的性质、原因、损失程度等有关的证明和资料。

投保人、被保险人未履行前款约定的单证提供义务，导致保险人无法核实损失情况的，保险人对无法核实部分不承担赔偿责任。

第二十五条 发生保险责任范围内的损失，应由有关责任方（被保险人的投保医务人员除外）负责赔偿的，被保险人应行使或保留行使向该责任方请求赔偿的权利。

保险事故发生后，保险人未履行赔偿义务之前，被保险人放弃对有关责任方请求赔偿的权利的，保险人不承担赔偿责任。

保险人向被保险人赔偿保险金后，在赔偿的金额范围内代位行使被保险人对有关责任方请求赔偿的权利，在被保险人未经保险人同意放弃对有关责任方请求赔偿的权利的，该行为无效。

在保险人向有关责任方行使代位请求赔偿权利时，被保险人应当向保险人提供必要的文件和其所知道的有关情况。

由于被保险人的故意或者重大过失致使保险人不能行使代位请求赔偿的权利的，保险人可以扣减或者要求返还相应的赔偿金额。

赔偿处理

第二十六条 保险人接到被保险人的索赔申请后，有权聘请专业技术人员参与调查、处理。

第二十七条 保险人以下列方式之一确定的被保险人的赔偿责任为基础，按照保险合同的约定进行赔偿：

（一）被保险人和向其提出损害赔偿请求的患者协商并经保险人确认；

（二）仲裁机构裁决；

（三）人民法院判决；

（四）卫生行政部门调解；

（五）保险人认可的其他方式。

第二十八条 被保险人给患者造成损害，被保险人未向该患者或其近亲属赔偿的，保险人不负责向被保险人赔偿保险金。

第二十九条 发生保险责任范围内的损失，保险人按以下方式计算赔偿：

（一）对于被保险人对每位患者造成的人身伤害，保险人在医疗责任每人责任限额内计算赔偿；对于被保险人对每位患者依法应当承担的精神损害赔偿责任，保险人的赔偿金额以本保险单列明的精神损害赔偿每人责任限额为限，并计算在医疗责任每人责任限额之内。

对于被保险人对每位患者人身伤害的赔偿责任和精神损害的赔偿责任，保险人在扣除保险合同列明的每次事故免赔额或按每次事故免赔率计算的免赔额后，在医疗责任每人责任限额内进行赔偿。

（二）在保险期间内，保险人对被保险人多次索赔的各项赔偿金额之和不超过本保险合同载明的医疗责任累计责任限额。

第三十条　对于法律费用,保险人在第二十九条计算的赔偿金额以外按以下约定另行计算赔偿:

（一）保险人对法律费用的每次事故赔偿金额以实际发生的费用金额为准,但不得超过本保险单列明的法律费用的责任限额;

（二）在保险期间内,保险人对被保险人多次索赔的法律费用累计赔偿金额不得超过本保险单列明的法律费用的责任限额。

第三十一条　发生保险事故时,如果被保险人的损失能够从其他相同保障的保险项下也获得赔偿,则本保险人按照本保险合同的责任限额与所有有关保险合同的责任限额总和的比例承担赔偿责任。

其他保险人应承担的赔偿金额,本保险人不负责垫付。若被保险人未如实告知导致保险人多支付赔偿金的,保险人有权向被保险人追回多支付的部分。

第三十二条　被保险人受理报案、进行现场查勘、核损定价、参与案件诉讼、向被保险人提供建议等行为,均不构成保险人对赔偿责任的承诺。

第三十三条　被保险人向保险人请求赔偿的诉讼时效期间为二年,自其知道或者应当知道保险事故发生之日起计算。

争议处理

第三十四条　因履行本保险合同发生争议的,由当事人协商解决。协商不成的,提交保险单载明的仲裁机构仲裁;保险单未载明仲裁机构且争议发生后未达成仲裁协议的,可向中华人民共和国人民法院起诉。

第三十五条　本保险合同的争议处理适用中华人民共和国法律(不包括港澳台地区法律)。

其他事项

第三十六条　保险责任开始前,投保人要求解除保险合同的,应当向保险人支付相当于保险费5%的退保手续费,保险人应当退还剩余部分保险费;保险人要求解除保险合同的,不得向投保人收取手续费并应退还已收取的保险费。

保险责任开始后,投保人要求解除保险合同的,自通知保险人之日起,保险合同解除;保险人也可提前十五日向投保人发出解约通知书解除本保险合同。保险合同解除后,保险人均按照保险责任开始之日起至合同解除之日止期间与保险期间的日比例计收保险费,并退还剩余部分保险费。

附录6 美国佛罗里达医师责任保险单(英文版及试译)

附录6.1.1

Medical Professional Liability Insurance Policy

Modified Claims Made Policy

Florida Doctors Insurance Company
7751 Belfort Parkway, Suite 100
Jacksonville, Florida 32256
904-296-2887 1-800-FLA-DOCS
FAX 904-296-8919

Florida Doctors Insurance Company

Introduction

This policy is written in clear, straight forward English. Please read it and familiarize yourself with what it says. If you have any questions corrections or changes, please contact us at the telephone or address listed on page 1 of this policy.

Your Professional Liability Policy is made up of the following items

1. Coverage Summary Separate Page

This is a page, which is typed, or printed and inserted manually as the first page you see when you open the policy. It will tell you who is/are policyholder(s), insured(s), applicable limits of liability, insured organizations, which Coverage Parts and/or Endorsements are applicable, when coverage begins and ends and other information required for you to understand the policy. If this page is missing or incorrect, please call or write us so we may send you a copy or issue any needed corrections.

2. Common Policy Conditions (Page 3)

The conditions contained in this section apply to every Coverage Part and Endorsement(s) that is/are a part of this policy. Rather than repeat them, we have consolidated them in this section.

3. Common Exclusions (Page 8)

The exclusions contained in this section apply to every Coverage Part and Endorsement(s) that is/are part of this policy. Additional exclusions, if any, are contained in the applicable Coverage Part and Endorsement(s) that is/are part of this policy. Rather than repeat them, we have consolidated them in this section.

4. Definitions (Page 11)

The definitions contained in this section apply to every Coverage Part and Endorsement(s) that is/are part of this policy. Additional definitions, if any, are contained in the applicable Coverage Part or Endorsement(s) that is/are part of this policy. Rather than repeat them we have consolidated them in this section.

5. Coverage Part(s) If applicable (Pages 13, 18, 21 or separate pages)

Only those Coverage Parts shown on the Coverage Summary and have a premium shown or indicate the premium is included are applicable. Those applicable Coverage Parts provide you specific coverage agreements which detail the type of coverage provided by this policy. The policy may contain more than one Coverage Part, each providing different specific coverage agreements.

6. Endorsements Separate Page

Quite often, a policy will contain endorsements. Endorsements are added to allow the policy to comply with individual state requirements, or may be used to broaden or restrict coverage, or may be used due to the specific nature of the risk of your practice. Endorsements to the policy at inception are listed on the Coverage Summary.

COMMON POLICY CONDITIONS

1. The Policy Period:

Coverage under this policy shall begin at 12:01 AM standard time at the address and on the effective date shown in the Coverage Summary. If this policy replaces a policy ending at noon, rather than 12:01 AM, coverage shall begin at noon when coverage under the old policy expires. The coverage shall expire at 12:01 AM, standard time, on the expiration date shown in the Coverage Summary. If all or part of this policy is cancelled for any reason before that date, the coverage will end at 12:01 AM standard time on the cancellation date.

2. Premiums:

a. All premiums paid to us shall be computed in accordance with our rules, rates, rating plans, premiums and minimum premium applicable on the effective date of the policy.

b. The first premium is due at inception. Each renewal premium is due on or before the beginning of the renewal period to which it applies. If any premium is not paid when due, this policy, if not previously cancelled, will be terminated in accordance with the cancellation provisions of this policy.

c. The policyholder shown in the Coverage Summary is:

ⅰ. responsible for the payment of all premiums; and

ⅱ. shall be the payee for any return premium we pay; however,

ⅲ. if the premium is paid by another person or organization, that person or organization shall be entitled to any return premium.

The policyholder must promptly notify us, in writing, of any change in the information provided to us in any application or other communication, including any change in medical specialty, medical procedure, location of practice, addition, substitution or termination of employees, partners, agents, independent contractors and insureds; changes in the corporation, partnership or professional association or affiliation of the policyholder. A change may result in a condition that would not be covered by this policy.

3. Policy Changes:

This policy can only be changed by a written endorsement to the policy. This endorsement must be signed by one of our authorized representatives. Notice to any of our agents or knowledge possessed by any such agent or any other person shall not act as a waiver or change any part of this policy. Any notice to any person will not prevent us from asserting any rights under the provisions of the policy.

We make changes in our standard policy from time to time. Any change must comply with applicable state law. While your policy is in effect, we may make a change in our standard policy which may broaden or restrict coverage under that policy. However, your coverage will only be changed in the following manner:

a. If the change broadens your coverage and the change can be added to your policy without requiring a premium increase, you will automatically receive the benefit of the broadened coverage.

b. If the change restricts your coverage, it will not become effective until and unless your policy is renewed. We agree to notify the policyholder of any change that may restrict coverage at least ninety (90) days before the effective date of any renewal of policy.

4. Renewal and Cancellation:

Renewal: Neither the policyholder nor us is required to renew this policy. Any renewal will be on policy forms then in effect. We may renew by issuing a Continuation Coverage Summary specifying a new policy period or by offering a completely new policy. If the policyholder rejects our offer of renewal, either by failure to pay the premium on or before the effective date of such renewal or by written notice received by us, then any coverage under a new policy period or a completely new policy shall be null and void as of its effective date.

Cancellation: The policyholder can cancel this policy at any time. We have the same right. To cancel, the policyholder must mail or deliver to us written notice stating when the coverage is to end. If the policyholder cancels this policy during the policy period, a pro rata refund of the unearned premium, less a ten percent (10%) cancellation charge, shall be returned.

We will ordinarily provide the policyholder ninety (90) days notice of cancellation or nonrenewal. However, when the cancellation is due to nonpayment of premium, or the loss or

suspension of your license to practice your profession, we will only provide the policyholder ten (10) days notice of cancellation. If this policy is canceled by us earned premiums shall

be computed pro rata.

Premium adjustments may be made either at the time cancellation is effected or as soon as practicable after cancellation becomes effective, but payment or tender of unearned premiums is not a condition of cancellation.

Except as noted above concerning nonpayment of premium or loss of license, after this policy has been in effect for ninety (90) days or longer, we will not cancel the policy except for one or more of the following reasons:

a. failure to comply with underwriting requirements established by the insurer within ninety (90) days of the date of effectuation of coverage;

b. substantial change of risk covered by the policy; or

c. the cancellation is for all insureds under such policies for a given class of insureds.

If we cancel the policy for any reason specified in a, b, or c above, we will provide the policyholder with a ninety (90) day cancellation notice.

If the policy is cancelled by the policyholder, any physician or surgeon who is insured under this policy shall have thirty (30) days from the cancellation date to obtain coverage

under another one of our policies that provides the same coverage as provided under this policy.

If any physician or surgeon who is an insured under this policy because of their being a partner, stockholder or employee of the policyholder and they cease being a partner, stockholder or employee of the policyholder, then that physician or surgeon shall have thirty (30) days from the change of status within which to obtain coverage under another one of our policies which provides the same coverage as provided under this policy.

5. Policy Territory:

This policy applies to a medical incident occurring in the United States of America, including its territories and possessions, Puero Rico and Canada. A claim must be made and suit

must be filed within the United States of America only.

6. Assignments and Transfers:

Neither the policyholder nor anyone else covered under this policy can assign or transfer your or their interest in the policy. If you die or are adjudged mentally incompetent, the coverage under the policy shall be automatically terminated as to you, and, your interest in the policy shall be automatically transferred to your duly appointed legal representative. Any unearned premium shall be calculated on a pro rata basis from the termination date and returned according to the provisions of this policy.

7. Settlement of Claim or Suit:

We have the right to determine, to make, and to conclude, without your permission, in accordance with applicable law, any settlement within your policy limits.

8. Other Insurance:

A loss that is covered under this policy may also be covered under another insurance policy or risk transfer instrument, including but not limited to, self-insured retentions, deductibles, or other alternative arrangements.

The coverage provided by all Coverage Parts of this policy shall apply as excess insurance to any coverage under another insurance policy or risk transfer instrument.

We shall not be liable under this policy for a greater proportion of such loss than the applicable limit of liability under this policy for such loss bears to the total applicable limits of liability of all valid and collectible insurance or risk transfer instruments, whether primary, contributory, excess, contingent or otherwise.

These other insurance provisions do not apply to any insurance policies or risk transfer instruments written as specific excess insurance over the limits of liability of this policy.

9. Recovering Damages From a Third Party:

Any insured covered under this policy may be able to recover all or part of a loss from a person or organization other than us; therefore, each insured must do all that is reasonably possible to preserve any right of recovery. If we make a payment under this policy then the right of recovery shall belong to us (on your behalf). If we recover more than we have paid then the excess shall belong to the insured who had the loss, but we shall deduct our recovery expenses first, including a reasonable attorney's fee.

10. Lawsuits Against Us:

You may not bring legal action against us concerning this policy until:

a. you have fully complied with all the provisions of this policy; and

b. the amount of your obligation to pay has been decided. Such amount can be set by court judgment or by written agreement between you, us and the claimant.

No person or organization (including you) can join us in an action against you, and no one can sue us directly on a claim against you.

After liability against you has been determined by court judgment or written agreement, the party making the claim may be able to recover under this policy but only up to the limit of your coverage. If you or your estate is adjudged bankrupt or becomes insolvent, we will still be obligated under this policy.

11. Fraud and Misrepresentation:

This policy shall be void if you or any insured covered under this policy fail or refuse to disclose any relevant fact or information to us, alter, conceal or destroy any relevant record or document, mislead us or defraud or lie to us about any relevant issue relating to coverage under this policy, either before or after a loss. Unintentional errors or omissions, however, will not affect your rights under this policy.

12. Our Right to Inspect and Audit:

You agree to let us inspect your property and business operations during normal business hours while this policy is in force. We are not, however, required to make inspections. Nor will we guarantee that your property or operations are safe, or that they will conform to any laws, rules or regulations.

You also agree to allow us to examine and audit your books and records that relate to this insurance at any time up to three years after the policy ends. Any inspection, surveys, reports or recommendations shall relate only to insurability under the policy and premium charged.

13. How State Law Affects This Policy:

This policy is issued according to the laws of the state shown in the mailing address of the policyholder as shown on the Coverage Summary. Any part of this policy that conflicts with the laws of any state is automatically changed to conform to that law.

14. What to Do If You Have a Claim:

Notification:

a. Tell us what happened as soon as possible after the claim has been made. Also, let us know as soon as possible if policyholder hears of a potential claim or is made aware of having done something that may later result in a claim.

b. Notify the police if any laws may have been broken.

c. Send us copies of all claims or demands or legal documents as soon as possible. When providing information to us, be sure to include the time and place of the event, the persons involved, the specific nature of the incident, including the type of claim that may result, and the names and addresses of any witnesses and injured people.

Cooperation:

You, or anyone for whom you are legally responsible, are required to fully cooperate with us or our designee in the making of settlements within the policy limits of liability, the conduct of suits or other proceedings and enforcing any right of contribution or indemnity against another, who may be liable to you because of injury, damage, loss or expense. If we ask, you shall attend hearings and trials, assist in obtaining and presenting evidence and obtaining the attendance of witnesses.

You are required to cooperate fully in the review process prescribed under Florida Statute 766. 106 if a notice of intent to file a claim for medical malpractice is made against you. Do not agree to any financial obligations or make any payments of money without our authorization. Doing so will result in our not making reimbursement of any payment or obligation, even though it may have been covered by this policy.

Keep your records in a safe place. Do not alter, cancel or destroy your medical records or commit any act that would interfere with our ability to defend a claim or lawsuit against you. Create a separate litigation file for all items relating to a medical incident, claim or lawsuit.

15. Extended Reporting Period:

a. When coverage under this policy ends for any reason, the policyholder has the right, but not the obligation, to buy an Extended Reporting Period endorsement, commonly referred to as "tail coverage". If purchased, this endorsement allows you to report to us claims that resulted from medical incidents that occurred subsequent to the retroactive date and prior to the expiration date of the policy.

b. The policyholder must submit a written request expressing a desire to purchase this endorsement within thirty (30) days after the date we mailed notification of your option to purchase this endorsement. This notification will outline the payment options for this endorsement.

c. The policy language that applied immediately prior to the cancellation date will apply to all claims submitted during the extended reporting period. The broadening of the coverage portion of the Policy Changes provision found in the General Conditions section will not apply during the Extended Reporting Period.

d. The Per Claim limit of liability that applied to you on the cancellation date will apply to all claims submitted during the Extended Reporting Period. The Aggregate limit that applied to you on the cancellation date is the maximum amount we will pay for all claims covered under this policy prior to the cancellation as well as under the Extended Reporting Period.

e. Payment of the premium must be made within thirty (30) days of the billing date for each extension. If we fail to receive any payment due, we will send an official notice of termination effective on the effective date of the coverage period, with allowances made for appropriate consideration of reinstatement in the event a payment was lost in the mail or not properly applied to your account.

f. There will be no charge for Extended Reporting Period endorsement if any of the following events take place while the policyholder or insured physician are actively insured with us:

ⅰ. dies (We must have a copy of the Death Certificate or other proof of death.);

ⅱ. becomes disabled and cannot continue the practice of medicine; or

ⅲ. fully retires from the practice of medicine at any age and have been continuously insured by us for the last five years immediately before retirement.

In the event the policyholder or insured physician decides to return to medicine, they must notify us in writing. If you report a claim to us under the Extended Reporting Period and we determine you were not fully retired from the practice of medicine, no coverage will apply to the claim.

COMMON EXCLUSIONS

This policy shall not cover:

1. Any injury or damages that award punitive or exemplary damages unless coverage for those types of damages are required by the state insurance regulatory agency where this policy is issued.

2. Any injury or damages resulting from an intentional tort, criminal act, or for acts or omissions while under the influence of intoxicants or narcotics.

3. Any injury or damages that you or any insured must pay under any unemployment or workers' compensation, disability benefits, or other similar law.

4. Any injury or damages resulting from you owning, using, taking care of, operating, leasing or

renting, loading or unloading, or entrusting to others any auto, non-owned auto, mobile equipment, motor vehicle, water craft or aircraft. Any auto, non-owned auto, mobile equipment, motor vehicle, water craft or aircraft which is loaned to you or which is operated for you by an employee in the course of their employment is also excluded. This exclusion does not apply to the parking of a non-owned auto on your premises or adjacent roads.

5. Any injury or damages to:

a. your employee arising out of and in the course of employment by you; or

b. the spouse, child, parent, brother or sister of that employee as a consequence of "a." above.

This exclusion applies to any liability you have assumed under any contract or agreement other than a contract covered by this policy. However, this exclusion shall not apply if you are providing immediate medical or surgical care to an employee after an injury or there is a medical incident resulting from providing of professional services to an employee.

6. Any injury or damages arising out of any:

a. refusal to employ;

b. termination of employment; or

c. coercion, demotion, reassignment, defamation, harassment, humiliation, discrimination or any other employment related practices, policies, acts or omissions.

7. Any injury or damages arising out of claims asserting any business or employment dispute, antitrust violations, unfair competition, boycott, conspiracy, the independent tort of conspiracy, trademark, patent or copyright infringement, misappropriation of trade secrets, breach of covenant not to compete, non-competition agreement, interference with business relations or contract, or any other act or omission which violates any statute, ordinance or regulation imposing any fine, penalty or other sanction.

8. Any injury or damages due to any acts of war.

9. Any injury or damages due to your legal responsibility resulting from the manufacturing, distributing, selling or serving of alcoholic beverages, if you are the owner or lessor of locations used for such purposes.

10. Any required return or withdrawal of fees or government payments to you, the payment of any fines, penalties, sanctions or any multiplication of amounts payable as penalties under this policy imposed by law.

11. Any fees, costs, expenses or other charges attributable to compensation of private legal counsel you may retain to protect your personal interests, whether or not a conflict of interest exists between you and us.

12. Any damages based upon the Employee Retirement Income Security Act of 1974, Public law 93-406 commonly referred to as the Pension Reform Act of 1974, and amendments thereto or similar provisions of any federal, state or local law.

13. Any injury or damages arising out of, relating to or involving the actual, alleged or threatened exposure at any time to asbestos; or that may be awarded or incurred:

a. by reason of a claim or suit relating to asbestos; or

b. complying with a governmental directive or request to test for, monitor, clean up, remove, contain or dispose of asbestos.

14. Nuclear Energy Liability Exclusion:

This policy shall not cover:

a. Under this policy or supplemental payments provision for any injury, sickness, disease, death or destruction; or bodily injury or property damage:

ⅰ. with respect to which an insured under the policy is also an insured under a nuclear energy liability policy issued by Nuclear Energy Liability Insurance Association, Mutual Atomic Energy Liability Underwriters or Nuclear Insurance Association of Canada, or would be an insured under any such policy but for its termination upon exhaustion of its limit of liability; or

ⅱ. resulting from the hazardous properties of nuclear material and with respect to which (a) any person or organization is required to maintain financial protection pursuant to the Atomic Energy Act of 1954, or any law amendatory thereof, or (b) the insured is, or had this policy not been issued would be, entitled to indemnity from the United States of America, or any agency thereof, under any agreement entered into by the United States of America, or any agency thereof, with any person or organization.

b. Under any Medical Payments Coverage Part, or under any supplementary payments provision relating to (i) immediate medical or surgical relief; (ii) first aid expenses incurred with respect to bodily injury, sickness, disease or death; or (iii) bodily injury resulting from the hazardous properties of nuclear material and arising out of the operation of a nuclear facility by any person or organization.

c. Under any Coverage Part for any injury, sickness, disease, death or destruction, or bodily injury or property damage resulting from the hazardous properties of nuclear material, if:

ⅰ. the nuclear material is at any nuclear facility owned by, or operated by or on behalf of an insured or has been discharged or dispersed therefrom; or

ⅱ. the nuclear material is contained in spent fuel or waste at any time possessed, handled, used, processed, stored, transported or disposed of by or on behalf of an insured; or

ⅲ. the injury, sickness, disease, death or destruction, or bodily injury or property damage arises out of the furnishing by an insured of services, materials, parts or equipment in connection with the planning, construction, maintenance, operation or use of any nuclear facility; but if such facility is located within the United States of America, its territories or possessions or Canada, this exclusion subsection (c) applies only to any injury to or destruction of property at such nuclear facility, or property damage to such nuclear facility and any other property thereat.

d. As used in this exclusion: hazardous properties include radioactive, toxic or explosive properties; nuclear materials means source materials, special nuclear material or byproduct material; source material, special nuclear material, and byproduct material have the meanings given them in the Atomic Energy Act of 1954 or in any law amendatory thereof; spent fuel means any fuel element or fuel component, solid or liquid, which has been used or exposed to radiation in a nuclear reactor; waste means any byproduct material other than tailings or waste produced by the extraction or concentration of uranium or thorium from any ore processed primarily for its source material content and resulting from the operation by any person or organization of any nuclear facility as defined in subparagraphs (1) and (2) of the definition of nuclear facility. nuclear facility means:

ⅰ. any nuclear reactor;

ⅱ. any equipment or device designed or used for (a) separating the isotopes of uranium or plutonium, (b) processing or utilizing spent fuel, or (c) handling, processing or packaging waste;

ⅲ. any equipment or device used for the processing, fabricating or alloying of special nuclear material if at any time the total amount of such material in the custody of the insured at the premises where such equipment or device is located consists of or contains more than 25 grams of plutonium or uranium 233 or any combination thereof, or more than 250 grams of uranium 235; or

ⅳ. any structure, basin, excavation, premises or place prepared or used for the storage or disposal of waste, and includes the site on which any of the foregoing is located, all operations conducted on such site and all premises used for such operations; "nuclear reactor" means any apparatus designed or used to sustain nuclear fission in a self-supporting chain reaction or to contain a critical mass of fissionable material; with respect to injury to or destruction of property, the word "injury" or "destruction" includes all forms of radioactive contamination of property; "property damage" includes all forms of radioactivecontamination of property.

e. The inception dates and thereafter of all original policies affording coverages specified in this paragraph whether new, renewal or replacement, being policies which become effective on or after 1st May, 1960, provided this paragraph shall not be applicable to:

ⅰ. Garage and Automobile Policies issued by the Reassured on New York risks, or

ⅱ. statutory liability insurance required under Chapter 90, General Laws of Massachusetts, until 90 days following approval of the Broad Exclusion Provision by the Governmental Authority having jurisdiction thereof.

Without in any way restricting the operation of paragraph a. of this exclusion, it is understood and agreed that paragraphs b. and c. above are not applicable to original liability policies of the Reassured in Canada and that with respect to such policies this Clause shall be deemed to include the Nuclear Energy Liability Exclusion Provisions adopted by the Canadian Underwriters' Association of the Independent Insurance Conference of Canada.

DEFINITIONS

Wherever used in this policy, the following words or phrases in bold type shall have these meanings:

Accident means an event or circumstance proximately caused by the insured that is neither expected nor intended from the standpoint of the insured.

Advertising Injury means injury arising out of one or more of the following: (a) oral or written publication of material that: (1) slanders or libels any entity or disparages an entity's goods, products or services; or (2) violates an entity's right of privacy; (b) misappropriation of advertising ideas or style of doing business; (c) infringement of copyright, title or slogan.

Claim means any expression of an intent to hold you responsible for damages arising from the rendering or failure to render professional services by you or by someone for whom you are legally responsible. If this policy is terminated for any reason, we will not accept incident reports that do not comply with the definition of claim as claims.

Claim Expenses means the fees charged by an attorney we designate; and all other fees, costs and expenses, including interest on that part of any judgment that does not exceed the limit of your coverage, which result from the investigation, adjustment, defense and appeal of a claim. These expenses must be incurred by us, or by you with our prior written consent.

Damages means all amounts of money which are payable because of injury to which this insurance applies.

Disabled means permanent, complete and continuous inability to perform duties of the health care profession, as certified by a physician acceptable to us.

Injury means bodily injury, sickness, disease, mental or emotional distress sustained by a person, or death resulting from such injury.

Insured means any person or entity covered under this policy.

Insured Organization means any partnership, professional corporation, professional association, limited liability company or other entity designated as such on the Coverage Summary.

Insured Physician means any physician or surgeon designated as such on the Schedule of Covered Persons.

Medical Incident means any act, error or omission in the providing of or failure to provide professional services by you or by someone for whom you are legally responsible. For the purposes of this definition, treatment of mother and fetus (or fetuses) from conception through postpartum care constitutes a single medical incident, and a continuing course of treatment or repeated exposure to substantially the same general conditions constitutes a single medical incident.

Occurrence means an accident, including continuous or repeated exposure to conditions, which proximately result in injury or property damage, neither expected nor intended from the standpoint of the insured.

Policy means the Medical Professional Liability Insurance Policy, the Coverage Summary, the applicable Coverage Part or Parts, Schedule of Covered Persons and any Endorsements to the policy.

Policyholder means the person or organization designated as such in the Coverage Summary.

Policy Period means the date and time when the policy begins and ends as set forth in the Coverage Summary.

Professional Services means providing or failing to provide medical services, including making or failing to make a medical diagnosis.

Retroactive Date, as specified in the Coverage Summary, means the earliest date on or after which a medical incident would be covered under this policy. No coverage exists for a medical incident that occurred prior to the retroactive date.

Retire means to completely withdraw from the practice of medicine.

Sexual Misconduct means any sexual act, intimacy, assault, molestation, harassment, exploitation, or any treatment, procedure, conduct or behavior that is considered undue sexual familiarity.

You and your means an insured physician.

We, us and our means Florida Doctors Insurance Company.

This policy is signed by our President, but is not valid unless a Coverage Summary signed by our authorized representative is attached.

President

PROFESSIONAL LIABILITY COVERAGE PART

This Coverage Part provides protection against professional liability claims that are brought against you by a patient in your practice as a physician or surgeon. The coverage is written on a claims made basis which means claims that are the result of medical incidents happening after the retroactive date stated in the Coverage Summary are covered. The claim must first be made against you and reported to us while this Coverage Part is in effect. We consider a claim to be made on the date you first contact us regarding a medical incident or injury that you reasonably believe will result in a claim being made against you. No coverage exists for claims first made against you after the end of the policy period unless, and then only to the extent, an Extended Reporting Period applies as determined in the Conditions section of the policy.

We will defend any claim brought against you for damages covered under this Coverage Part. We will do this even if the claim is groundless and fraudulent. We will not defend or pay a claim after the applicable Limits of Liability of the Coverage Part has been used to pay judgments or settlements.

A. Coverage Provided to You

You are covered for injury or damages arising from a medical incident resulting from:

1. Your providing or failure to provide professional services to a patient.

2. Your refusal to treat or to accept a person as a patient, or for wrongful termination, transfer or abandonment of the care and treatment of a patient.

3. Your providing or failure to provide professional services to any injured person at the scene of an accident or emergency and/or failure to provide or arrange for further medical treatment for the injured person.

4. Your providing or failure to provide professional services to anyone for and at the request of a hospital, school, religious entity, non-profit organization, or state or local governmental agency for which neither the requesting entity or organization nor you expect, charge or receive any compensa-

tion.

5. Your service as a member of a partnership, corporation or professional association, but only for injury or damages resulting from the providing or withholding of professional services to a patient by you individually. You are not protected for acts of any other members of the partnership, corporation or professional association. There will be no coverage under this Coverage Part unless the partnership, corporation or professional association is specifically named on the Coverage Summary.

6. Your vicarious liability for the acts of your employed, loaned or leased employees for whom you are legally responsible and who are acting within the scope and course of their employment as authorized by you. There is no coverage under this section for the acts of anyone specifically listed in Exclusion 4 and 5 of the "Exclusions" section of this Coverage Part.

7. Your vicarious liability for providing or failure to provide professional services by medical students and/or residents only when working in your medical practice while acting within the scope of a program approved by their educational institution.

8. Your service on a formal hospital or professional society board or committee. However, the coverage provided by this Coverage Part shall not apply if you have other insurance coverage or it is provided to or on your behalf by another or an agreement providing some form of protection to you for these services.

9. Your quality assurance activities when performed for the purposes of evaluating and improving the quality of health care services and for patient safety. We will cover you when you participate as a member, a witness or a clinical practice advisor of a formal credentialing, peer review or quality assurance board or committee formed by an organization for the purposes of improvement of patient safety or the quality of health care services delivered to patients. Quality assurance activities do not include your services to an organization, which reviews utilization, necessity and treatment issues related to controlling health care costs unless added by endorsement or Coverage Part. However, the coverage provided by this section of the Coverage Part shall apply in excess of other insurance coverage provided to or on your behalf by another or an agreement providing some form of protection to you for these activities.

10. Your providing or failure to provide professional services which results in the personal injury to a patient resulting from false arrest, detention, imprisonment, libel, slander, defamation of character, violation of an individual's right to privacy, mental anguish, mental shock or humiliation. Personal injury arising out of sexual misconduct is not covered. However, the coverage provided by this section of the Coverage Part shall apply in excess of other insurance coverage provided to or on your behalf by another or an agreement providing some form of protection to you for these services.

11. Your negligence in placing, or causing to be placed erroneous medical information in a medical chart or in an electronic medical record. You will also be covered if you relied upon erroneous medical information in a medical chart or in an electronic medical record in providing professional services.

12. Your wrongful or unauthorized disclosure of patient confidential or privileged medical information to person or persons who are not otherwise entitled to it.

13. Any locum tenens approved by us in writing while acting within the course and scope of his or her duties as such.

B. Coverage Provided to Others

The following are provided with coverage under this Coverage Part for damages because of bodily injury caused by a medical incident, but only if you are entitled to coverage, and then only to the extent the insureds listed below agreed to be bound by terms contained in this policy:

1. Your employed, leased or loaned employees for whose acts you are legally responsible are covered while acting within the course and scope of the professional services provided to a patient and authorized by you. However, there is no coverage to the extent these persons are described in Exclusions 4,5 and 6 of the "Exclusions" section of this Coverage Part. Also, there is no coverage under this provision if the Professional Organization Coverage Part of this policy was purchased.

2. The insured organization is covered solely for vicarious liability for damages caused by bodily injury resulting from the providing or withholding of professional services to a patient by you individually. However, there is no coverage under this provision if the Professional Organization Coverage Part of this policy was purchased.

Coverage shall apply only to the extent of the Limit of Liability available to you under this policy. In the event you are not a party to the claim, no coverage shall exist as respects the others listed above.

C. Limits of Liability

1. The Per Claim coverage limit stated on the Coverage Summary is the maximum amount we will pay for each insured physician for all damages and all claims or causes of action of any kind covered by this Coverage Part that have arisen from an event or a series of events. The providing or failure to provide professional services to a patient, even when seen on different occasions and by different persons covered by this Coverage Part, shall be considered having arisen from a series of events, and only one Per Claim coverage limit shall apply. Damages shall include an award of attorney fees for a claimant. If more than one person is covered under this Coverage Part, the Per Claim coverage limit will still be the maximum amount we will pay.

2. The Aggregate coverage limit stated on the Coverage Summary is the maximum amount we will pay each insured physician for all damages and all claims or causes of action of any kind arising from claims reported in any single policy period.

D. Additional Benefits

In addition to the Limits of Liability to pay a claim:

1. We will pay premiums for appeal bonds or to release property that is being used to secure a legal obligation, but only bonds valued up to the limit of liability of the policy. We have no obligation to apply for or to furnish the bond.

2. We will pay the costs of investigating and defending a claim to include the claim expenses

and loss of earnings not to exceed MYM500 per day for your attendance at hearings or trials.

3. Additional Benefits do not include any attorney fees awarded to a claimant.

E. Exclusions

We will not defend or pay under this coverage part for:

1. Any injury or damages resulting from your liability as a proprietor, superintendent, medical director, administrative or executive officer of any of (but not limited to) the following:

   a. hospital, nursing home or sanitarium;

   b. clinic with bed and board facilities;

   c. outpatient surgery center, health care facility, laboratory, emergency medical service; or

   d. other business enterprise.

This exclusion does not apply to claims arising from laboratory or health care facilities:

   i. you maintain for testing of your own patients; or

   ii. necessary to the practice of your specialty.

2. Any injury or damages for liability that you have assumed under a contract or agreement. This exclusion does not apply to liability the policyholder or insured physician assume in a contract with a health maintenance organization, preferred provider organization, independent practice association or any other similar organization, but only for such liability as is attributable to your providing or failure to provide professional services to a patient.

3. Any injury or damages resulting from the administration of regional or general anesthesia, except local and infiltrative anesthesia and regional anesthesia not involving major plexus nerve blocks, unless there is a specific endorsement attached to this policy.

4. Any injury or damages resulting from your liability for the acts or omissions of any employed chiropractor, podiatrist, optometrist, physician's assistant, nurse anesthetist, nurse midwife or nurse practitioner, unless the employee is individually insured either by us or by another company acceptable to us; and unless proof of other insurance with limits of liability acceptable to us is provided in the form of a Certificate of Insurance issued to us or other proof accepted by us. You may individually insure a physician's assistant, nurse anesthetist, nurse midwife or nurse practitioner as a designated employee on this policy.

5. Any injury or damages resulting from your liability for the providing or failure to provide professional services to a patient by any employee of:

   a. a hospital, nursing home or sanitarium;

   b. a clinic with bed and board facilities; or

   c. an outpatient surgery center, health care facility, laboratory or emergency medical service facility.

6. Any injury or damages resulting from your liability for any physicians you employ. However, this exclusion will not apply if those physicians are individually insured either by us or by another company acceptable to us. Those physicians must have other insurance with a Per Claim and Aggregate limit of at least the amount provided by this policy and proof must be provided in the form of a Certificate of Insurance issued to us or other proof accepted by us.

7. Any injury or damages you are liable for while on active duty in the United States Military

Service or Reserve or any National Guard Unit.

8. Any injury or damages in the event you or someone you instruct fraudulently alters, defaces or falsifies any records.

9. Any injury or damages resulting from your liability arising out of your own sexual activity or the sexual activity of those for whom you are legally responsible. This exclusion applies whether the sexual activity is done under the guise of treatment or otherwise and with or without the consent of the individual. However, we will defend any action until such time as you admit to such relations or contact or they have been found to have occurred by any judicial, quasi-judicial or administrative body. However, this exclusion does not apply if caused by sexual activity of non-physician employees for whom you are legally responsible when such activity is done without your actual or implied knowledge.

10. Any injury or damages for liability arising out of the manufacturing, selling, distribution, disposing, altering or dispensing of any product by you, or to any person. But this exclusion does not apply to dispensing of pharmaceuticals or medical appliances to your own patients when such dispensing arises out of the rendering of or failure to render professional services to a patient.

11. Any injury or damages resulting from claims that you or any entity for which you are serving is entitled to sovereign immunity defense or limitation. However, this exclusion does not apply if you are not entitled to sovereign immunity defense or limitation.

12. Any injury or damages resulting from claims or lawsuits arising out of your rendering or failing to render professional services while your license to practice or license to prescribe controlled substance has been suspended, revoked, restricted or voluntarily surrendered.

13. Any injury or damages:

a. arising out of a medical incident which happened either before the retroactive date or after the retroactive date if on the effective date of this policy you knew or had been told that the medical incident would result in a claim; or

b. any claim that on the effective date of this policy is a reported medical incident; a pending claim or proceeding; or a paid claim; or

c. arising out of a medical incident disclosed on our application(s) or during the application process.

14. Any injury or damages resulting from any individual hired or employed by or on behalf of your patient.

PROFESSIONAL ORGANIZATION COVERAGE PART

This coverage applies only if indicated on the Coverage Summary and a premium is shown.

This Coverage Part provides protection against professional liability claims for the Professional

Organization shown on the Coverage Summary for damages resulting from the providing of or failure to provide professional services to a patient by anyone for whose acts the Professional Organization is legally responsible.

This Coverage Part provides protection for the Professional Organization's employee, leased employee or loaned employee for providing or failure to provide professional services to a patient. These persons will be covered by this Coverage Part only while they are acting within the scope of their employment. There is no coverage under this paragraph for the acts of those persons specifically listed in Exclusion 4 and 5 of the "Exclusions" section of this Coverage Part. Any coverage for these employees does not increase the Limits of Liability under this Coverage Part. These employees share the Professional Organization's Limits of Liability under this Coverage Part.

The coverage is written on a claims-made basis that means claims resulting from medical incidents happening after the retroactive date stated in the Coverage Summary are covered. The claim must first be made against the Professional Organization and reported to us while this insurance is in effect. We consider a claim to be made on the date we are first contacted regarding a medical incident or injury in which there is reasonable belief that a claim against the Professional Organization will result. No coverage exists for claims first made against you after the end of the policy period unless, and then only to the extent, an Extended Reporting Period applies as determined in the Conditions section of the policy.

We will defend any claim brought for damages covered under this coverage part. We will do this even if the claim is groundless and fraudulent. We will not defend or pay a Claim after the applicable Limit of Liability has been used to pay judgments or settlements.

A. Limits of Liability

The limits of liability specified in the Coverage Summary applicable to the Professional Organization shall apply to all claims or suits made or brought against: (1) the Professional Organization; (2) any other covered employee; and (3) any insured physician, provided such liability arises out of the providing of, or failure to provide professional services by any person other than such insured physician for whose acts or omissions such insured physician is liable solely by reason of his status as a member, partner, officer, director or shareholder of the insured organization.

1. The Per Claim coverage limit stated on the Coverage Summary is the maximum amount we will pay for all damages and all claims or causes of action of any kind against all organizations and persons covered by this Coverage Part that have arisen from an event or a series of events. The providing or failure to provide professional services to a patient, even when seen on different occasions and by different persons covered by this Coverage Part, shall be considered having arisen from a series of events, and only one Per Claim coverage limit shall apply. Damages shall include an award of attorney fees for a claimant. If more than one person is covered under this Coverage Part, the Per Claim coverage limit will still be the maximum amount we will pay.

2. The Aggregate coverage limit stated on the Coverage Summary is the maximum amount we will pay for all damages and all claims or causes of action of any kind arising from claims reported in any single policy period.

3. The Per Claim Limit and Aggregate Limit under this Professional Organization Coverage Part are shared between all insureds, in section A. If the shared limits are insufficient to protect all insureds, the insured organization shall have priority over those shared limits to extinguish the insured organization's liability or potential liability.

B. Additional Benefits

In addition to the Limits of Liability to pay a claim:

1. We will pay premiums for appeal bonds or to release property that is being used to secure a legal obligation, but only bonds valued up to the limit of liability of the policy. We have no obligation to apply for or to furnish the bond.

2. We will pay the costs of investigating and defending a claim to include the claim expenses and loss of earnings not to exceed MYM500 per day for your attendance at hearings or trials.

3. Additional Benefits do not include any attorney fees awarded to a claimant.

C. Exclusions

We will not defend or pay under this Coverage Part for:

1. Any injury or damages arising from the acts or omissions of any physicians not listed on the Schedule of Covered Persons attached to this policy. However, this exclusion will not apply if those physicians are individually insured either by us or by another company acceptable to us. Those physicians must have other insurance with a Per Claim and Aggregate limit of at least the amount provided by this policy and proof must be provided in the form of a Certificate of Insurance issued to us or other proof accepted by us.

2. Any injury or damages:

a. arising out of a medical incident which happened either before the retroactive date or after the retroactive date if on the effective date of this policy you knew or had been told that the medical incident would result in a claim; or

b. any claim that on the effective date of this policy is a reported medical incident; a pending claim or proceeding; or a paid claim; or

c. arising out of a medical incident disclosed on our application(s) or during the application process.

3. Any injury or damages resulting from claims that you or any entity for which you are serving is entitled to sovereign immunity defense or limitation. However, this exclusion does not apply if you are not entitled to sovereign immunity defense or limitation.

4. Any injury or damages resulting from your liability for the acts or omissions of any employed chiropractor, podiatrist, optometrist, physician's assistant, nurse anesthetist, nurse midwife or nurse practitioner, unless the employee is individually insured either by us or by another company acceptable to us and unless proof of other insurance with limits of liability acceptable to us is provided in the form of a Certificate of Insurance issued to us or other proof accepted by us. You may individually insure a physician's assistant, nurse anesthetist, nurse midwife or nurse

practitioner as a designated employee on this policy.

5. Any injury or damages resulting from your liability for providing or failure to provide professional services to a patient by any employee of:

a. a hospital, nursing home or sanitarium;

b. a clinic with bed and board facilities; or

c. an outpatient surgery center, health care facility, laboratory, emergency medical service facility.

6. Any injury or damages resulting from the Professional Organization's liability for or arising out of the sexual activity of those for whom the Professional Organization is legally responsible. However, the Professional Organization is covered for liability caused by sexual activity of non-physician employees for whom the Professional Organization is legally responsible when such activity is done without the Professional Organization's actual or implied knowledge. This exclusion applies whether the sexual activity is done under the guise of treatment or otherwise and with or without the consent of the individual. However, we will defend any claim until such time as there is an admission by anyone of such relations or contact or anyone has been found to have occurred by any judicial, quasi-judicial or administrative body.

D. Extended Reporting Endorsement

The Extended Reporting Endorsement issued under this policy provides coverage only for the insured organization and its other covered employees. If a physician leaves the insured organization and does not purchase an individual Extended Reporting Endorsement, this coverage does not provide coverage for the physician. However, we will continue to provide protection to the insured organization for the prior activities of the physician, provided the insured organization continues to maintain Professional Organization Coverage.

BROAD FORM INVESTIGATION DEFENSE COVERAGE PART

We will also provide legal and audit defense costs for covered proceedings instituted against you before a regulatory or administrative body arising out of your professional practice while insured under the policy to which this Coverage Part is attached. This Coverage Part includes, but is not limited to, those covered proceedings and is subject to all of the provisions listed below:

A. What is Covered

This Coverage Part will pay legal expenses on your behalf that are legal and audit defense costs subject to the terms, General Rules, Definitions, Exclusions and all other provisions, if you have a covered proceeding instituted against you. We will pay legal expenses on your behalf up to the maximum legal and audit defense costs or group maximum legal and audit defense costs less any deductible as shown in the Coverage Summary attached to this policy.

B. General Rules

1. Appeals shall be considered to be part of the original covered proceeding and all related covered proceedings and all consolidated proceedings arising out of the same events shall be considered as one covered proceeding.

2. You need to notify us within thirty (30) days from the date a covered proceeding is instituted against you in order to receive coverage under this Coverage Part.

3. You are only covered if, on the initial effective date of this policy, you had no knowledge of any event or circumstance that you knew or would reasonably believe may result in covered proceeding being instituted against you.

C. Definitions

1. Legal and audit defense costs include any legal expense incurred by you arising out of a covered proceeding instituted against you during the policy period.

2. Covered audit means any audit or review of billing or medical records undertaken by you in response to an investigation or proceeding instituted by any federal or state agency alleging violation by you of Medicare or Medicaid laws, rules or regulations relating to reimbursement for medical services.

3. Covered proceedings mean any proceeding before an administrative or regulatory body arising out of your professional practice that requires you to incur legal and audit defense costs. Covered proceedings include but are not limited to:

a. An investigation or proceeding instituted by the governmental or regulatory agency that is charged with enforcement of compliance with laws regulating Medicare or Medicaid (or other similar federal or state health care program), to determine whether you provided professional services improperly to a patient covered by Medicare or Medicaid (or other similar federal or state health care program). Legal and audit defense costs covered under this section are subject to a deductible as defined in C. Definitions subsection 9. Deductible of this Coverage Part.

b. An investigation or proceeding instituted by any federal or state agency alleging a violation by You of Medicare or Medicaid laws, rules or regulations relating to reimbursement for medical services. Legal and audit defense costs covered by this section are subject to a deductible as defined in C. Definitions, subsection 9. Deductible of this Coverage Part.

c. A claim or investigation instituted by a patient of yours, alleging errors or omissions by you in billing statements for professional services rendered to such a patient.

d. Administrative actions instituted against you brought by any Equal Employment Opportunity Commission (EEOC) brought under the administrative rules and procedures promulgated by the EEOC only.

e. Investigations instituted by any professional licensing agency.

f. Any professional review action against you by the professional review body of a health care entity with which you have clinical privileges or membership, which action is taken for the purpose of adversely affecting said clinical privileges or membership. The terms used in this paragraph shall be defined in 42 United States Code 11151 Definitions.

g. An investigation or proceeding instituted by the governmental or regulatory agency charged with determining whether you participated in the improper transfer of a patient ("dumping"), in violation of the Consolidated Omnibus Budget Reconciliation Act of 1986, as amended ("COBRA").

h. An investigation or proceeding instituted by a utilization and quality control peer review organization, but only at the level of such investigation or proceeding in which sanctions may be imposed on you.

i. An investigation or proceeding instituted by the governmental or regulatory agency charged with the enforcement of compliance with regulations pertaining to the Clinical Laboratory Improvement Amendments of 1988 ("CLIA"), whether or not you were in violation of such regulations.

j. An investigation or proceeding instituted by the governmental or regulatory agency charged with the enforcement of compliance with regulations pertaining to the Consolidated Omnibus Budget Reconciliation Act of 1990 (COBRA 90), whether or not you were in violation of such regulations.

k. An investigation or proceeding instituted by the governmental or regulatory agency charged with the enforcement of compliance with the Occupational Safety and Health Administration ("OSHA") regulations pertaining to blood borne pathogens, whether or not you were in violation of such regulations.

l. A subpoena or request received by you, requiring you to testify in a trial, deposition or to provide other discovery, other than as an expert witness, in connection with a legal proceeding arising out of a medical incident, but in which you are not a party.

m. A claim or investigation instituted by a patient of yours, alleging sexual misconduct or harassment by you in the course of providing professional services to such patient.

n. A disciplinary proceeding instituted by a licensure commission, board of ethics, or similar professional body, which accuses you of, or investigated an accusation that you engaged in improper or unprofessional conduct in the course of your medical practice.

o. Proceedings instituted against you alleging:

i. Your refusal to treat or to accept a patient as a patient, or for wrongful termination, transfer or abandonment of the care and treatment of a patient.

ii. Your providing or failure to provide professional services to any injured person at the scene of an accident or emergency and/or failure to provide or arrange for further medical treatment for the injured person.

iii. Your providing or failure to provide professional services to anyone for

and at the request of a hospital, school, religious entity, non-profit organization or state or local governmental agency for which neither the requesting entity or organization nor you expect, charge or receive any compensation.

ⅳ. Your vicarious liability for providing or failure to provide professional services by medical students and/or residents when working in your medical practice while acting within the scope of a program approved by their educational institution. The coverage provided by this policy shall be excess if you have other insurance coverage or an agreement providing some form of protection to you.

ⅴ. Your failure to properly discharge your quality assurance activities when performed for the purposes of evaluating and improving the quality of health care services and for patient safety. We will cover you when you participate as a member, a witness or a clinical practice advisor of a formal credentialing, peer review or quality assurance board or committee formed by an organization for the purposes of improvement of patient safety or the quality of health care services delivered to patients. Quality assurance activities do not include your services to an organization that reviews utilization, necessity and treatment issues related to controlling health care costs unless added by endorsement. The coverage provided by this policy shall be excess if you have other insurance coverage or an agreement providing some form of protection to you.

ⅵ. Your negligence in placing, or causing to be placed erroneous medical information in a medical chart or in an electronic medical record. You will also be covered if you relied upon erroneous medical information in a medical chart or in an electronic medical record.

ⅶ. Your providing or failure to provide professional services which results in the personal injury to a patient resulting from false arrest, detention, imprisonment, libel, slander, defamation of character, violation of an individual's right to privacy, mental anguish, mental shock or humiliation. Personal injury arising out of sexual misconduct is not covered. The coverage provided by this policy shall be excess if there is any other insurance coverage or an agreement providing some form of protection to you.

ⅷ. Your wrongful or unauthorized disclosure of patient confidential or privileged medical information to a person or persons who are not otherwise entitled to it.

ⅸ. Your violations of the Americans with Disabilities Act (ADA) if the allegations concern either: (1) the physical accessibility or construction of your medical office premises; or (2) a refusal to provide professional services to a disabled person.

4. You or yours means the individual or group of natural persons, licensed as health care professionals, who practice as physicians or surgeons.

5. Attorneys means an individual or group duly licensed to practice law at the time and place the legal services are rendered.

6. Instituted, when referring to the beginning of any covered proceeding, means the time formal written notice is given of the covered proceeding.

7. Legal expense means an attorney's fee for legal services rendered and any associated expenses. Legal expense also includes any fees of an accountant or other consultant in connection with any covered audit. No judgments, fines or penalties are covered.

8. Maximum legal and audit defense costs is the total dollar amount of covered legal and audit defense costs that will be paid on your behalf for all covered proceedings instituted during the policy period and will apply per licensed health care professional who practices as a physician or surgeon.

9. Deductible means MYM1,000 shall be deducted from all amounts paid on your behalf for le-

gal and defense costs by us. The MYM1,000 shall be deducted from each and every covered proceeding instituted against you that is subject to the deductible as determined in C. Definitions subsections 3.a and 3.b. The MYM1,000 amount to be deducted shall apply to each health care professional included in any covered proceeding for whom coverage is being provided. We at our discretion may require you to pay the deductible amount at the outset of a covered proceeding or collect the deductible amount at any point during the covered proceeding.

10. Group maximum legal and audit defense costs is the total dollar amount of all covered legal and audit defense costs that will be paid for a policy period on behalf of your entire group for all Covered proceedings instituted during that policy period. Upon the company paying this amount during a policy period, the company has no further obligation to provide any further defense coverage to you during that policy period.

11. Criminal prosecution means any governmental action for enforcement of criminal laws, including offenses, conviction for which could result in imprisonment.

D. Things That Are Not Covered

We will not pay for legal and audit defense costs:

1. You incurred in disputes with respect to this coverage, including questions as to Whether legal and audit defense costs are to be paid under this policy.

2. You incurred in defense of criminal prosecution.

3. Arising out of any circumstance or event of which you were aware prior to the initial policy period which you could reasonably believe would result in such legal and audit defense costs.

4. Arising out of any matter other than a covered proceeding.

5. Arising out of any matter that resulted from professional services that were rendered either:
a. before the retroactive date;
b. after the retroactive date, if on the inception date of this policy you knew or could reasonably have foreseen that it would result in a covered proceeding; or
c. which on the effective date of this policy is:
i. a reported incident;
ii. a pending claim or covered proceeding; or
iii. a paid claim or covered proceeding.

6. Arising out of proceedings instituted by any governmental taxing authority for the purpose of conducting an examination of any of your tax returns.

7. Arising out of proceedings based upon or arising from or in consequence of the actual or alleged purchase, sale or distribution of securities or the offer or solicitation of an offer to purchase or sell any securities.

E. Payment of Legal and Audit Defense Costs

We will pay on your behalf only legal and audit defense costs incurred for services rendered and legal expenses actually incurred as a result of a covered proceeding.

F. Choice of Attorneys

We reserve the right to choose the attorney(s) to represent you in any covered proceeding.

附录 6.1.2
佛罗里达医师保险公司

(译文)

医疗职业责任保险保单

索赔型保单
(封面)

佛罗里达医师保险公司

地址:佛罗里达州杰克逊维尔市贝尔福特百汇广场 7751 号 100 室
邮政编码:佛罗里达州 32256
电话:904-296-2887   1-800-佛罗里达医师保险公司
传真:904-296-8919

佛罗里达医师保险公司

介绍

本保单用清晰的书面英语表述，请阅读并熟悉相关内容。如果您有任何问题需要修正更改，请依保单第一页上的电话或地址联系我们。

您的职业责任保险单由以下条款组成：

1. 保险范围摘要（单独页面）

此页是当你打开保单看到的首页，通过打字或打印和手写插入。它将会告知您谁作为保单持有人、被保险人，适用赔偿责任限额、被保险机构。此处保险范围部分，背书部分同样适用。如果该页缺失或有误，请给我们打电话或写信，以便我们能补邮一份修正复件给您。

2. 保单一般条件（第3页）

本部分所包含的条件适用于保单的任何保险范围部分和背书部分。为防重复，我们将其综合在该部分一并约定。

3. 一般除外条款（第8页）

本部分的除外条款适用于保单的任何保险范围部分和背书部分。保险范围部分和背书部分的附加除外条款，如果有的话，也是保单的一部分。为防重复，我们将其在该部分一并约定。

4. 定义（第11页）

本部分的定义适用于保单的任何保险范围部分和背书部分。保险范围部分和背书部分的附加定义，如果有的话，也是保单的组成部分。为避免重复，我们将其综合列入该保单中。

5. 适用的保险范围部分（第13、18、21页或单独成页）

只有在保单范围摘要包括的保单范围部分和注明保费或暗示保费包括其中内容的才能适用。这些适用的保险范围规定在具体的保险范围协议中，将保险范围类型更具体化。保单可能会有不止一项保险范围的内容，每一部分规定了不同的、具体的保险范围协议。

6. 背书（单独成页）

通常，一份保单会包含背书。增加背书是为了使保单符合个别国家的要求，或者用来扩大或限缩保险范围，或者是因您的执业风险具有特别的情况。保单背书部分是列在保险范围摘要里面。

保单一般条件

1. 保单期间

依据保险范围摘要中的有效日期,保单的保险范围起始时间是标准时间上午 12:01 分。如果新保单于中午替换原来的保单,而不是上午 12:01 分,一旦旧保单到期,新保单的保险责任范围即于中午起算。依据保险范围摘要中的到期期限,保险范围于标准时间上午 12:01 分期限届满。如果因为某种原因保单的全部或其中一部分在到期前被撤销,保险范围则于撤销当日的 12:01 分准时截止。

2. 保费

a. 所有支付给我们的保险费应依据我们的规则、利率、利率调整计划、溢价和最低费用来计算,适用于保单的有效期间内。

b. 第一笔保险费应当在合同签订时支付。每一笔续期的保险费用应在续期期限到期时或之前支付。如果到期未支付保险费,保单也未取消,该保单将会依据相关条款终止。

c. 保险范围摘要中的保单持有人应当:

ⅰ. 履行支付保费的义务;

ⅱ. 为我们支付的保费退款的收款人;

ⅲ. 如果保费是由另外的个人或机构支付,将由该个人或机构获得保费退款。

发生有关信息变化,保单持有人必须及时以保单申请时所用的方式或其他沟通方式将所有变化的信息书面通知我们,包括医疗专业、医疗程序、医疗地点的任何变化,以及雇佣人员、合作伙伴、经纪人和独立承包人和被保险人的增加、替换和解除;保单持有人的公司、合伙人或专业合作或加盟的变更。任何一个变化都可能改变投保或者续保条件,使其不在保单的覆盖范围内。

3. 保单更改

本保单的任何更改只能以书面形式进行。该更改必须经由我们授权的代表签署。将保单更改事项通知我们任何经纪人或其他任何人,都不能构成我们对更改的认可或放弃权利。任何人的任何通知都不会阻止我们维护保单条款中的权利。

我们不时地更新格式保单。任何改变都要符合州法的规定。在您的保单有效期内,我们可能会改变格式保单,进而扩大或缩小保单的保险范围。然而,您的保险范围仅仅会在以下情况中被改变:

a. 如果更改将扩大您的保险范围且不增加您负担的保费,您将会自动受益于该扩大的保险范围。

b. 如果更改缩小了您的保险范围,这种改变必须是对保单也进行更新其才会生效。我们承诺至少提前90天发出通知,告知保单持有人其保险范围缩小的变动情况。

4. 更新和解除

更新:保单持有人或我们都不能任意更新保单。任何更新都应以保单的形式作出方才生效。我们可以通过发布新保单期间的"保险范围摘要章程"或提供一个全新的保单来更新。如果保单持有人于更新的有效期内或到期前不交保险费,或以我们接受的书面通知形式,拒绝我们的更新要求,那么,新保单期间或全新保单中的保险范围自它有效期开始前无效。

解除:保单持有人可以在任意时刻解除该保单。我们也有同样的权利。保单持有人需要解除,必须书面通知我们希望保险何时提前到期。如果保单持有人在保单期内解除保单,减去百分之十的解除费用,未到期的保费将按比例返还。

我们通常会给保单持有人90天的解除或更新保单的宽限期。然而,如果是因为您未按约定支付保费导致保单到期,或者您的执业执照被吊销或停止,我们将只给您10天的解除保险合同的宽限期。如果是我们解除保单,到期应付的保费将会按比例计算。

保费计算可能会在保险解除时一并核算,但是支付或清偿未到期的保费不是撤销的条件。

除了上述提到的未按照约定支付保费或执业执照被吊销,在本保单有效成立90天后或更长时间,我们将不能解除保单,除了以下几种原因:

a. 在保险期开始后的90天内,还不能符合承保人规定的保险要求;

b. 保单覆盖的危险发生实质变化;

c. 依据保单中被保险人的特定分类,解除是针对所有的被保险人。

如果我们因任何原因特别是上面的a,b,c原因而解除保单,我们将会给保单持有人90天的解除宽限期。

如果保单由保单持有人解除,任何保单项下所承保的内科或外科医生的保险自保单解除之日起,依我们保单中的另外一项,将获得30天的保险,保险范围与本保单相同。

如果本保单所保险的任一内科或外科医生,其原先为保单持有人的合作伙伴、股东或雇员,而如今他不再是保单持有人的合作伙伴、股东或雇员,他将依保单中的另外约定,也将获得30天的保险,保险范围与本保单相同。

5. 承保区域范围

本保单适用于在美国发生的医疗事故,包括美国的领地和占有地,波多黎各和加拿大。但索赔和诉讼只能在美国提起。

6. 分配和转让

无论是保单持有人还是保单所承保的其他人,都不能分配或转让您(他们)的保单利益。如果您死亡或被诊断为心智不健全,对您而言,保单中的保险将会自动终止,您保单中的利益将会自动转让给您正式指定的人。任何未到期的保费将会自终止之日起按比例计算,并依据保单中的条款返还相应的部分保费。

7. 诉讼处理

我们有权不经过您的同意,在法律允许的范围内并在您的保险范围内,判断、作出、决定任何诉讼的处理方式。

8. 其他保险

保单中所覆盖的损失可能同时受其他保单或风险转移文件覆盖,包括自我保险保留、减免或其他安排,但绝对局限于此。

本保单中所有保险范围应作为前述的任何保险或风险转移文件中的保险理赔之后的风险保险。

超过本保单适用的责任范围,我们不予承担,因为该损失应由所有有效的可利用的保险或风险转移文件的总体责任范围分担,不论该其他保险是原始购买、获赠、额外购买或偶然获得还是其他方式获得的。

作为本保险责任限制之外的其他特定超额保险,如果这些超额保险的保单或风险转移文件中有类似约定,将不适用于本保险。

9. 来源于第三方的损害赔偿

保单所承保的任何被保险人的损失的全部或一部分都可能有权从第三方的某个个人或组织获得赔偿,因此,每个被保险人必须尽可能地维护其求偿权利。如果我们依保单理赔,那么求偿权利将让渡给我们。如果我们获得赔付比我们已支付的保险金还多,该多出的部分将归于受损失的被保险人,但是,我们首先会扣除我们求偿所花费的成本费用,包括合理的律师费。

10. 对我们提起诉讼

您可能不会就保单相关争议起诉我们,除非:
a. 您完全遵守了保单的所有条款;
b. 您需要支付的数额已经确定。这一数额可以由法官判定或由您、我们和起诉人之间达成的书面协议确定。

任何个人或组织(包括您)不能通过对您提起的诉讼加入我们,任何人也不能通过对您的诉讼直接起诉我们。

在法官或书面协议确定了您的责任之后,起诉方可能会依保单获得赔偿,但仅限于您的保单保险范围之内。如果您被判定为资不抵债或破产,我们仍将按照保险合同承担相应的理赔义务。

11. 欺诈和不实陈述

如果您或保单中的被保险人拒绝向我们披露相关事实或信息,改变、隐瞒或毁坏任何相关的记录或文件，在有关赔偿责任是否落入保险范围的事实上误导我们或对我们实施欺诈、不实陈述，无论上述行为是在损失发生前还是发生后，保单都将无效。然而，非故意的错误或过失不会影响到您的保单权利。

12. 我们的调查和审计权利

保单有效期间内，您应允许我们在正常的工作期间内调查您的财产或业务运行情况。然而，我们不是必须得做这些调查。我们也不会保证您的财产或业务运行是安全的，或者说它们都是符合法律、规则或规范。在保单终止后，您也应允许我们检查和审计与保险相关的三年内的账本和记录。任何检查、调查、报告或建议都应仅限于与保单保险利益和保费支付相关。

13. 州法对此保单的影响

本保单依据保险范围摘要上保单持有人的通讯地址所在州的法律制作。保单中任何与州法律相冲突的内容将自动修改为与该法律相一致。

14. 当您被诉时，您应当要做的事情

尽快告知我们：

a. 在您被诉以及在保单持有人听说可能被起诉或意识到发生一些行为之后可能会引起诉讼，应尽快让我们知晓相关事情。

b. 一旦有违反任何法律的可能需要通知警察的事情发生。

c. 尽快将起诉书或请求或法律文件复本寄给我们。向我们提供信息时，应当包括事件发生的时间、地点、相关人员、事故的具体性质，包括可能引起的诉讼类型和任何证人、伤者的姓名和地址。

与我们合作：

您或需要由您负法律责任的其他人，应当全面配合我们或我们指派的人员，包括处理保单责任范围内的事宜，在诉讼中或其他程序中的行为，执行因受伤、损害、损失或花费而由您负法律责任的他人提供或清偿事项。一旦我们提出请求，您应当参加听证、审判，协助查证或提供证据和争取证人出庭。

如果您收到针对您提起的医疗事故索赔的通知书，依据佛罗里达州法律第766.106条的规定，在案件审查时，您负有全面配合的义务。未经我们的授权，您无权认同任何经济债务或支付任何钱。反之，如果您作出支付或承诺，将不会得到我们的任何保险偿付，即使这些支付或者承诺在保单的保险范围内。

将您的执业记录置于安全的地方。不要修改、撤销或毁损您的医疗记录，或者做任何可能影响我们对您被诉案件进行抗辩的行为。您的职业记录将与医疗事故、起诉和被诉相关的所有事项单独制成一个诉讼文件。

15. 延长报告期限

a. 当保单的保险范围因某个原因终止,保单持有人有权利但没有义务购买"延长报告期"背书,通常称为"续尾保单"。如果购买该背书,需要您向我们报告因医疗事故引起的诉讼情况,该事故需发生在保单追溯期之后,终止之前。

b. 保单持有人应在我们邮寄告知您可以选择购买背书的 30 天内,提交一份书面请求,表示您有意愿购买此背书,简述背书的支付选项。

c. 解除日之前使用的保单语言适用于延长报告期间内提起的任何诉讼。总条件部分中保单更改条款下保险范围部分的扩展在延长报告期限内不予适用。

d. 在解除之日时您所适用的责任限制也适用于延长报告期内提交的所有诉讼。您在解除之日时所拥有的保险理赔的总限额即是我们会支付给您的保单覆盖下最大的诉讼赔偿额,解除之日前或延长报告期内均是如此。

e. 保费应于每次扩展交费日的 30 天内支付。如果我们到期未收到付款,我们将会给您寄出一份正式的终止通知,该通知在保单的有效期间内有效,邮寄中发生丢失或不正确投递,我们将会考虑为其中的补救措施支付合理的费用。

f. 如果发生以下事件,尽管保单持有人或被保险的医师积极投保,在延长报告期间内也不会得到损害赔偿:

ⅰ. 死亡(必须有死亡证明复本或其他死亡证明文件);

ⅱ. 变成残疾,不能继续行医;

ⅲ. 在任何年纪从行医行业中完全退休,在退休前最后 5 年由我们持续承保。

当保持有人或被保险的医师决定重归医疗行业执业,他们必须书面通知我们。如果您在延长报告期间内通知我们发生某一诉讼,并且我们认为您并未完全从医疗行业中退休,该诉讼赔偿责任不在保险范围内。

一般除外条款

本保单不予保险的范围:

1. 因伤害或损害裁判承担的任何惩罚性赔偿,除非保单生成地所在州保险监管机构要求保单的承保范围包括这些类型的损害赔偿。

2. 故意的侵权行为、犯罪行为或麻醉品或毒品影响下的行为或过失引起的伤害或损害。

3. 您或任何被保险人必须支付给任何失业赔偿或劳工赔偿、伤残补助金或其他类似的法律规定的任何伤害或损害。

4. 因您拥有、使用、照管、经营、租赁或租用、装卸或者委托给他人的任何的汽车,非保单持有人所有的汽车、移动设备、摩托车、水上船艇或飞机而造成的损伤或损害。任何借给您或为您服务的雇员在他们工作过程中操作的汽车、移动设备、摩托车、水上船艇或飞机造成的损伤和损害,也都纳入除外范围。除外不适用于将上述汽车停在您的处所或相邻道路上发生的损害。

5. 符合下述情形下的任何损伤或损害：

a. 您的雇员在受雇过程中发生的；

b. 因上面 a 的原因对雇员的配偶、子女、父母、兄弟姐妹发生的。

此项排除适用于根据任何合同或协议中由您应承担的责任，不限于本保单涉及的合同。然而，如果您的雇员受伤后及时提供医疗或手术，或者对雇员提供专业服务所致的医疗事故，除外条款不予适用。

6. 任何损害或者伤害是发生在以下情形：

a. 拒绝雇佣；

b. 终止雇佣；

c. 胁迫、降职、调动、诽谤、骚扰、羞辱、歧视或任何其他与雇佣相关的行为或过失而导致的损伤或损害。

7. 诉请涉及任何营业或雇佣争议、垄断侵权、不公平竞争、联合抵制、共谋、共谋中的独立侵权、侵犯商标权、专利权或著作权，侵害商业秘密、违反非竞争性合约、非竞争性协议，妨害商业关系或合同，或其他违反任何成文法、条例或规章的行为，而被罚款或其他处罚，从而导致的任何损伤或损害。

8. 因战争而引起的损伤或损害。

9. 如果您是生产、分发、销售或服务酒精饮料场所的所有人或出租人，因此而承担的法律责任所致的任何损伤或损害。

10. 任何被要求退还或撤回的费用或政府支付给您的费用，支付任何罚款、罚金、制裁或依法应支付的罚款并且这款项是在保单承保的总额之内。

11. 任何支付给私人法律顾问的费用、成本或其他支出，您可以提出保留意见，以保护您个人利益，无论您和我们之间是否存在利益冲突。

12. 根据《1974年雇员退休收入保障法》《公法93406》(通常被称为《1974年养老金改革法案》)以及法律修正案或任何联邦、州或地方法律的类似规定，所产生的任何损害赔偿金。

13. 发生或涉及随时实际地、可疑地或为危迫地接触石棉而引起的任何伤害或损害，或因以下原因产生或导致：

a. 与石棉相关导致损害而提起的索赔或诉讼；

b. 遵守政府的指令或请求来测试、监控、清理、移除、遏制或处置石棉。

14. 核能责任排除(缩略)

定义条款

在保单的任何地方出现的下列词或者短语，如果其格式上是刷黑的形式，则是指其被定义了，具有特定的含义：

事故（Accident），意指事件或者由被保险人直接引起的损害情形，但不是被保险人希望的、故意行为引起的损害。

广告伤害（Advertising Injury），意指由于下列一个或者多个事件引起的伤害：(a) 口头或者书面出版物：(1) 诽谤或者诬蔑任何实体或者贬低实体的货物、产品或者服务；或者 (2) 侵害实体的隐私权；(b) 滥用广告的创意或者业务风格；(c) 对版权、标识或者广告语的实施侵权。

索赔（Claim），意指任何明确表达诉求，因你的专业服务失败引起的伤害，索赔者要求你承担的法律责任。如果保单因任何原因终止，我们将不接受事故报告，即使该报告符合本条款界定的索赔定义条件。

索赔费用（Claim Expenses），你不需要负担由我们指定的律师的服务费用，也不用承担其他的因诉讼而需要进行的调查、理赔、抗辩等支出的费用、花费和成本、利息，只要这些费用落入保险范围且没有超过保单约定的最高限额。但是，这些费用必须是实际发生的并且是经过双方事先同意支出的费用。

损害赔偿（Damages），是指保单中界定的伤害并且是可偿付的、各类金钱支付的总和。

残疾（Disabled），是指永久性的、完全的和持续性的丧失能力或者功能，该残疾是由于医师履行其服务职责过程中发生的，并且该医师的执业资质证明文件必须是经保险人认可的。

伤害（Injury），是指身体伤害、疾病、持续性的心理疾病和情感悲伤，或者是伤害引起的死亡。

被保险人（Insured），是指依据本保单为其提供了保险的任何人和实体。

被保险人组织（Insured Organization），是指保险范围摘要中纳入的任何合伙人、职业公司、职业协会、有限责任公司或者其他的实体。

被保险医师（Insured Physician），是指任何内科或者外科医师，并且是列入被保险人表格里的人。

医疗事故（Medical Incident），是指您或者法律上应当由您承担责任的人所从事的专业服务行为有错误、遗漏或者过失。基于前述定义医疗事故的目的解释，基于产后医疗照护的定义，对孕妇和胎儿实施持续治疗或者处于在相同条件下的实质上是反复性的诊疗，由此发生的损害，将被作为一个医疗事故来处理。

事故发生（Occurrence），是指发生了事故，包括持续地或者反复处于相同情形下，引起人身损害或者财产损失，该损害或者损失不是被保险人希望发生的，也不是保险人故意之所为。

保单（Policy），是指医疗职业责任保险保单，可见于保险范围覆盖的界定的各类主体的保险范围和保单背书中的在保险范围摘要中的包含的保险范围部分。

保单持有人（Policyholder），是指保险范围摘要中特指的任何人或者组织。

保险期间（Policy Period），是指在前述保险范围摘要中约定的保险起始和终止之间。

职业服务（Professional Service），是指提供或者过失未能提供医疗服务，包括积极地给予医疗诊断或者过失未能提供医疗诊断。

追溯日（Retroactive Date），是指保险范围摘要中特指的最早的日期或者该日期之后发生的医疗事故，本保单的保险范围将该保险事故予以覆盖。追溯日之前发生的医疗事故，保险范围不予以覆盖。

退休(Retire)，是指完全地离开现在所从事的医疗实践。

性行为不端(Sexual Misconduct)，是指任何的性行为、亲昵行为、性侵犯、调戏、骚扰、侵扰、跟踪或者任何构成亲密的性方面的对待、过程、行为和动作。

你和你的(You and your)，是指被保险人医师。

我们和我们的(We, us and our)，是指佛罗里达医师责任保险公司。

本保单将由我们的总经理签字，但这不等于保单即刻生效，除非在保险覆盖范围的文件上由我们的授权代表在该保险范围的文件上签字并且作为本保险单的附件一并交付。

_____

总经理签名处

职业责任保险范围

当一个病人针对您作为内科或外科医生的医疗行为提起职业责任诉讼，本保险范围部分对您提供保险保障。提起的索赔必须是在书面的保险范围约定之内，即在保险范围摘要中规定的追溯期之后以及保险合同期间内发生的医疗事故。索赔首先必须是针对您，并且在保险范围部分的生效期间向我们作出报告通知。我们认为索赔日是指您第一次联系我们、内容涉及医疗事故或者您有理由相信损伤足以导致您被诉。保单期限结束之后发生的对您首次索赔，本保单不予承保，除非该索赔符合保单条件部分中约定的延长报告期之内。

对您提起的损害赔偿索赔是在保险范围的覆盖范围内的，我们都会提出抗辩。如果索赔理由不成立或者被认为是欺诈行为，我们亦会为您提供抗辩。依据判决做出的支付以及和解费用，落入保险范围部分的，我们将不会对这些支付费用提出抗辩。

A. 您的保险范围

您因下列原因产生的医疗事故而发生的损害赔偿，是在承保范围内：
1. 您对病人提供的专业服务或未能提供符合标准的专业服务。
2. 您拒绝治疗或接收病人，或者错误终止、转移或放弃对病人的照护和治疗。
3. 您对在事故或突发事件中受伤者提供的专业服务或应当提供专业服务却过失未提供,(或)

没能对受伤者安排后续医疗。

4. 依医院、学校、宗教机构、非营利组织或州或当地政府机构的请求，提供的专业服务或应当提供却因过失未提供专业服务，无论是该请求的机构或组织是不是您期待的，支付或未支付任何服务费用。

5. 您作为合伙企业、公司或专业联盟机构的成员，您对病人提供的专业服务或者中途停止对病人提供专业服务，因此导致的损伤或损害。合伙企业、公司或专业联盟机构的成员对您的行为不在保险范围，除非该合伙企业、公司或专业联盟机构被特别列在保险范围摘要上，否则保险范围不予提供保险保障。

6. 您在法律上应对您雇佣、借用、租用的雇员行为承担的法律责任。雇员在受雇的授权范围和受雇期间内的行为，您承担替代责任。此部分的行为如果特指保险范围部分的排除条款中第4和第5条具体列举的行为，不在保险范围内。

7. 对医疗专业学生或住院医师提供的或他们未能提供专业服务而要承担的责任，您将对这些责任承担替代责任，该情况限于在他们的教育机构准许的程序范围内，并且他们的医疗行为发生在您的负责的医疗场所内。

8. 您在正式的医院或专业的董事会或委员会的服务。然而，如果您有其他的保险协议或其他人以您作为保险受益人提供了职业责任保险，本保险范围部分规定的保险范围将不包含本条款前述的保险协议的保险范围。

9. 为了评估和提高医疗服务质量和病人安全，您作出质量保证行为，当您能够提供正式资格认证的、同业评议或作为质量保证的董事会或委员会中的工作人员，以见证人或临床实践顾问的身份提供质量保证，您因此保证行为产生的损害赔偿责任，纳入我们的保险范围内。质量保证行为不包括您对组织机构的服务，即该组织是在审查与控制医疗保健成本相关的利用率，治疗的必要性和治疗问题时由您提供了专业服务，除非保单作出背书或保险范围部分有特别添加约定。然而，我们只对于其他保单以您作为保险受益人的理赔数或者您的医疗专业服务提供保险理赔数的不足部分，纳入本保险范围予以理赔。

10. 您提供或未能提供专业服务，因此发生患者被逮捕、拘留、监禁、诋毁、诬蔑、诽谤、个人隐私权被侵害、精神痛苦、精神打击或羞辱人身伤害。因性行为不端产生的人身伤害不在保险范围内。然而，本协议的保险范围对于其他保单以您作为保险受益人的理赔数或者对您的医疗专业服务提供保险理赔数的不足部分，该不足部分纳入本保险范围。

11. 您的过失导致医疗信息错误放置或者导致患者的病历或电子病历发生错误。如果您在提供医疗服务的过程中，信赖这些有错误的病历导致发生医疗损害，该损害是在保险范围内。

12. 您非法或未经患者授权，将病人保密信息或有特权的医疗信息泄露给无权得到这些信息的人。

13. 得到我们书面批准的代理开业医师履职实施的诊疗行为产生的损害赔偿责任。

B. 对其他人提供的保险范围

以下是本保单保险范围部分对因医疗事故引起的人身伤害损害赔偿，予以保险的情况，但只有当您有权享受保险保障的，并且仅限于以下被保险人同意遵守本保单中条款的，本保险单的保险范围予以覆盖：

1. 您对雇佣、租用或借用的雇员的行为承担的法律责任，该雇员对病人的行为应是在提供专业服务并且在保险范围约定的诊疗业务范围内，并且在您的授权范围内行事。然而，如本保险范围部分中第4,5,6条责任免除条款中规定的人员不在保险范围内，同样依据该条款，如果购买了本保单中的专业组织责任保险的，也不在本保单的保险范围内。

2. 保险组织的替代责任予以保险的情况，仅限于您单独给病人提供或撤回对病人的专业服务而引起的人身伤害损害赔偿。然而，依据该条款，如果购买了本保单中的专业组织责任保险的，也不在本保单的保险范围内。

C. 责任限制

1. 承保摘要上注明的每份索赔保险限额，是我们会支付的最高金额，我们将为每个参保医生支付全部损失和任何形式的索赔或因一个事件或一系列事件引起的在保险范围内应予以赔付的各种索赔。医师提供或应当提供却未能提供专业的服务给病人时，即使在不同的场合由本保单保险下不同的人所为，应被视为由一系列的事件引起，并且只能适用一个事故的保险限额。损害赔偿金应包括索赔方的律师费。如果本保单承保的被保险人不止一个，针对每个被保险人的索赔额合计起来不得超过本保单约定的最高限额。

2. 保单摘要上注明的总承保限额是我们对每个被保险的医师支付的最高限额，适用医师被保险的范围是被保险人应承担的所有损害赔偿及所有索赔或在一个单独的保险期间内报告的各种形式的索赔引起的所有赔偿。

3. 专业组织机构的保单约定的单个案件理赔限额和保单总的理赔限额，将在所有的被保险人中一体适用。如果发生多个被保险人的赔偿责任的理赔合计超过保险限额的情形，作为专业组织机构的被保险人在责任保险理赔时，将得到优先理赔。

D. 其他利益

除了支付索赔的责任限额：

1. 我们将支付上诉费或用于担保履行法律义务而支付的财产性费用，但仅限于在保单约定的最高限额之内。我们没有义务主动申请或者支付担保费用。

2. 我们将支付案件调查和抗辩的成本，包括索赔费用和收入损失，您出席听证会或审判的时间补偿，每天不超过500美元。

3. 其他利益不包括任何索赔人的律师费。

E. 责任免除

依保险范围约定，以下情况我们不会抗辩或支付费用：

1. 您作为经营者、院长、内科主任、行政或主管人员的履职引起的任何伤害或损害，包括但不限于以下情形：

a. 医院、养老院或疗养院;

b. 有食宿设施的诊所;

c. 门诊手术中心、医疗保健设施、实验室、紧急医疗服务;

d. 其他工商企业。

此处的排除规则不适用于针对实验室或医疗保健场所提起的索赔:

a. 您持续对自己的病人实施诊疗;

b. 因您的专业操作需要。

2. 依据合同或协议,您要承担的任何伤害或损害的赔偿责任。保单持有人或被保险的医生与一家健康维护组织,特别是提供组织、独立执业协会或其他类似组织签订的合同,因承担的责任,责任免除规则不予适用,但仅限于提供或应当提供却未能提供专业服务给病人而产生的赔偿责任。

3. 由于局部或者普通麻醉的管理使用而引起的任何伤害或者损害。责任免除适用于局部麻醉和浸润麻醉以及不涉及主神经丛阻滞的区域麻醉导致的损害,除非保单有特别保险范围的背书和约定。

4. 受雇于您的按摩师、足科医师、验光师、医师助手、麻醉护士、助产士护士或者执业护士的行为或者疏忽引起的伤害或者损害,应当由您承担的法律责任,属于责任免除范围,除非前述所列举的人士自己作为我们接受的或者是其他保险公司予以承保的被保险人,并且要提供具有保险资格表的证明文件,用以证明其他保险公司的保险限制条款是我们能够接受的,或者提供其他我们认可的证明文件。您可以以医师指定的助理、麻醉护士、助产士护士或者执业护士身份,根据本保单条件单独投保。

5. 因为您的诊疗服务或者应提供诊疗服务却未提供服务,导致患者发生的任何伤害或者损害,您因此要承担法律责任,而您受雇于:

a. 一家医院、护理之家或者疗养院;

b. 配备病床和医疗设施许可的诊所;或者

c. 门诊外科中心、医疗照护机构、实验室或者急诊医疗服务机构。

6. 因您雇佣医师导致的任何损害和伤害,而应当由您承担的法律责任。但是,如果这些医师是个人作为被保险人被我们任何或者其他保险公司认可并予以承保的,不属于保险除外条款适用范围。这些医师必须持有其他保险公司保单,并且这些保单中有关于每次索赔和累计索赔的最高限额约定,并且医师要将这些医师投保的其他保险的证明文件提供给我们或者其他承保的保险公司接受我们的保险条件。

7. 在美国军队或者预备队或者国家警卫队中,因履职行为产生的任何伤害或者损害。

8. 您对某人实施的欺骗的指示、警告、毁损、伪造的任何记录,由此产生的任何伤害或者损害。

9. 由于您的性行为或者可归责于您必须承担法律责任的性行为所导致的任何伤害和损害。除外条款适用于您假借诊疗名义取得或者未取得受害人的同意而实施的性行为。但是,只要是您被指控发生性行为不端而被诉,我们一直会为您提供抗辩服务直到您自己承认,或者性行为被司法机关、准司法机关、或者行政机构发现时为止。如果您知道或者推理可知您所雇佣的非医师身份人员实施了性行为,导致您要承担法律责任,该法律责任不适用于除外条款。

10. 由于您在制造、销售、分配、处置、给与某个产品时发生的任何伤害或者损害引起的法律责任。但是本除外条款不适用于您提供职业服务时为患者进行药品或医疗器具的配给引起的伤害或者损害。

11. 你提供执业服务的机构因为拥有主权豁免或者责任限制,因你的医疗服务产生的任何伤害或者损害之索赔。但是,除外条款不适用于您没有获得主权豁免或者责任限制的情形。

12. 您的执业许可证因为暂停、撤销、限制或者自动放弃,在此期间您所实施的专业服务引起的任何伤害或者损害,由此引出的索赔或者被诉。

13. 任何伤害或者损害:
 a. 医疗事故发生在追溯日之前或者在追溯日之后保单生效日之前,您知道或被告知因为医疗事故引发诉讼和索赔;或者
 b. 保单生效日接到的医疗事故索赔报告,该索赔属于悬而未决的或是进行中;或者已经发生了索赔支付;或者
 c. 在保单申请书或者申请过程中,未予以披露的医疗事故。

14. 受雇或者代表患者个人所为之行为引起的任何伤害或者损失。

专业机构组织的保险范围

本保险范围适用于保险范围摘要指向和费率下列情形:

这个保险范围部分承保的专业机构服务组织对患者提供的专业服务的过失或者应当提供服务因为过失没有提供被索赔,由此需要承担的法律责任。

本保险范围对专业机构组织的受雇人、租用人员或者在机构场所受雇的人员,因其对患者提供专业服务的过失或者应当提供专业服务却过失没有提供而被索赔所能提供的保险保障。但是,受雇人员必须是履行受雇协议约定的工作。在符合"除外条款"文件的第 4 条、第 5 条的情形下,本保险范围不予覆盖。承保这些受雇人员的责任事故将不会提高依据本保单范围约定的保险限额,对因受雇人过失责任的保险理赔数将纳入本保险的保险限额中一并计算。

本保险范围是以书面约定于索赔发生式保单之中,意思是指医疗损害事故发生在本保险范围摘要中约定的追溯期之后,必须是在保单有效期内以专业服务机构组织为被告首次提出的索赔,并且机构组织将此索赔及时向我们作出报告。我们是最先知道有关医疗事故或者损害的事件、且

有理由相信事故损害会导致机构组织被索赔。但是,在保单有效期之后针对机构组织的首次索赔将不在本保险覆盖范围,除非索赔发生在延展报告期内,并且要符合保单约定的其他条件。

我们将对符合保险范围的索赔进行抗辩,甚至对于看似毫无理由的和欺诈性的索赔,我们也将进行抗辩。但是,依据法院判决或者和解协议确认被保险人有赔偿责任、我们支付的保险理赔数已达到保险限额的案件,我们将再不提供抗辩,也不承担抗辩费用。

A. 责任限制

责任限制特指在保险覆盖范围中适用于对专业机构组织的任何索赔或者诉讼,还包括对下列责任主体提起的索赔:

(1) 职业机构组织;

(2) 受雇于专业机构组织的人;以及

(3) 任何作为专业组织机构里的医师提供的诊疗服务或者应当提供服务却未能提供医疗服务所产生的法律责任,而这些医师是被保险组织机构的成员、合伙人、办公室人员、经理或者持股人,由于这些医师的行为过失或者疏忽应由专业组织机构作为责任主体。

1. 每个索赔案的保险限额,是指保险范围摘要中约定对于因一个事件或者一系列事件引起的诉讼索赔,在保险范围内对各种损害和各种索赔予以支付的合计最高数额。保险范围覆盖内为患者诊疗或者应当提供却过失未提供专业的服务而引起的索赔,这些服务是同一专业人员在不同场合为患者提供专业服务以及不同服务者对同一患者提供的诊疗服务,这些系列保险索赔事件,都是作为一个保险事故计算在单个索赔案件的最高理赔限额内。损害包括律师费。根据保险范围的约定,如果是不止一个人的被保险范围覆盖的保险责任事故,按照每个索赔案合计在一个最高保险限额内。

2. 累积赔偿限额,是指在一个保险期间内根据保险范围摘要约定的、由保险公司支付的多次各类损害和索赔以及费用的理赔数额的累计最高数额。

3. 专业组织机构保险范围的每个索赔案的保险限额和年度累计保险限额的约定内容是由所有被保险人共用的,具体可见于 A 节。如果这种共用保险限额对被保险人而言保护不足时,被保险机构组织应优先将保险限额用于赔付被保险机构组织自己的责任或其潜在责任。

B. 其他利益

除了保险限额之外,我们还将对于下列索赔予以理赔:

1. 我们将支付上诉费用或者履行法律义务担保之财产,但是这些支付计算在保单的保险限额之内。我们没有义务一定适用或者要达到该理赔最高限额。

2. 我们将支付案件的调查费用和抗辩费用,包括您参加听证或庭审而要付给您的按照每天不超过 500 美元计算的费用。

3. 额外的利益不包括索赔者支付的律师费。

C. 除外条款

下列情形下，我们将不提供抗辩或者支付费用：

1. 不在保单的附件投保人的医师名单表格中的医师之诊疗行为导致的伤害或者损害。对于以个人作为投保人向本公司投保或者其他我们接受的保险公司予以承保的医师，其诊疗过失责任不适用于本条的除外情形，这些医师购买的其他保险在每个索赔案限额和累计赔偿限额上，与本保单数额相同，医师必须提供其持其他保险的证明文件或者我们接受的其他证据。

2. 任何伤害或者损害：

a. 医疗事故引起的伤害或者损害，但是，该医疗事故发生在追溯日之前，或者在追溯日之后并且在保单生效之日您知道或者已经被告知该等医疗事故将导致索赔。

b. 在保单生效日已经报告的医疗事故引起的任何索赔；处于悬而未决或者索赔程序中；或者是一个已支付的索赔；或者

c. 在申请保险或者填写申请书时，已经披露的医疗事故引起的伤害或者损害。

3. 您或者您就职服务的实体拥有主权豁免或者责任限制，因您的医疗服务行为产生的任何伤害或者损害引起的索赔。但是，除外条款不适用于您没有获得主权豁免或者责任限制的情形。

4. 您受雇作为按摩师、足科医师、验光师、医师助手、麻醉护士、助产士护士或者执业护士，因您的行为或者疏忽引起的伤害或者损害，依法应当由您承担的法律责任，属于责任免除范围，除非这些前述所列举的人士自己作为我们接受的或者是其他保险公司予以承保的被保险人，并且要提供具有保险资格表的证明文件，用以证明其他保险公司的保险限制条款是我们能够接受的，或者提供其他我们认可的证明文件。您可以医师个人身份投保，对于您指定的助理、麻醉护士、助产士护士或者执业护士的执业行为产生的责任，根据本保单单独投保。

5. 因为您的诊疗服务或者应提供诊疗服务却未提供服务，导致患者发生的任何伤害或者损害引起的责任，而您受雇于：

a. 一家医院、护理之家或者疗养院；

b. 配备病床和医疗设施许可的诊所；或者

c. 门诊外科中心、医疗照护机构、实验室或者急诊医疗服务机构。

6. 专业的职业组织机构对雇员发生性行为的赔偿责任或由此产生的任何伤害或损害均应承担的法律责任。

D. 延长报告期的背书

延长报告期的背书是根据本保单签发的，覆盖范围仅对被保险的组织机构及其受雇人。如果一个医师从被保险的组织机构离职并且没有购买个人的延长报告期的保险，本保险单项下将对此不提供保险覆盖。然而，我们将对该医师先前在受雇于被保险组织机构期间的行为提供保险覆盖，也将提供对该被保险组织机构的职业责任的保险范围持续覆盖。

广义的保险范围抗辩调查

我们还承保法律和审计的抗辩费用,该诉讼是在监管或行政机构之前就启动了,并且落入本保单所附的保险范围内、因您的职业行为责任引起的索赔诉讼。保险范围包括但不限于诉讼程序上的保险范围并且受到下述条款的限制:

A. 纳入保险范围的是什么?

如果有一个针对你提起的承保范围内的诉讼,本保险的保险范围将覆盖为您服务的法律费用支出和审计抗辩费用,但须遵守条款、一般规则、定义、排除和所有其他规定。我们将按照本保单所附的"保险范围摘要"中的约定,承担法律费用和审计辩护费用的最高数额或者支付最低的法律费用和审计抗辩费用,但是要减去约定的免赔额。

B. 一般规则

1. 案件上诉应被作为一个保险案件所覆盖程序的一部分,所有相关的已涵盖的程序和因同一事件而产生的所有程序合并作为一个案件的覆盖范围来对待。

2. 您需要在自您被提起诉讼之日起30天内通知我们,以便在本保险范围内获得赔偿。

3. 只有在本保单生效的最初日期,您不知道或有理由相信任何事件或情况可能会导致对您提起承保范围内的诉讼,您才可以投保。

C. 定义

1. 法律和审计抗辩费用(Legal and audit defense costs) 包括在保单约定的保险期间内因您被起诉而发生的任何法律费用。

2. 保险范围覆盖的审计(Covered audit) 是指任何联邦或州机构针对指控您违反医疗保险或医疗补助法律、规则或条例而进行的调查或诉讼,进而对医疗账单或医疗记录进行的任何审计或审查。

3. 保险范围覆盖的诉讼进程(Covered proceedings) 是指针对您的诊疗操作引起的诉讼,在行政或监管机构处理之前,诉讼所发生的法律和审计抗辩费用,包括但不限于:

a. 由政府或监管机构发起的调查或诉讼,根据有关医疗保险或医疗补助或其他类似的联邦或州医疗保健项目的法律,审查确定您是否向享有医疗保险或医疗补助或其他类似的联邦或州医疗保健项目的病人提供了不当的专业服务。本条所涵盖的法律和审计抗辩费用须按照本文件第C条文的第9小节有关免赔额的规定进行费用扣除。

b. 由联邦或州机构提起的调查或诉讼,指控您违反了医疗保险或医疗补助的法律、法规或与医疗服务偿付有关的法规。本部分的保险理赔是指应对这些指控所发生的法律和审计抗辩费用,但是要按照本文件C条文的第9小节有关免赔额的规定进行费用扣除。

　　c. 您服务的病人提出的索赔或调查，指控您在为该病人提供专业服务的账单上存在错误或遗漏。

　　d. 由平等就业机会委员会（Equal Employment Opportunity Commission，EEOC）根据该委员会颁布的行政规则和程序，对您提起的行政诉讼。

　　e. 任何颁发执业许可的机构进行的调查。

　　f. 您享有临床特权或成员资格的医疗保健机构的专业审查机构对您采取的任何专业审查行为，该行为旨在对所述临床特权或成员身份造成不利影响。本段中使用的术语在美国法典第42卷第11151条（42 United States Code 11151）中作出定义。

　　g. 由政府或监管机构发起的调查或诉讼，目的是要查明您是否参与了对病人的不当转诊，如果是，则构成对《综合预算调节法》1986年修正案（Consolidated Omnibus Budget Reconciliation Act of 1986，COBRA）的违反。

　　h. 利用和质量控制的同行评议组织对您进行的调查或程序，但仅限于有可能对您实施制裁的调查或程序。

　　i. 依据《临床实验室改进法案》1988年修正案（Clinical Laboratory Improvement Amendments of 1988，CLIA），相关政府和负有职责的执行机构发起的调查或诉讼，无论您是否违反了此类规定。

　　j. 依据1990年的《综合预算调节法案》（Consolidated Omnibus Budget Reconciliation Act of 1990，COBRA），相关政府和负有职责的执行机构发起的调查或诉讼，无论您是否违反了此类规定。

　　k. 由职业安全与健康管理局（Occupational Safety and Health Administration，OSHA）的政府或者监管机构发起的、有关您是否遵守血液传播病原体管理规范的调查或诉讼，无论实际上您是否违反了此类规定。

　　l. 您收到了传票或请求，要求您出庭作证、提供证据或其他发现，以及作为专家证人参与到因医疗事故引起诉讼程序中，但是，您不是案件的当事人。

　　m. 您的病人指控您在为其提供专业服务过程中存在非法的性行为或性骚扰，因而对您提起的指控或调查。

　　n. 由专业执照委员会、伦理委员会或类似专业机构启动的纪律处分程序，该程序是对于您在医疗专业服务中存在不当行为或者假借医疗专业服务名义实际为非专业服务的行为提起指控或者调查。

　　o. 对您提起的诉讼声称：

　　ⅰ. 拒绝治疗或接受病人，或不当终止、转移或放弃对病人的照顾和治疗。

　　ⅱ. 您在事故或紧急情况的现场提供服务有过失或未能向受伤人员提供专业服务和/或未能为受伤人员提供或安排进一步的医疗。

　　ⅲ. 应医院、学校、宗教团体、非营利组织或州或地方政府机构的请求，该请求既不是您执业的机构或组织，也不是您预期希望发生的请求，更不论您是否收取或者获取任何服务费用，但是您所提供的专业服务存在过失指控或者您应当提供却未提供任何专业服务构成过失。

ⅳ.根据教育培训计划项目的医学生和(或)住院医师,在工作时间实施的诊疗行为或者应当提供服务却未提供服务,而您依法要对此承担的替代责任,如果您有其他保单的保险范围或类似协议安排予以承保,则本保单对超过前述承保范围的责任部分提供超额保险。

ⅴ.为了评估和改善医疗服务质量和保障病人安全,您作为同行评议在履职过程中未能妥善开展质量保证活动,由此产生的法律责任,此时如果您是以会员、证人或临床实践顾问的身份,参加的是一个正式的资格认证、同行评审或质量保证委员会的活动,我们会为您的这些活动提供保险覆盖。

ⅵ.您过失地将错误的医疗资料放入医疗病历或电子病历中,如果这些错误病历或电子病历是用作诊疗依据的,我们将对您的这些过失错误予以承保。

ⅶ.您提供的专业服务或应当提供却过失未提供专业服务,导致因错捕、拘留、监禁、诽谤、诋毁人格、侵犯个人隐私权、精神痛苦、精神休克或侮辱而对病人造成的人身伤害。如果有任何其他保险或类似协议为您提供了保险,本保单将对超过前述承保范围的责任部分提供超额保险,但是不包括因性行为不端造成的人身伤害赔偿责任。

ⅷ.您错误披露或未经患者授权将患者的个人隐私信息披露给无权获得这些信息的人。

ⅸ.因您违反《美国残疾人法》(Americans with Disabilities Act, ADA)发生下列任一情形而被指控:(1)您的医疗办公场所、建筑室内或出入口不符合对残疾人保护法规定的要求;或者(2)您拒绝为残疾人提供专业服务。

4. 您或您的(You or yours)是指获得卫生保健专业人员的执照、作为医生或外科医生,进行执业的个人或团体中的自然人。

5. 律师(Attorneys)是指获得许可、在指定的时间和地点、依其职责提供从事法律服务的个人或团体。

6. 成立(启动,Instituted)是指发出正式书面通知、启动保险范围调查程序的时间。

7. 法律费用(Legal expense)是指提供法律服务的律师费和任何相关费用。法律费用还包括会计师或其他顾问与任何保险范围有关的审计的任何费用。但是不包括判决、罚款或处罚的金钱数额。

8. 法律和审计抗辩的最高限额(Maximum legal and audit defense costs)是指为代表您实施抗辩所应支付的法律和审计费用的美元总额,该费用以保险期间内涉及您作为被告的所有诉讼,并且适用于持有执照从事医疗照护的每一名内科或外科执业医师。

9. 免赔额(Deductible)是指我们理赔的所有法律和抗辩费用,将先扣除 1 000 美元。这个 1 000 美元是依据 C 定义的第 3.a 和第 3.b 的规定,从对您提起的每一个、每一次诉讼的保险理赔数额中扣除的免赔额。这 1 000 美元的免赔额适用于保险范围之内的启动保险理赔程序的任何医疗保健专业人员。我们可能会要求您在保险理赔程序启动时或者在保险理赔程序进程中的任何时候收取该免赔额。

10. 团体的法律及审计辩护费用的最高限额(Group maximum legal and audit defense costs)是指在一个保单期内代表您的团体,为在该保险期内提起的所有职业责任诉讼支付的所有法律及审计辩护费用的总额。支付这笔款项后,在保险期间内公司没有义务再为您提供进一步的保险理赔。

11. 刑事起诉(Criminal prosecution)是指政府为执行刑事法律而采取的任何行动,包括可能导致监禁的犯罪行为。

D. 不保事项

下列法律和审计抗辩费用不在保险范围:

1. 本公司与您之间发生的有关本保险的保险范围之争议,包括法律和审计抗辩费用是否落入本保险范围以及是否应当支付的争议。

2. 您的刑事案件辩护费用。

3. 在最初的保单起始日之前已经发生的任何情况或事件,您可以合理相信会因此情况和事件发生的法律和审计的抗辩费用。

4. 除了保险范围进程启动以外的其他任何事情。

5. 由专业服务导致的任何事项而引起的:

a. 在追溯日之前;

b. 在追溯日之后,在本保险起始日之后,您知道或可以合理预见到的导致一个保险覆盖范围的启动事项;或者

c. 保单生效日之后:

ⅰ. 已经报告的事件;

ⅱ. 一个悬而未决的索赔或者保险范围进程已被启动的事件;

ⅲ. 已赔付的索赔或保险范围进程已被启动的事件。

6. 任何政府税务机关因为检查您的任何纳税申报表而提起的诉讼;

7. 因实际购买或声称要购买,出卖或分销证券或要约,或邀请购买或出售任何证券的要约而产生的诉讼。

E. 法律和审计抗辩费用的支付

我们的支付仅限于您的代理人提供法律和审计抗辩的专业服务所需支付的费用,以及落入保险范围的诉讼中实际发生的法律费用。

F. 诉讼律师的选择

我们保留选择律师的权利,该律师是在符合保险范围的任何诉讼中作为您的代理人。

附录 6.2.1

Florida Doctors Insurance Company
Application for Physicians and Surgeons

1. If my application is approved, make coverage effective at 12:01 a.m. on _____ with a _____
retroactive date of _____ / _____ / _____

2. Name: _____ DO (Check One)
    First   Middle   Last

3. Date of Birth: _____ Male: _____ Female: _____

4. Social Security Number: _____

5. List all medical license numbers:

a. _____   c. _____
   State   Lic. #   Status   State   Lic. #   Status
b. _____   d. _____
   State   Lic. #   Status   State   Lic. #   Status

_____
Number   Street   City   State   Zip   % of Practice time at this location

6. Telephone _____ Fax _____ E-Mail Address _____

7. List additional practice locations including all offices, nursing homes, urgent care clinics and other non-hospital locations. Please identify additional location (i.e., additional private practice office, nursing home, clinic, etc.)

Type of Practice

Number Street	City	State	Zip	% of Practice time at this location

Telephone #	Fax #	E-Mail Address	Website

Do you treat patients that were admitted to nursing homes by other physicians?   YES   NO

8. Scope of Coverage:

I do **not** want coverage under this policy for the part of my medical practice listed below.

9. Home Address: _____ ( ) _____
                  Number   Street   Telephone
_____( ) _____
City   State   Zip   Fax

10. **Mailing Address (choose one):** D Home   ( ) Primary Address ( ) Other   (please specify in Remarks Section)

11. Please indicate:

a. Your average weekly patient load _____ b. Your total weekly practice hours _____

c. Approximate monthly practice time if semi-retired or practicing part-time   N/A.

    If part-time, when did you first reduce your practice hours? ___

    Have the number of reduced hours shown above changed since this date?   YES (please explain)   NO

    Do you expect to continue the reduced practice for at least the next year?   YES   NO (please explain)

    Are you involved in another part time-practice for which you already have coverage?   YES (provide proof of coverage)   NO

Please include part-time practice details and provide coverage information, if applicable, in the "Remarks" section.

12. a. List all hospitals where you currently *have* or *have applied* for staff privileges (include courtesy staff privileges) and percentage of your hospital practice. **Policy information, including cancellation, will be released to these facilities.**

Hospital	City/State	% of Practice
Hospital	City/State	% of Practice
Hospital	City/State	% of Practice

b. If you do not or will not have admitting privileges, please explain why and describe in detail your procedure for handling patients who may require immediate in-patient care . _____

_____

13. Specialty:
    a. Medical specialty currently practiced _____ Sub-Specialty _____

    b. Specialty for which you want coverage _____

14. Medical Education:
               Medical School   City/State/Country   Graduation Date

15. Postgraduate Medical Training: a.
    Internship

       Hospital   City/State/Country   From: Mo./Yr. To: Mo./Yr.

    b. Residency _____ Completed?
       Hospital   City/State/Country   From: Mo./Yr. To: Mo./Yr. . YES NO

Specialty: _____

    c. Explain any additional years spent in a residency program _____

    d. Explain any gaps in time from date of medical school graduation to completion of residency: _____

_____

    e. Fellowship: _____
       Hospital   City/State/Country   From: Mo./Yr. To: Mo./Yr.

Type of Fellowship _____ Completed   YES   NO

PLEASE INCLUDE A COPY OF YOUR CURRENT CV

16. Board Certification: **STATUS**

Name of Board	Cert.	Elig.	Date Certified	*Date Eligibility Expires
_____	( )	( )	_____	_____
_____	( )	( )	_____	_____

*If eligible for over five years but not certified, please explain:

How many times have you taken the Board exam for certification?   Oral _____   Written _____

17. Changes in Practice

    a. Have you practiced continuously for the past ten (10) years?   YES   NO
    If **No**, please explain in "Remarks" section

    b. Have your practice procedures, specialty, location(s), etc., changed in the past ten (10) years   YES   NO
    If **Yes**, please explain, noting dates of changes: _____

    c. Are you a military physician?   YES   NO
    If **Yes**, is/was your military obligation in remuneration for medical school tuition?   YES   NO

18. Are you a member of the Florida Birth-Related Neurological Injury Compensation Association (NICA)?   YES   NO
    If Yes, please include a copy of your current coverage certificate.

19. Prior Insurance

Insurance history for the previous ten (10) years - please include loss report(s) from prior carrier(s) or National Practitioner Data Bank (NPDB) report:

Coverage Period

From / Mo./Yr.	To Mo./Yr	Insurance Carrier	Policy #	Type of Policy Claims-Made/Occurrence	Retroactive Date
_____	_____	_____	_____	_____	_____
_____	_____	_____	_____	_____	_____
_____	_____	_____	_____	_____	_____

20. Insurance

    a. Have you **ever** practiced without insurance or allowed a claims-made policy to lapse without the purchase of tail or nose coverage?   YES   NO

    b. Have you **ever** had professional liability insurance refused, declined, non-renewed cancelled, or accepted on special terms?   YES   NO

    c. Have you **ever** been required to pay a premium surcharge or have you ever been involved in an appeal concerning the imposition of such a surcharge?   YES   NO

    If **Yes** to a, b or c, please explain in "Remarks" section.

21. Limits of Liability (Please check the desired limits of liability)

        ( ) $250,000 per claim/$750,000 aggregate per single policy year
        ( ) $500,000 per claim/$1,500,000 aggregate per single policy year
        ( ) $1,000,000 per claim/$3,000,000 aggregate per single policy year

22. Prior Acts

If your expiring policy is on a Claim-Made basis, an extended reporting period endorsement "tail" is generally available as an option of your expiring Claims-Made policy.

    a. Are you exercising this option?   YES   NO

    b. If **NO**, do you want us to provide coverage for prior acts (claims or incidents which may have occurred but, as yet, no indication has been made to you)?   YES   NO

    (Please attach a copy of your current Declarations page.)

    c. Indicate reason for termination of latest policy: _____

Prior Acts Coverage is not granted automatically. Therefore, it is important that you keep your present coverage current and in force so that you do not forfeit your right to purchase tail coverage from your present carrier.

23. Have you ever

    a. been investigated, asked to resign or involved in official or nonofficial proceedings brought by a hospital, managed care organization or other healthcare facility to deny, limit, suspend, non-renew or revoke your privileges?   YES   NO

b. had your license to practice medicine or your permit to dispense or prescribe drugs been
limited, suspended, revoked, placed on probation or been voluntarily surrendered in any state?   YES   NO

c. been notified to respond to, appear before or been investigated by any licensing or regulatory agency
on a complaint of any nature, including, but not limited to, unprofessional or unethical conduct?   YES   NO

d. been charged with or convicted of a felony or misdemeanor other than minor traffic violations?   YES   NO

e. been evaluated, treated or hospitalized for any of the following: YES   NO

    ( ) alcohol   ( ) central nervous system stimulants or depressants
    ( ) mental or emotional disorders   ( ) narcotics

f. had or become aware of having an illness or physical disability which impairs or could impair your ability
to practice any aspect of medicine?   YES   NO

If **YES**, please submit a letter from your treating physician addressing your state of health and whether any condition exists which could adversely affect the practice of your medical specialty.

    g. had Medicare/Medicaid fraud charges filed against you   YES   NO

If you answered Yes to any of the above questions, please provide full details in "Remarks" section.

24. Are you currently involved in malpractice litigation?   YES   NO

25. Have you **ever** been involved in a malpractice claim or suit, including any expression of an intent
(i.e. closed records requests, incident reports and Notices of Intent, even if suit was never filed)?   YES   NO
If **Yes**, submit a separate Incident Claim Information form for each case.

26. Do you know or is it reasonably foreseeable from the facts, reasonable inferences or circumstances that
any of the following circumstances might reasonably lead to a claim or suit being brought against you, even if you believe the claim or suit would be without merit:

    a. A request for records from a patient and/or attorney related to an adverse outcome?   YES   NO

    b. A letter or communication from a patient, patient's representative, friend, relative or
    attorney regarding your medical treatment of a patient?   YES   NO

    c. Intra-operative complications or other complications resulting in death, paralysis or
    other significant disabilities?   YES   NO

27. Have any unexpected or potentially problematic results or incidents occurred in the past five years in the following categories?

    a. Cardiac arrest   YES   NO

    b. Postoperative coma   YES   NO

    c. Postoperative neurological deficits   YES   NO

    d. Unexpected death within 48 hrs. postoperatively   YES   NO

    e. All others   YES   NO

28. Do you know, or is it reasonably foreseeable from the facts, reasonable inferences or circumstances that a patient, or a patient's representative, friend or relative was dissatisfied with the outcome of a procedure, treatment or diagnosis?
    YES   NO

29. Do you know, or is it reasonably foreseeable from the facts, reasonable inferences or circumstances that there are outstanding incidents, claims or suits **(EVEN IF YOU BELIEVE THE OUTSTANDING CLAIM OR SUIT WOULD BE WITHOUT MERIT)** that have not been reported to your current OR prior professional liability carrier?
If yes, please explain.   YES   NO
If you answered Yes to Questions 24-29, please provide full details in "Remarks" section and attach any additional documentation. An Incident/Claim Information Form must be completed for each incident, potential claim.

ANSWERS TO THE FOLLOWING QUESTIONS SHOULD REFLECT YOUR INTENDED PRACTICE
AS OF THE DATE YOU WISH THIS POLICY TO BECOME EFFECTIVE.

30. Practice Situation （Please include a copy of your Business Letterhead）
a. Indicate all practice situations that apply to you:

( ) "Solo" Physician
( ) Independent Contractor
( ) "Solo" Medical Corporation (please include name of corporation below)
( ) Stockholder of a Medical Corporation with more than one physician shareholder (please include name of corporation below)
( ) Medical Partnership (please include name of partnership below)
( ) Locum Tenens
( ) Nursing ome _____ %
( ) Urgent Care Clinic
   ( ) Use of assumed name (DBA)
   ( ) Employed by another physician

Employ another physician (If this employee is not insured by FLDIC, please submit current proof of coverage.)
( ) Other Non-Hospital Facility_____

If you checked any of the above boxes *other than* "Solo" Physician, list below the name of Applicable entity (ies) and/or any physician(s).

Name(s) of Entity(ies)	Name(s) of Physician Employer or Employee	Professional Liability Insurance Carrier	Employment/Contract Date (mm/dd/yy)
_____	_____	_____	_____

  b. Do you wish coverage for any of the above entities?   YES   NO
    If **Yes**, which one(s): _____

Please include a copy of the Corporate Charter.

  c. If you checked Independent Contractor or Employed by another physician, provide a copy of the contract.

31. Other Physicians: Do you practice with other physicians not listed above?   YES   NO
  If **Yes**, list the physician(s) with whom you practice and describe the association.

Physician(s)	Association
_____	_____

32. Non-Hospital Births

  Do you provide direct patient treatment (not limited to obstetrical care) during delivery (including the immediate labor, puerperal and/or neonatal period) in any facility other than a licensed acute care hospital?   YES   NO

  If **Yes**, give full details:

33. Terminations of Pregnancy

Do you perform terminations of pregnancy?   YES   NO

If **Yes**, please provide the following information:

Location	Name	# Performed Monthly at Each Location	Maximum Gestational Age at Each Location
Office	_____	_____	_____
Hospital	_____	_____	_____
Other	_____	_____	_____

34. Non-Hospital Procedures

  a. Do you perform procedures in a non-hospital setting where other than local anesthesia is administered?   YES   NO

If **Yes**, type(s) used: _____

 i) Location   D Surge-center   D Office   D Other Non-Hospital Facility
 ii) Who administers the anesthesia? _____

b. For surge-center or other non-hospital facility, please provide the name and address of such.
c. List the surgical procedures you perform in your office or other non-hospital facility:

Procedure	# Weekly	Where Performed	Do you have privileges at an accredited hospital for this procedure?		
_____	_____	_____			

d. Do you maintain a full emergency cart?	YES	NO
i) Do you follow a protocol for checking the cart on a regular basis?	YES	NO
ii) Are the checks documented?	YES	NO

35. Weight Control

a. Does your practice involve weight reduction or control, other than prescribing exercise? (Percentage of patients exclusively for weight reduction or control _____ %.)	YES	NO

If **Yes**, please explain fully including name of medication(s) prescribed or dispensed, or surgery performed: _____
_____

b. Do you solicit or advertise for weight control patients?	YES	NO

If **Yes**, submit copies of all advertisements.

36. Experimental and Investigative Procedures

Are you currently treating or do you intend to treat any patient by means of an experimental, investigative or unconventional drug or therapy?	YES	NO

If **Yes**, indicate which of the following applies:

 ( ) Use of experimental drug, device or material under U.S. Food and Drug Administration or other governmental agency investigational protocol and licensure.

 ( ) Other experimental, investigative or unconventional drug or therapy.

PROCEDURES: _____
_____

37. Please indicate with an "X" below which of the following procedures, techniques or practices you perform or intend to perform.

- ( ) Assisting in Major Surgery
- ( ) Baker's Chemical Peels
- ( ) Blepharoplasty
- ( ) Cardiac Catherization (left Heart)# done annually _____
- ( ) Chelation therapy (other than for the treatment of heavy metal poisoning)
- ( ) D & C (diagnostic only)
- ( ) Deliveries (# done in past 5 years _____
- ( ) Experimental Surgery

- ( ) Hair Transplants
- ( ) Hydrogen Peroxide Therapy
- ( ) Pain Management (if yes, explain in "Remarks")
- ( ) Prenatal Care
- ( ) Radiation Oncology
- ( ) Scalp Reductions
- ( ) Sclerotherapy (deep vein)
- ( ) Shock Therapy
- ( ) Spine Surgery
- ( ) Polymethylmethacrylate injections (bone cement)

- ( ) Suction Lipectomy - type and areas of use *(submit proof of training if outside of residency)*:
- ( ) Telemedicine (if yes, explain in "Remarks")
- ( ) Ultraviolet Light Therapy (other than UVB or PUVA)
- ( ) Vasectomies
- ( ) **I do not perform any of these Procedures.**

38. Unusual Procedures   ( ) N/A

List any unusual procedures that you perform within or outside of your specialty: _____
_____

39. Employees

Do you employ any of the following healthcare professionals listed below?	YES	NO

*If **Yes**, please include number of each and date employed – *(see note on page 8 regarding coverage conditions)*.

	Number	Date Employed (mm/dd/yy)		Number	Date Employed (mm/dd/yy)
Chiropractor	_____	_____	Optometrist	_____	_____
Nurse anesthetist	_____	_____	Physician's asst.	_____	_____
Nurse midwife	_____	_____	Podiatrist	_____	_____
Nurse practitioner	_____	_____			

*In order for vicarious/defense coverage to be provided to you:
These individuals must provide proof of individual coverage with this application or apply to FLDIC for coverage. Proof of insurance must show policy limits of at least $250,000/$750,000 and reflect the retroactive date.

Do you employ or supervise any CRNA's? YES NO

If **Yes**, please complete the following: Number employed Number supervised # Emp: _____ # Sup: _____

Do the CRNA's give anesthesia while not under your personal directions? YES NO
If **Yes**, please describe: _____

40. Obstetrics and Gynecology ( ) N/A

1. Do you limit your practice to gynecology only? YES NO
   If **Yes**, is your practice strictly office based? YES NO
2. Do you render prenatal care exclusive of delivery? YES NO
3. How many deliveries do you perform annually? _____

41. Pain Management/Physical Medicine and Rehabilitation □ N/A

Do you perform any of the following procedures?   # of Annual Procedures

1. Cervical Epidural Injections? YES NO _____
2. Thoracic Epidural Injections? YES NO _____
3. Celiac Plexus Blocks? YES NO _____
4. Epidural-Caudal, Translumbar or Selective Injections? YES NO _____
5. Facet-Cervical or Lumbar Injections? YES NO _____
6. Sacroiliac Joint and Gleno-humeral Joint Injections? YES NO _____
7. Hip Joint Injections? YES NO _____
   If **Yes**, explain:
8. Assisted Spinal Endoscopy (Percutaneous Laser Discectomy)? YES NO _____
9. Insertion of spinal stimulator wires in the epidural space? YES NO _____
   a. Do you go higher than vertebral level T4? YES NO
10. Insertion of epidural catheter for drug infusion? YES NO _____
    (Do not include post-op epidural for acute pain management)
    a. Do you go higher than vertebral level T4? YES NO
11. Insertion of intrathecal catheter for drug infusion? YES NO _____
    a. Do you insert higher than vertebral level L2? YES NO
12. For the procedures listed in #9, 10 and 11, please complete the following:
    a. Is placement verified with fluoroscopy? YES NO
    b. Have you been trained through a program of study that incorporated hands-on experience? YES NO
    c. Have you been credentialed by the hospital for these procedures? YES NO
       If No, please explain:
13. Are you certified in Pain Management? YES NO
    a. By the American Board of Pain Medicine? YES NO
    b. Other YES NO
    Please specify
14. What percentage of your practice is Chronic Pain Management? _____%

15. What new techniques do you now use which you did not use three years ago? _____
_____

42. Radiology　　　　( ) N/A

I practice as a:　　　　( ) Diagnostic Radiologist　　( ) Neuroradiologist　　( ) Interventional Radiologist

　　Please check any of the following procedures/services that you will perform:

　　( )　transaxillary approach for arteriograms

　　( )　transcatheter intra-arterial perfusion of vasopressin for GI bleeding during arteriography

　　（**NOTE:** catheter placement **only** is rated as a diagnostic procedure）

　　( )　transcatheter embolization of actively bleeding arteries, veins, or intra-abdominal tumors

　　( )　renal transluminal angioplasty

　　( )　translumbar aortography

　　( ) injecting polymethy lmethacrylate (bone cement)

　　( ) transluminal angioplasty – coronary

　　( )　mammography

43. Ophthalmology Surgery　　　　( ) N/A

　　1. How many major surgical procedures (excluding Laser Refractive Surgical procedures) have you performed in the last 12 months?

　　2. How many Laser Refractive surgical procedures have you performed in the last 12 months as primary surgeon?

　　3. Do you perform Clear Lensectomy?　　　　　　　　　　　　　　　　　　YES　　NO
　　4. Do you perform Oculo Plastic Surgery procedures?　　　　　　　　　　　YES　　NO

THE FOLLOWING SECTION SHOULD BE COMPLETED BY ALL PHYSICIANS WHO PERFORM SURGICAL PROCEDURES

44. Surgery　　　　( ) N/A

　　1. List the number of major surgical procedures performed in the last 12 months

　　　　a. as primary surgeon

　　　　b. as assisting surgeon

　　2. Indicate the percentage of surgical time devoted to the following surgical activities:

____ % Bariatrics	____ % Organ Transplants	____ % Plastic (reconstructive)
____ % Cardiovascular	____ % Orthopaedic	____ % Spine
____ % Colon and Rectal	____ % Otorhinolaryngology	____ % Thoracic
____ % General	____ % Pediatric	____ % Urological
____ % Gynecology	____ % Pediatric-Neurosurgery	____ % Vascular
____ % Hand	____ % Plastic (cosmetic)	____ % Other

　　3. If you have performed **Bariatric Procedures** in the past and are no longer performing these procedures, please

If you are involved in any Bariatric Procedures, then you must complete a supplemental form

45. Surgery - Orthopaedic　　　　( ) N/A

　　Do you currently perform spinal surgery?　　　　　　　　　　　YES　　NO
　　If **No**, have you ever performed spinal surgery?　　　　　　　YES　　NO
　　When did you discontinue the performance of spinal surgery? _____

46. REMARKS

　　Question :
　　Please make additional copies of this page, as necessary

_____　_____

_____　_____

_____　_____

_____　_____

SUPPLEMENTAL WAIVER AND RELEASE

I hereby acknowledge that the foregoing information constitutes my application for insurance with Florida Doctors Insurance Company (FLDIC). All statements are my own representations and are true, based upon my personal knowledge or what is reasonably foreseeable from the facts, reasonable inferences or circumstances related to a particular question on this application. I have not knowingly withheld any information that is calculated to influence the judgment of FLDIC in considering this application for professional liability insurance. If accepted, I understand that insurance is being issued upon reliance of the truth of my representations. I understand that no insurance will be afforded unless and until this application is accepted by FLDIC and I am notified of said acceptance.

Further, I understand that a detailed inquiry and investigation of my professional background, competence and qualifications, which involves either underwriting or claims matters, may be conducted by FLDIC. I consent to any investigation or inquiry and authorize release and exchange of information related to me, without limitation, including favorable and unfavorable results, any state or hospital disciplinary actions or proceedings, medical malpractice coverage and claims, suits and performance records between the state medical licensing board, state medical association, county medical associations, prior insurance carriers, Physician Resource Network, individuals and FLDIC. I expressly release and discharge the aforesaid entities, their agents, employees and/or representatives from any and all liability that might be caused by or related to acts performed in connection with any inquiry or investigation as well as in the evaluation of information so received from whatever source.

I understand that, if I am insured by FLDIC, re-verification of my credentials will be periodically required. Therefore, this authorization shall remain valid for so long as I maintain a business relationship with FLDIC, and any party furnishing information pursuant to this authorization is entitled to rely on the representation of FLDIC that this authorization is currently valid. I may cancel this authorization at any time, upon written notice to FLDIC.

_____   _____MD/DO
            Date   Signature of Applicant

This application form duly completed together with any supplementary information must be signed in ink by the applicant. A signature on the form does not bind the applicant or FLDIC to complete the insurance.

(A photostat copy of this authorization shall be considered as effective and as valid as the original.)

Fraud Statement
Section 817.234, Florida Statutes
(if applicable)

The statute requires the statement to contain in substance the following language:

Any person who knowingly and with intent to injure, defraud, or deceive any insurer, files a statement of claim or an application containing any false, incomplete or misleading information, is guilty of a felony of the third degree.

Insurance coverage is subject to underwriting review and approval and premium payment No coverage exists until an initial premium deposit is received and a Binder or Coverage Summary Page, together with any applicable endorsements, has been issued by FLDIC to the policyholder.

Florida Doctors Insurance Company

7751 Belfort Parkway, Suite 100
Jacksonville, Florida 32256
904-296-2887　　1-800-FLA-DOCS
FAX 904-296-8919
Website: www.FLDIC.com

附录 6.2.2

佛罗里达医师责任保险投保单

内科与外科医师投保专用（译文）

1. 如果我的申请被批准，保单的效力是从上午 12 点 01 分开始，并且溯及到×年×月×日。
2. 名字：
第一次使用的名字，中期使用的，最近使用的名字（医学博士或者普通医生）：
3. 出生年月：　　　　　出生地址：　　　　　男（女）：
4. 社会安全保障号码：
5. 列出你所有的医师许可证号码：
a. 所在州：　医师许可证号：　证书状态：　×州×市×街区×号
b. 所在州：　医师许可证号：　证书状态：　×州×市×街区×号
6. 电话号码：　　　传真号码：　　　电子邮件地址：
7. 列出你所有的实习地点包括办公地点、护理地点、紧急护理地点和其他非医疗机构地点（例如附加的私人工作地点，护理点，诊所等）：
工作类型：　　　　　地点：×州×市×街区
电话号码：　　　传真号码：　　　电子邮件地址：　　　网址：
你会照护经别的医师允许而来求医的患者吗？是（否）
8. 损害赔偿范围：
我不需要保单的损害赔偿范围包含下列医疗工作地点：
地点名称：　　　地址：　　　起始日期（月/日/年）—终止日期（月/日/年）
地点名称：　　　地址：　　　起始日期（月/日/年）—终止日期（月/日/年）
（如果还有其他地方，请使用备注表示出来。并请提供独立地点的范围的证据）
9. 家庭住址：州；市；街区；门牌号码；电话号码；传真号码；
10. 通讯地址：　　　　　（其他请仔细标注）
11. 请说明：
a. 你每星期的接诊量：　　　　　b. 你每星期的工作时间：
c. 如果你是兼职，你的月工作时间是多少：
如果你是兼职，你第一次缩短你的工作时间是什么时候？
自从那天起，你以后还增加过工作时间吗？是（请说明原因）　否
你是否会在下一年里继续减少你的工作时间？是　否（请说明原因）
你是否在兼职期间卷入某些损害赔偿案件中？是（请提供赔偿范围）　否

请列出兼职工作的细节并提供其覆盖范围,如果可能(请在小注中表明)

12. a. 列出所有你工作过或者申请过的医疗机构和它们占你的总工作量的大小,保单信息,包含撤销,将会列示的如下问题:

医院:　　　　　　市区:　　　州:　　　　　　占总的工作量百分比:
医院:　　　　　　市区:　　　州:　　　　　　占总的工作量百分比:
医院:　　　　　　市区:　　　州:　　　　　　占总的工作量百分比:

b. 如果你没有医疗权或者未被允许实施医疗权,请说明在你遇到一个需要急诊的患者的时候你会采取哪些具体的措施并且解释一下为什么?

13. 专长领域:

a. 你最擅长的医疗领域:　　　　　其次:

b. 在这些擅长的领域你希望达到的损失赔偿覆盖面:

14. 医学教育经历:

医学院:　　　　　市/州/国:　　　　　毕业日期:

15. 研究生阶段医疗培训:

a. 实习医师:

医院:　　　　　市/州/国:　　　　　起止日期:

b. 高级训练阶段:

医院:　　　　　市/州/国:　　　　　起止日期:

专长领域:

c. 说明解释你的高级训练阶段有什么附加的时间?

d. 说明你是否存在从医学院毕业到高级实习阶段的时间间隔:

e 工作关系:

医院:　　　　　市/州/国:　　　　　起止日期:

工作关系类型:　　　　　终止:是(否)

16. 管理机构证明:

身份/地位:

管理机构的名称:　　　　　任职证明:　　　　　任职结束日期:

如果你已经合格五年以上了,但是却还没有被鉴定,请说明:

你已经参加过多少次这种职业鉴定测试? 口头:　　　　　书面:

17. 工作实践情况变更:

a. 你是否在过去的十年间连续工作? 是(否)

如果你回答"否",请解释:

b. 在过去的10年里,你的工作程序、工作地点等是否存在变更的状况? 是(否)

如果存在变更,请解释发生变更的日期:

c. 你是否是一名军医? 是(否)

如果是,你是否领取报酬? 是(否)

18. 你是否是佛罗里达州与出生有关的神经损害赔偿协会的会员？是（否）

如果是，请出示证明。

19. 先前的保险状况：

在先前的 10 年间的保险历史，请说明你在先前保险期间的损害赔偿历史或者国家执业者数据库中的记录，期间：

从____到____　　　保险公司　　　保单　　保单类型　　　　　保单追溯日期

_____　_____　_____

_____　_____　_____

20. 保险：

a. 你是否曾经在没有买保险的状态下实习过或者仅有一个索赔型保险而没有购买长尾保单与此规则保险的状态下执业？是（否）

b. 你是否经历过被职业责任保险公司拒绝或者婉拒，更新要求遭拒绝或者在特殊条件下同意保险公司的要求？是（否）

c. 你是否曾经被要求支付超额保险费或者遭遇被拒绝承保类似的事件？是（否）

如果你对 a,b,c,三项回答"是"，请作特别标注并解释原因：

21. 责任保险限额（请确认以下责任保险限额）：

每次事故 25 万美元或者一年 75 万美元

每次事故 50 万美元或者一年 150 万美元

每次事故 100 万美元或者一年 300 万美元

22. 在先行为：

如果你的索赔型保险单即将到期，签署一份延长报告期的文件，承保"长尾"期间的责任，通常是有用的，作为一个即将到期的索赔型责任保险的延长许可文件。

a. 你是否会行使此项选择权？是（否）

b. 如果不是，你是否期望我们为你以前的行为提供保险（保险要求与事故已经发生，但是没有迹象显示是针对你发起诉讼调查）？是（否）

c. 简要说明你终止最近一份保单的原因：

先前行为并不是自动纳入保险范围，因此，你要确保你现在的保险范围有效以便你不会丧失从现有保险公司购买长尾损害赔偿保险的权利，这对你来说是非常重要的。

23. 你是否曾经：

a. 被调查或辞退或涉及一些官方或非官方的医院与医疗机构的健康管理程序或者被其他医疗保险设施拒绝、限制或者终止资格或者不给更新和废除你的行医权？是（否）

b. 用你的医师执照来验证一些药品，或者你被允许开处方药品的权利被限制、终止、废除或者自愿终止在某州的行医权？是（否）

c. 因为你的一些非专业的或不道德的行为被某些当局调查过？是（否）

d. 被指控犯罪、轻罪或者其他一些交通违法行为？

e. 你是否因为以下事情被要求进行测评、就医等？是（否）

酗酒，中枢神经刺激或者麻醉

神经或者感情混乱，麻醉药品

f. 你是否曾经意识到一种疾病或者缺陷会削弱你诊疗病人能力？

如果存在，请给我们发一封邮件，表明你的健康状况是否存在一些因素会干扰你给病人看病的能力。

g. 你以前是否受到医疗诈骗方面的指控？是（否）

如果你对上述问题回答"是"，请在"标注"栏提供准确的信息。

24. 目前，你是否被卷入医疗过失诉讼？是（否）

25. 你是否曾经卷入过医疗过失诉讼，包括一些故意侵权行为？是（否）

（例如，档案履历要求事故报告和通报批评，即使这些案子没有被提起诉讼）

如果回答是，请将这些事件的详细情况说明寄给我们。

26. 你是否知道或者根据下面这些因素来预见，结合事实、合理的参考数据和环境因素来看下面哪些因素会导致针对你的起诉或者诉求，即使你认为这些事项都是没有意义的？

 a. 一个来源于一个病人或者其代理律师的针对一个相关联的矛盾的诊疗结果？是（否）

 b. 一封来自你的一个病人或者病人代表、朋友、亲戚或者律师关于你对病人的医疗措施？是（否）

 c. 一些并发症与其他复杂因素导致患者死亡、瘫痪或者其他的明显的功能缺失？是（否）

27. 在过去的五年里，是否存在一些不可预见或者复杂因素导致的医疗意外事件？

 a. 心脏病　　　　　　　　　　　是（否）

 b. 术后昏迷　　　　　　　　　　是（否）

 c. 术后神经缺陷　　　　　　　　是（否）

 d. 意外死亡　　　　　　　　　　是（否）

 e. 其他　　　　　　　　　　　　是（否）

28. 你是否知道，或者是否可以预见到，从一些事实、合理参考因素或者环境，推断出一个病人与病人代表或其朋友对治疗措施与诊断结果、程序不太满意？是（否）

29. 你是否知道，或者是否可以从一些事实、合理参考因素或者其他重大诉讼与权利要求的事件中合理预见到（即使你相信一些重大的权利要求与诉讼将不会有什么意义）你是否会被诉？诉称你手术行为存在医疗责任？如果有，请阐述。是（否）

> 如果你对 24—29 的问题回答是肯定的，请出示一个详细的标注和一些附加的额外说明，针对一个事件、潜在的权利要求与诉讼，作出专门的信息表格。

下面问题的回答将会直接反映你的医疗实践，关于这张保单，你期望它何时生效？

30. 工作状况：

 a. 针对你所有工作行医状况：

 独立内科医师　　　　　　　　　　护理之家

 独立定约人　　　　　　　　　　　急诊护理门诊

独立医疗公司（请包含其详细的名称）　　　用笔名被另一个医师所招聘

某独立医疗公司的股东：_____雇佣另一个医师（如果这个雇工已经投了：_____保险，请提交详细资料）

医疗合作伙伴：_____其他非医疗机构：_____

如果你所填事项不仅仅是独立医师，请在下面列表填写其他信息：

机构名称：_____雇主与雇员名称：_____医疗责任保险公司：_____雇佣合同期（　年/　月/　日）

b. 你是否愿意保险范围也覆盖上述人员之职业责任？是(否)

如果是，请列出：_____

c. 如果你是一个独立定约人或者被其他医师雇佣，请提供一份合同复印件。

31. 其余的医师：你是否还与没有在上述列表中的医师合作过？是(否)

如果是，请列出他是谁并且说明联合行医的情况：

医师：_____　联合行医：_____

32. 非医院出生：

你是否提供过一些在医院外进行的紧急分娩的医疗活动，即在没有完整的接生设施的状态下实施的行为？是(否)

如果是，请具体阐述：_____

33. 终止怀孕：_____

你是否实施过终止怀孕手术？是(否)

如果是，请回答下列问题？

地点：_____人名：_____在一个地点每月实施：_____次，每个地点：_____怀孕人最大年龄：_____

办公室：_____

其他：_____

34. 院外麻醉、手术、急诊医疗：

a. 在没有相关的医疗设备的情况下，一个需要麻醉的病人，你都会采取紧急措施吗？是(否)

如果是，你用什么方法：_____

地点：_____手术中心：_____办公室：_____其他非医疗机构：_____

谁负责执行？

b. 如果是手术中心或者非医院机构，请列出这些地方的名称：_____

c. 请列出你所在手术室和其他医疗机构所采取的外科诊疗：

诊疗项目：_____地点：_____你是否具有此项行医权：_____

d. 你是否维护过急救车？是(否)

你在通常情况下你是否遵守协议维护急救设备？是(否)

你有证明文件吗？是(否)

35. 体重控制：

a. 你平常的行医项目,除了普通的开处方药之外,是否还有其他的,比如减肥方面的事?
是(否)

如果你的回答是肯定的,请你回答你开出的药物名称或者外敷药的状况:_____

b. 你是否做过减肥手术广告? 是(否)

如果是,请您提交一份广告复印件。

36. 实验与研究项目:

目前你是否对病人进行一些实验性的药物验证与措施(即非通常的治疗手段)? 是(否)

如果是,请回答下面问题:

在国家食品药品监督管理局的规章与许可文件下用实验药品、仪器或其他材料,其他的实验性、研究型和非常规的治疗方法:_____。

37. 请用一个"×"表明下列措施和项目,你是否通常会使用以及将来是否会使用?

大手术协助、化学皮层反应、心脏导管(左心)每次:_____次数

螯合疗法(除用于治疗重型金属中毒):_____

分娩(在过去5年_____):_____

外科实验、毛发移植、过氧化氢疼痛管理疗法、产前护理、放射肿瘤科、震荡疗法、脊柱外科、聚甲基丙烯酸甲酯注射剂(骨水泥)、吸脂手术:_____

类型和地区使用(提交的证明):_____

远程医疗(如果有的话,请在"备注"一栏注明)

紫外线光疗法:_____

输精管结扎术:_____

38. 非常规医疗措施:

列出你在专业领域外采取的一些非常规的医疗措施:_____

39. 职员:

你是否聘用过下列表格中的医疗护理人员? 是(否)

如果是,请列出其全部人员数和工作日期:

脊椎指压治疗者人数:_____ 雇佣日期:_____

验光师,视力测定者人数:_____ 雇佣日期:_____

麻醉师人数:_____ 雇佣日期:_____

内科医师助手人数:_____

助产士人数:_____ 雇佣日期:_____

足病医生人数:_____

实习护士人数:_____ 雇佣日期:_____

为了给你提供一个更加全面的医疗保险覆盖范围,这些个人信息必须向 FLDIC 提供证据,保险证据必须反映出保单的责任限额和报单的追溯日期。

你是否雇佣或者监督过麻醉师? 是(否)

如果是,请完成下列事项:雇佣人员人数:_____ 监督人员人数:_____

麻醉师是否有过在你的指导下实施麻醉手术的行为？是(否)

如果是,请详细说明：_____

40. 妇产科：

(1) 你是否仅在妇产科行医？是(否)

如果是,你是否严格地只在办公场所行医？是(否)

(2) 你是否实施产前护理？是(否)

(3) 你一年大概实施多少次分娩手术？_____

41. 减轻疼痛治疗与物理治疗和康复：

你是否实施过下列医疗行为：

(1) 颈椎硬膜外注射剂？有(没有)：_____

(2) 硬膜外注射剂？有(没有)_____

(3) 腹腔神经丛块？有(没有)：_____

(4) 硬膜外尾椎、经腰的或选择性打针？有(没有)：_____

(5) 面颈部或腰部打针？有(没有)：_____

(6) 骶髂关节和格莱诺-肱骨联合打针？有(没有)：_____

(7) 髋关节打针？有(没有)：_____

如果有的话,请详细说明：_____

(8) 计算机辅助脊柱内窥镜(经皮激光椎间盘切除)？有(没有)：_____

(9) 插入脊髓刺激器电线在硬膜外腔？有(没有)：_____

a. 插入的位置是否高于 T4？有(没有)：_____

(10) 插入硬膜外导管药物灌注？有(没有)：_____

(不包括硬膜外为急性疼痛管理)

a. 插入的位置是否高于 T4？有(没有)：_____

(11) 插入导管鞘内药物输注？有(没有)：_____

a. 插入的位置是在腰椎骨 L2 以上？有(没有)：_____

(12) 在第 9,第 10 和第 11 的措施中,请填写下列内容：

a. 手术部位是否经过影像透视检查？有(否)

b. 有没有接受系统的训练和学习研究？有(没有)

c. 你是否被医院授予过相关的行医资格？有(没有)

如果没有,请你解释：_____

(13) 是否通过从事疼痛管理的资质认证？有(没有)

a. 是否有美国董事会的非处方止痛药？有(没有)

b. 其他有(没有)

请详细说明：_____

(14) 业务中从事慢性疼痛管理的百分比是多少？_____％

(15) 你现在是否使用过你在过去三年每月使用过的新技术？_____

42. 放射科：

您的工作是： 诊断放射科

介入放射科

放射线学者

请核对下列哪些诊疗措施或者服务是你将来可能会采取的：

交叉腋窝动脉 X 波

消化道出血期间造影

经动脉内灌注血管升压术

(注：导管安置仅是作为一种诊断程序)

肾血管成形术

主动脉交叉 X 光摄影术

注射聚甲基丙烯酸甲酯(骨水泥)

冠状动脉腔内成形术

乳房 X 线照相术

43. 眼科：

(1) 你在过去除了做激光矫正外科手术外，一年 12 个月大概还做了多少外科手术？

(2) 你在过去 12 个月做了多少激光手术？

(3) 你是否实施过换晶体手术？是(否)

(4) 你是否实施过眼整形外科手术？是(否)

下面项目需要实施手术的内科医师来回答完成：

44. (1) 列出你在过去 12 个月里总共实施了多少次外科手术：

a. 作为主要的手术医师

b. 作为助理医师

(2) 说明你在进行下列手术时的时间比：

肥胖病、心血管、结肠癌和直肠癌、一般妇科、手部手术、器官移植、骨科、

耳鼻咽喉科、儿科、小儿神经外科、硅胶填埋美容、脊柱、泌尿外科、血管

其他_____

(3) 如果你在过去从事过这些手术并且现在又不做了，请提供你具体停止这些手术的日期：
_____

如果你有上述手术行为，你必须完成一个追加的表格：_____

45. 整形外科手术：

你当前是否还实施骨科手术？是(否)

如果不是，你是否曾经实施过骨科手术？是(否)

什么时间你不再实施骨科手术了？_____

46. 附注：_____

问题：_____

可以添加附页：_____

补充弃权与声明

我在此确认，上述信息构成我向佛罗里达医师保险公司（Florida Doctors Insurance Company，FLDIC）提交的保险申请。所有的陈述都是我自己作出的，并且是基于我的个人知识或者具有事实依据的合理推论，与本申请的特定问题有关的情况可以合理预见，是真实的。我没有故意隐瞒任何影响佛罗里达医师保险公司判断是否接受我的申请的信息和事实。如果我的申请被接受，我明白保单是依据我的陈述的真实性发出的。我明白，在佛罗里达医师保险公司发出书面接受申请的通知之前，不会为我提供任何保险。

进一步而言，我明白，佛罗里达医师保险公司可以基于承保或者索赔事宜的需要，对我的专业背景、能力和资历进行详细的调查和查询。我同意这些调查或询问，并授权发布和交换与我有关的信息，包括但不限于有利和不利的结果、任何州或医院的纪律处分或诉讼、医疗事故保险和索赔、诉讼与结果记录，以及保留在医师执业许可委员会、州医疗协会、县医疗协会、之前承保的保险公司、医师资源网络和佛罗里达医师保险公司中的有关信息。我明确放弃并解除上述实体及其代理人、雇员和/或代表的任何责任，这些责任可能是在实施任何调查或查询有关的行为以及评估这些信息时引起的或与之有关。

我知道，如果我得到佛罗里达医师保险公司的承保，我的执业许可等文件将需要定期重新核实。因此，只要我与佛罗里达医师保险公司存在保险法律关系，此授权就一直有效，并且佛罗里达医师保险公司有权信赖该授权持续有效。我也可以随时撤销这个授权，但是必须提前将书面通知送达佛罗里达医师保险公司。

日期_____   申请人签名_____

这份保险申请必须与其他相关的补充信息一起由保险申请人提供，表中的签名并不代表申请人已经与美国佛罗里达州保险公司成立了保险关系。

欺诈声明
佛罗里达州成文法第817章第234节虚假和欺诈性保险索赔
（如果可以适用）
这一条款要求的实质含义表达：
任何人有意的或者故意欺诈保险公司，提出的保险申请中存在错误陈述，不适格和误导性陈述，是一种重罪。
保险范围遵守保险业的规定，保险费的支付只有在第一笔保险金支付后才产生，包含一个申请人签名，并且保单已经由保险人发给被保险人。

佛罗里达医师保险公司(FLORIDA DOCTORS INSURANCE COMPANY)
地址:佛罗里达州杰克逊维尔市贝尔福特百汇广场 7751 号 100 室
邮政编码:佛罗里达州 32256
电话:904-296-2887　　1-800-佛罗里达医师保险公司
传真:904-296-8919
网址:www.FLDIC.com

附录 7

新华人寿保险股份有限公司
手术麻醉意外伤害保险条款

(2006 年 5 月向中国保险监督管理委员会备案)

在本条款中,"您"指投保人,"我们""本公司"均指新华人寿保险股份有限公司

❶ 您与我们的合同

1.1	合同构成	本保险合同(以下简称本合同)由保险单或其他保险凭证及其所附条款、投保单、与本合同有关的投保文件、声明、批注、附贴批单、变更申请书及其它书面协议构成。
1.2	合同内容变更	在本合同有效期内,经您与本公司协商一致,可以变更本合同的有关内容。变更本合同的,应当由本公司在保险单或其他保险凭证上批注或附贴批单。
1.3	合同解除	本合同成立后,您不得解除合同。

❷ 我们提供的保障

2.1	保险金额	本保险按份计算,每份保险的保险金额为人民币 10 000 元。投保份数由投保人和本公司约定,一经确定,保险期间内不得变更。
2.2	保险期间	本合同的保险期间自您办妥投保手续,交清保险费,从麻醉记录单记载的麻醉开始时间起,至该次手术完毕后六小时止。
2.3	保险责任	在本合同保险期间内,本公司按下列规定承担保险责任:
2.3.1	残疾保险金	被保险人因麻醉意外(详见释义)导致残疾的,本公司按本合同所附《新华人寿保险股份有限公司残疾程度与给付比例表》所列给付比例乘以保险单上载明的保险金额给付残疾保险金。如果被保险人自麻醉意外发生之日起 180 日后治疗仍未结束,则按第 180 日的情况进行残疾鉴定,并据此给付残疾保险金。
		在保险期间内本公司对被保险人承担给付保险金责任累计不超过本合同约定的保险金额,一次或累计给付达到保险金额时,本合同效力即行终止。

2.3.2　身故保险金　　　被保险人因麻醉意外导致身故的,本公司按保险单上载明的保险金额给付身故保险金,本合同效力即行终止。

2.4　责任免除　　　因下列情形之一造成被保险人身故、残疾的,本公司不承担保险责任:

一、手术前被保险人已有的残疾或身体缺陷;

二、被保险人及其看护等人员不遵守医院规章制度、不配合治疗的行为;

三、因医疗事故(详见释义)导致的意外。

发生以上情形所致被保险人身故的,本合同效力即行终止。

❸您的权利和义务

3.1　保险费的交纳　　　一、本合同的保险费须于投保时一次交清,保险费交费标准详见《手术麻醉意外伤害保险费率表》。

二、被保险人实际进行的麻醉方式与投保时选择的麻醉方式不同时,如果被保险人实际进行的麻醉方式对应的应交保险费高于被保险人已交保险费,本公司按已交保险费与应交保险费的比例承担给付责任。

❹如何申请领取保险金

4.1　保险金受益人　　　残疾保险金的受益人为被保险人本人。

您或者被保险人可指定一人或数人为身故保险金受益人,受益人为数人时,应确定受益顺序和受益份额,未确定受益顺序和份额的,各受益人按照相等份额享有受益权。

您在指定身故保险金受益人时,须经被保险人书面同意。

被保险人身故后,遇有下列情形之一的,身故保险金作为被保险人的遗产,由本公司向被保险人的继承人履行给付保险金的义务:

1.没有指定受益人的;

2.受益人先于被保险人死亡,没有其他受益人的;

3.受益人依法丧失受益权或者放弃受益权,没有其他受益人的。

4.2　保险事故通知　　　您或受益人应于知道保险事故发生之日起十日内通知本公司,否则应承担由于通知迟延致使本公司增加的勘查、检验等项费用。但因不可抗力(详见释义)导致的迟延除外。

4.3　保险金的申请　　　一、被保险人被确定为因麻醉意外导致残疾,由被保险人作为申请人填写保险金给付申请书,于被保险人被确定残疾及其程度后,凭下列证明和资料向本公司申请给付保险金:

1.保险单及其他保险凭证;

2.被保险人户籍证明或身份证明；

3.由本公司认可医院（详见释义）出具的手术记录和术后病程记录、麻醉意外诊断证明书；

4.由本公司指定鉴定机构（详见释义）出具的被保险人残疾程度鉴定书；

5.与确认保险事故的性质、原因等有关的其它证明和资料。

二、被保险人被确定为因麻醉意外导致身故，由身故保险金受益人作为申请人填写保险金给付申请书，并凭下列证明和资料向本公司申请给付保险金：

1.保险单及其他保险凭证；

2.受益人户籍证明或身份证明；

3.由本公司认可医院出具的手术记录和术后病程记录、麻醉意外诊断证明书；

4.公安部门、民政部门或本公司认可医院出具的被保险人死亡证明书；

5.被保险人户籍注销证明；

6.与确认保险事故的性质、原因等有关的证明和资料。

三、若委托他人代为申领，应提供授权委托书及受托人的身份证明。

| 4.4 | 保险金的给付 | 本公司在收到申请人的保险金给付申请书及上述有关证明和资料后，对确定属于保险责任的，在与申请人达成有关给付保险金数额的协议后十日内，履行给付保险金责任。对不属于保险责任的，向申请人发出拒绝给付保险金通知书。 |

❺ 基本条款

5.1	投保范围	一、投保人：被保险人本人可作为投保人投保本保险；其配偶、子女、父母或与被保险人有抚养、赡养或者扶养关系的家庭其他成员、近亲属可作为投保人为其投保本保险。 二、被保险人：凡接受手术治疗需实施麻醉的病人可作为被保险人参加本保险。
5.2	如实告知	订立本合同时，本公司会向您明确说明本合同的条款内容，特别是责任免除条款。本公司会就您或被保险人的有关情况提出书面询问，您或被保险人应当如实告知。 如果您或被保险人未履行如实告知义务，本公司有权解除本合同；对于本合同解除前发生的保险事故，本公司不承担给付保险金的责任，且不退还保险费。
5.3	争议处理	合同争议解决方式由当事人约定从下列两种方式中选择一种：

1.因履行本合同发生的争议,由当事人协商解决,协商不成的,提交双方共同选定的仲裁委员会仲裁;

2.因履行本合同发生的争议,由当事人协商解决,协商不成的,依法向人民法院起诉。

❻ 释义

6.1	麻醉意外	在麻醉过程中,医务人员按规章制度和有关技术操作规程工作,由于麻醉药物的作用导致的意外事件。
6.2	医疗事故	指医疗机构及其医务人员在医疗活动中,违反医疗卫生管理法律、行政法规、部门规章和诊疗护理规范、常规,过失造成患者人身损害的事故,必须经国家认可的,有权负责医疗事故技术鉴定工作的医学会组织鉴定后,方可确认医疗事故的成立。
6.3	不可抗力	指不能预见、不能避免、不能克服的客观情况。
6.4	认可医院	指二级及以上非盈利性医院或者二级及以上社保定点医院。
6.5	指定鉴定机构	指本公司指定的残疾鉴定机构,指定鉴定机构目录可咨询本公司全国客户服务电话 95567 或登陆本公司主页(www.newchinalife.com)查询。

附表 1

新华人寿保险股份有限公司残疾程度与给付比例表

等级	项目	残疾程度	给付比例
第一级	一 二 三 四 五 六 七 八	双目永久完全失明的(注 1) 两上肢腕关节以上或两下肢踝关节以上缺失的 一上肢腕关节以上及一下肢踝关节以上缺失的 一目永久完全失明及一上肢腕关节以上缺失的 一目永久完全失明及一下肢踝关节以上缺失的 四肢关节机能永久完全丧失的(注 2) 咀嚼、吞咽机能永久完全丧失的(注 3) 中枢神经系统机能或胸、腹部脏器机能极度障碍导致终身不能从事任何工作,为维持生命必要的日常生活活动,全需他人扶助的(注 4)	100%
第二级	九 十	两上肢,或两下肢,或一上肢及一下肢,各有三大关节中的两个关节以上机能永久完全丧失的(注 5) 十手指缺失的(注 6)	75%
第三级	十一 十二 十三 十四 十五	一上肢腕关节以上缺失或一上肢的三大关节全部机能永久完全丧失的 一下肢踝关节以上缺失或一下肢的三大关节全部机能永久完全丧失的 双耳听觉机能永久完全丧失的(注 7) 十手指机能永久完全丧失的(注 8) 十足趾缺失的(注 9)	50%

续附表 1

等级	项目	残疾程度	给付比例
第四级	十六 十七 十八 十九 二十 二一 二二	一目永久完全失明的 一上肢三大关节中,有二关节之机能永久完全丧失的 一下肢三大关节中,有二关节之机能永久完全丧失的 一手含拇指及食指,有四手指以上缺失的 一下肢永久缩短5公分以上的 语言机能永久完全丧失的(注10) 十足趾机能永久完全丧失的	30%
第五级	二三 二四 二五 二六 二七 二八 二九	一上肢三大关节中,有一关节之机能永久完全丧失的 一下肢三大关节中,有一关节之机能永久完全丧失的 两手拇指缺失的 一足五趾缺失的 两眼眼睑显著缺失的(注11) 一耳听觉机能永久完全丧失的 鼻部缺损且嗅觉机能遗存显著障碍的(注12)	20%
第六级	三十 三一 三二	一手拇指及食指缺失,或含拇指或食指有三个或三个以上手指缺失的 一手含拇指或食指有三个或三个以上手指机能永久完全丧失的 一足五趾机能永久完全丧失的	15%
第七级	三三 三四	一手拇指或食指缺失,或中指、无名指和小指中有二个或二个以上手指缺失的 一手拇指及食指机能永久完全丧失的	10%

注:(1)失明包括眼球缺失或摘除同,或不能辨别明暗,或仅能辨别眼前手动者,最佳矫正视力低于国际标准视力表0.02,或视野半径小于5度,残疾程度鉴定书由本公司指定鉴定机构出具。

(2)关节机能的丧失系指关节永久完全僵硬,或麻痹,或关节不能随意识活动。

(3)咀嚼、吞咽机能的丧失系指由于牙齿以外的原因引起器质障碍或机能障碍,以致不能作咀嚼、吞咽运动,除流质食物外不能摄取或吞咽的状态。

(4)为维持生命必要之日常生活活动,全需他人扶助系指食物摄取、大小便始末、穿脱衣服、起居、步行、入浴等,皆不能自己为之,需要他人帮助。

(5)上肢三大关节系指肩关节、肘关节和腕关节;下肢三大关节系指髋关节、膝关节和踝关节。

(6)手指缺失系指近位指节间关节(拇指则为指节间关节)以上完全切断。

(7)听觉机能的丧失系指语言频率平均听力损失大于90分贝,语言频率为500、1 000、2 000赫兹。

(8)手指机能的丧失系指远位指节间关节切断,或自近位指节间关节僵硬或关节不能随意识活动。

(9)足趾缺失系指自趾关节以上完全切断。

(10)语言机能的丧失系指构成语言的口唇音、齿舌音、口盖音和喉头音的四种语言机能中,有三种以上不能构声,或声带全部切除,或因大脑语言中枢受伤害而患失语症,并须有资格的五官科(耳、鼻、喉)医师出具医疗诊断证明,但不包括任何心理障碍引致的失语。

(11) 两眼眼睑显著缺损系指闭眼时眼睑不能完全覆盖角膜。

(12) 鼻部缺损且嗅觉机能遗存显著障碍系指鼻软骨全部或二分之一缺损及两侧鼻孔闭塞,鼻呼吸困难,不能矫治或两侧嗅觉丧失。

上述所谓永久完全系指自事故发生之日起经过180日后,机能仍然完全丧失,但眼球摘除等明显无法复原之情况,不在此限。

附表2

手术麻醉意外伤害保险费率表

(每份保险金额10 000元)　　　　　　　　　单位:人民币元

麻醉方式	费率
全身麻醉	30
椎管内麻醉	20
局部麻醉	10

后 记

人生充满了各种偶然。当年高考未能实现学医志愿,1999 年终有机会从事医疗法律教学研究,年过三十才开始学习医学知识,也算是遂了心愿和志趣。东南大学(原铁道医学院)在全国首创医事法学专业,培养的毕业生很多都分布在全国各地的三级医院从事医疗纠纷处理工作。我经常与他们交流,参与医疗纠纷处理实务,了解到当前医疗纠纷处理工作中遇到的问题与困难,以及医疗责任保险实务中存在的法律问题,视阈锁定了研究旨趣,进而将"医疗损害风险社会化分担的法律问题"作为国家哲学与社会科学基金课题申请,课题获准又成了深入研究医疗与法律交叉问题的机缘。

课题研究过程经历时间较长。从第二次医疗责任保险问卷调查、到医院对医务人员实地访谈、再到查阅中外文资料和搜集案例,从思考一个个问题点到落笔成章,一步步走得很慢,其间,寒暑假可以集中精力写作,开学上课了又停笔数月,好友和家人一再关心我的研究进度,直到法学院的一位名师教授点醒我——学术研究永无止境,建议我尽快将篇章集结成书。

课题完成,书稿交付出版,需要感谢的人有很多。感谢父母,虽然经常通过电话远程问候,但是,我在寒暑假未能去父母身边尽孝,养育之恩无以回报!感谢我的先生,他下班回家,只要见我在电脑桌前写作,他就会做好饭菜唤我吃饭,默默陪伴和支持我!感谢我的儿子,他的优秀和孝顺令我开心快乐!

感谢我教过的本科生同学们,是他们利用医院实习机会完成责任保险问卷调查,将他们工作中遇到的医疗纠纷和责任保险案例与我共同剖析。感谢选修我开设的"医事法学专题研究""侵权责任法专题研究"课程的研究生们,是他们花时间在北大法意数据库、中国裁判文书网、无讼案例数据库中搜集医疗纠纷案例和医疗责任保险案例。

感谢诸多良师益友,包括历年参加海峡两岸医药法研讨会的专家学者们。个人学识的终极意义莫过于将思想火花传播于社会,进而为正在经历病痛的生命增添希望。

感谢东南大学出版社编辑们的辛勤劳动与付出;感谢东南大学及其法学院的有力支持,使本书出版经费有了着落。

最后,借此机会感谢关心和帮助过我的所有人,相待以诚,让我感到满足与幸福!

陈玉玲

2018 年仲夏于南京